# 797,885 Books

are available to read at

# Forgotten Books

www.ForgottenBooks.com

Forgotten Books' App
Available for mobile, tablet & eReader

ISBN 978-0-243-97761-1
PIBN 10723547

This book is a reproduction of an important historical work. Forgotten Books uses state-of-the-art technology to digitally reconstruct the work, preserving the original format whilst repairing imperfections present in the aged copy. In rare cases, an imperfection in the original, such as a blemish or missing page, may be replicated in our edition. We do, however, repair the vast majority of imperfections successfully; any imperfections that remain are intentionally left to preserve the state of such historical works.

Forgotten Books is a registered trademark of FB &c Ltd.
Copyright © 2017 FB &c Ltd.
FB &c Ltd, Dalton House, 60 Windsor Avenue, London, SW19 2RR.
Company number 08720141. Registered in England and Wales.

For support please visit www.forgottenbooks.com

# 1 MONTH OF FREE READING

at

www.ForgottenBooks.com

By purchasing this book you are eligible for one month membership to ForgottenBooks.com, giving you unlimited access to our entire collection of over 700,000 titles via our web site and mobile apps.

To claim your free month visit:

www.forgottenbooks.com/free723547

\* Offer is valid for 45 days from date of purchase. Terms and conditions apply.

English
Français
Deutsche
Italiano
Español
Português

# www.forgottenbooks.com

**Mythology** Photography **Fiction**
Fishing Christianity **Art** Cooking
Essays Buddhism Freemasonry
Medicine **Biology** Music **Ancient Egypt** Evolution Carpentry Physics
Dance Geology **Mathematics** Fitness
Shakespeare **Folklore** Yoga Marketing
**Confidence** Immortality Biographies
Poetry **Psychology** Witchcraft
Electronics Chemistry History **Law**
Accounting **Philosophy** Anthropology
Alchemy Drama Quantum Mechanics
Atheism Sexual Health **Ancient History**
**Entrepreneurship** Languages Sport
Paleontology Needlework Islam
**Metaphysics** Investment Archaeology
Parenting Statistics Criminology
**Motivational**

# LES
# CINQ CENTS IMMORTELS

HISTOIRE DE L'ACADÉMIE FRANÇAISE

1634-1906

Préface de M. Jules LEMAITRE

PARIS
HENRI JOUVE, ÉDITEUR
15, Rue Racine, 15
1906

AS
162
P381 G34

## PRÉFACE

*Un bon Français a, pendant des années, employé ses loisirs à écrire cette histoire de l'Académie française. L'auteur mort, sa mère se conformant pieusement à sa pensée, a fait imprimer l'ouvrage et m'a demandé de le présenter au public. Ce que je fais bien volontiers.*

*Ce livre complète très heureusement celui de Paul Mesnard, qui s'arrêtait à 1850. Les appendices et les statistiques qui le terminent sont particulièrement précieux. C'est une œuvre d'admirable patience.*

*L'idée en est belle et touchante. L'Académie est une des reliques de l'ancien régime. Le travail de M. Emile Gassier implique donc le respect et l'amour de notre tradition nationale. C'est un hommage à sa continuité.*

*Cet hommage ne se trompe pas. Si brillamment occupé que soit le quarante et unième fauteuil, l'histoire de l'Académie se confond presque avec l'histoire de la littérature française. Les grands écrivains même qui n'ont pas appartenu à l'Académie ont tous été, après leur mort, revendiqués et glorifiés par elle.*

*Ce livre sera très utile à ceux qui sont curieux d'une des très rares institutions dont on peut dire, sinon que « l'Europe nous l'envie » du moins qu'elle a quelques raisons de nous l'envier.*

JULES LEMAITRE

# INTRODUCTION

« Il est étrange qu'en ce XIXe siècle où l'on écrit l'histoire de tout le monde, — où tout le monde écrit son histoire, — on ne puisse pas trouver un livre sur l'Académie, la seule royauté qui soit restée debout en France sur tant de ruines royales. L'Académie française a eu quelques historiens comme Pellisson, d'Olivet, d'Alembert ; presque tous ont écrit çà et là une page de son histoire ; mais cette histoire est encore à faire » (1).

Depuis le jour où Arsène Houssaye écrivait ces lignes, d'autres pages se sont ajoutées à celles-là, et chaque auteur s'étant enfermé sur un terrain limité, l'histoire complète et anecdotique de l'Académie reste toujours à faire. Il est certain que, malgré les railleries dont elle n'a jamais cessé d'être l'objet, l'Académie française a toujours retenu l'attention du public et que ce livre serait accueilli par lui avec faveur. Cela entraînerait bien loin celui qui voudrait faire à la fois œuvre d'historien et de critique. L'Académie a été en proie aux plus ardentes rivalités de coteries et de doctrines : querelle des anciens et des modernes, dispute des molinistes et des jansénistes, lutte de l'esprit religieux et des idées de l'*Encyclopédie*, résistance des classiques contre l'école romantique, intrigues politiques et cabales littéraires, pression de personnages puissants et influences féminines... Elle offre d'autre part le plus curieux mélange d'écrivains, d'hommes d'Etat, de princes de l'Eglise et de grands seigneurs. Les uns sont de véritables gloires nationales, génies immortels dans les différentes branches de l'intelligence humaine ; les autres n'y apportèrent que l'éclat d'un nom célèbre dans les chancelleries ou sur les champs de bataille ;

---

1. Arsène Houssaye. *Histoire du 41e Fauteuil* (Préface).

d'autres encore, qui donnèrent sans doute à l'œuvre commune un concours utile, n'ont laissé qu'un vague souvenir de leur talent et de leur falote personnalité.

« L'histoire des Académies, bien qu'offrant un champ plus restreint et des révolutions moins passionnées et moins profondes que celle des nations, apporte à notre curiosité un aliment substantiel et des sujets dont la variété peut la captiver » (1).

Nous aurions voulu écrire cette histoire de l'Académie française que seul un de ses membres peut entreprendre, parce que les académiciens seuls peuvent tirer des archives de la Compagnie les documents qu'elle possède. Il nous a paru pourtant intéressant de la résumer en quelques pages, à l'occasion de la récente élection de M. Lamy qui est exactement le 500$^e$ académicien depuis la fondation, et de rappeler en de courtes notices particulières les noms de ses quatre cent quatre-vingt-dix-neuf confrères en immortalité.

Pour son premier siècle d'existence, c'est surtout Pellisson et l'abbé d'Olivet que nous avons pris pour guides. L'*Histoire de l'Académie française* par Pellisson a ceci de précieux qu'il avait utilisé, pour l'écrire, les registres, aujourd'hui perdus, que tenait régulièrement Conrart, le premier secrétaire perpétuel de l'Académie. L'abbé d'Olivet, Duclos, d'Alembert, ont continué Pellisson ; Sainte-Beuve s'est occupé à maintes reprises de l'illustre Compagnie dans ses *Causeries du Lundi* ; Tyrtée Tastet, en 1844, Paul Mesnard, en 1857, Albert Rouxel, en 1888, ont écrit sur elle des livres importants. Au point de vue anecdotique, on peut consulter les *Lettres* de Chapelain, *Ménagiana*, les *Anecdotes* de Segrais, les *Historiettes* de Tallemant des Réaux, le *Journal de Dangeau*, les *Mémoires* de Perrault, de Saint-Simon, de Bachaumont, la *Correspondance* de Voltaire, le *Journal* de Collé, etc., etc.

Nous nous sommes servi de ces divers ouvrages, en prenant soin d'indiquer toujours la source à laquelle nous puisions nos emprunts, en nous efforçant d'introduire dans notre travail quelques idées originales et de présenter dans un ordre nouveau les faits que nous avions à relater.

---

1. Alfred Maury. *Les Académies d'autrefois. L'Ancienne Académie des Sciences.*

Nous avons adopté pour la division de notre livre, mais en la modifiant sur bien des points, celle qu'avait établie Pellisson, et, après lui, l'abbé d'Olivet. La première partie traite de l'Histoire générale et publique de l'Académie française ; elle comprend les protectorats qui se sont succédé de sa fondation en 1634 à sa suppression en 1793, la création de l'Institut, suivie des organisations de 1803 et 1816, où elle a puisé une existence nouvelle, enfin, les événements qui s'y sont déroulés depuis cette dernière date jusqu'à l'élection de son 500ᵉ membre.

La deuxième partie s'occupe de l'histoire intérieure de l'Académie et de tout ce qui se rapporte à ses assemblées, à l'élection et à la réception de ses membres, à ses travaux, aux prix qu'elle distribue ; elle répond à quelques critiques, discute l'attribution des premiers fauteuils et l'ordre de succession, signale quelques particularités et fait un peu de statistique.

La troisième partie se compose des notices spéciales à chaque académicien. Il n'était pas possible de leur donner tout le développement qu'elles devraient comporter ; il nous eût fallu écrire des volumes pour raconter la vie et critiquer l'œuvre d'hommes aussi considérables que Corneille, Bossuet, Voltaire, Victor Hugo, pour ne citer que ceux-là. Nous n'écrivons pas l'histoire particulière des littérateurs français pendant trois siècles... et quels siècles ! Nous avons dû nous borner à donner de très courtes biographies, en ajoutant, à quelques-unes d'entre elles, le jugement de contemporains autorisés ; nous nous sommes surtout attaché à faire ressortir le rôle de chacun en tant qu'académicien, et, pour le surplus, nous renvoyons le lecteur aux études approfondies qui ont été publiées dans des ouvrages consacrés aux littérateurs les plus grands, soit dans les diverses éditions de leurs œuvres.

La quatrième partie est celle des *Pièces justificatives* où l'on trouvera les documents officiels qui auraient alourdi un récit que nous avons voulu faire rapide. Nous y avons ajouté plusieurs tableaux intéressants pour ceux de nos lecteurs qui ont le goût de la classification.

Nous avons fait précéder l'*Histoire de l'Académie française* de celle des *Sociétés littéraires* qui ont existé dans notre pays, et qui ont contribué à le placer au premier rang.

L'Académie a trop souvent obéi aux caprices des grands, « les influences de salon et de coterie ont maintes fois opprimé les lettres » (1), et elle a opposé une trop longue résistance à de nouvelles formules d'art ; mais n'était-ce pas une preuve de sagesse que d'attendre des écoles nouvelles qu'elles se fussent définitivement fait accepter du public lettré plutôt que de les lui imposer elle-même ? « Cédant quelquefois à la voix publique, elle n'a jamais voulu subir le joug de quelques impatients » (2).

Son rôle, à l'origine, était de fixer la langue, d'en établir les règles et d'en arrêter les principes, et, plus tard, de défendre contre les imprudences ou les exagérations des novateurs le terrain si laborieusement conquis. Cette attitude purement défensive a semblé quelquefois être inspirée par un esprit de réaction, c'était inévitable. Elle a commis bien des erreurs dans sa carrière, déjà longue, mais, ainsi que nous essayons de le démontrer dans ce livre, le nombre en est moins grand que celui dont on la charge.

---

1. Alfred Maury. *L'Ancienne Académie des Sciences*.
2. Albert Rouxel. *Chroniques des Elections à l'Académie française*, page 390.

# Les Sociétés Littéraires en France

Lorsque Richelieu fonda l'Académie française, en 1634, l'idée de la création d'une académie n'était pas nouvelle.

La communauté des intérêts a toujours réuni les hommes, comme les affinités intellectuelles les ont toujours rapprochés. Ce besoin de groupement, d'association, s'est manifesté dans l'ordre matériel par l'organisation des corporations et des jurandes, par la création des mutualités, des syndicats, des trades-unions, des trusts ; dans l'ordre moral, par l'établissement des communautés religieuses, des ligues politiques, des sociétés savantes, des académies artistiques ou littéraires.

Au v° siècle avant l'ère chrétienne, Platon réunissait ses disciples dans les magnifiques jardins d'Academus, près d'Athènes ; c'est là l'origine du nom d'*Académie* donné depuis à quantité d'assemblées de littérateurs, de savants et d'artistes.

L'Allemagne avait eu des académies florissantes au xv° siècle ; au commencement du xvii° siècle, l'Italie en possédait dix ou douze, parmi lesquelles la célèbre *Academia della Crusca*, fondée en 1582 à Florence, était alors en pleine prospérité. En France plusieurs tentatives de ce genre n'avaient échoué qu'en raison des circonstances défavorables au milieu desquelles elles s'étaient produites.

Les plus anciennes manifestations poétiques qui se soient produites dans notre pays, remontent au vi° siècle ; les bardes bretons ont constitué alors une époque qui s'est prolongée jusqu'au xii° siècle et s'est appelée le cycle kimrique, mais la première organisation littéraire que mentionnent nos annales fut l'Ecole Palatine, fondée par Charlemagne, dont il faisait partie lui-même et dans laquelle les dames de la cour étaient admises.

A ce prop, se Duclos dit que Charlemagne, « pour faire disparaître toute distinction de rang par une image d'égalité, établit que, dans les conférences, chacun adopterait un nom académique, emprunté à l'histoire profane ou sacrée. » Il nous paraît peu probable que Charlemagne ait eu le souci de cette égalité si chère aux hommes du xviii° siècle ; il est plus vraisemblable que le grand empereur a voulu traduire par des noms symboliques les sentiments religieux dont il était animé, et rappeler continuellement à ses collaborateurs le but qu'il leur avait fixé. Alcuin avait choisi le nom d'Homère ; Adelar, évêque de Corbie, celui de Saint-Augustin ; l'archevêque de Mayence, celui d'Amyntas ; Théodulfe, celui de Pindare, et Charlemagne celui du roi David ; les princesses Ghisèle et Gondrade s'y appelaient Lucia et Eulalia.

L'Ecole Palatine fut plutôt une université qu'une académie ; elle prit plus tard parti dans les discussions théologiques de l'épiscopat, et elle disparut avec la dynastie carlovingienne.

Pendant la longue et obscure transformation que la langue subit du x° à la fin du xiii° siècle, il ne semble pas qu'il ait pu se former des centres poétiques. La poésie, au xi° et au xii° siècle, avait pris une forme nouvelle avec les trouvères, poètes épiques, plus particulièrement dans le nord de la France, qui composaient les chansons de geste, dont la plus fameuse est la *Chanson de Roland* de Théroulde et, dans le Midi, avec les troubadours, les poètes lyriques, dont le plus célèbre est le poète guerrier Bertrand de Born. Les uns et les autres parcouraient la France, allant de château en château, mais ne se fixaient nulle part, et les cours d'amour jugeaient des faits de chevalerie et de galanterie, plus que des œuvres littéraires.

Le xii° siècle qui voit commencer la scolastique est le règne des théologiens ; c'est l'époque des controverses, qui se continuent dans le siècle suivant ; ce sont les tendances de réforme religieuse personnifiées dans Abélard, aux prises avec l'orthodoxie représentée par saint Bernard. La littérature se modifie ; elle produit les fabliaux et les romans de chevalerie, le *Roman du Renard*, le *Roman de la Rose* dont Guillaume de Lorris écrivit les quatre mille premiers vers et qu'acheva Jehan de Meung, qui en écrivit dix-huit cents ; c'est en Angleterre que Marie de France compose ses poésies. Le théâtre tente ses premiers essais, les mystères, qui empruntent leur action à l'histoire religieuse. L'histoire n'est pas négligée dans cette belle, mais trop courte renaissance que fut le xiie siècle ; Villehardouin (1160-1213) accompagne la quatrième croisade (1198-1207) dont il nous a laissé le récit ; les moines de Saint-Denis recueillent, dans les trois siècles qui suivent, les intéressantes chroniques dont la source est si précieuse pour l'Histoire de France jusqu'à François I<sup>er</sup> et qui contiennent les ouvrages d'Eginhard, Suger, Guillaume de Nangis, Juvénal des Ursins, Jean Chartier, etc. ; et c'est aussi l'époque où les bénédictins se livrent à ce labeur tellement colossal qu'il en est devenu proverbial et légendaire. Moines érudits et agriculteurs à la fois, ils se perpétuèrent jusqu'en 1790, année de leur suppression; on a estimé que dans l'espace de six ou sept siècles, cet ordre religieux produisit plus de quinze mille écrivains, s'appliquant à toutes les branches de l'histoire religieuse et profane, en y comprenant l'histoire littéraire.

Le mouvement intellectuel de ces deux siècles est indéniable ; il n'offre pourtant aucune tentative d'un établissement ou d'une société académique.

C'est au xive siècle que paraissent les premières ébauches d'académies, ou plutôt de concours poétiques : à Toulouse, en 1323, se fondent les Jeux floraux que Clémence Isaure restaurera en 1490. Dans le Nord, nous trouvons, à Rouen, les Palinods, dont on fait remonter l'origine à Guillaume le Conquérant, les Jeux sous l'Ormel à Douai, le Puy (1) de la Conception à Rouen, le petit Puy du Mois, à Lille, etc. L'histoire est représentée par le chroniqueur poète Froissart (1390-1453). Du Verdier nous signale dans ce siècle, une véritable académie, d'après l'*Histoire de Provence* par Notre Dame :

« Le poète Geoffroy du Luc s'accompagna de Rostang de Cuers, Rémond de Brignolles, Luquet-Rodilhat de Toulon, Manuel Balb, seigneur du Muy, Bertrand Amy, du prieur de La Celle, Luquet de Lascar, Guilhen de Pyngon, archidiacre d'Orange, Arturus de Cormes et de plusieurs autres, faisant une *Académie* et s'assemblant tous les jours près de l'Abbaye » (2).

Geoffroy du Luc trépassa en l'an 1340, et sans doute son académie avec lui.

Malgré qu'ils fussent troublés par la guerre des Anglais et la guerre civile, conditions peu propices aux réunions

---

1. Puy était le nom d'une sorte de tribune élevée, du haut de laquelle on disait des poésies.
2. Citation de Ch. L. Livet dans son édition de Pellisson et d'Olivet.

littéraires, la fin du xiv⁰ siècle et la première moitié du xvᵉ annoncent la prochaine renaissance ; Monstrelet continue Froissart ; en 1402, le théâtre devient permanent avec la Confrérie de la Passion, on joue toujours des Mystères, mais déjà l'on y introduit de l'histoire profane et des personnages burlesques, précurseurs des Farces. Le charmant poète Charles d'Orléans distrait sa longue captivité en Angleterre, où il resta pendant vingt-cinq ans après Azincourt, en composant ses poésies. En Normandie, Olivier Basselin est le chef des compagnons du Vau-de-Vire (milieu du xvᵉ siècle), ce sont des poètes bachiques et patriotes ; entre deux orgies, ils combattent courageusement les Anglais par leurs chants et avec leurs armes et Basselin paye de sa vie son énergique dévouement à la France. Il y a, à cette époque, trois cours littéraires, la cour de France, où Charles VII a retenu quelques prosateurs, des historiens, des poètes; le bon roi René, poète lui-même, fait de sa cour, à Aix en Provence un centre poétique ; la cour de Philippe de Bourgogne (en Brabant) réunissait de même des poètes, des historiens, des musiciens et possédait une riche bibliothèque ; c'est là, pendant l'exil du dauphin (plus tard Louis XI), que fut composé le recueil des *Cent Nouvelles nouvelles* ; c'est là également que débuta l'historien Philippe de Comines, qui devait venir plus tard à la cour.

Cependant ces efforts restaient isolés ; les tentatives de groupements ne laissaient pas de traces durables.

Une révolution industrielle se produisit au cours du xvᵉ siècle, qui apporta à la littérature le véhicule dont elle était dépourvue pour se propager. On connut au commencement du xvᵉ siècle le moyen de fabriquer le papier, et, vers 1455, Gutenberg inventait l'imprimerie. Ces deux découvertes se complétaient et de leur rapprochement naissait le Livre.

Alors les lettres prennent leur véritable essor.

A la fin du xvᵉ siècle, la Bohême littéraire donna à la France le plus grand poète qu'elle eût eu encore ; François Villon. Il créa une école, mais il demeura infiniment supérieur à ses disciples.

A partir du règne de François Iᵉʳ, le mouvement littéraire ne se ralentira plus, une école succédant à l'autre (1). Le roi

---

1. « Non seulement chaque école qui s'élève en veut à mort à l'école qui

de France protège les poètes, et sa sœur, Marguerite de Navarre, les attire et les retient à sa cour de Nérac, où elle écrit elle-même l'*Heptaméron;* Clément Marot est le chef d'une école bientôt remplacée par celle de Jean Dorat, qui donne naissance à la *Brigade* de Remi Belleau, d'où sort la *Pléiade*.

Avec Dorat et Belleau, avec J. A. Baïf, Pontus de Thiard, du Bellay, Etienne Jodelle et Amadis Jamyn, Ronsard, surnommé dans son temps le *prince des poètes*, entreprend la réforme de la langue, renouvelle les rythmes, crée la poésie lyrique française. D'autres se joignent à cette brillante phalange : de Pibrac, du Perron, Jacques Tahureau, Nicolas Denisot, Olivier de Magny, Rapin, Jean de la Péruse, Ph. Desportes, Sainte-Marthe, Jean de la Taille, Agrippa d'Aubigné, Colletet, père de Guillaume Colletet, le médecin Miron, Chrestien, Joachim Thibaut de Courville, etc.

Baïf, « comprenant quelle relation intime unit la poésie mesurée et la musique vocale, avait établi dans sa maison de plaisance au faubourg Saint-Marceau, une académie de beaux esprits et de musiciens, dont l'objet principal était de mesurer les sons élémentaires de la langue. A ce travail se rapportaient naturellement les plus intéressantes questions de grammaire et de poésie. En 1570, Charles IX octroya à l'Académie des lettres patentes dans lesquelles il déclare que, « pour que ladite Académie soit suivie et honorée des plus grands, il accepte le surnom de Protecteur et de premier Auditeur d'icelle. » Ces lettres envoyées au Parlement pour y être vérifiées et enregistrées, y rencontrèrent les difficultés d'usage. L'Université par esprit de monopole, l'évêque de Paris par scrupules religieux, intervinrent dans la querelle ; pour en finir, il fallut presque un lit de justice. A la mort de Charles IX, la compagnie naissante se mit sous la protection de Henri III, qui lui prodigua les marques de faveur » (1).

L'Académie de Poésie et de Musique devint alors l'Académie du Palais et fut transférée au Louvre, où Ronsard prononça le discours d'inauguration. Elle comprenait des « musiciens » ou académiciens et des auditeurs ; des dames en faisaient partie. L'éloquence oratoire y était cultivée au même degré que la poésie et la musique ; Henri III voulut que chacun de ceux qui composaient son académie, y pro-

---

a précédé, mais les branches d'une même école n'ont rien de plus pressé que de se fractionner et de réagir contre leurs voisines et leurs parentes : on a hâte de faire secte. » (Sainte-Beuve).

1. Sainte-Beuve. *Tableau de la Poésie française au* XVIe *siècle.*

nonçât, à tour de rôle, un discours sur un sujet de son choix.

On a conservé un certain nombre de ces discours, notamment ceux de Ronsard sur *la Prééminence des vertus morales et intellectuelles* et sur *l'Envie* ; d'Amadis Jamyn sur *la Vérité, le Mensonge, l'Ambition, la Crainte;* de Desportes, de du Perron, de la maréchale de Retz, de Mme de Lignerolles, etc.

L'Académie trouva des détracteurs chez les poètes Jean Passerat et Etienne Pasquier, et un historien, Guillaume Colletet, qui a laissé, dans un manuscrit des *Vies des Poètes français,* l'histoire de l'Académie des Valois (1):

« Sa Majesté (Henri III), dit-il, ne dédaignait pas de l'honorer de ses visites jusques en sa maison du faubourg Saint-Marcel, où il le (Baïf) trouvait toujours en la compagnie des Muses, et parmi les doux concerts des enfants de la musique qu'il estimait et entendait à merveille. Et, comme ce prince libéral et magnifique lui donnait de bons gages, il lui octroya encore de temps en temps quelques offices de nouvelle création et de *certaines confiscations* qui procuraient à Baïf le moyen d'entretenir aux études quelques gens de lettres, de régaler chez lui tous les savants de son siècle et de tenir bonne table. Dans cette faveur insigne, celui-ci s'avisa d'établir en sa maison une académie de bons poètes et des meilleurs esprits d'alors, avec lesquels il en dressa les lois, qui furent approuvées du roi jusques au point qu'il en voulut être et obliger ses principaux favoris d'en augmenter le nombre. J'en ai vu autrefois l'Institution écrite sur un beau vélin signé de la main propre du roi Henri III, de Catherine de Médicis sa mère, du duc de Joyeuse et de quelques autres, qui tous s'obligeaient par le même acte de donner une pension annuelle pour l'entretien de cette fameuse académie. » (2).

L'Académie de Baïf est évidemment le modèle sur lequel, soixante ans plus tard, s'est formée l'Académie française. L'une et l'autre se sont heurtées à la résistance du Parlement, qui redoutait, dans ces institutions nouvelles, une atteinte à ses privilèges ou à son influence ; l'une et l'autre ont triomphé de cette hostilité, grâce à la volonté de leur Protecteur.

Les deux académies, celle de Charles IX comme celle de Richelieu, se sont proposé le même but de réformer et de

---

1. Voir aussi d'Aubigné. *Histoire universelle,* livre II, chapitre XX. — Jeandet. *Pontus de Thiard.*

2. Citation faite par Sainte-Beuve dans le *Tableau de la Poésie française au xvie siècle.*

fixer la langue. Par une coïncidence curieuse, un même événement est survenu dans leur destinée : à la mort de Séguier et sur la proposition de Colbert, Louis XIV installa l'Académie française au Louvre ; de même Henri III avait consenti, sur la sollicitation de Pibrac, président à mortier et poète, à y installer l'Académie de Baïf.

Là s'arrêtent les ressemblances entre les deux sœurs. Tandis que l'Académie française a poursuivi glorieusement sa carrière, l'Académie de Baïf n'a pas survécu à son fondateur, qui mourut en 1589, un an après Dorat, quatre ans après Ronsard. Mauduit, à la mort de J. Thibaut, était devenu l'associé de Baïf pour cette « entreprise » ; il la continua seul, mais en y cultivant exclusivement la musique. D'ailleurs les luttes religieuses partagèrent la France en deux camps ennemis et détournèrent pendant quelque temps les esprits de la littérature.

Ce siècle vit aussi de grands prosateurs : Rabelais, le titanesque auteur de *Pantagruel;* le traducteur Jacques Amyot, protégé de cinq rois de France ; Brantôme, le chroniqueur des scandales de la cour de France sous Charles IX et Henri III, dont le livre fut écrit pendant sa vieillesse impotente et ne parut que quarante ans après sa mort. Montaigne vécut à Bordeaux où il occupa des charges importantes ; il fut lié avec La Boëtie, Charron et M$^{lle}$ de Gournay (il était âgé de 55 ans alors qu'elle en avait 22). Ces grands écrivains ne formèrent en réalité aucune société littéraire autour d'eux. Il n'en fut pas de même de Louise Labé, surnommée la belle Cordelière à cause de la profession de son mari : poète elle-même (elle a laissé des sonnets et des élégies) elle tenait, à Lyon, un salon littéraire et artistique.

Pendant le règne de Henri IV, la reine de France, Marguerite de Valois, présida à des conférences auxquelles prenaient part Desportes, Régnier, Mainard, Victor Cayet, Scipion Dupleix, Antoine Leclerc de la Forêt, Pierre Louvet, Savaron, le P. Coeffeteau, mort évêque de Marseille. Ces conférences académiques à la cour, et d'autres du même genre qui, d'après le chancelier Bacon, eurent lieu à la même époque, sont, avec l'action de Malherbe, le trait d'union entre le xvi$^e$ siècle et le grand siècle littéraire classique.

Malherbe, qui voulait, comme jadis Ronsard, mais avec des principes différents, épurer la langue et réformer la poésie, était le chef d'une nouvelle école. Il donnait son enseignement oral dans une petite chambre de l'hôtel de Bellegarde, où il demeurait, et comptait parmi ses nombreux disciples Gombauld, Mainard, Racan, Colomby. Le local était fort restreint, et la vicomtesse d'Auchy offrit au poète son hôtel et son affection ; Malherbe accepta l'un et l'autre, mais si l'on en croit une « historiette » de Tallemant, sa reconnaissance se traduisit par des brutalités. La société qu'il réunissait auparavant, s'augmenta chez la vicomtesse d'Auchy. On y prononçait des harangues et des sermons et l'on y jouait des comédies. Ces réunions prirent sensiblement des airs d'académie, et l'abbé François Hédelin d'Aubignac fut même chargé d'établir un projet de statuts ; on a dit qu'ils servirent de modèle à ceux de l'Académie française.

Mathurin Régnier et M$^{lle}$ de Gournay combattirent avec une très grande énergie la nouvelle école, et se firent, avec Claude de l'Estoile, les défenseurs zélés de Ronsard et de la *Pléiade;* ils ne purent pourtant pas empêcher les poètes du xvi$^e$ siècle de tomber dans un oubli dont ils ne devaient sortir que grâce à l'école romantique du xix$^e$ siècle.

Marie de Jars, demoiselle de Gournay, qui, admiratrice passionnée de Montaigne, s'était déclarée sa fille d'adoption, tenait des réunions chez elle, rue de l'Arbre-Sec, puis rue Saint-Honoré. Elle y recevait les Habert, L'Estoile, Cotin, Serisay, Malleville, La Mothe le Vayer. Elle se fit l'apôtre de l'égalité de l'homme et de la femme, et créa un mouvement auquel adhérèrent plus ou moins ouvertement M$^{mes}$ de Rambouillet, de Sablé, de la Suze, de Scudéry, de Villedieu, et, plus tard, M$^{mes}$ de Longueville, de Hautefort, les frondeuses, puis, plus tard encore M$^{mes}$ de Sévigné et de Maintenon.

La cour de Henri IV suivait l'exemple donné par le Roi et la légèreté des mœurs y était excessive, tandis que la langue française se laissait envahir par le gasconisme. Une réaction se produisit dans l'esprit de beaucoup de personnes qui s'éloignèrent de la cour.

« Les révolutions des mœurs se caractérisent d'ordinaire par quelque groupe actif et influent qui s'érige en modèle et qui est surtout intéressant à étudier parce qu'il se forme spontanément en dehors des pouvoirs officiels et des cours. Telle fut cette célèbre Société de l'hôtel Rambouillet, dont on a trop oublié les services et exagéré les travers » (1).

---

1. Henri Martin. *Histoire de France,* 6$^e$ partie, Livre LXXIV.

La marquise de Rambouillet, née Catherine de Vivonne, alors âgée de vingt ans, dans tout l'éclat de sa beauté et de sa belle intelligence, se retira dans son hôtel, situé rue Saint-Thomas-du-Louvre, près du Palais-Royal ; elle en fit un centre d'opposition élégante et spirituelle, cherchant sa distraction dans la société des beaux-esprits.

Malherbe fut un des premiers à fréquenter l'hôtel de Rambouillet, où il exerça une certaine influence ; il y vint, accompagné de ses disciples.

Après eux s'y montrèrent Sarrazin, Balzac, Chapelain, Voiture, présenté par M. de Chaudebonne, Vaugelas, Richelieu, alors évêque de Luçon, Nogaret de la Valette.

L'hôtel de Rambouillet ne tarda pas à jouir d'une renommée qui se maintint de 1608 à 1645 ; il fut le « souverain tribunal des affaires d'esprit en ce temps-là » (1). Les dames de la cour, les plus grands seigneurs, les écrivains les plus célèbres tinrent à honneur d'y être reçus : le prince et la princesse de Condé et leur fille, plus tard duchesse de Longueville, la princesse de Conti, le marquis de la Salle, la marquise de Sablé, M$^{lle}$ de Coligny (plus tard M$^{me}$ d'Adington, puis comtesse de la Suze), la présidente Aubry, M$^{mes}$ d'Aiguillon, d'Estrades, de Saint-Ange, de Sévigné, de la Fayette, Madeleine de Scudéry (qui ne publia rien tant que dura cette société), M$^{lle}$ Paulet, la « lionne » de l'Hôtel Rambouillet ; parmi les gens de lettres : Costar, Conrart, Malleville, Mathieu de Montreuil, Dulot, Mairet, Patru, Cotin, Rotrou, Godeau, P. Corneille, Bussy-Rabutin, Colletet, de Scudéry, Scarron, La Calprenède, Esprit, Benserade, Ménage, Charleval, La Rochefoucault, Saint-Evremont, Fléchier, La Mesnardière.

« Jusqu'alors, les lettrés sans naissance n'avaient figuré à la cour et dans le monde qu'à titre de *domestiques* (2) des rois et des grands : pour la première fois, ils furent admis à titre de gens de lettres,

---

1. Fontenelle. *Eloge de Corneille*.

2. Le mot *Domestique* n'avait pas à cette époque absolument la même signification qu'il a aujourd'hui. « Il se disait des individus attachés à une grande maison, même quand ils étaient gentilshommes et que l'emploi était important. » (Littré. *Dictionnaire*)

Sainte-Beuve observe dans une note de son *Tableau de la Poésie française au* XVI$^e$ *siècle*, p. 22, que « les princes du XVI$^e$ siècle payèrent d'ordinaire les poètes avec deux monnaies principales. 1° Ils les pre-

auprès des femmes de qualité, sur le pied de l'égalité avec les hommes les plus distingués et les plus recommandables de la haute noblesse…. On n'a pas fait suffisamment honneur à Mme de Rambouillet de cette innovation. Si la dignité de la profession des lettres commença de se fonder sous le règne de Richelieu, qui déploya tant de grâce et de courtoisie dans ses relations avec les écrivains et qui, en les honorant, leur apprit à s'honorer eux-mêmes par la dignité des mœurs, il est juste d'en partager le mérite entre le grand ministre et la noble femme qui avait pris l'initiative… sans autre autorité que celle que donnent la beauté, l'esprit et la vertu » (1).

L'hôtel de Rambouillet créa, pour ainsi dire, l'art et le goût de la conversation et trouva des expressions nouvelles et des tours souvent heureux (2). Après Malherbe, Balzac et Voiture en furent les oracles ; les réunions de tous ces beaux-esprits étaient de véritables assemblées académiques ; on y lisait et on y critiquait les œuvres nouvelles, on les jugeait au point de vue de la forme et au point de vue des idées. Voiture, Benserade, Malleville y soulevèrent d'extraordinaires enthousiasmes avec leurs poésies d'*Uranie*,

---

naient pour valets de chambre, et c'est ainsi que la domesticité de François I$^{er}$ et de sa sœur Marguerite de Navarre, était presque toute littéraire. On y voyait Jean et Clément Marot ; Bonaventure des Périers… ; Hugues Salel… ; Victor Brodeau… ; Claude Chappuy… Plus tard, Malherbe, Racine, Voltaire furent bien gentilshommes de la chambre. 2° On dotait les auteurs, même les poètes galants, d'abbayes, de bénéfices ou d'évêchés, et c'était la monnaie le plus en usage. » Après avoir cité les exemples de Mellin de Saint-Gelais, Rabelais, Amyot, Ronsard, J. du Bellay, Pontus de Thiard, le même auteur ajoute : « Philippe Des Portes fut le plus riche abbé de son temps, grâce à ses sonnets. Sans remonter si haut, on a vu les petits vers galants ne pas nuire aux bénéfices de l'abbé de Chaulieu, ni à la fortune ecclésiastique de l'abbé de Bernis. » — On sait que Molière fut valet de chambre tapissier de Louis XIV.

Comme cela était dans les mœurs, les gens de lettres ne rougissaient ni de cette domesticité ni de recevoir des subventions, non seulement des grands seigneurs, mais aussi des dames de la cour. Tallemant des Réaux raconte que Benserade avait accepté les libéralités de M$^{me}$ de la Roche-Guyon, et qu'il avait, de leur fait, un carrosse, trois laquais, de la vaisselle d'argent. De nos jours une semblable attitude serait jugée avec sévérité.

1. Henri Martin. *Histoire de France*, 6$^e$ partie, livre LXXIV.
2. «… l'hôtel de Rambouillet qui est comme une académie d'honneur, de vertu et de belle galanterie, et qui institue le règne des femmes dans les Lettres. » (Sainte-Beuve, *Nouveaux Lundis*, VI, 344).

de *Job* et de la *Belle Matineuse* ; Corneille y donna la première lecture de *Polyeucte* et Bossuet y prononça son premier sermon.

« Comment s'étonner de l'influence de l'Hôtel de Rambouillet sur tout ce qui lisait et conversait en France, si l'on considère que passer en revue cette société, c'est passer en revue sinon toute la littérature du temps, au moins toute celle qui acceptait les exigences de la bonne compagnie ? Ce centre littéraire, bien antérieur à l'Académie française, subsista en face d'elle sans qu'il y eût véritablement concurrence ; les éléments des deux compagnies étaient les mêmes, si ce n'est que l'Académie s'ouvrit à quelques écrivains étrangers au cercle de M$^{me}$ de Rambouillet (1).

Il fut le type du salon littéraire et la pépinière de l'Académie naissante ; il eut l'honneur de mettre en faveur et de faire connaître en France la littérature espagnole, comme les Médicis y avaient introduit le goût de la poésie italienne, et l'on sait la grande influence qu'exercèrent les illustres dramatistes espagnols sur le théâtre français et sur les autres branches de notre littérature. Il eut des ennemis, qu'on appela le parti des *barbares*, et qui fut composé des « champions de la fantaisie effrénée et de la vie bohémienne » (2) : Théophile de Viau, Saint-Amant, Cyrano de Bergerac, l'abbé de Marolles, Nicolas Faret, Guillaume Colletet et leurs amis. C'étaient des épicuriens et des sceptiques que l'on accusait même d'athéisme ; Théophile échappa difficilement au bûcher. Ces joyeux poètes tenaient leurs assises dans les cabarets de la « Pomme de Pin », du « Cormier », de la « Fosse aux Lions » et de l' « Epée royale ».

Le mariage de Julie d'Angennes, fille de la marquise de Rambouillet, avec le duc de Montausier, en 1645, fut la fin de l'hôtel de Rambouillet, dont l'existence avait duré près d'un demi-siècle, et auquel, dit Sainte-Beuve, « on est convenu de fixer l'établissement de la société polie, de cette société où l'on se réunissait pour causer entre soi des belles choses et de celles de l'esprit en particulier » (3). Il avait créé une mode, et de nombreux salons ou ruelles, comme on disait alors, s'étaient ouverts, où furent exagérés les qualités et les défauts de leur modèle. Ce sont les héroïnes

---

1. Henri Martin. *Histoire de France*, 6ᵉ partie, livre LXXIV.
2. Henri Martin. *Histoire de France*, 6ᵉ partie, livre LXXIV
3. *Causeries du lundi*, I.

de ces salons, les Précieuses prudes et pédantes, que critiqua l'abbé de Pure et que Molière railla dans les *Précieuses ridicules* et les *Femmes savantes* (1). Parmi ces salons, on peut citer ceux de M$^{me}$ de La Fayette, de M$^{me}$ de Sablé et même de M$^{lle}$ de Montpensier, la grande Mademoiselle. que fréquentèrent Huet, La Rochefoucauld, Segrais, Esprit, l'abbé Cotin ; il y en a deux surtout qui sont restés célèbres.

Madeleine de Scudéry, surnommée Sapho, recevait le samedi ; Pellisson, Chapelain, Conrart, Sarrazin, Montausier, M$^{mes}$ de la Suze, d'Arpajon, de la Vigne, Godeau, Furetière, Cyrano de Bergerac étaient de ses intimes. Son « bureau d'esprit », selon l'expression du temps, était le véritable salon des Précieuses ; il était situé dans le Marais ; on y cultivait la coquetterie et l'on y parcourait l'Empire du Tendre ; les soupirants y étaient appelés des « mourants » ; Madeleine de Scudéry fut surnommée la Reine des Précieuses.

Bien différente était la Société qui se réunissait en l'hôtel de la rue des Tournelles, où Ninon de Lenclos tenait sa cour. Aux littérateurs se mêlaient les anciens amants de Ninon qui étaient demeurés ses amis ; ils professaient d'autres idées sur la morale et sur la galanterie, et Ninon, qui n'avait pas la pruderie de Madeleine de Scudéry, déclarait que les Précieuses étaient « les jansénistes de l'amour. » C'est à l'hôtel des Tournelles que Molière fit la première lecture de *Tartufe* devant le prince de Condé, La Fontaine, Racine, Chapelle, Boileau, Saint-Evremont, Lulli.

D'autres sociétés littéraires se formèrent dans la première moitié du XVII$^e$ siècle.

Le dernier précepteur de Louis XIII, Fleurance Rivault, fit imprimer en 1612, un projet d'académie, où l'on devait faire des « conférences d'État et de guerre ».

Quelques années après, Théophraste Renaudot installa le Bureau d'Adresses, où les étrangers trouvaient des renseignements, les malades des consultations gratuites, les désœuvrés un rendez-vous ; on y prêtait sur gages, on y procurait des places, et on y publia *la Gazette*, le premier périodique français. On y organisa des conférences où l'on discutait

---

1. Sur l'hôtel Rambouillet, v. Rœderer. *Histoire de la société polie en France.*
V. Cousin. *Etudes sur les Femmes illustres du* XVII$^e$ *siècle.*

les œuvres nouvelles, que l'on jugeait même lorsque l'auteur le demandait ; il reste quatre livres de ces conférences sur la philosophie, la physique, etc., qui ont duré quatre années.

Il y eut aussi des académies d'un caractère plus particulièrement théologique, comme le furent : celle que fonda à Orléans l'abbé de Heere, doyen de Saint-Aignan ; celle du couvent des Grands Augustins, et celle que tint, en 1631, François de Harlay, archevêque de Rouen, à l'abbaye de Saint-Victor à Paris, et que Richelieu fit continuer à Conflans, sous la présidence de Campanella. Dans ces diverses assemblées, des ecclésiastiques et des moines parlaient sur de doctes matières.

A peu près à l'époque de la fondation de l'Académie française, une société illustre se développait. La Mère Angélique Arnauld était devenue, en 1608, abbesse de Port-Royal ; l'Abbaye, fondée en 1204 dans la vallée de Chevreuse, à six lieues de Paris, acquit une brusque et durable célébrité, lorsque « la mère Angélique, nature d'un héroïsme antique, espèce de Cornélie chrétienne..., passa en 1635-1636, avec ses bénédictines sous la direction spirituelle de Saint-Cyran..., l'homme d'action, le moraliste pratique » des idées dont « Jansénius était surtout le théoricien » (1).

Saint-Cyran acquit sur l'abbesse et le monastère un pouvoir absolu : les religieuses de Port-Royal furent les zélées prosélytes des doctrines jansénistes, tandis que Saint-Cyran et ses collaborateurs, — créant des méthodes nouvelles qu'ils opposaient à celles des jésuites dont ils étaient les adversaires et auxquels ils reprochaient d'enseigner une morale relâchée, — se firent les instituteurs de la jeunesse, et fondèrent

« Ces travaux d'enseignement qui surpassèrent tout ce qu'on avait vu et qu'on n'a pu que continuer dignement, tels que les *méthodes* pour les langues grecque, latine, italienne, espagnole, mais surtout la *Grammaire*, et, quelques années plus tard, la *Logique*, ces deux chefs-d'œuvre d'Arnaud et de Nicole. Port-Royal se fit ainsi le suppléant de l'Académie française qui ne sortit pas de son *Dictionnaire* » (2).

L'ancien monastère devint Port-Royal des Champs et

---

1. Henri Martin. *Histoire de France*, 6ᵉ partie, livre LXXIII.
2. Henri Martin. *Histoire de France*, 6ᵉ partie, livre LXXIII.

produisit des écrivains de tout premier ordre ; ce ne fut pas, à proprement parler, une Académie, malgré la forme remarquable de la littérature de Port-Royal ; c'est surtout à la philosophie, à la théologie et à la controverse que s'appliquèrent les célèbres solitaires, dont les plus connus sont les deux frères de la Mère Angélique, Arnauld d'Andilly et Antoine, surnommé le grand Arnauld ; ses trois neveux, Antoine Lemaistre, Séricourt, Lemaistre de Sacy ; puis encore Pascal, Nicole, Claude Lancelot. Il est à remarquer qu'aucun d'eux n'a fait partie de l'Académie française ; une place y fut offerte à Arnauld d'Andilly, qui la refusa. Les élèves les plus marquants de Port-Royal sont les Bignon, les Harlay, Racine, Rollin, d'Aguesseau (1).

L'influence que les jésuites et les molinistes exerçaient à la cour fut désastreuse pour les jansénistes et pour Port-Royal. Condamnés une première fois en 1641, ils reprirent la lutte en 1654 et furent condamnés de nouveau par le pape Innocent X et en Sorbonne en 1656 ; Arnauld fut exilé. Pascal les vengea par la publication des *Provinciales ;* en 1661 ils furent dispersés, puis une paix intervint en 1669. La lutte recommença sous d'autres noms et avec d'autres chefs, notamment le Père Quesnel, en 1702, dont les *Réflexions morales sur le Nouveau Testament* furent condamnées par la bulle *Unigenitus* que lança le pape Clément XI. La doctrine de Jansénius combattait autant les jésuites que les calvinistes, bien qu'ayant beaucoup de points de ressemblance avec celle de ces derniers ; la révocation de l'édit de Nantes atteignit par contre-coup les derniers survivants de Port-Royal qui se dispersèrent définitivement, mais le seul soupçon de partager les idées jansénistes resta longtemps encore dangereux pour celui qui s'y était exposé. Une révolution s'était faite dans les esprits, et les controverses religieuses qui, depuis plusieurs siècles, agitaient le pays, allaient faire place au grand mouvement philosophique du xviiie siècle.

Si nous voulions nous en tenir à l'ordre chronologique, après nous être occupé de l'hôtel de Rambouillet et de Port-

---

1. Voir Sainte-Beuve. *Histoire de Port-Royal.* Racine, *Abrégé de l'Histoire de Port-Royal.* Dom Clémencet. *Histoire générale de Port-Royal,* 10 vol., et *Histoire des Ecrivains de Port-Royal,* 4 vol., in-4º, manuscrits.

Royal, nous devrions aborder l'histoire de l'Académie française, mais comme elle fait l'objet spécial de ce livre, nous voulons dire encore quelques mots sur les diverses sociétés qui ont existé vers le temps de sa fondation ou qui ont acquis quelque célébrité depuis.

La multiplicité des assemblées littéraires au début du xvii$^e$ siècle montre bien que l'idée d'une académie organisée était, comme l'on dit, « dans l'air ». C'est pourquoi on a placé un peu partout le berceau de l'Académie française, de même que plusieurs villes de Grèce se disputent la gloire d'avoir vu naître Homère. L'abbé de Marolles fait remonter l'origine de l'Académie à M$^{lle}$ de Gournay ; P. Cadot à Colletet qui réunissait les disciples de Ronsard au faubourg Saint-Victor. Pellisson la fait naître de la société des amis de Conrart, et la postérité a partagé son opinion. D'ailleurs, les amis de Conrart étaient presque tous des assidus de l'hôtel de Rambouillet et fréquentaient les différents centres littéraires de leur temps.

Après la fondation de l'Académie française, les nombreuses sociétés littéraires ou scientifiques qui s'étaient formées en province, eurent l'ambition de devenir à leur tour des académies, et quelques-unes d'entre elles parvinrent à obtenir des lettres patentes à cet effet. M. Francisque Bouillier a écrit leur histoire dans un livre extrêmement intéressant qui est un éloquent plaidoyer en faveur d'une fédération des académies de France, à la tête de laquelle serait placé l'Institut (1).

Les académies de province eurent des débuts analogues à ceux de l'Académie française ; c'étaient d'abord des réunions amicales, des cercles littéraires composés d'un très petit nombre de personnes, qui s'augmenta par la suite. Elles obtinrent des lettres patentes identiques à celles qui avaient consacré l'établissement de l'Académie française, mais elles durent les attendre beaucoup plus longtemps.

« On y voit leur communauté d'origine et d'attributions, l'égalité, la confraternité académique, qui n'exclura pas une déférence toute filiale à l'égard de l'Académie française, la première des académies, d'où elles procèdent toutes, comme de leur source, dont elles sont une véritable émanation, et qu'elles se proposent comme leur commun modèle. » (2).

---

1. *L'Institut et les Académies de province.*
2. F. Bouillier. *L'Institut et les Académies de province*, p. 13.

Les académiciens de province jouirent des mêmes privilèges que les membres de l'Académie française, sauf du droit de *committimus*. La plus ancienne des académies de province fut celle d'Arles (1) ; établie par lettres patentes en 1665, elle était composée de gentilshommes, et eut pour protecteurs le duc F.-H. de Saint-Aignan et le marquis de Dangeau (2) ; puis, vinrent dans l'ordre chronologique de leur établissement : Soissons, 1675, qui eut successivement pour protecteurs les trois d'Estrées et le cardinal de Rohan ; Nîmes, 1682, qui eut Fléchier comme protecteur ; Angers, 1685 ; Villefranche de Beaujolais, 1695 ; Castres, vers la même époque. L'académie de Caen obtint ses lettres patentes en 1705 ; elle avait été fondée en 1652 par Moysant de Brieux ; elle fut très célèbre au XVIIe siècle et comprit parmi ses membres Ménage, Huet, Segrais ; il ne faut pas la confondre avec l'académie de physique que Huet fonda dans la même ville et qui dura peu de temps. L'académie de Montpellier fut établie en 1706 ; celle de Bordeaux en 1713, elle eut pour protecteurs le duc de Caumont La Force, le cardinal de Polignac, le maréchal de Richelieu, et compta parmi ses membres Voltaire et Montesquieu ; Lyon, 1724 (3) ; Marseille, 1726, qui eut pour protecteurs le maréchal et le duc de Villars, le cardinal de Bernis (4) ; Dijon, 1740 (5) ; Rouen, 1744 ; Toulouse, 1746 ; Amiens et Nancy (6), 1750 ; Besançon, 1757, avec le duc de Duras comme protecteur ; Metz, 1760 (7), eut pour protecteur le maréchal de Belle-Isle ; Arras, 1773 ; Clermont-Ferrand,

---

1. L'académie d'Arles fut la première qui accueillit une femme parmi ses membres, Mme Deshoulières.
2. Nous ne citons parmi les protecteurs que ceux qui ont appartenu à l'Académie française. Nous ne signalons que les académies littéraires, celles qui se sont occupées exclusivement de sciences ou de beaux-arts n'ayant pas place dans ce livre.
3. Voltaire, Buffon, François de Neufchâteau, Morellet, Millot, Thomas, Ducis, Ballanche, V. de Laprade en ont fait partie.
4. Voltaire, F. de Neufchâteau, Bernis, Boisgelin, Gaillard en ont fait partie.
5. Buffon, Voltaire, François de Neufchâteau en ont fait partie.
6. Montesquieu, Fontenelle, le président Hénault, Maupertuis, La Condamine, le comte de Tressan, Saint-Lambert, François de Neufchâteau ont fait partie de l'académie de Nancy.
7. Les deux Lacretelle et Rœderer en ont été membres.

en 1780 ; celle d'Orléans fut, en 1786, la dernière établie avant la Révolution.

Il y eut aussi des académies à Bourg (1), Béziers, Pau, La Rochelle, Châlons-sur-Marne qui eut un prince du sang, le comte de Clermont, comme protecteur. Louis XIV, et après lui, Louis XV et Louis XVI furent les protecteurs des académies d'Angers et de Montpellier ; le roi Stanislas fut celui de l'académie de Nancy, qui porte encore son nom.

Chacune de ces académies de province a écrit son histoire particulière.

Les lettres patentes de ces académies les obligeaient à une affiliation avec l'Académie française, et souvent à choisir leur protecteur dans son sein.

« Cette clause de leurs statuts était un honneur et non pas une charge ; c'était un lien filial et non une marque de vasselage » (2).

« L'Académie française, surtout dans les premiers temps, montra en diverses circonstances qu'elle y tenait comme à un de ses honneurs et à une de ses prérogatives » (3).

« L'influence que Paris exerce en grand sur toute la France, elles l'ont exercée autour d'elles, elles l'ont fortifiée, elles l'ont étendue, non seulement dans les petites capitales où elles siégeaient, mais dans toute leur région académique. Partout elles ont répandu le goût et le culte des ouvrages de l'esprit, des sciences, des beaux-arts et même de la philosophie » (4).

Les académies de province furent supprimées par la Convention en 1793 ; quelques-unes se sont reconstituées depuis, mais elles n'ont plus les mêmes privilèges ni la même importance ; elles ont pris le nom d'athénées, de lycées, de sociétés ; pour éviter une confusion qu'elles désiraient peut-être, on a interdit à plusieurs d'entre elles de prendre la dénomination d'*Institut* départemental. Elles se renferment généralement dans les limites de l'histoire locale et beaucoup s'occupent surtout de recherches archéologiques ; par la nature de leurs travaux, elles se rattacheraient plutôt aux Académies des Inscriptions et Belles-Lettres ou des Sciences morales et politiques qu'à l'Académie française.

---

1. Vaugelas, Faret, Méziriac en ont fait partie.
2. F. Bouillier. *L'Institut et les Académies de province*, p. 20.
3. F. Bouillier. *L'Institut et les Académies de province*, p. 21.
4. F. Bouillier. *L'Institut et les Académies de province*, p. 80.

Nous avons dit que la mode des salons s'était développée dans la deuxième moitié du xviie siècle ; le nombre en fut très important, et nous ne pouvons pas les mentionner tous ; nous citerons pourtant encore ceux de la duchesse de Longueville, de l'abbé de Marolles, de l'abbé de Croisilles, de P. Mersenne, de Chantereau Le Fèvre, de Gaston d'Orléans, du cardinal de Retz (qui recevait Blot, Saint-Amant, Ménage, Scarron, Marigny), des frères du Puy, du marquis de Sourdis. Quelques hommes de lettres réunissaient également leurs amis, tels Ménage, Pascal, Boileau.

Le duc et la duchesse du Maine s'étaient formé une cour littéraire dans leur château de Sceaux, que dirigeaient Malézieu, ancien précepteur du duc, et l'abbé Genest, et que fréquentaient le président de Mesme, le cardinal de Polignac, le marquis de Sainte-Aulaire, Voltaire, etc.

Dans le même temps, c'est-à-dire dans les premières années du xviiie siècle, il y eut un centre important de réunions littéraires au Temple, où, pendant une quarantaine d'années, de 1681 à 1720, le grand prieur Philippe de Vendôme et son intendant l'abbé de Chaulieu, continuant la tradition de Ninon de Lenclos, reçurent les *esprits forts*, épicuriens et sceptiques.

La mode des cabarets était passée ; il n'y avait plus guère que celui de l'*Epée royale* que fréquentaient encore l'abbé de Chaulieu, Dancourt et Dufrény. Les cafés, qui allaient jouer un rôle considérable dans les deux siècles suivants, avaient commencé à les remplacer vers l'année 1680. Deux des plus connus furent le café Gradot et celui de la veuve Laurent ; Voltaire a dit de ce dernier que « c'était une école d'esprit dans laquelle il y avait un peu de licence ». Le plus célèbre fut le fameux café Procope qui, fondé à la foire de Saint-Germain, s'installa, en 1689, dans la rue des Fossés-Saint-Germain-des-Prés (aujourd'hui rue de l'Ancienne-Comédie, d'où il a disparu définitivement il y a seulement quelques années). Les habitués de ces cafés étaient La Faye, Duclos, Maupertuis, Lamotte, Saurin, Boindin, J.-B. Rousseau, Danchet, Alary, Terrasson, Fréret, Dumarsais, Saint-Ange, Moncrif, Fréron ; Piron fréquenta le café Procope, où vinrent aussi quelquefois Voltaire et Jean-Jacques Rousseau.

Avec le xviiie siècle, les Précieuses faisant place à la Philosophie, les salons allaient se transformer aussi, « croître singulièrement en importance et devenir non plus seulement des bureaux d'esprit, mais des foyers d'idées. » (1).

Le premier que nous rencontrons est celui de la marquise de Lambert qui, née en 1647 et mariée en 1666, l'ouvrit à l'âge de soixante ans, et mourut en 1733. « M$^{me}$ de Lambert, au milieu du débordement de la Régence, ouvre chez elle un asile à la conversation, au badinage ingénieux, aux discussions sérieuses : Fontenelle préside ce cercle délicat et poli, où il est honorable d'être reçu » (2). La duchesse du Maine vint quelquefois le mardi, jour où M$^{me}$ de Lambert recevait ses hôtes habituels : Louis de Sacy, à qui elle marquait une grande préférence, Fontenelle, La Motte, Mairan, Mongault, l'abbé de Choisy, le président Hénault ; nous les retrouverons presque tous dans les autres salons qui s'ouvrirent à l'imitation de celui-là. La marquise de Lambert, dont l'influence fut énorme, se défendait d'avoir voulu créer, à cent ans de distance, un nouvel hôtel Rambouillet. « On n'était guère reçu à l'Académie, a écrit le marquis d'Argenson, que l'on ne fût présenté chez elle et par elle. Il est certain qu'elle a bien fait la moitié de nos académiciens actuels. »

M$^{me}$ de Tencin, « femme peu estimable, dit Sainte-Beuve, et dont quelques actions sont voisines du crime » (2), qui fut la mère dénaturée de d'Alembert et qui mourut en 1750, tint également un salon où se réunissaient surtout les philosophes : Fontenelle, Montesquieu, Mairan, Helvétius, Marmontel, de Tressan, d'Argental, et avec eux Marivaux et l'abbé de Bernis.

« Noms étrangement accouplés, indice caractéristique du relâchement et de la confusion de toutes choses, que d'avoir à citer la respectable M$^{me}$ de Lambert à côté de l'intrigante, de la prostituée Tencin, héritière indigne de cette Ninon qui, du moins, avait droit de se vanter d'être un *honnête homme* ; les plus illustres écrivains se lient sans scrupule avec cette femme qui orne ses vices de toutes les grâces de l'esprit » (3).

M$^{me}$ Geoffrin, presque sans instruction, l'élève de M$^{me}$ de Tencin et l'amie de Fontenelle, parvint, pendant vingt-cinq

---

1. Henri Martin. *Histoire de France*, 7$^e$ partie, livre xcvi.
2. *Causeries du Lundi.* II.
3. Henri Martin. *Histoire de France*, 7$^e$ partie, livre xcvi.

ans, à réunir à sa table et dans son salon une société très éclectique d'artistes et de gens de lettres, comprenant les étrangers de distinction, écrivains, philosophes et savants, de passage à Paris. Le lundi était le jour consacré aux artistes ; elle recevait les Vanloo, Carle Vernet, Boucher, La Tour, Vien, Lagrenée, Soufflot, Lemoine, Portail, Watelet, Saint-Non, Mariette. Le mercredi, c'étaient les gens de lettres, parmi lesquels d'Alembert, Mairan, Marivaux, Chastellux, Morellet, Saint-Lambert, Helvétius, Raynal, Grimm, d'Holbach, Montesquieu, Diderot, Thomas, l'abbé de Saint-Pierre, Voisenon, Gentil-Bernard, Louis de Rohan. Ses dîners étaient suivis de réception. Marmontel, devenu son commensal, était de toutes les fêtes ; chaque salon du xviii$^e$ siècle avait une sorte de président dans la personne du favori de la maîtresse de la maison ; chez M$^{me}$ de Lambert, c'était Louis de Sacy ; chez M$^{me}$ Geoffrin, Marmontel ; chez M$^{lle}$ de Lespinasse, d'Alembert ; chez M$^{me}$ Necker, Buffon.

La fortune de M$^{me}$ Geoffrin lui permit de faire mieux que d'offrir l'hospitalité à ses amis ; elle put encore donner des pensions à Morellet, à Thomas, à d'Alembert, à M$^{lle}$ de Lespinasse. Elle mourut en 1777.

« Ce qui la caractérise en propre et lui mérite le souvenir de la postérité, c'est d'avoir eu le salon le plus complet, le mieux organisé et, si je puis dire, le mieux *administré* de son temps, le salon le mieux établi qu'il y ait eu en France depuis la fondation des salons, c'est-à-dire depuis l'Hôtel Rambouillet. Le salon de M$^{me}$ Geoffrin a été l'une des institutions du xviii$^e$ siècle » (1).

M$^{me}$ du Deffant fut aussi, pendant une partie de sa vie, la protectrice des philosophes. Née en 1697 et mariée en 1718, elle fut la maîtresse du Régent, puis du président Hénault ; elle devint veuve en 1750 et aveugle en 1754 ; toujours en proie à un grand ennui, elle le combattit en créant un salon philosophique, que fréquentèrent à peu près tous ceux que nous avons vus chez M$^{me}$ Geoffrin. Elle recevait aussi Voltaire, Turgot, Diderot, Necker, Barthélemy, Boufflers, Loménie de Brienne et Boisgelin, des étrangers, des grands seigneurs et des grandes dames. Elle prit, en 1753, une lectrice, M$^{lle}$ de Lespinasse, dont la jeunesse et l'intelligence, à défaut de beauté, arrêtèrent l'attention

---

1. Sainte-Beuve. *Causeries du Lundi*, II.

de plusieurs de ses amis. Elle finit par en prendre ombrage, et celle qu'on appela « la Muse de l'Encyclopédie » obligea M$^{lle}$ de Lespinasse à la quitter.

« La défection fit éclat et partagea la société en deux camps. On prit fait et cause pour ou contre M$^{lle}$ de Lespinasse ; en général le jeune monde et la littérature, les encyclopédistes en masse furent pour elle » (1).

Ce fut à ce moment que M$^{me}$ Geoffrin lui donna une pension, tandis que M$^{me}$ du Deffant devint l'adversaire des philosophes, et, par contre-coup, de l'Académie, où ils triomphaient.

M$^{lle}$ de Lespinasse habita alors rue de Bellechasse ; à son tour elle ouvrit un salon où affluèrent les philosophes. D'Alembert, après avoir été soigné par elle dans une grave maladie, vint demeurer chez elle : « Depuis ce jour, dit Sainte-Beuve, d'Alembert et M$^{lle}$ de Lespinasse firent ménage en tout bien tout honneur, et sans qu'on en jasât autrement » (2). De ce moment son salon qui était ouvert à ses amis tous les jours à partir de cinq heures (on dînait alors à quatre heures), acquit une très grande influence, surtout à partir du jour où d'Alembert fut nommé secrétaire perpétuel de l'Académie, où ils exercèrent une autorité despotique. M$^{lle}$ de Lespinasse recevait Condorcet, Grimm, Condillac, Bernardin de Saint-Pierre, Turgot, Chastellux, Brienne, Boisgelin, Devaines, Arnaud, de Boismont et les autres écrivains qui, sans parti pris, fréquentaient tous les salons littéraires. « Malgré sa tendre amitié pour d'Alembert, amitié qui fut sans doute un peu plus à l'origine » (3), M$^{lle}$ de Lespinasse éprouva une violente passion pour Guibert. Elle mourut le 22 mai 1776.

« Au moment de sa mort, elle fut universellement regrettée, comme ayant su, sans nom (4), sans fortune, sans beauté, et par le seul agrément de son esprit, se créer un salon des plus en vogue et des plus recherchés à une époque qui en comptait de si brillants » (5).

---

1. Sainte-Beuve. *Causeries du Lundi*, I.
2. Sainte-Beuve. *Causeries du Lundi*, II.
3. Sainte-Beuve. *Causeries du Lundi*, III.
4. La naissance de M$^{lle}$ de Lespinasse, comme celle de d'Alembert, était illégitime ; elle était la fille adultérine d'une femme noble de Bourgogne.
5. Sainte-Beuve. *Causeries du Lundi*, II.

Un autre salon de la même époque a une célébrité presque aussi grande que ceux dont nous venons de parler, c'est celui de M^me Necker, la femme du banquier genevois qui fut ministre de Louis XVI.

« En matière de littérature, dit Morellet, on causait agréablement, et elle en parlait elle-même fort bien. »

Elle trouvait quelquefois que les idées et les propos des philosophes dépassaient un peu la mesure. Le 17 avril 1770, à l'un des dîners qu'elle donnait le vendredi dans son hôtel de la rue Michel-le-Comte, puis de la rue de Cléry, et auquel assistaient, outre M. et M^me Necker, Diderot, Suard, Chastellux, Grimm, le comte de Schomberg, Marmontel, d'Alembert, Thomas, Saint-Lambert, Saurin, Raynal, Helvétius, Gentil-Bernard, l'abbé Arnaud et Morellet, ses convives décidèrent à l'unanimité d'ériger une statue à Voltaire et d'en confier l'exécution à Pigalle. M^me Necker protesta avec vivacité lorsque l'artiste déclara qu'il se proposait de représenter Voltaire en dieu antique, c'est-à-dire nu. La statue fut pourtant exécutée, elle est aujourd'hui à l'*Institut*.

Parmi ceux qui fréquentaient le salon de M^me Necker, on peut citer encore Ducis, Dorat, Delille, et surtout Buffon, le plus adulé de tous. C'est là que Bernardin de Saint-Pierre donna la première lecture de *Paul et Virginie* ; elle reçut un accueil tellement glacial, que le grand écrivain douta de son génie et voulut détruire son manuscrit. Heureusement qu'un de ses amis à qui il fit part de son intention, l'en dissuada. La postérité l'a vengé de l'indifférence de ces sceptiques.

Au XVIII^e, comme au XVII^e siècle, les salons se multiplièrent : tous n'eurent pas la même importance ni la même renommée. Nous citerons seulement les noms de M^me de Marchais (plus tard M^me d'Angivillier), surnommée *Pomone;* de M^me Doublet de Persan, dont le salon était appelé la *Paroisse*, et qui était une sorte de bureau d'esprit où l'on se communiquait de vive voix les nouvelles que l'on envoyait par correspondance aux abonnés ; ces nouvelles furent inscrites jusqu'en 1771, sur un registre spécial, et l'on assure que c'est là que Bachaumont trouva les éléments de ses *Mémoires secrets*. Chez M^me d'Epinay, les habitués avaient pris des noms de guerre ; là, se rencontraient Marivaux, Voisenon, Collé, Piron, Duclos, Saint-Lambert, J.-J- Rousseau, Grimm, Voltaire, Diderot. Il y eut encore les salons de la duchesse de Villars, de la marquise du Châtelet (à Cirey-en-Champagne, sur la frontière de la Lorraine), l'amie de Voltaire et de Saint-Lambert (1), du prince de Conti, de Morellet, chez qui prit naissance la querelle des piccinistes et des glückistes. Helvétius et d'Holbach recevaient également les philosophes à dîner, mais chez eux il y avait un peu moins de retenue et la liberté de chacun y était plus grande. M$^{me}$ Helvétius continua ces réceptions après la mort de son mari.

Le D$^r$ Quesnay, patron et fondateur de la secte des économistes, recevait à sa table dans l'entresol que M$^{me}$ de Pompadour, de qui il était le médecin, lui avait donné pour logis, Diderot, d'Alembert, Duclos, Helvétius, Turgot, Buffon, Marmontel. La marquise se plaisait à venir quelquefois prendre part à leurs discussions.

« Il y eut, de 1724 à 1731, une tentative remarquable pour former une espèce d'académie libre des sciences morales et politiques, sciences qui n'avaient pas leur place dans les académies royales. Un abbé Alary, homme d'esprit et de savoir, organisa chez lui, dans un *entresol* de la place Vendôme, des conférences périodiques où une vingtaine de diplomates, de magistrats et de gens de lettres vinrent débattre toutes sortes de matières politiques : la tradition de Fénelon et surtout de Vauban domina dans cette réunion, qui dut probablement à l'un de ses membres, lord Bolingbroke, le nom anglais de *Club de l'Entre-Sol*. C'est la première apparition du nom de *club* parmi nous » (2).

L'abbé de Saint-Pierre, Montesquieu, le marquis d'Argenson firent partie de ce club dont le cardinal Fleury s'effraya ; il ordonna aux nouveaux académiciens de cesser leurs assemblées.

Les collaborateurs de l'*Encyclopédie* formèrent une véritable société académique de philosophie sceptique et même irréligieuse ; nous les avons vus se réunir dans les salons littéraires du xviii$^e$ siècle. Plus heureux que les jansénistes et messieurs de Port-Royal, ils firent triompher leurs idées,

---

1. V. *La Cour de Lunéville au* xviii$^e$ *siècle* par M. Gaston Maugras.
2. Henri Martin. *Histoire de France*, 7$^e$ partie, livre xcvi. — Sainte-Beuve. *Causeries*, XII : « Vers 1725, il s'était formé à Paris, chez l'abbé Alary, de l'Académie française, une conférence politique qui se tenait tous les samedis : et comme l'abbé demeurait à un entresol, place Vendôme, dans la maison du président Hénault, la société avait pris nom l'Entre-Sol. C'était à la fois un essai de club à l'anglaise, et un berceau d'Académie des sciences morales et politiques. »

et un grand nombre d'entre eux entrèrent à l'Académie française, où ils finirent par être en majorité. On sait quelle influence immense les encyclopédistes exercèrent sur les esprits et sur l'opinion. Ils transformèrent la philosophie et la science, et préparèrent la Révolution qu'ils ne virent pas tous, dont quelques-uns même furent les victimes. L'enthousiasme qu'ils soulevèrent en France se propagea à l'étranger : Frédéric II et Catherine de Russie s'honorèrent d'entretenir une correspondance avec eux et recherchèrent leur amitié ; Frédéric garda longtemps Voltaire à sa cour et souscrivit à sa statue, à la demande de d'Alembert. Catherine essaya d'attirer ce dernier à Saint-Pétersbourg, en lui proposant de présider à l'instruction du jeune prince, son fils, et en lui offrant à ce titre et pendant une durée de six années un traitement d'ambassadeur (1). Une autre fois, ayant appris que, pressé d'argent, Diderot voulait vendre sa bibliothèque, elle la lui acheta au prix de quinze mille livres, en lui faisant savoir que, ne pouvant se la faire expédier en Russie, elle le priait d'en demeurer le gardien, avec un traitement annuel de mille livres (2).

Nous terminerons notre revue des sociétés littéraires en France, qui comptèrent de grands écrivains dont plusieurs manquent au tableau de l'Académie française, en signalant quelques-unes de celles qui se sont formées au xixe siècle.

Après la tourmente révolutionnaire, la France reprit peu à peu quelques-unes de ses anciennes habitudes, modifiées certainement par les idées nouvelles ; la littérature, qui, pendant plusieurs années, avait été étouffée par la politique, renaissait, gardant encore l'emphase des derniers philosophes et la tendance déclamatoire des tribuns. Sous le Directoire il y eut, chez ceux que la Terreur avait obligés à fuir ou à se cacher, un besoin furieux de plaisirs qui laissa peu de place aux jouissances de l'esprit. L'Institut, récemment créé, assurait la prééminence aux sciences mathématiques et utilitaires ; mais la littérature, d'abord sacrifiée, devait bientôt sortir de son état d'infériorité et reconquérir son véritable rang, qu'elle occupera dans le nouveau siècle avec plus de gloire que jamais.

---

1. Bachaumont. *Mémoires secrets*, année 1763.
2. Bachaumont. *Mémoires secrets*, année 1763.

Parmi les salons qui s'ouvrirent sous le Consulat et l'Empire, le plus célèbre fut celui de la belle M$^{me}$ Récamier, centre politique et cercle littéraire. Le gouvernement de Napoléon prit ombrage de l'opposition qui s'y faisait contre le despotisme impérial, M$^{me}$ Récamier dut quitter Paris et se réfugier en Italie ; M$^{me}$ de Staël à qui elle avait donné l'hospitalité fut exilée et se retira en Suisse. M$^{me}$ Récamier revint en 1816, mais, à la suite de revers de fortune, elle vécut à l'Abbaye-au-Bois, couvent situé à l'entrée de la rue de Sèvres, où elle continua à réunir autour d'elle des écrivains et des hommes politiques, exerçant elle-même une grande influence. « Tous ses amis, à bien peu d'exceptions près, avaient commencé par l'aimer d'amour » (Sainte-Beuve, I); mais il ne semble pas qu'elle leur ait jamais accordé d'autre faveur qu'un espoir toujours irréalisé.

Parmi ses adorateurs platoniques, on peut citer, avant ou après son exil, Lucien Bonaparte, Bernadotte, le prince Auguste de Prusse, Chateaubriand, Benjamin Constant, les Montmorency père et fils, Ballanche, le sculpteur Canova, J.-J. Ampère, le duc de Noailles, etc.; elle reçut également Eugène de Beauharnais, Moreau, Masséna, Fouché, Barrère, La Harpe. « M. de Chateaubriand était l'orgueil de ce salon, mais elle en était l'âme. » (Sainte-Beuve, I). M$^{me}$ Récamier mourut en 1849, âgée de 72 ans.

Vers le même temps, il y eut une société peu nombreuse qui, pendant plusieurs années, déjeuna le jeudi de chaque semaine chez un traiteur de la rue Thérèse. Cette société du « Déjeuner de la Fourchette » inspira sans doute à Scribe sa comédie de la *Camaraderie*, car elle eut ceci de particulier que les treize membres qui la composaient arrivèrent tous à faire partie de l'Académie française : le comte Daru, A.-V. Arnault et Andrieux en 1803, Picard en 1807, Charles de Lacretelle et Parseval-Grandmaison en 1811, Alexandre Duval en 1812, Aignan en 1814, Jouy en 1815, Auger en 1816, Roger en 1817, Lémontey en 1819, et Droz seulement en 1824 ; au début de leurs réunions, ils se groupaient autour de Ducis.

Le XVIII$^e$ siècle avait vu la Révolution des Idées et la Révolution politique, le XIX$^e$ devait voir le grand mouvement littéraire qui transforma le Théâtre et la Poésie. En 1825, déjà en pleine gloire, Victor Hugo réunissait un *Cénacle* de poètes et de peintres : A. et E. Deschamps, Sainte-Beuve, les Deveria, Ch. Nodier, A. de Vigny, Soumet, Alexandre

Guirand, Louis Boulanger ; c'était la grande éclosion du romantisme, destructeur des règles classiques, rénovateur des rythmes, créateur du théâtre moderne. Huit années après, le *Petit Cénacle* se réunissait dans cette maison de la Place-Royale qui est devenue le Musée Victor-Hugo ; les habitués n'étaient plus les mêmes : une nouvelle génération, plus enthousiaste encore, avait remplacé la première ; c'étaient maintenant Th. Gautier, Gérard de Nerval, Petrus Borel, Bouchardy, Célestin Nanteuil, et d'autres, innombrables. De cette grande époque naquit en 1865 le *Parnasse*, ayant pour chefs Leconte de Lisle, Ch. Baudelaire, Th. de Banville et dont les disciples fervents furent Glatigny, Mendès, Coppée, Cladel, Dierx, Sully-Prudhomme, J.-M. de Hérédia, A. Daudet, A. Mérat, Valade, Verlaine, Mallarmé, A. Silvestre, d'Hervilly, A. Theuriet, A. France, Emmanuel des Essarts, J. Lafenestre, Lemoine, etc. Le centre de réunion des parnassiens était la maison de leur éditeur, Lemerre, dans le passage Choiseul. Victor Hugo, étant rentré en France après dix-huit ans d'exil, fut l'objet d'une énorme popularité, et tout ce qui avait un nom dans les lettres et dans la politique tint à honneur de venir chez lui. Il reçut même un jour la visite de l'empereur du Brésil, Dom Pedro. Sa table était hospitalière et son salon fut accessible à tous ceux qui sollicitèrent d'y être admis : poètes, littérateurs, artistes, députés, sénateurs, ministres vinrent lui apporter le tribut de leurs hommages.

Cependant du grand bouleversement du XVIII$^e$ siècle était née une nouvelle puissance, la Presse. D'année en année les journaux augmentèrent en nombre et en influence ; quelques-uns devinrent des centres littéraires très importants, surtout au point de vue de la critique : le *Constitutionnel*, le *Journal des Débats*, la *Revue des Deux-Mondes*, et, plus tard, la *Nouvelle Revue*, firent entrer à l'Académie plusieurs de leurs collaborateurs.

On peut citer encore, parmi les salons littéraires de la première moitié du XIX$^e$ siècle, ceux de M$^{me}$ Emile de Girardin et de la princesse de Lieven ; sous le second Empire, ceux de la princesse Jouriewski ; de la duchesse de Galliera, de la marquise de Blocqueville, de la baronne de Poilly, de M$^{mes}$ de Boigne, Holland, Le Normand, Mohl et surtout celui de la princesse Mathilde, la cousine de Napoléon III [1] ;

---

[1]. Le salon de la princesse à Saint-Gratien était hospitalier aux artis-

enfin, sous la troisième République, ceux de M^mes la comtesse d'Haussonville et Juliette Ed. Adam.

Dans les dernières années du xix^e siècle, l'école naturaliste, procédant d'Honoré de Balzac et ayant pour chefs Gustave Flaubert, les frères J. et E. de Goncourt et Emile Zola, brilla d'un certain éclat dans le roman, mais échoua au théâtre. Tandis que Zola eut un moment sa petite académie de Médan (qui ne compta jamais plus de six membres : Zola, Paul Alexis, Henri Céard, Léon Hennique, J.-K. Huysmans et Guy de Maupassant), les frères de Goncourt réunirent longtemps leurs amis dans leur *Grenier;* ils ont créé une académie réelle qui porte leur nom, et ils lui léguèrent des statuts précis et sévères, avec un capital dont le revenu lui permettra de vivre et de donner un prix au meilleur roman ; le nombre de ses membres est limité à dix et les Goncourt avaient désigné eux-mêmes les dix écrivains qui devaient la composer. Tous ne vivaient plus lorsque cette jeune académie put se réunir, après la mort d'Edmond de Goncourt, et les formalités qu'il fallut remplir ; les survivants complétèrent leur nombre par l'élection, et les dix premiers ont été MM. Léon Hennique, Huysmans, Gustave Geffroy, Octave Mirbeau, Gustave et Henry Rosny, Paul Margueritte, Elémir Bourges, Léon Daudet et Lucien Descaves.

De nos jours, de nouvelles écoles poétiques se sont fondées, qui modifient profondément les règles de la prosodie et de la rime ; il en est même qui vont jusqu'à les abolir complètement et à faire de la poésie une sorte de prose rythmée. Il est difficile de présager l'avenir qui est réservé à cette poétique au moins singulière. « Le moment de crise où l'art sent le besoin d'opérer en lui-même une transformation, ce moment offre aux esprits de cruelles incertitudes. Il s'agit de savoir si l'on marche vers une rénovation ou

---

tes et aux littérateurs, sans distinction d'école ; il eut pour familiers, tant avant qu'après 1870 : Gavarni, Rousseau, Gérôme, Meissonier, Detaille, Bonnat, Gounod, Giraud, J. Lefebvre, parmi les artistes; Flaubert, Th. Gautier, les Goncourt, Taine, Mérimée, Sandeau, Nisard, P.-A. Lebrun, Sainte-Beuve, Dumas fils, Labiche, Augier. C. Doucet, MM. Victorien Sardou, Coppée, Bourget, J.-M. de Hérédia, F. Masson, Henry Houssaye, le vicomte E.-M. de Vogüé, E. Lavisse, H. Lavedan, J. Normand, Louis Ganderax, Albert Vandal, parmi les hommes de lettres.

vers une décadence (1). » Nous devons cependant reconnaître que parmi ces poètes symbolistes ou décadents, il s'en est trouvé d'un grand mérite et d'une haute valeur littéraire.

A toutes les époques de notre histoire, l'esprit régional a persisté dans notre pays, malgré tous les efforts de centralisation. Nous avons parlé des académies de province, florissantes au xviii<sup>e</sup> siècle, dont un certain nombre se sont survécu après la Révolution qui les avait supprimées. En dehors et même au sein de quelques-unes d'entre elles, il s'est trouvé des écrivains qui se sont distingués dans les patois locaux ; les langues méridionales, et le breton notamment, ont produit de véritables poètes. L'Académie accueillit jadis le poète bourguignon La Monnoye ; il n'a tenu qu'à Mistral, le grand poète provençal, le chantre de *Calendal* et de *Mireille*, de s'asseoir à l'Académie dans le fauteuil que ses admirateurs voulaient lui voir occuper. Il n'a pas voulu quitter sa petite ville de Maillane, où il vécut toute sa vie, et il se contente d'être le chef glorieux de cette académie errante qu'est le Félibrige, dont les membres font revivre, dans une superbe poussée de talent et d'enthousiasme, leur vieille langue maternelle (2).

En 1892, les poètes de la langue d'oïl opposèrent aux félibres une nouvelle société, les *Rosati*, qui vont chaque année, en pèlerinage à Fontenay-aux-Roses fêter Florian.

Dans cette nomenclature des sociétés littéraires en France, nous ne devons pas oublier une des branches les plus fécondes de la poésie. Il est sans doute peu de pays qui aient compté autant de chansonniers que le nôtre, et de genres aussi variés, chansons d'amour, chansons bachiques, chansons politiques. « En France, a dit Beaumarchais, tout finit par des chansons. »

Les chansonniers ne pouvaient manquer de se réunir, et

---

1. Ballanche. Discours de réception à l'Académie française.
2. Le Félibrige eut pour précurseurs isolés Goudelin de Toulouse au xvii<sup>e</sup> siècle et Jasmin d'Agen au commencement du xix<sup>e</sup> ; Roumanille précéda Mistral en 1845, mais le félibrige fut fondé à Font-Segugne le 21 mai 1854, dans les environs d'Avignon ; il se composa, au début, de sept membres fondateurs : Frédéric Mistral, Joseph Roumanille, Anselme Mathieu, Théodore Aubanel, Jean Brunet, Alphonse Tavan et l'amphitryon de cette réunion, Paul Giera.

comment mieux chanter que le verre en main ? C'est donc dans les cabarets et chez les traiteurs qu'ils ont toujours tenu leurs assemblées, dont la plus célèbre est le *Caveau*, du nom même de l'établissement dirigé par Landelle, au carrefour Buci, où, en 1729, se réunissaient Piron, Collé, les deux Crébillon, Gallet, Panard, Duclos, Gentil-Bernard, Saurin, Rameau, etc. Les chansonniers changèrent plusieurs fois leur lieu de réunion ; mais conservèrent le nom du *Caveau* ; au milieu du xviii$^e$ siècle, ils comptèrent parmi eux plusieurs académiciens, Marmontel, Boissy, Suard, Laujon ; à la fin du xviii$^e$ siècle, le chevalier de Piis, les deux Ségur, Desfontaines, Dupaty, A Gouffé ; au xix$^e$ siècle, Béranger, Désaugiers, Ducray-Duminil, Grimod de la Reynière, Jouy, Salverte, Cadet-Gassicourt, Philippon de la Madeleine. Les œuvres chantées au *Caveau*, aux *Dîners de Vaudeville*, au *Rocher de Cancale*, aux *Soupers de Momus*, ont produit une quarantaine de volumes. D'autres sociétés de chansonniers ont existé à côté du *Caveau ;* la plus connue est la *Lice chansonnière*. De nos jours, les chansonniers ont créé les cabarets de Montmartre et du Quartier-Latin, et leur originalité a été, sortant de l'intimité confraternelle, d'interpréter leurs œuvres devant un public payant. Le type de ces *cabarets artistiques* a été le *Chat noir*, d'où sont sortis d'excellents poètes, de charmants musiciens, des dessinateurs et des peintres de talent.

Nous n'avons parlé et nous ne parlerons dans ce livre que des littérateurs ; nous ne pouvions pas nous occuper des savants, des érudits, des philosophes, des artistes qui ont contribué à la grandeur morale de notre patrie, mais n'ont pas de rapport direct avec l'Académie française, objet de ce livre. Et cependant, dans ce cadre restreint, que de grands noms sont venus s'inscrire ! Quel autre peuple, ancien ou moderne, pourrait présenter un tel amoncellement de gloires ? Quel peuple aurait pu produire cette floraison puissante et continue durant plus de quatre siècles, sans que la sève de son génie se fût épuisée ?

Aux jours troublés, aux heures d'angoisse, aux moments de décadence apparente, la France n'a qu'à jeter un regard sur son admirable passé pour reprendre confiance dans ses destinées. Ses armées ont été momentanément vaincues après avoir conquis l'Europe ; du moins sa pensée a envahi le monde et le domine encore, et c'est elle qui, depuis plusieurs siècles, à travers les événements prodigieux de son histoire, malgré les catastrophes les plus terribles, les révolutions les plus profondes, demeure l'irradiant foyer de la Poésie et de l'Art.

LES

# CINQ CENTS IMMORTELS

---

## Histoire de l'Académie Française

1634 - 1905

# PREMIÈRE PARTIE

---

## L'Ancienne Académie Française

1634-1793

# FONDATION ET ÉTABLISSEMENT
# DE L'ACADÉMIE FRANÇAISE

### Protectorat de Richelieu.
### 1634-1642.

Les amis de Conrart. — Intervention de Richelieu. —Fondation de l'Académie. — Premières décisions. — Les statuts. — Objet des travaux. — Lettres patentes. — Résistance du Parlement. — Attaques contre l'Académie. — Les vingt discours. —L'affaire du *Cid*. — Le Dictionnaire. — Vaugelas. — Elections. — Egalité académique. — Jours et lieu des réunions. — Réception de Patru. — Origine des discours de réception.

Vers l'année 1629, un an après la mort de Malherbe, quelques hommes de lettres avaient pris l'habitude de se rencontrer une fois par semaine chez l'un d'eux, et comme ils habitaient des quartiers éloignés et très différents, ils avaient choisi le domicile de Conrart, de qui la situation, rue Saint-Martin, leur avait paru la plus centrale. Les fidèles de ces réunions étaient Serisay, Chapelain, Malleville, Louis Giry, qui n'avaient pas encore trente-cinq ans, Conrart, Philippe Habert, qui atteignaient leur vingt-cinquième année, et le frère d'Habert, l'abbé de Cerisy, qui avait dix-sept ans. Leur doyen, âgé de cinquante-trois ans, était Ogier de Gombauld, l'ami et le disciple de Malherbe.

« Ils s'entretenaient familièrement, comme ils eussent fait en une visite ordinaire, et de toutes sortes de choses, d'affaires, de nouvelles, de belles-lettres » (Pellisson).

Ils étaient presque tous des assidus de l'hôtel de Rambouillet, où Gombauld était désigné sous le nom de « beau Ténébreux », et ils continuaient sans doute chez Conrart les discussions commencées dans ce salon célèbre. Ils soumettaient les ouvrages que chacun composait à leur mutuelle et libre critique ; il n'y avait entre eux ni flatterie excessive ni jalousie, et leurs entretiens se terminaient ordinairement par une promenade on une collation.

Conrart avait un cousin de son âge, Godeau, qui demeurait à Dreux et cultivait aussi la poésie. Il envoyait au jugement des amis de Conrart les vers qu'il produisait, et, lorsqu'il venait à Paris, tous s'assemblaient pour lui faire fête. Il fréquentait aussi l'hôtel Rambouillet, où sa petite taille lui avait valu ce surnom « le nain de Julie » (1).

Ces réunions présentaient à leurs yeux un si grand charme qu'ils avaient résolu de n'en parler à personne, afin de leur conserver leur caractère d'amicale intimité. Au bout de trois ou quatre années, Malleville, oublieux de cet engagement, s'en ouvrit à son ami Faret, et celui-ci désira vivement faire partie du groupe. L'indiscrétion commise par Malleville fut blâmée par ses amis ; néanmoins Faret fut admis dans leur société ; il y apporta un exemplaire de son *Honnête Homme*, qui venait d'être imprimé et dont il leur fit hommage.

A son tour, Faret, n'étant pas tenu au secret, crut pouvoir en entretenir Desmarets, puis Boisrobert. Le premier vint à plusieurs reprises chez Conrart et y lut le premier volume de l'*Ariane* ; quant à Boisrobert, Conrart et ses amis ne pouvaient se refuser à le recevoir : il était l'ami de la plupart d'entre eux, et il occupait une situation qui lui donnait un grand prestige.

« Il était alors en sa plus haute faveur auprès du cardinal de Richelieu, et son plus grand soin était de délasser l'esprit de son maître, après le bruit et l'embarras des affaires... en lui rapportant toutes les petites nouvelles de la cour et de la ville... Parmi ses entretiens familiers, M. de Boisrobert... ne manqua pas de lui faire un récit avantageux de la petite assemblée qu'il avait vue, et des personnes qui la composaient ; et le cardinal... demanda à M. de Boisrobert si ces personnes ne voudraient point faire un corps et s'assembler régulièrement et sous une autorité publique. M. de Boisrobert ayant répondu qu'à son avis cette proposition serait reçue avec joie, il lui commanda de la faire, et d'offrir à ces messieurs sa protection pour leur Compagnie qu'il leur témoignerait en toutes rencontres. » (Pellisson).

---

1. Julie d'Angennes, plus tard duchesse de Montausier, fille de la marquise de Rambouillet.

Richelieu ne prit pas cette décision dès la première conversation qu'il eut avec Boisrobert au sujet des réunions de la rue Saint-Martin. Il dut obéir, après réflexion, à plusieurs sentiments : il s'intéressait aux lettres qu'il cultivait lui-même (1), et il pensait servir sa propre gloire littéraire en instituant un corps comme avait été celui de Baïf et de Ronsard, un demi-siècle auparavant, et comme celui qu'avait rêvé d'établir Malherbe.

On a supposé moins vraisemblablement qu'il recherchait des alliés pour répondre aux pamphlets dirigés contre sa personne et son gouvernement, notamment par Mathieu de Morgues, abbé de Saint-Germain. Pour Grimm, qui ne voyait en Richelieu que le despote, il ne chercha qu'à « retenir l'ambition littéraire dans une espèce de chaîne » ; l'un des historiens de l'Académie, Paul Mesnard, estime que le cardinal entendait « absorber dans l'Etat toute puissance qui lui nuirait si elle ne lui servait pas » ; M. Gaston Boissier croit « qu'il pensait, en sa qualité d'homme d'Etat, que la littérature s'administre comme le reste, qu'il est bon qu'elle soit soumise à une autorité publique, et il voulait charger son académie de la diriger ou de la surveiller » (2). Nous verrons que Richelieu se proposait la création d'une sorte d'*Institut*, longtemps avant la Convention, et qu'ainsi, dans son esprit, l'Académie faisait partie d'un plan admirable que la mort l'empêcha de réaliser ; il se complétait par la reconstitution de la Sorbonne, la création du Jardin des Plantes, l'établissement d'une Imprimerie royale. « Il avait, dit plus justement Paul Mesnard, un patriotique instinct des choses qui convenaient à la grandeur de la France. » Sainte-Beuve émet cet avis, que « la fondation de l'Académie française par Richelieu ne fut que la reconnaissance publique et, pour ainsi dire, la promulgation officielle de ce besoin des esprits qui réclamait plus ou moins son organe et son conseil supérieur de perfectionnement en fait d'élocution » (3). Nous n'hésitons pas à croire que la fondation de l'Académie

---

1. Voltaire a émis cette opinion plaisante sur le cardinal de Richelieu « le protecteur des gens de lettres et non pas du bon goût » : « Il est bien rare qu'un homme puissant, quand il est lui-même artiste, protège sincèrement les vrais artistes. Le plus beau de ses ouvrages est la digue de La Rochelle ». (*Siècle de Louis XIV*).
2. *Rapport sur les concours de 1903.*
3. *Nouveaux Lundis*, VI, 342.

répondait à une conception encore plus haute de ses devoirs envers notre pays, et à nous ranger à l'opinion d'Henri Martin :

« Ce n'était pas seulement la suprématie politique qu'il voulait assurer à sa patrie... Richelieu a compris que les temps sont proches : il a senti tressaillir dans les flancs de la France en travail, le grand siècle qui va naître et dont il est le père ! A la pensée française prête à déborder sur le monde, il faut un instrument digne d'elle et surtout apte à l'œuvre qu'elle doit accomplir.

« Richelieu avait jugé le caractère et la portée de notre langue ; il en voulut aider les destinées ; il espéra que « la langue française, plus parfaite que pas une des autres langues vivantes, pourrait bien enfin succéder à la latine, comme la latine à la grecque », et devenir le lien européen, la langue des relations sociales, politiques et littéraires entre les nations. Le moyen de parvenir à cette haute fortune, c'était de rendre le français propre, d'une part à la haute éloquence, de l'autre aux abstractions et aux formules de la science, en le dégageant des patois populaires et des afféteries courtisanesques, du jargon de l'Ecole et de celui du Palais ; c'était d'épurer la langue, d'en fixer les principes, les formes, le nombre ; « d'établir un usage certain des mots, de distinguer ceux qui étaient propres au style sublime, au moyen et au bas », d'atteindre à la clarté, à la logique et à l'unité, même en sacrifiant quelque chose de la richesse et de la liberté antérieures » (1).

Quoi qu'il en fût des véritables motifs qui dictèrent à Richelieu sa décision, Boisrobert fit part aux amis de Conrart de la proposition du Cardinal ; elle fut, à sa grande surprise, accueillie très froidement. Serisay et Malleville opinèrent qu'il fallait s'excuser et refuser cette offre ; ils étaient, comme on disait alors, les « domestiques » de deux grands seigneurs que l'on considérait comme des ennemis du Cardinal : Serisay était intendant du duc de La Rochefoucauld, et Malleville, secrétaire du maréchal de Bassompierre. Chapelain, qui recevait une pension du Cardinal, conseilla au contraire à ses amis de s'incliner devant le désir de Richelieu. Ils se rangèrent à son avis, mais avec une grande tristesse ; s'ils risquaient, en le repoussant, d'encourir l'inimitié du puissant Cardinal, en l'acceptant ils devraient subir les conditions d'une existence nouvelle ; dans les deux cas, c'était la fin de leurs réunions, le bouleversement de leurs habitudes si douces. Ils décidèrent

---

1. *Histoire de France,* 6ᵉ partie, Livre XLIX.

« Que M. de Boisrobert serait prié de remercier très humblement M. le Cardinal de l'honneur qu'il leur faisait, et de l'assurer qu'encore qu'ils n'eussent jamais eu une aussi haute pensée, et qu'ils fussent fort surpris du dessein de Son Eminence, ils étaient tous résolus de suivre ses volontés. » (Pellisson).

Le Cardinal leur fit dire par Boisrobert « qu'ils s'assemblassent comme de coutume, et qu'augmentant leur Compagnie, ainsi qu'ils en jugeraient à propos, ils avisassent entre eux quelle forme et quelles lois il serait bon de lui donner à l'avenir. » (Pellisson).

Cela se passait vers la fin de l'année 1633 ou au commencement de 1634 ; Conrart se maria vers cette époque et s'absenta de Paris. Ses amis furent obligés de choisir un autre lieu pour leurs assemblées ; Desmarets offrit son logis de l'hôtel Pellevé, à l'angle de la rue du Roi-de-Sicile et de la rue Tison, et c'est là qu'ils commencèrent à penser sérieusement à l'établissement d'une académie.

Ils augmentèrent d'abord leur Compagnie d'un certain nombre de leurs amis et de protégés du Cardinal : Silhon, Sirmond, abbé Bourzeys, Méziriac, Mainard, Colletet, de Gomberville, Saint-Amant, de Colomby, qui était parent de Malherbe, Baudoin, Claude de l'Estoile, de Porchères d'Arbaud. De hauts personnages demandèrent tout de suite à faire partie d'une Compagnie dont le Cardinal se déclarait le protecteur : deux conseillers d'Etat, Hay du Chastelet et Bautru de Serrant, le secrétaire d'Etat Servien et, vers la fin de l'année, le maître des requêtes Habert de Montmor, cousin de Ph. Habert et de l'abbé de Cérisy.

On adopta dès l'origine le principe de l'égalité absolue entre tous les membres, sans tenir compte de la naissance, de la fortune, de l'emploi ou du talent de chacun d'eux, et l'on arrêta les grandes lignes d'un règlement provisoire pour la tenue des réunions.

« Pour donner aussi quelque ordre et quelque forme à leurs assemblées, ils résolurent d'abord de créer trois officiers : un Directeur et un Chancelier qui seraient changés de temps en temps (1), et un Secrétaire qui serait perpétuel : les deux premiers par le sort, et le

---

1. De deux mois en deux mois. Exceptionnellement, Serisay, premier Directeur, et Desmarets, premier Chancelier, restèrent en fonctions du mois de mars 1634 jusqu'à l'établissement définitif de l'Académie, 11 janvier 1638, c'est-à-dire pendant près de quatre années.

dernier par les suffrages de l'assemblée. Le Directeur fut M. de Serisay, le Chancelier M. Desmarets, le Secrétaire M. Conrart, à qui cette charge fut donnée en son absence d'un commun consentement, tout le monde demeurant d'accord que personne ne pourrait mieux remplir cette place. » (Pellisson).

Conrart, étant revenu à Paris, commença, à la date du 13 mars 1634, à inscrire dans un registre les procès-verbaux des assemblées.

Lorsque Pellisson écrivit la première *Histoire de l'Académie française*, il se servit de ces registres, qui ont malheureusement disparu depuis, peut-être à l'époque où Pellisson fut mis à la Bastille; son livre est donc la source la plus sérieuse à laquelle nous puissions puiser aujourd'hui ; il lui ouvrit les portes de l'Académie dans un temps où presque tous les membres qui avaient pris le plus de part à son établissement, Conrart, Boisrobert, Chapelain, Desmarets, Serisay, etc., vivaient encore : cela suffit à la postérité pour reconnaître à la « Relation » de Pellisson la plus grande autorité.

Le 20 mars, on décida de donner à la nouvelle Compagnie le nom d'ACADÉMIE FRANÇAISE, et l'année suivante, le 12 février 1635, les membres de l'Académie devaient prendre le nom d'ACADÉMICIENS ; celui d'*académistes*, ayant été proposé, n'avait pas prévalu (1).

« M. de Serisay, dit Pellisson, fut chargé de faire une lettre au Cardinal pour le supplier d'honorer l'Académie de sa protection. » Elle fut écrite le 22 mars 1634 et remise au Cardinal par Bautru, du Chastelet et Boisrobert (2). Les députés que l'Académie avait envoyés auprès de Richelieu lui rendirent compte de leur entrevue dans la séance du 27 mars et lui répétèrent les paroles prononcées par le Cardinal en leur donnant audience : « qu'il lui savait gré de ce qu'elle lui demandait sa protection, et qu'il la lui accordait de bon cœur ».

En même temps que cette lettre, les députés lui remirent un projet de constitution de l'Académie, rédigé par Faret (3),

---

1. Dans la première édition de son Dictionnaire, l'Académie définit ainsi ces deux mots : *Académicien*, qui est de quelque Académie de gens de lettres ; *Académiste*, qui apprend à monter à cheval et autres exercices dans une *Académie*.
2. V. Pièces justificatives.
3. V. Pièces justificatives.

et qui était pour ainsi dire la préface des statuts. Le Cardinal demanda que quelques corrections y fussent apportées ; Silhon et Sirmond furent désignés pour les examiner, puis on leur adjoignit Chapelain, Godean, Ph. Habert et Desmarets ; enfin on en fit imprimer trente copies pour que chaque académicien pût les étudier en particulier. L'élaboration de ce projet fut extrêmement lente ; commencé à la fin du mois de mars, ce ne fut qu'au mois d'octobre suivant que Faret et Boisrobert purent présenter au Cardinal le texte définitif qu'il approuva.

Du Chastelet fut alors chargé de rédiger les statuts de l'Académie ; quand il eut terminé son travail, il fut ordonné qu'il en confèrerait avec Bourzeys, Gombauld, de Gomberville, pnis que chaque académicien ferait ses observations par écrit ; après que tous eurent remis leurs mémoires, un travail de fusion fut confié à une commission composée de Du Chastelet, Chapelain, Faret et Gombauld, aux réunions de laquelle assistait Conrart, en sa qualité de secrétaire. Lorsque les commissaires se mirent enfin d'accord, Conrart fit la rédaction des statuts et en donna lecture à l'Académie, qui, après discussion, les adopta définitivement (1). Boisrobert, accompagné des trois officiers, se rendit à Rueil, chez le Cardinal, pour obtenir son autorisation. Il les reçut « avec tant de grâce, de civilité, de majesté et de douceur, qu'il ravit en admiration tous ceux qui s'y rencontrèrent. » (Pellisson). Il garda quelque temps les statuts pour les revoir, puis il les renvoya le 22 février 1635, signés de sa main, contresignés par son secrétaire Charpentier, et scellés de ses armes en placard. Dès le 12 février, l'Académie avait supprimé, à sa demande, un paragraphe de l'article cinquième, mais en le laissant figurer dans les procès-verbaux : « que chacun des académiciens promettait de révérer la vertu et la mémoire de Monseigneur leur protecteur. »

Les statuts de l'Académie indiquent très exactement dans les articles 4, 5, 6, 7, le rôle de chacun des trois officiers ; il est donc inutile de les commenter ; il en est de même pour ce qui concerne la charge de libraire de l'Académie, qui fut créée le 10 avril 1634 et donnée à Camusat (art. 48, 49, 50).

Pellisson nous explique comment on procédait à la désignation du Directeur et du Chancelier :

---

1. V. Pièces justificatives.

« On prend autant de ballottes blanches qu'il y a d'Académiciens à Paris, entre lesquelles il y en a deux, dont l'une est marquée de deux points noirs, et l'autre d'un seul ; toutes ces ballottes ensemble sont mises dans une boîte ; chacun des Académiciens présents en prend une ; on en prend aussi pour tous les autres qui sont à Paris, encore qu'ils ne soient pas alors dans l'assemblée ; celui qui trouve la ballotte marquée du point noir est Directeur ; celui qui trouve la ballotte marquée des deux points noirs est Chancelier. »

Chapelain avait proposé de donner pour but aux travaux de l'Académie « de travailler à la pureté de la langue, et de la rendre capable de la plus haute éloquence », et pour préciser sa pensée, il émit l'avis que l'Académie devait faire un Dictionnaire, une Grammaire, une Rhétorique et une Poétique « pour servir de règle à ceux qui voudraient écrire en prose ou en vers ». Il fut prié d'en dresser un plan (1) de concert avec Bourzeys, Gombauld et de Gomberville. Ce n'est qu'en 1638 que l'on commença à s'occuper du Dictionnaire, et longtemps après d'une Grammaire ; quant à la Rhétorique et à la Poétique, il n'en fut plus jamais question.

L'Académie décida que ses actes seraient scellés en cire bleue et qu'elle aurait un sceau avec la figure du Cardinal entourée de cette légende : *Armand, Cardinal Duc de Richelieu, Protecteur de l'Académie française, établie l'an 1635 ;* et un contre-sceau portant une couronne de lauriers avec cette devise : A L'IMMORTALITÉ.

Conrart, comme secrétaire de l'Académie et secrétaire du Roi, fut chargé de la rédaction des Lettres Patentes pour la fondation de l'Académie ; celle-ci les fit ensuite examiner par Du Chastelet, Serisay et l'abbé de Cérisy, qui reçurent l'ordre de les présenter au Garde des Sceaux, tandis que Boisrobert les soumettait au Cardinal (2).

Le Garde des Sceaux, Séguier, ne fit aucune difficulté pour sceller ces lettres le 4 décembre ; il fit même dire à l'Académie, le 8 janvier suivant, par l'abbé de Cérisy, qu'il désirait en faire partie.

Il ne restait plus qu'à obtenir du Parlement de Paris l'arrêt de vérification des Lettres Patentes. Comme autrefois l'Académie de 1570, l'Académie de 1635 y rencontra une opiniâtre résistance qui dura deux ans et demi. Les Lettres Patentes, signées par le roi, et, en commandement, par

---

1. V. Pièces justificatives.
2. V. Pièces justificatives.

le secrétaire d'Etat de Loménie, furent remises entre les mains de Hennequin de Bernay, conseiller en la Grand'-Chambre, pour en faire le rapport au Parlement.

L'Académie, impatiente, envoya inutilement plusieurs députations, les 5 février, 12, 19 mars et 16 avril, tant au rapporteur, qu'à messieurs les gens du roi et au premier président Le Jay. Ce dernier reçut encore la visite de Desmarets, Bautru et Boisrobert, venus les 23 et 30 juillet, au nom du Cardinal ; celui-ci intervint directement, en écrivant le 10 décembre, au Premier Président une lettre dont il fut donné lecture à l'Académie le 17 du même mois (1). Le procureur général Molé exigea alors des lettres de cachet, qui furent signées par le Roi, contresignées par de Loménie (2), et envoyées le 30 décembre au procureur général et aux avocats généraux, au Parlement, au Premier Président ; enfin le Cardinal continua personnellement à poursuivre les négociations.

Le 16 juin 1636, le procureur donna ses conclusions favorables ; les Lettres passèrent aux mains de Savarre, conseiller en la Grand'Chambre, très bien disposé pour l'Académie ; malheureusement, il tomba malade et mourut. Elles retournèrent à Hennequin de Bernay et ne furent définitivement vérifiées que le 9 juillet 1637 (3).

L'Académie décida alors d'envoyer une députation auprès du Cardinal pour lui témoigner sa reconnaissance ; sur son conseil, les trois officiers allèrent remercier le rapporteur de Bernay, le procureur général Molé et le Premier Président Le Jay ; après quoi, du Tillet, greffier du Parlement, envoya, le 31 juillet, l'arrêt de vérification à l'Académie assemblée. Elle reçut le secrétaire porteur de l'arrêt, qui fut remercié, au nom de la Compagnie, par le directeur Serisay.

Ainsi l'Académie s'occupa, de février 1634 à février 1635, de la forme qu'elle devait avoir, de dresser ses statuts, et de faire sceller l'édit de son érection ; de février 1635 à juillet 1637, de faire vérifier cet édit par le Parlement.

Cette longue résistance du Parlement montre l'indépendance de la magistrature à cette époque ; il s'opposait à reconnaître une institution fondée par le Cardinal de Riche-

---

1. V. Pièces justificatives.
2. V. Pièces justificatives.
3. V. Pièces justificatives.

lieu, approuvée par le Roi, dont faisaient partie des hommes de l'importance de Servien, Montmor, Bautru, du Chastelet, Séguier. Elle s'explique par la prévention du Parlement contre cette institution même que l'on pouvait croire destinée à poursuivre un but caché, d'autant plus qu'elle était l'œuvre personnelle du Cardinal, et pour beaucoup tout ce qui émanait de lui était suspect. Les adversaires de ces derniers firent courir les bruits les plus étranges ; on essaya de persuader au Parlement, jaloux de ses prérogatives, que l'Académie serait sa rivale et le censurerait. L'arrêt de vérification contient une clause restrictive qui marque cette préoccupation : « que l'Académie ne pourra connaître que de la langue française, et des livres qu'elle aura faits ou qu'on exposera à son jugement. »

L'Académie avait été en butte à de vives critiques, dès sa naissance. Le premier qui la prit à partie fut l'abbé de Saint-Germain ; c'était un ennemi de Richelieu ; il avait accompagné dans son exil à Bruxelles la reine-mère, Marie de Médicis ; d'ailleurs, il confondait, comme beaucoup d'autres, l'Académie avec le Bureau d'Adresses de Renaudot. Plus tard, en 1645, Saint-Evremond fit publier, sans nom d'auteur, la *Comédie de l'Académie* ; et Ménage écrivit la *Requête des Dictionnaires* ; il parut encore une dizaine d'années plus tard, en 1654, une sorte de registre de requêtes ridicules de Sorel, intitulé : *Rôle des présentations faites aux grands jours de l'Eloquence française*. L'Académie ne répondit à aucune des attaques dont elle fut l'objet, mais elles n'en faisaient pas moins quelque chemin dans les esprits. On trouve dans la correspondance de Balzac une lettre qu'il adressait à Chapelain (1) :

« Vous me mandez que vous avez été reçu par grâce dans l'Académie des beaux-esprits (2). Et moi je voudrais vous demander qui a reçu les beaux-esprits qui vous ont reçu ?... Quoi que vous me

---

1. Boisrobert écrivit le 13 mars 1634 à Balzac pour lui annoncer la fondation de l'Académie et lui demander d'en faire partie, et, le 26 mars, en lui confirmant cette lettre, Chapelain lui disait : « Je suis de cette Compagnie par grâce... » C'est évidemment à cette dernière lettre que répondit Balzac, probablement en avril 1634, et non le 22 septembre 1636, date qui est indiquée dans les œuvres de Balzac.

2. Différents noms furent donnés au début à l'Académie : des Beaux-Esprits, de l'Eloquence, Eminente (par allusion à son protecteur).

puissiez dire là-dessus, j'ai peur que vous ne me persuaderez pas, et que j'aurai de la peine à adorer le *Soleil levant* (1), dont vous me parlez. On m'en a écrit comme d'une comète fatale qui nous menace, comme d'une chose terrible et plus redoutable que la sainte inquisition. On me mande que c'est une tyrannie qui se va établir sur les esprits, et à laquelle il faut que nous autres, faiseurs de livres, rendions une obéissance aveugle. Si cela est, je suis rebelle, je suis hérétique. Je vais me jeter dans le parti des barbares. »

Les Lettres Patentes accordaient aux membres de l'Académie de très grands privilèges ; elles les exemptaient de toutes tutelles et curatelles, et de tous guets et gardes, c'est-à-dire que les magistrats ne pouvaient leur imposer la charge des biens d'un mineur, d'un prodigue ou d'un interdit, et qu'ils étaient exonérés du service que les bourgeois devaient rendre à la police de la cité. Les académiciens jouissaient encore du très précieux droit de *committimus*, c'est-à-dire qu'ils pouvaient, dans toutes les affaires où ils étaient partie, choisir la juridiction de Paris et forcer ainsi leurs adversaires à un déplacement désagréable et onéreux. Ce droit n'appartenait, avant eux, qu'aux princes du sang, aux ministres, à tous ceux qui avaient une charge à la cour et à quelques communautés religieuses. Il fut restreint plus tard aux quatre plus anciens académiciens, puis rétabli pour l'Académie tout entière en 1667.

Parmi les nombreuses marques de déférence que recevait l'Académie, les plus fréquentes étaient l'hommage que divers auteurs lui faisaient de leurs ouvrages ; le premier qui en donna l'exemple fut le conseiller d'État d'Espeisses, le 19 juillet 1634.

Les académiciens, qui avaient approuvé le plan de Chapelain pour réglementer leurs travaux, montrèrent peu d'empressement à le mettre à exécution. Rien n'est plus édifiant à cet égard que la correspondance de Chapelain, si l'on en juge par ces extraits (2) :

« Les trois dernières assemblées se sont passées sans rien faire, et si celle que nous allons tenir tantôt est de même, il lui faudra changer de nom et l'appeler l'*Académie des fainéants*. » (Lettre à Jonquière, 21 août 1635).

---

1. L'Académie.
2. Correspondance manuscrite communiquée par Sainte-Beuve à Ch.-L. Livet et publiée par ce dernier dans son édition de l'*Histoire de l'Académie* par Pellisson et par l'abbé d'Olivet.

« En effet, c'est qu'il n'y a presque personne, et que, la pénultième fois, la Compagnie ne fut composée que d'un seul. » (Lettre à Boisrobert, 4 septembre 1634).
« Pour l'Académie, elle languit à l'ordinaire, peu de gens s'y rendent aux jours réglés, et l'on n'y fait plus exercice de lettres » (Lettre à Balzac, 31 mai 1637).
« L'Académie languit et perd le temps à l'ordinaire. » (Lettre à Godeau, 24 décembre 1638).

Le 2 janvier 1635, on établit un tableau des académiciens, et, se souvenant sans doute de ce qui s'était fait à l'Académie des Valois, l'on décida que chacun d'eux ferait à tour de rôle un discours sur un sujet de son choix, et que ces discours seraient ensuite soumis à l'examen et aux corrections de la Compagnie. Ils furent prononcés, au nombre de vingt seulement, le premier le 5 février 1635 et le dernier le 10 mars 1636, par Du Chastelet, Bourzeys, Godeau, Boisrobert, de Montmor, Gombauld, de La Chambre, Porchères-Laugier, de Gomberville, de l'Estoile, Bardin, Racan (son discours, à cause du bégaiement dont il était affligé, fut lu par Serisay), Porchères-Laugier remplaçant Serisay, Chapelain, Desmarets, de Boissat, de Méziriac, Colletet, l'abbé de Cérisy, Porchères d'Arbaud (1).

Balzac n'habitait point Paris et n'envoya pas de discours, on dut se contenter de la lecture d'une de ses œuvres ; quant à Saint-Amant, il se chargea, en échange du sien, de rédiger la partie burlesque du Dictionnaire.

Les travaux en commun de l'Académie paraissent avoir été nuls en 1636, et le Cardinal en témoigna un certain mécontentement ; c'était d'ailleurs l'époque où la Compagnie attendait l'arrêt du Parlement. L'année suivante, Richelieu donna à l'Académie une occupation imprévue.

Le grand succès du *Cid* avait augmenté la gloire de Corneille et lui avait fait beaucoup d'envieux ; Mairet l'attaqua le premier, et Georges de Scudéry, dont « le nom est plus connu que ses ouvrages » (2), publia des *Observations contre le* Cid. La cour se partagea cette critique, et Scudéry demanda le jugement de l'Académie. Le Cardinal semblait pencher en faveur de Scudéry ; on a généralement admis, d'après Tallemant des Réaux, qu'il obéissait lui-même à

---

1. V. Pièces justificatives.
2. Voltaire. *Siècle de Louis XIV*.

un sentiment de jalousie d'auteur; d'autres, pourtant, ont supposé que Richelieu était guidé par une pensée moins personnelle : en même temps qu'il obligeait l'Académie à prouver les services qu'elle pouvait rendre à la langue et à la littérature, il démontrait au Parlement que ses inquiétudes n'étaient pas fondées. Il est également probable qu'il voulut la condamnation d'une œuvre qui était une double critique de son gouvernement : d'une part, elle excusait le duel qu'il punissait de mort, et d'autre part, elle glorifiait l'Espagne avec laquelle la France était en guerre. D'ailleurs, s'il poursuivit l'œuvre, il honora le poète en l'anoblissant et en l'autorisant à dédier la pièce à sa propre nièce, la duchesse d'Aiguillon.

L'Académie marqua d'abord une certaine répugnance à s'occuper de cette question, craignant d'augmenter le nombre de ses ennemis, et elle chercha une échappatoire dans l'article de ses statuts qui ne la rendait juge d'un ouvrage que du consentement et à la prière de l'auteur; elle se déclarait incompétente puisque Corneille n'avait pas sollicité cet examen.

Boisrobert, qui était auprès de l'Académie une sorte de porte-parole du Cardinal, se chargea d'obtenir le consentement de Corneille : celui-ci résista quelque temps, puis, fatigué de tant d'insistance, il écrivit à Boisrobert, le 13 juin 1637 :

« Messieurs de l'Académie peuvent faire ce qu'il leur plaira; puisque vous m'écrivez que Monseigneur seroit bien aise d'en voir leur jugement et que cela doit divertir Son Eminence, je n'ai rien à dire. » De son côté, le Cardinal força la main à l'Académie en lui faisant répéter ce propos : « Je vous aimerai comme vous m'aimerez » ; ce qui parut à tous cacher une menace de suppression des pensions qu'ils recevaient de Richelieu.

Le 16 juin 1637, l'Académie élut trois commissaires, Bourzeys, Chapelain et Desmarets, pour examiner le *Cid*, tandis que l'abbé de Cérisy, Baro et l'Estoile devaient en examiner les vers. Chapelain écrivit le rapport qui fut présenté au Cardinal; celui-ci demanda des corrections, qui, le 17 juillet furent confiées à Serisay, Gombauld, Cérisy et Sirmond. Finalement ce fut le texte de Chapelain, un peu modifié, qui fut adopté par le Cardinal, le 23 novembre, et publié sous le titre : *Sentiments de l'Académie française sur le* Cid.

« Elle satisfit le Cardinal en reprenant exactement tous les défauts de cette pièce, et le public en les reprenant avec modération, et même souvent avec des louanges. » (1).

« Ce jugement, faible et froid, médiocre, parfois judicieux, parfois timidement complaisant » (2), fut accueilli diversement par Corneille, par Scudéry et par la postérité qui, « sans dédaigner le *Jugement de l'Académie sur le* Cid, œuvre honorable pour Chaplain qui en fut le rédacteur n'a gardé d'échos que pour Corneille. » (3).

« Quand on a réuni, comme je m'en suis donné la triste satisfaction, tous ces pamphlets (Mairet, Scudéry, etc.), que le triomphe du *Cid* fit naître, on reçoit une impression de dégoût et presque de soulèvement, analogue à celle que dut éprouver le cœur de Corneille... Et l'Académie donc, et cette fameuse critique du *Cid* ? Là, du moins, il n'y eut pas d'insulte, il n'y eut de choquant que la mise en cause elle-même. Richelieu, jaloux, comme un auteur et impérieux comme un maître, exigea que l'Académie lui fît un rapport critique au sujet du *Cid* et que les nouveaux académiciens gagnassent leurs jetons aux dépens de Corneille. Ceux-ci, on doit le dire, placés entre le Cardinal qui donnait les pensions et le public qui donne la considération, s'en tirèrent assez convenablement, assez dignement même. Chapelain, le censeur d'office, tint la plume et fut sensé dans sa lourdeur ; il fit des remarques, après tout judicieuses. » (4).

Il faut rendre cette justice à l'Académie que, sans connaître les véritables motifs qui faisaient agir son tout-puissant protecteur, elle produisit, malgré la pression qu'il exerça sur sa décision, une œuvre de critique très supérieure à tout ce qui avait été fait jusque-là ; elle s'efforça d'être impartiale et fut beaucoup moins sévère à Corneille que ne l'avait été Scudéry, aussi est-il probable que ce dernier exagéra ses propres sentiments en se déclarant satisfait et en remerciant la Compagnie. Corneille se contenta de dire qu'il s'en rapportait au seul jugement du public, et il attendit la mort de Richelieu pour se présenter à l'Académie.

La Compagnie examinait les ouvrages que lui soumettaient ses membres, jugeant des contestations sur l'orthographe ou la propriété des mots, admettant ou repoussant les nouveaux termes qu'on lui proposait et dont quelques-

---

1. Fontenelle. *Eloge de P. Corneille*
2. Michelet. *Histoire de France.* Livre vi. Chapitre x.
3. Henri Martin. *Histoire de France.* 6ᵉ partie. Livre lxxiv.
4. Sainte-Beuve. *Nouveaux Lundis*, VII, 305.

uns firent l'objet de longues discussions ; ou bien encore elle se livrait à la critique de quelque livre français : c'est ainsi qu'elle consacra trois mois à l'examen des *Stances* de Malherbe (9 avril, 6 juillet 1638).

Chapelain écrivait, le 6 janvier 1639, à Bouchard, à Rome:

« L'exercice ordinaire des Académiciens, aux jours d'assemblée, est l'examen rigoureux de ceux qui la composent, duquel on extrait des résultats pour la langue, qui en seront un jour les règles les plus certaines. Nous avons résolu de commencer le Dictionnaire aussi... »

*Le Dictionnaire fut le travail le plus important de l'Académie. Chapelain en avait dressé le plan, Vaugelas apporta les « belles et curieuses observations sur la langue » qu'il avait faites depuis longtemps. L'Académie les chargea tous les deux de commencer le travail, et tout d'abord on fit un catalogue des livres les plus célèbres, tant en prose qu'en vers, en s'abstenant d'y faire figurer les œuvres des auteurs vivants. Tous les académiciens devaient collaborer à l'œuvre préparée par Chapelain et Vaugelas, mais les occupations particulières de chacun d'eux les en empêchèrent. On fit comprendre au Cardinal qu'il était nécessaire de mettre à l'abri des soucis pécuniaires celui qui assumerait la charge de préparer les cahiers que la Compagnie n'aurait plus qu'à discuter en séance. Richelieu établit une pension de deux mille livres pour Vaugelas, qui se mit au travail le 30 juin 1638. La lettre A, commencée dans la Compagnie assemblée le 7 février 1639, fut achevée le 17 octobre suivant.

« Vaugelas, en ses dernières années, était donc devenu le grand travailleur, la cheville ouvrière de l'Académie, celui qui tenait la plume pour le Dictionnaire et qui avait la conduite de tout l'ouvrage. »(1).

Nous avons vu précédemment, par la correspondance de Chapelain, combien ses confrères étaient peu assidus aux séances pendant les premières années de l'Académie. Les temps sont changés ! Chapelain peut écrire à Boisrobert, le 11 septembre 1640 :

« L'Académie ne sait ce que c'est de vacations. On travaille toujours, et MM. de Bourzeys et de Porchères (Laugier), redevenus Directeur et Chancelier, tiennent la main à l'avancement de l'ouvrage. »

---

1. Sainte-Beuve. *Nouveaux Lundis*, VI.

Vaugelas mourut vers la fin de l'année 1649, et Mézeray fut désigné pour le remplacer dans la préparation des cahiers, mais il fut, pendant dix-huit mois, retardé dans ce travail. Vaugelas était mort non seulement pauvre, mais encore insolvable ; ses créanciers, dans l'espoir d'en tirer de l'argent, firent saisir tous ses papiers et manuscrits, parmi lesquels se trouvaient tous ceux relatifs au Dictionnaire, et refusèrent de les restituer à l'Académie qui les revendiqua comme étant sa propriété ; il fallut plaider, et le 17 mai 1651, une sentence du Châtelet lui donna gain de cause.

Le recrutement des quarante premiers académiciens fut laborieux. Les membres fondateurs ne trouvèrent pas toujours parmi ceux de leurs amis qu'ils sollicitèrent, autant d'enthousiasme qu'ils l'eussent désiré ; cependant, peu à peu, l'Académie se compléta. Lorsqu'une vacance se produisait, un mois après la mort de l'académicien décédé, l'un des membres, après en avoir parlé à quelques autres, proposait une candidature sur laquelle chacun des membres de la Compagnie donnait son sentiment à haute voix ; on ne tarda pas à rencontrer quelques difficultés.

L'élection de Porchères-Laugier (qui se disait lui-même « intendant des plaisirs nocturnes de la princesse de Conti »), le 4 décembre 1634, déplut au Cardinal ; pourtant il ne consentit pas à ce que l'Académie revînt sur son vote, ainsi qu'elle le lui avait proposé le 12 janvier suivant. On décida alors qu'à l'avenir l'élection aurait lieu à deux degrés, ainsi qu'il est dit à l'article 10 des statuts : au premier on choisirait un candidat dont on soumettrait le nom à l'agrément du Cardinal ; au deuxième, on l'admettrait définitivement, si le protecteur avait approuvé le choix de l'Académie. Pour l'émission de ces votes, chaque académicien recevait une ballotte blanche et une ballotte noire ; si le nombre des ballottes blanches dépassait de quatre les ballottes noires, le candidat était élu. Comme on avait prévu le cas où une demande de destitution se produirait, on décida qu'alors on procèderait de même et que l'académicien mis en cause serait destitué si le nombre des ballottes noires dépassait de quatre celui des ballottes blanches.

Pendant quelque temps, les académiciens présents à Paris, mais malades, furent autorisés à envoyer leur suffrage par écrit ; cette faculté fut abolie par la suite, et les absents ne purent plus prendre part aux votes. Jusqu'à la fin du XVIIe siècle, il y eut en réalité trois scrutins. Dans le premier, qui était éliminatoire, on votait par ballottes blanches ou noires sur les différents noms qui étaient présentés aux suffrages des académiciens ; lorsqu'un candidat avait un nombre de boules noires égal au moins au tiers du nombre des votants, il était exclu à perpétuité. Le second scrutin, dit de proposition, était en quelque sorte l'élection définitive du candidat qui avait obtenu la majorité des voix dans le premier scrutin ; le troisième, dit d'élection, était, après l'approbation du Roi (1), la confirmation du deuxième scrutin. On supprima plus tard ce troisième vote qui était véritablement superflu ; l'Académie n'aurait pas eu, sans impertinence, le dernier mot, et il ne lui eût pas été permis de se déjuger après que son choix avait été agréé par son protecteur.

Richelieu pensa que l'Académie ne pouvait acquérir devant l'opinion publique l'autorité qu'il désirait qu'elle eût, que si elle avait ou paraissait avoir l'entière liberté de ses choix ; c'est pour la même raison que le Cardinal ne lui imposa pas une loi et la laissa libre de rédiger ses statuts ; Richelieu comprit aussi qu'une des preuves de l'indépendance nécessaire à l'Académie était la gratuité des fonctions d'académicien, et qu'une des conditions de sa force était l'égalité entre tous ses membres.

« Les académiciens n'étant point mercenaires doivent être absolument libres. L'Académie française, qui s'est formée elle-même, reçut à la vérité des lettres patentes de Louis XIII, mais sans aucun salaire, et par conséquent sans aucune sujétion. » (2).

« Votre fondateur... voulut que vous fussiez libres et égaux. En effet, il dut élever au-dessus de la dépendance des hommes qui étaient au-dessus de l'intérêt. » (3).

Paul Mesnard fait judicieusement observer que « Richelieu n'ignorait pas l'art de s'attacher les écrivains par des pensions. Plusieurs membres de l'Académie continuèrent à en recevoir de lui, mais non à titre d'académiciens. Il était certainement assez généreux pour doter richement une institution dont il se faisait honneur ; il le fut plus encore en ménageant son indépendance par un respect si délicat. » (4).

---

1. Nous verrons plus loin qu'alors le Roi avait accepté d'être le protecteur de l'Académie.
2. Voltaire. *Dictionnaire philosophique*, au mot *Académie*.
3. Voltaire. Discours de réception.
4. *Histoire de l'Académie française*, page 10.

Le jour où se réunissaient les académiciens fut varié plusieurs fois, pendant les premières années de l'existence de l'Académie. L'article 17 des Statuts fixait les séances hebdomadaires au lundi après midi ; puis on choisit le mardi pour revenir ensuite au lundi, mais le principe resta de se réunir une fois par semaine, sauf pour les assemblées extraordinaires nécessitées par l'urgence des travaux en cours ou provoquées par un fait exceptionnel.

Le lieu des réunions changea plus souvent encore que le jour où elles se tenaient. Nous avons dit que le mariage de Conrart coïncida avec la fondation de l'Académie dont les premières séances se tinrent chez Desmarets, à l'hôtel Pellevé.

Au mois d'octobre 1634, c'est Chapelain qui recevait ses confrères, rue des Cinq-Diamants (parallèle à la rue Saint-Martin et mettant en communication la rue des Lombards et la rue Aubry-le-Boucher) ; puis, successivement, l'Académie se réunit chez Habert de Montmor, rue Sainte-Avoye (30 avril 1635), chez Chapelain (9 juillet), chez Desmarets (3 décembre), chez Gomberville, proche l'église Saint-Gervais (24 décembre), chez Conrart (16 juin 1636), chez l'abbé de Cérisy, à l'hôtel Séguier (3 mai 1638), chez Boisrobert, à l'hôtel Mélusine (14 juin 1638).

On s'est étonné que Richelieu n'eût pas pris le soin de donner à l'Académie un logement régulier et convenable. La Mesnardière fit connaître dans son discours de réception que Richelieu, qu'il avait accompagné dans le voyage du Roussillon entrepris à la fin de sa vie, lui avait ordonné de dresser un plan « de ce magnifique et rare collège, qu'il méditait pour les belles-sciences, et dans lequel il avait dessein d'employer tout ce qu'il y avait de plus éclatant pour la littérature en Europe ». Il avait l'intention, assure La Mesnardière, de rendre les membres de l'Académie française « arbitres de la capacité, du mérite et des récompenses de tous ces illustres professeurs qu'il appelait, et de les faire directeurs de ce riche et pompeux Prytanée des belles-lettres, dans lequel, par un sentiment digne de l'immortalité, dont il était amoureux, il voulait placer l'Académie française le plus honorablement du monde. »

Lorsque Porchères d'Arbaud mourut, en 1640, l'Académie lui donna pour successeur Olivier Patru, avocat de talent, de qui Voltaire a dit : « Quoiqu'il ne passât pas pour un avocat profond, on lui doit néanmoins l'ordre, la clarté, la bienséance, l'élégance du discours : mérites absolument inconnus avant lui au barreau. » (1).

Patru fut reçu le 3 décembre 1640, ét prononça, à cette occasion, un compliment qui charma à tel point la Compagnie qu'elle décida d'en faire dorénavant une obligation pour tout nouvel académicien (2). Le plan du compliment de Patru fut le modèle qui « adopté par l'Académie est resté invariable. Chaque discours a toujours été composé de l'éloge de Louis XIV, de ceux du cardinal Richelieu, du chancelier Séguier, de l'académicien remplacé et de l'Académie. Le Directeur, dans sa réponse, exprimait aussi par des éloges les regrets que la Compagnie éprouvait de la perte qu'elle venait de faire, et justifiait les motifs de la nouvelle adoption... mais en général, si on en excepte un petit nombre, il y a dans ces discours, jusques à une certaine époque, plus d'imagination que de goût, plus de recherche dans les mots que de naturel dans les pensées. » (3).

« D'abord ces discours ne furent que des compliments peu étendus ; ils se prononçaient à huis clos et devant les académiciens seuls, tant que la Compagnie s'assembla chez M. le chancelier Séguier; mais depuis qu'elle s'assemble au Louvre, et qu'elle ouvre ses portes les jours de réception, ce ne sont plus de simples remerciements, ce sont des discours d'apparat. » (4).

Patru avait été le dernier des quarante-six académiciens nommés sous le protectorat de Richelieu. Le grand Cardinal mourut le 4 décembre 1642 ; la pensée qui lui avait inspiré la création de l'Académie française fut féconde; reprise et complétée vingt ans après par Colbert, modifiée par l'esprit philosophique du siècle suivant, elle éclatera tout entière sous une autre forme, que la Convention appellera l'Institut national de France.

---

1. *Siècle de Louis XIV*.
2. V. Pièces justificatives.
3. Préface du *Choix de Discours de réception* (2 vol. Demonville, Paris, 1808).
4. D'Olivet. *Histoire de l'Académie française*.

## II

### Protectorat de Séguier.
### 1642-1672

Mort de Richelieu. — Séguier protecteur. — L'Académie à l'hôtel Séguier. — Election de Corneille. — Christine de Suède. — Les protégés de Séguier. — Election du marquis de Coislin. — Pellisson. — Incidents. — Colbert. — La petite Académie. — L'Académie des Sciences. — L'Académie harangue le Roi. — Election de Bossuet. — Mort de Séguier.

La mort du Cardinal était une perte considérable pour l'Académie. Elle décida de lui rendre les plus grands honneurs qu'il lui était possible ; un service funèbre fut célébré en l'église des Carmes des Billettes le 20 décembre, à dix heures du matin ; L'Estoile, qui était alors directeur, voulut en supporter seul tous les frais. Pour honorer la mémoire du premier protecteur de l'Académie, il fut décidé en outre que M. C. de La Chambre ferait l'éloge du Cardinal, Serisay son épitaphe, l'abbé de Cérisy une oraison funèbre, et que les autres académiciens composeraient quelque ouvrage en prose ou en vers à sa louange. L'Académie était divisée sur le point de savoir si l'oraison funèbre serait prononcée en public ou non; elle s'en remit au chancelier Séguier, qui conseilla qu'elle fût prononcée dans la Compagnie.

Il s'agissait pour l'Académie de trouver un nouveau protecteur ; on mit en avant les noms de Mazarin et du jeune duc d'Enghien, depuis prince de Condé, alors âgé de vingt-et-un ans, mais on se rallia sur celui de Séguier, qui avait quitté les Sceaux pour prendre la charge de la Chancellerie ; il faisait partie de l'Académie et lui avait déjà rendu de grands services. Il avait même été question, au moment où Séguier demanda d'entrer à l'Académie, de le nommer protecteur avec le Cardinal, mais on craignit de déplaire à ce dernier. « Tout l'honneur qu'on lui fit alors fut de mettre son nom le premier dans le tableau et à quelque distance des autres. » (Pellisson).

L'Estoile, directeur, Conrart, à la fois chancelier et secrétaire, Priezac, Chapelain et Serisay furent chargés d'aller solliciter l'acceptation du Chancelier ; l'Estoile le harangua, et lorsque Séguier eut accepté, il cessa d'être académicien et fut remplacé par Bazin de Bezons.

La mort de Louis XIII suivit de quelques mois celle de Richelieu ; une réaction contre tout ce qu'avait fait Richelieu se produisit et faillit compromettre l'existence même de l'Académie. Il semble que Séguier n'aurait pas eu l'autorité suffisante pour conserver cette institution et que Voiture s'entremit auprès de la régente, Anne d'Autriche, et obtint d'elle une intervention favorable à la Compagnie. Ce serait là la raison pour laquelle l'Académie prit le deuil à la mort de Voiture. Cependant Tallemant le jeune attribue à Séguier tout l'honneur d'avoir sauvé l'Académie dans les moments, difficiles pour elle, qui suivirent la mort de son premier protecteur :

« Richelieu semblait avoir emporté avec lui tout l'amour des lettres et des sciences. Des troubles intestins dispersèrent les Muses et les effrayèrent. Séguier seul les rassemble et les rassure, et, recueillant chez lui la politesse et les beaux-arts, prépare au jeune Louis des couronnes immortelles en chérissant et protégeant ceux qui devaient les former. Vous le savez, messieurs, l'Académie française périssait s'il ne l'eût soutenue. » (1).

En effet, le 16 février 1643, Séguier, devenu protecteur, « fit dire à la Compagnie qu'il désirait qu'à l'avenir elle s'assemblât chez lui (2) ; ce qu'elle a toujours fait depuis. » (Pellisson).

« Quant à la forme des assemblées, elle est telle. Elles se font en hiver dans la salle haute, en été dans la salle basse de l'hôtel Séguier, et sans beaucoup de cérémonie. On s'assied autour d'une table ; le Directeur est du côté de la cheminée ; le Chancelier et le Secrétaire sont à ses côtés, et tous les autres comme la fortune ou la simple civilité les range. Le Directeur préside, le Secrétaire tient le registre. » (Pellisson).

Lorsque le protecteur assistait aux séances, il présidait aux lieu et place du directeur.

---

1. Oraison funèbre du chancelier Séguier.
2. Dans son hôtel, rue du Bouloi.

Corneille, malgré les grands succès qu'il avait déjà remportés au théâtre, ne faisait pas encore partie de l'Académie. Il gardait sans doute rancune au Cardinal de lui avoir imposé le Jugement du *Cid* et à l'Académie de l'avoir apprécié sévèrement ; il ne chercha pas à y entrer et on ne le lui proposa sans doute pas. Il changea d'avis aussitôt après la mort de Richelieu, et, dès la première vacance qui se produisit, en 1644, par le décès de Nicolas Bourbon, il posa sa candidature. L'Académie, sous le prétexte que Corneille, habitant Rouen, ne pourrait pas assister aux assemblées ni « faire fonction d'académicien », lui préféra un avocat général, Salomon de Virelade.

Deux ans passèrent sans qu'il y eût une nouvelle vacance ; après la mort de Faret, en 1646, Corneille se présenta à nouveau, et l'Académie, invoquant la même raison qu'à la précédente élection, nomma Pierre du Ryer. Le grand tragique attendit un an encore, et lorsque Mainard mourut, en 1647, Corneille fit savoir à l'Académie « qu'il avait disposé ses affaires de telle sorte qu'il pouvait passer une partie de l'année à Paris. » Cette fois il avait pour concurrent Ballesdens « qui avait l'honneur d'être à M. le Chancelier » comme précepteur de son petit-fils, le marquis de Coislin. Ballesdens eut l'esprit de s'effacer devant Corneille qui fut enfin élu le 22 janvier 1647. Peu de temps après, Ballesdens remplaçait Malleville.

Cette question préalable de la résidence fut opposée à Rotrou qui habitait Dreux, et à Corneille qui habitait Rouen, c'est-à-dire l'un et l'autre à proximité de Paris ; elle ne l'avait pas été à Balzac qui vivait à Angoulême, ni à Méziriac, ni à Morinard, Corneille fut le premier d'une trop longue liste de grands écrivains à qui l'Académie, ainsi que nous le verrons par la suite, fit subir plusieurs échecs avant de les admettre dans la Compagnie.

Le prestige de l'Académie s'était étendu à l'étranger ; la reine Christine de Suède qui, en 1650, avait demandé à Descartes de lui faire un projet pour l'établissement d'une académie à Stockholm, prodigua les marques de sa faveur à l'Académie française. Le 15 mai 1652, un grand seigneur de sa cour, le baron Spar, vint saluer la Compagnie au nom de sa souveraine et lui dire en quelle estime elle la tenait. Après les compliments, le baron, assis à côté du directeur, écouta la lecture d'une ode d'Horace, traduite par Tristan ;

puis il se retira, reconduit par les officiers suivis des autres académiciens.

Au commencement de l'année 1654, peu de temps avant son abdication, Christine envoya son portrait à l'Académie qui la remercia de cette faveur ; elle répondit à ces remerciements par une lettre (1), et lorsqu'elle vint en France, en 1656, Patru alla la haranguer au nom de la Compagnie. Deux ans après, traversant de nouveau notre pays, elle vint, un jour de réunion ordinaire, faire une visite à l'Académie, sans l'avoir informée de son intention.

« La princesse, en arrivant, dans la salle où on devait la recevoir, lui demanda (au chancelier Séguier) de quelle sorte les académiciens seraient devant elle, ou assis ou debout ? Un d'eux (2) consulté par M. le Chancelier, dit que du temps de Ronsard, il se tenait une assemblée de gens de lettres à Saint-Victor, où Charles IX alla plusieurs fois, et que tout le monde était assis devant lui. On se régla là-dessus, de manière que la Reine s'étant assise dans son fauteuil, tous les académiciens, sans en attendre l'ordre, s'assirent sur leurs chaises autour d'une longue table : M. le Chancelier à la gauche de la Reine, mais du côté du feu ; à la droite de la Reine, mais du côté de la porte, le directeur de l'Académie, suivi de tout ce qu'il y avait d'académiciens, selon que le hasard les rangea ; et au bas bout de la table, vis-à-vis de la Reine, le secrétaire de la Compagnie. » (d'Olivet).

Le directeur, La Chambre, se leva et fit un compliment à la Reine, que tous, sauf Séguier, écoutèrent debout. Ils s'assirent ensuite, et, pendant une séance d'une heure les académiciens lurent diverses pièces de leur composition.

« Une chose assez plaisante, et dont la Reine se mit à rire toute la première, ce fut que le Secrétaire voulant lui montrer un essai du Dictionnaire, qui occupait dès lors la Compagnie, il ouvrit par hasard son portefeuille au mot *Jeu*, où se trouva cette phrase *jeux de prince, qui ne plaisent qu'à ceux qui les font*, pour signifier des jeux qui vont à fâcher ou à blesser quelqu'un. »(d'Olivet) (3).

---

1. V. Pièces justificatives.
2. La Mesnardière.
3. Ce fut Mézeray et non le secrétaire de la Compagnie qui fit cette lecture. Depuis la mort de Vaugelas, c'était lui qui avait la charge de préparer le Dictionnaire et qui en avait entre les mains tous les éléments. D'ailleurs, ce jour-là, Conrart, indisposé, était absent. Il n'y avait que quinze ou seize académiciens en séance. — D'après les *Mémoires* de Conrart, lorsqu'elle entendit la lecture de la phrase *jeux de prince*, « la reine de Suède rougit et parut émue ; mais, voyant qu'on avait les yeux

Puis la Reine se leva, fit une révérence, et, saluée par tous, elle s'en alla avec le même cérémonial qu'à son arrivée.

Le Cardinal de Richelieu avait été tout-puissant à l'Académie : il lui avait imposé de prononcer son jugement sur le *Cid*, malgré la répugnance qu'elle avait montrée d'avoir à s'occuper de cette question, et depuis l'élection de Porchères-Laugier, elle n'avait plus choisi un candidat sans un accord préalable avec le Cardinal. Le chancelier Séguier ne chercha pas à exercer une autorité aussi absolue : sous son protectorat, l'Académie procéda à trente-neuf élections, et l'on ne voit l'intervention directe de Séguier qu'à l'occasion de celles de Ballesdens, précepteur de son petit-fils, de son petit-fils lui même, le marquis de Coislin, de son parent l'abbé de Chaumont, et de l'abbé de Montigny, protégé de sa petite-fille la comtesse de Guiche.

En 1652, le Chancelier fit demander comme une grâce à l'Académie, et sans que cela dût créer un précédent, de nommer son petit-fils, le marquis Armand de Coislin, en remplacement de l'Estoile qui venait de mourir. Il fut élu à l'unanimité, bien qu'il ne fût âgé que de seize ans et huit mois, et l'Académie décida d'aller en corps remercier le Chancelier de l'honneur qu'il lui avait fait.

L'admission du marquis de Coislin ouvrit la voie aux grands seigneurs que l'on a tant reprochés à l'Académie. Elle fut en effet bientôt suivie des élections de Harduin de Péréfixe, archevêque de Paris, de l'abbé (depuis cardinal) César d'Estrées, du duc François de Saint-Aignan, du comte Roger de Bussy-Rabutin, du marquis de Dangeau, de l'archevêque de Harlay. Sous le protectorat de Séguier, il est vrai, l'Académie nommait Pierre Corneille, Mézeray, Tristan, Pellisson, Furetière, Segrais, Régnier-Desmarais, Quinault, Bossuet et Charles Perrault.

Pellisson, ayant fait paraître son *Histoire de l'Académie française*, fut autorisé, en attendant une vacance, à assister à toutes les séances, et l'année suivante, en 1653, il succéda à Porchères-Laugier. Il est le seul académicien qui ait joui de cette faveur anticipée.

En 1659, Gilles Boileau, frère aîné de Boileau-Despréaux,

---

sur elle, elle s'efforça de rire, mais d'une manière qui faisait connaître que c'était plutôt un ris de dépit que de joie. »

fut élu à l'unanimité de dix-huit votants en remplacement de Colletet. Cette élection fut combattue par Pellisson qui voulait venger les attaques dirigées par le nouvel élu contre M$^{lle}$ de Scudéry. Au deuxième scrutin, il y eut égalité de suffrages pour et contre l'admission ; Séguier, de Montmor, l'abbé d'Estrées appuyèrent la candidature de Gilles Boileau qui fut définitivement élu. Pellisson bouda l'Académie ; deux ans après, il fut mis à la Bastille, entraîné dans la disgrâce de Fouquet, et il ne reparut à l'Académie qu'après la mort de Gilles Boileau, en 1669.

Le scandale soulevé à la cour par la publication de l'*Histoire amoureuse des Gaules* de Bussy-Rabutin valut à son auteur une incarcération à la Bastille, suivie d'un exil dans ses terres de Bourgogne. En 1665, après dix-sept années d'absence, il revint à Paris, et l'Académie chargea Charpentier et Quinault d'aller en son nom le complimenter sur son retour, et, la même année, elle l'admettait parmi ses membres.

Les divers historiens de l'Académie ont remarqué que le Chancelier joua, en tant que protecteur, un rôle assez effacé, se bornant à donner les conseils qui lui étaient demandés et à servir d'arbitre dans les incidents qui se produisaient dans la Compagnie, comme ceux, par exemple, qui entourèrent l'élection de Gilles Boileau ; cependant, il assista à diverses séances de l'Académie, ce que n'avait jamais fait Richelieu. Il présidait alors l'assemblée « avec la même familiarité que pouvait faire un d'entre eux, jusqu'à prendre plaisir qu'on l'arrête et qu'on l'interrompe, et à ne vouloir point être traité de *Monseigneur* par ceux-là même de ces messieurs qui sont ses domestiques. » (Pellisson).

Il ne nous paraît pas qu'aucun de ces historiens ait fait suffisamment ressortir l'influence grandissante de Colbert, qui fut, à notre avis, le véritable protecteur de l'Académie longtemps avant la mort de Séguier, et qui le demeura jusqu'à la sienne, sans en avoir jamais eu le titre. En 1662, Chapelain fut chargé par Colbert de dresser une liste des écrivains français et étrangers dignes de participer aux libéralités du Roi ; il y fit suivre le nom de ses amis des appréciations les plus élogieuses sur leur talent, sans cesser d'être équitable pour les autres auteurs. Ce travail valut à Chapelain la pension du chiffre le plus élevé, 3000 livres, et lui créa dans l'Académie un parti dévoué, auquel on doit malheureusement attribuer l'élection de ces auteurs médiocres que la postérité ne connaît plus qu'à travers les épigrammes de Racine et les satires de Boileau. Il nous semble très probable que, dès ce moment, Colbert exerça à l'Académie une influence beaucoup plus grande que celle de Séguier, se servant de Chapelain comme autrefois Richelieu de Boisrobert, et comme lui-même de Perrault, lorque la chute de la *Pucelle* eut fait perdre à Chapelain tout son prestige.

Colbert fonda, en 1663, la *petite Académie* ou *Académie des Médailles*. D'abord composée de quatre membres de l'Académie française, Chapelain, Charpentier, Cassagne et Bourzeys, elle est devenue par la suite l'*Académie des Inscriptions* (1). Elle fut chargée de la rédaction des devises pour les jetons du trésor royal et de la création des médailles qui devaient rappeler les grands événements du règne de Louis XIV ; la rédaction du récit des fêtes, cérémonies et réceptions royales fut également dans ses attributions.

Colbert, poursuivant l'idée de Richelieu, établit l'*Académie des Sciences*, en 1666 (2). Laissant à chacune des trois grandes académies son autonomie et son indépendance, il les rapprochera quelques années après en les logeant toutes les trois au Louvre.

En 1654, Balzac avait fondé un prix d'éloquence d'une valeur de deux cents livres ; il ne fut distribué pour la première fois qu'en 1671. Pellisson, Conrart et Bazin de Bezons suivirent cet exemple, et fondèrent un prix de même somme pour un concours de poésie.

Séguier semble être resté étranger à tout cela, ainsi qu'à

---

1. V. A. Maury. *L'ancienne Académie des Inscriptions*.
2. V. A. Maury. *L'ancienne Académie des Sciences*.

Il dit : « La France possédait aussi une Académie des Sciences, mais cette académie n'avait encore rien fait d'officiel ; c'était une société de savants et d'amateurs qui, depuis une trentaine d'années, se réunissaient chaque semaine pour parler de leurs études et se communiquer leurs découvertes. Les assemblées s'étaient d'abord tenues chez le maître des requêtes Montmor. »

Dans ce livre il fait entre les autres académies et l'Académie française, un parallèle qu'il essaye de rendre défavorable à cette dernière, dont il est pourtant obligé de reconnaître le prestige et la popularité : « Les sciences, dit-il, n'ont pas moins droit à son estime (du public) que la littérature ; les académies qui les représentent dans leurs diverses branches mériteraient une popularité égale à celle qui environne leur sœur aînée, l'Académie française. »

l'événement le plus honorifique pour l'Académie qui se soit produit sous son protectorat. Au retour de la campagne de 1667, Louis XIV fut harangué par les Compagnies supérieures. Toussaint Rose, secrétaire du Cabinet, s'étonna auprès du Roi que l'Académie ne fût pas appelée dans les occasions où il s'agissait d'éloquence. Le Roi approuva cette observation et ordonna « que dans toutes les occasions où il y aurait de le haranguer, l'Académie française serait reçue avec les mêmes honneurs que les Cours supérieures. » Les académies de province obtinrent plus tard le même privilège de haranguer le Roi debout et non à genoux comme les députés des villes (1).

L'Académie jouit pour la première fois de sa nouvelle prérogative l'année suivante, après la conquête de la Franche-Comté ; le discours qui fut prononcé dans cette circonstance n'a pas été conservé.

Bossuet, évêque de Condom et précepteur du Dauphin, avait commencé très jeune sa réputation d'orateur sacré ; sa merveilleuse éloquence venait de s'affirmer dans les oraisons funèbres d'Henriette d'Angleterre et de la duchesse d'Orléans, lorsque mourut l'archevêque de Paris, Harduin de Péréfixe. Il fut un instant question de remplacer ce prélat à l'Académie par Bossuet ; mais, dit le cardinal de Bausset, « des motifs de convenance firent choisir François de Harlay qui lui avait succédé à l'archevêché de Paris » (1). Peu de temps après mourut l'abbé de Chambon, et les amis de Bossuet à l'Académie, Conrart en tête, pensèrent à lui pour ce siège. Son élection fut celle qui se fit dans les délais les plus courts : Chambon était mort le 26 avril 1671, Bossuet écrivit sa lettre de candidature le 15 mai ; il fut élu à la fin du même mois et reçu le 8 juin par Charpentier, quarante-trois jours après la mort de son prédécesseur.

Le chancelier Séguier mourut le 28 janvier 1672 ; son oraison funèbre fut prononcée en l'église des Carmes par l'abbé de La Chambre, puis, en présence de la Compagnie, à l'hôtel Séguier, par l'abbé Paul Tallemant.

---

1. V. F. Bouillier. *L'Institut et les Académies de province*, page 18.
2. Cardinal de Bausset. *Histoire de Bossuet.*

## III

### Protectorat de Louis XIV
### 1672-1715

Le Roi, protecteur. — L'Académie au Louvre. — Création des jetons et d'un budget. — Fondation de la Bibliothèque. — Spectacles de la Cour. — Colbert. — Réception de Perrault. — Séances publiques. — Réception de Fléchier et de Racine. — Nouveau règlement. — Mort de Colbert. — Election de La Fontaine et de Boileau. — Réception de Clermont-Tonnerre. — Candidature du duc du Maine. Les académies de province. — Le Dictionnaire. — Affaire Furetière. — La Grammaire. — Querelle des Anciens et des Modernes. — Mort de Louis XIV.

L'Académie, à la mort de Séguier, se trouva dans un embarras aussi grand qu'à la mort de Richelieu ; il lui fallait choisir un autre protecteur et quitter l'hôtel Séguier. Elle dut nécessairement penser à solliciter la protection de Colbert qui appartenait à la Compagnie depuis cinq années ; mais le Roi lui fit savoir qu'il était disposé à prendre un titre que jamais l'Académie n'aurait osé lui proposer de porter après l'un de ses sujets. Pour ne rien commettre contre l'étiquette, on renouvela la fiction qui avait déjà été employée avec Richelieu : l'archevêque de Paris, de Harlay, membre de l'Académie, fut chargé de demander à Louis XIV d'agréer le titre de Protecteur ; il déploya une grande éloquence, démontrant au Roi qu'il était de l'intérêt de sa propre gloire de protéger l'Académie ; le Roi accorda une audience à la Compagnie, et, après une nouvelle harangue de l'archevêque, Louis XIV ayant consenti à ce qu'on lui demandait, dit en particulier à Colbert, qui s'était mêlé aux académiciens, ses confrères : « Vous me ferez savoir ce qu'il faut que je fasse pour ces messieurs. »

Le premier acte de Louis XIV, sur les conseils de Colbert, fut d'offrir à l'Académie un appartement au Louvre pour qu'elle pût régulièrement s'assembler. Cet événement donna lieu à la création d'une médaille spéciale et à deux harangues, l'une prononcée par Perrault, en mai 1672, pour complimenter M^me^ la chancelière Séguier, avant de quitter son hôtel, l'autre par Charpentier, le 13 juin, pour remercier Colbert de son heureuse intervention auprès du Roi. Dans sa harangue, Charpentier appela Colbert « Monseigneur », mais celui-ci fit entendre qu'à l'avenir les académiciens ne devaient pas se servir de ce titre en lui parlant, et qu'ils ne devaient voir en lui que leur confrère et non le ministre. Nous avons relaté que Séguier avait agi avec la même délicatesse ; mais, sous le règne suivant, l'abominable cardinal Dubois se prévaudra de sa dignité ecclésiastique pour ne pas imiter ces nobles exemples.

Quelques mois plus tard, l'Académie des Médailles et l'Académie des Sciences recevaient également un logement au Louvre.

Sur le conseil de Colbert encore, le Roi le chargea « de faire un fonds pour les besoins que l'Académie peut avoir comme bois, bougies, journées de copistes », et plus tard, d'établir pour chaque séance quarante jetons d'argent à répartir entre les académiciens présents. Jusque-là les fonctions d'académicien avaient été absolument gratuites ; du jour où les jetons de présence furent créés, le secrétaire perpétuel tint un registre des membres présents à chaque séance. Colbert eut même un moment l'idée, nous disent les *Mémoires* de Perrault, de faire donner un demi-louis d'or à chaque membre présent, mais il y renonça dans la crainte que cela ne devînt un appât pour les protégés et les domestiques des grands seigneurs.

Vers la même époque, la Bibliothèque de l'Académie fut fondée, grâce toujours à l'intervention de Colbert ; il fit donner par le Roi les livres qui se trouvaient en double à la Bibliothèque, et « fit acheter tous les livres de ceux de la Compagnie qui étaient morts et n'avaient point d'héritiers qui pussent les fournir » (1). L'on réunit ainsi environ huit cents volumes.

En 1676, le Roi fit réserver aux académiciens six places pour chaque représentation théâtrale à la cour. Les premiers qui profitèrent de cette nouvelle faveur furent Charpentier, Benserade, Furetière, Toussaint Rose, Quinault et Racine. Ils furent installés avec honneur aux places qu'ils devaient occuper, et, pendant les entr'actes, des rafraîchissements

---

1. Ch. Perrault. *Mémoires.*

leur étaient offerts, ainsi que l'on faisait d'ordinaire pour les personnages les plus qualifiés de la cour.

Il y eut entre la mort de Séguier et celle de Colbert quatorze élections à l'Académie, parmi lesquelles celles de Fléchier, Racine, Benserade, Huet. L'influence du ministre se fit sentir dans celles de l'abbé Colbert, son fils, à peine âgé de vingt-quatre ans, de l'abbé de La Chambre, de l'abbé Gallois, de Charles Perrault, de l'abbé de Lavau, garde des livres du Cabinet du Roi (1), qui avait rendu à Colbert le service de faciliter le mariage d'une de ses filles avec le duc de Mortemart, et, enfin, de Barbier d'Aucour, précepteur d'un fils de Colbert, et dont Furetière a dit que c'est « un homme qui a deux noms aussi inconnus l'un que l'autre. »

L'Académie doit assez de reconnaissance à Colbert pour ne pas lui reprocher ces faiblesses ; d'ailleurs il fut un véritable Mécène pour les écrivains de haute valeur dont il savait reconnaître le génie ; il pensionna, entre autres, Boileau et Racine, qui comptaient beaucoup d'ennemis à l'Académie ; il ne s'opposa ni à l'élection de Fléchier et de Huet, protégés du duc de Montausier, ni à l'admission de Géraud de Cordemoy, l'ami de Bossuet.

L'obligation de prononcer un remerciement en entrant à l'Académie avait été introduite en 1640.

« Personne, depuis 1640, n'a été dispensé de cet usage que M. Colbert (1667) et M. d'Argenson (1718), lesquels ont été reçus l'un et l'autre en des circonstances où l'extrême vivacité des affaires publiques, dont le fardeau tombait sur eux, les mettait hors d'état de se prêter quelques instants à leur propre gloire. »(d'Olivet).

En ce qui concerne Colbert, l'abbé d'Olivet s'est trompé en affirmant qu'il ne prononça pas de discours de réception. La *Gazette de France* et la *Muse historique* de Loret disent au contraire que la rédaction du discours de Colbert fut attribuée à Chapelain, et que le jour où il le prononça, le duc de Saint-Aignan alla le prendre en carrosse à son domicile pour l'accompagner à l'Académie (2).

---

1. Par la suite, la fonction de garde des livres du Cabinet du Roi deviendra presque un titre pour faire partie de l'Académie : J.-P. Bignon, Caumartin, André Dacier, l'abbé Louvois, Gros de Boze, Boivin, Sallier A.-J. Bignon, qui l'occupèrent, furent tous académiciens.

2. Plus tard, pour des causes diverses, d'autres académiciens ne pro-

Pendant un certain temps, le compliment ou discours de réception devait être à la louange du cardinal de Richelieu ; puis, comme l'Académie avait décidé que l'éloge de chaque académicien décédé serait fait au sein de la Compagnie, le récipiendaire fut chargé de ce soin ; enfin, plus tard, à l'éloge du prédécesseur on ajouta une analyse critique plus étendue de ses ouvrages, et cela permit aux nouveaux académiciens de se livrer à des considérations quelquefois originales et souvent intéressantes sur la poésie, le théâtre, la philosophie, etc., selon que les académiciens qu'ils remplaçaient ou qu'eux-mêmes s'étaient plus spécialement occupés de l'une de ces branches de la culture humaine.

Le discours que prononça, en 1671, Ch. Perrault, le dernier élu sous le protectorat de Séguier, plut infiniment à la Compagnie ; Perrault répondit aux compliments qu'il lui valait, que s'il avait réussi à plaire à l'Académie, il eût certainement obtenu le même succès devant un auditoire plus nombreux, et, sur sa proposition, elle résolut qu'à l'avenir les séances de réception seraient publiques.

« Le premier qui fut reçu après moi fut M. l'abbé Fléchier, évêque de Nîmes. Il y eut une foule de monde et de beau monde à sa réception... On peut dire que l'Académie changea de face à ce moment ; de peu connue qu'elle était, elle devint si célèbre, qu'elle faisait le sujet des conversations ordinaires. » (1).

Le même jour, l'Académie recevait Racine et l'abbé Gallois ; le discours de Fléchier obtint un grand succès et celui de Racine passa inaperçu, si bien que jamais il ne voulut le faire imprimer.

---

noncèrent pas de discours de réception : le comte de Clermont, prince du sang ; le duc de Bassano, ministre au moment de sa nomination ; Jouy et Baour-Lormian, élus en 1815, en furent empêchés par les événements publics et en raison du projet de réorganisation de l'Institut que faisait préparer Louis XVIII ; Colardeau et Vatout moururent avant leur réception ; Chateaubriand et M. Emile Ollivier refusèrent d'apporter dans leurs discours les modifications qu'on exigeait d'eux. Parny écrivit le sien, mais ayant la voix trop faible, il le fit lire par Regnauld de Saint-Jean-d'Angély ; Ducis, plus poète que prosateur, lut un discours qu'avait écrit son confrère et ami Thomas. Trois académiciens lurent un remerciement en vers, Crébillon, La Chaussée, de Boissy ; on sait qu'il fut un moment question que M. Rostand suivît cet exemple.

1. Ch. Perrault. *Mémoires*.

La publicité donnée aux séances de réception transforma complètement leur caractère ; il y en eut, depuis, de triomphales pour certains écrivains ; il y en eut aussi de tumultueuses ; le public par son attitude, les académiciens par leurs discours, se livrèrent à des manifestations qui eurent un certain retentissement. Nous en parlerons dans leur ordre chronologique :

Sous le ministère Colbert, l'Académie apporta quelques modifications à son règlement ; dès 1675, elle se réunit régulièrement trois fois par semaine : le lundi, le jeudi et le samedi, et cette habitude dura jusqu'à la suppression de l'ancienne Académie par la Convention (1). Pour les élections, Perrault proposa le vote secret, et l'Académie, croyant qu'il exprimait un désir de Colbert, de qui il était ordinairement le porte-parole, accepta ce mode de votation. On renonça au système des ballottes, et, après discussion, l'on votait avec des bulletins sur lesquels chaque académicien avait inscrit le nom du candidat qui avait sa préférence. Le dépouillement du scrutin était fait hors séance par les trois officiers assistés d'un académicien désigné par le sort ; on proclamait alors le nom qui avait obtenu la pluralité des suffrages et l'on taisait les autres.

Pour qu'un vote fût acquis, le nombre d'au moins vingt votants était indispensable ; lorsqu'il n'était pas atteint, l'élection était renvoyée à une séance ultérieure (2).

---

1. Aujourd'hui, les séances de l'Académie ont lieu le jeudi pour le travail ordinaire, et le premier mardi de chaque mois pour la réception des ouvrages dont les auteurs font hommage à la Compagnie. Il y a aussi des réunions extraordinaires lorsqu'il y a un motif sérieux, notamment à l'époque des concours.

2. Au xviii$^e$ siècle, l'assiduité des académiciens ne devait pas être très grande, car on dut accepter la validité de l'élection, lorsqu'il y avait seulement dix-huit votants, à condition pourtant qu'aucun des membres présents n'exigeât l'application stricte du règlement. Nous devons faire remarquer que c'est l'époque où l'Académie compta le plus de grands seigneurs et de prélats. De nos jours, chaque académicien écrit son bulletin de vote et le dépose dans l'urne que fait circuler un huissier ; le dépouillement se fait en séance et à haute voix par le directeur, et le candidat qui obtient la majorité absolue des votants et proclamé élu. Quelquefois, après plusieurs scrutins consécutifs, cette majorité ne s'est produite pour aucun des candidats, et l'élection est renvoyée à une autre date.

« Ces messieurs, lorsqu'ils ont à choisir un collègue, devraient toujours nommer le plus digne, quel qu'il fût, sans même qu'il s'en doutât, assurés que personne ne refuserait cet honneur. » (Pellisson).

Ce principe aurait évidemment dû demeurer la règle des élections académiques, et si l'Académie s'en est départie, c'est que les circonstances l'y ont obligée. Lors de la fondation, les premiers membres se mirent d'accord entre eux pour solliciter quelques-uns de leurs amis de faire partie de leur Compagnie ; c'est ainsi que nous avons vu Boisrobert écrire à Balzac pour lui demander son adhésion ; celui-ci ne répondit pas, et il fut inscrit d'office sur le tableau des académiciens ; lorsqu'il l'apprit, il était trop tard pour protester.

Il n'en fut pas de même pour Arnauld d'Andilly qui refusa la place d'académicien que lui offrait l'Académie ; elle ne put passer outre à l'opposition du célèbre janséniste : ce fut peut-être l'une des causes pour lesquelles aucun de ces messieurs de Port-Royal ne fit partie de la compagnie. Ce refus de la part d'un élu qui n'aurait pas été consulté préalablement pouvait se reproduire, et cela aurait considérablement discrédité l'Académie. Elle prit alors pour règle de ne recevoir personne qui ne l'eût demandé, ou du consentement de qui on ne se fût assuré par avance.

Colbert mourut le 6 septembre 1683 ; l'Académie lui rendit des honneurs exceptionnels, comme elle l'eût fait pour un véritable protecteur. Les circonstances ne permirent pas de faire prononcer son oraison funèbre par un membre de la Compagnie, mais elle tint une séance extraordinaire dans laquelle Quinault fit son éloge en vers, tandis que Paul Tallemant le loua en prose.

L'élection du successeur de Colbert donna lieu à un incident important. Boileau s'était créé dans l'Académie des ennemis irréductibles, et il n'aurait pas songé à s'y présenter si le Roi ne lui en eût en quelque sorte intimé l'ordre ; il se décida donc à briguer les suffrages académiques. Il eut pour concurrent La Fontaine, qui avait échoué dans une élection antérieure ; on avait reproché à l'illustre fabuliste sa fidélité à Fouquet tombé en disgrâce, et l'immoralité de ses *Contes* tandis que ses *Fables* étaient peu appréciées de son temps. Les adversaires de Boileau s'entendirent pour se compter sur le nom de La Fontaine, qui fut élu par seize voix contre sept données à Boileau. Le Roi, mécontent de ce vote, ajourna la ratification du choix de l'Académie ; elle comprit qu'elle devait s'incliner devant la volonté royale ; aussi, à la première vacance qui se produisit peu de temps après, Boileau fut élu à l'unanimité. Le Roi donna alors son approbation aux deux élections.

Ce fut là une des rares circonstances où Louis XIV pesa sur les élections de l'Académie ; on peut citer encore son intervention dans deux autres cas.

En 1694, voulant se moquer de la vanité excessive de Clermont-Tonnerre, évêque de Noyon, le Roi le fit nommer à l'Académie, bien qu'il n'eût pas de titres littéraires. L'abbé de Caumartin, dans la réponse qu'il fit au discours du récipiendaire, crut faire sa cour au Roi, en couvrant l'évêque de ridicule ; bien entendu, Clermont-Tonnerre ne s'aperçut de rien, mais Louis XIV trouva exagérées l'ironie et l'insolence de Caumartin, et celui-ci fut en disgrâce jusqu'à la fin de son règne (1).

Le président C.-F. de Lamoignon fut élu en 1703, sur la proposition de Tourreil, directeur en exercice, qui voulait faire échec à la candidature de l'abbé de Chaulieu.

« Feu M. le Duc (le duc de Bourbon), qui protégeait Chaulieu, envoya demander secrètement à Lamoignon de refuser. On sut dans le monde le refus de M. de Lamoignon, sans que la cause en fût connue de personne. Le Roi, pour empêcher qu'il n'en rejaillît contre l'Académie un peu de honte, demanda au cardinal de Rohan de solliciter la place vacante qui était celle de Perrault. » (d'Olivet).

Louis XIV avait encore une autre raison pour agir ainsi, c'est qu'il trouvait les poésies et la vie privée de l'abbé de Chaulieu, familier de la Société du Temple, beaucoup trop licencieuse.

A la mort de Corneille, qui suivit de peu l'élection de La Fontaine et de Boileau, Racine eut la faiblesse d'offrir à Louis XIV le siège de l'illustre poète pour son fils illégitime le duc du Maine, âgé seulement de quatorze ans, mais le Roi fut assez sage pour repousser cette proposition qui ne fait honneur ni à Racine, ni à l'Académie, laquelle l'avait encouragé dans sa démarche.

Sous le protectorat de Louis XIV, les académies qui s'étaient formées en province, à l'imitation de la société des

---

1. La réception de l'évêque de Noyon est relatée par Dangeau dans le cinquième volume de son *Journal*.

amis de Conrart, sollicitèrent le titre et les privilèges de l'Académie (1). Déjà l'académie d'Arles avait obtenu ses lettres patentes en 1665 ; les autres furent établies un peu plus tard. Ces académies firent des traités d'alliance et d'affiliation avec l'Académie française, soumettant à son jugement les ouvrages de ses membres, prenant leurs protecteurs dans son sein, lui envoyant des députations qu'elle recevait avec honneur. En 1670, Conrart avait adressé un discours aux députés de l'académie d'Arles ; ceux de Soissons furent reçus le 27 mai 1675, ceux de Nîmes le 30 octobre 1692, ceux de Marseille le 19 septembre 1726. Ces députés avaient droit de séance, et, par réciprocité, lorsqu'un membre de l'Académie française arrivait dans une ville où se trouvait une académie affiliée, il était harangué et avait également droit de séance (2). Toutes les académies de province qui le demandèrent, ne furent pourtant pas affiliées ; l'Académie française refusa, entre autres, d'accepter les traités que lui proposèrent les académies de Toulon et d'Avignon (3).

Nous avons vu que le travail du Dictionnaire avait été interrompu à la mort de Vaugelas ; il avait pu être repris, mais il n'avançait toujours que très lentement.

« M. Colbert ayant observé que les assemblées de l'Académie ne se faisaient pas avec la régularité nécessaire pour avancer le travail du Dictionnaire dont on s'occupait depuis plus de quarante ans, y établit un ordre que je vais dire. Il n'y avait point d'heure réglée à laquelle l'assemblée dût commencer ses séances, ni à laquelle elle dût finir : les uns venaient de bonne heure, les autres fort tard ; les uns y entraient, lorsque les autres commençaient à en sortir, et quelquefois tout le temps se passait à dire des nouvelles. Il fut résolu qu'elle commencerait à trois heures sonnantes, et qu'elle finirait lorsque cinq heures sonneraient. Pour l'exécution exacte de ce règlement, M. Colbert fit donner une pendule à l'Académie, avec ordre au sieur Thuret, de la conduire et de l'entretenir. » (4).

---

1. Bouillier. *L'Institut et les Académies de province.*
2. On cite comme une exception le cas de l'académie de Marseille dans l'affaire Thomas-Séguier.
3. Quelques membres de l'Académie française débutèrent dans les lettres comme lauréats des académies de province : Mairan à Bordeaux, Bernardin de Saint-Pierre à Besançon, Ch. Lacretelle à Metz, Chamfort, Lémontey, François de Neufchâteau, Gaillard, La Harpe, Delille à Marseille, etc., etc.
4. Ch. Perrault. *Mémoires.*

Colbert avait voulu se rendre compte par lui-même des raisons de cette lenteur dans l'élaboration du Dictionnaire, et, sans en avoir prévenu personne, il s'était rendu inopinément à une séance de l'Académie, où il avait assisté à une discussion sur le mot Ami, il en avait emporté la conviction qu'un travail aussi minutieux et aussi consciencieux ne pouvait point se faire plus rapidement.

Lorsque Pellisson écrivit la première *Histoire de l'Académie française*, il doutait que le Dictionnaire prît jamais fin.

« Si l'ouvrage de l'Académie était publié, disait-il, non seulement il nous résoudrait une infinité de doutes et fixerait en quelque sorte le corps de la langue et l'empêcherait, non pas de changer du tout, ce qu'il ne faut jamais espérer des langues vivantes, mais pour le moins de changer si souvent et si promptement qu'elle fait...

« Certes, qu'on en dise aujourd'hui ce qu'on voudra, la postérité, si elle voit ce Dictionnaire, ou ne s'informera pas du temps qu'on aura été à le composer, ou si elle s'en informe, en louera d'autant plus les auteurs et s'en croira d'autant plus redevable à l'Académie. »

La première édition du *Dictionnaire de l'Académie française* parut en 1694, avec une *Epître dédicatoire* de Ch. Perrault (1). La classification qui avait été adoptée était le groupement par familles de mots. Jusqu'en 1672, le Dictionnaire n'avait été qu'ébauché, et, entre ces deux dates, la revision en avait été entreprise. C'est dans cette période que surgit un très grave incident :

« Craignant l'infidélité des copistes employés à transcrire ses cahiers, elle (l'Académie) obtint, le 28 juin 1674, un privilège, signé en commandement, par lequel défenses étaient faites de publier aucun dictionnaire français, avant que le sien fût au jour. » (d'Olivet).

Le 24 août 1684, un membre de l'Académie, Antoine Furetière, abbé de Chalivoy, « surprit un privilège du grand sceau pour l'impression d'un *Dictionnaire universel* », où il ne devait faire entrer que les termes *d'art et de sciences*, « suivant le titre qu'il en avait montré à l'approbateur ; mais où, suivant le titre inséré dans le privilège, il faisait entrer *tous les mots français tant vieux que modernes.* » (d'Olivet).

---

1. V. Pièces justificatives.

L'émotion fut énorme à l'Académie ; Furetière, accusé de l'avoir pillée, fut convoqué à deux reprises par le secrétaire perpétuel Régnier-Desmarais, afin de fournir des explications. Il n'en tint aucun compte. Potier de Novion, premier président au Parlement et directeur de l'Académie, voulut arranger les choses et, à son tour, convoqua chez lui, avec Furetière, les commissaires désignés par l'Académie : l'abbé de Chaumont, Ch. Perrault, Charpentier, Thomas Corneille et le secrétaire perpétuel ; Furetière fut déclaré plagiaire. Racine, La Fontaine et Boileau lui demandèrent de donner des marques de soumission ; il refusa d'y consentir.

L'Académie tint, le 22 janvier 1685, sous la présidence de l'abbé de Chaumont, chancelier, une séance à laquelle assistèrent Régnier-Desmarais, secrétaire perpétuel, Charpentier, l'abbé François Tallemant l'aîné, l'abbé Paul Tallemant le jeune, Le Clerc, l'abbé Testu, Claude Boyer, Quinault, Perrault, Racine, l'abbé Gallois, Benserade, l'abbé Huet, le président Rose, l'abbé de Lavau, l'abbé de Dangeau, d'Ancour, La Fontaine, Thomas Corneille. On prononça la destitution de Furetière, par application de l'article 13 des statuts, comme ayant commis « une action indigne d'un homme d'honneur ». Le 9 mars 1685, le privilège précédemment accordé à Furetière fut supprimé par arrêt du Conseil.

Furetière se vengea de l'Académie en publiant contre elle des libelles diffamatoires, auxquels elle ne répondit pas. Dans son premier factum, il affirmait qu'on devait le féliciter, plutôt que le blâmer, d'avoir entrepris son Dictionnaire en même temps que l'Académie travaillait au sien ; elle montrait la politesse de la langue, tandis qu'il s'attachait à en faire voir l'abondance.

Il est d'ailleurs incontestable que le Dictionnaire de Furetière est supérieur à la première édition de celui de l'Académie.

« Cet enfant (1) de tant de pères était presque vieux quand il naquit ; et quoiqu'il fût légitime, un bâtard (2) qui avait déjà paru l'avait presque étouffé dans sa naissance. » (3).

---

1. Le Dictionnaire de l'Académie.
2. Le Dictionnaire de Furetière.
3. Montesquieu. *Lettres persanes*, LXIII.

Furetière ne fut remplacé qu'à sa mort, survenue le 14 mai 1688. Il était né en 1620 et avait pu porter pendant vingt-trois années le titre d'académicien (1).

Dès l'année 1700, l'Académie prépara une deuxième édition du Dictionnaire. Ce travail fut confié à Thomas Corneille et aux abbés P. Tallemant et de Choisy. Dans cette nouvelle édition, parue en 1718 et dont Valincourt écrivit la préface, on abandonna l'ordre par famille de mots et l'on adopta l'ordre alphabétique qui a été conservé dans les éditions suivantes (2).

La confection du Dictionnaire est un éternel prétexte à railleries depuis la fondation de l'Académie. C'est un travail qu'elle recommence dès qu'il est terminé, et il est probable que les générations futures assisteront encore à cette laborieuse gestation.

« Il est bien évident que déjà nous ne parlons plus comme au XVIIe siècle ; la différence est encore plus notable avec le XVIe siècle et ainsi de suite en remontant aux origines. » (3).

Il est non moins certain que ceux qui viendront après nous modifieront encore la langue, en adoptant des locutions et des mots nouveaux, créés pour les besoins des sciences et des découvertes nouvelles, venus de l'étranger ou pris dans l'argot populaire.

« Au moment où se fixa définitivement la langue dont nous nous servons aujourd'hui, l'usage fut pris dans un sens très étroit ; ce fut le beau monde, la cour, les coteries lettrées qui en décidèrent, et

---

1. L'exclusion de Furetière n'était pas la première que prononçait l'Académie. En 1639, elle avait destitué Granier pour malversation et l'avait immédiatement remplacé.
2. La quatrième édition parut en 1762 avec une préface de Duclos ; elle était plus complète au point de vue de l'étymologie des mots et contenait les termes élémentaires des sciences, des arts et des métiers. A peine était-elle publiée que d'Alembert et Marmontel commencèrent à préparer la cinquième édition pour laquelle, en 1778, Voltaire indiqua un nouveau plan. Villemain écrivit le discours préliminaire de la sixième édition qui parut en 1835 ; la septième, avec une préface de Patin, fut publiée en 1878. La huitième est en préparation ; pour celle-ci M. Gréard a présenté à l'Académie un exposé de réformes orthographiques importantes, proposées par la Commission du Dictionnaire.
3. E. Littré. *Histoire de la Langue française*.

l'Académie, récemment instituée, l'enregistra avec tant d'arbitraire, qu'une foule de locutions excellentes, employées par Malherbe, par Corneille, par Molière, se sont trouvées mises en dehors et proscrites » (1).

Cela n'a pas empêché un écrivain du xvii$^e$ siècle, Ménage, — qui avait attaqué l'Académie à ses débuts, et que, par rancune, celle-ci refusa d'admettre parmi ses membres, lui préférant un écrivain très inférieur ; qui, par conséquent, aurait eu quelque excuse de juger avec sévérité les travaux de l'Académie — de dire : « Depuis l'établissement de l'Académie française, notre langue n'est pas seulement la plus belle et la plus riche de toutes les langues vivantes, elle est encore la plus sage et la plus modeste. »(2).

Dès que la première édition du Dictionnaire eut paru, l'Académie s'occupa de la préparation d'une Grammaire. Elle se divisa en deux bureaux, l'abbé de Choisy tenant la plume dans l'un, et l'abbé Paul Tallemant dans l'autre. Les résultats de ce double travail ne furent pas assez satisfaisants pour que l'Académie les fît publier sous son nom. Thomas Corneille fut choisi, alors dans les deux bureaux réunis, pour écrire les *Observations sur les Remarques de Vaugelas*. On comprit que le travail en commun ne pourrait pas donner des fruits sérieux, et Régnier-Desmarais fut chargé d'entreprendre seul la rédaction de la Grammaire, à la condition de soumettre son travail à l'approbation de la Compagnie et de se conformer à ses avis, après discussion.

La Grammaire de Régnier-Desmarais parut au commencement du xviii$^e$ siècle, « production bien imparfaite, mais qui répandit des lumières, grâce à quelques notions fort saines, grâce encore aux critiques trop souvent fondées que Buffier lui prodigua dans sa Grammaire sur un autre plan » (3).

Pour compléter le programme qu'elle s'était tracé à l'origine, l'Académie eût dû faire une Rhétorique et une Poétique ; elle n'a jamais abordé ces deux ouvrages.

Les actes publics de l'Académie, à partir de 1668, ont

---

1. E. Littré. *Histoire de la Langue française*.
2. Citation faite par Sainte-Beuve, en note, page 166, dans son *Tableau de la Poésie française au* xvi$^e$ *siècle*.
3. M.-J. de Chénier. *Tableau historique de l'état et des progrès de la Littérature française depuis 1789*. 1 vol. Paris, 1816.

consisté en panégyriques, en harangues et en compliments au Roi, à Colbert, aux princes et princesses, et à divers hauts personnages. La satisfaction qu'elle éprouvait de se mêler ainsi au monde de la cour n'était pas unanime parmi les académiciens ; Mézeray se montrait avec Patru « l'ennemi de tout ce qui était étiquette et cérémonie ; ils se moquaient de voir la Compagnie y mettre tant d'importance et se rattacher à tout propos par des compliments et des députations aux événements de la cour ; tous deux, dans leur sans-façon, ils avaient donné à l'Académie des épithètes de *délibérante*, de *députante* et *remerciante* » (1).

Vers le même temps que l'affaire Furetière, la querelle dite des « Anciens et des Modernes » prenait un développement considérable et devait durer jusqu'à la fin du règne de Louis XIV ; l'Académie était divisée en deux camps très inégaux, si le nombre était du côté des modernes, le talent et le génie étaient du côté des anciens.

Querelle, dit Sainte-Beuve, « qui occupa tous les esprits dans la seconde moitié du xvii$^e$ siècle, et qui, sous des formes diverses, s'est renouvelée depuis ; querelle aussi vieille que le monde, depuis que le monde n'est plus un enfant, et qui durera aussi longtemps que lui, tant qu'il ne se croira pas tout à fait un vieillard » (2).

« Le grand procès des anciens et des modernes n'est pas encore vidé ; il est sur le bureau depuis l'âge d'argent qui succéda à l'âge d'or. Les hommes ont toujours prétendu que le bon vieux temps valait beaucoup mieux que le temps présent » (3).

La querelle, pour ancienne et même éternelle qu'elle soit, avait été ravivée à plusieurs reprises dans l'Académie : en 1635, par Boisrobert, qui prononça un discours (4) *Pour la Défense du Théâtre*, dans lequel il regrettait la popularité qu'avait conservée le théâtre ancien, alors que les pièces modernes (les siennes, notamment) ne trouvaient pas auprès du public la même faveur ; l'année suivante, Colletet choisit pour thème de son discours *De l'imitation des anciens* (5);

---

1. Sainte-Beuve. *Causeries du Lundi.*
2. *Causeries du Lundi.*
3. Voltaire. *Dictionnaire philosophique.*
4. V. Pièces justificatives.
5. V. Pièces justificatives.

mais ce n'étaient là que les premières escarmouches d'une lutte d'un demi-siècle, que l'on peut diviser en trois phases, la première allant de 1670 à 1675, la seconde de 1687 à 1694, la troisième de 1711 à 1714, se prolongeant même jusqu'en 1718.

La véritable bataille commença avec Desmarets qui publia, en 1670, son factum sur la *Comparaison de la langue française avec la grecque et la latine*. A ce moment presque tous les académiciens appartenaient au parti des modernes, mais en dehors de l'Académie, les partisans des anciens faisaient rage ; les épigrammes répondaient aux factums, les satires aux critiques ; toute élection à l'Académie était un combat où chaque parti s'engageait à fond, faisait état de toutes ses influences ; les discours de réception et les réponses qui y étaient faites prenaient parfois des allures de manifestes, surtout dans la deuxième phase de cette célèbre dispute.

Perrault, élu en 1671, était devenu le chef des modernes, ayant pour fidèles lieutenants Chapelain, Desmarets, Saint-Amant, La Chambre, Benserade, Segrais, M. Leclerc, Bussy-Rabutin et Fontenelle, à qui il était réservé de subir trois échecs avant d'entrer à l'Académie en 1691, et dont le discours de réception devait être une déclaration de guerre.

« Je composai ensuite le petit poème du *Siècle de Louis le Grand*, qui reçut beaucoup de louanges dans la lecture qui s'en fit à l'Académie française, le jour qu'elle s'assembla (27 janvier 1687) pour témoigner la joie qu'elle ressentait de la convalescence de Sa Majesté, après la grande opération qui lui fut faite. Ces louanges irritèrent tellement M. Despréaux, qu'après avoir grondé longtemps tout bas, il se leva dans l'Académie, et dit que c'était une honte qu'on fît une telle lecture, qui blâmait les plus grands hommes de l'antiquité. M. Huet, alors évêque de Soissons, lui dit de se taire, et que s'il était question de prendre le parti des anciens, cela lui conviendrait mieux qu'à lui, parce qu'il les connaissait beaucoup mieux, mais qu'ils n'étaient là que pour écouter. Depuis cette aventure, le chagrin de M. Despréaux lui fit faire plusieurs épigrammes, qui n'allaient qu'à m'offenser, mais nullement à miner mon sentiment touchant les anciens. M. Racine me fit compliment sur cet ouvrage qu'il loua beaucoup, dans la supposition que ce n'était qu'un jeu d'esprit qui ne contenait point mes véritables sentiments, et que dans la vérité je pensais tout le contraire de ce que j'avais avancé dans mon poème. Je fus fâché qu'on ne crût pas, ou du moins qu'on fît semblant de ne pas croire que j'eusse parlé sérieusement ; de sorte que je pris la résolution de dire en prose ce que j'avais dit en vers, et de le dire d'une manière à ne pas faire douter de mon vrai sentiment là-dessus. Voilà quelle a été la cause et l'origine de mes quatre tomes de *Parallèles.* » (1).

Perrault publia en effet le *Parallèle des anciens et des modernes*, tandis que, dans le même esprit, Fontenelle faisait paraître les *Dialogues des Morts* et la *Digression des anciens et des modernes.*

Parlant du *Siècle de Louis le Grand*, Sainte-Beuve le juge ainsi :

« La plupart des vers de Perrault en ce petit poème sont détestables ; bien des idées sont hasardées... Il y exprimait pourtant une idée très philosophique, c'est qu'il n'y a pas de raison pour que la nature ne crée pas aujourd'hui d'aussi grands hommes qu'autrefois, et qu'il y a place, dans sa fertilité inépuisable, à un éternel renouvellement des talents. »(2).

Les « anciens », au fond, étaient de meilleurs hellénistes que les « modernes » qui, eux, n'étaient que de médiocres latinistes ; Perrault et ses amis furent modérés au début de la querelle ; la préface du premier tome du *Parallèle* est spirituelle sans méchanceté ; les « anciens », au contraire, font preuve d'une grande irritation, répondant par l'ironie, l'épigramme, la satire. Leurs chefs furent Racine, Boileau, La Bruyère, Fénelon, Dacier et sa femme, Ménage, Charpentier ; ils avaient en outre avec eux tous les traducteurs.

Cette lutte des deux partis est, à un certain point de vue, extrêmement curieuse ; car, dit encore Sainte-Beuve, « ils ont raison l'un et l'autre, mais incomplètement et sans se rencontrer » (3).

« Il se vit alors une contradiction singulière et piquante : les hommes les plus épris des merveilles de ce siècle de Louis le Grand et qui allaient jusqu'à sacrifier tous les anciens aux modernes, ces hommes dont Perrault était le chef, tendaient à exalter et à consacrer ceux-là même qu'ils rencontraient pour contradicteurs les plus ardents et pour adversaires. Boileau vengeait et soutenait avec colère les anciens contre Perrault qui préconisait les modernes, c'est-à-dire Corneille, Molière, Pascal, et les hommes éminents de son siècle, y compris Boileau l'un des premiers. Le bon La Fontaine, en prenant parti dans la querelle pour le docte Huet, ne s'apercevait pas que

---

1. Ch. Perrault. *Mémoires.*
2. Sainte-Beuve. *Causeries du Lundi*, V.
3. Sainte-Beuve. *Causeries du Lundi*, V.

lui-même, malgré ses oublis, était à la veille de se réveiller classique à son tour. » (1).

Pour que Fénelon pût entrer à l'Académie, il fallut qu'à tout son génie s'ajoutât sa situation de précepteur du duc de Bourgogne ; à La Bruyère, il fallut l'appui décisif du ministre de Pontchartrain. Le 15 juin 1693, il fut reçu publiquement, et, en souvenir de son élection vivement combattue, il ne manqua pas d'introduire dans son discours quelques *portraits*, dont un, magistral, de Bossuet et l'éloge de Boileau, La Fontaine, Racine et Fénelon, devançant le jugement de la postérité ; mais il réserva quelques traits malicieux à ses adversaires qui, pour éviter le retour de semblables surprises, firent décider par l'Académie que les discours de réception seraient dorénavant soumis à un examen préalable avant d'être prononcés en public.

Le grand Arnauld, en 1694, s'interposa entre les partis, et il eut la satisfaction d'obtenir une réconciliation au moins apparente, entre Boileau et Perrault (2).

Ces divisions avaient diminué le prestige de l'Académie ; aussi, dans l'espoir de se donner un nouvel éclat, dut-elle se résoudre à faire une place encore un peu plus grande à la noblesse et aux représentants du Parlement ; c'est ainsi qu'avant la mort de Colbert, les présidents T. Rose, J.-J. de Mesmes, Potier de Novion, l'ambassadeur Verjus de Crécy, l'abbé de Dangeau, devinrent académiciens. Le comte de Pontchartrain mit ces divisions à profit pour faire entrer à l'Académie quelques-uns de ses protégés : Pavillon, cousin de sa femme, Tourreil, précepteur de son fils, l'abbé J.-P. Bignon, son neveu, La Loubère, gouverneur de son fils.

L'âge étant venu pour les uns, la mort ayant fait disparaître les autres, Boileau et Perrault ayant désarmé, la querelle diminua d'intensité. Les modernes comptèrent comme une grande victoire l'élection, en 1695, de l'abbé de Saint-Pierre ; ce doux rêveur philanthrope et utopiste était plus qu'un moderne, il était un précurseur, annonçant l'esprit nouveau de la critique philosophique ; il se trouvait en

---

1. Sainte-Beuve. *Causeries du Lundi*, III.
2. V. Rigault, *Histoire de la querelle des anciens et des modernes*, thèse française de doctorat ès lettres.

avance d'un demi-siècle sur l'état des esprits. Quand il fut nommé, il n'avait encore rien publié, il n'avait que des relations ; en 1718, l'Académie s'effraiera d'avoir accueilli ce blasphémateur de la royale idole, et elle l'exclura de son sein. Au point où nous en sommes, nous devons seulement constater que cette élection assurait le triomphe définitif des modernes sur les anciens.

L'Académie traversa alors une assez longue période de transition ; c'est le moment où l'influence des salons commence à paraître ; Fontenelle, l'abbé de Saint-Pierre, Louis de Sacy, élu en 1701, sont des habitués de celui de la marquise de Lambert. L'Académie avait précédemment élu André Dacier, l'abbé Claude Fleury, le président Louis Cousin ; dans les dernières années du règne de Louis XIV, les grands seigneurs et les prélats y étaient entrés en nombre : les deux fils du duc de Coislin, le marquis de Mimeure, le président J.-A. de Mesmes, le duc de Caumont La Force, l'évêque de Senlis, de Chamillart (dont la réception marque une date dans les annales de la Compagnie, car c'est la première à laquelle les dames furent admises) (1), le coadjuteur de Strasbourg, Armand de Rohan, l'abbé de Polignac, cardinaux l'un et l'autre plus tard, Brûlart de Sillery, évêque de Soissons, de Nesmond, archevêque d'Albi, l'abbé Jean d'Estrées, les maréchaux de Villars et d'Estrées, Toutes ces élections portent sur les quinze dernières années de Louis XIV ; quelques-unes à peine se justifient par le mérite littéraire réel des élus, les autres ne s'expliquent que par la situation que ces académiciens occupaient à la cour. Quelques littérateurs avaient pourtant réussi à se glisser entre ces nobles candidats : l'abbé de Louvois, Houdart de La Motte, Danchet, La Monnoye.

Aux séances publiques du XVII<sup>e</sup> siècle, les académiciens étaient assis sur des chaises, le directeur sur un fauteuil ; le récipiendaire restait debout et couvert ; le public était debout derrière les académiciens. A partir de la réception de La Monnoye, les académiciens eurent des fauteuils et le public

---

1. L'évêque de Senlis fut reçu le 7 septembre 1702. Ses nièces, dans l'intention de s'amuser à ses dépens, obtinrent d'assister dans une tribune à sa réception qu'elles troublèrent par leurs éclats de rire. Cela n'en créa pas moins un précédent, et depuis ce jour, les dames furent admises aux séances de réception.

des chaises, et lorsque les dames purent assister aux séances, elles furent placées dans des tribunes.

La fin du règne de Louis XIV vit renaître dans sa troisième phase, la querelle des Anciens et des Modernes, qui semblait éteinte depuis quinze ans. En 1711, M<sup>me</sup> Dacier publia une nouvelle traduction d'Homère, que La Motte eut aussitôt l'idée de mettre en vers et en douze chants ; cela réveilla les colères assoupies ; parmi les nouveaux modernes se trouvaient Marivaux, les abbés Terrasson et de Pons, etc. Cette troisième phase dura jusqu'en 1714 ; le P. Buffier et M<sup>me</sup> de Lambert amenèrent une réconciliation entre les deux adversaires : ils la scellèrent définitivement dans un dîner que Valincour donna dans ce but. Cependant, Marivaux et Terrasson continuèrent leur campagne quelques années encore ; en 1715, ce dernier fit paraître une *Dissertation critique sur l'Iliade* dans laquelle il mettait les Romains au-dessus des Grecs et son siècle au-dessus des Latins.

Mais déjà se levait l'aube du xviii<sup>e</sup> siècle qui allait déplacer les vieilles querelles comme il devait transformer les idées et la société elle-même. Sous le règne de Louis XV qui va commencer, le champ de bataille s'élargira et la lutte, changeant de face, deviendra plus âpre.

Louis XIV mourut le 1<sup>er</sup> septembre 1715 ; il ne s'était pas contenté de protéger l'Académie : il avait, aussi, largement subventionné les écrivains qui la composaient, leur donnant de fastueuses pensions ou des emplois, des abbayes, qui leur assuraient de beaux revenus.

Le protectorat de Richelieu avait été une période d'organisation ; sous celui de Séguier, il y eut, pour l'Académie quelques bonnes années, mais « les temps furent orageux pour tout le royaume, et par conséquent fâcheux pour elle. Ses jours de gloire et de travail ne doivent proprement être comptés que du jour qu'il plut au roi de s'en déclarer le protecteur. Jusque-là, elle était incertaine de sa fortune » (d'Olivet).

# VI

## Protectorat de Louis XV
## 1715-1774

Election de Fleury. — Exclusion de l'abbé de Saint-Pierre. — Visite de Louis XV à l'Académie. — Proposition Bignon. — Le portrait du maréchal de Villars. — Les élections sous la Régence et le ministère du duc de Bourbon. — Avènement de Fleury. — Les molinistes et les jansénistes. — Election de Montesquieu. — Réception de Moncrif. — Egards envers l'Académie. — Mirabaud. — M$^{me}$ de Lambert. — M$^{me}$ de Tencin. — Election de Voltaire. — Duclos. — Election et incident du comte de Clermont. — Candidatures et visites. — Piron. — Election de D'Alembert. — Réception de Lefranc de Pompignan. — Les *Philosophes* et les *d'Olivets*. — Election de l'abbé de Radonvilliers. — Election de Marmontel. — M$^{lle}$ de Lespinasse. — Visites royales et princières. — Frédéric II. — La statue de Voltaire. — L'archevêque de Paris. — Les séances annuelles. — *Eloges* des grands hommes. — Hommage à Molière. — Thomas. — Affaire Thomas-Séguier. — La Harpe censure. — Les *Bonnets* et les *Chapeaux*. — Le maréchal de Richelieu. — D'Alembert, secrétaire perpétuel. — Election de Delille et de Suard annulée. — Leur réélection. — Mort de Louis XV.

L'Académie n'eut pas, à la mort de Louis XIV, la préoccupation de chercher un protecteur, ce titre appartenant désormais au roi de France. Dès le début du nouveau règne, elle « fut mandée avec les compagnies supérieures par le ministre de la maison du roi, conduite par le grand maître des cérémonies, pour faire compliment à son nouveau protecteur, et présentée par M. le duc d'Orléans, régent du Royaume » (1).

Son histoire, sous le protectorat de Louis XV, qui dura cinquante-neuf ans, pourrait se diviser en trois périodes : la première, comprenant la Régence (1715-1723) et le ministère du duc de Bourbon (1723-1726), est caractérisée par la fidélité que l'Académie conserve à la mémoire de

---

1. Duclos, *Histoire de l'Académie*.

Louis XIV, en dépit des tendances contraires de la cour débauchée du Régent ; la seconde, renfermée tout entière dans la durée du ministère du cardinal Fleury (1727-1743), est marquée par la résistance et l'intolérance de l'esprit religieux contre les doctrines nouvelles ; la troisième, comprise entre la mort de Fleury et celle de Louis XV (1743-1774), voit le triomphe de la philosophie.

Dès la première élection à laquelle elle dut proéder, en 1717, l'Académie montra ses sentiments monarchiques et religieux, en nommant le précepteur du jeune roi (1), l'ancien évêque de Fréjus, l'abbé Fleury. Une année s'était à peine écoulée que Fleury et le cardinal de Polignac se firent les accusateurs de l'abbé de Saint-Pierre, à propos de la *Polysynodie* (2) qu'il venait de publier et dans laquelle son esprit critique jugeait un peu sévèrement l'administration et le pouvoir absolu de Louis XIV. Ils furent appuyés par les hommes qui avaient appartenu à l'ancienne cour, le cardinal de Rohan et les maréchaux de Villars et d'Estrées, auxquels se joignirent, en dehors de l'Académie, Boyer, évêque de Mirepoix, et le maréchal de Villeroy. Les anciens courtisans de Louis XIV, en voulant frapper l'abbé de Saint-Pierre, cherchaient en réalité à atteindre le Régent, son protecteur, qui avait feint d'adopter un plan de gouvernement similaire à celui que proposait l'abbé. L'Académie tint une séance extraordinaire pour s'occuper de cette affaire ; l'abbé de Saint-Pierre avait demandé à s'expliquer devant elle, et quatre académiciens seulement, Louis de Sacy, La Motte, Fontenelle et l'abbé Claude Fleury, furent d'avis qu'on devait l'entendre. Après cette première décision négative, l'Académie prononça la radiation de l'abbé de Saint-Pierre, à l'unanimité, moins une voix, celle de Fontenelle. Le Régent intervint alors et, tout en acceptant le jugement de l'Académie, il demanda qu'on en usât à l'égard du coupable comme il avait été fait pour le cas de Furetière et que sa place demeurât vacante jusqu'à sa mort, qui ne se pro-

---

1. « C'est un usage ancien et comme sacré pour l'Académie de recevoir parmi ses membres, le précepteur et le sous-précepteur des Enfants de France... L'Académie ne doit pas se piquer d'être plus difficile que son protecteur. » (D'Alembert). — L'abus fut d'étendre cet usage aux précepteurs des enfants de plusieurs princes et de quelques ministres.
2. *Polysynodie* ou *Pluralité des Conseils*.

duisit que vingt-cinq ans plus tard, en 1743. A cette époque Fleury l'avait précédé de trois mois dans la tombe, mais il avait laissé un héritier de sa haine, l'ancien évêque de Mirepoix, qui s'opposa à ce que Maupertuis, élu en remplacement de l'abbé de Saint-Pierre, prononçât son éloge. Ce n'est qu'en 1775, en recevant Malesherbes, que D'Alembert pourra louer cet homme de bien et déplorer la condamnation excessive qui l'avait frappé un demi-siècle auparavant.

Le 22 juillet 1719, l'Académie reçut la visite de son protecteur ; le jeune roi Louis XV, alors dans sa dixième année, vint en grande pompe, accompagné du maréchal de Villeroy, du duc de Villeroy, capitaine des gardes, du duc de Tresmes, de son gouverneur Fleury et de son sous-gouverneur, le marquis de Saumery. Le Roi fut reçu par le directeur, de Valincour, et le secrétaire perpétuel, André Dacier ; Valincour répondit au discours du maréchal, puis La Motte lut une poésie ; le Roi s'informa de quelques détails, touchant les élections et l'administration de l'Académie, et se retira au milieu des marques du plus grand respect et de la plus vive reconnaissance.

L'année suivante, un arrêt du conseil du Roi, avec de nouvelles lettres patentes enregistrées par le Parlement, rétablit intégralement le droit de *committimus*.

Sous la Régence, à deux reprises, le principe d'égalité qui était si cher à l'Académie, courut un grand danger. La première fois, ce fut l'abbé Jean-Paul Bignon, membre des trois académies, qui proposa à l'Académie française, de créer une classe de membres honoraires, ainsi que cela se pratiquait à l'Académie des Inscriptions et à l'Académie des Sciences. Ce projet bizarre trouva ses plus énergiques adversaires précisément parmi ceux qu'il semblait vouloir en faire bénéficier, et qui préférèrent demeurer les égaux des écrivains : le cardinal de Rohan, le président Rose, et surtout les deux Dangeau, qui, dit Duclos, « furent révoltés d'une proposition qui paraissait leur faire perdre le titre d'hommes de lettres... Ils s'adressèrent directement au Roi, exposèrent simplement le fait, et firent rejeter ce projet bourgeois » (1).

D'après Voltaire, Bignon éprouva un tel ressentiment de

---

1. Duclos. *Histoire de l'Académie.*

l'insuccès de sa proposition, qu'il ne remit plus les pieds à l'Académie (1).

Quelques années après cet incident, en 1722 le maréchal de Villars, prétextant qu'il désirait être au moins représenté à l'Académie, que ses fonctions l'empêchaient de fréquenter autant qu'il l'eût voulu, envoya son portrait à la Compagnie pour y être placé dans la salle des séances. Le vainqueur de Denain voulait-il réellement donner à l'Académie un témoignage de ses sentiments de sympathie et de reconnaissance? voulait-il au contraire recevoir d'elle un hommage particulier? De toute façon, la situation était embarrassante; jusqu'à ce moment, les seuls portraits que possédât l'Académie étaient ceux de la reine Christine, de Richelieu, de Séguier et de Louis XIV, auxquels Louis XV avait ajouté le sien en 1718 et l'Académie celui du Régent. Valincour trouva le moyen de donner satisfaction au maréchal et de sauvegarder le fameux principe d'égalité, en offrant à la Compagnie les portraits de ses amis Boileau et Racine. Son exemple fut suivi par la suite, et, en 1793, lors de la suppression de l'Académie, c'est une galerie d'une soixantaine de tableaux que l'abbé Morellet mettra à l'abri de la destruction ou de la dispersion.

Pendant les onze années que durèrent la Régence et le ministère de M. le Duc, la mort faucha les rangs des académiciens, et il y eut dans cette période vingt-quatre élections, ce qui modifia sensiblement la composition et la physionomie de l'Académie.

Après avoir élu en 1717 le futur cardinal et premier ministre Fleury, elle reçut en 1718 Marc René de Voyer d'Argenson, plutôt parce qu'il avait expulsé en 1709 les religieuses de Port-Royal, que pour reconnaître son habileté et son intégrité incontestables dans les hautes fonctions qu'il avait occupées comme lieutenant-général de la police ou comme garde des Sceaux. Les élections des abbés Mongault et Gédoyn, en 1718 et 1719, n'eurent pas une signification particulière ; celle de Massillon, élu la même année que Gédoyn, honora grandement l'Académie, aussi bien par le caractère que par le talent de l'éminent prélat. Cette période de l'histoire de l'Académie ne brille pas par les grands noms littéraires qu'elle accueillit; les ministres, les

---

1. V. Voltaire. *Dictionnaire philosophique* (article *Académie*).

gens de cour et leurs créatures l'envahirent : en 1720, le duc qui deviendra le maréchal de Richelieu ; en 1721, l'évêque de Soissons, Languet de Gergy, dont l'élection rencontra une vive opposition ; en 1722, le cardinal-ministre Dubois, qui, après avoir fait dire aux académiciens « qu'il ne rougirait pas d'être leur confrère », exigea d'eux qu'ils l'appelassent « Monseigneur », et qui mourut huit mois après son élection ; en 1723, le secrétaire de Dubois, Houtteville, qui fut peu de temps secrétaire perpétuel ; les présidents Hénault (1723), Portail (1724), Bouhier (1727) ; les ministres Fleuriau de Morville (1723) et Amelot de Chaillou (1727) ; l'abbé d'Antin (1725), petit-fils de M$^{me}$ de Montespan ; Mirabaud (1726) le précepteur et le protégé des filles du Régent ; le duc P.-H. de Saint-Aignan, frère du duc de Beauvilliers, l'ancien précepteur du duc de Bourgogne.

Les élections des abbés Dubos (1719) et Roquette (1720), de Boivin de Villeneuve (1721), du président Hénault (1723) et de J. Adam (1723) purent être considérées comme des succès pour les idées nouvelles qui commençaient à se faire jour, car ces académiciens avaient des relations plus ou moins directes avec le salon et les amis de M$^{me}$ de Lambert ; Destouches et l'abbé d'Olivet, élus tous les deux en 1723, avaient des titres littéraires indéniables ; l'abbé Alary, reçu la même année, n'avait encore rien publié, mais sa valeur intellectuelle devait être connue : « cet homme d'esprit et de savoir » devait, l'année suivante, fonder le Club de l'Entre-Sol.

Remarquons cette année 1723, qui fit entrer sept nouveaux membres à l'Académie ; c'est le chiffre le plus élevé atteint dans une seule année, dans toute l'histoire de l'Académie.

Nous avons insisté sur les vingt-quatre élections faites entre la mort de Louis XIV et l'avènement du ministère Fleury, pour montrer la composition et l'état d'esprit de l'Académie à la veille de la grande lutte que la Philosophie va soutenir contre l'intolérance religieuse, mais nous devons aussi observer qu'après leur victoire, les philosophes deviendront sectaires et intolérants à leur tour. C'est l'histoire de tous les partis en France, qui réclament la liberté lorsqu'ils sont la minorité et font de l'opposition au gouvernement, et qui refusent de l'accorder aux vaincus, lorsqu'ils sont devenus la majorité et qu'ils détiennent le pouvoir ; chaque régime, de quelque nom qu'il se pare, nous en a fait faire la triste expérience.

Fleury, devenu cardinal et premier ministre, n'abandonna rien de son ardeur combative ; il excita les molinistes à poursuivre la lutte contre les derniers jansénistes et contre l'irréligion. Louis Racine, soutenu par Valincour, l'ami de son père, allait se présenter à l'Académie ; mais, pour écarter cette candidature qu'il trouvait entachée de jansénisme, Fleury préféra lui procurer un emploi dans les finances et l'envoya dans le Bourbonnais. Ce même ostracisme frappa plus tard Rollin et La Bletterie ; ce dernier fut élu par l'Académie en remplacement du marquis de Sainte-Aulaire, en 1743, mais le Roi, circonvenu par le cardinal de Rohan, l'évêque de Mirepoix, Languet de Gergy, s'opposa à l'élection définitive, et l'Académie nomma le duc de Nivernais (1).

Sous son ministère, les molinistes triomphent avec Poncet de La Rivière (1728), Surian (1733), Séguy (1735) et Boyer (1736), en même temps que les gens de cour deviennent plus nombreux avec Bussy-Rabutin, évêque de Luçon (1732), le duc de Villars (1734), le duc de La Trémoïlle (1738), le cardinal de Soubise, alors abbé de Ventadour et âgé de vingt-trois ans (1741). Cependant l'Académie reçoit pendant cette période deux auteurs dramatiques, Crébillon (1731) et La Chaussée (1733) et quelques érudits, comme l'abbé Sablier (1729), l'abbé Rothelin (1728), Hardion (1730), Foncemagne (1737).

La première élection qui eut lieu sous le ministère de

---

1. Un prédicateur, le P. Coubé, dans une conférence sur Bourdaloue, en avril 1904, a fait à nouveau le procès des jansénistes, et n'a pas craint de laisser entendre à ses auditeurs qu'en réalité c'est la destruction de l'Eglise que poursuivaient au xviie et au xviiie siècles les adversaires des jésuites :

« En combattant directement l'Eglise, ils auraient démasqué leur jeu et perdu tout leur crédit auprès d'un siècle encore foncièrement chrétien ; ils crurent donc plus habile de s'introduire dans la place et d'affecter un zèle extraordinaire pour la pureté de la morale. »

D'après l'orateur, les jansénistes comprirent qu'il fallait d'abord détruire les jésuites. « Pascal, dit-il, se chargea de cette besogne dans les *Provinciales* à l'aide de textes odieusement tronqués, et dénaturés, il attribua à la Compagnie de Jésus des opinions qu'elle n'avait jamais professées. Le public... crut sur parole les affirmations passionnées de celui que Chateaubriand devait appeler un calomniateur de génie. »

Fleury est de beaucoup la plus importante, aussi bien pour la personnalité de l'élu que pour les incidents qui l'accompagnèrent.

* L'Académie comptait déjà parmi ses membres quelques esprits indépendants qui préparaient la prochaine royauté intellectuelle et littéraire de Voltaire, en qui se personnifie le grand mouvement d'émancipation philosophique du xviii<sup>e</sup> siècle, mais aucun d'eux n'avait la situation ni le génie de Montesquieu, premier président au Parlement de Bordeaux. Il avait publié en 1721 les *Lettres persanes* qu'il n'avait pas signées de son nom et qui obtinrent un succès considérable. Faisant partie de l'Académie de Bordeaux et du Club de l'Entre-Sol, il fut élu en 1725 à l'Académie française, sans trop de difficultés, mais ses adversaires invoquèrent contre le *président gascon* l'article des statuts relatif à l'obligation de la résidence à Paris, et l'élection fut annulée la même année.* Montesquieu montra une grande irritation de cette décision ; il vint à Paris et manifesta l'intention de se démettre de sa présidence et de quitter la France. Une nouvelle vacance à l'Académie se produisit sur ces entrefaites, par la mort de Louis de Sacy ; les amis de M<sup>me</sup> de Lambert, chez qui Montesquieu avait été présenté par Fontenelle, menèrent une vive campagne en sa faveur et son élection parut assurée. Ses adversaires, les abbés d'Olivet et Gédoyn, et le président Bouhier, soutenus par le cardinal Fleury, voulant faire échec à cette élection, suscitèrent la candidature de l'avocat Mathieu Marais ; *Montesquieu détourna le danger qui le menaçait par un moyen que l'on s'étonne de voir employer par un homme de ce caractère : il fit imprimer rapidement une édition des *Lettres persanes*, expurgée des passages que l'on reprochait à l'édition originale ; il en présenta un exemplaire au cardinal Fleury, en désavouant le texte incriminé dont il rejeta la responsabilité sur l'imprimeur, Fleury feignit d'être la dupe de cette fable et déclara qu'il se désintéressait de la lutte ; dès lors l'élection de Montesquieu fut certaine, et l'Académie l'élut à la pluralité des suffrages, le 20 décembre 1727.*

* Voltaire a fort admiré la ruse employée par Montesquieu et l'a imitée dans des circonstances semblables.* On voit, par ces deux exemples, que les philosophes n'étaient pas toujours très scrupuleux sur les moyens dont ils se servaient, pourvu qu'ils atteignissent la fin qu'ils se proposaient.

Montesquieu reçut à l'Académie un accueil extrêmement froid, aussi bien de la part de ses amis que de ses adversaires, et il y revint très rarement. Son élection n'en fut pas moins un événement d'une très grande portée : c'était, pour l'esprit nouveau, la revanche de l'exclusion de l'abbé de Saint-Pierre, et un triomphe pour le libre examen. « Cette affaire, dit d'Olivet, n'a pas laissé que de faire du bruit dans Paris. »

L'élection de Montesquieu fut une exception pendant les seize années du ministère Fleury ; presque toutes les autres furent favorables, ainsi qu'on l'a vu plus haut, au parti religieux. L'Académie était la proie des cabales, des luttes de toute nature ; divisée au dedans, elle subissait tour à tour les influences extérieures du ministère, des grands seigneurs, des salons, des cafés, qui tous voulaient l'engager dans une voie différente. Quelques élections de cette époque furent particulièrement malheureuses et violemment critiquées ; la réception de Moncrif fut tumultueuse. Auteur d'une *Histoire des Chats*, cet académicien devait son élection à la protection du duc d'Orléans et du comte de Clermont, et le public n'avait pas approuvé ce choix. Le jour de la réception de Moncrif, le 29 décembre 1733, la séance fut égayée par la présence d'un chat qu'un mauvais plaisant avait lâché dans la salle ; la foule des invités s'amusa à imiter les miaulements de la bête affolée, et l'hilarité générale couvrit la voix des orateurs.

Il y avait contre l'Académie une recrudescence d'épigrammes et de pamphlets ; le poète Roy et l'abbé Desfontaines ne cessaient pas de l'accabler de sarcasmes et de traits. Si quelques écrivains persistent à vouloir entrer à l'Académie en dépit d'un premier échec et quelquefois de plusieurs insuccès, d'autres s'en éloignent, comme le marquis d'Argenson, qui refuse la candidature, parce que, dit-il, « il faut trop d'orgueil pour prétendre à une place aussi chansonnée que celle-là ».

Cependant Louis XV et Fleury ne manquaient jamais de montrer les plus grands égards à l'Académie. Le Roi continua la tradition, établie sous Louis XIV, d'inviter les députés de la Compagnie aux spectacles et aux fêtes de la cour. Lorsqu'elle venait en corps pour haranguer Louis XV, Fleury, comme l'avait fait Colbert, quittait sa place auprès du Roi et venait se mêler aux académiciens, ses confrères.

En 1732, les comédiens français, s'étant préalablement

assurés du consentement de l'Académie, offrirent aux membres de la Compagnie les entrées permanentes à leur théâtre ; ceux-ci, avant d'accepter définitivement cette proposition, demandèrent au Roi son approbation qui leur fut accordée, malgré l'opposition du duc d'Aumont.

Depuis l'année 1713, le secrétaire perpétuel touchait un double jeton de présence ; Mirabaud ayant été nommé à cette fonction en 1742, en exigea la suppression. Devant cette preuve de désintéressement, l'Académie chercha le moyen de donner une compensation à Mirabaud ; elle se rappela que « depuis plusieurs années il était dû à la compagnie pour trente-trois mille livres de jetons, dont la distribution avait été suspendue dans des temps malheureux. On proposa au ministre de convertir ce fonds en une pension de douze cents livres » (1), dont bénéficia le secrétaire perpétuel.

M$^{me}$ de Lambert, qui avait joué un si grand rôle dans les élections académiques, mourut en 1733, âgée de 86 ans. Elle avait eu le regret de voir échouer son candidat, Ramsay, qui s'était présenté en 1730 contre Hardion, mais elle prit sa revanche en 1732 en faisant nommer l'abbé Terrasson ; c'est la dernière élection dont elle se soit occupée. Pendant quelque temps, sa rivale, M$^{me}$ de Tencin, allait faire succéder son influence à la sienne.

Mairan, comme Montesquieu, était devenu le familier de M$^{me}$ de Tencin après avoir été celui de M$^{me}$ de Lambert ; il entra à l'Académie en 1743 ; la même année, il fut suivi par son collègue de l'Académie des Sciences, Maupertuis, qui, succédant à l'abbé de Saint-Pierre, ne put prononcer l'éloge de ce dernier. M$^{me}$ de Tencin apporta une grande ardeur pour faire élire également Marivaux en remplacement de l'abbé Houtteville ; la lutte fut dure, car l'auteur des *Fausses Confidences* comptait peu de sympathies parmi les académiciens ; il avait essuyé déjà deux échecs en 1732 et 1736. Il est d'ailleurs bon d'observer ici que les auteurs comiques se

---

1. Duclos. *Histoire de l'Académie*. Plus tard, l'abbé de Bernis obtint pour le secrétaire perpétuel un logement au Louvre. Cette nouvelle disposition fait l'objet de l'article deuxième du règlement du 30 mai 1752, signé du Roi seul comme protecteur. Le ministre Calonne, en 1785, doubla la valeur des jetons qui fut portée à trois livres, et augmenta le traitement du secrétaire perpétuel, qui fut fixé à mille écus.

sont toujours heurtés à l'hostilité de l'ancienne Académie : Molière, Regnard, Dancourt, Beaumarchais n'en firent jamais partie, et Marivaux ne dut son élection qu'à la haine du parti religieux contre Voltaire qui était son concurrent.

Voltaire avait écrit contre l'Académie, et, selon les tendances qu'elle manifestera dans les élections futures, il ne lui ménagera pas les critiques les plus acerbes ; cependant ses épigrammes et son dédain dissimulaient ses inquiétudes ; il pouvait tout redouter des ennemis qu'il s'était faits, et s'il rechercha avec passion l'entrée de l'Académie, c'est qu'il espérait y trouver un abri et s'en faire un bouclier contre les attaques et les persécutions possibles. De plus, il avait soif de gloire, de domination, de popularité ; il goûtait l'ivresse des réceptions enthousiastes lorsqu'il se rendait dans quelqu'une des nombreuses académies de province ou de l'étranger dont il faisait partie, et il ne cacha pas sa joie, lorsque, après une longue absence, il revint à Paris pour y mourir au milieu d'une apothéose.

Malgré ses échecs de 1732 et de 1742, Voltaire crut son heure venue à la mort du cardinal Fleury, dont il se décida à briguer la succession ; mais il comprit qu'il devait vaincre d'abord certaines résistances et s'appuyer sur des influences sérieuses. Il n'hésita pas à suivre l'exemple de Montesquieu et à désavouer ses *Lettres Philosophiques*, qui, après avoir été condamnées, avaient été brûlées par le bourreau. Son ami, le duc de Richelieu, lui fit avoir la protection de la duchesse de Châteauroux ; Voltaire essaya encore de désarmer ses adversaires ; il écrivit à Languet de Gergy et visita le ministre Maurepas, qui, soutenus par la reine, par l'ancien évêque de Mirepoix, et encouragés par les libelles et les pamphlets de Roy, de Fréron, de Desfontaines et de Piron, restèrent inébranlables. Tout fut inutile, le siège de l'Académie était fait, et ce fut l'évêque de Bayeux, plus tard cardinal de Luynes, qui l'emporta.

Voltaire laissa alors passer plusieurs élections sans solliciter les suffrages académiques, mais il prépara adroitement une prochaine candidature. Il était depuis longtemps l'ami de M$^{me}$ de Pompadour, la nouvelle favorite ; grâce à elle, il devint le poète de la cour, historiographe de France, gentilhomme ordinaire de la chambre ; en réponse à ses déclarations orthodoxes, il reçut la bénédiction du pape Benoît XIV, à qui il avait dédié sa tragédie de *Mahomet* ; il multiplia les protestations de ses sentiments chrétiens et les désaveux de ses œuvres passées, affirma au P. de La Tour, principal du collège Louis-le-Grand, ses sympathies pour les jésuites et son mépris pour les jansénistes. Le grand ironiste se moquait lui-même de la comédie qu'il jouait, et qui réussit d'ailleurs complètement. A la mort du président Bouhier, il fut élu sans opposition, le 25 avril 1746, et le 9 mai suivant, il fut reçu par l'abbé d'Olivet, son ancien professeur au collège Louis-le-Grand. Son discours de réception, attendu avec impatience et plus long qu'il n'était d'usage, fut très modéré : il y constata que la liberté et l'égalité régnaient à l'Académie, puis, comme l'avaient fait avant lui Racine, Fénelon et La Bruyère, il sortit des lieux communs habituels pour entrer dans des développements purement littéraires, traitant des *Effets de la Poésie sur le Génie des Langues*. Il donna ensuite lecture de l'*Introduction* à son *Histoire des Campagnes du Roi*.

L'élection de Voltaire est d'une importance capitale dans l'histoire de l'Académie ; c'est le règne de la Philosophie qui commence ; après lui viendront Duclos (1747), Buffon (1753), d'Alembert (1754).

« Les luttes dignes d'attention qui s'engagèrent en ce temps, sur le terrain académique, entre le pouvoir absolu et la liberté des lettres, furent toutes soutenues par *la Philosophie*. L'indépendance de la pensée ne s'appelle point d'un autre nom dans ce siècle. L'histoire de l'esprit littéraire, qu'on le prenne à l'Académie ou ailleurs, est nécessairement à cette époque l'histoire de la philosophie. » (1).

Duclos était entré à l'Académie par la protection de M<sup>mes</sup> de Forcalquier et de Rochefort, belle-fille et fille du maréchal de Brancas, qui avait un salon littéraire à Meudon ; cela ne l'empêcha pas de défendre l'indépendance et la dignité de l'Académie dans deux occasions mémorables où elles furent mises en péril par les prétentions d'un maréchal de France et d'un prince du sang. La mort d'Amelot de Chaillou avait suscité les convoitises d'un grand nombre de candidats au fauteuil devenu vacant ; le maréchal de Richelieu, les repoussant tous, proposa la candidature du maréchal de Belle-Isle qui demanda à être dispensé de faire les visites ; Duclos protesta hautement contre un tel manque à

---

1. Paul Mesnard. *Histoire de l'Académie française*, p. 67.

l'usage adopté pour tous les académiciens, et le maréchal fut obligé de s'y soumettre.

Trois années plus tard, en 1753, il s'agissait de pourvoir au remplacement de Gros de Boze ; l'élection de Bougainville paraissait certaine, lorsque Mirabaud, le secrétaire perpétuel en exercice, sortit de sa poche une lettre de Louis de Bourbon, comte de Clermont, dont le maréchal de Richelieu fit la lecture et dans laquelle le prince remerciait l'Académie de l'avoir nommé à ce fauteuil. Il était impossible de ne pas s'incliner devant ce désir ou plutôt cet ordre d'un prince du sang, arrière-petit-fils du grand Condé, mais l'Académie s'en prit à Mirabaud et se demanda ce qu'allait devenir en cette occurence l'égalité académique. Duclos raconte différemment la genèse de cette candidature ; il dit que le comte de Clermont en parla d'abord à une dizaine d'académiciens qui en furent à la fois ravis et effrayés ; quoi qu'il en soit, Duclos eut le courage d'écrire au prince et de lui rappeler que, dans toutes les circonstances, il devrait marcher de pair avec les autres académiciens. derrière les officiers de la Compagnie (1) ; le comte de Clermont, après quelque hésitation, déclara accepter les exigences du règlement. Ses partisans voulaient l'élire par acclamation, il fut nommé au scrutin et seulement à la pluralité des suffrages. En réalité il fut soutenu par le parti philosophique qui voulait surtout mettre en échec Bougainville, le candidat du parti religieux. Cédant ensuite à des influences de cour, le comte de Clermont prétendit à la préséance sur tous les membres de l'Académie : Duclos eut encore la fermeté de lui rappeler ses engagements (2). Le prince céda et il écrivit lui-même son remerciement, puis il renonça à le lire. Il se rendit une seule fois à l'Académie. M. de Luynes raconte que le prince, venu incognito au Vieux-Louvre, se trompa de salle et entra d'abord à l'Académie des Sciences ; il assista ce jour-là, à son rang, à une séance ordinaire, que présidait le secrétaire perpétuel Mirabaud, en l'absence du directeur, le duc de Saint-Aignan ; il prit part à la discussion, prodiguant les marques de politesse à ses « confrères » dont neuf seulement étaient présents : Mirabaud, Duclos, Sallier, Mairan, d'Olivet, Alary, Marivaux, Crébil-

---

1. V. Pièces justificatives.
2. V. Pièces justificatives.

lon et Du Resnel ; puis, ayant reçu son jeton, il se retira pour ne plus revenir. Deux fois, en 1755 et 1767, le sort l'ayant désigné comme directeur, il trouva des prétextes honorables pour s'excuser de ne pouvoir remplir cette fonction. L'année qui suivit cette élection, Duclos fut nommé secrétaire perpétuel ; il semble que l'Académie ait voulu le remercier ainsi de son attitude dans cette affaire.

Nous avons dit que l'Académie, à la suite du refus d'Arnauld d'Andilly d'accepter le siège auquel il avait été nommé, décida de ne recevoir personne qui ne l'eût demandé. Cette résolution présentait des dangers ; le premier était l'abstention possible d'écrivains qui, pour une raison quelconque, ne voulaient pas ou ne pouvaient pas laisser poser leur candidature, les uns ayant des occupations ou des emplois qui ne leur laissaient pas assez de liberté pour remplir l'obligation de participer aux travaux de la Compagnie ; d'autres ne voulant pas, par orgueil, se soumettre à une élection, c'est-à-dire à une discussion de leur personnalité ou de leurs œuvres ; d'autres enfin craignant de s'exposer à un échec blessant pour leur amour-propre. L'Académie ne pouvait pas aller contre des résolutions inébranlables ; cela explique pourquoi des hommes tels que La Rochefoucauld, d'Aguesseau, Turgot n'ont pas fait partie de l'Académie : pressentis, ils ont décliné l'offre qui leur en était faite.

Un deuxième danger était « que presque personne ne se présentât pour être reçu, qui, avant de rien proposer en public, ne s'assurât des suffrages en particulier, où la civilité ordinaire ne permet qu'à peine de résister aux prières d'un ami. » (Pellisson) On y remédia par une délibération du 2 janvier 1721, en confirmant une autre qui avait été prise en 1701, par laquelle tout académicien nouvellement reçu était obligé de signer sur le registre « qu'il promet *sur son honneur* de n'avoir aucun égard pour les sollicitations, de quelque nature qu'elles puissent être ; qu'il n'engagera jamais sa parole, et conservera son suffrage libre, pour ne le donner, le jour d'une élection, qu'à celui qui lui en paraîtra le plus digne. Et il est dit qu'en ce cas la signature d'un académicien tiendra lieu de *serment* » (d'Olivet). Le roi Louis XV signa le 30 mai 1752 un règlement qui contenait cette obligation.

Il ne s'en est pas moins établi, à une époque qu'il ne nous est pas possible de préciser, l'usage, pour les candidats à une place vacante, d'aller au domicile de chaque académicien solliciter sa voix. Il est certain que cette coutume, qui n'était peut-être à son origine qu'une simple marque de politesse, est devenue une véritable obligation et qu'elle a pu éloigner de l'Académie ceux qui n'ont pas voulu s'y conformer.

L'abbé d'Olivet cite le cas d'un avocat célèbre nommé Lenormand, qui, en 1733, manifesta à l'évêque de Luçon, Bussy-Rabutin, le désir d'entrer à l'Académie où son élection aurait été assurée ; puis, cédant aux railleries de ses confrères qui trouvaient l'usage des visites incompatible avec la dignité de leur profession, Lenormand déclara publiquement qu'il n'en ferait point, et l'Académie procéda à l'élection pour le siège vacant, sans qu'il fût davantage question de lui, mais elle en garda longtemps rancune au barreau tout entier (1).

L'article onzième du règlement du 30 mai 1752 renforçait en ces termes le pouvoir du protecteur : « Quand une élection aura été faite, il nous en sera rendu compte, à nous, immédiatement, ou par le directeur, ou, à son défaut, par tel autre que l'Académie aura nommé ; et si notre approbation et notre consentement ne confirment pas l'élection, elle sera et demeurera nulle. » Dans ces conditions nouvelles, l'élection ne se faisait plus qu'à un seul scrutin ; la première fois qu'elle dut procéder de cette manière, l'Acadé-

---

1. Il y eut cependant quelques dérogations à cette coutume des visites. Nous citerons entre autres, tant dans l'ancienne Académie que dans la nouvelle : Mézeray, Pavillon, Campistron, l'abbé d'Antin, Marivaux, Buffon, Beauzée, Bréquigny, qui, pour des causes diverses, ne firent pas les visites traditionnelles ; le maréchal de Villars, le duc de Nivernais, M. Pierre Loti, retenus les uns à l'armée, et l'autre à bord de son navire ; Thiers, empêché par les occupations de son ministère ; l'abbé d'Olivet, qui habitait depuis plusieurs mois à Salins, en Franche-Comté ; Prévost-Paradol qui voyageait en Egypte ; Malesherbes, dont la popularité rendit cette formalité superflue : il fut élu unanimement et d'enthousiasme ; etc.

« Il résulte de ces raisonnements et de ces exemples, dit l'abbé d'Olivet, que l'obligation de ceux qui pensent à l'Académie se réduit à faire savoir, ou par eux-mêmes ou par quelque académicien qu'ils y pensent. »

Actuellement, l'acte essentiel d'un candidat est d'écrire au secrétaire perpétuel son intention de se présenter à l'Académie, dans le délai qui s'écoule entre la mort d'un académicien et l'élection de son successeur.

mie allait élire Piron, lorsqu'elle apprit que le Roi, sur la dénonciation de La Chaussée, de Boyer et de Bougainville, opposait son veto à cause d'une poésie licencieuse que Piron avait publiée dans sa jeunesse. Montesquieu obtint de M^me de Pompadour la compensation d'une pension de mille livres, dont l'auteur de la *Métromanie* avait d'ailleurs le plus grand besoin. L'Académie montra ses regrets au poète en envoyant quatre de ses membres le complimenter sur ces divers événements. C'est également à cause d'une de ses œuvres qui avait scandalisé Fleury, que celui-ci s'opposa à l'élection de Boindin.

L'époque où nous sommes arrivé est celle des intrigues les plus vives ; les influences les plus diverses se combattent autour de chaque élection, et les femmes y jouent le rôle le plus actif ; à côté du parti de la Reine, on voit s'agiter les amies de Voltaire, M^mes Du Châtelet et de Verteillac, les amies de D'Alembert, M^mes Du Deffant et la duchesse d'Aiguillon ; la duchesse de Chaulnes brigue avec une « ardeur scandaleuse », selon l'expression de Collé, un fauteuil pour l'abbé de Boismont, son amant. Chaque parti triomphe à son tour : les philosophes font élire D'Alembert en 1754 et le parti religieux, Lefranc de Pompignan en 1760. Le premier passa difficilement ; il avait eu la fierté de ne vouloir solliciter l'appui ni du président Hénault ni de M^me de Pompadour qu'il savait lui être hostiles. La Harpe, rappelant combien la candidature de D'Alembert fut combattue, dit :

« Il passe pour constant qu'il y avait un nombre de boules noires plus que suffisant pour l'exclure, si Duclos, qui ne perdait jamais la tête et qui était en tout hardi et décidé, n'eût pris sur lui de les brouiller dans le scrutin, en disant très haut qu'il y avait autant de boules blanches qu'il en fallait. »

Le public accueillit favorablement l'élection de D'Alembert. La lutte suprême était engagée entre les deux partis dont la violence était égale ; l'*Encyclopédie,* et avec elle les encyclopédistes, était opprimée et persécutée ; suspendue une première fois en 1752, elle le fut encore en 1759 ; Malesherbes, alors directeur de la librairie, faisait tous ses efforts pour concilier la liberté des philosophes et les exigences de la cour.

Lorsque Maupertuis mourut après avoir abjuré toutes ses idées passées, l'Académie le remplaça par le « dévot » Pompignan. Elu à l'unanimité, il aurait dû tenir compte de la concession que les académiciens philosophes avaient faite ; n'écoutant que sa rancune d'avoir été battu en 1757 par Lacurne de Sainte-Palaye, glorieux de ses succès en province, et d'autre part, voulant flatter le Roi en injuriant les philosophes, avec l'espoir de participer à l'éducation d'un des fils du Dauphin, Pompignan fut extrêmement agressif dans son discours de réception, qu'il prononça le 10 mars 1760 ; il accusa la Philosophie de vouloir saper *le trône et l'autel*. Ce mot fit fortune et fut repris par les deux partis. Le public amusé du scandale causé par ce discours, applaudit le courage et l'éloquence de Pompignan. Le grand succès qu'il obtint ce jour-là n'eut pas de lendemain. Dès que Voltaire, retiré à Ferney, connut le discours, il y répondit par une pluie d'épigrammes, aidé par l'abbé Morellet et par nombre d'autres. Les libelles succédèrent aux pamphlets et accablèrent Lefranc de Pompignan ; écrasé sous cette avalanche, il se retira à Montauban et ne reparut plus à l'Académie. Palissot, auteur des *Philosophes* et adversaire de l'*Encyclopédie*, fut malmené en même temps que Pompignan ; Voltaire fit paraître coup sur coup l'*Ecossaise*, le *Pauvre Diable*, le *Russe à Paris* et la *Vanité*. L'année suivante Saurin, dans son discours de réception vengea la philosophie, et lorsque, en 1785, l'abbé Maury remplaça Lefranc de Pompignan, son discours de réception et la réponse qu'y fit le duc de Nivernais rappelèrent cet incident en le jugeant avec sévérité.

Les philosophes cherchèrent à augmenter leur nombre à l'Académie, où Voltaire essaya vainement de faire entrer Diderot qui, il est vrai, ne semble pas l'avoir beaucoup désiré. Ils eurent des échecs, contre Trublet, Batteux, du Coëtlosquet, évêque de Limoges, et des succès avec Saurin, Watelet, le prince de Rohan, coadjuteur de Strasbourg, que Voltaire appelait le coadjuteur de la philosophie. On avait surnommé les deux partis qui divisaient l'Académie, les *philosophes* et les *d'Olivets ;* l'abbé d'Olivet dirigeait en effet un groupe qui joua un rôle peu honorable dans l'élection de l'abbé de Radonvilliers, en 1763. Marmontel avait tout mis en œuvre pour se rendre le Roi favorable ; il dut finalement se retirer devant Radonvilliers. Les ennemis de Marmontel, raconte ce dernier dans ses *Mémoires*, répandirent le bruit que ses partisans refuseraient leur voix au sous-précepteur des Enfants de France ; il y eut effectivement quatre boules noires que les *d'Olivets* attribuèrent immédiatement aux *philosophes* ; ceux-ci, ouvrant la main, montrèrent les boules noires que, par prudence et contrairement à l'usage, ils avaient gardées après avoir déposé leurs boules blanches dans l'urne ; la honte de cette manœuvre retomba sur ses véritables auteurs, les abbés d'Olivet et Batteux, de Paulmy et L.-A. Séguier.

Collé a fait le récit d'un incident analogue, mais il le place lors de l'élection du maréchal de Belle-Isle, en 1749, et d'après lui, Duclos seul aurait conservé une boule noire. Auger, auteur d'une *Notice sur Duclos* fait justement remarquer qu'il est peu probable que le même fait se soit produit deux fois « à si peu de distance et entre les mêmes hommes, » et il est plus disposé à croire à la version de Collé qu'à celle de Marmontel, habitué à écrire des romans ; quoi qu'il en soit, dit-il, « il reste toujours à Duclos l'honneur d'un trait singulier de prévoyance ».

La même année, les philosophes compensèrent cette défaite par l'élection de Marmontel, soutenu par le prince de Rohan. Le duc de Praslin lui avait suscité un candidat redoutable en la personne de son secrétaire, Thomas, un des lauréats habituels de l'Académie et souvent rival heureux de Marmontel dans les concours. A la demande que celui-ci lui en fit, Thomas retira sa candidature, persuadé d'avance qu'il sacrifiait en même temps sa situation auprès du ministre des Affaires Etrangères, ce qui arriva. Le parti philosophique fut reconnaissant à Thomas de cette preuve de désintéressement, et le nomma à la première vacance, qui, malheureusement, ne se produisit que trois années plus tard. Le discours qu'il prononça, proclamant l'indépendance nécessaire de l'homme de lettres, qui ne doit être ni ambitieux ni intéressé, eut un succès considérable.

La conduite des *d'Olivets* dans l'élection de Radonvilliers avait indigné les philosophes ; désormais, ils ne firent plus de concessions ; les élections qui suivirent et le hasard des disparitions renforcèrent leur nombre, tandis que celui du parti religieux alla diminuant de plus en plus. Au dehors, les philosophes avaient l'appui des salons de M$^{mes}$ Geoffrin, d'Epinay, d'Houdetot et de M$^{lle}$ Volland ; c'est le moment où M$^{lle}$ de Lespinasse, quittant M$^{me}$ Du Deffant, allait disposer elle-même de la plus grande influence sur l'Académie. La puissance de cette coalition, aidée dans la Compagnie par Duclos, D'Alembert et Buffon, fit élire successivement Condillac, Saint-Lambert et le prélat philosophe Loménie de Brienne. Maintenant que les philosophes n'ont plus rien à craindre de leurs adversaires, ils vont devenir à leur tour intolérants et sectaires.

Cette longue lutte de la religion et de la philosophie a fait de nouveau converger tous les regards vers l'Académie. Le 24 juin 1766, le prince héréditaire de Brunswick assista, placé parmi les académiciens, à une séance dans laquelle Marmontel lut *Bélisaire*, le duc de Nivernais cinq *Fables* et Voisenon un compliment en vers ; on lui remit ensuite deux jetons de présence qu'il voulut d'abord refuser et qu'il consentit à accepter à cause de la devise *A l'Immortalité* qui y était inscrite ; puis, Duclos et d'Alembert le reconduisirent cérénonieusement jusqu'à son carrosse.

Le jeune roi de Danemark, Christian VII, visita l'Académie au mois de décembre 1768. La réception fut des plus simples ; on le fit asseoir à la place du Directeur, tandis que tous les académiciens prirent leurs fauteuils suivant l'ordre de réception ; l'abbé Batteux prononça la harangue de bienvenue, Voisenon lut un compliment en vers, et le duc de Nivernais trois fables appropriées à la circonstance. Il fut accompagné à son carrosse par tous les académiciens.

Les souverains qui se rendaient à l'Académie avaient définitivement écarté toute solennité de la réception qui leur était faite, et le cérémonial restait le même : harangue, compliment en vers, aperçu des travaux personnels ou collectifs ; le nom des orateurs seul changeait. C'est ainsi que furent reçus, en 1769 le prince Charles de Suède, qui prit place après les trois officiers, en 1770 Gustave III de Suède, alors prince royal et voyageant sous le nom de comte de Haga, et son frère ; le prince apprit pendant son séjour à Paris son avènement au trône de Suède ; Gustave III revint à Paris en 1784 et assista à la réception de Montesquiou-Fezensac. On traita en académiciens l'empereur Joseph II, voyageant sous le nom de comte de Falkenstein, et son frère l'archiduc Maximilien, tous les deux fils de la grande Marie-Thérèse et frères de Marie-Antoinette, qui visitèrent l'Académie en 1777. Le tsaréwitch Paul, qui avait pris le nom de comte du Nord, vint à Paris en 1782 ; il rendit visite à d'Alembert, reçut plusieurs fois La Harpe à sa table et assista à une séance publique de l'Académie.

Parmi les marques de sympathie que les philosophes recevaient des cours du Nord, nous devons rappeler celle dont nous avons parlé précédemment et qui toucha particulièrement l'Académie. Le roi de Prusse, Frédéric II, ayant appris qu'on voulait élever une statue à Voltaire (1), écrivit le 28 juillet 1770 à D'Alembert pour le prier de déterminer le chiffre de sa souscription personnelle, voulant rendre un hommage à Voltaire en agissant comme philosophe et non comme roi. Dans cette lettre, Frédéric

« loue beaucoup un pareil projet qu'il suppose principalement éclos dans le sein de l'Académie française, dont, à cette occasion, il exalte plusieurs membres. L'académicien n'a pas manqué de faire part à ses confrères d'une lettre aussi flatteuse, et la Compagnie, vivement touchée de reconnaissance envers ce roi poète et philosophe, a ordonné, par une délibération solennelle, que ladite lettre serait inscrite dans ses registres. » (2).

Le combat incessant qui se livrait dans l'Académie ne pouvait manquer d'avoir un écho au dehors ; le clergé, la cour, la foule se passionnaient également en sens contraire. Le 31 janvier 1768, l'archevêque de Paris, de Beaumont, condamnant en chaire le *Bélisaire* de Marmontel, rejetait sur l'Académie tout entière l'accusation d'impiété qu'il portait contre l'auteur de cet ouvrage ; Voltaire répondit avec sa violence habituelle à cet anathème par la *Lettre de l'archevêque de Cantorbery à l'archevêque de Paris*.

Chaque année l'affluence du public augmentait aux séances solennelles, et il était inévitable que, dans l'état de

---

1. D'après les *Mémoires* de Morellet, l'idée d'élever une statue à Voltaire prit naissance dans les différents milieux fréquentés par les philosophes, chez M$^{mes}$ Necker et Geoffrin, Dangivilliers, le baron d'Holbach, Helvétius, etc. Les adversaires de Voltaire la critiquèrent avec passion, déclarant qu'ils trouvaient étrange qu'on élevât une statue à Voltaire vivant, alors que Corneille et Racine morts n'avaient point encore la leur. Cette opposition fut assez forte pour inquiéter Voltaire qui demanda à ses amis de renoncer à leur projet ; ceux-ci le rassurèrent, « mais, dit Morellet, ce qui acheva de déterminer l'exécution du projet, fut la part qu'y prirent le roi de Danemark, l'impératrice de Russie, le grand Frédéric et plusieurs princes d'Allemagne. »

L'exécution de la statue fut confiée à Pigalle qui, adoptant l'idée émise par Diderot, représenta Voltaire dans la nudité d'un dieu antique.

Cette statue appartint longtemps à M. d'Ornoy, président au Parlement et neveu de Voltaire ; il la donna, en 1806, à l'Institut, où elle fut placée dans la Bibliothèque.

2. Bachaumont. *Mémoires secrets*.

surexcitation où se trouvaient les esprits, des incidents se produisissent. Le 25 août 1768, on dut renforcer la garde aux portes de la salle, et ceux qui ne purent y pénétrer se formèrent en académie dans une salle voisine, sous la présidence de Lemierre et de Dorat ; on y lut les vers couronnés, et les applaudissements qui les accueillirent, troublèrent un instant la séance officielle. L'année suivante, l'abbé Lecouturier prononça le panégyrique de saint Louis, séparant du saint la personne royale dont il fit l'éloge ; malgré le caractère sacré du lieu (c'était dans la chapelle du Louvre), le public l'applaudit à plusieurs reprises. Le prêtre fut dénoncé à l'archevêque de Paris qui lui interdit de prêcher pendant quelque temps ; de son côté, l'Académie le soutint avec ardeur, et fit imprimer son discours.

Duclos, en 1755, en remplacement du perpétuel panégyrique de Louis XIV imposé par le fondateur du prix d'éloquence, Clermont-Tonnerre, avait fait adopter les éloges des grands hommes, à l'occasion desquels Thomas, et après lui, Gaillard et La Harpe furent couronnés plusieurs fois. Il proposa, en 1768, de donner l'éloge de Molière comme sujet du concours pour l'année suivante, et Duclos n'eut pas de peine, vu le sujet, à obtenir la suppression de la censure des théologiens à laquelle étaient soumis les ouvrages des concurrents ; ceux-ci, de ce fait, eurent une liberté beaucoup plus grande : Chamfort remporta le prix. Le jour de la séance annuelle où ce prix fut proclamé, il se produisit un incident extrêmement honorable pour l'Académie, qui fit œuvre de justice et de réhabilitation. On remarquait la présence dans la salle d'un abbé inconnu de tous, c'était l'abbé Poquelin, petit-neveu de Molière ; l'affluence était particulièrement nombreuse et beaucoup de dames s'y trouvaient. L'abbé de Boismont, directeur de l'Académie, présenta au public l'abbé Poquelin, et fit « une espèce d'amende honorable à Molière, au nom de l'Académie, qui, le comptant au rang de ses maîtres, le voyait toujours avec une douleur amère omis entre ses membres » (1).

Le 25 août 1770, Thomas prononça son fameux éloge de Marc-Aurèle, qui suscita contre lui les colères et les persécutions de ses adversaires, mais souleva un grand enthousiasme parmi ses amis et dans le public. On lui fit défense

---

1. Bachaumont. *Mémoires secrets*.

de le publier, et il ne put le faire imprimer que sous le règne suivant, en 1775.

A peu près à la même époque, l'avocat général Séguier, qui appartenait à l'Académie, obtint du Parlement un jugement ordonnant la lacération et l'incinération de divers livres de Fréret et d'autres auteurs (1). Le 6 septembre 1770, Thomas, recevant l'archevêque de Toulouse, Loménie de Brienne, releva ce défi, et, au nom de la philosophie, n'hésita pas à blâmer « les hommes dont la haine cherche à flétrir les talents », et, parlant « de ces hommes en place auxquels leur vanité fait désirer d'être de l'Académie et que leur intérêt pousse ensuite à la trahir en calomniant les lettres », il cloua au pilori ceux « qui cherchent à tuer la liberté de la parole pour servir le pouvoir ». Les allusions étaient trop directes pour que l'on s'y trompât ; tous les yeux se tournèrent vers Séguier, qui demanda au chancelier Maupeou de le venger de cette offense. Celui-ci interdit à Thomas toute lecture publique, et le menaça de radiation à l'Académie et même de la Bastille, s'il faisait imprimer son discours. L'Académie répondit à cette nouvelle provocation en décidant dans une séance secrète, de mettre Séguier en quarantaine : elle ne poussa pas les choses plus loin, peut-être à cause du nom cher à l'Académie que portait l'avocat général, mais plus vraisemblablement dans la crainte de représailles pouvant atteindre son existence même. A quelque temps de là, Séguier s'étant rendu à Marseille, l'académie de cette ville, se solidarisant avec l'Académie française, s'abstint, contrairement aux usages traditionnels, de complimenter l'académicien de passage (2). Loménie de Brienne, en protestation contre la mesure prise à l'égard de Thomas, ne voulut pas que son discours fût imprimé.

En 1771, La Harpe remporta le prix d'éloquence avec l'éloge de Fénelon ; son discours ainsi qu'un autre qui avait obtenu une mention furent déférés par l'archevêque de Paris au conseil du Roi, qui rendit un arrêt supprimant les deux discours, annulant la décision prise par l'Académie en 1768, et ordonnant l'exécution du règlement de 1671 qui exigeait le visa de deux docteurs en théologie. Ce fut une humiliation pour l'Académie de voir comparaître La Harpe devant une

---

1. V. L. Brunel. *Les Philosophes de l'Académie française au XVIIIe siècle*
2. V. Bachaumont. *Mémoires secrets.*

commission de trois docteurs chargés de réviser un discours couronné par elle ; tout ce qu'elle put obtenir, c'est que l'arrêt ne fût ni publié ni affiché.

Les partis changèrent de nom à la mort de l'abbé d'Olivet (1768) : les *Chapeaux* désignèrent les philosophes, et les *Bonnets* furent les défenseurs de l'autorité. Ces noms étaient, dit-on, ceux de deux factions politiques de Suède ; nous inclinerions à croire plutôt qu'ils furent adoptés comme rappelant exactement les coiffures que portaient les philosophes et les théologiens.

Le vieux maréchal de Richelieu, devenu le doyen de l'Académie, y exerçait une grande influence ; il était à la fois l'ami de Voltaire et le chef du parti adverse ; lorsqu'il s'intéressait à une élection, il ne ménageait aucune démarche ; on le voyait rendre visite à ses confrères en grand équipage ou les recevoir fastueusement à sa table ; incrédule et débauché, il proclamait la nécessité du maintien de la religion, utile à la police de l'Etat.

Il s'entremit avec beaucoup d'ardeur pour faire élire l'évêque de Senlis, Roquelaure, qui obtint, sans aucun titre littéraire, quatre voix de majorité sur l'historien Gaillard, candidat des philosophes. Le maréchal manifesta une joie publique de cette victoire inespérée. Il ne réussit pourtant pas à faire nommer le président des Brosses ; de Ferney, Voltaire dirigea une cabale contre ce magistrat à qui il gardait une irréconciliable rancune pour des griefs personnels (1).

L'attitude du maréchal de Richelieu dans ces deux élections avait irrité le public, aussi lorsque Gaillard, reçu le 21 mars 1771 avec le prince de Beauvau, se vengea de l'hostilité que lui avait témoignée le maréchal, en faisant l'éloge du cardinal de Richelieu protecteur des lettres mais en le blâmant comme despote, le public, saisissant l'allusion, montra ses sentiments en applaudissant bruyamment. Dans son discours, Gaillard passant rapidement en revue l'historique des sociétés savantes de France, en faisait remonter l'origine à Charlemagne et à Alcuin. Cette séance avait attiré beaucoup de monde :

« Jamais on n'avait vu à pareille assemblée un concours si prodi-

---

1. V. Sainte-Beuve. *Voltaire et le président des Brosses ou une intrigue académique au* xviii<sup>e</sup> *siècle (Causeries du Lundi).*

gieux de femmes. On en comptait plus de quatre-vingts, dont une grande partie dames de la cour... » (1).

Le maréchal de Richelieu, chansonné, sentit croître son impopularité et il n'osa pas recevoir de Belloy, le 9 janvier 1772 ; il se fit remplacer par l'abbé Batteux, se promettant de prendre une revanche dès que les événements le lui permettraient ; l'occasion ne se fit pas longtemps attendre.

Duclos et Bignon étant morts, il s'agissait à la fois de procéder à leur remplacement et d'élire un nouveau secrétaire perpétuel. Richelieu et ses amis sollicitèrent du Roi une lettre qui fut envoyée le 6 avril au duc de Nivernais, directeur.

« La lettre royale, datée du 6 avril 1772, recommandait à la Compagnie d'apporter la plus grande attention au choix des académiciens, à leurs mœurs, *à leurs opinions*, afin de lui épargner le désagrément de rejeter ceux que l'Académie lui présenterait. Elle annonçait en même temps que Sa Majesté, informée de la sagesse que M. de Foncemagne et M. l'abbé Batteux avaient montrée en toute occasion, accordait à chacun d'eux une pension de deux mille francs, et qu'elle était disposée à faire la même grâce à ceux qui se conduiraient avec la même modération et la même sagesse. Enfin le Roi ordonnait que toutes les lectures faites aux séances publiques fussent soumises préalablement à la censure du directeur et des officiers de l'Académie, ou, en leur absence, à l'approbation du plus ancien parmi les académiciens présents. » (1).

L'indignation du parti des *Chapeaux* fut d'autant plus grande que Foncemagne et l'abbé Batteux s'empressèrent d'accepter les faveurs royales ; c'était encore une fois l'égalité académique menacée et la liberté des élections compromise. La réponse des mécontents fut l'élection de d'Alembert ; pour remplacer Duclos comme secrétaire perpétuel, deux candidats étaient en présence, et d'Alembert fut nommé par 17 voix contre 10 obtenues par l'abbé Batteux, malgré l'intervention de Richelieu qui menaça même d'Alembert de le faire exclure par le Roi. D'Alembert, bien qu'il n'y eût aucun précédent pour justifier une telle décision, crut devoir demander au Roi une confirmation qui ne lui fut pas refusée. Richelieu, se voyant en minorité, ne fit aucune opposition à l'élection pour les deux places vacan-

---

1. Bachaumont. *Mémoires secrets*.
2. Paul Mesnard. *Histoire de l'Académie française*, page 110.

tes, mais après avoir eu l'habileté de faire élire le même jour Suard et Delille, il eut la perfidie d'obtenir que Louis XV usât de son droit de veto, une double élection étant contraire aux règlements de l'Académie. Aux démarches que le duc de Nivernais et le prince de Beauvau tentèrent ensuite, le Roi répondit que Delille était trop jeune et que Suard avait été l'objet d'un blâme administratif. Cependant l'espoir de Richelieu fut trompé ; il avait cru que l'Académie s'entêterait et persisterait dans ses choix ; elle eut la sagesse de se soumettre et de procéder à de nouvelles élections ; Dorat et Chabanon ne voulurent pas profiter de la circonstance et retirèrent leur candidature ; sur l'initiative du parti vaincu, Beauzée et Bréquigny furent élus à l'unanimité. Le prince de Beauvau fut approuvé du public pour la réponse qu'il fit aux discours des deux récipiendaires, et de nombreux applaudissements le récompensèrent de la correction de son attitude dans ces divers incidents.

Le Roi fut satisfait de la soumission de l'Académie, et, le 28 juin il écrivit une nouvelle lettre au duc de Nivernais pour lui faire savoir qu'après enquête, il autorisait l'élection de Delille et de Suard, et il ordonnait de faire inscrire dans les registres de l'Académie cette partie de sa lettre : « Mon académie doit s'attendre que j'aurai toujours la plus scrupuleuse attention à l'examen du choix qu'elle fera dans ses élections, et que je ne laisserai jamais entrer dans son sein personne dont la réputation ne soit intacte du côté des mœurs et de la probité, ni dont les écrits et les discours soient répréhensibles par rapport aux matières de religion et de gouvernement. Ainsi je lui recommande, comme je l'ai déjà fait, d'apporter la plus grande attention à ne proposer que des sujets dont les principes et les mœurs soient sans reproches. »

Delille et Suard furent élus en remplacement de La Condamine et de l'abbé de La Ville, en 1774. Le Roi mourut le 10 mai de la même année ; quatre-vingt-quinze académiciens avaient été élus sous son règne et son protectorat.

## V

### Protectorat de Louis XVI
### (1774-1792)

D'Alembert et M<sup>lle</sup> de Lespinasse. — Le maréchal de Duras. — Suard. — Malesherbes. — Chastellux. — La Harpe. — Prêtres philosophes. — L'Académie menacée. — Piccinistes et Glückistes. — Retour de Voltaire. — Voltaire et l'Académie. — Mort de Voltaire. — Election de Ducis. — Buffon. — Mort de d'Alembert. — Elections diverses. — Marmontel secrétaire perpétuel. — Fondations de prix : M. de Montyon. — Séances tumultueuses. — La dernière élection : Barthélemy.

Louis XVI ne fut guère protecteur que de nom ; il n'était certainement pas plus partisan des philosophes que son prédécesseur, mais par tempérament il n'aimait pas à s'immiscer dans les querelles qui divisaient encore l'Académie, et qui tendaient d'ailleurs à être d'autant moins ardentes que les philosophes y étaient maintenant en majorité et que le despotisme du nouveau secrétaire perpétuel s'affirmait chaque jour davantage, excluant de parti pris tout candidat qui n'était pas favorable aux idées de l'*Encyclopédie*. D'Alembert était aidé par son amie M<sup>lle</sup> de Lespinasse, au point que des protestations s'élevèrent, mais elle fut défendue par tout le clan philosophique : « Pourquoi, écrivait Grimm, les femmes, qui décident de tout en France, ne décideraient-elles pas des honneurs de la littérature ? »

Souvent les opinions d'un candidat suffisaient pour le faire élire, bien qu'il n'eût aucun titre littéraire ; le maréchal duc de Duras est dans ce cas, et Bachaumont dit que « c'est un chef que les encyclopédistes ont voulu se donner pour tenir tête au maréchal de Richelieu ».

Dans son discours de réception, le 4 août 1774, Suard fit l'éloge de la philosophie et réfuta à nouveau le discours de Lefranc de Pompignan, sans qu'aucune protestation ne s'élevât à l'Académie ni au dehors. L'année suivante, Malesherbes, qui n'avait pas sollicité le fauteuil académique, fut prié de l'accepter, et sa réception fut un triomphe pour le magistrat intègre et réformateur que La Harpe appelait « l'idole de la nation ». Le duc de Choiseul, réconcilié avec l'Académie, assistait à cette séance et eut sa part des acclamations de la foule.

Le chevalier de Chastellux, l'auteur de la *Félicité publique* où il ramène tout à cette formule simple et humaine : « Le plus grand bonheur du plus grand nombre d'individus », et l'archevêque d'Aix, Boisgelin, durent leur élection à M$^{lle}$ de Lespinasse.

Pourtant le roi eut des velléités de s'opposer à l'élection de La Harpe, mais l'alliance de Voltaire avec d'Alembert et M$^{lle}$ de Lespinasse eut raison de cette faible résistance. En dehors de l'Académie, le public s'intéressait vivement au mouvement créé dans les esprits par les encyclopédistes, et il se produisait dans le clergé même un flottement qui entraînait déjà des défections.

Le 25 août 1775, l'abbé Besplas, aumônier de Monsieur, prononça un panégyrique de saint Louis dans lequel il trouva le moyen de critiquer le ministère du grand Cardinal et de faire l'éloge de la *Sainte Agriculture*; cela causa un scandale plus grand encore que celui qu'avait soulevé en 1769 l'abbé Le Couturier. Le 25 août 1776, l'abbé d'Espagnac provoqua de vives réclamations dans le parti religieux et à la cour pour avoir rétabli dans son panégyrique des passages qu'avait supprimés l'archevêque de Paris. D'Alembert encourageait cette attitude de quelques prêtres et leur confiait le soin de couronner les pièces de concours ; il fit élire à l'Académie le jésuite philosophe Millot.

La cour commençait à trouver que l'Académie allait un peu loin, et une réaction se faisait contre elle. Le parti religieux avait repris le pouvoir, remplaçant Turgot qui malgré ses sympathies pour les encyclopédistes, avait refusé un siège à l'Académie. Maintenant le chancelier Maupeou et le ministère Maurepas étaient les maîtres ; il fut question, après l'élection Millot, de fondre l'Académie française avec l'Académie des Inscriptions et de n'en faire qu'une seule. Les ministres avaient l'appui du comte de Provence, et étaient soutenus par les nombreux adversaires de l'Académie : Fréron, Gilbert, l'abbé Royon, Linguet, l'attaquaient avec violence ; bientôt Rivarol devait se joindre à eux, et Palissot était toujours sur la brèche.

L'Académie s'amenda devant cette menace, et, détournant un moment ses idées de luttes philosophiques et religieuses, elle s'abandonna à une querelle singulière sur la musique, se divisant en piccinistes et en glückistes ; les chefs des premiers étaient Marmontel, d'Alembert et La Harpe ; les chefs des seconds étaient Suard et l'abbé Arnaud. Cette querelle prit naissance à la suite d'une épigramme de l'abbé Arnaud contre Piccini, de qui Marmontel était le collaborateur ; elle dura pendant les dernières années du séjour de Glück en France, et se prolongea quelque temps encore après son départ en 1780.

Voltaire s'était retiré à Ferney depuis vingt-huit ans, et, du fond de sa retraite, dirigeait le grand mouvement philosophique qu'il avait tant contribué à créer ; bien qu'il restât pendant tout ce temps éloigné de l'Académie, sa correspondance montre qu'il ne se désintéressa jamais de ce qui s'y passait ; à plusieurs reprises il intervint efficacement dans les élections académiques ; dans d'autres circonstances, son intervention, ignorante des cabales et des intérêts en jeu, demeura stérile. Il réussit à empêcher le président des Brosses de devenir académicien, mais il ne put décider Diderot ni Turgot à faire partie de l'Académie ; il eut la joie d'y voir entrer La Harpe, tandis que l'élection de Condorcet qui devait écrire une *Vie de Voltaire*, n'eut lieu qu'après sa mort. Après une si longue absence, il eut la nostalgie de Paris et il se décida à y revenir le 10 février 1778. Dès qu'elle eut connaissance de son arrivée, l'Académie lui envoya une députation ayant à sa tête le prince de Beauvau qui le harangua le 12 février. Le mois suivant, il tomba malade, et le prince de Beauvau alla lui faire part des sentiments de l'Académie et lui porter les vœux qu'elle formait pour le rétablissement de sa santé.

Le 30 mars, jour de la triomphale représentation d'*Irène*, Voltaire se rendit à l'Académie, au milieu des acclamations populaires. Vingt-deux académiciens, parmi lesquels les abbés Millot et de Boismont, étaient présents ; les autres abbés et prélats s'étaient abstenus d'assister à cette séance. Tous les académiciens se portèrent au-devant de lui et le firent asseoir dans le fauteuil du directeur, au-dessus duquel on avait fait placer son portrait, et, bien que la charge de directeur fût habituellement fixée par le sort, on l'y nomma par acclamation ; ensuite d'Alembert donna lecture d'un éloge de Boileau. Après cette réception à laquelle on avait apporté une certaine solennité, Voltaire revint plusieurs fois, mais plus simplement à l'Académie ; le 27 avril, il prononça un discours sur la langue française et la réforme du Dictionnaire, et, avec la vivacité de son esprit, il en traça immédiatement les grandes lignes ; le 7 mai, il exposa un plan complet pour une nouvelle édition du Dictionnaire, et, pour exciter l'émulation des académiciens, il déclara se charger de la lettre A. Son projet, qui fut adopté, comprenait l'étymologie des mots, la conjugaison des verbes irréguliers, des exemples tirés de bons auteurs, les expressions pittoresques et énergiques qu'avaient employées d'anciens écrivains, tels que Montaigne et Amyot.

Voltaire mourut au milieu des honneurs extraordinaires qu'on lui prodiguait de tous côtés, le 30 mai 1778. La haine qu'il avait inspirée au parti religieux se déchaîna après sa mort : le Roi, le ministre Maurepas, l'archevêque de Paris s'opposèrent à ce que l'Académie fît célébrer un service funèbre à l'église des Cordeliers, et l'on dut se cacher pour lui donner une sépulture chrétienne. A la fin de l'année suivante, le litige entre l'Académie et l'archevêque de Paris n'ayant pas encore reçu de solution, Boisgelin de Cucé, archevêque d'Aix, proposa de supprimer le service particulier qu'il était d'usage de célébrer à la mort de chaque académicien, et de faire chaque année un service funèbre collectif à la mémoire de tous les académiciens décédés. Le Roi pria l'Académie de ne rien innover et de maintenir son ancien usage, mais elle passa outre à la volonté royale, et adopta entièrement la proposition de Boisgelin.

Dans la séance solennelle du 25 août 1778, à laquelle n'assistèrent pas les prélats académiciens, la compagnie rendit un hommage public à la mémoire de Voltaire, dont le buste était exposé aux yeux de tous, et donna son éloge comme sujet du concours d'éloquence pour l'année suivante. Pour répondre aux protestations du clergé, d'Alembert ajouta personnellement six cents livres aux cinq cents livres ordinairement affectées à ce prix ; ce fut La Harpe qui, sous le voile de l'anonymat, en fut le lauréat, mais comme il ne pouvait concourir en sa qualité d'académicien, il abandonna la médaille au concurrent qui avait été classé après lui.

L'élection du successeur au fauteuil de Voltaire fut un échec pour d'Alembert qui voulait faire élire Condorcet ; l'opposition de la cour à cette candidature amena la nomination du poète tragique Ducis, secrétaire des commandements du comte de Provence; son ami et confrère Thomas écrivit, dit-on, le discours, d'ailleurs remarquable, qu'il prononça pour sa réception. D'Alembert se désintéressa des élections suivantes ; son étoile pâlissait à l'Académie, où Buffon tentait de prendre de l'influence ; le secrétaire perpétuel livra sa dernière bataille sur le nom de Condorcet, lorsqu'il s'agit de remplacer Saurin ; Buffon opposa à la candidature du secrétaire de l'Académie des Sciences celle de son ami Sylvain Bailly; Condorcet fut élu par 16 voix contre 15 accordées à Bailly. D'Alembert mourut l'année qui suivit cette difficile victoire, le 29 octobre 1783.

L'influence que Buffon espérait avoir enfin conquise par la mort de son rival, fut très contestée, au point qu'après avoir fait élire Bailly en 1784, il eut le chagrin de voir celui-ci lui refuser sa voix pour Maury, dès l'année suivante, et Buffon en conçut un tel ressentiment qu'il ne parut plus à l'Académie.

Ces divisions du parti philosophique eurent pour conséquence plusieurs élections aristocratiques, celles des comtes de Choiseul-Gouffier et de Montesquiou-Fezensac, du marquis d'Aguesseau, petit-fils du chancelier, du duc d'Harcourt et du président Nicolaï. Les élections de quelques véritables littérateurs, Sedaine, Morellet, Florian, Boufflers, ne modifièrent pas sensiblement la physionomie de l'Académie, dont le prestige avait commencé à diminuer au lendemain de la mort de Voltaire ; cette décroissance de la faveur publique s'accentua à la mort de D'Alembert, et le choix de son successeur comme secrétaire perpétuel se fit non d'après le mérite littéraire des concurrents ou les services qu'ils pourraient rendre à l'Académie dans cette fonction, mais sur leur opinion musicale : Marmontel fut élu comme picciniste, contre Suard qui fut battu parce qu'il était glückiste.

En 1785, le comte d'Artois donna une médaille de trois mille livres pour le prix d'un concours de poésie, dont le sujet était la mort héroïque du prince Léopold de Brunswick ; déjà, en 1778, le comte de Valbelle avait légué vingt-quatre mille livres pour la fondation d'un prix en faveur d'un homme de lettres, et, en 1782, M. de Montyon avait fondé son premier prix que devaient suivre les belles dispositions testamentaires qui ont illustré le nom de ce grand philanthrope.

L'orage de la Révolution approchait, mais nul n'en pouvait prévoir l'heure ; un malaise dans les esprits l'annonçait, et le public devenait plus nerveux ; les pamphlétaires redoublaient leurs attaques contre l'Académie, et chacune de ses séances publiques était l'occasion de scandales et de tumulte. A la réception de Ducis, le 4 mars 1779, les réserves que, dans sa réponse au récipiendaire, l'abbé de Radonvilliers apporta à l'éloge de Voltaire, provoquèrent des protestations et même des sifflets. Le 27 janvier 1785, Gaillard, recevant Maury, fit un discours qui ennuya le public dont les huées couvrirent la voix de l'orateur, à tel point que l'on ne put continuer la séance. Deux mois après, à la réception de Target, le premier avocat élu depuis Patru et Barbier d'Aucour, l'abbé de Boismont voulut morigéner le public sur ce récent scandale : ce fut un prétexte à de nouvelles manifestations tumultueuses. L'Académie prit le parti de restreindre les invitations ; cela n'empêcha pas les murmures d'éclater, lorsque, le 12 mars 1789, le président de Nicolaï fit dans son discours un éloge peut-être inopportun de Louis XVI.

La politique qui agitait les esprits au dehors pénétrait aussi dans l'Académie et y produisait une curieuse réaction ; elle se rapprocha du pouvoir royal qu'elle avait si longtemps combattu, du jour où celui-ci fut sérieusement menacé.

Le grammairien Bauzée étant mort le 24 janvier 1789, l'Académie le remplaça par un vieillard de soixante-treize ans d'une grande érudition, l'abbé Barthélemy, l'auteur du *Voyage du jeune Anacharsis* ; il fut reçu le 29 août. Cette élection fut la dernière à laquelle procéda l'Académie ; entre ces deux dates, les Etats Généraux s'étaient réunis, la Bastille avait été prise, la Révolution était en marche. Désormais, l'Académie dut songer à défendre son existence, ses ennemis l'entourant de toutes parts faisant flèche contre elle de ses erreurs et des fautes qu'elle avait pu commettre dans les cent cinquante années écoulées depuis sa fondation.

# VI

## Suppression de l'Académie
## 1793

L'Assemblée Constituante. — Lebrun. — Lanjuinais. — Grégoire. — Le Pamphlet de Chamfort.—Protestation de Suard et de Morellet.— L'Académie délaissée. — Les académiciens dispersés.— Les victimes de la Révolution. — Morellet sauve les portraits et les archives. — La dernière séance. — Suppression des Académies. — Le rôle de Grégoire.

L'Assemblée Constituante, parmi tant de réformes, eut à s'occuper, par la voie budgétaire, de l'Académie, et par contre-coup à juger de son utilité. Le 16 août 1790, Lebrun, rapporteur du comité des finances, proposa de continuer le fonds annuel de 25.217 livres qui était affecté aux dépenses de l'Académie (1).

Un projet de décret accompagnait sa proposition :

I. — L'Académie continuerait d'être sous la protection du Roi ;

II. — Il lui conservait l'allocation annuelle ;

III. — Il assignait une somme de 1200 livres pour un prix national accordé annuellement au meilleur ouvrage sur la morale, le droit public ou quelque sujet utile ;

IV. — L'Académie devrait se présenter chaque année à la barre de l'Assemblée pour lui rendre compte de ses travaux et de l'ouvrage couronné.

Un membre de l'Assemblée, nommé Boutidou, demanda l'ajournement du vote de ce crédit, disant qu'il fallait d'abord démontrer l'utilité de l'Académie ; l'ajournement fut prononcé. Le 20 août, la discussion fut reprise à la tribune de la Constituante, Lebrun ayant présenté son projet de décret pour la seconde fois, Lanjuinais combattit la proposition de Lebrun et demanda la suppression des académies,

---

1. V. Pièces justificatives.

ou du moins que le régime de la liberté remplaçât celui des privilèges. L'abbé Grégoire fit voter une autre résolution d'après laquelle les académies seraient invitées à rédiger et à présenter à l'Assemblée de nouveaux statuts.

Mirabeau avait eu un moment l'intention de prendre la parole dans ce débat et il avait cherché un collaborateur pour lui préparer les arguments de son discours ; il eût pu choisir Rivarol dont les attaques contre l'Académie étaient incessantes, ou Palissot qui venait de publier contre elle une violente diatribe sur son caractère aristocratique ; Mirabeau trouva mieux dans l'académicien Chamfort, qui dressa le plus venimeux des réquisitoires contre la Compagnie à laquelle il appartenait et dont il avait été plusieurs fois le lauréat. La haine qu'il lui témoigna est sans explication et sans excuse ; son pamphlet dépassa toute mesure ; avec un parti pris excessif, il critiqua tout le passé et tout le présent de l'Académie, son histoire, ses travaux, sa composition, son règlement, les prix qu'elle distribuait, et il concluait charitablement qu'il fallait, par sa suppression immédiate, lui épargner la mort naturelle et prochaine que sa décomposition progressive laissait prévoir.

Mirabeau ne prononça pas le discours, mais Chamfort publia le pamphlet. Les réponses ne se firent pas attendre ; Suard fit une réfutation apologétique de l'Académie, Morellet fut plus énergique en faisant ressortir la contradiction entre l'assiduité de Chamfort aux séances de l'Académie et la violente exagération de sa critique, puis, s'élevant au-dessus d'une querelle personnelle, il défendit courageusement l'ancienne société qu'on voulait détruire ; avec une grande dignité, il refusait, au nom de l'Académie, la subvention annuelle qu'on lui marchandait, mais il réclamait pour elle, au nom des grands principes du nouvel Evangile, le droit à l'existence, la liberté de se réunir, de travailler et de distribuer des prix selon la volonté de ceux qui les avaient fondés.

L'année suivante, Chamfort, pris sans doute de remords, se réfuta lui-même en défendant l'Académie contre Soulavie, qui venait de publier contre elle un livre diffamatoire.

Le 25 août 1791, à la séance solennelle, Marmontel obligé d'annoncer que, faute de concurrents, deux prix seulement sur quatre seraient distribués cette année, constata que « les petits tourbillons disparaissaient dans le grand tourbillon ».

Il proclama que les deux lauréats étaient Pastoret et

Noël ; ce dernier, aux applaudissements du public, vint recevoir sa médaille vêtu en soldat-citoyen.

Les séances de l'Académie n'étaient guère plus suivies que les concours. Un certain nombre d'académiciens, parmi ceux qui continuèrent à y venir, restaient fidèles aux idées du passé, c'étaient Marmontel, l'abbé Maury, l'abbé Gaillard, le maréchal de Beauvau, Bréquigny, Barthélemy, Rulhière, Suard, Saint-Lambert, Delille, Vicq d'Azyr, Morellet ; d'autres, au contraire, avaient embrassé avec ardeur les idées nouvelles de la Révolution : c'étaient La Harpe, Target, Ducis, Sedaine, Lemierre, Chamfort, Condorcet, Chabanon, Beauzée, Bailly.

« Cette opposition, et les disputes qu'elle excitait sans cesse, détruisaient tout l'agrément de la société. La conversation, qui était auparavant piquante et instructive, était dégénérée en querelle habituelle... Chamfort triomphait lorsqu'il avait paru un décret bien atroce; et la Harpe venait s'asseoir, content de lui-même, entre l'abbé Barthélemy et moi, après avoir imprimé dans le *Mercure* contre les prêtres une diatribe sanglante, dont la tendance naturelle et le but inévitable étaient l'horrible persécution dont ils ont été les victimes. » (1).

Bailly, Maury, Boisgelin, d'Aguesseau, Target, Boufflers, le cardinal de Rohan firent partie de l'Assemblée Constituante ; l'Assemblée Législative ne compta qu'un seul académicien, Condorcet. Cette dernière assemblée, en attendant de faire pour l'Académie la nouvelle constitution que l'Assemblée Constituante avait laissée inachevée, décida qu'il ne serait pas pourvu aux vacances jusqu'à nouvel ordre ; elles étaient au nombre de cinq : abbé de Radonvilliers, maréchal duc de Duras, comte de Guibert, Rulhière et Séguier.

Bientôt les événements se précipitèrent en s'aggravant ; quelques académiciens donnèrent plus de temps à la politique qu'aux lettres ; d'autres se retirèrent à la campagne ou en province ; d'autres émigrèrent ; d'autres enfin furent directement ou indirectement victimes de la Révolution. Au moment où elle avait éclaté, le cardinal de Bernis, le duc d'Harcourt, le comte de Choiseul-Gouffier étaient retenus hors de France ; Maury, Boisgelin et Boufflers émigrèrent en 1791, après la Constituante ; D'Aguesseau, dénoncé à la

---

1. Morellet. *Mémoires*, I, 425.

Législative, se cacha ; le secrétaire perpétuel, Marmontel, se retira à Evreux, puis à Gaillon ; de Montesquiou-Fezensac, décrété d'accusation, se réfugia en Suisse ; le duc de Nivernais, Roquelaure, Loménie de Brienne, La Harpe, Barthélemy, Florian, Chamfort furent emprisonnés. En 1793, Beauvau, au mois de mai, Lemierre, au mois de juillet, moururent de la douleur que leur causait le spectacle des calamités publiques ; Vicq d'Azyr, ancien médecin du roi, se croyait menacé et était dans des transes continuelles ; il mourut d'épouvante le 20 juin 1794. Bailly, Malesherbes et Nicolaï furent décapités ; Condorcet, mis en état d'arrestation, s'empoisonna dans sa prison pour échapper à l'échafaud. Quant à Chamfort, après avoir été emprisonné pendant quelques mois aux Madelonnettes, il craignit une seconde arrestation et au souvenir des « inhumanités » qu'il avait éprouvées dans sa prison, « le dégoût de la vie lui prit tout de bon ; et, après s'être tiré un coup de pistolet dans le nez, donné un coup de couteau dans le côté, et tâché de se couper les veines des jambes avec un rasoir, il a survécu à ces cruelles tentatives, défiguré et déshonoré, pour mourir quelques mois après des suites de ses blessures » (1).

Les académiciens qui avaient conservé leur liberté, leur courage et leur sang-froid, se réunirent encore quelques fois pendant que se déroulaient les événements tragiques de la Révolution. Ils ne se faisaient aucune illusion sur l'avenir qui était réservé à leur Compagnie, et, après avoir constaté que « le mobilier de l'Académie consistait en une soixantaine de portraits d'académiciens, quelques bustes et quelques médailles, une bibliothèque de cinq à six cents volumes, dictionnaires, grammaires et ouvrages des membres de l'Académie ; ses titres, les registres de ses délibérations, les procès-verbaux de ses assemblées, de ses élections, de ses relations immédiates avec nos rois » (2), ils pensèrent à se partager les livres de la Bibliothèque, mais ils y renoncèrent dans la crainte d'être accusés de vol. Au mois de juillet 1793, l'abbé Morellet, faisant l'intérim de Marmontel et prévoyant que les jours de l'Académie étaient comptés, fit mettre en pile les portraits qui constituaient pour elle une si précieuse collection, et les cacha dans une des

---

1. Morellet. *Mémoires*, I, 396.
2. Morellet. *Mémoires*, I, 428.

tribunes de la salle des assemblées publiques, dont il emporta la clef ; ils y restèrent jusqu'en 1804.

Le 5 août eut lieu la dernière réunion de l'Académie fondée par Richelieu ; cinq académiciens étaient présents : Morellet, dernier directeur faisait fonctions de secrétaire perpétuel, Vicq d'Azyr, dernier chancelier, Ducis, de Bréquigny et La Harpe. A la fin de cette réunion, Morellet emporta, pour les cacher soigneusement, les archives de l'Académie :

« Je sauvai ainsi douze volumes in-folio, c'est-à-dire : 1° un portefeuille contenant les titres de l'Académie, entre autres les lettres patentes de son établissement en 1635 ; divers papiers et titres, tels que ceux des fondations de prix entre ses mains, et plusieurs pièces ; 2° cinq volumes des registres de présence, de 1673 à 1793 ; 3° trois volumes des registres proprement dits, formés de procès-verbaux de chaque séance ; 4° un volume manuscrit des remarques de l'Académie sur la traduction de Quinte-Curce par Vaugelas ; 5° la copie de la nouvelle édition du Dictionnaire. » (1).

Il était juste temps de sauver ces très intéressants documents, car trois jours après, le 8 août 1793, Grégoire, revenant sur l'opinion qu'il avait émise autrefois, lut à la Convention un rapport concluant à la suppression des Académies (2), et la Convention présidée par Danton, publia un décret conforme aux conclusions présentées par le rap-

---

1. Morellet. *Mémoires*, I, 430. Morellet rendit compte à la deuxième classe de l'Institut de la manière dont il avait conservé tous ces documents et les rapporta (Séance de réception de Lacretelle, 1805).
2. On trouvera des extraits de ce rapport aux Pièces justificatives. Grégoire explique dans ses *Mémoires* (I, 351 et suiv.) quel était l'état d'esprit de ses collègues du Comité d'Instruction publique à cette époque. Le morceau vaut la peine d'être cité, il est en quelque sorte symbolique :

« Jusqu'à l'époque de la Convention il était inouï dans les fastes du
« crime le projet de détruire tous les monuments du génie. Doit-on être
« surpris, que, dans la même proscription, elle ait voulu comprendre les
« savans ? Le titre d'*académicien* devint une injure, à tel point que ceux
« qui en avaient été revêtus n'osaient plus se dire qu'*artistes*. Lagrange,
« Guyton-Morveau, Borda, et ce savant Vicq d'Azyr que tant de fois
« j'ai consolé et qui n'est mort que de la crainte d'être traîné à l'écha-
« faud, étaient *artistes*.

« Beaucoup de gens de lettres, pensionnaires de la cour, ou liés avec
« des courtisans, s'étaient montrés peu favorables à une révolution que

porteur du comité d'Instruction publique, dont l'article premier disait : « Toutes les académies et sociétés littéraires, patentées par la Nation, sont supprimées. » Les autres articles furent ajournés.

---

« plusieurs avaient provoquée par leurs ouvrages ; de là, une espèce
« d'anarchie dans les sociétés savantes...
« Champfort, l'un des *quarante*, dans un écrit très piquant, montrait
« au public sa compagnie comme toujours prête à ramper devant la
« puissance, et demandait la suppression des académies (v. son *Mémoire*
« *sur les Académies*). Monge tenait le même langage : une défaveur
« assez générale planait sur toutes les corporations, à plus forte raison
« sur celles qui paraissaient rénitentes au nouvel ordre politique. Le
« Comité (d'Instruction publique) entrevit qu'au premier jour, sur la
« demande de quelques députés, la Convention ferait main basse indis-
« tinctement sur toutes les académies, dont les membres seraient, par là
« même, désignés à la persécution...
« Tout ce qu'il y avait de gens sensés au Comité furent d'avis que
« pour conserver les hommes et les choses, il fallait avoir l'air de céder
« aux circonstances, et proposer nous-mêmes la suppression des Aca-
« démies en exceptant celle des Sciences, celle de Chirurgie, et les
« sociétés de Médecine et d'Agriculture... On ordonnait aux autres de
« présenter des projets de règlement plus conformes aux principes de la
« liberté, et qui, partant, ne fussent pas souillés des titres de *protecteurs*,
« tandis que la loi seule doit protéger ; ni des titres d'*honoraires*, car
« c'est l'homme et non la place qui doit figurer dans ces sociétés. Lavoi-
« sier était venu conférer avec moi sur ce plan et l'approuver. Malgré
« moi, j'étais chargé du rapport ; mais la Convention, fabriquant des
« décrets avec autant de facilité que des assignats, ne voulut admettre
« aucune exception, et prononça la destruction de toutes les sociétés
« scientifiques et littéraires.
« Quelques années après, cette suppression servit de texte à un
« *Mémoire sur les Académies*, dans lequel l'auteur (Delisle de Sales)
« calomnie le Comité d'Instruction publique, et surtout le rapporteur.
« Ce qu'il y a de plaisant, c'est qu'il accuse de *vandalisme* ce comité d'où
« émanèrent les mesures pour réprimer le *vandalisme*... »

Des moyens, dit en substance Grégoire, se présentèrent pour sauver les lettres et ceux qui les cultivent. On *réquisitionna* quelques-uns de ceux qui se cachaient pour leur confier des missions littéraires ; le Comité d'Instruction publique (Grégoire, rapporteur) obtint cent mille écus pour encourager, récompenser des savants, gens de lettres et artistes ; on leur permit de cumuler leurs traitements jusqu'à concurrence de douze mille francs.

Dans la *Notice* qu'Hippolyte Carnot a placée en tête des *Mémoires* de Grégoire, il dit :

« Grégoire proposa au Comité d'Instruction publique un arrêté ayant

« La chute de l'ancien régime était consommée. Avec les académies avait disparu la dernière et l'une des plus utiles de ses institutions. »(1).

« Ces petites et glorieuses républiques... avaient donné le premier exemple de la liberté pendant la monarchie, et de l'égalité au milieu des distinctions héréditaires. La royauté n'avait pas trouvé leur constitution trop républicaine, la république trouva leur existence trop aristocratique. Leur perte fut résolue. » (1).

Les scellés apposés sur le local de l'Académie le 12 août, sur la proposition de Lacroix, furent levés à la fin du même mois, en présence de Morellet, par Domergue et Dorat-Cubières. Sur la réquisition de ces derniers, Morellet leur remit les copies du Dictionnaire avec les précieuses annotations de Duclos, d'Alembert, Arnaud, Suard, Beauzée, qui furent envoyées au comité d'Instruction publique. Elles furent sans doute données ou vendues plus tard, dit Morellet, à Smith et C° qui s'en servirent pour en publier une édition en deux volumes in-4°

Enfin, pour achever son œuvre destructrice, la Convention décréta le 24 juillet 1794 que « les biens des Académies et sociétés littéraires patentées ou dotées par la Nation faisaient partie des propriétés de la République. »

Du milieu des ruines que la Révolution accumula en quelques mois, il commençait à s'élever, en même temps qu'une société nouvelle, de nouveaux et magnifiques monuments dont quelques pierres témoignent des gloires d'autrefois.

---

« pour objet de créer entre les écrivains, les savants, les journalistes de
« tous pays, une sorte de confédération littéraire ; des correspondances
« actives et régulières devaient être établies par l'intermédiaire des agents
« diplomatiques et consulaires ; les secours et la protection respective
« des gouvernements devaient leur être assurés. »

1. A. Maury. *L'Ancienne Académie des Sciences.*
1. Mignet. *Eloge de Lakanal.*

# DEUXIÈME PARTIE

---

## L'Institut

## L'Académie Française

# L'INSTITUT
## 1795-1816

Création de l'Institut. — Son organisation. — Traitement de ses membres. — Incident Delille. — Première séance publique. — Opinions sur la création de l'Institut. — Tentative de reconstitution de l'Académie. — Lucien Bonaparte. — Organisation de 1803. — Décret d'Aix-la-Chapelle. — La deuxième classe affirme sa filiation avec l'ancienne Académie. — Installation au Palais Mazarin. — L'Académie impérialiste. — Chateaubriand. — La Restauration. — Ordonnance du 21 mars 1816. — L'Académie française reprend son nom et son rang. — Les exclus. — Opinions sur cette ordonnance. — Lainé. — Première séance annuelle des quatre académies.

Une année s'était à peine écoulée depuis la suppression des Académies, que la Convention sembla disposée à réparer les maux causés par la Révolution aux sciences et aux lettres ; dès le 17 vendémiaire de l'an III (9 octobre 1794), sur la proposition de Lakanal et Daunou, appuyée par Chénier et Villar, elle affecta une somme de trois cent mille livres à des secours aux savants, aux hommes de lettres et aux artistes, et le 27 floréal suivant, parmi les pensionnés de la Nation, se trouvaient trois anciens académiciens, La Harpe, Sedaine et Barthélemy. Puis, faisant sienne l'idée qu'avait caressée Richelieu, qu'avait essayé de réaliser Colbert, qu'avait presque formulée Talleyrand, demandant en 1791 qu'à côté des Académies encore existantes fût créé un Institut enseignant, la Convention, en votant sur le rapport de Daunou la Constitution du 3 fructidor an III (22 août 1795), adopta l'article 298, établissant que :

« IL Y A POUR TOUTE LA RÉPUBLIQUE UN INSTITUT NATIONAL CHARGÉ DE RECUEILLIR LES DÉCOUVERTES, DE PERFECTIONNER LES ARTS ET LES SCIENCES. »

La veille de sa séparation, la Convention organisa l'Institut par la loi du 3 brumaire an IV (25 octobre 1795) sur l'instruction publique, dont Dannou fut encore le rapporteur (1).

---

1. V. Pièces justificatives.

Le titre IV de cette loi était consacré à l'organisation de l'Institut et son premier article ainsi conçu :

« L'Institut national des sciences et des arts appartient à toute la
« République. Il est fixé à Paris et est destiné :
« 1° A perfectionner les sciences et les arts par des recherches non
« interrompues, par la publication des découvertes, etc. ;
« 2° A suivre, conformément aux lois et arrêtés du Directoire exé-
« cutif, les travaux scientifiques et littéraires qui auront pour objet
« l'utilité générale et la gloire de la République. »

L'Institut était divisé en trois classes, subdivisées elles-mêmes en sections : la première était la classe des sciences physiques et mathématiques ; la deuxième, la classe des sciences morales et politiques ; la troisième, la classe de littérature et beaux-arts. Cette dernière, embrassant l'Académie française et l'Académie des Beaux-Arts actuelles et une partie de notre Académie des Inscriptions, comprenait huit sections : 1° Grammaire ; 2° Poésie ; 3° Langues anciennes ; 4° Antiquités et Monuments ; 5° Peinture ; 6° Sculpture ; 7° Architecture ; 8° Musique et Déclamation.

La littérature venant au troisième rang, confondue avec les Beaux-Arts et les Inscriptions, était évidemment sacrifiée aux sciences mathématiques et aux sciences philosophiques. On est étonné de voir le dédain que la Convention montrait pour la littérature et la poésie, à une époque où l'éloquence de la tribune était portée à un très haut degré, où les discours, les proclamations, la correspondance officielle étaient empreints d'une emphase et d'une rhétorique excessives. L'ostracisme contre l'ancienne Académie française ne s'arrêta pas là ; l'article 8 de la loi du 3 brumaire fixait à cent quarante-quatre le nombre des membres de l'Institut et attribuait au Directoire la nomination de deux membres par section, soit un total de quarante-huit membres qui devaient élire les quatre-vingt-seize autres (1).

Tandis que le Directoire, par son arrêté du 29 brumaire (20 novembre 1795), nommait dans les sections qui correspondaient à l'ancienne Académie des Inscriptions, Dussaulx, Bitaubé et Dupuis qui en avaient fait partie, et un seul nouveau membre, Mongez, dans aucune des sections de la troisième classe, il n'appelait un des survivants de

---

1. V. aux Pièces justificatives.

l'ancienne Académie française : il choisissait Chénier et E. Lebrun pour la section de grammaire; ce dernier refusa, n'étant pas grammairien, et fut remplacé par Collin d'Harleville, que les poètes réclamèrent et élurent dans leur section. Les élections complémentaires eurent lieu du 18 au 24 frimaire (décembre 1795). Ducis et Delille furent élus comme associés non résidents, Marmontel fut élu dans la troisième classe et l'abbé Gaillard dans la deuxième ; Sedaine, présenté, ne fut pas nommé.

Une loi du 29 messidor fixa le traitement de chaque membre de l'Institut à mille cinq cents livres, non sujettes à réduction ni à retenue (*Moniteur* du 3 thermidor); cependant chaque membre ne touchait en réalité que mille cinq cents livres, en laissant cinq cents à une masse commune destinée à être répartie entre les huit membres les plus âgés, à moins qu'ils ne justifiassent d'un revenu annuel d'au moins six mille livres.

Delille, retiré en Suisse, ne siégea pas, mais toucha son traitement; il ne répondit à aucune des lettres qui lui demandaient de régulariser sa situation vis-à-vis de l'Institut; on proposa alors, en octobre 1797, de le rayer et de lui réclamer les sommes qu'il avait touchées : mais l'Institut, dans l'assemblée plénière du 5 brumaire, refusa de voter cette mesure. Delille écrivit enfin pour s'excuser de son silence ; mais comme il ne siégeait toujours pas, sa place fut déclarée vacante le 5 pluviôse de l'an VII (25 janvier 1799).

Le Conseil des Cinq-Cents vota, le 26 ventôse an IV (15 mars 1796) une loi que le Conseil des Anciens ratifia le 15 germinal (4 avril), réglementant l'Institut. Les élections se faisaient à trois degrés : dans la section d'abord, puis dans la classe, enfin dans l'Institut tout entier. Cette loi faisait de l'Institut l'héritier des anciennes Académies, le chargeant de la continuation des grands recueils commencés sous l'ancien régime (1).

Le 15 frimaire an IV (6 décembre 1795), l'Institut fut installé au Louvre, dans la salle de l'ancienne Académie des Sciences, où il tint le 1er nivôse (22 décembre) sa première séance, et, le 15 germinal (4 avril 1796), eut lieu, dans la salle des Antiques, la première séance publique et l'inauguration solennelle de l'Institut, en présence de quinze cents

---

1. V. Pièces justificatives.

personnes, des membres du Directoire en costume d'apparat, des ministres, des ambassadeurs, etc. Des discours furent prononcés par le président du Directoire, par Dussaulx, président de l'Institut, et par Daunou ; des poésies furent lues par Andrieux, M.-J. Chénier, Ducis, Ecouchard Lebrun et Fontanes (1).

Il y avait quatre séances publiques annuelles, mais elles n'eurent jamais le succès des séances de l'ancienne Académie française ; l'aridité des questions scientifiques qui y étaient traitées en éloigna toujours le public.

« La Convention... eut une grande pensée, digne couronnement du xviii$^e$ siècle. Elle fonda l'Institut par cette parole créatrice et féconde : « Il y a pour toute la République un Institut national chargé de recueillir les découvertes, de perfectionner les arts et les sciences » .... Le testament philosophique des Encyclopédistes, et notamment de Condorcet, se trouvait de fait réalisé. Tout ce qu'on avait pu dire autrefois sur l'inutilité de l'Académie française, avec son mélange de grands seigneurs et de prélats, n'avait ici nulle prise : chaque membre de l'Institut était par là même un producteur et travailleur distingué, un commissaire autorisé dans sa branche d'études. » (2).

« L'Institut est une des créations les plus glorieuses de la Révolution, une chose tout à fait propre à la France. Plusieurs pays ont des académies qui peuvent rivaliser avec les nôtres par l'illustration des personnes qui les composent et par l'importance de leurs travaux ; la France seule a un Institut, où tous les efforts de l'esprit humain sont comme liés en faisceau, où le poète, le phil he, l'historien, le philologue, le critique, le mathématicien, le physicien, l'astronome, le naturaliste, l'économiste, le jurisconsulte, le sculpteur, le peintre, le musicien peuvent s'appeler confrères...

Trois hommes contribuèrent surtout à tracer ces grandes lignes... ce furent Lakanal, Daunou, Carnot. Malheureusement la France était alors à l'état d'un malade qui sort épuisée d'un accès de fièvre. Des branches entières de la culture humaine avaient été balayées. Les sciences morales, politiques, philosophiques étaient profondément abaissées. La littérature était presque nulle. Les sciences historiques et philologiques ne comptaient que deux hommes éminents, Silvestre de Sacy et d'Ansse de Villoison. En revanche, les sciences physiques et mathématiques étaient à un des moments les plus glorieux de leur développement. Les divisions de l'Institut en classes et en sections se ressentirent de cet état de choses. » (3).

---

1. V. Pièces justificatives.
2. Sainte-Beuve. L'Académie française (*Paris-Guide* et *Nouveaux Lundis*).
3. Ernest Renan. *L'Institut* (*Paris-Guide*).

« Dans l'organisation de cette assemblée les connaissances sont ordonnées d'après leur degré d'utilité immédiate. D'abord les sciences physiques et mathématiques, c'est-à-dire l'utilité matérielle, la connaissance de la nature appliquée aux besoins de l'homme. Puis les sciences morales et politiques, c'est-à-dire l'utilité intellectuelle, la connaissance des faits moraux appliqués au gouvernement des affaires. Enfin la littérature et les beaux-arts, c'est-à-dire l'agréable, la culture du beau en vue d'orner l'esprit et de charmer le sens. Cette classification émane visiblement de la philosophie du xviii<sup>e</sup> siècle » (1).

D'après ce qui précède, on voit qu'il est tout à fait impossible de considérer la troisième classe de l'Institut comme la continuation de l'Académie française. Il faut attendre la nouvelle organisation de 1803 pour que, passant du troisième au deuxième rang, elle soit exclusivement consacrée à la langue et à la littérature française et poursuive les mêmes travaux, et la réorganisation de 1816, pour qu'elle reprenne, avec la première place son ancien nom et à peu près les mêmes statuts (2).

Si la pensée qui avait présidé à la création de l'Institut était admirable, il ne s'en rencontrait pas moins des défauts dans l'application, et, peu de temps après le 18 brumaire, Fontanes soumit au premier Consul l'idée de reconstituer les anciennes académies, et notamment l'Académie française. Bonaparte donna son approbation à ce projet, mais d'autres soins l'occupèrent et il partit pour la seconde campagne d'Italie. L'idée fut reprise par Elisa et Lucien Bonaparte, à qui leur frère avait peut-être laissé la charge de le faire aboutir. Ils avaient créé chez eux un salon littéraire, un bureau d'esprit, que fréquentaient entre autres Suard et Morellet. Le 19 prairial an VII, Lucien leur écrivit ainsi qu'à leurs anciens collègues pour les inviter à se réunir les 7 et 12 messidor dans la salle de l'Ami des Arts, au Louvre. A la première séance, cinq anciens académiciens étaient présents : Morellet, Suard, Ducis, Target et Boufflers ; Saint-Lambert et d'Aguesseau se joignirent à eux à la deuxième séance ; ils constatèrent qu'il y avait encore, en dehors d'eux, neuf académiciens vivants : comte de Bissy, cardinal de Rohan, Roquelaure, Gaillard, Delille, cardinal de Boisgelin, La Harpe, comte de Choiseul-Gouffier, Maury. On

---

1. A. Maury. *L'Ancienne Académie des Sciences.*
2. V. Pièces justificatives.

décida de compléter la liste, en ajoutant encore vingt-trois noms, et en laissant le nom du quarantième membre au choix du premier Consul : Napoléon Bonaparte et Lebrun, premier et troisième consuls, Lucien Bonaparte et Talleyrand, ministres de l'Intérieur et des Affaires Etrangères, Collin d'Harleville, Dacier, Devaines, Dureau de la Malle, Fontanes, Laplace, Lefèvre, abbé de Montesquiou, Necker, Parny, Portalis, Ramon, Rœderer, Ségur aîné, Servan, Volney, et après discussion, Arnault, Garat et Bernardin de Saint-Pierre. A la demande de Lucien, Morellet rédigea une pétition, qu'il lui remit signée de lui, de Suard et de Fontanes, par laquelle ils sollicitaient le rétablissement de l'Académie française ; elle était accompagnée de tout un projet de règlement. En l'absence du premier Consul, dont il fallait attendre le retour, le projet s'ébruita, l'Institut se crut menacé dans son existence et le public accusa les anciens académiciens d'être des contre-révolutionnaires. Lorsque le vainqueur de Marengo rentra à Paris, il ne lui était plus possible de donner suite à une idée qui l'avait d'abord séduit, sans courir le risque de réveiller des querelles et des passions que sa politique mettait tant de soin à faire oublier ; il refusa d'approuver la reconstitution demandée et Lucien proposa aux académiciens un projet transactionnel qu'ils crurent de leur dignité de ne pas accepter (1). L'idée fut momentanément abandonnée.

Quelque temps après, l'Institut voulut reprendre le travail du Dictionnaire ; Morellet, toujours énergique quand il s'agissait de défendre les droits et privilèges de l'Académie, en revendiqua la propriété, au nom de ses anciens collègues survivants.

C'est vers cette époque que fut créé le costume des membres de l'Institut, en vertu d'un arrêté des consuls du 23 floréal an IX (22 mai 1801) (2).

Pour couper court sans doute à quelques tentatives isolées à Paris et en province, la loi du 11 floréal an X (titre IX, art. 41), stipula que : « Aucun établissement ne pourra prendre désormais le nom de *lycée* et d'*institut*. L'Institut national des Sciences et des Arts sera le seul établissement public qui portera ce dernier nom.

---

1. V. les *Mémoires de Morellet*.
2. V. Pièces justificatives.

Bonaparte chargea une commission composée de cinq membres, Laplace, Rœderer, Dacier, Vien et un cinquième dont nous n'avons pas retrouvé le nom, de préparer un nouveau plan d'organisation de l'Institut ; elle proposa le rétablissement des trois anciennes académies et la création d'une quatrième, celle des Beaux-Arts. En ce qui concerne l'Académie française, ce projet nommait : 1º cinq vétérans que leur âge ou leurs fonctions pouvaient empêcher de siéger : Roquelaure, archevêque de Malines, Boisgelin de Cucé, Bissy, âgé de quatre-vingt-trois ans, Saint-Lambert, de quatre-vingt-cinq ans, et d'Aguesseau, ambassadeur en Danemark ; 2º neuf survivants de l'ancienne Académie : Gaillard, Suard, La Harpe, Delille, Ducis, Morellet, Choiseul-Gouffier, Target et Boufflers ; 3º vingt-six membres nouveaux : les trois consuls, Napoléon Bonaparte, Cambacérès et Lebrun, les ministres de l'Intérieur et des Relations étrangères, Maret et Talleyrand, Lucien Bonaparte, Fourcroy, Rœderer, François de Neufchâteau, Devaines, Portalis, Laplace, Delambre, Volney, Garat, Cabanis, Bernardin de Saint-Pierre, Dacier, Ginguené, Andrieux, Chénier, E. Lebrun, Collin d'Harleville, Legouvé, Arnault, Sieyès.

Le premier Consul, craignant sans doute de soulever encore les objections qu'avait rencontrées deux ans auparavant le projet de Morellet, revisa le plan de la commission, et, le 3 pluviôse an XI (23 janvier 1803), il publia un arrêté consulaire qui maintenait la division de l'Institut en classes, mais en portait le nombre à quatre au lieu de trois ; la classe de littérature passait au deuxième rang (1). La première classe resta celle des sciences physiques et mathématiques, la deuxième fut celle de langue et de littérature françaises, la troisième celle d'histoire et de littérature anciennes, la quatrième celle des beaux-arts. Cette fois c'étaient les études philosophiques qui étaient sacrifiées. Il est curieux d'observer comme une caractéristique de l'âme des despotes, l'éloignement que, dans cette circonstance, Bonaparte, ainsi qu'autrefois Richelieu, manifesta pour la philosophie, en si grand honneur au siècle qui venait de finir.

L'article 3 de l'arrêté spécifiait que la classe de langue et de littérature françaises était chargée du Dictionnaire et de l'examen, sous le rapport de la langue, des ouvrages de littérature, d'histoire et de sciences.

---

1. V. Pièces justificatives.

« Il est remarquable que ce qui s'était passé au xvii<sup>e</sup> siècle se soit exactement reproduit au commencement du xix<sup>e</sup> siècle. En 1803, le premier Consul rétablit l'Académie sous le nom de classe de langue et de littérature françaises... Il prétend, comme Richelieu, lui imposer « le jugement des ouvrages qui paraissent »... mais, les académiciens de 1803 n'ont pas plus de goût pour ce genre de travail que leurs prédécesseurs de 1636 ; ils ne refusent pas ouvertement, car ils savent bien que le maître n'est pas d'humeur à supporter qu'on lui résiste, seulement ils ne se pressent pas d'obéir, et c'est, je vous l'assure, un spectacle fort curieux de suivre sur nos registres, l'obstination violente de l'un aux prises avec l'inertie respectueuse des autres. Comme il arrive le plus souvent, ce fut l'inertie qui l'emporta. » (1).

Les secrétaires perpétuels furent rétablis, sous réserve de l'approbation de leur nomination par le premier Consul ; le droit d'élection retiré à l'Institut fut rendu à chaque classe; le nombre de quarante membres fut fixé pour la deuxième classe. C'était, sauf le nom, le rétablissement de l'ancienne Académie française. Cet arrêté, qui avait été rédigé par Chaptal, entrait dans d'autres détails sur les rapports des classes entre elles, et limitait à douze par classe le nombre des membres pouvant appartenir à une autre. L'article 11 maintenait à quinze cents francs l'indemnité annuelle de chacun des membres de l'Institut et fixait à six mille francs celle de chaque secrétaire perpétuel.

Le 8 pluviôse un nouvel arrêté nomma les membres de l'Institut réorganisé. Nous donnons aux *Pièces justificatives* la composition de l'Institut après l'application des arrêtés consulaires ; douze anciens académiciens seulement entrèrent dans la deuxième classe : comte de Bissy, Saint-Lambert, Roquelaure, Delille, Suard, Boisgelin, La Harpe, Ducis, Target, Morellet, D'Aguesseau et Boufflers. Les quatre autres survivants de l'ancienne Académie n'en firent pas partie : l'abbé Gaillard fut nommé dans la troisième classe ; le cardinal de Rohan, émigré dans son diocèse de Strasbourg, mourut à Ettenheim le 17 février 1803 ; le comte de Choiseul-Gouffier, émigré en Russie, devait rentrer à l'Académie à la réorganisation de 1816 ; l'abbé Maury, émigré à Rome, rentra en France en 1804 et remplaça Target à l'Académie en 1806.

La classe de langue et de littérature françaises établit son

---

1. Gaston Boissier. *Rapport sur les concours de 1903.*

règlement le 18 ventôse (7 février 1803), et le règlement général pour l'Institut fut arrêté le 19 floréal.

Le premier Consul compléta cette organisation par divers arrêtés ; devenu empereur, il continua à s'occuper de l'Institut où il siégeait dans la première classe, et de l'Académie française. De l'ancien protectorat, on conserva l'obligation de soumettre toutes les élections à l'approbation du premier Consul.

Dans l'exposé de la situation de la République qui fut porté, en exécution d'un arrêté consulaire du $1^{er}$ ventôse an XI, au Corps législatif, le gouvernement s'exprima en ces termes au sujet de la nouvelle organisation de l'Institut :

« ... L'Institut national, qui a sa puissance sur l'instruction publique, a reçu une direction plus utile, et désormais il déploiera, sur le caractère de la langue, sur les sciences, sur les lettres et sur les arts, une influence plus active... »

Un arrêté du 18 pluviôse (7 février 1803) rétablit l'usage des discours de réception. L'article 13 de l'arrêté du 3 pluviôse avait établi un prix de trois mille francs pour la première classe et un de quinze cents francs pour chacune des autres ; le 24 fructidor an XII (10 septembre 1804), Napoléon rendit, dans le palais d'Aix-la-Chapelle, un décret célèbre dont voici l'article premier : « Il y a de dix ans en dix ans, le jour anniversaire du 18 brumaire, une distribution de grands prix donnés de notre propre main dans le lieu et avec la solennité qui seront ultérieurement réglés. » Ces grands prix étaient au nombre de vingt-deux, dont neuf de dix mille francs et treize de cinq mille francs (1). Ce décret ne fut jamais appliqué ; il fut remplacé par un nouveau décret le 28 novembre 1809 qui augmentait le nombre de prix et modifiait sensiblement leur attribution ; il instituait dix-neuf prix de première classe et seize de deuxième ; la classe de littérature avait pour sa part cinq prix de dix mille francs et quatre de cinq mille francs (2). La première distribution était fixée au 18 brumaire an XVIII (9 novembre 1810) ; le jury chargé de désigner les lauréats était composé des présidents et des secrétaires perpétuels

---

1. V. Pièces justificatives.
2. V. Pièces justificatives.

de chaque classe ; leurs choix étaient ensuite discutés à l'Institut et des rapports étaient adressés à l'Empereur qui décidait en dernier ressort. Les prix institués par ce décret furent décernés pour la première fois dans la deuxième classe, sur le rapport de Bougainville, président de l'Institut, et Suard, secrétaire, à Delille, Raynouard, Ducis, Picard, La Harpe, Sicard, Millevoye, Tréneuil, mais il ne furent pas distribués.

Enfin un arrêté du 13 ventôse an XIII (février 1805) obligeait chaque classe de l'Institut à présenter tous les cinq ans un tableau des progrès accomplis dans les branches de la culture humaine qui ressortissaient d'elle.

« La réorganisation de l'Institut en 1803, qui fit disparaître la classe des sciences morales et politiques, n'eut qu'un avantage, celui de scinder en deux classes distinctes les lettres et les arts, qu'il était indispensable de faire représenter par deux compagnies différentes. » (1).

« A beaucoup d'égards cette division (la nouvelle division par classes) était meilleure que celle de 1795. Sous une forme chétive encore, elle créait une place aux sciences historiques. Elle détruisait l'agglomération disparate des spécialités sans liens entre elles, que la loi de 1795 avait établie sous le nom de troisième classe. Dans la classe de langue et de littérature françaises, et dans celle d'histoire et de littérature anciennes, les sections intérieures, toujours funestes aux corps savants, furent supprimées. La création des secrétaires perpétuels donna plus de suite aux travaux. » (2).

« On avait beau dire, on revenait très sensiblement à l'ancien régime... on rentrait, sauf les noms, dans les mêmes cadres. » (3).

L'Institut, jusqu'en 1806, s'est appelé l'*Institut national* ; en 1806, *Institut de France* ; en 1807, *Institut des sciences et des arts ; Institut impérial*, de 1811 à 1814 ; sous la Restauration et la monarchie de Juillet, *Institut royal ;* de 1852 à 1870, *Institut impérial* ; il a repris le nom d'*Institut de France* depuis 1871. L'Institut marque ses publications et le papier qui sert à la correspondance de ses membres d'un cachet représentant une tête de Minerve casquée ; c'est la

---

1. A. Maury. *L'Ancienne Académie des Sciences.*
2. Ernest Renan. *L'Institut (Paris-Guide).*
3. Sainte-Beuve. *L'Académie française (Paris-Guide* et *Nouveaux Lundis).*

reproduction en gravure d'un buste signé de Houdon, qui, dans l'une des cours de l'Institut, surmonte une fontaine en pierre.

Les anciens académiciens qui firent partie de la deuxième classe, ne manquèrent aucune occasion d'affirmer un lien de filiation avec l'Académie française disparue ; ils étaient d'ailleurs suivis en cela par les membres nouveaux ; pour ceux qui avaient appartenu à l'Académie avant la Révolution, ils étaient censés reprendre leurs anciens fauteuils ; pour les autres, il n'y avait eu ni élection ni succession directe. On a supposé que les nouveaux académiciens, dans l'ordre où ils sont nommés dans le décret consulaire, remplaçaient les académiciens décédés, dans l'ordre chronologique de leur mort. Les discours de réception n'ayant été rétablis que le 7 février 1803, les membres de la deuxième classe, nommés par décret du 28 janvier, n'avaient pas eu à en prononcer, mais Lacretelle aîné, l'un des premiers reçus, appelle, le 15 ventôse an XIII (5 mars 1805), Napoléon Bonaparte *le second fondateur de l'Académie ;* François de Neufchâteau, recevant Dureau de la Malle le 11 floréal an XIII (30 avril 1805), fait l'historique du fauteuil que celui-ci est appelé à occuper, en le faisant remonter à l'origine, à Méziriac ; des éloges d'anciens académiciens sont prononcés par Morellet, Boufflers, Portalis. En novembre 1807, Bernardin de Saint-Pierre fait un discours en se disant président de l'Académie française.

Ce sentiment n'existait pas seulement parmi les membres de la deuxième classe de l'Institut, mais aussi parmi les écrivains qui voulaient en être et même parmi ceux qui refusaient d'en faire partie. Nous avons vu, à la vente d'une célèbre collection d'autographes (1), exclusivement composée de lettres d'académiciens, deux lettres typiques à ce sujet : l'une de Népomucène Lemercier, écrivant à Suard, le 9 septembre 1807, que plusieurs de ses amis, membres de *l'Accadémie* (sic) *française*, l'encourageaient à se porter à l'un des sièges vacants ; l'autre du cardinal de Bausset, plus tard membre de l'Académie, qui écrivait à la date du 28 mai 1808 que rien ne pouvait le contrarier davantage que

---

1. Collection Gourio du Refuge, vendue à Paris les 23 et 24 décembre 1902.

l'inscription de son nom parmi les candidats à l'*Académie française*.

« L'esprit de ceux qui appartiennent à ces établissements (les Acamédies) n'est plus tout à fait, j'en conviens, celui qui régnait il y a cent ans ; toutefois un ensemble de traditions, d'usages et d'idées qu'ils se transmettent depuis leur fondation, lie leur existence d'aujourd'hui à celle d'autrefois. » (1).

Cette opinion, cependant, trouve des contradicteurs, même parmi les académiciens ; Sainte-Beuve estime que

« L'ancienne Académie française, née sous Richelieu, a péri bel et bien avec le trône de Louis XVI ; institution essentiellement monarchique, elle a suivi le sort de la royauté au 10 août. L'Académie actuelle a des origines plus simples, toutes modernes, qu'elle s'est efforcée plus d'une fois de reculer et de recouvrir, comme si elle avait besoin d'une plus ancienne noblesse et plus vraie que celle du talent et du mérite. » (2).

Pour nous, comme pour la masse du public français et pour l'étranger, la chaîne rompue en 1793 fut reconstituée en 1803, et notre Académie française est bien, après une interruption d'une dizaine d'années, la continuation de l'Académie fondée par Richelieu. En dépit des critiques, elle a retrouvé le même prestige ; elle est par excellence l'*Académie*, et dans la conversation courante et même dans les documents officiels, on dit d'un membre de l'une des quatre autres académies : M. X... membre de l'*Institut*, tandis que l'on dit toujours : M. A... de l'*Académie française*.

En 1806, Napoléon attribua à l'Institut l'ancien collège des Quatre Nations, le Palais Mazarin, que l'architecte Vaudoyer appropria à sa nouvelle destination ; un décret du 1er mai 1815 confirma celui de l'Empereur. Depuis ce temps, la deuxième classe de l'Institut, redevenue le 21 mars 1816 l'Académie française, n'a pas cessé d'y tenir ses assemblées.

La nouvelle Académie ne tarda pas à marcher sur les traces de l'ancienne ; les orateurs de la deuxième classe ne manquèrent pas d'introduire dans leurs discours des éloges

---

1. A. Maury. *L'Ancienne Académie des Sciences*.
2. L'Académie française (*Paris-Guide* et *Nouveaux Lundis*).

hyperboliques de Napoléon, comme autrefois leurs prédécesseurs magnifièrent Louis XIV. Les élections se ressentirent naturellement de cet état d'esprit, et l'on vit entrer successivement dans la compagnie le ministre Maret, duc de Bassano, qui fut dispensé de prononcer son discours de réception ; le cardinal Maury, l'ancien académicien, devenu aumônier du prince Jérôme, et qui, comme jadis Dubois, exigea de ses confrères le titre de « Monseigneur » ; l'auteur comique Etienne, secrétaire du duc de Bassano et censeur du *Journal de l'Empire* ; Campenon, poète et fonctionnaire ; le poète Esménard, qui appartenait à l'administration de la police.

Quelques vieux républicains, quelques royalistes fervents essayèrent de résister au courant adulateur : Delille, Suard, Fontanes, Lemercier, Garat, Morellet, Chénier, défendirent quelquefois les idées philosophiques. Garat alla même jusqu'à considérer l'élection de Parny, l'auteur de la *Guerre des Dieux*, comme une victoire de ces idées. Au dehors la résistance au despotisme était plus vive, mais aussi plus menacée ; M$^{me}$ de Staël et M$^{me}$ Récamier furent exilées, et lorsque Chateaubriand, élu en 1811, écrivit son discours de réception qui jugeait sévèrement la Révolution et exaltait la liberté, il lui fut interdit de le prononcer. L'Empereur avait lu et raturé lui-même ce discours, mais Chateaubriand avait refusé d'y apporter les corrections et les suppressions qu'on exigeait de lui. Il ne siégea à l'Académie qu'après la chute définitive de Napoléon.

D'autres élections eurent également un caractère littéraire, telles celles des auteurs dramatiques Raynouard, Picard, Alexandre Duval, et de l'historien Michaud.

Les revers de Napoléon en Russie, l'invasion, la première Restauration, eurent leur contre-coup dans la deuxième classe de l'Institut. En 1814, le roi de Prusse et l'empereur de Russie, vainqueurs de Napoléon à la tête des alliés, assistèrent à la séance publique annuelle de l'Académie. L'abbé de Montesquiou, ministre de l'Intérieur de Louis XVIII, écrivit par ordre du Roi à l'Académie, de suspendre la réception des deux derniers élus Michaud et Aignan, et de ne pas procéder à l'élection du remplaçant de Boufflers ; en effet, le 5 mars 1815, Louis XVIII signa une ordonnance réorganisant l'Institut, contresignée par l'abbé de Montesquiou, en sa nouvelle qualité de ministre d'Etat. Le retour de Napoléon de l'île d'Elbe fit que cette ordonnance ne parut ni au *Moniteur* ni au *Bulletin des Lois*. Pendant les Cent-Jours, le successeur de Boufflers fut nommé : Baour-Lormian fut le dernier élu de la deuxième classe de l'Institut.

Louis XVIII reprit son projet à la deuxième Restauration ; ce fut l'objet de l'ordonnance du 21 mars 1816, contresignée Vaublanc, ministre de l'Intérieur (1). Elle avait été précédée d'un vœu de la deuxième classe de l'Institut qui demandait à reprendre le nom d'Académie française, et dont Suard s'était fait l'interprète dans un rapport au Roi. Malheureusement, Suard ne borna pas son rôle à cette intervention, et il prit une part fâcheuse dans la rédaction de cette fameuse ordonnance, en vertu de laquelle les quatre classes de l'Institut reprirent le nom d'Académie et le rang dans lequel elles avaient été fondées : Académie française, Académie des Inscriptions, Académie des Sciences, Académie des Beaux-Arts. Chacune avait sa constitution, son règlement et ses statuts particuliers ; toutes étaient placées sous le protectorat du Roi. L'Institut, toutes classes réunies, s'assemblait une fois par an, le 24 avril, date anniversaire du premier retour de Louis XVIII en 1814.

De même que cela avait été fait pour toutes les administrations de l'Etat, l'ordonnance excluait de l'Institut les membres qui avaient voté la mort de Louis XVI à la Convention ou qui y avaient participé d'une façon quelconque, ainsi que ceux dont l'attachement à Napoléon était notoire.

C'était la seconde fois que l'Institut subissait la même violence ; après le coup d'Etat du 18 fructidor an V (4 septembre 1797), cinq membres de l'Institut avaient été proscrits : Carnot dans la classe de mathématiques, Pastoret et Barthélemy dans la classe des sciences morales et politiques, Sicard et Fontanes dans la classe de littérature.

L'ordonnance du 21 mars 1816 établissait une liste de trente-huit membres de l'Académie française, liste dressée par Vaublanc et Suard ; vingt-neuf académiciens étaient maintenus et onze étaient exclus (2) ; neuf de ces derniers

---

1. V. Pièces justificatives.
2. Les onze membres exclus furent : Arnault, Cambacérès, Garat, Lucien Bonaparte, le duc de Bassano, le cardinal Maury, Merlin de Douai, Regnault de Saint-Jean d'Angély, Rœderer, Sieyès, Etienne. — En 1829, Arnault et Etienne furent réélus, remplaçant Auger et Picard.

étaient remplacés par des membres nommés par le Roi (1) ; deux sièges restaient libres que l'Académie devait remplir par l'élection.

L'ordonnance établissait l'élection trimestrielle du directeur et du chancelier au scrutin ; depuis cette époque, ils forment, avec le secrétaire perpétuel, le *bureau de l'Académie*.

« Cette ordonnance qui semblait restaurer dans son principe et dans son intégrité l'Académie française, la mutilait en même temps, éliminant de la liste nouvelle certains noms qu'on bannissait d'autorité, et y inscrivant d'autres noms en faveur et non élus. Cette ordonnance soi-disant réparatrice était donc entachée d'iniquité : il y entrait de la réaction. Aussi l'Académie française ne doit-elle jamais la cousidérer comme une source pure de ses origines nouvelles et comme un lien parfaitement légitime de ses traditions renouvelées (2). »

« Le gouvernement de Louis XVIII démentit son apparente modération, et sous prétexte de reconstituer l'Institut, lui fit la plus grande violence qu'il eût jamais subie... Vingt-deux personnes, entre lesquelles le peintre David, l'évêque Grégoire, Monge, Carnot, Lakanal, Sieyès, furent privés d'un titre qu'ils honoraient par leur caractère ou leurs œuvres. Cette mesure de vengeance et d'iniquité avait été provoquée par le comte Vaublanc. En revanche dix-sept personnes reçurent, par ordonnance royale, un titre qui n'a toute sa valeur que quand il est décerné à un homme de lettres ou un savant par le libre suffrage de ses pairs. »(3).

Alfred Maury, toujours animé d'un sentiment de malveillance à l'égard de la littérature pure, apprécie ainsi les conséquences de l'ordonnance de 1816 :

ᵗ L'ordonnance de 1816, rendue sous le ministère du comte de Vaublanc, en reconstituant les vieilles académies dans un cadre qui n'était pas fait pour elles, sacrifia à la préoccupation de rattacher le nouveau corps scientifique aux anciens, et de donner à chaque classe des lettres de noblesse datant de la vieille monarchie, la pensée philosophique qui avait présidé à la formation de l'Institut. La littérature frivole et l'éloquence reprirent le pas sur les sciences... » (4).

---

1. Ces neuf membres sont : comte de Choiseul-Gouffier, de Bausset, abbé duc de Montesquiou, vicomte Lainé, marquis de Lally-Tollendal, duc de Lévis, vicomte de Bonald, comte Ferrand et le duc de Richelieu président du Conseil des Ministres. — Les deux autres membres exclus furent remplacés à l'élection par Laplace et Auger.

2. Sainte-Beuve. *L'Académie française* (*Paris-Guide* et *Nouveaux Lundis*).

3. Ernest Renan. *L'Institut* (*Paris-Guide*).

4. *L'Académie des Sciences.*

Il est incontestable que les exclusions prononcées en 1816 ne peuvent pas être pardonnées par l'Histoire, et la prospérité ne protestera jamais assez contre une telle violation de liberté de penser et de la dignité de notre plus grand corps savant, de même qu'elle ne déplorera jamais trop les haines et les fureurs qui, sous la Terreur, coûtèrent la vie à Condorcet, à Bailly, à Lavoisier, à Malesherbes, à André Chénier... mais, au point de vue qui nous intéresse, l'intrusion de neuf membres non élus ne saurait vicier les origines de l'Académie française actuelle jusqu'à l'amoindrir dans l'esprit public. Il est regrettable pour la mémoire de ces neuf membres qu'ils aient accepté cette investiture ; encore faut-il faire une exception en faveur de l'abbé de Montesquiou et du vicomte Lainé, qui, n'approuvant pas leur nomination dans de semblables conditions, protestèrent silencieusement de leurs scrupules, en ne paraissant pas à l'Académie ; celle-ci, reconnaissante de cette attitude, voulut légitimer leurs titres et nomma Lainé directeur à l'unanimité : « Ah ! s'écria-t-il en apprenant son élection, cette fois je suis de l'Académie ! »

A la première élection qui suivit la publication de l'ordonnance, on trouva un bulletin protestataire portant les noms de Molière et J.-J. Rousseau. L'Académie ne se contenta pas de cette manifestation isolée et platonique pour montrer son véritable sentiment ; dans cette même élection faite pour remplacer deux des exclus, elle élut Laplace et Auger, écartant la candidature du ministre Vaublanc, l'auteur responsable de la fâcheuse ordonnance.

La première séance annuelle des quatre académies, formant l'Institut, eut lieu le 24 avril 1816. L'Académie française, comme doyenne des Académies, fournit de droit le président et le vice-président de cette séance ; le premier était le duc de Richelieu, dont le nom rappelait celui du grand Cardinal. Au milieu d'un nombreux public, il prononça, après le ministre Vaublanc, un discours dans lequel il faisait l'éloge de la littérature. Le troisième orateur fut Fontanes ; il dit que « travailler sur une langue, c'est travailler plus qu'on ne croit sur les sentiments du peuple qui la parle et qui l'écrit », et plus loin, réagissant « contre l'engouement excessif que l'on avait montré pour les sciences utiles », il ajouta :

« Les sciences physiques ont sans doute la plus haute importance...
» C'est à leur application que l'industrie, le commerce et les arts sont

» redevables de tant de machines ingénieuses ; mais *ces arts*, comme
» le dit énergiquement Bacon, *sont enracinés dans les besoins de*
» *l'homme*, et se développent par les efforts de l'intérêt et de la cupi-
» dité. L'accroissement des richesses et des commodités de la vie est
» un grand bienfait, on ne peut le nier ; cependant notre cœur a de
» plus nobles instincts qu'il faut aussi satisfaire. Les lettres, envisa-
» gées dans leurs rapports généraux, ont une influence plus directe
» sur la partie morale et sensible de l'homme. Je ne crains donc point
» de le dire : Un peuple qui ne serait que savant pourrait demeurer
» barbare, un peuple de lettrés est nécessairement sociable et poli. »

# L'ACADÉMIE FRANÇAISE

La Restauration.
Protectorats de Louis XVIII et de Charles X.
1816-1830.

L'Académie monarchiste sous Louis XVIII. — Villemain. — Arnault. — Jouy. — Chateaubriand. — Romantiques et Classiques. — Raynouard. — Auger. — Andrieux. — L'Académie libérale sous Charles X. — Casimir Delavigne. — Les journalistes. — Fourier. — Loi Peyronnet. — Proposition de Ch. Lacretelle. — L'archevêque de Quélen la combat. — Vote de l'Académie. — Popularité. — Royer-Collard. — Succès des romantiques : P.-A. Lebrun, Lamartine. — Seconde élection d'Arnault et d'Etienne.

Louis XVIII avait oublié l'hostilité que, sous l'ancien régime, le comte de Provence avait montrée à l'égard de l'Académie française; le Roi était naturellement enclin à aimer les lettres, et à les protéger du jour où l'esprit philosophique ne dominait plus à l'Académie. Sous son protectorat, celle-ci fut franchement monarchiste et religieuse et presque toutes les élections eurent ce double caractère ; l'Académie, pourtant, apporta moins d'exagération dans la manifestation de ses sentiments que ne le firent les autres grands corps de l'Etat. Le choix des sujets que l'Académie donnait dans les concours littéraires était d'une tendance plutôt libérale; ainsi le 25 août 1816, elle accorda le prix d'éloquence à Villemain, deux fois lauréat antérieurement, pour son éloge de Montesquieu, dans lequel le jeune écrivain faisait l'apologie du régime constitutionnel.

Il y eut onze élections sous le protectorat de Louis XVIII ; sept furent royalistes : De Sèze, Laya, Royer, Pastoret, Frayssinous, de Quélen, Soumet : deux libéraux seulement furent élus, Lemontey et Villemain ; quant aux deux autres élections, elles n'eurent aucun caractère politique : Cuvier, secrétaire perpétuel de l'Académie des Sciences, et B.-J. Dacier, secrétaire de l'Académie des Inscriptions.

Dans deux occasions, l'Académie fit preuve d'indépendance et de libéralisme. Arnault, exclu en 1816, s'était fixé en Belgique où, en 1818, il fit publier ses œuvres ; aussitôt que ses anciens confrères en apprirent la nouvelle, ils s'empressèrent d'y souscrire ; enfin le 3 mars de la même année, sur la proposition d'Aignan, l'Académie fit une supplique au Roi pour demander le rappel d'Arnault, qui put rentrer en France l'année suivante.

Elle donna également des marques de sympathie à Jouy, lorsqu'il reparut à l'Académie, en 1823, après avoir subi un mois de prison, peine à laquelle l'avait fait condamner un article de la *Biographie contemporaine*, dans lequel il qualifiait d'héroïque la conduite des deux frères Foucher de la Réole, fusillés en 1815. Le gouvernement fut mécontent de l'Académie dans cette circonstance, mais l'affaire n'eut pas de suite, la manifestation à laquelle elle s'était livrée n'ayant eu aucun caractère public.

Avant cet incident, le Roi avait reconnu le loyalisme de la Compagnie en encourageant les fondations de prix ; c'est ainsi qu'en 1817, il doubla la valeur du prix de poésie, et qu'en 1820, il donna un prix de quinze cents francs pour le meilleur ouvrage sur « le dévouement des médecins français et des sœurs de Sainte-Camille, à l'occasion de la fièvre jaune ».

Une lutte littéraire, qui devait faire oublier la querelle des anciens et des modernes dont elle était en quelque sorte le renouvellement, commença sous le règne de Louis XVIII. Les encyclopédistes avaient fait la révolution dans les idées, l'Assemblée Nationale et la Convention l'avaient faite dans l'ordre politique, le romantisme allait la faire dans la littérature. La glorieuse année 1802 vit naître Victor Hugo et paraître le *Génie du Christianisme* ; cet admirable poème en prose fut accueilli par des cris d'enthousiasme et par des critiques amères ; il était l'aurore de la rénovation des lettres françaises. L'influence de Chateaubriand fut énorme sur la littérature du commencement du xix$^e$ siècle ; malgré l'opposition qu'il faisait au gouvernement du premier Consul et de l'Empereur, il avait forcé l'admiration de Napoléon, qui, après avoir refusé de lui laisser prononcer son discours de réception, s'étonnait en 1812 que l'Académie n'eût pas décerné un prix décennal à l'auteur du *Génie du Christianisme*. Chateaubriand, élu à l'Académie en 1811, était le premier grand prosateur depuis les encyclopédistes, et, en même temps que son génie poétique, il affirmait son ardente foi de philosophe chrétien.

En poésie, le malheureux André Chénier n'avait eu le temps que d'indiquer une orientation nouvelle ; l'école descriptive de Delille avait prévalu ; des poètes, pourtant, essayaient de réagir, et parmi eux, Ecouchard-Lebrun, Alexandre Soumet, Casimir Delavigne furent des premiers. Ces tentatives de rendre l'indépendance au vers et au rythme n'en effrayèrent pas moins l'Académie, et, dès 1820, J.-L. Laya, recevant le marquis de Pastoret, traita avec dédain et avec colère ceux qu'il appelait « les factieux de la République des Lettres ». Ce fut pis encore après l'apparition des *Odes et Ballades* (1822) ; dans la séance du 24 avril 1824, Auger dénonça à l'Académie, qui avait la garde de *l'orthodoxie littéraire*, « le nouveau schisme qui se manifestait, la secte du romantisme », et il anathématisa la nouvelle « poétique barbare ».

La guerre des classiques et des romantiques, qui devait se terminer par le triomphe de ces derniers, se poursuivit pendant les deux règnes suivants. L'Académie résista aussi longtemps et aussi énergiquement qu'elle le put ; les victoires des romantiques furent pénibles, elles n'en furent que plus éclatantes : Lamartine en 1829, Ch. Nodier en 1833, Victor Hugo en 1841, Sainte-Beuve en 1844, Alfred de Vigny en 1845, forcèrent, après plusieurs échecs, les portes de l'Académie. Celle-ci semble d'ailleurs avoir toujours partagé l'opinion du secrétaire perpétuel en exercice ; peut-être pourrait-on dire aussi que celui-ci ne faisait que refléter les sentiments de l'Académie.

« Dans les rapports de Raynouard on entrevoit, au milieu de grands éloges pour l'abbé Delille, que l'Académie entend faire digue aux excès de l'école descriptive, faire acte de sévérité envers les disciples. Il est aisé de saisir ici une tendance, un prochain danger. L'Académie, dès qu'elle en vient à se croire un sanctuaire orthodoxe (et elle y arrive aisément) a besoin d'avoir au dehors quelque hérésie à combattre... M. Raynouard, qui se démit en 1826 d'une partie de ses fonctions et de son titre de secrétaire perpétuel, fut remplacé par M. Auger, et dès ce moment, l'Académie en corps devint ou parut tout à fait hargneuse et ouvertement hostile au mouvement nouveau qui, depuis quelques années, se dessinait sous le nom un peu vague et complexe de ROMANTISME... Etant directeur en 1824 et présidant en cette qualité la réunion publique des quatre académies le 24 avril, M. Auger ouvrit la séance par un discours qui fut une véritable déclaration de guerre et une dénonciation formelle du romantisme... M. Andrieux, qui succéda à M. Auger en 1830, suivit par goût et par passion la même voie dogmatique étroite, et crut, à son tour, devoir débuter par un renouvellement du même manifeste... mais bien d'autres préoccupations étaient venues à la traverse et absorbaient cette année-là l'attention publique ; d'autres trônes, dans l'intervalle, avaient croulé ou tremblaient sur leur base, la rue grondait, et la voix d'Andrieux, avec son filet mince, s'entendit à peine. M. Arnault, qui lui succéda et qui eût continué le même air d'une voix plus rauque, ne fit que paraître et disparaître au fauteuil de secrétaire perpétuel ; mais, avec M. Villemain qui vint s'y asseoir dès 1835, l'Académie, comme par enchantement, dépouilla le vieil homme ; elle parut, d'un jour à l'autre, avoir subitement changé d'esprit comme de ton... Sous M. Villemain, l'Académie peut avoir des omissions, elle a trop de goût pour avoir des exclusions formelles et des anathèmes.»(1).

Si l'Académie se montra réfractaire aux idées littéraires du romantisme, du moins, dans le domaine de la politique, elle fit preuve d'un esprit de libéralisme que les années qui venaient de s'écouler ne laissaient pas prévoir. La plupart des élections accomplies sous le règne de Charles X sont marquées au coin des idées libérales : Droz, Casimir Delavigne, Ch. Brifaut, l'abbé de Féletz, Fourier, Royer-Collard, P.-A. Lebrun, de Barante, Arnault, Etienne, Lamartine et le général comte Ph. de Ségur. Quelques-unes de ces élections furent particulièrement significatives. Lorsque Casimir Delavigne, patriote et libéral, fut élu, il venait de perdre sa place de bibliothécaire à la chancellerie à la suite de la publication des *Messéniennes* et de refuser une pension du Roi ; il avait subi précédemment quatre échecs contre Dacier, Alexandre Soumet, Frayssinous, évêque d'Hermopolis et l'archevêque de Paris, de Quélen ; il fallut son grand succès de l'*Ecole des Vieillards* pour le faire entrer à l'Académie par 27 voix sur 28 votants. L'abbé de Féletz était le principal rédacteur du *Journal des Débats* ; il n'y avait pas de journaux, pour ainsi dire, avant la Révolution, et le journalisme était une forme nouvelle de la littérature ; déjà, avant Féletz, trois journalistes étaient entrés à l'Académie, Auger, Roger et Lemontey ; bientôt, Etienne, devenu rédacteur en

---

1. Sainte-Beuve. *L'Académie française* (*Paris-Guide* et *Nouveaux Lundis*).

chef du *Constitutionnel*, allait reprendre le fauteuil que lui avait enlevé l'ordonnance de 1816. Le savant mathématicien Fourier avait été élu en 1817 à l'Académie des Sciences et son élection, annulée par Louis XVIII, avait été confirmée par un nouveau vote quelques mois après ; son élection à l'Académie française, en 1826, était une nouvelle preuve des sentiments libéraux de la Compagnie.

Cette même année, le 29 décembre 1826, M. de Peyronnet déposa à la Chambre des Députés un projet de loi sur la presse qui souleva dans le pays entier un grand mouvement de protestation et d'indignation. On y voyait, avec une juste raison, une grave atteinte portée à la liberté de penser et à la liberté d'écrire ; l'Académie sortit de sa réserve habituelle dans cette circonstance mémorable, et défendit énergiquement les libertés menacées. Le 11 janvier 1827, Ch. Lacretelle jeune, appuyé par Villemain, proposa à la Compagnie d'envoyer une supplique au Roi pour lui faire connaître l'inquiétude où la mettait le projet du ministère. Le gouvernement s'émut de cette proposition et chargea l'archevêque de Paris, de Quélen, membre de l'Académie, de détourner ses confrères de cette idée. L'Académie se réunit le 16 janvier, et Lacretelle renouvela sa proposition ; au moment où allait commencer la discussion, Auger voulut donner lecture de la lettre que lui avait écrite l'archevêque ; celui-ci conseillait à ses collègues de renoncer à une manifestation « dont les suites pouvaient compromettre l'existence même de l'Académie ». Villemain, interrompant Auger avec véhémence, protesta aussitôt et demanda « par respect pour l'Académie et pour l'auteur même de la lettre » que la lecture n'en fût pas achevée. La discussion, très vive, s'ouvrit immédiatement: Auger, Cuvier, Roger, Lally-Tollendal combattirent la proposition Lacretelle, dont ils trouvaient la forme irrégulière et dépassant les droits de l'Académie. Népomucène Lemercier, Destutt de Tracy, Villemain, Michaud, de Ségur, Chateaubriand, Andrieux, Ch. Brifant et Raynouard la soutinrent et la défendirent. Ce dernier rappela qu'en 1778, le duc de Duras avait fait, au nom de la Compagnie, d'humbles représentations au Roi au sujet d'un règlement de librairie, que Louis XVI avait accueilli la demande et que sa réponse était inscrite sur les registres de l'Académie. Le rappel de ce précédent décida la Compagnie ; par 18 voix contre 8, elle accepta le projet de supplique, dont la rédaction fut confiée à Lacretelle, Chateaubriand et Villemain. Trois académiciens, membres de la Chambre des Pairs, Laplace, le duc de Lévis et Lainé, s'étaient abstenus dans le vote ; l'un d'eux, au moins, était favorable à la proposition : Lainé déclara qu'il défendrait la liberté de la presse « jusqu'à extinction de voix ».

Les autres académiciens présents à cette séance étaient Lacuée de Cessac, A. Soumet, Droz, Picard, Parseval-Grandmaison, Duval, Campenon, Jouy, de Bonald, De Sèze, Frayssinous, Casimir Delavigne.

L'Académie ne fut pas dissoute, mais dès le lendemain, le 17 janvier, Lacretelle, Villemain et Michaud étaient destitués de leurs fonctions de censeur dramatique, de maître des requêtes et de lecteur du Roi. Casimir Delavigne demanda à l'Académie de nommer une députation chargée d'aller chez chacun des trois académiciens frappés, pour les assurer de la sympathie de la Compagnie ; cette proposition fut votée d'enthousiasme. Le 25 janvier, le chancelier communiqua à l'Académie la lettre d'un gentilhomme de la chambre faisant savoir à la Compagnie que le Roi ne recevrait pas le directeur chargé de lui remettre la supplique ; elle décida alors de ne donner aucune publicité à toute cette affaire, qui fut néanmoins connue du public et donna à l'Académie un regain de popularité. Elle s'était trouvée en conformité d'opinion avec le sentiment général ; le malencontreux projet du gouvernement fut énergiquement combattu à la Chambre des Députés par Royer-Collard, et finalement, en présence de la résistance qu'il trouva même à la Chambre des Pairs, le ministère le retira.

Peu de temps après, un siège étant vacant à l'Académie, il fut donné à l'unanimité à Royer-Collard. Au point de vue politique, cette élection fut la plus importante du règne de Charles X.

Nous venons de parler de l'opposition que Royer-Collard avait faite à la Chambre contre le projet Peyronnet ; avec lui entrait un esprit nouveau à l'Académie ; philosophe chrétien, orateur parlementaire de premier ordre, libéral ardent, il était le chef de cette école doctrinaire appelée à jouer un si grand rôle politique, oratoire et littéraire. Le discours de réception de Royer-Collard fut tel qu'on pouvait l'attendre de lui ; nous en détachons quelques phrases, qui ont encore aujourd'hui toute la portée qu'elles eurent en 1827 :

« La littérature n'est pas un territoire certain qui soit borné par d'autres territoires, et qui ne puisse s'agrandir que par une injuste invasion. Rien de l'homme ni de l'univers ne lui est étranger ni interdit..... »

« Il y a dans la liberté, vous le savez, un profond et beau sentiment d'où jaillissent, comme de leur source naturelle, les grandes pensées, aussi bien que les grandes actions..... »

« De la main de Richelieu, vous avez reçu, comme les privilèges nécessaires des lettres, l'élection et l'égalité. La nation en jouit aujourd'hui, mais, par la seule nature des choses, vous en avez joui avant elle. »

Le comte Daru, qui le recevait, fit également l'éloge des lettres et de la politique libérale.

Pendant ces dernières années, le romantisme s'était affirmé hors de l'Académie qui lui témoignait toujours la même hostilité; Baour-Lormian et Jouy, secondés par deux anciens académiciens qui allaient le redevenir, A.-V. Arnault et Etienne, réclamaient le secours de l'autorité contre les « barbares », mais les barbares frappaient à coups redoublés aux portes de l'Académie. P.-A. Lebrun, dont la tragédie *Marie Stuart* avait été considérée en 1820 comme la première victoire romantique au théâtre, fut élu en 1827, et, dans son discours de réception, il fit l'éloge du chansonnier Béranger. Lamartine s'était déjà présenté en 1824 contre Droz et contre Soumet, en 1826 contre Brifaut et contre Guiraud ; il fut enfin élu en 1829 par 10 voix sur 33 votants. Cette fois les barbares avaient un pied dans l'Académie,

Avant lui, l'Académie avait nommé de Barante, pair de France et directeur, des Contributions directes, mais libéral quand même. Jouy répondit à son discours de réception en faisant l'éloge, pour ainsi dire obligatoire depuis 1827, de la liberté de la presse, et en affirmant que l'Académie « peut être considérée comme le point central où viendront converger tous les rayons des sciences morales et intellectuelles. »

Quelques mois avant l'élection de Lamartine, l'Académie avait réparé en partie le mal qu'avait fait l'ordonnance de 1816, en nommant à nouveau deux membres qui avaient été exclus, A.-V. Arnault et Etienne. En cette même année 1829, elle accordait le prix de poésie, sur « la découverte de l'imprimerie », à un jeune poète de vingt-deux ans, Ernest Legouvé, qui devait être un jour le doyen de l'Académie.

# III

## Protectorat de Louis-Philippe
## 1830-1848

L'Académie doctrinaire et orléaniste. — Le *Constitutionnel*. — Contre le romantisme. — Election de Ch. Nodier et de Scribe. — Victor Hugo. — Dupaty, Mignet et Flourens élus contre Victor Hugo. — Election de Victor Hugo. — Alfred de Vigny. — Alexandre Dumas et Balzac. — La *Revue des Deux-Mondes*. — Vatout.

Le régime politique pour lequel depuis quatre ans l'Académie montrait sa préférence prévalut à la chute de Charles X et à l'avènement de la branche cadette. Les élections académiques, de 1830 à 1840, subirent presque toutes l'empire de l'école doctrinaire et l'influence du nouveau gouvernement. Victor Cousin, Dupin aîné, Thiers, de Salvandy, Guizot, Mignet entrèrent à l'Académie pendant cette période ; seul, Benjamin Constant fut battu à deux reprises par V. Cousin et Viennet. Dans l'espace de trois années, les cinq élections successives de Viennet, Jay, Dupin, Tissot et Thiers affirmèrent la puissance du *Constitutionnel*, dont Dupin était l'avocat et à la rédaction duquel appartenaient les quatre autres élus, ainsi que Mignet, nommé quelques années après. Lorsque Thiers fut élu, il était président du Conseil des ministres où il avait remplacé Guizot ; celui-ci, en 1832, étant ministre de l'Instruction publique, fit rétablir la classe des Sciences morales et politiques, supprimée en 1803. L'Institut se trouva ainsi définitivement composé des cinq académies qui existent aujourd'hui. Le 25 octobre de chaque année a lieu la séance publique de l'Institut, dans laquelle un membre de chacune des cinq académies fait une lecture relative à leurs travaux respectifs. Cette séance est présidée à tour de rôle par le bureau de chacune des académies.

Les élections dont nous parlons plus haut avaient non seulement un caractère de politique ministérielle très marqué, mais encore elles indiquaient nettement l'esprit de résistance de l'Académie aux assauts du romantisme, dont Jay et Thiers notamment n'hésitaient pas à se déclarer les adversaires résolus ; elles soulevèrent des critiques passionnées aussi bien parmi les royalistes fidèles aux Bourbons que parmi les partisans de plus en plus nombreux de la nouvelle école. La *Revue des Deux Mondes*, la *Mode*, journal royaliste, Gustave Planche, M$^{me}$ Emile de Girardin se firent remarquer par la vigueur de leurs attaques. L'Académie dut certainement tenir compte de l'impopularité où elle allait tomber, et aux deux élections qui suivirent celles-là elle choisit Charles Nodier — qui, dès 1823, sans renier ouvertement les classiques, accueillait dans son salon de l'Arsenal Victor Hugo, Alfred de Musset et Sainte-Beuve — et le fécond auteur dramatique Eugène Scribe, que quatorze années de succès au théâtre de Madame faisaient imposer par l'opinion publique (1).

En réalité, toute l'hostilité de l'Académie se concentrait sur un seul nom, Victor Hugo. Le manifeste de la nouvelle école qu'avait été la *Préface de Cromwell*, l'interdiction de *Marion de Lorme* sous la Restauration, compensée par une pension proposée par le Roi et que le jeune et déjà grand poète avait refusée, la violence de l'attaque et de la défense à la *bataille* d'*Hernani*, l'accumulation des premiers chefs-d'œuvre, tout justifiait l'enthousiasme de ses disciples, faisait de lui le maître, le chef incontesté du romantisme et permettait de prévoir qu'il serait, comme Voltaire l'avait été au XVIII$^e$ siècle, le roi littéraire du XIX$^e$. Ce fut en vain que ses adversaires essayèrent de semer la division parmi les romantiques en opposant à Victor Hugo Alexandre Dumas pour le théâtre et Alfred de Vigny pour la poésie : aux yeux de la nouvelle école, il est le Poète ; il est le Dramaturge ; et, après *Notre-Dame de Paris*, il est le Romancier.

En 1836, l'heure sembla être venue de son entrée à l'Académie, où il s'agissait de pourvoir au remplacement de Lainé ; le scrutin eut lieu le 18 février : Dupaty, soutenu par les classiques, obtint 15 voix ; Molé, candidat politique, 8 voix ; Victor Hugo, 9 voix ; au cinquième tour de scrutin,

---

1. En 1835, c'est-à-dire en pleine lutte contre les romantiques, l'Académie publia une nouvelle édition de son *Dictionnaire* : on y voit qu'elle définit les auteurs classiques « ceux qui sont devenus *modèles* dans une langue quelconque. »

Dupaty fut élu par 18 voix contre 12 à Molé et 2 à Victor Hugo. La même année, après que Guizot eut remplacé Destutt de Tracy, la mort de Raynouard donna lieu à une nouvelle élection ; cette fois, la protection de Thiers, récemment appelé à la présidence du Conseil des ministres, fit élire son ami et compatriote Mignet, au cinquième tour, par 16 voix contre 4 à Victor Hugo, qui en avait eu 7 au premier tour de scrutin ; les autres candidats avaient été Casimir Bonjour et le D$^r$ Pariset, de l'Académie des Sciences morales et politiques. Les clameurs contre l'Académie redoublèrent, l'opinion publique parla assez haut pour être entendue, et, à la mort de Michaud, le succès de Victor Hugo parut certain ; il avait l'appui de Chateaubriand, Lamartine, Villemain, Thiers, Ch. Nodier, de Salvandy et Dupin ; ses adversaires suscitèrent contre lui la candidature du secrétaire perpétuel de l'Académie des Sciences, Flourens. La lutte fut chaude, il y eut quatre tours de scrutin avec trente-et-un votants dont vingt-neuf suffrages exprimés et deux bulletins blancs ; au premier tour Victor Hugo et Flourens obtinrent chacun 14 voix et Berryer 1 ; au deuxième tour, Victor Hugo 15 et Flourens 14 ; au troisième tour, l'inverse se produit, Victor Hugo a 14 voix et Flourens 15 ; enfin, au quatrième tour, Flourens l'emporta avec 17 voix, Victor Hugo n'en ayant plus que 12. Le même jour, Molé remplaçait Mgr de Quélen, archevêque de Paris, et obtenait 30 voix sur trente-et-un votants.

Cela paraissait être un défi et le mécontentement du public se manifesta plus violemment encore ; la *Revue des Deux Mondes*, la *Revue de Paris*, Alphonse Karr dans les *Guêpes*, le bibliophile Jacob dans les *Papillons noirs*, s'en firent l'écho et les interprètes indignés.

Deux nouvelles vacances se produisirent, et il parut que l'Académie voulait persister dans son ostracisme. Le serutin eut lieu le 7 janvier 1841 ; Victor Hugo fut enfin élu péniblement, succédant à Népomucène Lemercier qui avait été l'un de ses adversaires les plus irréductibles, par 17 voix contre 15 données à Ancelot.

Les dix-sept académiciens qui votèrent pour Victor Hugo furent : Chateaubriand, Ch. Lacretelle, Villemain, Alexandre Soumet, Royer-Collard, P.-A. Lebrun, Lamartine, P.-P. de Ségur, de Pongerville, Victor Cousin, Viennet, Dupin, Thiers, Ch. Nodier, de Salvandy, Mignet et Molé ; les quinze qui lui refusèrent leur voix furent : Lacuée de

Cessac, Campenon, Jouy, Baour-Lormian, Roger, Droz, Casimir Delavigne, Ch. Brifaut, abbé de Féletz, Etienne, Jay, Tissot, Scribe, Dupaty et Flourens. Il y avait un siège vacant et sept membres absents, parmi lesquels Guizot, qui avait promis sa voix à Victor Hugo, arriva après la clôture du scrutin. Quatre ans après, Victor Hugo entrait à la Chambre des Pairs, et dix ans après il partait en exil...

A la suite de cette élection si disputée, il y eut à l'Académie un mouvement de réaction, et les romantiques durent subir encore des échecs ; aucun d'eux ne s'était présenté contre le comte de Sainte-Aulaire, élu le même jour que Victor Hugo, ni contre Ancelot et le comte de Tocqueville, mais le 17 février 1842 avaient lieu deux élections ; Ballanche, l'un des habitués du salon de M^me Récamier à l'Abbaye-au-Bois, sollicitait pour la quatrième fois les suffrages de l'Académie ; il fut élu en compagnie du chancelier Pasquier, contre qui Alfred de Vigny ne recueillit que huit voix, de même qu'il n'en obtint que neuf, le 5 mai suivant, contre Patin qui en eut vingt-une. Le succès de ce dernier ouvrait la voie aux universitaires ; d'ailleurs les temps étaient mauvais pour les romantiques : tandis que les *Burgraves* éprouvaient un échec retentissant, Ponsard remportait un brillant succès avec *Lucrèce* et créait au théâtre *l'école du bon sens ;* Alfred de Vigny fut battu une fois encore avec sept voix par Saint-Marc Girardin qui en avait dix-huit, tandis qu'Emile Deschamps en obtenait huit. Sainte-Beuve, candidat à la succession de Casimir Delavigne, avait pour concurrent Vatout, protégé du ministère ; sept tours de scrutin sans résultat obligèrent l'Académie à renvoyer l'élection à une autre date. C'est Mérimée qui devait rouvrir la brèche par laquelle passèrent à sa suite Sainte-Beuve en 1844 et Alfred de Vigny le 8 mai 1845.

Sainte-Beuve raconte (1) qu'il y avait eu négociation entre Victor Hugo et le comte Molé, en 1844, pour ajourner l'élection d'Alfred de Vigny à la prochaine vacance, qui se produisit en 1845. Lorsque celui-ci fut élu, le comte Molé devait répondre au récipiendaire ; les deux discours lus devant la commission ne choquèrent personne, et Vigny remercia même Molé « de sa courtoisie et de sa bienveillance. » Cependant la lecture publique produisit un effet tout autre.

---

1. *Nouveaux Lundis*, VI.

« M. de Vigny, dit Sainte-Beuve, avait écrit un discours fort long... le plus long qui se fût jusqu'alors produit dans une cérémonie de réception, il trouva moyen de l'allonger encore singulièrement par la lenteur et la solennité de son débit. » Le public, d'abord bien disposé, s'irrita et montra son énervement en faisant un succès au discours de Molé et en y trouvant des allusions hostiles à Vigny, que personne n'y avait vues auparavant. Vigny s'en montra très mortifié et affirma que Molé avait modifié son discours primitif ; son attitude dans toute cette affaire lui aliéna les quelques sympathies qu'il pouvait avoir parmi ses nouveaux confrères, sauf celle de Victor Hugo ; celui-ci lui demeura fidèle au point de refuser les fonctions de directeur tant que durerait cette mise en quarantaine du chantre d'*Eloa*. Alfred de Vigny n'en resta pas moins isolé dans l'Académie.

Deux écrivains de génie différent ne purent, ni à cette époque ni plus tard, entrer à l'Académie : Alexandre Dumas fut candidat malheureux en 1841 et 1842 ; on lui reprochait sa trop grande fécondité et l'on qualifiait ses romans de « littérature industrielle » ; on oubliait l'auteur dramatique qui contribua pour une si large part à la rénovation du théâtre contemporain. Honoré de Balzac fut battu en 1844 par Mérimée et Sainte-Beuve, en 1848 par Vatout, en 1849, par le duc de Noailles et le comte de Saint-Priest ; on critiquait son style, mais au fond ses embarras financiers furent la véritable cause de ses échecs. Dumas et Balzac avaient l'appui de Lamartine, de Victor Hugo et du journal l'*Événement*.

Toute concession de l'Académie à l'école romantique était suivie d'une réaction très marquée ; les élections qui eurent lieu après celle d'Alfred de Vigny y firent entrer les protégés de la *Revue des Deux Mondes*, Vitet, Rémusat, Ampère et Nisard. Le candidat perpétuel Vatout, bibliothécaire du roi Louis-Philippe, fut enfin élu, le dernier sous ce règne, le 6 janvier 1848 ; le mois suivant, il accompagnait le roi dans son exil, et il mourut la même année, le 3 novembre, avant d'avoir été reçu.

# IV

**Deuxième République.
Second Empire. — Protectorat de Napoléon III.**
1848-1870

République de 1848. — Elections de Nisard, de Montalembert et d'Alfred de Musset. — L'Académie du suffrage universel. — L'Académie cléricale. — Hostilité contre l'empire. — Fortoul et Rouland opposent le Comité des Travaux historiques et des Sociétés savantes à l'Institut. — Sainte-Beuve et Maxime du Camp demandent la division de l'Académie en sections. — Candidature éventuelle de l'empereur. — Lacordaire. — Influence des salons. — Théophile Gautier. — Mgr Dupanloup et Littré. — Candidatures politiques et candidatures religieuses. — La triple élection du 29 avril 1869. — Elections de M. Emile Ollivier et de Jules Janin. — L'Académie ralliée à l'empire libéral.

Prise dans son ensemble, l'Académie salua avec joie l'aube de la Révolution de 1848 ; plusieurs de ses membres avaient participé à la campagne politique des banquets ; les légitimistes applaudissaient à la chute de la royauté usurpatrice ; les libéraux plaçaient de grandes espérances dans un gouvernement dont Lamartine était un des chefs les plus populaires. Elle ne tarda pas à s'effrayer de quelques actes du gouvernement provisoire et des excès de la démagogie ; elle traduisit ses inquiétudes en élisant, au mois de janvier 1849, le duc de Noailles, un des habitués de l'Abbaye-au-Bois et protégé de la duchesse de Liéven, le comte de Saint-Priest, et, quelques mois après, Désiré Nisard et le comte de Montalembert.

A la mort de l'abbé de Féletz, l'élection de son successeur avait été fixée au mois de mai 1850, et trois candidats se trouvèrent en présence, ayant chacun des partisans irréductibles ; cinq tours de scrutin ne purent déterminer une majorité, et, sur la proposition du duc Pasquier, l'élection fut renvoyée à sept mois. Dans l'intervalle, un accord intervint entre les académiciens ; on décida que les trois candidats seraient admis à l'Académie, au fur et à mesure des vacances et dans l'ordre où les avait placés le scrutin du mois de mai ; c'est ainsi que Désiré Nisard fut élu le premier en remplacement de l'abbé de Féletz ; Montalembert, le second, succédant à Droz, et Alfred de Musset, qui était arrivé le troisième, bien qu'il fût incontestablement le plus littéraire des trois concurrents, fut nommé le dernier au fauteuil de Dupaty.

Les deux premières de ces élections reçurent un très mauvais accueil dans l'opinion publique ; celle de D. Nisard souleva les colères des romantiques, parce qu'après les avoir combattus dès 1836, il était resté leur adversaire; d'ailleurs ils avaient beau jeu contre lui, l'Académie l'ayant préféré à Alfred de Musset qui n'avait obtenu que cinq voix ! Le journal de Victor Hugo, *L'Evénement*, demanda que les élections académiques fussent dorénavant faites par la Société des gens de lettres et celle des auteurs dramatiques ; la *Liberté* reprit contre l'Académie quelques-uns des arguments du rapport de Chamfort.

L'élection de Nisard fut cependant le lien qui rapprocha les deux grands rivaux, Thiers et Guizot ; ils allaient exercer, le dernier surtout, une grande influence dans les élections et sur l'attitude politique de l'Académie.

L'élection de Montalembert marque un indéniable retour à l'esprit religieux qu'on était loin d'attendre de l'Académie, restée voltairienne pendant toute la durée du règne de Louis-Philippe. Elle allait pourtant accentuer cette évolulution vers le cléricalisme, en nommant, les années suivantes les principaux auteurs de la loi de 1850 sur la liberté de l'enseignement. Elle donna d'abord une satisfaction à l'opinion publique, en élisant, en 1852, Alfred de Musset, contre qui se présentait Philarète Chasles, mais le même jour, elle nommait Berryer qui, avec Montalembert, avait soutenu la loi de 1850 devant le Parlement ; en 1854, elle élisait Dupanloup, qui en avait été l'un des principaux artisans, et, en 1856, de Falloux, qui l'avait proposée comme ministre et défendue comme député.

L'Académie, peuplée de royalistes, légitimistes ou orléanistes, ne comptait qu'un très petit nombre de libéraux, presque tous, d'ailleurs, ralliés à l'Empire. Pendant dix-sept années, l'opposition que l'Académie fit au gouvernement impérial fut tenace, et la plupart des élections eurent un caractère d'hostilité que l'on ne prenait pas la peine de dissimuler ; quelquefois, pour faire une apparente concession, on choisissait un homme de lettres comme Sylvestre de Sacy, Ernest Legouvé, Ponsard, Emile Augier, Victor de Laprade, Jules Sandeau, ou un savant, comme Biot ; mais on la corrigeait aussitôt par une autre élection, comme celle du duc Victor de Broglie, en 1855, ou de Lacordaire, en 1870, qui montrait au pouvoir que l'Académie ne désarmait pas.

Le parti politique qui était à peu près le maître des élections à l'Académie, était appelé le *parti des ducs*, parce qu'il comptait parmi ses membres les trois ducs, Pasquier, de Noailles et V. de Broglie, qui combattaient la politique de l'Empire, aussi bien à l'intérieur qu'à l'extérieur ; la guerre d'Italie en 1859, augmenta la tension entre l'Académie et le gouvernement, et le parti clérical devint tout à fait prépondérant.

Le ministre était irrité de cette hostilité continue qu'il retrouvait dans l'Institut tout entier ; il semblait dans les premières années de l'Empire que tout l'esprit d'opposition s'était réfugié dans les cinq académies. On chercha le moyen de briser cette résistance ; on menaça l'Institut de renouveler, dans une certaine mesure, l'ordonnance de 1816, puis on pensa pouvoir l'annihiler. Fortoul et son successeur, Rouland, tous les deux ministres de l'Instruction publique, divisèrent la France en grandes circonscriptions académiques, et tentèrent avec la collaboration des recteurs, de former une fédération des académies de province sous le nom de *Comité des Travaux historiques et des Sociétés savantes*, qu'ils voulaient opposer à l'Institut ; Rouland institua une réunion annuelle de ces sociétés, suivie d'une distribution solennelle des prix et des récompenses à la Sorbonne ; mais dans le discours qu'il prononça à l'inauguration de la première solennité, le ministre reconnut implicitement son échec et avoua l'erreur où il était tombé d'en écarter l'Institut (1).

Sainte-Beuve, vers la même époque, reprenait, avec l'approbation de Nisard, Mérimée, P.-A. Lebrun, l'idée émise naguères par l'*Evénement*, et réclamait ce qu'il appelait une académie du *suffrage universel*. Le célèbre critique, lors-

---

1. V. Bouillier. *L'Institut et les académies de provinces*, pages 189 et suivantes.

que, au mois de janvier 1862, l'Académie devait remplacer Scribe et le P. Lacordaire, proposa de la diviser en sections comme les autres académies : « I. *Langue et Grammaire*. — « (C'est le travail spécial de l'Académie ; il y manque M. Littré « et M. Ernest Renan, comme collaborateurs presque indis- « pensables). — II. *Théâtre*, poésie et création dramatiques « sous toutes les formes. — III. *Poésie* lyrique, épique, didac- « tique, etc., en un mot tout ce qui n'est pas poésie drama- « tique. — IV. *Histoire* (composition et style historique). — « *Eloquence* publique, *art de la Parole* (chaire, tribune, « barreau, etc.). — VI. *Eloquence et art d'écrire* (philoso- « phie, morale, politique, sciences, etc., tous les genres de « prose élevée). — VII. *Roman*, nouvelles, etc. (ce genre si « moderne, si varié et auquel l'Académie a jusqu'ici accordé « si peu de place). — VIII. *Critique littéraire.* » — Chacune de ces huit sections aurait été composée de cinq membres (1).

Cette idée souleva une polémique de presse ; elle fut soutenue par le *Constitutionnel*, l'*Opinion nationale*, le *Siècle* et combattue par le *Temps*. De son côté, un futur académicien, Maxime du Camp présentait une proposition analogue ; il demandait la dissolution de l'Académie, « cette fade compagnie de bavards » et la reconstitution d'un corps composé « des lexicographes, des poètes, des étymologistes, des « romanciers, des historiens, des philosophes et des savants « qui recevraient la mission de faire un vrai dictionnaire, « d'écrire les origines de la langue française, d'encourager « toute tentative nouvelle et sérieuse, de veiller à la liberté « du théâtre, de faire l'Encyclopédie moderne,... de rééditer « nos grands poètes et nos grands prosateurs, enfin de cher- « cher le beau, le vrai et le bien par tous les moyens pos- « sibles » (2).

Cependant tout ce bruit s'éteignit sans qu'aucune mesure fût prise contre l'Académie ou l'Institut. Il semble que l'Académie bénéficia d'une protection occulte, et peut-être, si elle ne fut pas inquiétée, faut-il en chercher la raison dans le vif désir qu'avait Napoléon III d'en faire partie. Trois de ses oncles, Napoléon et ses frères Joseph et Lucien, avaient appartenu à l'Institut, et, dès 1849, il avait indiqué, par des

---

1. *Nouveaux Lundis.*
2. V. Sainte-Beuve. *Causeries du Lundi,* XII.

démarches qu'il fit faire auprès de M^me Récamier et d'Ampère, son intention de briguer la succession de Chateaubriand. Devenu empereur, il attendait la fin de la publication de son livre, *la Vie de César*, pour poser sa candidature à un fauteuil vacant. Il parut une brochure anonyme dont il était facile de deviner l'inspirateur, *l'Empereur à l'Institut*, et, vers le même temps, Napoléon III, pour se concilier les sympathies de ce corps, fonda le grand prix biennal de 20.000 francs. Il avait arrêté dans son esprit et dans ses conversations la façon dont on procéderait en cette occurrence pour se conformer le plus possible aux usages académiques sans porter atteinte au prestige de son rang de chef d'Etat. Les visites obligatoires eussent été faites en son nom par le ministre d'Etat, et, pour entendre la lecture de son discours de réception, l'Académie eût été invitée à se réunir au palais des Tuileries. Elle fit la sourde oreille aux bruits qui lui venaient concernant ce projet, et loin de l'encourager, elle feignit toujours de l'ignorer. Cependant quelques académiciens émirent l'avis que si la candidature de Napoléon III devenait officielle, — ainsi que cela paraissait probable à la mort du duc Pasquier, — il faudrait, pour la dignité de l'Académie, enregistrer purement et simplement la demande de l'empereur comme un ordre et le déclarer membre de l'Académie *selon son bon plaisir*, sans passer au scrutin (1). Il est probable que Napoléon III eut connaissance de cet état d'esprit et il abandonna son projet.

Après son élection, en 1852, Berryer s'abstint de rendre visite à l'empereur, prenant pour prétexte qu'il voulait éviter à celui-ci une certaine gêne en se retrouvant en face de l'avocat qui l'avait défendu après la tentative de Boulogne. L'élection de Falloux, ancien ministre du prince-président, nommé contre Emile Augier, fut désagréable à l'empereur qui avait désiré ce siège pour Troplong, président du Sénat ; mais celle de Lacordaire, en 1862, lui fut plus désagréable encore. Le P. Lacordaire, de l'ordre des Frères Prêcheurs, était le premier moine nommé à l'Académie ; cette élection venait après la suppression de plusieurs journaux et la condamnation de Montalembert, qui avaient suivi l'attentat d'Orsini, et surtout après la guerre d'Italie

---

1. Voir la lettre de Victor de Laprade au comte de Chambord, dans le livre publié par Edmond Biré : *Victor de Laprade. Sa vie et ses œuvres.*

et les poursuites contre Dupanloup. Elle prenait ainsi le caractère d'un blâme énergique contre toute la politique de l'empereur. La réception du P. Lacordaire fut un véritable événement; il y eut plus de six mille demandes d'invitations pour quinze cents places disponibles, et l'impératrice assista à cette sensationnelle séance. Le côté piquant était que l'éloquent dominicain devait être reçu par Guizot, qui appartenait à la religion réformée; celui-ci ne manqua pas de faire ressortir cette opposition, en observant, dès le début de son discours que trois siècles plus tôt, c'est devant le bûcher qu'ils se fussent rencontrés.

Une influence académique, quelquefois décisive, fut celle des salons assez nombreux à cette époque et qui faisaient presque tous la même politique d'opposition que l'Académie. Les plus célèbres sont ceux de M$^{me}$ Mohl, de la duchesse de Galliera, de la comtesse de Boigne, du duc Pasquier, de lady Holland et de M$^{me}$ Le Normant. La princesse Mathilde, cousine de l'empereur, aimait à s'entourer d'artistes et d'hommes de lettres, dont quelques-uns sollicitèrent les votes de l'Académie; Emile Augier, Sainte-Beuve, Jules Sandeau, Octave Feuillet, Camille Doucet, MM. Victorien Sardon et François Coppée étaient de ses familiers et furent de l'Académie. Seul, le plus grand de tous, ne parvint pas à se faire élire; Théophile Gautier se heurta toujours à deux objections: il était bibliothécaire de la princesse et il avait écrit ce chef-d'œuvre, *Mademoiselle de Maupin*, que l'Académie accusait d'immoralité.

La succession de Scribe, en 1862, donna lieu à la lutte la plus vive; treize candidats, Baudelaire, Belmontet, de Carné, Philarète Chasles, Cuvillier-Fleury, Doucet, O. Feuillet, Géruzez, Léon Gozlan, Léon Halevy, Jules Lacroix, Mazères, Poujoulat, se disputèrent son fauteuil. Le scrutin ne put donner aucun résultat, et l'élection fut renvoyée à une date ultérieure; le 3 avril 1862, Octave Feuillet fut élu.

L'année suivante, il s'agit de pourvoir au remplacement de Biot, et cette élection mit aux prises les deux partis qui divisaient l'Académie; le comte de Carné et Littré étaient candidats à ce fauteuil; il semble que l'éminent philologue eût dû être élu sans discussion, tant sa place à l'Académie française était naturellement indiquée, mais Littré appartenait à l'école positiviste d'Auguste Comte, et, pour l'Académie cléricale de cette époque, c'était là un vice rédhibitoire; Montalembert et Guizot, le catholique ultramontain et l'austère protestant, se trouvèrent d'accord pour faire élire le comte de Carné, et l'évêque Dupanloup combattit avec une passion excessive la candidature de Littré. L'Académie fut un instant hésitante et Carné ne l'emporta qu'au troisième tour de scrutin. Le même jour Dufaure était élu contre Jules Janin.

L'exclusion de Littré, c'était aussi l'échec des candidatures éventuelles de Taine, de Renan, de Vacherot, Si les trois premiers furent plus tard membres de l'Académie, le quatrième se contenta de faire partie de l'Académie des sciences morales et politiques; trop libéral pour l'académie de l'empire, il fut trop clérical pour celle de la troisième république. Le 2 mai 1867, Vacherot fut candidat au fauteuil de Barante et l'Académie lui préféra le P. Gratry.

Les élections doubles furent assez fréquentes, ce qui permit à l'Académie de tenir la balance à peu près égale entre les candidatures politiques et celles qui étaient plus particulièrement placées sur le terrain religieux.

Nous avons vu Dupanloup et Sylvestre de Sacy, élus le 18 mai 1854 ; Ernest Legouvé et le duc V. de Broglie, le 1ᵉʳ mars 1855 ; J.-B. Biot et de Falloux le 11 avril 1856 ; V. de Laprade et Sandeau, le 11 février 1858 ; le comte de Carné et Dufaure, le 23 avril 1863. L'élection de Jules Sandeau donnait droit de cité au roman, jusque-là fort dédaigné par l'Académie.

Les élections doubles permettaient aux intrigues de se nouer, aux combinaisons de s'établir ; c'est ainsi que le 6 avril 1865, Guizot et les cléricaux, voulant écarter Jules Janin, obtinrent des libéraux l'élection du brillant publiciste Prévost-Paradol, qui voyageait en Egypte, et, en échange, ils donnèrent leurs voix à Camille Doucet, bien qu'il fût directeur de l'administration des théâtres au ministère de la Maison de l'Empereur ; c'est ainsi également que les opposants politiques s'entendirent le 2 mai 1867 pour élire Jules Favre, avec les cléricaux qui firent nommer le P. Gratry, oratorien, contre le philosophe indépendant Vacherot ; c'est ainsi encore que le 7 mai 1868, Claude Bernard, après avoir donné des gages de ses convictions spiritualistes, fut élu en même temps que Joseph Antran qui mit en échec Théophile Gautier.

Le 29 avril 1869, l'Académie fut appelée à remplacer trois de ses membres, Berryer, Viennet et Empis.

Les intrigues devinrent plus intenses, et Sainte-Beuve, qui

y fut mêlé, a raconté en détail cette journée mémorable dans *Souvenirs et Indiscrétions*. Le comte d'Haussonville, gendre du duc V. de Broglie et beau-frère du prince A. de Broglie, tous les deux membres de l'Académie, fut élu sans difficulté au fauteuil de Viennet ; c'était une élection politique au premier chef et très hostile au gouvernement impérial. Pour le siège de Berryer, il y avait deux candidats, l'un, le comte de Champagny, historien, royaliste et clérical qui avait deux frères députés officiels ; il n'était par conséquent pas tout à fait désagréable aux Tuileries ; l'autre, également historien, était Duvergier de Hauranne. Le premier était soutenu par Guizot et Montalembert, le second par Thiers et ses amis de Rémusat et Mignet. Enfin, pour le siège d'Empis, il y avait aussi deux candidats, deux poètes, Auguste Barbier, célèbre par les *Iambes* qu'il avait écrites en 1830 où il proclamait sa haine de Napoléon, et Théophile Gautier ; Barbier était soutenu par Guizot et son groupe ; Gautier par Sainte-Beuve et ses amis. Ceux-ci se rendirent compte que le résultat de la seconde élection dépendrait du résultat de la première, et ils manœuvrèrent en conséquence, mais ils manœuvrèrent mal. Ils repoussèrent l'alliance que leur proposèrent Thiers et ses amis s'engageant à donner leur voix à Th. Gautier, si les partisans de celui-ci votaient pour Duvergier de Hauranne, et, voulant être agréables à l'empereur en faisant élire le comte de Champagny, ils se rapprochèrent de Guizot et de Montalembert. Ce fut une faute énorme. Le comte de Champagny fut élu, mais les amis de Duvergier, qui étaient nombreux, reportèrent toutes leurs voix sur le nom d'Auguste Barbier et Théophile Gautier fut battu. Le mécontentement de l'empereur fut très grand : il aurait de beaucoup préféré l'échec du comte de Champagny à la victoire d'Auguste Barbier, qui constituait en quelque sorte une injure personnelle.

Depuis le commencement de son règne, aucune élection académique n'avait pu être plus désagréable à l'empereur que celles de cette journée ; il dispensa de la visite officielle qu'ils lui devaient deux des nouveaux élus, le comte d'Haussonville et Auguste Barbier. Dans le public, beaucoup, même parmi ses amis littéraires, applaudirent à l'élection d'Auguste Barbier, à cause de la signification hostile qu'on lui donnait contre Napoléon III.

L'élection qui suivit immédiatement celles de cette journée fameuse fut encore une élection double. Le 7 avril 1870, l'Académie remplaçait Lamartine par M. Emile Ollivier, président du Conseil des ministres, et Sainte-Beuve par Jules Janin, contre qui il avait à plusieurs reprises témoigné de son éloignement.

Cette extraordinaire évolution, cette contradiction surprenante montraient qu'après dix-sept années d'opposition, l'Académie désarmait en face du pouvoir ; mais le pouvoir avait désarmé d'abord en face de l'opinion. L'empereur croyait-il sa puissance définitivement établie, craignait-il au contraire de la voir ébranler par les progrès de l'opposition ? Il jugea que le moment était venu de rendre quelques libertés au pays ; de là la fameuse lettre du 19 janvier, les senatus-consulte rétablissant la responsabilité ministérielle, le droit d'interpellation et d'amendement rendu aux députés, une loi plus libérale pour la presse, l'influence de Rouher diminuée, l'avènement du ministère du 2 janvier 1870, avec, comme conséquence, des réformes dans le personnel administratif. L'Académie vit avec satisfaction ce retour au régime parlementaire, si cher à la plupart de ses membres ; l'opposition de Guizot, du duc de Broglie, de Rémusat, de Prévost-Paradol n'avait plus de raison d'être. C'est dans ces conditions que M. Emile Ollivier se présenta à l'Académie, avec le patronage de Thiers, et qu'il fut élu d'acclamation par 26 voix sur 28 présents. Le même jour, Jules Janin, qui avait été battu autrefois par Dufaure, Camille Doucet, Prévost-Paradol, et qui avait renoncé à se présenter, fut élu aussi par 26 voix sur 28 votants, l'Académie voulant le dédommager de ses échecs antérieurs, en considérant comme faites pour cette élection ses anciennes visites qu'il n'avait pas renouvelées.

Le 19 mai, une double élection faisait entrer à l'Académie X. Marmier et Duvergier de Hauranne, puis la néfaste guerre éclatait, suspendant toute vie intellectuelle et mettant en péril l'existence même de notre pays.

# V

## Troisième République
## de 1870 à nos jours.

Réception des élus de 1870. — La quadruple élection du 30 décembre 1871. — Littré et Mgr Dupanloup. — Le duc d'Aumale. — Elections politiques, — Les salons. — Les journalistes. — Les élections littéraires. — Rentrée de Victor Hugo. — Les incidents Emile Ollivier, sa querelle avec Guizot, la réception d'Henri Martin. — Election de Renan et de Taine. — L'élection de MM. L. Halévy et H. Meilhac. — Leconte de Lisle. — M. de Freycinet. — M. Pierre Loti. — Emile Zola. — Discussion des titres des candidats. — Donation de Chantilly. — Donation du château de Langeais. — Visite du tsar Nicolas II. — La « Patrie française » et la « Ligue des Droits de l'Homme ». — Conclusion.

La terrible tourmente ayant pris fin, la vie commença à renaître à l'Institut et, le 9 novembre 1871, l'Académie française recevait avec la solennité habituelle Jules Janin ; le 7 décembre, c'était le tour de X. Marmier ; Duvergier de Hauranne fut reçu le 29 février 1872 ; quant à M. Emile Ollivier, il avait quitté la France où il était tombé dans une impopularité sans précédent, et il s'était réfugié en Italie.

Depuis ces dernières élections, quatre nouvelles vacances s'étaient produites : Villemain et Montalembert étaient morts au mois de mai 1870, Mérimée au mois de septembre, et Prévost-Paradol s'était suicidé au mois de juillet de la même année à Washington, où le gouvernement impérial venait de l'envoyer comme ministre plénipotentiaire. Le 30 décembre 1871, l'Académie procéda aux quatre élections, et, par ses choix, marqua tout de suite la tendance politique qu'elle garderait longtemps; elle nomma Littré, pour donner une satisfaction à l'opinion publique, en même temps que le duc d'Aumale, Camille Rousset et Louis de Loménie, dont elle partageait les idées conservatrices.

On se rappelle que Littré, candidat à l'Académie en 1863, avait échoué à la suite d'une intervention passionnée de l'évêque d'Orléans. Sa candidature en 1871 était faite pour raviver l'hostilité de Mgr Dupanloup, qui fit encore tous ses efforts pour empêcher l'élection du philosophe positiviste, dont le succès, — il obtint dix-sept voix contre neuf à Saint-René Taillandier et trois à Viel-Castel, — fut considérée par Dupanloup, comme une offense personnelle ; il en éprouva un vif ressentiment et parla de donner sa démission d'académicien. L'insistance de Guizot auprès de l'irascible évêque le fit revenir sur sa détermination et il se contenta de ne plus paraître à l'Académie ; celle-ci ayant été appelée à délibérer sur cette question clôtura le débat par le vote de l'ordre du jour pur et simple, adopté par 28 voix sur 30 votants. De Champagny, répondant à Littré le jour de sa réception publique, fit allusion dans son discours à ces divers incidents.

La réception du duc d'Aumale fut précédée d'une discussion qui n'était pas nouvelle à l'Académie ; il s'agissait de savoir si l'orateur chargé de le recevoir l'appellerait *Monsieur* ou *Monseigneur ;* les avis étaient partagés et les débats, qui eurent lieu à l'Académie le 4 mars 1873, furent consignés dans les registres de la Compagnie. Le duc d'Aumale prit le parti le plus sage ; se rappelant les précédents, il ne revendiqua nullement ce titre de *Monseigneur* que le chancelier Séguier et Colbert avaient refusé, que le comte de Clermont avait consenti à ne pas imposer, que seuls les cardinaux Dubois et Maury avaient exigé, et il fit prévenir l'Académie qu'il désirait être appelé *Monsieur* selon les usages de la Compagnie.

L'élection de Camille Rousset, historiographe du ministère de la Guerre sous l'empire, maintenu à ce poste sous la République, put être considérée comme n'étant pas particulièrement politique ; celle de Loménie, également littéraire, indiquait une recrudescence d'influence pour la *Revue des Deux-Mondes*, dont il était un fidèle collaborateur.

Soixante-quatorze académiciens ont été élus depuis l'effondrement de l'empire ; l'opinion politique des candidats en présence aux différentes élections a pu quelquefois peser sur les choix de l'Académie, mais elle en a été rarement la cause exclusive et déterminante. Parmi les élections politiques, on peut inscrire celles du duc d'Aumale, d'Edouard Hervé, de Challemel-Lacour, de M. le duc d'Audiffret-Pasquier, du comte Othenin d'Haussonville, de Freycinet, du comte de Mun, de G. Hanotaux, de Paul Deschanel, encore que ces académiciens eussent tous des titres littéraires à faire valoir, sauf peut-être M. le duc d'Audiffret-Pasquier et le comte de Mun, qui, n'ayant rien publié, n'avaient à leur actif que d'éloquents discours politiques.

Il y a eu sous la République, comme sous les régimes précédents, des salons littéraires influents ; les plus connus sont ceux de M$^{me}$ la comtesse d'Haussonville et de M$^{me}$ Edmond Adam qui dirigeait la *Nouvelle Revue*. Un certain nombre d'académiciens étaient des collaborateurs de la *Revue des Deux-Mondes*, dont l'influence est restée très grande dans les milieux académiques : le duc d'Aumale, de Loménie, Saint-René Taillandier, de Viel-Castel, Edouard Pailleron, de Mazade, Jurien de la Gravière, MM. le vicomte E.-M. de Voguë, Albert Sorel, Emile Faguet et Brunetière, qui en est devenu le directeur. John Lemoinne, Edmond About, Léon Say, Edouard Hervé et M. Jules Claretie appartenaient à la rédaction d'autres organes de la presse. Les membres de l'Académie française ont appelé à siéger à leurs côtés quelques-uns de leurs confrères des autres académies : J.-B. Dumas, de Lesseps, Jurien de la Gravière, MM. de Freycinet et Berthelot, de l'Académie des Sciences ; Littré, Ernest Renan, Gaston Paris et M. le marquis de Voguë, de l'Académie des Inscriptions ; Caro, Jules Simon, Henri Martin, V. Duruy, Léon Say et M. Albert Sorel, de l'Académie des Sciences morales et politiques ; Charles Blanc et M. Eugène Guillaume, de l'Académie des Beaux-Arts.

Les choix littéraires de l'Académie ont été assez éclectiques en ces trente dernières années et se sont portés indifféremment sur les diverses branches de la littérature. Elle a nommé des poètes : Leconte de Lisle, Henri de Bornier, MM. Sully-Prudhomme, François Coppée, J.-M. de Heredia, Edmond Rostand ; des auteurs dramatiques : Alexandre Dumas fils, Labiche, Edouard Pailleron, Henri Meilhac, MM. Victorien Sardou, Ludovic Halévy, Henri Lavedan ; des romanciers : Victor Cherbuliez, Edmond About, MM. Pierre Loti, Paul Bourget, Anatole France, André Theuriet, Paul Hervieu, René Bazin ; des critiques : MM. Brunetière, Jules Lemaître, Emile Faguet ; des historiens : Camille Rousset, de Viel-Castel, Henri Martin, Victor Duruy, MM. Ernest Lavisse, Henry Houssaye, Thureau-Dangin, Albert Sorel, Albert Vandal, G. Hanotaux, F. Masson ; des littérateurs : Maxime du Camp, de Mazade, MM. d'Haussonville, Jules Claretie, vicomte E.-M. de Voguë, Costa de Beauregard ;

des philosophes : Caro, Jules Simon, Littré, Taine ; des professeurs au Collège de France : de Loménie, Charles Blanc, Renan, Gaston Paris, MM. Gaston Boissier et Eugène Guillaume ; des universitaires : Saint-René Taillandier, MM. Mézières et Gebhardt ; des savants : J.-B. Dumas, Joseph Bertrand, Pasteur, M. Berthelot ; un recteur de l'Université de Paris, O. Gréard ; un écrivain ecclésiastique, Mgr Perraud, évêque d'Autun ; un archéologue, M. le marquis M. de Vogüé ; un économiste, Léon Say ; un avocat, M. Rousse ; un amiral, Jurien de la Gravière.

Plusieurs de ces choix ont pu paraître insuffisamment justifiés aux yeux de l'opinion publique ; il en est très peu qui aient soulevé de sérieuses protestations ; quelques-unes de ces élections ont été accompagnées d'incidents intéressants. Nous avons parlé plus haut de celles du duc d'Aumale et de Littré, nous n'y reviendrons pas.

Victor Hugo, après dix-neuf ans d'exil, était rentré en France après la capitulation de Sedan, décidé à prêcher la résistance contre l'envahisseur ; il passa le siège à Paris, puis, élu député de la Seine, il alla à Bordeaux où il démissionna après avoir assisté à quelques séances de l'Assemblée Nationale ; il se retira à Bruxelles pendant les événements de la Commune ; il ne revint définitivement à Paris que dans le courant de l'année 1873. Il se rendit à l'Académie le 29 janvier 1874, pour la première fois depuis 1851, afin de donner son suffrage à Alexandre Dumas fils, qui fut élu ce jour-là par 21 voix contre 11 : « N'ayant pu voter pour le père, dit Victor Hugo, je suis venu voter pour le fils. »

Un autre revenant fit son apparition quelque temps après ; M. Emile Ollivier espérait, après la chute du gouvernement de Thiers, qu'il pourrait recouvrer quelque chose de son ancien prestige et il revint à Paris après une longue absence. Il se souvint alors que, membre de l'Académie, il n'avait pas encore prononcé l'éloge de Lamartine, son prédécesseur et qu'il n'avait pas été reçu solennellement. Il fit valoir son droit et écrivit son discours de réception qui, selon l'usage, devait être examiné par une commission d'académiciens ; ceux-ci s'effrayèrent de certaines appréciations sur divers événements historiques et pensèrent qu'un éloge de Napoléon III pouvait, trois ans à peine après la guerre, soulever des protestations. Ils demandèrent à M. Ollivier de supprimer ou d'atténuer ces passages de son discours ; l'ancien ministre s'y refusa. Le différend fut porté devant l'Académie qui décida, le 5 mars 1874, d'ajourner indéfiniment la réception solennelle de M. Ollivier et de le considérer dès ce moment comme étant officiellement reçu. Le discours de M. Ollivier, grâce à une indiscrétion dont l'auteur est resté inconnu, fut publié, ainsi que la réponse que devait lui faire Emile Augier.

Sur ce premier incident s'en était greffé un autre, d'un caractère plus personnel. M. E. Ollivier, parlant dans son discours de l'adresse des 221 — qui, en 1829, amena la chute du ministère Polignac et provoqua la révolution de juillet 1830 — estimait que c'était là un coup d'Etat parlementaire, et à cette appréciation il avait ajouté un commentaire fort sévère pour l'attitude qu'avait eue Guizot à cette époque. Guizot protesta avec vivacité, et, dans la chaleur de la discussion, il rappela à M. Emile Ollivier sa trop célèbre parole de « cœur léger ». Cette altercation fit l'objet des plus ardentes polémiques de presse, et les journaux amis de M. Ollivier exhumèrent l'histoire d'un prêt de 50.000 francs, non encore remboursés, que Napoléon III avait consenti en 1855 au fils de Guizot, ce qui aurait dû rendre le père plus circonspect à l'égard du régime déchu. Guizot avait toujours ignoré la dette de son fils ; il fut profondément affligé de cette révélation, à la suite de laquelle il se mit en devoir de s'acquitter vis-à-vis de la veuve de Napoléon III : à cet effet, il fit vendre aux enchères publiques un tableau de Murillo que lui avait donné la reine d'Espagne, Marie-Christine, et qui fut acheté 120.000 francs par le comte Greffulhe. L'impératrice refusa la restitution, et Guizot lui fit un procès pour l'obliger à l'accepter. Le chagrin que lui causa cette affaire abrégea la vie de Guizot, qui mourut le 12 octobre 1874 ; son fils, le débiteur de la famille impériale, poursuivit le procès commencé par son père, mais il rencontra le même refus de la part de Rouher, représentant de l'impératrice.

Après avoir été mêlé d'une façon aussi fâcheuse au nom de Guizot, celui de M. Emile Ollivier fut, en 1877, mêlé également au nom de Thiers, l'ancien rival du ministre de Louis-Philippe. Au moment où mourut Thiers, M. Emile Ollivier, directeur trimestriel de l'Académie, villégiaturait dans le Var ; l'Académie désigna Sylvestre de Sacy pour parler en son nom aux funérailles du grand homme d'Etat : M. Ollivier écrivit une lettre de protestation, réclamant l'intégrité de son droit. Lorsque Henri Martin fut élu en remplacement de Thiers, M. Emile Ollivier devait donc répondre au récipiendaire : son discours contenait, sur l'ancien chef du pouvoir exécutif, des réflexions jugées outrageantes par la commission chargée d'en prendre connaissance ; elle résolut d'en référer à l'Académie, et cette fois encore, M. Ollivier ne voulut pas consentir aux modifications qu'elle lui demandait. Sur la proposition de M. Mézières, l'Académie désigna X. Marnier pour recevoir Henri Martin. M. Ollivier, très mécontent de cette solution, annonça par la voie de la presse qu'il n'assisterait plus aux séances de l'Académie et que, par conséquent, il ne participerait plus à ses travaux. Il revint plus tard sur cette détermination, et le 24 novembre 1892, pour la première fois depuis son élection, il prenait publiquement la parole à l'Académie et prononçait le discours sur les Prix de vertu.

Ernest Renan succéda le 13 juin à Claude Bernard, et Taine remplaça Louis de Loménie le 14 novembre de la même année. Ils avaient été dénoncés l'un et l'autre pour leurs doctrines philosophiques, en 1863, en même temps que Littré, par Dupanloup.

L'évêque d'Orléans, n'assistant plus aux séances de l'Académie depuis l'élection de ce dernier, en 1871, ne put se mettre en travers de la première de ces élections, et il mourut un mois avant la seconde. Le discours de réception de Renan eut un grand retentissement, à cause d'un passage relatif à l'Allemagne et d'un jugement sur les fruits qu'elle avait retirés de ses victoires ; l'émotion que ce discours souleva de l'autre côté du Rhin fut telle que Renan fut obligé d'expliquer sa pensée dans une lettre publiée par le *Journal des Débats* et soi-disant adressée à un *ami d'Allemagne*. Taine s'était déjà présenté à l'Académie, qui au philosophe libre-penseur avait préféré le philosophe spiritualiste Caro ; lorsqu'il se présenta au siège de Loménie, il venait de faire paraître les premiers volumes des *Origines de la France contemporaine* ; l'Académie, oubliant les opinions du philosophe, élut, par vingt voix sur vingt-six votants, l'historien anti-révolutionnaire.

Deux excellents auteurs dramatiques qui, par la fidélité de leur collaboration, avaient formé une sorte de raison sociale littéraire, Meilhac et Halévy, pensaient à entrer à l'Académie ; mais, en dehors de leur comédies de mœurs, ils avaient tout un bagage d'opérettes dont Offenbach avait écrit la musique : ces œuvres légères et bien peu académiques pouvaient être un motif d'exclusion. Ce fut M. Halévy qui, en 1884, risqua le premier sa candidature ; avec les mêmes titres que Meilhac, il pouvait faire valoir qu'il avait été le collaborateur du duc de Morny, que son oncle, le grand compositeur Fromenthal-Halévy, avait fait partie de l'Institut, que son père, Léon Halévy, jadis candidat à une élection académique, y avait obtenu un nombre honorable de suffrages. Toutes ces raisons firent sans doute taire les scrupules que l'Académie aurait pu avoir, et le 4 décembre 1884, elle nomma M. Halévy au fauteuil devenu libre par la mort du comte d'Haussonville. Le jour de sa réception, Pailleron, dans sa réponse, négligea un peu de parler du théâtre de M. Halévy et insista davantage sur ses romans, œuvres plus personnelles du récipiendaire. En 1888, Henri Meilhac vint s'asseoir à côté de son collaborateur.

Leconte de Lisle succéda à Victor Hugo en 1885 et fut reçu l'année suivante par Alexandre Dumas fils. Comme beaucoup d'autres, l'auteur des *Poèmes barbares* avait frappé plusieurs fois à la porte de l'Académie avant d'y entrer; en 1867, il avait été battu par le P. Gratry ; en 1877, par M. Victorien Sardou, et le 26 décembre 1878 par M. le duc d'Audiffret-Pasquier. A cette dernière élection, Leconte de Lisle obtint deux voix, celles de Victor Hugo et d'Auguste Barbier ; il écrivit à Victor Hugo pour le remercier de son vote, qu'il avait donné à bulletin ouvert, en lui disant qu'ayant son suffrage, il se considérait comme élu et ne se représenterait plus. L'Académie respecta l'indication donnée ostensiblement par Victor Hugo et nomma Leconte de Lisle au fauteuil du grand Maître disparu, de même que, le 8 juin 1882, elle avait nommé Mgr Perraud, évêque d'Autun, au fauteuil d'Auguste Barbier qui, à son lit de mort, avait manifesté le désir de l'avoir pour successeur.

En 1890, plusieurs écrivains de mérite se disposaient à briguer la succession d'Emile Augier, lorsque quelques académiciens offrirent à M. de Freycinet la candidature à ce fauteuil. M. de Freycinet était alors président du Conseil des ministres et chargé du portefeuille de la Guerre, dont il était titulaire depuis le 3 avril 1888 et qu'il avait conservé dans les deux cabinets Floquet et Tirard, prédécesseurs du sien : c'était la première fois que le ministère de la Guerre était confié à un civil. M. de Freycinet avait une grande réputation d'habileté : on lui reconnaissait une valeur indiscutable ; il était membre libre de l'Académie des Sciences depuis huit ans, et l'on était au lendemain du succès de l'Exposition de 1889 et de la défaite du parti qui soutenait le général Boulanger. A défaut de titres véritablement littéraires, toutes ces considérations faisaient de M. de Freycinet un concurrent assez redoutable pour que les hommes de lettres retirassent leur candidature devant la sienne. M. de Freycinet fut élu par 20 voix contre 12 accordées à M. Thureau-Dangin. Il fut reçu par O. Gréard, et dans son discours de réception il attribua au théâtre d'Emile Augier des intentions politiques qui n'étaient peut-être pas dans l'esprit de l'auteur.

M. Pierre Loti, pseudonyme littéraire de M. Julien Viaud, officier de marine, fut élu en 1891, après six tours de scrutin, par 18 voix sur 35 votants. Au moment de la vacance académique qui permettait la candidature de M. Pierre Loti, son service le retenait à bord du *Formidable*, et il lui fut impossible de faire les visites d'usage ; c'est en rade d'Alger qu'il apprit sa nomination.

Un écrivain puissant, d'une haute valeur littéraire, subit dans cette dernière période l'ostracisme de l'Académie. Emile Zola sollicita un grand nombre de fois les suffrages des académiciens ; dans la chronique électorale de l'Académie, il détient certainement ce qu'on pourrait appeler le *record* des échecs. La Compagnie ne put se résigner à admettre le chef de l'école naturaliste, lui reprochant l'immoralité de son œuvre, le choix de ses sujets, la peinture de milieux et de scènes d'un goût douteux accompagnées trop souvent d'expressions grossières. Malgré le parti pris évident de l'Académie, Emile Zola n'en persista pas moins à poser sa candidature à tous les sièges vacants, notamment le 2 février 1893, où à une triple élection, il se présenta aux trois sièges et ne recueillit pour chacun que deux ou trois voix ; pour le fauteuil de Renan, il y eut cinq tours de scrutin, qui ne donnèrent aucun résultat: Henri de Bornier fut élu au deuxième tour à celui de X. Marmier; M. Thureau-Dangin fut élu au premier tour à celui de Camille Rousset. Zola déclara qu'il n'en continuerait pas moins à se présenter chaque fois qu'il y aurait une vacance, estimant que, puisqu'il y avait une académie — et selon lui il ne devrait pas y en avoir, — il fallait nécessairement qu'il en fût. Dans les derniers temps de sa vie — il mourut en 1902 — Emile Zola délaissa l'Académie pour s'absorber tout entier dans la campagne qu'il avait entreprise à propos d'une affaire qui fit un bruit immense, déchaîna les passions les plus violentes et causa le plus grand mal à notre pays.

L'événement le plus important pour l'Académie française et pour l'Institut tout entier, depuis la fondation de la troisième République se produisit en 1887. La mort du comte de Chambord avait fait du comte de Paris l'unique prétendant à la couronne royale de France, et les deux fractions du parti monarchiste, enfin unies, s'agitaient beaucoup, d'autant plus que les élections parlementaires de 1885 avaient augmenté leurs espérances. En 1886, la princesse Amélie d'Orléans, fille du comte de Paris, épousa l'héritier de la couronne de Portugal ; les fêtes données à l'occasion des fiançailles provoquèrent des manifestations royalistes, qui alarmèrent le gouvernement. Une loi fut votée prononçant l'exclusion du territoire français des prétendants et de leur héritier politique direct. Un décret présidentiel aggrava cette disposition légale, en radiant des cadres de l'armée les membres appartenant aux deux familles princières visées par la loi, et qui, déjà en 1883, avaient été mis en non activité par retrait d'emploi. Le duc d'Aumale écrivit au président Grévy une lettre de protestation un peu vive qui fit prendre contre lui un décret d'expulsion. Quelques mois après qu'il eut quitté la France, le 29 septembre 1886, MM. Bocher et Denormandie, sénateurs, et Rousse, membre de l'Académie française, représentants et conseil du duc d'Aumale, communiquaient au président de la Commission administrative de l'Institut une lettre du prince, datée du 29 août précédent, dans laquelle il disait :

« Désirant assurer la destination que, d'accord avec mes héritiers,
« je réserve aux château et domaine de Chantilly, je veux accomplir
« dès aujourd'hui une résolution qui pourrait être, après ma mort,
« entravée par des difficultés de détail, faciles à aplanir de mon
« vivant. En conséquence, j'ai invité M° Fontana, notaire à Paris, à
« ouvrir le pli qui renferme mon testament olographe, en date du
« 3 juin 1884, et je l'ai chargé de vous remettre une copie authentique
« des paragraphes de ce testament qui concernent le domaine de
« Chantilly, ainsi que la copie des codicilles ajoutés depuis et qui se
« rattachent au même objet. »

Par ce testament, le duc d'Aumale faisait donation à l'Institut du château et du domaine de Chantilly, de leurs dépendances et des collections que contenait le château. Voici la clause très intéressante qu'avait écrite le duc d'Aumale :

« Voulant conserver à la France le domaine de Chantilly dans son
« intégrité, avec ses bois, ses eaux, ses édifices et tout ce qu'il con-
« tient, trophées, tableaux, livres, objets d'art — tout cet ensemble
« qui forme un monument complet et varié de l'art français dans tou-
« tes ses branches et de l'histoire de ma patrie à des époques de
« gloire — j'ai résolu d'en confier le dépôt à un corps illustre, qui
« m'a fait l'honneur de m'appeler dans ses rangs à un double titre, et
« qui, sans se soustraire aux transformations inévitables des sociétés,
« échappe à l'esprit de faction, comme aux secousses trop brusques,
« conservant son indépendance au milieu des fluctuations politiques. »

On sait quel amateur éclairé, quel collectionneur érudit était le duc d'Aumale ; on voyait en lui l'un des bibliophiles les plus réputés d'Europe et la sûreté de son goût était universellement connue dans les milieux artistiques. Cette donation princière souleva un réel enthousiasme à l'Institut, aussi bien que dans le public et dans la presse ; les charges et les obligations qu'elle comportait étaient toutes en faveur des sciences, des lettres et des arts, sauf la réserve toute naturelle que faisait le donateur de garder, sa vie durant, la libre jouissance et l'usufruit du château et des merveilles qu'il y avait patiemment entassées. Après sa mort, l'Institut devait mettre le château, le domaine, le musée et la bibliothèque de Chantilly « à la disposition du public, et employer les revenus nets à donner des pensions aux hommes de lettres, aux savants, aux artistes indigents, et encourager par des prix les jeunes gens qui se vouent à la carrière des lettres, des sciences et des arts ». Dès que le Conseil d'Etat eut accordé à l'Institut l'autorisation d'accepter cette magnifique donation, M. Chaplain, membre de l'Académie des Beaux-Arts, fut chargé de frapper une médaille commémorative, et le 28 décembre 1887 une délégation composée de Renan, Jules Simon, Camille Doucet et de MM. Wallon et Chaplain, se rendit à Bruxelles où elle remercia le prince et lui remit solennellement cette médaille au nom de l'Institut. Il sembla à tout le monde qu'il était impossible de prolonger l'exil du duc d'Aumale, et l'Institut obéissant à son propre sentiment, d'accord avec celui du public, adressa au mois de juin 1887 une demande collective au gouvernement en vue de rapporter le décret d'expulsion. Le ministère d'alors était présidé par Ch. Floquet ; il n'avait qu'une préoccupation, la lutte contre le boulangisme, et, craignant sans doute qu'on ne l'accusât de rechercher une alliance avec le parti orléaniste, il refusa de revenir sur la décision prise l'année précédente. Ce ne fut qu'au mois de juin 1889, au moment du centenaire de la prise de la Bastille et à la veille de l'ouverture de l'Exposition, que le décret d'expulsion fut rapporté. Le duc d'Aumale rentra en France et alla résider au château de Chantilly où vinrent le trouver les hommages reconnaissants des littérateurs, des artistes et des savants.

Le magnifique exemple du duc d'Aumale fut suivi en 1903 par M. Jacques Siegfried qui fit donation à l'Institut du château de Langeais, avec une somme de 100.000 francs pour les premiers frais d'installation et une rente de 10.000 francs pour l'entretien.

En 1869, Ernest Legouvé avait fait adopter, malgré l'opposition de Guizot, l'usage de discuter dans une séance préparatoire les titres des candidats ; en 1880, Caro, Nisard et Alexandre Dumas fils demandèrent que cette discussion fût supprimée ; cette proposition fut votée par dix voix contre six ; E. Legouvé, qui l'avait combattue, essaya en 1896, sans y réussir, de faire revenir l'Académie sur ce dernier vote, qui demeura définitivement acquis.

Le 23 janvier 1872, l'Académie avait reçu sans cérémonial la visite de l'empereur du Brésil, Don Pedro.

Au commencement du mois d'octobre 1896, le tsar Nicolas II, accompagné de la tsarine, fit à la France une visite d'une très grande portée politique ; l'Académie fut mêlée à plusieurs reprises aux fêtes magnifiques qui furent données à cette occasion, au milieu de l'enthousiasme délirant de tout un peuple. Le jour de la pose de la première pierre du pont Alexandre III, M. Paul Mounet, de la Comédie-Française, déclama une superbe poésie, *Salut à l'Empereur*, de M. J.-M. de Hérédia ; le soir de la représentation de gala au Théâtre-Français, un compliment en vers de M. Jules Claretie, membre de l'Académie et administrateur de ce théâtre, fut lu par le doyen des sociétaires, M. Mounet-Sully, et les trois strophes finales furent dites par M^mes Reichenberg, Baretta-Worms et Bartet ; enfin, à la soirée qui termina la journée passée à Versailles, M^me Sarah-Bernhardt récita une poésie de M. Sully-Prudhomme, la *Nymphe du Bois de Versailles*. Le tsar avait tenu, dans ce voyage, à suivre l'exemple de son ancêtre Paul I^er, et à faire une visite à l'Académie française ; selon la tradition, le tsar, la tsarine et le président de la République, Félix Faure, furent censés surprendre les académiciens au milieu de leurs travaux.

Entre les deux visites à la Monnaie et à l'Hôtel de Ville,

le cortège impérial arriva, parmi les acclamations de la foule, devant l'Institut à 4 heures 1/2 ; il fut reçu par MM. Rambaud, ministre de l'Instruction publique, et G. Hanotaux, ministre des Affaires Etrangères, entourés de nombreux membres des cinq classes de l'Institut. M. Rambaud conduisit les augustes personnages jusqu'au premier étage, où les attendait le bureau de l'Académie, composé de MM. E. Legouvé, doyen et directeur trimestriel, le vicomte E.-M. de Vogüé, chancelier, et Gaston Boissier, secrétaire perpétuel ; après les présentations, ce fut E. Legouvé qui conduisit les visiteurs dans la salle où siégeaient, en tenue de ville, vingt-six académiciens, les ducs d'Audiffret-Pasquier, d'Aumale, et de Broglie, et MM. J. Bertrand, de Bornier, Brunetière, Cherbuliez, Claretie, Coppée, de Freycinet, Gréard, Halévy, d'Haussonville, de Hérédia, Hervé, H. Houssaye; Lavisse, J. Lemaître, P. Loti, H. Meilhac, Mézières, Pailleron, Sardou, Sorel, Sully-Prudhomme, Thureau-Dangin. Lorsque les hôtes de l'Académie se furent assis, E. Legouvé prononça une délicate allocution, puis M. François Coppée lut un compliment en vers que le tsar et la tsarine écoutèrent avec la plus grande attention, et M. Brunetière lut la notice sur le verbe « animer » destinée au Dictionnaire. Il ne resta pas assez de temps pour que M. d'Haussonville pût lire l'étude qu'il avait écrite sur la visite de Pierre le Grand en 1717 ; on en fit un volume qu'on remit au tsar, ainsi que deux discours qu'il avait entendus ; il signa la feuille de présence et il se retira avec le même cérémonial qu'à l'arrivée.

Vers la fin du XIXe siècle, un procès célèbre (1) servit de prétexte à des critiques passionnées de l'organisation militaire de notre pays ; le monde littéraire fut, comme le reste de la France, divisé en deux partis. Un grand nombre d'écrivains, d'universitaires et de savants figurèrent parmi les partisans les plus ardents d'une réforme de l'armée et parmi ceux qui voulaient remplacer le culte de la Patrie par la religion de l'Humanité; ils proclamèrent que tous les « intellectuels » étaient avec eux. Cette affirmation souleva des protestations de la part d'un grand nombre d'autres écrivains, universitaires et savants, qui opposèrent à ceux-là leur inébranlable confiance dans l'armée et leur ardent

---

1. L'affaire Dreyfus.

amour de la Patrie. Cette grande lutte qui passionna le monde entier ne pouvait manquer d'avoir un écho à l'Institut, et deux membres de l'Académie française n'hésitèrent pas à « sortir de leur tour d'ivoire » et à se jeter résolument dans la mêlée : MM. François Coppée et Jules Lemaître prirent la direction de la Ligue de la « Patrie française », que venaient de fonder quelques jeunes professeurs ; ils groupèrent autour d'eux des membres de l'Académie, MM. d'Audiffret-Pasquier, G. Boissier, H. de Bornier, P. Bourget, de Broglie, Brunetière, Costa de Beauregard, Cherbuliez, E. Faguet, d'Haussonville, de Hérédia, H. Houssaye, H. Lavedan, E. Legouvé, Mézières, de Mun, Rousse, Sorel, Theuriet, Thureau-Dangin, Vandal, vicomte E.-M. de Vogüé, des membres de l'Institut, des professeurs, etc. Tous ne restèrent peut-être pas également fidèles à la pensée qui avait présidé à cette organisation, mais la publication de cette longue liste d'adhérents produisit une grande impression dans le public et exerça même une influence incontestable sur des élections politiques qui eurent lieu quelque temps après.

Les adversaires de l'idée « nationaliste » furent, à l'Académie, MM. A. France, Berthelot, J. Claretie, L. Halévy, Paul Hervieu ; les deux premiers surtout recherchèrent les occasions de faire connaître publiquement leur sentiment ; ils adhérèrent à la Ligue des Droits de l'Homme, prirent la parole aux funérailles d'Emile Zola, à l'inauguration de la statue de Renan à Tréguier, etc. Les élections académiques subirent pendant quelque temps le contre-coup de l'hostilité des deux partis, aux yeux desquels l'opinion sur les questions controversées constituait un titre pour l'admission ou l'exclusion d'un candidat.

Un fait qui montre que l'Académie jouit toujours d'un grand prestige est celui qui se passa au conclave de 1903 après la mort du pape Léon XIII. L'Académie y reçut un hommage très flatteur en la personne de S. E. Perraud, que le cardinal Oreglia, camerlingue-doyen, salua à son entrée dans la congrégation des cardinaux par un petit discours où il félicitait l'évêque d'Autun de représenter à la fois la France catholique et la plus pure assemblée littéraire du monde.

En terminant l'histoire de l'Académie, nous voulons jeter un regard en arrière et tirer une conclusion des faits que nous avons rapidement rapportés dans ces quelques pages.

Il y a toujours eu deux partis dans l'Académie, et quelle que soit la forme donnée aux divisions auxquelles cette Compagnie fut en butte, querelles des Anciens et des Modernes, des piccinistes et des glückistes, des classiques et des romantiques, disputes religieuses, philosophiques ou politiques, si la lutte a pu changer de terrain, le fond de l'éternel débat est resté le même, c'est la résistance de ceux qui défendent l'esprit de tradition contre l'assaut des novateurs ; les premiers admettent incontestablement l'évolution du progrès et des idées, mais ils attendent du temps qu'il ait suffisamment consacré l'un et mûri les autres ; les seconds, plus hardis ou plus impatients, recherchent le triomphe immédiat de ce qu'ils croient être la vérité. Ces deux tendances naturelles et opposées de l'esprit humain se sont souvent heurtées dans l'Académie ; elles ont remporté tour à tour la victoire, sans pourtant qu'aucun succès fût définitif, et sans qu'aucune défaite demeurât sans espoir de revanche.

Il est certain que si l'Académie n'a pas toujours justifié son universelle renommée, elle n'a, par contre, jamais mérité, même dans les périodes les moins brillantes de son histoire, le dénigrement systématique de quelques-uns de ses adversaires. Elle est restée ce qu'elle était à l'origine, un salon, où toutes les idées peuvent se soutenir et se défendre, d'où la véhémence n'est pas proscrite, pourvu que la politesse et la courtoisie n'en soient jamais bannies.

Nous conclurons cette partie de notre travail par ces paroles de Sainte-Beuve :

> « Avec tous ses défauts, ses défaillances, ses fluctuations trop sensibles, l'Académie reste une institution considérable qui n'a pas seulement un beau et intéressant passé, mais qui bien dirigée, sans cesse avertie, excitée, réveillée, renouvelée, peut rendre les plus grands services au milieu de la diffusion universelle... L'Académie a surtout à se garder des inconvénients de l'habitude dans un milieu tiède et doux. L'essentiel est de se mettre en communication régulière avec l'air du dehors ; qu'elle tienne à honneur et à devoir de paraître informée, à son heure, de tout ce que la littérature contemporaine produit de distingué, même dans les branches réputées légères. » (1).

---

1. L'Académie française (*Paris-Guide* et *Nouveaux Lundis*).

# APPENDICE

## I

### Les Quarante Fauteuils

Origine des fauteuils. — Réception de La Monnoye. — Généalogie des fauteuils. — Leurs numéros d'ordre. — Le nom du plus illustre occupant. — Les quarante premiers académiciens. — L'Académie inscrit Séguier en tête du tableau. — Le premier vote. — Conrart, Serisay, Desmarets. — Attribution des quarante fauteuils. — Exclusion de Granier. — Les premiers décédés. — Le quarantième fauteuil. — La candidature de Ch. Perrault. — La succession de M. Cureau de La Chambre et de Racan.

L'Académie n'eut pas de lieu fixe pour ses réunions jusqu'au jour où elle tint ses assemblées dans l'hôtel du chancelier Séguier. La Compagnie se réunit alors dans une grande salle qui était meublée de chaises rangées autour d'une longue table ; les académiciens se plaçaient au hasard, ainsi que cela se pratique dans un salon ; seuls les trois officiers et le protecteur, lorsqu'il assistait aux séances, occupaient des fauteuils. Il en fut de même lorsque Colbert installa l'Académie au Louvre.

Vers la fin de l'année 1713, Bernard de La Monnoye fut candidat pour remplacer Régnier-Desmarais. Il avait été le premier lauréat du prix de poésie, en 1671, et plusieurs fois depuis il l'avait encore obtenu. Sa réputation avait augmenté l'intérêt de cette élection, et beaucoup d'académiciens peu assidus d'ordinaire, se proposèrent de venir assister à sa réception. Le cardinal d'Estrées était alors doublement le doyen de l'Académie, par ses 86 ans et par la date de son élection qui remontait à l'année 1658 ; il désirait participer à cette séance, mais son grand âge et ses infirmités lui faisaient redouter l'incommodité des sièges ; après qu'il eut parlé de son embarras à ses confrères académiques les cardinaux de Rohan et de Polignac, celui-ci en entretint le Roi. Louis XIV ne voulut pas repousser la demande des cardinaux, mais il ne voulut pas davantage créer un précédent qui eût fatalement détruit l'égalité apparente que les académiciens tenaient tant à conserver entre eux ; il fit porter dans la salle de l'Académie quarante fauteuils absolument semblables les uns aux autres.

Il paraît certain que les académiciens continuèrent à occuper les fauteuils au hasard, ainsi qu'ils avaient coutume de le faire pour les chaises. On a voulu néanmoins donner à chacun de ces fauteuils un numéro d'ordre et y placer arbitrairement les quarante premiers membres de l'Académie, puis, dans l'ordre de succession, ceux qui les avaient remplacés.

Pour l'ancienne Académie, la généalogie d'un fauteuil offre peu de difficulté : il suffit de suivre l'ordre des élections. Il a été plus difficile d'y raccorder la classe de langue et de littérature françaises de l'Institut de 1803. Il est incontestable que l'ordre de succession établi par Jarry de Mancy est tout à fait artificiel, et que l'Académie n'a jamais pu le reconnaître officiellement ; cependant, c'est celui qui est admis, puisqu'il n'y en a pas d'autre à lui opposer.

Nous nous étonnons que l'accord ne se soit pas fait sur un autre point et qu'il n'y ait pas un ordre numérique fixe pour les fauteuils. Les divers tableaux que nous avons vus ont été établis soit dans l'ordre des décès des quarante premiers académiciens (1), soit d'après celui où le hasard a amené leurs noms sous la plume de Pellisson. On aurait pu tout aussi bien adopter l'ordre alphabétique, ou mieux encore l'ordre chronologique des naissances (2).

A défaut de cet accord, quelques auteurs ont désigné chaque fauteuil par le nom de l'académicien qui l'a le plus illustré, c'est ainsi que l'on dit : le fauteuil de Corneille, de Bossuet, de Voltaire, etc. Cela offre un inconvénient lorsque le même fauteuil a eu pour titulaires Corneille et Victor Hugo, par exemple, ou, si l'on s'en tient exclusivement à l'ancienne Académie, Boileau et Buffon. Lequel des deux noms choisir ? Chacun peut avoir ses partisans. Avec ce système, il arrive aussi que faute d'un nom illustre, il faut

---

1. V. Pièces justificatives.
2. V. Pièces justificatives.

désigner un fauteuil par celui d'un écrivain de deuxième et même de troisième ordre. Si l'on adoptait le principe de désigner chaque fauteuil par un nom, nous pensons qu'il serait préférable de choisir celui du premier occupant, et dire, le fauteuil de Conrart, de Chapelain, de Boisrobert, de Godeau, etc.

Il nous semble pourtant qu'il y a un ordre logique, dont, jusqu'à présent, les auteurs qui ont composé des tableaux n'ont pas suffisamment tenu compte, c'est, selon les principes de toute société de ce genre, le droit d'ancienneté, et, en cas d'égalité de droit, le privilège de l'âge. Nous verrons tout à l'heure que l'Académie a donné elle-même une indication précise en ce qui concerne les deux premiers fauteuils.

C'est vers la fin de l'année 1633 ou le commencement de 1634 que le cardinal de Richelieu décida la création de l'Académie, en prenant pour base la société des amis de Conrart qui se composait alors de douze membres ; onze d'entre eux furent de la fondation ; le douzième, Louis Giry, pour un motif que nous ignorons, ne fit partie de l'Académie que deux ans plus tard.

Tout le monde est d'accord pour attribuer à ce premier groupe les onze premiers fauteuils. Ils devraient, selon nous, être nommés dans l'ordre suivant :

Gombauld (1576), Boisrobert (1592), Serisay (1594), Desmarets (1595), Chapelain (4 décembre 1595), Malleville (1597), Faret (1600), Conrart (1603), Godeau (1605), Ph. Habert (1506), l'abbé de Cérisy (1510).

Puis, Richelieu ayant demandé que ce nombre fût augmenté, il y eut avant le 13 mars 1634 une promotion de quatorze nouveaux membres qui, en vertu du même principe de la date de naissance, doivent être inscrits dans cet ordre :

Méziriac (1581), Mainard (1582), Bautru (1588), Sirmond (1589), Colomby (1589), Baudoin (1590), Porchères d'Arbaud (1590), Du Chastelet (1593), Gomberville (1594), Saint-Amant (1594), Colletet (1598), Silhon (1600), L'Estoile (1602) Bourzeys (1606).

A partir de ce moment, il y a des élections individuelles, et les quinze derniers fauteuils doivent être donnés suivant la date de l'élection :

Servien (13 mars 1634) ; Balzac, accepté à la même date

sur la proposition de Boisrobert (1) ; Bardin (27 mars) ; Racan, oublié par Pellisson mais signalé par lui comme étant assidu aux réunions avant le mois d'août ; de Boissat (6 novembre), Vaugelas et Voiture (27 novembre) ; Porchères-Laugier (4 décembre), Habert de Montmor et Marin Cureau de La Chambre, à la fin du même mois ; le garde des Sceaux, Pierre Séguier (2 janvier 1635) ; l'abbé de Chambon (26 février) ; Granier (3 septembre) ; Louis Giry (14 janvier 1636) ; l'Académie se trouvera pour la première fois au nombre de quarante membres seulement le 14 février 1639, en élisant Priézac.

Nous avons dit que l'Académie donna une indication pour les deux premiers fauteuils. Nous lisons en effet dans l'*Histoire de l'Académie* par Pellisson :

« Le 2 janvier 1635, on proposa de faire des discours et l'on dressa pour cet effet un tableau des académiciens. Ils voulurent y être rangés par sort, sans avoir aucun égard à la différence des conditions..... Ce tableau qui était de trente-six personnes (2), ayant été montré à M. le Garde des Sceaux, maintenant Chancelier de France, il fit dire à la compagnie par M. de Cérisy, qu'il désirait y être compris. On ordonna que son nom serait écrit à la tête, comme je vous ai dit ailleurs. »

Il nous paraît indiscutable que l'Académie transgressa son fameux principe d'égalité en donnant la première place au garde des Sceaux, quoiqu'il ne fût venu que le trente-sixième à l'Académie ; cet acte de flatterie ne fut malheureusement pas le seul auquel se soit livrée l'ancienne Académie. Quoi qu'il en soit, nous devons tenir compte de cette volonté formellement exprimée, et attribuer le premier fauteuil à Pierre Séguier.

---

1. Dans ses lettres du 22 septembre et du 3 novembre 1653, Balzac fait l'éloge du livre de Pellisson, « plus éloquent historien que fidèle historien, dit-il, pour le moins en ce qui regarde ma réception à l'Académie. » Il ajoute que Boisrobert lui écrivit vaguement au sujet d'une *Académie des Beaux-Esprits* dont il lui proposait de faire partie et il lui « ordonnait d'écrire une lettre pour demander d'y être reçu », le menaçant même de la colère du Cardinal, en cas de refus. Balzac le railla de cette proposition ; plusieurs mois se passèrent, lorsqu'il apprit, par un ami venu de Paris, qu'il était de l'Académie.

2. Pellisson s'est trompé en disant que le tableau comprenait trente-six noms ; il n'y en avait que trente-cinq, Séguier fut le trente-sixième.

Une autre décision de l'Académie nous fournit le nom du titulaire du deuxième fauteuil ; malgré son absence, elle élut unanimement Conrart aux fonctions de secrétaire perpétuel. Il est permis de voir dans ce premier vote de la Compagnie l'intention qu'elle a eu de rendre hommage au mérite de Conrart et de reconnaître en lui le véritable fondateur de l'Académie.

Le jour même où ce vote fut émis, le sort désigna Serisay comme premier directeur, et Desmarets comme premier chancelier ; ils conservèrent l'un et l'autre ces fonctions temporaires pendant près de quatre années consécutives, présidant ou vice-présidant les réunions des académiciens. Ils doivent, selon nous, être les titulaires des troisième et quatrième fauteuils, puisque, pendant quatre années, ils furent les seuls à occuper véritablement des fauteuils.

Les quatre premiers fauteuils étant ainsi attribués, les trente-six autres doivent l'être dans l'ordre que nous avons établi précédemment.

A peine le trente-neuvième académicien était-il nommé, qu'une vacance inattendue se produisit, par suite de l'exclusion prononcée à l'unanimité et sans aucune procédure, sur la proposition qu'en fit le directeur au nom du Cardinal, contre Granier, en mai 1636. Cet académicien avait été admis à la pluralité des voix au mois de septembre précédent ; trois académiciens avaient voté contre son admission, Le Cardinal demanda sa radiation sur la plainte formulée par des religieuses qui avaient confié à Granier le dépôt d'une somme considérable dont il abusa ; il fut immédiatement remplacé par Baro, que quelques historiens inscrivent parmi les quarante premiers en lui donnant le quarantième fauteuil ; c'est une erreur ; si Baro fut effectivement le quarantième académicien, il n'en a pas moins succédé à Granier au trente-huitième ; d'autres suppriment le nom de Granier sur le tableau des académiciens ; nous estimons qu'il y doit être maintenu, puisqu'il a été réellement membre de l'Académie pendant plus de huit mois. Hâtons-nous d'ajouter que si la liste des académiciens qui ont subi de la prison ou de l'exil est longue (1) ; Granier est le seul à qui l'on puisse reprocher une faute grave contre l'honneur.

Le premier décès fut celui de Bardin, qui mourut acciden-

---

1. V. Pièces justificatives.

tellement en 1637 ; les regrets qu'il laissa furent très grands et l'Académie honora sa mémoire ; peu de temps après lui, mourut Hay du Chastelet : ils furent remplacés par Nicolas Bourbon et Perrot d'Ablancourt. Le 14 février 1639, Jacques Esprit succéda à Ph. Habert, mort au siège d'Emerick, et La Mothe le Vayer à Méziriac. Le même jour, Priezac, un des familiers de Séguier, était nommé au quarantième siège, resté inoccupé jusque-là ; pour la première fois l'Académie se trouva au complet. A partir de ce moment, les élections de remplacement se firent au fur et à mesure que des vacances se produisirent. On trouvera cette généalogie aux « Pièces justificatives » (1).

On donne toujours l'abbé Régnier-Desmarais comme le successeur de Marin Cureau de La Chambre, et l'abbé de La Chambre, fils de ce dernier, comme le successeur de Racan. Nous avons trouvé sur ce point des documents contradictoires qui nous font croire que c'est l'inverse qui s'est produit ; bien que cela ne soit pas d'une grande importance, il nous a paru intéressant de fixer ce petit détail de l'histoire de l'Académie. Colbert s'étonna un jour que Perrault ne fît pas partie de l'Académie :

« C'est une Compagnie, ajouta-t-il, que le Roi affectionne beaucoup ; et comme mes affaires m'empêchent d'y aller aussi souvent que je le voudrais, je serai bien aise de prendre connaissance par votre propre moyen de tout ce qui s'y passse : demandez la première place qui vaquera. » (2).

Obéissant au désir de Colbert, Perrault posa sa candidature au siège de Gilles Boileau, mais il ne put pas la maintenir, le chancelier ayant promis cette place à sa fille, la marquise de la Guiche, pour l'abbé de Montigny.

« A quelques mois de là, M. de La Chambre, médecin très célèbre et de l'Académie française, vint à mourir ; toute l'Académie résolut de me nommer à sa place ; mais M. Colbert me dit que je n'y songeasse pas, parce que M. de La Chambre, médecin et fils du défunt, lui en avait parlé pour son frère, curé de Saint-Barthélemy. Je n'y songeai plus, et il fallut solliciter puissamment presque tous ceux de la Compagnie qui me voulaient nommer, de n'en rien faire, en leur représentant de quelle conséquence il serait, qu'à mon occasion, l'in-

---

1. V. Pièces justificatives.
2. Ch. Perrault. *Mémoires*, livre III.

tention de M. Colbert ne fût pas exécutée. M. de La Chambre fut donc élu et j'attendis encore. Le procédé de l'Académie dont j'étais fort content, déplut tellement à mes frères, et ils me fatiguèrent si fort là-dessus, que je laissai passer MM. Régnier et Quinault et plusieurs autres ; mais enfin, M. l'abbé de Montigny, évêque de Léon étant mort, l'Académie me nomma sans que je fisse aucune sollicitation. » (1).

D'autre part, dans la notice qu'il consacre à l'abbé de La Chambre, dans son *Histoire de l'Académie*, l'abbé d'Olivet écrit :

« A la mort de son père, l'un des premiers académiciens, il souhaita passionnément de lui succéder : mais quelque digne qu'il en fût, on le pria d'attendre une autre place vacante, exprès pour ôter à quiconque viendrait après lui tout prétexte de compter, en quelque façon sur des droits héréditaires qui dérogeaient à la liberté des élections. »

Nous nous trouvons donc en présence de deux affirmations également précises et cependant très différentes. Nous accordons, *a priori*, toute créance à la version de Perrault ; il est plus qu'un témoin, puisqu'il a été intéressé et mêlé directement à cette affaire, tandis que l'abbé d'Olivet écrivit son livre cinquante ou soixante ans plus tard. Il est probable que l'objection très juste dont parle le continuateur de Pellisson, a été soulevée, mais il nous paraît certain que l'intervention de Colbert en aura eu raison. D'ailleurs, l'abbé de La Chambre succédant à son père, cela ne constitue pas une exception dans l'histoire de l'Académie ; quelques années plus tard, Thomas Corneille remplacera son illustre frère, puis le duc de Coislin aura pour successeur direct son fils aîné, Pierre de Coislin, qui sera à son tour remplacé par son frère Henri-Charles ; le duc de Villars succédera à son père le maréchal ; le cardinal d'Estrées sera remplacé par son neveu le maréchal d'Estrées, et l'abbé Jérôme Bignon succédera à son oncle Jean-Paul Bignon.

Ch.-L. Livet, après avoir cité les *Mémoires* de Perrault dans son édition de l'*Histoire de l'Académie* par d'Olivet, porte dans le tableau qu'il annexe à cet ouvrage l'abbé de La Chambre comme successeur de Racan, et Régnier-Desmarais remplaçant Marin Cureau de La Chambre.

M. R. Kerviler, qui a fait des recherches intéressantes sur les premiers académiciens, parle de cette élection dans son

---

1. Ch. Perrault. *Mémoires*, liv. III.

livre, *le Chancelier Séguier*, et après avoir cité Perrault, il ajoute que « la mémoire de Perrault lui a fait défaut dans ce passage »; mais la conviction de M. Kerviler n'est pas bien solide, car il dit, page 292 du même ouvrage : « Il n'est pas impossible qu'on tînt dans l'Assemblée à ce que l'abbé remplaçât son père, le fameux médecin de Louis XIII. »

Nous avons alors pensé trouver la lumière en lisant les discours de réception de l'abbé P. de la Chambre et de Régnier-Desmarais, obligés l'un et l'autre par la tradition et l'usage à faire l'éloge de leur prédécesseur immédiat, et nous avons consulté le *Choix de discours de réception*, imprimé chez J.-B. Coignard, imprimeur et libraire du Roi et de l'Académie, ainsi que le *Recueil des Harangues prononcées par Messieurs de l'Académie française* (Amsterdam, 1709). Nous y trouvons le *Discours prononcé par M. l'abbé de La Chambre, docteur en théologie, curé de Saint-Barthélemy, lorsqu'il fut reçu à la place de M. le marquis de Racan*. C'est de ce titre, un peu plus long et probablement erroné, qu'est venue l'erreur propagée par l'abbé d'Olivet; en effet, sans nous arrêter à l'affirmation contenue dans ce titre, que lisons-nous dans le discours ? D'abord un éloge du duc de Coislin, protecteur du récipiendaire, qui ajoute :

« Il était aussi de sa bonté, qu'après avoir bien voulu conduire la pompe funèbre de mon père dans les derniers devoirs que nous lui avons rendus, qu'après avoir essuyé les larmes d'une famille éplorée et abîmée de douleur, il eût encore assez de générosité pour nous aider à faire revivre son nom et sa mémoire en me mettant en possession de ce que mon père a le plus chéri et estimé pendant sa vie... Et c'est encore pour me consoler de sa perte, et pour trouver du soulagement à ma juste douleur, dont je crains bien que ce discours ne se ressente trop, que je le cherche dans cette assemblée ; il me semble le voir dans ce lieu qu'il a fréquenté si longtemps avec plaisir, et, si j'ose le dire, avec quelque honneur. Du moins, etc... »

Le nom de Racan n'est même pas prononcé dans ce discours. Il ne nous semble pas qu'un doute puisse persister, d'autant que nous n'avons pu retrouver le discours de Régnier-Desmarais, qui ne semble pas avoir été conservé.

Dans le tableau des académiciens que nous donnons aux « Pièces justificatives », nous devons observer qu'aujourd'hui le mot *fauteuil* est tout à fait conventionnel ; il n'y a plus que des chaises à l'Académie.

## II

### Les Fondations de Prix.

Les premières fondations. — Première distribution. — Sous la Révolution et l'Empire. — Création du grand prix biennal. — Prix Thiers. — Nouvelles fondations. — M. de Montyon fonde les prix de vertu. — Le prix Gobert. — Distribution et discours des prix de vertu.

En 1654, Balzac fonda un prix d'éloquence d'une valeur de deux cents livres pour être distribué de deux ans en deux ans, à la suite d'un concours parmi les gens de lettres, et à des conditions qui furent établies par l'Académie (1). Le prix, distribué pour la première fois en 1671, fut porté à trois cents livres, par suite de l'accumulation des intérêts depuis le jour où il avait été fondé. Il consistait en une médaille d'or, portant à l'avers la tête de saint Louis et au revers la devise de l'Académie « *à l'Immortalité* » entourée d'une couronne de lauriers. Le premier lauréat fut Madeleine de Scudéry qui avait traité *de la Louange et de la Gloire* (2).

Pellisson, suivant l'exemple de Balzac, fonda un prix de poésie dont il partagea les frais avec deux autres académiciens, Conrart et Bazin de Besons. Après la mort de Pellisson, l'Académie, trois fois de suite, prit ces frais à sa charge : puis, en 1699, Clermont-Tonnerre, évêque de Noyon, les assuma seul, au moyen d'une rente perpétuelle prise à l'Hôtel de Ville. Le fondateur avait prescrit que le sujet de ce concours serait l'éloge d'une des vertus de Louis XIV, dont il croyait la source inépuisable, affirmant que « le principal objet de l'Académie est de consacrer le nom de l'incomparable Louis à l'immortalité. » Une cinquantaine d'années après la mort du grand Roi, l'Académie jugea

---

1. V. aux Pièces justificatives.
2. V. la Liste des Lauréats du prix d'Eloquence, aux Pièces justificatives.

qu'il était temps de laisser aux poètes la liberté de choisir le sujet qu'ils voudraient traiter. La médaille fut la même que celle du prix d'éloquence, avec cette différence que la tête de saint Louis fut remplacée par celle de Louis XIV. Ce prix fut distribué pour la première fois en 1671, et La Monnoye en fut le premier lauréat (1).

« Pendant très longtemps l'Académie n'a disposé que de deux prix, de trois cents livres chacun, celui d'éloquence, fondé par Balzac, et le prix de poésie. C'était fort peu de chose ; d'autant plus que les sujets qu'on donnait à traiter ne semblaient pas de nature à passionner les orateurs ou les poètes : il s'agissait dans l'un d'un lieu commun de sermon avec une prière à la fin ; l'autre consistait invariablement dans l'éloge d'une des vertus du roi. Néanmoins les concurrents ne manquaient pas, et la salle du Louvre était convenablement pleine, le 25 août, quand on y donnait les prix. Nos registres nous disent avec admiration qu'une fois il s'y trouva plus de 300 curieux, gens de lettres ou personnes de qualité. » (2).

Balzac, Pellisson et Clermont-Tonnerre eurent, par la suite, des imitateurs aussi bien parmi de généreux particuliers (3) que dans les pouvoirs publics. En 1746, Gaudron légua une rente de trois cents livres pour fondation d'un prix, ce qui, dit Duclos, permit à l'Académie de rétablir les deux prix annuels, puis, « attendu l'augmentation de la valeur numéraire du marc des matières, elle résolut de réunir les trois fondations, qui ne forment aujourd'hui qu'un fonds propre à fournir, avec un supplément, une médaille d'or de six cents livres pour un prix annuel, qui est alternativement d'éloquence et de poésie ».

L'Assemblée Constituante, dans son projet de réorganisation de l'Académie française, affirma le principe d'un prix national annuel ; Napoléon, dans son décret d'Aix-la-Chapelle, du 24 fructidor an XII, établit des prix pour les diverses classes de l'Institut (4) ; le nombre en fut augmenté et l'attribution modifiée dans le décret du 28 novembre 1809 (5). Louis XVIII doubla la valeur du prix de poésie (6).

« L'empereur (Napoléon III) ayant créé le 22 décembre 1860 le grand prix biennal de 20.000 francs pour être attribué tour à tour, à

---

1. V. La Liste des Lauréats du prix de poésie aux Pièces justificatives.
2. Gaston Boissier. *Rapport sur les concours de l'année 1903.*
3. V. Pièces justificatives.
4. 5, et 6. V. Pièces justificatives.

partir de 1861, « à l'œuvre ou à la découverte la plus propre à honorer ou à servir le pays, qui se sera produite pendant les dix dernières années dans l'ordre spécial des travaux que représente chacune des cinq Académies de l'Institut impérial de France », l'Académie a eu la première à en faire l'application et, après de longs débats intérieurs où bien des noms célèbres furent contradictoirement discutés et agités, sans qu'on pût se fixer sur aucun, elle en vint à proposer l'*Histoire du Consulat et de l'Empire* par M. Thiers, laquelle fut agréée par l'Institut ; mais M. Thiers, en s'honorant de recevoir le prix fit incontinent donation des 20.000 francs à l'Académie pour être fondé un prix triennal de 3000 francs à décerner à l'auteur d'un « ouvrage historique dont l'Académie aura proposé le sujet et dont elle croira devoir distinguer le mérite. » (1).

En 1867, d'après Sainte-Beuve, la somme que le budget de l'Etat accordait annuellement à l'Académie, s'élevait à 85.500 francs, sur lesquels 4000 francs étaient réservés pour un prix d'éloquence et un prix de poésie. (2).

La liste des particuliers qui fondèrent des prix est longue, et il faut reconnaître que quelques-uns y cherchèrent une satisfaction posthume d'amour-propre ; d'autres en firent une œuvre de pure bienfaisance. Le plus grand nombre pourtant atteignirent leur véritable but, la protection éclairée des lettres, restreinte quelquefois à la seule branche de la littérature qui avait leur préférence.

« En 1780, nous voyons qu'un citoyen « qui aime les lettres et les croit utiles à l'humanité » (c'est ainsi qu'il s'exprime) fonde un prix pour un ouvrage dont il pourra résulter un plus grand bien pour la Société. »

« Ce généreux citoyen, qui cachait son nom en public, mais le laissait volontiers courir dans le monde, était le chancelier du comte d'Artois, M. de Montyon, qui préludait ainsi à ses libéralités futures. » (3).

Les fondations que M. de Montyon institua par testament furent très importantes, tant pour leur valeur que pour leur destination.

« La première fondation est affectée aux *Prix de Vertu* ; il s'agit, aux termes du testament, de récompenser annuellement *le Français*

---

1. V. Pièces justificatives.
2. Sainte-Beuve. *L'Académie française* (Paris-Guide et *Nouveaux Lundis*).
3. Gaston Boissier. *Rapport sur les concours de 1903.*

*pauvre ayant fait dans l'année l'action la plus vertueuse.* Cette somme annuelle monte à plus de 20.000 francs ; elle se répartit entre plusieurs lauréats vertueux et pauvres dont les titres sont pesés avec une grande équité. La seconde fondation Montyon, toute littéraire, est, aux termes du même testament, destinée à récompenser *le Français qui aura composé et fait paraître le livre le plus utile aux mœurs.* La somme est environ par an de 20.000 francs. L'Académie a tout fait pour étendre, pour interpréter, sans le fausser, l'esprit de cette dernière fondation ; elle y a vu un moyen d'encourager la littérature non seulement morale, mais élevée et sérieuse. » (1).

Cette fondation des prix de vertu fut, à son origine, l'objet de bien des railleries. « Aujourd'hui, dit Sainte-Beuve, rien n'est mieux compris, plus incontestablement accepté, reconnu plus convenable et plus utile que le récit que fait annuellement l'Académie des actes de vertu, et les récompenses, si modérées d'ailleurs, qu'elle y attache. » (2).

Les prix de vertu furent inaugurés en 1819 par le comte Daru qui en fit le premier rapport annuel. L'Institut a payé à M. de Montyon sa dette de reconnaissance en lui érigeant une statue de marbre blanc et en la faisant placer dans l'un des vestibules du Palais.

Un des principaux prix que distribue l'Académie est celui qui a été fondé par Gobert en 1833, d'une valeur de 10.000 francs, attribué au *Morceau le plus éloquent d'Histoire de France.*

Il est distribué chaque année et généralement partagé inégalement entre deux auteurs.

Il serait trop long d'énumérer tous les prix que distribue l'Académie ; on en trouvera la liste aux Pièces justificatives.

« Que ceux qui sont trop prompts à railler l'Académie française pour sa prétendue oisiveté veuillent réfléchir au travail d'examen nécessaire pour la juste distribution de tous ces prix. » (3).

Dans l'ancienne Académie, la distribution des prix d'éloquence et de poésie se faisait le 25 août, jour de la Saint-Louis, patron des rois de France ; elle était accompagnée d'une cérémonie religieuse célébrée dans la chapelle du Louvre, au cours de laquelle un prêtre prononçait un discours en présence de la Compagnie et d'un grand nombre d'invités. Quelques-unes de ces séances solennelles et de

---

1. Sainte-Beuve. *L'Académie française.*
2. *Nouveaux Lundis,* IX.
3. Sainte-Beuve. *L'Académie française.*

ces cérémonies furent l'occasion d'incidents dont nous avons parlé précédemment.

De nos jours, la distribution des prix de vertu et des prix littéraires donne également lieu chaque année, au mois de novembre, à une séance solennelle, en présence d'une assistance aussi nombreuse que distinguée. Un membre de l'Académie lit un *Discours sur les Prix de vertu*, qu'il ne peut jamais citer tous, où il met en lumière ceux qui lui paraissent mériter une mention spéciale, puis le secrétaire perpétuel lit son *Rapport sur les Concours littéraires*; enfin, un membre de la Compagnie lit la poésie qui a été couronnée. Les passions qui s'agitent au dehors de l'Académie trouvent parfois un écho sous la coupole de l'Institut, comme au xviiie siècle dans la salle du Louvre : le 26 novembre 1903, M. Thureau-Dangin prononçait le discours sur les prix de vertu et était amené à faire l'éloge d'une religieuse de Libreville (Congo français), la sœur Saint-Charles, à qui un prix Montyon de 3.000 francs était décerné. L'orateur en profita pour faire entendre une discrète protestation contre la politique antireligieuse qui était en faveur à ce moment; il fut interrompu par un coup de sifflet dont on ne put connaître l'auteur; cet incident provoqua les applaudissements unanimes et répétés du public qui approuvait le langage de M. Thureau-Dangin.

Le *Discours sur les Prix de Vertu* est presque toujours attendu avec curiosité, et il est d'avance assuré d'une très grande publicité. Il semble que depuis tant d'années que ce sujet est traité par des hommes éminents et d'un talent si divers, il soit près d'être épuisé, et pourtant chaque année apporte une nouvelle page de haute éloquence, qui est un véritable régal intellectuel, de même que chaque année nous donne une nouvelle preuve de l'inépuisable source de dévouement qui se trouve chez les humbles. L'obscurité de la condition de tous les lauréats, pour qui tout espoir de récompense eût paru chimérique, le courage des uns, le désintéressement des autres, remplissent d'admiration même les plus blasés et forcent les plus sceptiques à reconnaître que l'humanité est meilleure que généralement on le suppose. Ces séances solennelles de l'Académie, par leur côté littéraire, donnent une satisfaction aux esprits délicats, et, par la glorification de la vertu, du sacrifice personnel et volontaire, elles émeuvent et élèvent les cœurs.

# III

## Réponse à quelques critiques.

Les erreurs de l'Académie. — Les premiers académiciens. — Balzac. — Conrart. — Les prélats. — Les grands seigneurs. — Le prestige de l'Académie. — Le quarante-et-unième fauteuil. — Quatre élections annulées. — Ceux qui ne voulurent pas être académiciens. — La résidence. — La nationalité. — L'âge. —Molière et les comédiens. — Opinions religieuses, philosophiques, politiques. — Descartes. — Pascal. — Au $xix^e$ siècle. — Le fauteuil féminin.

L'une des plus graves critiques qui ont été faites de l'Académie est d'avoir accueilli des hommes dont la valeur littéraire était contestable, quelquefois tout à fait nulle, et de n'avoir pas nommé quelques écrivains célèbres et même illustres. Il est indéniable que l'Académie a commis des erreurs, il est certain qu'elle en commettra encore, mais elles sont en réalité moins nombreuses que ne le font croire les apparences.

Pour juger sainement cette question, il faudrait pouvoir se reporter à l'époque même où les faits se sont passés et tenir compte des divers sentiments qui ont pu inspirer des choix malheureux ou des exclusions regrettables. Sur ce point, comme sur beaucoup d'autres, « il faut voir ce qu'en pensait le public de leur temps » (1) et considérer que, souvent, le propre du génie est d'être supérieur à son époque et que sa destinée est quelquefois de n'être pas compris d'elle : Corneille, Pascal, La Fontaine, La Bruyère, Voltaire, Diderot, Victor Hugo furent discutés et combattus. Le génie est comme les grandes montagnes : ce n'est qu'à une certaine distance qu'on en peut voir l'immensité.

Il ne faut pas oublier non plus que la fondation de l'Académie ne rencontra pas une approbation unanime. Il fallut aux premiers académiciens une foi profonde dans la mission

---

1. D'Alembert. *Éloge des Académiciens*, II, 326.

qu'ils entreprenaient et un vif désir de plaire à Richelieu pour leur donner le courage de dédaigner les railleries dont ils étaient l'objet ; il leur fallut faire de grands efforts pour obtenir le consentement des hommes d'un talent supérieur. Boisrobert inscrivit le nom de Balzac presque malgré lui sur le tableau de l'Académie, puisque ce dernier écrivait encore à Chapelain :

« Je suis très aise que M. le Garde des Sceaux et M. Servien en aient voulu être ; mais je voudrais que quelques autres qu'on m'a nommés n'en fussent pas, ou, pour le moins, qu'ils n'y eussent point de voix délibérative. Ce serait assez qu'ils se contentassent de donner des sièges et de fermer et ouvrir la porte... Il faut qu'ils fassent partie de votre corps, comme les huissiers font partie du Parlement. »(1).

A quoi Chapelain répondait le 25 février 1635 :

« J'ai même sentiment que vous pour quelques académiciens ; mais ils y sont, et les choses ne sont plus en état d'être révoquées. Le temps purgera la Compagnie, mais vous l'illustrerez toujours, et elle tirera plus de gloire de vous seul que de honte de ceux qui y trouvent place indignement. »

Il faut aussi reconnaître qu'il y a des époques où il serait impossible de trouver quarante personnalités littéraires dignes de l'immortalité. « La disette des sujets est extrême et augmente tous les jours », écrivait Grimm en 1770, après la mort du président Hénault. Il faut enfin se souvenir qu'il s'est toujours produit des engouements passagers et que l'on a vu fréquemment tomber dans l'oubli les réputations qui paraissaient le plus solidement établies. Combien n'en a-t-on pas vu s'effondrer avant même la mort de ceux qui en furent l'objet.

L'Académie, on ne saurait trop le répéter, est un salon où se discutent et se jugent les ouvrages et les auteurs contemporains, et tel académicien qui n'a pas laissé un bagage

---

1. Dans les œuvres de Balzac, cette lettre porte la date du 30 septembre 1636. La réponse de Chapelain étant du 25 février 1635, l'erreur est manifeste ; d'autre part, le Garde des Sceaux, Séguier, a été admis au commencement de janvier 1635, c'est donc entre ces deux dernières dates vraisemblablement vers la fin de janvier 1635, que cette lettre a été écrite.

considérable, pouvait être éclairé dans sa critique, judicieux dans ses conseils ; n'est-ce point le cas de Conrart, à qui Boileau reprocha injustement son « silence prudent » ? Ce ne sont pas toujours les plus grands écrivains qui ont donné à l'Académie le plus de travail, s'ils y ont apporté le plus de gloire.

La postérité doit être indulgente à ces amoureux des lettres qui s'appelaient Habert, Gombauld, Cérisy, Conrart, Serisay, Giry, dont, pourtant, « les œuvres complètes, avec variantes et annotations, seraient renfermées en un volume » (1).

On a reproché à l'Académie de l'ancien régime le nombre de ses prélats et de ses grands seigneurs ; on connaît la boutade de Voltaire : « L'Académie est un corps où l'on rencontre des ducs, des marquis, des gens d'Eglise et quelquefois des gens de lettres. » L'Académie a compté en effet, depuis Godeau, évêque de Grasse, jusqu'à S. E. le cardinal Perraud, évêque d'Autun, quatorze cardinaux et trente-quatre évêques ou archevêques (2). Beaucoup d'entre eux ont justifié leur présence à l'Académie par des ouvrages dignes d'elles ; faut-il citer, à côté de Bossuet, le plus grand de tous, les écrivains remarquables ou les orateurs éminents que furent les Fénelon, les Fléchier, les Massillon, les Huet, les de Bausset, les Maury, les Dupanloup ? Voici d'ailleurs sur ce sujet le témoignage d'un homme qui ne saurait être suspect d'une exagération de sympathie à l'égard du clergé ; dans son éloge de Nesmond, d'Alembert dit :

« Nous remarquerons ici, et, l'histoire de l'Académie en fournit la preuve, que les prélats qu'elle admit parmi ses membres, et que par conséquent elle en a jugés dignes par leurs talents, ont été presque tous des hommes distingués et respectables par leur charité et leur bienfaisance, c'est-à-dire par les vertus que l'Etre suprême a le plus recommandées aux chrétiens et surtout à leurs ministres. »

Il ne faut également regretter qu'en partie que les grands seigneurs y aient été aussi nombreux ; quelques-uns ont été de véritables hommes de lettres ; l'empressement des autres à vouloir être de l'Académie a contribué dans une large mesure à l'expansion de sa renommée et au prestige de la

---

1. Arsène Houssaye. *Préface de l'Histoire du 41ᵉ Fauteuil.*
2. V. la liste aux Pièces Justificatives.

littérature française : ils en ont été un des organes les plus utiles. « L'Académie avait une prédilection plausible pour les personnes qui pouvaient ajouter à sa considération par le prestige d'un nom historique ou l'éclat d'une haute dignité (1).

Au xvii° siècle, toute l'Europe avait les yeux fixés sur la France ; ce qui venait de notre pays était admiré de confiance, ce qui avait l'approbation de la cour était certain de plaire au monde entier ; le Roi-Soleil illuminait de ses rayons tout ce qu'il touchait. Les noms des écrivains illustres, Corneille, Racine, La Fontaine, Boileau, Bossuet, La Bruyère, n'avaient peut-être pas encore franchi nos frontières que ceux des d'Estrées, des Villars, des Coislin, étaient universellement connus ; l'étranger se sentait pris de respect et de vénération pour cette Compagnie de quarante membres, tous placés sur le pied de la plus parfaite égalité avec ces grands seigneurs et ces princes de l'Eglise. « Tels étaient donc les avantages de la confraternité académique : les lettres devenaient plus nobles, et les nobles plus lettrés. » (2).

En dépit de toutes les critiques, le prestige de l'Académie a persisté dans toutes les périodes de son existence, ainsi qu'en témoignent les cabales des femmes et des puissants pour y faire pénétrer leurs protégés, tandis que les écrivains les plus réputés comme les plus modestes ont recherché avec obstination les honneurs académiques.

« Le xviiie siècle a été, on le sait, l'âge d'or des savants et des hommes de lettres ; ils avaient fait entériner, à force d'esprit et de génie, leurs lettres de noblesse ; tous les grands seigneurs s'honoraient de les recevoir et de les fêter, cherchant, il est vrai, plutôt en eux des auxiliaires pour un prestige qui commençait à abandonner la naissance, que des amis qui éclairassent leur jugement et ornassent leur intelligence. » (3).

« La cour seule conservait son habituelle supériorité ; mais comme les courtisans en France sont encore plus serviteurs de la mode que les serviteurs du prince, ils trouvaient de bon air de descendre de leur rang et venaient faire leur cour à Marmontel, à Raynal, avec l'espoir de s'élever par ce rapprochement dans l'opinion publique. » (4).

---

1. Rouxel. *Chronique des Elections à l'Académie française*, p. 91.
2. P. Mesnard. *Histoire de l'Académie française*, p. 21.
3. A. Maury. *L'Ancienne Académie des Sciences.*
4. Comte de Ségur. *Mémoires.*

L'Académie a cédé trop fréquemment aux sollicitations pressantes et regrettables du monde de la Cour, mais outre qu'elle pouvait les considérer comme un hommage qui lui était rendu, elle avait le devoir de se perpétuer, d'éviter de se créer des inimitiés redoutables ; certains de ses choix que l'on blâme lui ont été dictés par l'instinct de sa propre conservation. Elle a accueilli tel académicien pour sa fortune et tel autre pour sa fonction : celui-ci lui apportait le concours de son influence, et celui-là l'espérance ou le souvenir de ses bienfaits.

On a souvent dressé la liste des grands écrivains qui n'ont pas fait partie de l'Académie ; elle est longue, trop longue ; un spirituel critique (1) a écrit l'histoire d'un quarante-et-unième fauteuil imaginaire dans lequel il fit asseoir successivement quelques-uns de ces académisables qui n'ont pas été académiciens.

« On aura beau dire qu'ils n'en sont point, parce qu'ils ne s'en mettent point en peine. La postérité ne recevra point cette excuse : et si elle voit paraître sur ce théâtre de petits ou médiocres acteurs, pendant que d'autres qui étaient capables des premiers rôles seront demeurés cachés derrière, elle blâmera sans doute le jugement qui aura fait de si mauvais choix. » (P).

La responsabilité de ces lacunes n'incombe pas tout entière à l'Académie ; encore pourrions-nous dire avec d'Alembert :

« Que les corps, aussi peu infaillibles que les particuliers, paient comme eux le tribut à l'erreur et à la fragilité humaines... Il est peu de corps qui, durant un aussi long espace de temps, ne se soient plus souvent égarés qu'elle dans le choix de leurs membres. »

Duclos fait aussi cette réflexion : « Une faute que font trop souvent les corps, c'est de ne pas considérer les hommes pendant leur vie, sous le point de vue où ils les verront après la mort. C'est par là que le collège des cardinaux doit regretter de ne pas voir sur sa liste le nom de Bossuet. »

Nous allons passer rapidement en revue quelques-uns des grands noms littéraires qui ne figurent pas au tableau de l'Académie.

---

1. Arsène Houssaye.

Nous en trouvons d'abord quatre que la compagnie élut dans un premier scrutin : deux, Arnauld d'Andilly et Lamoignon refusèrent d'accepter leur élection, et deux autres, La Bletterie et Piron virent la leur annulée par le veto royal.

Un certain nombre d'écrivains ne cherchèrent jamais à entrer à l'Académie, et d'autres exprimèrent la volonté formelle de n'en pas faire partie ; parmi les premiers, le cardinal de Retz, Malebranche, Gustave Flaubert, Alphonse Daudet ; Flaubert savait que la condamnation qui avait frappé *Madame Bovary* lui en fermerait toujours les portes, c'est aussi le cas de M. Jean Richepin condamné pour *la Chanson des Gueux* ; parmi les seconds, le duc de La Rochefoucauld, le chancelier d'Aguesseau, le marquis d'Argenson, Turgot, Béranger. L'auteur des *Maximes* ne pouvait pas prendre la parole en public sans risquer de tomber en pâmoison, la certitude où il était que cette excessive timidité l'empêcherait de prononcer son discours de réception, le détourna de penser à l'Académie. D'Argenson répondit, à ceux qui le sollicitaient de poser sa candidature : « Il faut trop d'orgueil pour prétendre à une place aussi enviée, aussi chansonnée que celle-là. » Béranger résista toujours ; il y fit entrer nombre de ses amis, mais là, pas plus qu'en politique, il ne voulut jamais rien être, désirant qu'on ne puisse « accoler jamais d'autre titre à son nom que celui de *chansonnier* », et il répondait à son ami l'académicien P.-A. Lebrun qui le pressait d'être candidat :

« A l'Institut qu'un autre règne :
« J'ai bâti ma ruche à l'écart. »

Plusieurs discours prononcés à l'Académie exprimèrent le regret de celle-ci de ne pas compter le célèbre chansonnier parmi ses membres.

Il y eut des littérateurs à qui l'on opposa ou à qui l'on aurait pu opposer la question de la résidence, obligatoire pour tous les académiciens, sauf pour les évêques, qui faillit empêcher le grand Corneille lui-même d'être de l'Académie. Descartes s'était retiré en Suède et Bayle en Hollande ; Saint-Evremont, que ses attaques contre l'Académie auraient rendu en quelque sorte inéligible vivait en exil.

Stendhal fut retenu hors de France par des fonctions diplomatiques, et l'abbé Prévost par son goût des voyages ; Rotrou, Brébeuf, Regnard vivaient en province.

Scarron, perclus, gardait la chambre, et Lesage était affligé d'une surdité complète ; leurs infirmités les détournèrent sans doute de l'Académie.

J.-J. Rousseau était citoyen de Genève, Hamilton était Anglais, Joseph et Xavier de Maistre, Savoyards ; quoique remarquables écrivains français tous les quatre, ils n'auraient pu faire partie de l'Académie, s'ils y avaient songé.

Rivarol n'avait que trente-cinq ans lorsque la Révolution supprima l'Académie, et il n'avait encore que très peu écrit ; le duc de Saint-Simon, mort en 1755, n'avait rien publié de son vivant : ses *Mémoires* parurent pour la première fois dans des éditions abrégées, de 1788 à 1791, et en édition complète seulement en 1829-1831.

Quelques excellents écrivains sont morts trop jeunes pour avoir eu le temps d'appartenir à l'Académie : Millevoye, à trente-quatre ans ; Vauvenargues et André Chénier, à trente-deux ans ; Gilbert à vingt-neuf et Hégésippe Moreau à vingt-huit ans.

Voilà tout un groupe d'écrivains (nous aurions pu allonger la liste) dont l'exclusion n'est pas entièrement due à l'hostilité de l'Académie, et au sujet desquels elle peut plaider non coupable. Il en est d'autres pour lesquels elle est excusable ; ce sont les auteurs de violentes attaques contre elle, comme Ménage et Dumarsais ; ceux qui s'étaient fait trop d'ennemis au dehors de l'Académie, comme Beaumarchais et P.-L. Courier ; ceux dont les désordres privés étaient trop connus, comme J.-B. Rousseau et Dufresny.

Où les critiques ont davantage leur raison d'être, c'est dans l'ostracisme que l'Académie pratiqua contre un certain nombre d'écrivains en raison de leur profession ou de leurs opinions ou à cause de la prétendue immoralité de leurs œuvres.

Le plus illustre de ces proscrits de l'Académie est Molière. Il ne s'y est jamais présenté, bien qu'y comptant des amis dévoués. Les discussions académiques ne le tentaient pas et il n'ignorait pas que les grands seigneurs et les prélats n'eussent jamais voulu le considérer comme un égal. Sa qualité de comédien le rendait en quelque sorte inéligible, et, malgré le conseil que lui en donna Boileau, il ne voulut pas y renoncer. L'Académie le sacrifia aux préjugés de l'époque, qu'elle ne pouvait faire autrement que de partager, et dont fut également victime Dancourt.

Destouches, De Belloy, Picard, Alexandre Duval n'auraient jamais été académiciens, s'ils n'avaient préalablement renoncé au théâtre. L'Académie, honteuse de son injustice à l'égard de Molière, l'a réparée dans la mesure du possible, alors que, le comédien étant mort, elle put glorifier le poète et qu'elle installa son buste dans la salle des séances, en y inscrivant le vers heureux de Saurin :

« Rien ne manque à sa gloire, il manquait à la nôtre. »

Nous avons raconté dans la première partie de ce livre l'hommage solennel que l'Académie rendit à Molière, en présence de l'abbé Poquelin, son petit-neveu, le 25 août 1769.

Bachaumont expose, dans ses *Mémoires secrets*, le récit d'un fait qui montre à quel point la profession de comédien était déconsidérée encore au xviiie siècle. Lorsque Crébillon le tragique mourut en 1762, les comédiens français décidèrent de faire célébrer en l'église Saint-Jean-de-Latran, à Paris, un service funèbre pompeux, pour lequel ils envoyèrent de nombreuses invitations, et auquel assistèrent, avec une délégation de l'Académie française, tous les acteurs et actrices de Paris. Bachaumont dit que la seule présence des comédiens et comédiennes dans une église fut un scandale énorme dont s'émut l'archevêque de Paris ; il obtint contre le curé, qui s'y était prêté, une condamnation à trois mois de séminaire et deux cents livres d'amende envers les pauvres.

La Révolution se montra plus douce aux comédiens ; à la création, trois sociétaires de la Comédie française firent partie de la troisième classe, dans la section de Musique et Déclamation : Molé, Préville et Monvel ; leurs fauteuils sont aujourd'hui occupés à l'Académie des Beaux-Arts par trois compositeurs, MM. Saint-Saëns, E. Reyer et Massenet ; un quatrième comédien, Grandmesnil, fit également partie de l'Institut avant 1803. Cette tolérance disparut avec le premier Consul qui revenait de plus en plus aux anciennes idées ; il s'opposa formellement à l'élection de Talma à l'Académie française (alors deuxième classe de l'Institut), dont J.-B. Legouvé avait pris l'initiative.

Sous Louis XIV, Guillet de Saint-Georges, qui fut pendant vingt-cinq ans secrétaire perpétuel de l'Académie de peinture, avait été comédien de l'Hôtel de Bourgogne. Le préjugé contre les comédiens n'a pas complètement disparu: nous avons assisté à des polémiques retentissantes relativement à la décoration des comédiens qui rencontre encore assez d'opposition pour que les sociétaires de la Comédie française et les plus célèbres chanteurs de l'Opéra ne soient décorés de la Légion d'honneur qu'au titre de professeurs au Conservatoire ou pour un motif autre que celui de leur profession. Une vacance s'étant produite, en 1903, à l'Académie des Beaux-Arts, le doyen de la Comédie française, M. Mounet-Sully, également honorable par le caractère et par le talent, posa sa candidature à ce siège, mais il ne fut pas élu.

Diderot, Helvétius, Lamennais effrayèrent l'Académie par leurs doctrines et leurs opinions; le grand Arnauldt, Nicole, Louis Racine, Rollin, La Bletterie étaient jansénistes, et nous avons déjà observé qu'aucun de Messieurs de Port-Royal ne fit partie de l'Académie. Si Richelieu aida à l'essor des lettres françaises, il prit ombrage de la théologie et de la philosophie : sous son ministère, Descartes dut s'exiler et les jansénistes furent persécutés. Il est vrai que, tout en reconnaissant que Descartes était un grand penseur, ses contemporains ne le considéraient pas comme un grand écrivain. Il en fut de même pour Pascal, plus réputé dans son temps comme mathématicien et physicien que comme écrivain : les *Lettres provinciales* ne parurent pas sous son nom.

La muse de Collé était trop gauloise pour l'Académie ; Ch. Baudelaire l'épouvanta avec les *Fleurs du Mal*; Théophile Gautier échoua plutôt pour des motifs politiques qu'on n'avoua qu'à moitié, que pour avoir écrit *Mademoiselle de Maupin* qu'on lui a tant reprochée dans certains milieux collet-monté. Deux grands écrivains auraient dû faire partie de l'Académie : Honoré de Balzac et Dumas père ; nous avons dit pour quelles raisons ils n'y furent pas admis : on reprochait au premier son état de fortune et au second sa trop grande fécondité. A la fin du $xix^e$ siècle, un écrivain puissant se vit refuser l'entrée de l'Académie avec autant d'obstination qu'il en mettait lui-même à en forcer les portes : Emile Zola fut, pendant quelques années, candidat à tous les sièges vacants et il n'obtint jamais qu'un nombre infime de voix ; la Compagnie était fermement résolue à ne pas admettre l'auteur de la *Terre*, de *Nana*, de l'*Assommoir*.

« L'Académie, en la personne de plusieurs de ses membres considérables, a, en effet, une grande peur : c'est encore moins la politique qui détermine dans certains cas, que la crainte de la Bohême littéraire... Il ne faut pas, à force de se mettre en garde contre la Bohême, s'abstenir de toute littérature actuelle et vivante. » (1).

Nous aurions pu rechercher pour quelles causes d'autres noms de littérateurs ne figurent pas sur le tableau des académiciens, et nous sommes convaincu que nous aurions trouvé qu'elles étaient sensiblement les mêmes que celles qui précèdent. D'ailleurs, à part quelques noms qui s'imposaient à notre examen, ceux que nous avons cités ont été pris impartialement et au hasard dans les listes que les adversaires de l'Académie ont dressées pour prouver son parti pris. On a vu que parmi tant de noms, il y en a bien peu — et nous reconnaissons volontiers qu'ils sont trop nombreux encore — à qui l'Académie ait réellement montré une persistante hostilité.

Avec le recul du temps, chacun reprend sa véritable place ; la postérité a fait le départ qui convenait entre les gens de cour et les hommes de lettres, et, selon l'expression de Duclos, « la curiosité s'arrête sur ceux qui rendaient des respects, et à la mémoire desquels on rend aujourd'hui des hommages » (2).

Un fantaisiste aurait pu imaginer que l'Académie française, imitant l'Académie d'Arles, avait admis les femmes à siéger ; il n'existe pas, à notre connaissance, une Histoire du Fauteuil féminin, et c'est vraiment dommage ; elle serait fort intéressante, si on en juge par l'ouvrage que V. Cousin a consacré aux femmes charmantes du xviie siècle. De tout temps il s'est rencontré des femmes distinguées, d'un réel talent littéraire qui ont marqué leur place dans les lettres françaises. Sans remonter à l'Académie de Charlemagne, nous citerons au moyen âge Héloïse, Marie de France et Clémence Isaure ; au xvie siècle, Marguerite de Valois, reine de Navarre, Louise Labé, les grandes dames qui prenaient part aux discussions de l'Académie des Valois, et la reine Marguerite de Navarre, femme de Henri IV. Depuis la fondation de l'Académie française, les candidates au fauteuil féminin n'auraient pas manqué, aussi bien parmi les femmes intelligentes et lettrées qui fréquentaient l'hôtel Rambouillet ou qui ouvrirent des salons à la fin du xviie siè-

---

1. Sainte-Beuve. *Nouveaux Lundis*.
2. *Histoire de l'Académie*.

cle, que parmi celles qui, au xviii⁰ siècle, faisaient les élections académiques et protégeaient les encyclopédistes et les philosophes. Au xix⁰ siècle le fauteuil eût pu être plus disputé encore, et la plupart des élues à ces diverses époques auraient fait le plus grand honneur à l'Académie.

Dans le but de montrer que le fauteuil féminin eût toujours pu être dignement occupé, nous avons établi la liste suivante, laissant au futur auteur de l'Histoire de ce fauteuil, le soin de mettre en relief les véritables qualités littéraires de ces femmes de lettres :

M$^{lle}$ de Gournay (1565-1645), M$^{me}$ de la Suze (1618-1673), M$^{me}$ de La Fayette (1633-1693), M$^{me}$ Deshoulières (1637-1694), Madeleine de Scudéry (1627-1701), M$^{me}$ Dacier (1654-1720), M$^{me}$ de Lambert (1647-1733), M$^{me}$ de Graffigny (1695-1758), M$^{me}$ du Deffant (1697-1780), M$^{me}$ d'Epinay (1725-1783), M$^{me}$ de Genlis (1746-1830), Sophie Gay (1776-1852), M$^{me}$ Émile de Girardin (1804-1855), M$^{me}$ Desbordes Valmore (1786-1859), George Sand (1804-1876), M$^{me}$ Clémence Royer (1830-1902), et, depuis la mort de cette dernière, M$^{me}$ Juliette Lamber.

Et combien qu'à notre grand regret nous devons négliger ! Au xvii⁰ siècle, M$^{mes}$ de la Vigne, de Villedieu, de la Sablière et la plus illustre de toutes, la marquise de Sévigné, dont les *Lettres* ne furent publiées que longtemps après sa mort, auraient été des concurrentes redoutables ; au xviii⁰, M$^{mes}$ de Caylus, de Charrière, du Châtelet et M$^{lle}$ Aïssé auraient eu des titres sérieux à faire valoir ; au xix⁰, M$^{me}$ de Staël, M$^{me}$ Campan, la duchesse de Duras, M$^{mes}$ Cottin, Colet, Ancelot, Anaïs Ségalas pouvaient également prétendre au fauteuil féminin.

Quelques amis et admirateurs de George Sand essayèrent en vain de la faire nommer à l'Académie (1). Il y a trop d'écrivains jaloux d'être académiciens pour qu'ils consentent à faire l'abandon d'un fauteuil en faveur des femmes de lettres. Par le temps de féminisme que nous traversons, ce sera peut-être la conquête de demain.

---

1. Longtemps après sa mort, l'Académie consentit, sur la proposition que lui en fit M. André Theuriet, de se faire représenter officiellement aux fêtes organisées au mois de juillet 1904 à La Châtre, pour célébrer son centenaire.

# IV

### Statistique.

Le Palais de l'Institut.— Usages actuels. — Rôle du secrétaire perpétuel. — La fortune de l'Académie. — Son budget. — Chantilly. — Statistique : les exclus, les réélus, les boudeurs. — Morts tragiques. — Détenus et proscrits. — Ministres et grands dignitaires. — Les membres des autres académies. — Ages extrêmes d'admission, de décès, etc. — Origine des académiciens. — Conclusion.

Le Palais de l'Institut fut élevé en 1662 par l'architecte d'Orbay, sur les plans de Levau, qui avait été son maître ; il servait d'église au Collège des Quatre-Nations fondé par Mazarin, qui n'a jamais habité ce palais. Napoléon voulut le consacrer aux séances de l'Institut, et il le fit aménager pour cet usage par l'architecte Vaudoyer. L'intérieur de ce monument comprend quatre salles principales : la plus grande et la plus connue est la salle des séances publiques ; elle est ornée de plusieurs statues, Bossuet, Descartes, Fénelon, Sully ; dans le vestibule qui précède la salle des séances solennelles, la statue de Napoléon, en pied, a à ses côtés celles de Molière et de La Fontaine, assis l'un et l'autre ; dans ce même vestibule se trouve aussi la statue de Montaigne.

La bibliothèque, où l'on n'est admis que sur la présentation de deux membres de l'Institut, occupe une vaste salle qui formait autrefois deux étages de chambres, dont on a supprimé les cloisons et les planchers. C'est là que se trouve la fameuse statue de Voltaire par Pigalle.

L'Académie française a le privilège d'avoir une grande salle rectangulaire pour ses séances privées ; tendue d'étoffe verte, meublée de tables recouvertes de tapis verts et de quarante chaises, elle est ornée d'un portrait en pied du cardinal de Richelieu et de divers bustes.

Enfin, la quatrième salle est commune aux quatre autres académies pour leurs séances privées ; elle est plus grande que la précédente et peut réunir plus de cent personnes ; c'est elle qui contient le plus grand nombre de bustes et de portraits : Andrieux, Cuvier, Chérubini, Bonaparte, Ducis, de Jussieu, Lakanal, Letronne, Royer-Collard, Silvestre de Sacy, et les statues en pied de Corneille, Molière, Racine, La Fontaine, Pierre Puget et Poussin.

La statue assise de Montyon est dans le couloir d'entrée du Palais de l'Institut.

Le bureau de l'Académie francaise est élu tous les trois mois ; il se compose du Directeur et du Chancelier, auxquels vient s'adjoindre le secrétaire perpétuel qui est logé à l'Institut ainsi que ses confrères des quatre autres académies. Lorsqu'un décès se produit, tout candidat qui veut se présenter à la place vacante, en avise, par lettre, le secrétaire perpétuel. L'élection a lieu au scrutin, chaque académicien écrivant son bulletin de vote. Le candidat qui obtient la majorité absolue est proclamé élu.

Aujourd'hui le récipiendaire se présente accompagné de ses deux parrains ; tous les trois, ainsi que les trois membres formant le bureau, portent le costume officiel de l'Institut ; le Directeur qui était en exercice lors du décès de l'académicien remplacé répond au récipiendaire par un discours de bienvenue, dans lequel il fait l'éloge des ouvrages et des titres de son nouveau confrère. Cette cérémonie donne quelquefois lieu à des rencontres ou à des oppositions piquantes, dont le public se montre très friand.

Quelques jours après sa réception, le nouvel académicien accompagné de ses parrains, est présenté par le secrétaire perpétuel au Président de la République dans une audience particulière.

Les séances publiques de réception sont extrêmement courues, et la grande salle de l'Institut est toujours trop petite pour contenir la foule des notabilités littéraires, artistiques, scientifiques et mondaines qui s'en sont disputé les cartes d'invitation.

En dehors du rôle officiel du secrétaire perpétuel, il y a celui qu'il a su prendre plus tard ; mais il est probable que, dès l'origine de l'Académie, il ressembla par certains côtés au joli portrait qu'en a tracé Sainte-Beuve et que nous ne pouvons résister au plaisir de citer ; si bien qu'au lieu de diviser les chapitres d'une *Histoire de l'Académie* selon l'ordre des protecteurs, on pourrait le faire d'après le « gouvernement » des secrétaires perpétuels.

« Les secrétaires perpétuels ont de fait le gouvernement de l'Académie... Le secrétaire perpétuel a d'abord cela pour lui qu'il est perpétuel et qu'il dure ; les présidents ou directeurs se succèdent et changent, lui il ne change pas : il est un sous-directeur à vie, autant dire un directeur sous un titre modeste. S'il n'a pas la plus grande influence dans la Compagnie, c'est qu'il ne le veut pas. Il ne manque aucune séance, tandis que les académiciens sont irréguliers, vont et viennent comme au temps de Furetière, s'absentent volontiers l'été, n'arrivent qu'après le commencement des séances et partent quelquefois avant la fin. Lui, il suit les questions, il les possède à l'avance, il les prépare, il les pose, et par la manière dont il les présente, s'il est habile, il suggère dans la plupart des cas la solution et incline déjà les suffrages. Il a, sans en avoir l'air, et pour peu que cela lui plaise, le premier et le dernier mot dans les discussions. Seul, il a le dépôt de la tradition et il sait la rappeler à propos ; il peut même parfois oublier de la rappeler, s'il lui convient. Il rédige le procès-verbal, et s'il ne tient qu'à lui de faire cette rédaction courte et sèche, il ne tient qu'à lui aussi de la faire riche, abondante, élégante, de reproduire les paroles, les discours, en les accentuant ou en les adoucissant ; il est même juge des convenances dans la manière de rédiger certaines décisions de la Compagnie, et pour peu que l'on soit distrait ou complaisant (et on l'est presque toujours), il peut, sans être infidèle, introduire ses propres réserves jusque dans ce qui a été voté et décidé ».

Les lois qui régissent l'Institut et les cinq académies qui le composent leur ont donné la personnalité morale, c'est dire qu'ils ont la capacité d'acquérir et de disposer. On évalue les revenus de l'Institut à environ sept cent mille francs, ce qui représente un capital de plus de vingt millions. Cette somme énorme n'est pas répartie également entre les cinq académies ; il a fallu obéir aux volontés des donateurs. Nous n'avons à nous occuper que de l'Académie française ; disons seulement que l'Académie des Sciences est celle qui jouit du plus gros revenu et que l'Académie des Beaux-Arts est moins favorisée.

L'Académie française vient au deuxième rang. Sa fortune peut être évaluée à 150.000 francs de rente.

Cette fortune est composée de :

1° Une part de l'Académie française dans les revenus de l'Institut.
2° Prix du budget. . . . . . . . . . . 4.000 »
3° Revenu particulier de l'Académie (variable).

L'Institut reçoit de l'Etat, pour ses dépenses, une somme annuelle de près de 700.000 francs ; pour sa part, l'Académie française reçoit 100.020 francs, se décomposant ainsi :

Traitement des 40 académiciens, à 1.500 francs chacun ; soit . . . . . . . . . . . . . . . . 60.000 »

Traitement du secrétaire perpétuel, logé gratuitement au Palais de l'Institut . . . . . . .   6.000 »
Supplément de 1.200 fr. pour chacun des cinq membres de la Commission du Dictionnaire historique . . . . . . . . . . . . . . . .   6.000 »
Travaux du Dictionaire de l'Académie, pour frais de bureau . . . . . . . . . . . .   5.700 »
Publication du recueil des *Mémoires et Discours*. . . . . . . . . . . . . . . .   4.200 »
Port de lettres, écritures, etc. . . . . . .   1.500 »
1/5 sur les 82.000 francs prévus pour les dépenses communes de l'Institut. . . . . . .   16.520 »
? . . . . . . . . . . . . . . . .   2.000 »
　　　　　　　　　　　　　　　　　　　100.020 fr.

L'Académie a de plus une participation d'un cinquième dans la fortune immobilière de l'Institut, qu'il est difficile d'évaluer exactement ; elle comprend les immeubles de la galerie Vivienne, le château de Langeais dans le département d'Indre-et-Loire, et la magnifique donation du duc d'Aumale.

Le château de Chantilly, qui fut à l'origine un château fort, après avoir longtemps appartenu à la famille de Montmorency, devint au XVIIe siècle la propriété des Condé, à la suite du mariage de Charlotte de Montmorency avec Henri de Bourbon, prince de Condé qui en fit une demeure princière. C'est à une fête que le grand Condé y donna à Louis XIV en 1671 que Vatel se passa son épée au travers du corps.

Condé fit de Chantilly un centre littéraire, y recevant les habitués de l'hôtel de Rambouillet, Voiture, Sarasin et plus tard, Racine, Boileau et Bossuet qui prononça l'oraison funèbre du prince.

Le dernier prince de Condé mourut en 1830, laissant Chantilly à son neveu et filleul, le duc d'Aumale, qui, en 1848, dut le faire passer fictivement en des mains étrangères, pour éviter la confiscation ; il n'en fallut pas moins un décret de l'Assemblée nationale en 1872, pour lui permettre d'en reprendre possession. Il en confia alors la restauration à l'architecte Danmet.

Le nouveau château a coûté huit millions, sur lesquels le duc d'Aumale en emprunta quatre au Crédit foncier, remboursables en vingt annuités de 200.000 francs à prendre sur le revenu du domaine. L'acte de donation à l'Institut autorisait celui-ci à aliéner une partie du domaine, dans le cas où l'hypothèque ne serait pas entièrement purgée au moment de la prise de possession.

La partie inaliénable comprend le château, avec toutes ses dépendances, le grand parc et la forêt, représentant 4000 hectares, soit à peu près la moitié de la superficie totale, évaluée à 9000 hectares. Le domaine de Chantilly est estimé 25 millions.

Les collections se composent d'armes, d'objets d'art de toute sorte, de tapisseries superbes, d'une merveilleuse galerie de tableaux dont le plus remarquable, quoique de très petites dimensions (10 centimètres sur 10 centimètres 1/2), est celui des *Trois Grâces* de Raphaël, que le duc d'Aumale a payé 600.000 francs, enfin d'une magnifique bibliothèque. Les collections peuvent être estimées 15 millions.

La donation du duc d'Aumale à l'Institut, château, domaine et collections, se monte donc à près de 50 millions, dont chacune des cinq Académies est moralement propriétaire pour un cinquième.

*
* *

Nous avons vu que l'Académie prononça l'exclusion contre un de ses membres, Granier, et la suspension contre deux autres, Furetière et l'abbé de Saint-Pierre, Le 18 fructidor frappa d'expulsion et d'exil plusieurs membres de l'Institut, dont trois, Sicard, Pastoret et Fontanes, appartinrent plus tard à l'Académie française ; l'ordonnance de 1816 fut plus brutale encore, onze membres de l'Académie furent radiés et proscrits.

Deux de ces derniers furent réélus en 1829, Arnault et Etienne ; deux autres membres de l'ancienne Académie rentrèrent aussi dans la nouvelle, postérieurement à l'organisation de 1803 : le cardinal Maury fut réélu par l'Académie en 1806, et le comte de Choiseul-Gouffier y fut réintégré par l'ordonnance de 1816. Avant la Révolution, deux académiciens furent élus deux fois, Suard et Delille, mais ils ne siégèrent qu'après leur seconde élection, la première ayant été annulée par le veto royal. Par contre quatre élus ne firent jamais partie de l'Académie : Arnauld d'Andilly et le président Lamoignon par suite de leur refus personnel, La Bletterie et Piron, à cause du veto royal.

Cinq académiciens, à la suite d'incidents que nous avons racontés en leur temps, cessèrent volontairement de venir à l'Académie : Pellisson s'abstint d'y paraître pendant dix ans ; il revint après la mort de Gilles Boileau (1669) dont il avait combattu l'élection en 1659 ; Lefranc de Pompignan, écrasé sous les épigrammes des philosophes, qu'il avait pris lui-même à partie dans son discours de réception, se retira en province ; l'abbé Bignon, ayant vu repousser sa proposition de créer des membres honoraires, cessa de venir à l'Académie ; dans d'autres circonstances, Buffon et l'évêque Dupanloup agirent de même.

Plusieurs académiciens succombèrent à une mort tragique ou accidentelle. Bardin, le premier qui mourut des quarante premiers académiciens en 1637, fut victime de son dévouement ; il se noya en voulant porter secours à M. d'Humières dont il avait été le précepteur et de qui il était resté l'ami. Cette mort affecta beaucoup l'Académie qui décida de lui faire un service à l'église des Carmes des Billettes, une oraison funèbre et une épitaphe. Cette décision devint la règle suivie depuis à la mort de chaque académicien, et elle fut étendue au libraire Camusat.

Philippe Habert, commissaire de l'artillerie, fut tué au siège d'Eymerick, en Flandre, par la chute d'un mur que des soldats voulurent faire sauter.

Saint-Ange, trois mois après son élection, fit une chute dont il mourut ; Legouvé mourut également des suites d'une chute deux ans après l'avoir faite.

Trois académiciens moururent des suites d'un accident de voiture : Fénelon à Cambrai, le comte de Tressan sur la route de Saint-Leu en 1783, étant âgé de 78 ans, et Esménard à Fondi près de Naples.

Bailly, le 12 novembre 1793, Malesherbes, le 22 avril 1794, le président Nicolaï, le 7 juillet 1794, furent décapités à Paris. La Terreur fit une quatrième victime illustre : Condorcet, pour échapper au tribunal et à l'échafaud révolutionnaires, s'empoisonna, le 28 mars 1794, dans sa prison de Bourg-la-Reine. Jouy n'était pas encore académicien lorsqu'il fut condamné à mort sous la Terreur, mais il parvint à s'évader.

Quatre autres académiciens se suicidèrent, Perrot d'Ablancourt, Chamfort ; Auger, secrétaire perpétuel de l'Académie, qui se précipita dans la Seine du haut du pont des Arts, au mois de janvier 1829 ; Prévost-Paradol se tua d'un coup de revolver, le 29 juillet 1870, à Washington où le gouvernement impérial venait de l'envoyer comme ministre plénipotentiaire.

Deux membres de l'Académie, Desmarets et Cassagne, sont devenus fous, et six, aveugles : Thomas Corneille, Houdart de La Motte, Delille, Baour-Lormian, de Féletz et Joseph Autran.

Le nombre des académiciens qui ont subi de la prison ou de l'exil est assez élevé ; nous en donnons la liste aux Pièces justificatives (1). Cinquante-trois académiciens ont subi de la prison en France, sept furent détenus à l'étranger (2) et cinq ont été prisonniers de guerre (3). Avant la Révolution, il y en eut six qui furent emprisonnés : Hay du Chastelet pour une incorrection sans gravité, que l'on avait qualifiée de parjure, dans l'affaire Marcillac ; Suard, pour un duel ; Royer, pour des chansons, Malézieu, Jay et La Harpe, pour leurs écrits. Roger et Jay n'appartenaient pas encore à l'Académie. Sept autres furent mis à la Bastille : Pellisson, entraîné dans la disgrâce du surintendant Fouquet, y resta quatre années ; le cardinal de Rohan-Guémenée y fut enfermé après l'affaire du Collier, et Morellet pour la préface des *Philosophes* ; Marmontel y fut emprisonné en 1758 pour n'avoir point voulu nommer l'auteur d'une satire parue dans le *Mercure*, qu'il dirigeait ; sa captivité ne dura que onze jours ; Bussy-Rabutin et Voltaire y allèrent deux fois et le maréchal de Richelieu trois fois.

Pendant la Terreur, vingt-sept anciens ou futurs académiciens furent détenus dans les diverses prisons de la République (4) ; Lucien Bonaparte et le duc de Montmorency furent arrêtés après la chute de Robespierre ; Esménard et Lacretelle jeune, au 18 fructidor ; Michaud et Jouy, au 13 vendémiaire ; deux académiciens furent condamnés à la prison au 18 brumaire et sept dans le courant du XIX$^e$ siècle (5) ; deux de ces derniers n'ont pas subi leur peine, Lacretelle aîné et F. de Lesseps.

Quinze académiciens ont été exilés en province, vingt-neuf ont été proscrits sous les divers régimes : Révolution, Directoire, Consulat et Empire, Restauration : Fontanes,

---

1, 2, 3, 4 et 5. V. Pièces justificatives.

La Harpe et le duc d'Aumale ont été proscrits deux fois et Esménard, trois fois (1). Deux ont été déportés sur les pontons, Dupaty et l'abbé de Féletz, ce dernier pendant onze mois.

Un membre de l'Académie a été chef du pouvoir exécutif, Thiers ; trois, le comte de Clermont, Lucien Bonaparte, le duc d'Aumale, ont appartenu à des familles souveraines ; cinq ont été membres du Conseil de Régence pendant la minorité de Louis XV, le cardinal de Rohan, le duc P.-H. de Saint-Aignan, les maréchaux de Villars et d'Estrées, le cardinal Dubois ; trois ont été membres du Directoire, Sieyès, François de Neufchâteau, Merlin de Douai ; deux ont été consuls, Cambacérès et Sieyès ; le duc de Montesquiou a été membre du gouvernement provisoire de 1814, Lamartine du gouvernement provisoire de 1848, Jules Favre et Jules Simon du gouvernement de la Défense nationale en 1870.

Quinze académiciens ont été premiers ministres (2) ; quarante-neuf, ministres (3) ; trente-six, ambassadeurs (4) ; Maury a été nonce.

L'Académie a compté dans son sein vingt ducs et pairs (5), six grands d'Espagne (6), trente-neuf chevaliers des Ordres du roi, du Saint-Esprit ou de Saint-Louis (7), onze chevaliers de la Toison d'Or (8), et trente grands-croix de la Légion d'honneur (9).

Elle a compté également six maréchaux de France (10), quatorze cardinaux (11), neuf archevêques (12), vingt-cinq évêques (13) et seize présidents de parlement (14). Viennet fut grand maître de la franc-maçonnerie (rite écossais) en France.

Vingt-neuf académiciens ont été professeurs au Collège royal devenu plus tard Collège de France (15), soixante-cinq ont appartenu à l'ancienne Académie des Inscriptions (16) et vingt et un à la nouvelle (17), sur lesquels trois en furent les secrétaires perpétuels ; trente-trois ont appartenu à l'ancienne Académie des Sciences (18) et quinze à la nouvelle (19), dont dix furent secrétaires perpétuels de ces académies ; quatre ont fait partie de l'ancienne Académie

---

1, 2, 3, 4, 5. 6. 7, 8, 9. 10, 11, 12, 13, 14, 15, 16, 17, 18 et 19. V. Pièces justificatives.

royale de peinture et sculpture, Watelet, J.-P. Bignon, Gros de Boze et d'Aguesseau ; Sedaine fut secrétaire perpétuel de l'ancienne Académie royale d'architecture.

L'Institut a compté trente-cinq anciens ou futurs académiciens de 1795 à 1803, et sept de 1803 à 1816 (1).

Trente académiciens ont appartenu à l'Académie des Sciences morales et politiques (2) et cinq à l'Académie des Beaux-Arts (3). Plusieurs appartinrent à la fois à deux de ces académies en même temps qu'à l'Académie française.

Il y eut sous l'ancien régime, une pénétration abusive des académies les unes dans les autres ; en 1755, Duclos protesta contre cet état de choses, et Bachaumont écrivait le 16 avril 1771 :

« L'abus de laisser passer des membres d'une Académie dans l'autre va devenir d'autant plus dangereux, qu'actuellement ceux des Belles-Lettres forment près d'un quart des quarante, en sorte que, pour peu qu'ils réunissent d'autres voix, ils seront nécessairement maîtres des suffrages. » (4).

L'Académie des Inscriptions voyait un danger pour son prestige dans cette tendance d'un certain nombre de ses membres, et elle exigea, avant de nommer un nouveau membre, que le candidat prît l'engagement, dans le cas où il serait élu, de ne jamais solliciter les suffrages de l'Académie française. Les candidats prirent tous l'engagement demandé, mais n'en tinrent aucun compte après l'élection.

Pour éviter le retour d'un semblable abus, on décida à la création de l'Institut et à l'organisation de 1803, qu'un membre de l'Institut ne pourrait appartenir à deux classes à la fois. On est revenu plus tard sur cette décision.

Vingt-quatre académiciens furent admis avant d'avoir atteint leur trentième année (5) ; par contre, vingt-trois étaient au moins septuagénaires au moment de leur réception (6). Vingt-deux ne siégèrent pas plus de trois ans (7) et furent académiciens pendant au moins quarante-quatre ans (8). Quinze moururent âgés de moins de quarante-cinq

---

1, 2, 3. V. Pièces justificatives.
4. *Mémoires secrets.*
5, 6, 7, 8. V. Pièces justificatives.

ans (1) et dix-huit étaient nonagénaires lorsqu'ils moururent (2), dont deux presque centenaires.

Cinq académiciens n'ont vu aucune élection après la leur, La Trémoïlle, Devaines, Colardeau, Lacordaire ; six en ont vu une seule : Saint-Ange, Vatout, Esménard, La Faye, Goibaud-Dubois, Granier.

Par contre Victor Hugo en a vu 85, le cardinal d'Estrées 86, J.-P. Bignon 90, Suard et Lacuée de Cessac 91, E. Legouvé 96, Roquelaure 100, de Bissy 102, Fontenelle et le maréchal de Richelieu 113.

Quinze académiciens ont été élus sous un pseudonyme littéraire ou un nom qui n'était pas exactement leur nom patronymique (3).

Enfin, au point de vue de l'origine, nous n'avons pu trouver le lieu de naissance que pour quatre cent soixante-neuf académiciens.

Nord (Flandre, Artois, Picardie). . . . . . . . . . . . 13
Normandie. . . . . . . . . . . . . . . . . . . . . 31
Ile de France. . . . . . . . . . . . . . . . . . . 178
Est (Alsace 1, Lorraine 10, Champagne 14, Franche-Comté 10). 35
Bourgogne. . . . . . . . . . . . . . . . . . . . . 20
Région lyonnaise (en y comprenant la Savoie et le Dauphiné). 21
Provence (avec Nice et le Comtat). . . . . . . . . . 22
Languedoc. . . . . . . . . . . . . . . . . . . . . 23
Gascogne. . . . . . . . . . . . . . . . . . . . . 14
Guyenne . . . . . . . . . . . . . . . . . . . . . 13
Pyrénées (Béarn, Foix). . . . . . . . . . . . . . . 3
Bretagne. . . . . . . . . . . . . . . . . . . . . 17
Ouest (Poitou, Saintonge, Angoumois, etc). . . . . . . 18
Centre (Anjou, Touraine, Berry, Morvan, Bourbonnais, Beauce, etc.). 21
Auvergne, avec le Forez. . . . . . . . . . . . . . 15
Limousin. . . . . . . . . . . . . . . . . . . . . 8
Corse. . . . . . . . . . . . . . . . . . . . . . . 1
Colonies françaises. . . . . . . . . . . . . . . . 7
Etranger. . . . . . . . . . . . . . . . . . . . . 9

En subdivisant par villes, nous trouvons que :

Paris a vu naître. . . . . . . . . . . . . 161 académiciens
Toulouse. . . . . . . . . . . . . . . . . 9 —
Dijon, Lyon et Rouen, chacune. . . . . . . 8 —
Versailles. . . . . . . . . . . . . . . . 7 —

---

1, 2, 3. V. pièces justificatives.

| | | |
|---|---|---|
| Bordeaux | 6 | — |
| Béziers, Caen et Marseille, chacune | 5 | — |
| Besançon, Clermont-Ferrand, Le Havre et Riom, chacune | 4 | — |
| Amiens, Angers, Langres, Metz, Nîmes, Orléans, Rennes, Saint-Malo, Vienne, chacune | 3 | — |
| Albi, Angoulême, Bayonne, Beauvais, Castres, Châlons-sur-Marne, Grenoble, Le Mans, Montauban, Montbard, Montpellier, Nancy, Poitiers, Tours et Valence, chacune | 2 | — |
| L'île Bourbon (Réunion) | 3 | — |
| Saint-Domingue (Haïti) | 2 | — |
| La Guadeloupe et Pondichéry, chacune | 1 | — |
| Londres | 2 | — |
| Bruxelles, Constantinople, Genève, Saint-Pétersbourg, Venise, Vienne et Santiago de Cuba, chacune | 1 | — |

*
* *

Au cours de sa longue carrière, l'Académie a eu bien des détracteurs et bien des défenseurs ; nous les avons signalés au cours de notre travail ; avant de conclure, citons encore l'opinion de trois académiciens sur elle :

« L'Académie française avait été dans le principe, un hochet littéraire de la vanité de Richelieu, puis un luxe de cour, puis un moyen de discipliner les lettres et de dorer le joug que voulait leur imposer le despotisme... Ce ne sont pas les corps qui reconnaissent, qui constatent, qui honorent le génie, c'est la postérité...

« Quand des voix s'élevèrent en dehors du gouvernement pour demander l'abolition de cette aristocratie élective, je ne la défendis que par ce mot: « C'est plus qu'une institution, c'est une habitude de la France ; respectons les habitudes d'un peuple, surtout quand elles sont morales, littéraires, glorieuses pour la nation. La plus réellement républicaine des institutions françaises sous la monarchie, c'était peut-être l'Académie, la République des lettres.» (1).

« Dans les discussions des bons jours, dans ces conversations toutes littéraires et habituellement si suivies qui animent les séances intérieures, combien de fois n'ai-je pas eu à m'instruire là où je me croyais sur mon terrain et le mieux préparé !... Que de bons et charmants feuilletons dans la bouche d'anciens ministres, et qui n'ont jamais été écrits. » (2).

---

1. A. de Lamartine.
2. Sainte-Beuve. *Nouveaux Lundis.*

« Ses travaux ne présentent point, comme ceux des autres académies, des résultats positifs qui puissent constater aux yeux du public son utilité directe. » (1).

Maintenant que nous voici arrivé au terme de notre tâche, nous avouons avoir commencé cette Histoire de l'Académie avec un sentiment de scepticisme qui, disparaissant peu à peu, a finalement fait place au respect et à l'admiration pour la doyenne de nos académies. Nous l'avons vue naître, grandir et se développer, cette haute personne morale, subissant, comme la personne humaine, les transformations des différents âges de la vie ; balbutiante, faible et craintive à ses débuts, réfléchie et souvent trop pondérée dans sa maturité, nous espérons qu'elle verra encore bien des générations de poètes et d'écrivains qui auréoleront sa gloire de nouveaux chefs-d'œuvre, avant que vienne pour elle l'époque de la sénilité et de la décrépitude.

---

1. De Barante. *Réponse au Discours de réception de Patin.*

# NOTICES

# PARTICULIÈRES

# LES CINQ CENTS IMMORTELS
## dans l'ordre de leur admission

### ABRÉVIATIONS

N. *date de naissance.*
R. *en remplacement de.*
N° *entre parenthèses indique le numéro du fauteuil.*
M. *date du décès.*
S. *eut pour successeur.*

### Protectorat de Richelieu.

**1.** — CONRART (Valentin) (2) Né à Paris en 1603. — Calviniste. Conseiller-secrétaire de Louis XIII, maison et couronne de France. Fréquenta l'hôtel Rambouillet et les salons de M^me de Sablé et de M^lle de Scudéry. Dans le roman de *Cyrus* il était appelé Théodamas. « Il a été, pour ainsi dire, le père de l'Académie française, c'est dans sa maison qu'elle est née ; elle ne fut d'abord composée que de ses plus chers amis ; sa probité, la douceur de ses mœurs, l'agrément de son esprit les avait rassemblés ; et quoiqu'il ne sût ni grec ni latin, tous ces hommes célèbres l'avaient choisi pour le confident de leurs études, pour le centre de leur commerce, pour l'arbitre de leur goût. Ils lui confièrent même la charge de secrétaire, la seule qui soit perpétuelle dans l'Académie ; en sorte qu'il était proprement l'âme de cette compagnie naissante, mais une âme qui en gouvernait les mouvements avec tant de dignité, qu'en peu de temps elle l'eut mis au rang des compagnies les plus illustres de l'Etat » (d'Olivet).

Premier secrétaire perpétuel de l'Académie, de 1634 à 1675, son rôle à l'Académie fut très important ; il tint les registres à partir du 13 mars 1634, prit part à la rédaction des statuts et rédigea les Lettres Patentes, fut délégué auprès du cardinal pour lui demander d'approuver les statuts, de Séguier pour lui offrir le protectorat, et des magistrats après l'arrêt de vérification.

Il patronna la candidature de Bossuet et participa aux frais du prix de poésie fondé par Pellisson.

De nombreux écrivains lui dédièrent leurs ouvrages : Perrot

d'Ablancourt, Costar, Ménage, L. Giry, Cassagne, etc. Il entretint une correspondance suivie avec Balzac.

Raillé par Boileau, « Conrart, dit Segrais, avait un goût et une délicatesse merveilleuse pour la perfection de notre langue. » Il a laissé deux ou trois pièces de vers, une relation des troubles de la Fronde et une certaine quantité de manuscrits qui forment un grand nombre de volumes in-folio à la Bibliothèque de l'Arsenal. »

« Poète facile, agréable et sans prétention, chroniqueur exact et impartial, épistolier fécond, à la prose pure et correcte, aussi éloignée de l'emphase pédante de Balzac que de l'affectation puérile de Voiture, grammairien sûr et judicieux, ami fidèle, d'une probité et d'un désintéressement à toute épreuve, Valentin Conrart, par l'assistance éclairée, les sages conseils et le dévouement constant qu'il prodigua aux gens de lettres, ses contemporains, mérite à coup sûr une place honorable parmi les figures les plus intéressantes du xviie siècle » (Kerviler). Kerviler a fait paraître *Conrart et ses amis*. Les *Mémoires de Conrart* ont été publiés par Monmerqué en 1825.

M. 1675. — S. : Le président Toussaint Rose.

**2. — GOMBAULD** (Jean Ogier de) (9). Né en Saintonge, 1576. — Ami et coreligionnaire de Conrart, disciple de Malherbe, familier de l'hôtel de Rambouillet où il était surnommé « le beau Ténébreux », il a prononcé à l'Académie le sixième discours : *Sur le Je ne sais quoi*, et a publié des poésies, des lettres et des discours en prose, une tragédie *(Les Danaïdes)* ; un roman. Il fit partie de la commission de révision des statuts et de la commission de correction des *Sentiments sur le Cid* ; fit l'éloge de Ph. Habert.

« Il est le plus ancien des écrivains français vivants. Il parle avec pureté, esprit, ornement, en vers et en prose, et n'est pas ignorant de la langue latine... Son fort est dans les vers où il paraît soutenu et élevé. A force de vouloir dire noblement les choses, il est quelquefois obscur » (Chapelain, 1662).

« Il y a de lui quelques bonnes épigrammes. » (Voltaire).

M. 1666. — S. : abbé Paul Tallemant.

**3. — CHAPELAIN** (Jean) (6). Né à Paris, 4 décembre 1595. — Conseiller de Louis XIII en ses conseils, précepteur des enfants, puis administrateur des biens du marquis de Latrousse, chez qui il demeura dix-sept ans. Son âge et ses infirmités lui firent refuser la place de précepteur du Dauphin. Il fut en grande faveur auprès de Richelieu et de Mazarin, pensionné par le duc de Longueville, puis par Louis XIV.

L'un des amis de Conrart et disciple de Malherbe, habitué de l'hôtel de Rambouillet et du salon Scudéry.

« Toute la cour, toute la France fut entraînée par de tels suffrages en faveur de Chapelain. Tous les beaux esprits, Balzac à leur tête, le reconnurent pour leur juge. » (d'Olivet). Un contemporain a dit qu'il avait succédé à Malherbe et s'était rendu l'arbitre de la langue française. Il a été l'ami et le confident de tous les savants de son temps, mais il fut une des cibles sur lesquelles Boileau exerça sa verve satirique ; « l'ambition ne l'a point tenté, les faveurs des grands ne l'ont pas ébloui, la satire même ne l'a point aigri » (d'Olivet). Paulin

Paris s'est demandé si ce n'est Chapelain qui a servi de modèle à Molière pour *Philinte*, comme Montausier pour *Alceste*.

Son rôle à l'Académie fut très important ; il rédigea le plan de ses travaux et celui du Dictionnaire, participa à la rédaction des statuts ; Les *Sentiments de l'Académie sur le Cid* furent son œuvre ; il fut délégué auprès de Séguier pour lui offrir le Protectorat. Ce fut lui qui, dans une conférence devant Richelieu sur les pièces de théâtre, posa la règle des trois unités de temps, de lieu et d'action. Colbert lui demanda, en 1662, une liste raisonnée des savants français et étrangers susceptibles de recevoir des gratifications de Louis XIV. Chapelain dressa cette liste avec une grande impartialité et un esprit critique très éclairé ; il y eut soixante savants gratifiés par le roi, dont quinze étrangers et quarante-cinq français, sur lesquels vingt-deux ont appartenu à l'Académie française : d'Ablancourt, Bourzeys, Cl. Boyer, Cassagnes, Chapelain, Charpentier, Corneille, Cotin, Desmarets, Fléchier, Gombauld, Gomberville, Huet, La Chambre, Leclerc, Mézeray, Perrault, Quinault, Racine, Segrais, Silhon.

Il connaissait le latin, l'italien et l'espagnol ; sa première publication fut la préface d'*Adone* du poète italien Marini : sa première œuvre poétique fut *La Pucelle* poème en vingt-quatre chants, dont douze seulement furent imprimés, qui contient quelques beaux vers mais dont l'insuccès fit perdre à Chapelain presque tout son prestige.

Il prononça le quatorzième discours : *Contre l'Amour*, et laissa des lettres manuscrites, intéressantes pour l'histoire littéraire de son temps. Il fit l'épitaphe de Ph. Habert.

Les premiers académiciens se réunirent quelquefois chez lui ; il fut l'un des quatre premiers membres de l'Académie des Médailles (des Inscriptions). Dans la querelle des anciens et des modernes, il fut du parti de ces derniers. Il reçut Perrault, et on lui attribua la rédaction du compliment de réception de Colbert. Voir *La Bretagne à l'Académie française du* XVII*e siècle* par R. Kerviler.

M. 22 février 1674. — S. : Benserade.

**4.** — GODEAU (Antoine) (8). Né à Dreux, 24 septembre 1605. — L'un des amis de Conrart et cousin de ce dernier à qui il envoyait ses poésies et qui lui fit connaître ses amis. Il fréquenta l'hôtel Rambouillet où sa petite taille lui valut le surnom de « Nain de Julie » (Julie d'Angennes, M$^{lle}$ de Rambouillet), et le salon Scudéry. Il prit part à la rédaction des Statuts et prononça le troisième discours : *Contre l'éloquence* ; il écrivit des préfaces, des ouvrages religieux, des oraisons funèbres (celle de Louis XIII), la *Vie de saint Augustin*, l'histoire ecclésiastique des quatre premiers siècles, des poésies chrétiennes. Il fut évêque de Grasse (1636) et de Valence (1638), mais ne pouvant obtenir la réunion des deux diocèses, il opta pour celui de Grasse.

« Peu de gens ont autant écrit et aussi élégamment que lui. » (Chapelain).

« Son *Histoire ecclésiastique* en prose fut plus estimée que son poème sur les *Fastes de l'Église*. » (Voltaire).

L'abbé Tisserand et R. Kerviler ont écrit des notices sur Godeau.

M. 21 avril 1672. — S. : Fléchier.

**5.** — HABERT (Philippe) (10). Né à Paris, vers 1606. — L'un des amis de Conrart, (et de M$^{lle}$ de Gournay), occupa différents emplois dans l'armée dont le dernier était commissaire de l'artillerie. Il était le second de cinq frères dont l'abbé de Cérisy était le troisième. Il prit part à la rédaction des Statuts, et a laissé quelques poésies manuscrites; une seule a été imprimée, le *Temple de la Mort*, « qui est, dit Pellisson, une des plus belles de notre poésie française ». Il fut tué par la chute d'un mur au siège d'Emerick (Hainaut) en 1638; son éloge fut fait par Gombauld et son épitaphe en vers par Chapelain (Voir *Le Chancelier Séguier* par R. Kerviler. — S.: Jacques Esprit.

**6.** — SERISAY (Jacques de) (3). Né à Paris vers 1594. — L'un des amis de Conrart (et de M$^{lle}$ de Gournay). Intendant du duc de La Rochefoucauld, fut un des deux opposants au désir de Richelieu de transformer en Académie la Société des amis de Conrart. Il fut le premier directeur de l'Académie de 1634 au 11 janvier 1638 ; à ce titre, il prononça de nombreuses harangues qui n'ont pas été conservées; il écrivit au Cardinal la lettre pour le prier d'être Protecteur, fit partie de la délégation qui demanda à Richelieu son approbation aux Statuts, de celle qui revisa les Lettres patentes et les présenta au garde des Sceaux, de celle qui remercia les magistrats après l'arrêt de vérification ; il fut commissaire à l'examen du *Cid* et aux corrections du texte de Chapelain sur les *Sentiments de l'Académie*; il fit l'épitaphe de Richelieu et fut délégué pour offrir le protectorat à Séguier. Porchères-Laugier le remplaça pour le huitième discours ; par contre, Serisay lut le douzième, celui de Racan. Il a laissé quelques poésies. M. novembre 1653. — S. : abbé de Chaumont.

**7.** — MALLEVILLE (Claude de) (12). Né à Paris en 1597. — L'un des amis de Conrart (et de M$^{lle}$ de Gournay). Secrétaire du maréchal de Bassompierre, puis secrétaire du Roi ; fut l'un des deux opposants à la fondation de l'Académie. Il fréquentait l'Hôtel de Rambouillet; un seul sonnet, la *Belle Matineuse*, en fit, de son vivant, un homme célèbre ; il écrivit aussi des vers latins. C'est par lui que Faret, Desmarets et Boisrobert furent introduits dans la Société des amis de Conrart.

« Ce qu'on estimait le plus en lui, c'était son esprit, et le génie qu'il avait pour les vers. Il y a un volume de ses poésies imprimées après sa mort, qui ont toutes de l'esprit, du feu, un beau tour de vers, beaucoup de délicatesse et de douceur, et marquant une grande fécondité, mais dont il y a peu, ce me semble, de bien achevées. » (Pellisson).
M. 1647. — S. : Ballesdens.

**8.** — CÉRISY (Germain Habert, *abbé de La Roche, abbé et Comte de*) (11). Né à Paris, vers 1610. — Le troisième des frères Habert et le plus jeune des amis de Conrart ; il collabora à la rédaction des Lettres Patentes, fut délégué pour le présenter au garde des Sceaux et l'un des examinateurs des vers du *Cid* ; le cardinal de Richelieu le désigna pour « jeter quelques poignées de fleurs » sur les *Sentiments de l'Académie ;* il prononça l'oraison funèbre de Richelieu au sein de l'Académie et le dix-neuvième discours, *Contre la pluralité des Langues*. L'Académie se réunit plusieurs fois chez lui. Il a écrit la *Vie du Cardinal de Bérulle*, quelques *Paraphrases des Psaumes* et diverses poésies dont la plus célèbre est la *Méta-*

*morphose des yeux de Philis changés en astres.* Ami de M<sup>lle</sup> de Gournay, Ménage dit qu'il fut un des plus beaux esprits de son temps.
M. en mai 1654. — S. : abbé Cotin.

**9.** — FARET (Nicolas) (7). Né en Bresse vers 1600. — Secrétaire, puis intendant du comte d'Harcourt, secrétaire de l'armée navale, de l'armée d'Italie, conseiller secrétaire du roi. Poète et écrivain médiocre, Pellisson a dit de lui : « Il avait l'esprit bien fait, beaucoup de génie pour la langue et pour l'éloquence. Son principal ouvrage est l'*Honnête Homme*, qu'il fit environ en 1633, et qui a été traduit en espagnol ». C'est ce livre dont il leur donna lecture qui le fit admettre dans la Société des amis de Conrart où il fut introduit par Malleville. Il rédigea le projet de constitution de l'Académie qu'il présenta au cardinal, et prit part à la rédaction des statuts. Il fréquentait les cabarets littéraires et le parti des « barbares » ; il appartint à l'académie de Bourg ; il a laissé une traduction d'Eutropius et s'occupa d'histoire; on connaît aussi de lui une *Ode* à Richelieu et un sonnet.
M. septembre 1646. — S. : Du Ryer.

**10.** — DESMARETS (Jean), de Saint Sorlin (4). Né à Paris 1595. — Conseiller du roi, contrôleur général de l'extraordinaire des guerres, secrétaire général de la marine du Levant. Faret et Malleville l'introduisirent dans la Société des amis de Conrart où il lut l'*Ariane*. Il fut le premier chancelier de l'Académie, fonction qu'il conserva du 13 mars 1634 au 11 janvier 1638 ; l'Académie tint quelques séances chez lui. Il fut l'un des cinq collaborateurs de Richelieu pour les *Thuileries* et l'*Aveugle de Smyrne* ; il collabora seul avec Richelieu pour la *Grande Pastorale*, *Europe* et *Mirame*. Il fut un des examinateurs du *Cid* et un des rédacteurs des statuts ; il fut délégué pour remercier les magistrats après l'arrêt de vérification et pour offrir le Protectorat à Richelieu, puis à Séguier. Il prononça le quinzième discours : *De l'amour des Esprits*.

Son factum : *Comparaison de la langue française avec la grecque et la latine* (1670), fut une des causes initiales de la querelle entre les anciens et les modernes ; il appartenait à ces derniers. Il a écrit des romans et divers ouvrages en prose, des poésies, des prières en vers, *Les Vertus chrétiennes*, poème en huit chants, et six pièces de théâtre, A la fin de sa vie, il fut atteint d'une folie mystique ; il se croyait prophète et disait que Dieu lui dictait ses vers. « Son style de prose est pur, mais sans élévation ; en vers il est abaissé et élevé, selon qu'il le désire ; et, en l'un et l'autre genre, il est inépuisable et rapide dans l'exécution, aimant mieux y laisser des taches et des négligences que de n'avoir pas bientôt fait. » (Chapelain). On lui doit surtout la comédie des *Visionnaires* et le poème de *Clovis*.
M. 28 octobre 1676. — S. : J.-J. de Mesmes.

**11.** — BOISROBERT (François Le Métel, *sieur et abbé de*) (5). Né à Caen en 1592. — Conseiller d'Etat, aumônier du roi. Introduit par Faret dans la Société des amis de Conrart, il fut l'intermédiaire entre Richelieu, dont il était le favori et un peu le bouffon, — « un bouffon de beaucoup d'esprit, dit Michelet, » — et l'Académie française,

où il joua un rôle important jusqu'à la mort du Cardinal. Il prit une part active à la fondation de l'Académie qui tint longtemps ses séances chez lui ; il s'employa à solliciter des adhésions pour la compagnie naissante, notamment celle de Balzac, fit partie de la délégation qui remercia les magistrats après l'arrêt de vérification, prononça le quatrième discours : *Pour la défense du Théâtre*. Il collabora aux pièces des cinq auteurs : *les Thuileries* et *l'Aveugle de Smyrne* ; il appartint au parti des modernes, lors de la fameuse querelle. Il a laissé des lettres en prose, des poésies, des poèmes dramatiques, huit tragédies, dix comédies dont deux tirées de Lope de Vega. Sa faveur auprès de Richelieu lui permit de rendre de grands services à ses confrères, qui eurent l'occasion de lui prouver leur reconnaissance : quelque temps avant la mort du cardinal, Boisrobert, ayant encouru sa disgrâce, fut exilé pendant plusieurs mois ; l'Académie députa plusieurs de ses membres auprès du Cardinal pour demander le rappel de leur collègue dont ils obtinrent la grâce (Voir une notice de M. Ch.-L. Livet).
M. 30 mars 1662. — S. : Segrais.

**12**. — DU CHASTELET (Paul Hay, *sieur*) (13). Né en Bretagne, novembre 1593. — Avocat général au parlement de Rennes, conseiller d'Etat, intendant de la justice dans l'armée royale. Magistrat et orateur. Il fut arrêté pour parjure, par ordre du roi, et mis en prison à Villepreux ; il ne semble pas que l'accusation fût sérieusement fondée. Admis à l'Académie avant le 13 mars 1634, fit partie de la délégation chargée de demander au Cardinal sa protection, de la commission de rédaction des Statuts, de la commission d'examen des Lettres Patentes et de la délégation qui les présenta au garde des Sceaux. il prononça, le 5 février 1635, le premier des vingt discours : *Sur l'éloquence française*. Il a laissé divers ouvrages en vers et en prose dont une *Histoire de Bertrand Du Guesclin*. « Il parlait et écrivait fort bien, et aimait avec une passion démesurée les exercices de l'Académie. » (Pellisson).
M. 6 avril 1636. — S. : Perrot d'Ablancourt.

**13**. — BAUTRU (Guillaume), comte de Serrant (14). Né à Angers, 1588. — Conseiller d'Etat, introducteur des ambassadeurs chez le roi, ministre plénipotentiaire, en grande faveur auprès de Richelieu et de Mazarin. Admis à l'Académie avant le 13 mars 1634, fit partie de la délégation chargée de demander au cardinal sa protection et de la délégation envoyée auprès des magistrats après l'arrêt de vérification. Il a écrit quelques satires et fut un bel esprit. « Ceux qui ont part à son secret disent que les Relations de ses ambassades ne peuvent être mieux écrites. » (Chapelain).
M. 7 mars 1665. — S. : abbé Jacques Testu de Belval.

**14**. — SILHON (Jean) (15). Né en Gascogne, vers la fin du xvie siècle. — Conseiller d'Etat, admis à l'Académie avant le 13 mars 1634, pris part à la rédaction des statuts. Il a laissé des *Lettres* et divers ouvrages en prose. Bayle dit qu'il était « sans contredit l'un des plus solides et des plus judicieux auteurs de son siècle ». — « Il est ici mort, depuis peu, un savant homme qui parlait bien : c'est le bon M. Silhon. » (Guy Patin).

« Ses ouvrages le font voir un de nos meilleurs écrivains en matières politiques... Son style est beau et soutenu, orné même, et s'il était moins étendu et un peu plus pur, il n'y aurait rien à souhaiter. Il a de l'éloquence et du savoir, peu de lettres humaines, assez de théologie. » (Chapelain).

M. 1667. — S. : J.-B. Colbert.

**15.** — SIRMOND (Jean) (16). Né à Riom, 1589. — La faveur de Richelieu lui valut d'être nommé historiographe du roi, aux appointements de douze cents écus. Il fut en butte aux attaques de l'abbé de Saint-Germain, aux libelles de qui Richelieu l'avait chargé de répondre. Admis à l'Académie avant le 13 mars 1634, il collabora à la rédaction des Statuts et fit partie de la commission de révision des *Sentiments de l'Académie* ; il a laissé des vers latins et une *Vie du Cardinal d'Amboise*. « Sa prose marque beaucoup de génie pour l'éloquence ; son style est fort et mâle, et ne manque pas d'ornements. » (Pellisson).

M. 1649. — S. : Montereul.

**16.** — BOURZEYS (Amable de) (17). Né près de Riom, 6 avril 1606. — Abbé de Saint-Martin-de-Cores, près d'Autun. Lettré, helléniste, considéré à dix-sept ans comme un génie extraordinaire, apprit les langues orientales, écrivit des poésies grecques et latines, traduisit en vers grecs un poème latin du pape Urbain VIII ; prédicateur et controversiste, il a laissé une *Lettre au Prince Edouard Palatin*, qui est un traité de religion. Admis à l'Académie avant le 13 mars 1634, il collabora au plan du Dictionnaire, à la rédaction des Statuts et à l'examen du *Cid ;* il prononça le deuxième discours : *Sur le dessein de l'Académie et sur le différent génie des langues*. Il collabora au *Journal des Savants*, dès sa fondation (5 janvier 1665), sous la direction de Denis de Sallo ; il fut l'un des quatre premiers membres de l'Académie des Médailles (Inscriptions) et fit partie de l'Académie des Sciences.

M. 2 août 1672. — S. : Abbé Gallois, qui lui succéda également dans son abbaye.

**17.** — MÉZIRIAC (Claude-Gaspard Bachet, *sieur de*) (18). Né à Bourg, 9 octobre 1581. — Guichenon, dans son *Histoire de la Bresse et du Bugey*, l'appelle Claude-Gaspard Bachet, écuyer, sieur de Meyseria, du nom d'un fief qui appartenait à Pierre Bachet, conseiller du roi et lieutenant au bailliage de Bresse, grand-père de l'académicien. Admis à l'Académie avant le 13 mars 1634, il fut dispensé de la résidence et fréquenta peu l'Académie où il prononça pourtant le dix-septième discours : *De la traduction*. Poète médiocre en français, latin et italien, il fut habile helléniste, excellent grammairien, critique distingué, théologien et mathématicien ; il a laissé des poésies, des traductions et un livre de *Récréations arithmétiques*. Il faisait partie de l'académie de Bourg. « Il était savant dans les langues, et particulièrement en la grecque, très profond en la connaissance de la fable, en l'algèbre, aux mathématiques et aux autres sciences curieuses.»(Pellisson). Guy Patin a contesté ce jugement favorable de Pellisson.

M. 26 février 1638. — S. : La Mothe le Vayer.

**18.** — MAINARD (François) (19). Né à Toulouse, 1582. — Nous adoptons cette orthographe et non celle, généralement admise, de Maynard, parce que nous avons vu une signature de cet académicien ainsi orthographiée dans la vente de la collection d'autographes de Gourio du Refuge. Mainard fut président au présidial d'Aurillac, conseiller d'Etat, secrétaire de la reine Marguerite; il fut en faveur auprès de quelques grands personnages, mais il n'eut jamais celle de Richelieu. Pellisson donne son nom parmi les premiers académiciens, avant le 13 mars 1634; il semble ressortir d'une lettre de Mainard à de Flotte qu'il ne fit partie de l'Académie que plus tard : « Je vois bien que sur la fin de vos jours vous serez déclaré auteur et canonisé par messieurs de l'Académie. Si j'ai quelque jour l'honneur d'y entrer, je leur en ferai la proposition. » Il semble même qu'il fut un de ceux qui attaquèrent l'Académie naissante, si l'on en juge par ce passage d'une autre lettre à de Flotte : « Je serai bien aise que vous supprimiez l'épigramme de l'Académie, si vous croyez qu'il y ait quelque chose qui puisse être désagréable aux puissances supérieures. » Quelle que soit l'époque à laquelle il y fut admis, il est certain qu'il fréquenta peu l'Académie et fut dispensé de la résidence.

Disciple de Malherbe, il fut l'ami de Racan, de Desportes et de Régnier et fréquenta l'hôtel Rambouillet; il a laissé un volume de vers et un volume de lettres où il traite des questions de prosodie; ses poésies latines n'ont pas été imprimées. Il a fait éditer, en 1619, *Philandre*, poème en cinq chants, en stances de six vers de huit syllabes. Les juges des Jeux Floraux de Toulouse lui décernèrent une Minerve en argent qu'ils ne lui donnèrent pas.

« C'est de ses vers qu'il a tiré sa plus grande gloire, comme il le prétendait bien aussi ; et véritablement il faut avouer qu'ils ont une facilité, une clarté, une élégance et un certain tour que peu de personnes sont capables d'imiter. » (Pellisson).

« On peut le compter parmi ceux qui ont annoncé le siècle de Louis XIV. Il reste de lui un assez grand nombre de vers heureux. » (Voltaire).

M. 28 décembre 1646. — S. : P. Corneille.

**19.** — COLLETET (Guillaume) (20). Né à Paris le 12 mars 1598. — Avocat au parlement et au conseil. Il fréquenta l'hôtel Rambouillet et le parti des « barbares »; il réunit chez lui les derniers disciples de Ronsard et l'on voulut voir en lui le trait d'union entre l'Académie des Valois et celle de Richelieu. Poète, il a laissé des traités réunis sous le titre *Art poétique*; auteur dramatique, il fit une tragi-comédie, *Cyminde*, et fut l'un des cinq auteurs des *Thuileries* et de l'*Aveugle de Smyrne*; il fit des traductions du grec et du latin, il écrivit une *Vie de Raymond Lulle* et divers ouvrages en prose qui n'ont pas été imprimés, notamment les *Vies des Poètes français*. Il fut admis à l'Académie avant le 13 mars 1634 et prononça le dix-huitième discours : *De l'imitation des anciens*.

« Notre pauvre M. Colletet mourut il y a un mois, et mourut véritablement pauvre, ayant fallu quêter pour le faire enterrer. » (Chapelain). Il avait pourtant eu quelque fortune qu'il gaspilla; il épousa successivement ses trois servantes.

M. 19 février 1659. — S. : Gilles Boileau.

**20**. — GOMBERVILLE (Marin Le Roy, sieur de) (21). Né à Paris 1600. — Fils d'un buvetier de la Chambre des Comptes ; il écrivit des poésies médiocres, une préface aux poésies de Maìnard, deux romans et un troisième resté inachevé, des traductions de l'espagnol, collabora au *Journal des Savants*, à sa fondation, sous la direction Denis de Sallo, et adopta les idées de Port-Royal. Admis à l'Académie avant le 13 mars 1634, il travailla au plan du Dictionnaire, à la rédaction des statuts et prononça le neuvième discours : *Que lorsqu'un siècle a produit un excellent héros, il s'est trouvé des personnes capables de le louer*. L'Académie se réunit plusieurs fois chez lui ; il y souleva une vive discussion, qui se répercuta hors de l'Académie, en demandant à celle-ci de proscrire la conjonction *car*. « Il parle très purement sa langue, et les romans qu'on a vus de lui en sont une preuve. » (Chapelain).

M. 14 juin 1674. — S. : abbé Huet.

**21**. — SAINT-AMANT (Marc-Antoine Gérard, sieur de)(22). Né à Rouen, 30 septembre 1594. — Il voyagea beaucoup et participa peu aux travaux de l'Académie où il fut admis avant le 13 mars 1634 ; il y limita sa collaboration à la rédaction des mots burlesques du Dictionnaire ; il fréquenta le parti des « barbares », et fut de celui des modernes. Il a laissé trois volumes de poésies et un poème héroïque, *Moïse* ; ses *Stances à Corneille sur son Imitation de Jésus-Christ* sont les derniers et les meilleurs vers qu'il ait publiés.

« Ce poète avait assez de génie pour les ouvrages de débauche et de satire outrée, il a même quelquefois des boutades assez heureuses dans le sérieux, mais il gâte tout par les basses circonstances qu'il y mêle. » (Boileau).

« C'était l'un des plus beaux naturels du monde pour la poésie, et de qui les bons sentiments de l'âme égalaient la gaieté de l'humeur. » (Sainte-Beuve. *Causeries*).

Son ode sur la *Solitude* (vers 1619) eut un succès qu'il n'obtint jamais avec ses poésies ultérieures. « Cette ode, dit Sainte-Beuve, fit, dès sa naissance, grand bruit et sensation ; on l'imita, on l'imprima en la défigurant, on la traduisit en vers latins. » (*Causeries*).

Voir aussi notice de Livet.

Il fut gentilhomme ordinaire de Marie-Louise de Gonzague, reine de Pologne, mais il mourut dans la misère, en 1661. — S. : Cassagne.

**22**. — COLOMBY (François de Cauvigny, sieur de) (23). Né à Caen, vers 1589. — Il eut une charge à la cour, créée pour lui et dans laquelle il n'eut pas de successeur : Orateur du roi pour les discours d'État. Il était parent et disciple de Malherbe et fréquenta l'hôtel de Rambouillet ; il a laissé des poésies, une traduction de Justin et du premier livre de Tacite. Deux de ses premières œuvres sont signées *Coulomby* et *Collomby*. Il vint peu à l'Académie, où il fut admis avant le 13 mars 1634.

M. en 1649. — S. : Tristan l'Hermite.

**23**. — BEAUDOIN (Jean) (24), Né vers 1590 dans le Vivarais. — Lecteur de la reine Marguerite et pensionné sur le sceau par Séguier. Il fut le premier traducteur de la *Jérusalem délivrée;* « son chef-

d'œuvre est la traduction de Davila, mais il en a fait aussi plusieurs autres qui ne sont pas à mépriser... Dans tous ses ouvrages, son style est facile, naturel et français. » (Pellisson). Il fut admis à l'Académie avant le 13 mars 1634. Il mourut de faim et de froid, en 1650.
S. : Charpentier.

**24.** — L'ESTOILE (Claude de) *sieur* du Saussay *et* de la Boissinière (25). Né à Paris en 1602. — Son grand-père maternel, François de Montholon, avait été garde des Sceaux sous François Ier ; son père est l'auteur du célèbre journal sur les règnes de Henri III et Henri IV. Admis à l'Académie avant le 13 mars 1634, il prit part à l'examen des vers du *Cid*, et prononça le dixième discours : *De l'excellence de la Poésie et de la rareté des parfaits Poètes*. Il était directeur à la mort de Richelieu ; il voulut supporter seul les frais du service funèbre pour le Cardinal, et rédigea son épitaphe ; ce fut lui qui demanda au chancelier Séguier d'accepter le protectorat de l'Académie, et qui le harangua après qu'il y eut consenti. Il fut l'un des cinq collaborateurs de Richelieu pour les *Thuileries* et l'*Aveugle de Smyrne* ; il a laissé deux pièces de théâtre, *La Belle Esclave* et *L'Intrigue des Filous*, et des poésies qui n'ont pas été réunies en volume. Il ne travaillait qu'à la chandelle et lisait ses vers à sa servante, comme le fit Malherbe et plus tard Molière, « pour connaître s'il avait bien réussi, croyant que les vers n'avaient pas leur entière perfection s'ils n'étaient remplis d'une certaine beauté qui se fait sentir aux personnes même les plus rudes et les plus grosssières. » (Pellisson).
M. en 1652. — S. : marquis A. de Coislin.

**25.** — PORCHÈRES D'ARBAUD (François de) (26). Né en Provence, 1590. — De Mazaugues, président au Parlement d'Aix écrivait à l'abbé d'Olivet que Porchères est le nom d'un village près de Forcalquier et qu'il n'y eut jamais de famille de ce nom. Arbaud et Laugier en possédaient chacun la moitié : ils en avaient pris le nom l'un et l'autre en déclarant d'ailleurs qu'ils n'étaient point parents. Il faudrait donc les appeler *Arbaud de Porchères* et *Laugier de Porchères*, mais au xviie siècle on était facilement appelé du nom de sa terre.
De Porchères d'Arbaud, poète, était disciple de Malherbe qui lui légua la moitié de sa bibliothèque ; une édition de ses œuvres poétiques a paru en 1855 sous ce titre : *Rimes de d'Arbaud Porchères, un des vingt premiers membres de l'Académie française en 1635* ; il a traduit les *Psaumes de David*. Admis à l'Académie avant le 13 mars 1634, il y prononça le vingtième et dernier discours : *De l'amour des sciences*.
Mort en 1640. — S. : Olivier Patru.

**26.** — SERVIEN (Abel) (27) *comte* de la Roche des Aubiers, *marquis* de Sablé *et* de Bois Dauphin. Né à Grenoble, 1er novembre 1593. — Admis à l'Académie le 13 mars 1634. Procureur général au Parlement de Grenoble, 1616 ; conseiller d'Etat, 1618 : maître des requêtes, 1624 ; premier président au parlement de Bordeaux, 1630 ; secrétaire d'Etat, 1630 ; ambassadeur extraordinaire en Savoie, 1631 ;

plénipotentiaire et ambassadeur pour la paix à Munster, 1643 ; ministre d'Etat et garde des Sceaux, 1648 ; surintendant des Finances, 1653. Il a laissé des harangues, des lettres et des écrits diplomatiques. Il mourut le 17 février 1659 dans son château de Meudon ; l'abbé Cotin prononça son oraison funèbre dans le service que lui fit faire l'Académie, le 5 avril 1659, à l'église des Carmes des Billettes.

S. : Renouard de Villayer.

**27.** — BALZAC (Jean-Louis-Guez, *sieur* de) (28). Né à Angoulême, 31 mai 1597. — Conseiller du roi en ses conseils ; admis à l'Académie en mars 1634. A cette époque il répondit par des railleries aux lettres que lui écrivirent Chapelain et Boisrobert pour qu'il fît partie de l'Académie, où il semble avoir été inscrit d'office ; d'ailleurs, il est probable qu'il n'y vint jamais, car son état de santé l'obligeait à vivre dans l'Angoumois et il fut dispensé de la résidence. Il fut l'oracle de l'hôtel de Rambouillet et, en son temps, l'un des plus considérables académiciens Il a été en quelque sorte le réformateur de la prose française, et, surnommé « le grand épistolier », il a laissé des *Lettres*, des œuvres diverses en prose, des vers et des lettres en latin.

« Il fut d'abord connu par ses *Lettres*, dont le premier volume parut en 1624. Elles causèrent, si j'ose ainsi parler, une révolution, générale parmi les beaux esprits. » (d'Olivet). Lorsque l'Académie décida que des discours seraient prononcés tour à tour par chacun de ses membres, Balzac se contenta de faire donner lecture d'une de ses œuvres. Il fonda, en 1654, le prix d'éloquence, le premier que l'Académie fut appelée à distribuer. Il était d'une valeur de deux cents livres, consistait en une médaille et devait être donné tous les deux ans ; il fut distribué pour la première fois en 1671 et par l'accumulation des intérêts, il eut une valeur de trois cents livres.

Il connaissait l'italien et l'espagnol ; il souleva des critiques passionnées et eut de zélés défenseurs. « Balzac, en ce temps-là, donnait du nombre et de l'harmonie à la prose : il est vrai que ses lettres étaient des harangues ampoulées... L'éloquence a tant de pouvoir sur les hommes qu'on admira Balzac, dans son temps, pour avoir trouvé cette petite partie de l'art ignorée et nécessaire, qui consiste dans le choix harmonieux des paroles, et même pour l'avoir souvent employée hors de sa place. » (Voltaire).

M. 8 février 1654. — S. : Hardouin de Péréfixe.

**28.** — BARDIN (Pierre) (29). Né à Rouen, 1595. — Admis à l'Académie le 27 mars 1634. Il s'adonna à la philosophie et aux mathématiques, paraphrasa l'*Ecclésiaste* sous le titre *Pensées morales*; une œuvre inachevée, *le Lycée*, était la peinture de l'*Honnête Homme*, titre que lui prit Faret. On a encore de lui le *Grand Chambellan de France* et une *Lettre* sur les possédées de Loudun. Il prononça à l'Académie le onzième discours : *Du style philosophique*, le 21 mai 1635. « Il prononça ce discours qui est fort beau, dit Pellisson, huit jours avant sa mort. »

Il se noya le 29 mai 1635, en voulant secourir M. d'Humières dont il avait été le précepteur. Sa mort, la première depuis la fondation de l'Académie, fut l'occasion d'une décision prise par celle-ci : les

honneurs funèbres à rendre à chacun des membres décédés de la Compagnie devaient consister en un service dans l'église des Carmes des Billettes, la composition d'un éloge succinct qui fût comme un abrégé de sa vie, une épitaphe en vers et une en prose. Cette coutume ne fut conservée par l'Académie que pour ses membres les plus qualifiés, et plus tard ce fut le successeur qui prononça l'éloge de l'académicien qu'il remplaçait. Godeau fut chargé de l'éloge de Bardin. Chapelain fit l'épitaphe en vers, et l'abbé de Cérisy l'épitaphe en prose.
S. : Nicolas Bourbon.

**29.** — RACAN (Honorat de Bueil, *chevalier puis marquis* de) (3o). Né en Touraine, 1589.—Il fut maréchal de camp. Admis à l'Académie dans le courant de l'année 1634, il écrivit le douzième discours: *Contre les sciences*, dont il fut obligé de confier la lecture à Serisay, à cause du bégaiement dont il était affligé. Poète, auteur des *Bergeries*, des *Psaumes Pénitentiaux*, des *Odes sacrées sur les Psaumes*, il a laissé des *Mémoires sur la Vie de Malherbe* dont il était le disciple et qui lui reprochait de ne pas travailler assez ses vers et de prendre trop de licences. Boileau lui reconnaît plus de génie qu'à Malherbe, mais il le trouve trop négligé dans sa prosodie et trop porté à imiter ce dernier. Il fréquenta l'hôtel de Rambouillet.

On lui donne habituellement pour successeur l'abbé de La Chambre. Nous avons expliqué, ailleurs, que c'est là une erreur et que c'est l'abbé Régnier Desmarais qui le remplaça. Il mourut en février 1670.

**30.** — BOISSAT (Pierre de) (31). Né à Vienne (Dauphiné) en 1603. — Admis à l'Académie le 6 novembre 1634. Chevalier et comte palatin, surnommé dans sa province *Boissat l'esprit*, il embrassa la carrière des armes. Il prononça à l'Académie le seizième discours : *De l'Amour des corps* : il a laissé des *Poésies*, une *Morale chrétienne* des ouvrages latins en vers et en prose ; on lui attribue en outre l'*Histoire négropontique* et les *Fables d'Esope* publiées sous le nom de son ami Baudoin.

Il se retira de bonne heure à Grenoble où il fut le héros d'une affaire dont s'émut l'Académie. Dans un bal masqué et sous le couvert du masque, il tint des propos un peu libres à M$^{me}$ de Sault, femme du lieutenant du roi en Dauphiné ; le comte de Sault fit bâtonner Boissat par ses gens ; la noblesse du Dauphiné prit fait et cause pour l'un des siens et exigea qu'une satisfaction lui fût donnée ; après plusieurs mois de démarches et de pourpalers, un arrangement honorable pour les deux partis intervint. Il y eut au sujet de cet incident un échange de correspondance entre Boissat et l'Académie qui le félicita du résultat final.
M. le 28 mars 1662. — S. : Furetière.

**31.** — VAUGELAS (Claude Favre, *sieur* de) (32). Né à Chambéry, 6 janvier 1585. — *Baron* de Péroges, fils de l'illustre président Favre : Vaugelas était le nom de sa mère.

Gentilhomme ordinaire, puis chambellan du duc d'Orléans, et sur la fin de ses jours, gouverneur des enfants du prince Thomas de Savoie. Il était fort assidu à l'hôtel de Rambouillet. Admis à l'Académie le 27 novembre 1634, il eut une pension de Richelieu, de deux mille livres, pour travailler au Dictionnaire : il donna quinze années aux cinq ou six premières lettres. Excellent et célèbre grammairien, il a laissé des *Remarques sur la langue française* ; « la matière en est très bonne pour la plus grande partie, a dit Pellisson, et le style excellent et merveilleux ». « Vaugelas a été en son temps l'organe le plus accrédité du meilleur et du plus pur parler de la France. » (Sainte-Beuve, *Nouv. Lundis*) : il fut « le *greffier de l'usage*. Il a passé sa vie à observer cet usage en bon lieu, à en épier, à en recueillir tous les mouvements, toutes les variations, les moindres incidents remarquables, à les coucher par écrit. C'était un véritable *statisticien* du langage » (Sainte-Beuve, *Nouv. Lundis*). Il fit aussi des vers italiens. « Sa traduction de Quinte-Curce, qui parut en 1646, fut le premier bon livre écrit purement, et il s'y trouve peu d'expressions et de tours qui aient vieilli. » (Voltaire). Chapelain et Conrart en publièrent une édition en 1653, et Patru une autre en 1659.

Il mourut pauvre et insolvable le 25 février 1650 ; ses créanciers saisirent, dans l'espoir d'en tirer un bénéfice, les notes qu'il avait prises pour ses *Remarques* et pour le *Dictionnaire* ; à la suite d'un procès, Conrart put en faire restituer une partie à l'Académie. Il fit partie de l'académie de Bourg.

S. : Georges de Scudéry.

**32. — VOITURE (VINCENT) (33).** Né à Amiens, le 23 février 1598. — Fils d'un marchand de vins en gros, ce dont on le railla souvent, il occupa diverses charges à la cour. Dans sa jeunesse, il signa *Voycture* deux pièces, l'une latine, l'autre française, et *Voicteur* une pièce de vers sur la mort d'Henri IV, qu'il récita, en 1610, comme écolier du collège de Calvi. Envoyé en Espagne par le duc d'Orléans, frère du Roi, « il fut fort estimé à Madrid, et ce fut là qu'il fit ces vers espagnols, que tout le monde croyait être de Lope de Vega, tant la diction en était pure. » (Pellisson). Il fit des poésies latines, françaises, espagnoles, italiennes, et a laissé des *Lettres*. « C'est lui, au reste, dit encore Pellisson, qui renouvela en notre siècle les rondeaux, dont l'usage était comme perdu depuis le temps de Marot. »

Il fut présenté par M. de Chaudebonne à l'Hôtel de Rambouillet dont il fut un des oracles et où il excita un enthousiasme inouï avec son sonnet d'*Uranie* ; il fut admis à l'Académie française le 27 novembre 1634, et il y vint peu. Sa réputation de bel esprit s'était étendue à l'étranger, et lorsqu'il mourut le 27 mai 1648, l'Académie porta son deuil.

Pellisson, écho de l'opinion de son époque, a dit : « Ses œuvres ont été publiées après sa mort en un seul volume, qui a été reçu du public avec tant d'approbation, qu'il en fallut faire deux éditions en six mois. Sa prose est ce qu'il y a de plus châtié et de plus exact... la lecture en est infiniment agréable. Ses vers ne sont peut-être guère moins beaux, encore qu'ils soient plus négligés. »

« Voiture, dit Voltaire, donna quelque idée des grâces légères de ce style épistolaire qui n'est pas le meilleur, puisqu'il ne consiste que dans la plaisanterie. C'est un baladinage que deux tomes de lettres dans lesquelles il n'y en a pas une seule instructive, pas une qui parte du cœur, qui peigne les mœurs du temps et les caractères des hom-

mes ; c'est plutôt un abus qu'un usage de l'esprit. C'est le premier qui fut en France ce qu'on appelle un bel esprit. Il n'eut guère que ce mérite dans ses écrits, sur lesquels on ne peut se former le goût ; mais ce mérite était alors très-rare. On a de lui de très jolis vers, mais en petit nombre ». (Il y a une note sur Voiture, voir Ubicini), Sarasin a écrit une jolie pièce de vers : « La Pompe funèbre de Voiture ». Sainte-Beuve lui a consacré deux causeries du Lundi.
S. : Mézeray.

**33. — PORCHÈRES LAUGIER** (Honorat, sieur de) (34). Né en Provenc, 1562. — Au sujet de son nom, nous ne répéterons pas ce que nous avons dit dans la notice 25 ci-devant, consacrée à Porchères d'Arbaud. Il fut élu le 4 décembre 1634 ; son élection ayant déplu à Richelieu, l'Académie proposa au cardinal de l'annuler, mais il s'y opposa. Elle décida alors qu'à l'avenir nul académicien ne serait définitivement nommé sans avoir obtenu le consentement préalable du Protecteur ; ce fut aussi à la suite de cette élection que le mode de votation par billets remplaça le vote à haute voix. Porchères Laugier remplaçant Serisay, prononça à l'Académie le huitième discours : *A la louange de l'Académie, de son Protecteur et de ceux qui la composent* ; en son nom personnel, il prononça le treizième discours : *Des différences et des conformités qui sont entre l'amour et l'amitié.* Il a laissé des *Poésies* et cent *Lettres amoureuses*, sous le nom d'*Erandre*. Doyen d'âge des quarante premiers académiciens.
S. : Pellisson. — M. dans sa quatre-vingt-douzième année, 26 octobre 1653.

**34. — MONTMOR** (Henri-Louis Habert, sieur de) (35) Né à Paris. — Cousin de Ph. Habert et de Germain Habert abbé de Cérisy. Conseiller du roi en ses conseils, maître des requêtes de son hôtel. Il fut élu le 4 décembre 1634 et prononça le cinquième discours : *De l'utilité des conférences*. Il soutint la candidature de Gilles Boileau. L'Académie se réunit plusieurs fois chez lui : il réunissait aussi une fois par semaine une assemblée de savants qui traitaient « des choses naturelles, de la médecine, des mathématiques, des arts libéraux et des mécaniques », dont on trouvera le règlement aux *Pièces justificatives* : ce fut le berceau de l'Académie des Sciences. Il fut l'ami de M$^{lle}$ de Gournay et de Gassendi qui habita et mourut chez lui et dont il publia les œuvres en six volumes in-folio, en les faisant précéder d'une *Préface latine*. C'est, avec quelques *épigrammes latines*, tout ce qui est resté de lui.
« Il a beaucoup d'esprit, et l'a plus témoigné dans plusieurs épigrammes latines qu'en autre chose. Son amour pour les lettres et les lettrés est très ardent et quelquefois libéral » (Chapelain).
Mort doyen de l'Académie, 21 janvier 1679. — S. : abbé de Lavau.

**35. — LA CHAMBRE** (Marin Cureau de) (36). Né au Mans, 1594. — Conseiller du roi et son médecin ordinaire. Il était habile physionomiste et croyait aux sciences occultes ; il a laissé des ouvrages de phil     hie et de médecine, ainsi qu'une traduction de la *Physique* d'Aristote. Il fut choisi pour occuper une des premières places à l'Académie des Sciences, 1666. Elu à l'Académie française le 4 dé-

cembre 1634, il y prononça le septième discours : *Que les Français sont les plus capables de tous les peuples, de la perfection de l'Éloquence*, et l'éloge de Richelieu. Étant directeur en 1658, lors de la visite que la reine de Suède fit à l'Académie, ce fut lui qui complimenta cette princesse au nom de l'Académie :
« Il avait naturellement beaucoup d'éloquence, il était savant en toute sorte de littérature. » (abbé de La Chambre).
« C'est un excellent philosophe, et dont les écrits sont purs dans le langage, justes dans le dessein, soutenus dans les ornements, et subtils dans les raisonnements. » (Chapelain).
M. 29 décembre 1669. — S. : abbé P. Cureau de La Chambre, son fils.

**36.** — SÉGUIER (Pierre III) (1). Né à Paris, 28 mai 1588. — Président à mortier au parlement de Paris ; garde des Sceaux, 1633 ; chancelier de France, 1635, duc de Villemor et pair de France. Il scella, le 4 décembre 1634, les Lettres Patentes de l'Académie et demanda à l'abbé de Cérisy qui les lui avait apportées, de faire partie de cette Compagnie : il fut nommé le 8 janvier 1635. L'Académie pensa un moment lui faire partager le protectorat avec Richelieu ; elle se borna à inscrire son nom en tête du tableau des académiciens. Il fut nommé Protecteur, en 1643, à la mort de Richelieu ; pendant trente années, l'Académie tint ses séances en son hôtel, rue du Bouloi ; il se rendit fréquemment aux assemblées de la Compagnie, où il refusa le titre de « Monseigneur ». Il borna son protectorat à être l'arbitre des discussions qui se produisirent au sein de l'Académie ; son influence y fit entrer Ballesdens, A. de Coislin, l'abbé de Chaumont et l'abbé de Montigny.

Il protégea un certain nombre d'hommes de lettres auxquels il donnait l'hospitalité ; parmi eux les académiciens : Esprit, M. La Chambre, P. de La Chambre, G. Habert, Ph. Habert, Chaumont, Ballesdens, Priézac. Il pensionna sur le sceau Mézeray, Baudoin, Gombauld, Granier, etc.

« Homme équitable, savant, aimant les gens de lettres, il fut le protecteur de l'Académie française, avant que ce corps libre, composé des premiers seigneurs du royaume et des premiers écrivains, fût en état de n'avoir jamais d'autre protecteur que le roi. » (Voltaire).

Lorsque Séguier mourut, le 22 janvier 1672, l'Académie lui rendit de grands honneurs. En outre de son oraison funèbre prononcée par Mascaron, il y en eut une par l'abbé de La Chambre en l'église des Carmes où l'Académie fit célébrer un service religieux ; une autre encore fut prononcée, en présence de la Compagnie, à l'hôtel Séguier, par l'abbé P. Tallemant ; enfin, lorsque l'Académie dut quitter l'hôtel hospitalier, Ch. Perrault fit un compliment à M$^m$. la chancelière Séguier. Barère de Vieuzac a écrit son éloge. Kerviler a publié *Le Chancelier Séguier.*

Quand Séguier fut nommé protecteur, il cessa d'être académicien et fut immédiatement remplacé par Bazin de Bezons, 1643.

**37.** — CHAMBON (Daniel Hay, *abbé de*) (37). — Né en Bretagne, 23 octobre 1596. — Il était le frère puîné de Paul Hay du Chastelet. C'était un controversiste et un mathématicien dont les ouvrages

furent, après sa mort, jetés au feu par son neveu, le marquis Hay du Chastelet, qui ne pouvait les comprendre. Elu à l'Académie le 26 février 1635, il semble l'avoir peu fréquentée.
M. 20 avril 1671. — S.: Bossuet.

**38.** — GRANIER (Auger de Moléon, *sieur* de) (38). — Né en Bresse. — Pellisson l'appelle Granier ; Colomiès, dans sa *Bibliothèque choisie*, l'appelle Auger de Moléon, sieur de Granier. En somme, on sait peu de chose sur lui. Pellisson dit que c'était un ecclésiastique de la Bresse, qu'il s'associa avec un libraire nommé Chapelain, puis avec un autre nommé Bouillerot ; il mit au jour quelques manuscrits encore inédits, tels que les *Mémoires* de la reine Marguerite, les *Lettres* du cardinal d'Ossat, etc. Les éditions qu'il publiait étaient soignées, ainsi que les reliures. Il recevait beaucoup de personnes d'esprit et de gens de lettres. Tels furent ses titres à l'Académie, où il fut élu, le 3 septembre 1635, à l'unanimité moins trois voix. Il était pensionné sur le sceau par Séguier. Au mois de mai 1636, le cardinal de Richelieu fit prévenir l'Académie que Granier s'était rendu coupable du détournement d'un dépôt d'argent que lui avaient confié des religieuses. Il fut alors radié du tableau à l'unanimité et immédiatement remplacé par Baro. On ignore ce qu'il devint et quand il mourut.

**39.** — GIRY (Louis) (39). — Né à Paris, 1595. — Avocat au parlement de Paris. Il était l'un des membres de la Société des amis de Conrart, et l'on ne sait pas pour quelle cause il entra tardivement à l'Académie, où il fut élu le 14 janvier 1636. Ses consultations écrites étaient en grand crédit ; il a laissé des traductions de l'italien. du grec et du latin, entre autres la *Cité de Dieu* de saint Augustin.

« Personne n'écrit en français plus purement que lui ni ne tourne mieux une période... Son style est net, mais sans nerfs et sans vivacité, dans le peu qu'on a vu de ses compositions propres.» (Chapelain).
M. 1665. — S.: abbé Claude Boyer.

**40.** — BARO (Balthazar)(38). Né à Valence (Dauphiné) vers 1600. — Secrétaire de d'Urfé, l'auteur du fameux roman de l'*Astrée*, dont il fit imprimer la quatrième partie à sa mort et composa la cinquième sur ses mémoires. Il a laissé en outre trois tragédies, deux odes, une pastorale, un poème héroïque et quatre poèmes dramatiques. Il fut procureur à Valence et trésorier à Montpellier.

Elu à l'Académie au mois de mai 1636 en remplacement de Granier, il fut un des examinateurs des vers du *Cid*.
M. 1650. — S.: Doujat.

**41.** — BOURBON (Nicolas)(29). Né en Champagne vers 1574. — Professeur d'éloquence grecque au Collège royal (depuis Collège de France), chanoine d'Orléans et de Langres, prêtre de l'Oratoire. Disciple de Passerat, il tenait chez lui une académie familière ; il a laissé six ouvrages écrits en latin. « Il fut, dit Pellisson, estimé du public le meilleur poète latin de son siècle ; et sa prose, quoiqu'elle ait fait moins de bruit, ne mérite peut-être pas moins de louanges que ses vers. » Guy Patin trouve trop indulgent ce jugement de Pellisson.

Il remplaça Bardin à l'Académie en 1637.

Balzac écrivit à propos de cette élection qu'il trouve *plaisante :* « Croyez-vous qu'il rende de grands services à l'Académie, et que ce soit un instrument propre pour travailler avec vous au défrichement de notre langue ? Je vous ai autrefois montré de ses lettres françaises qui sont écrites du style des Bardes et des Druides. » Bourbon avait eu avec Balzac une brouille suivie d'une réconciliation, qui donnèrent lieu à un échange de lettres et de vers latins.

M. 6 août 1644. — S. : Salomon.

**42.** — ABLANCOURT (Nicolas Perrot, sieur d') (13). Né à Châlons-sur-Marne, 5 avril 1606. — Traducteur de Cicéron, Tacite, Xénophon, César, Lucien, etc., il a traduit aussi des ouvrages espagnols et a laissé quelques œuvres en prose. Louis XIV lui maintint une pension de mille livres, mais refusa d'en faire son historiographe parce qu'il était protestant.

Il fut élu à l'Académie le 23 septembre 1637 en remplacement de Paul Hay du Chastelet.

« Il est de tous nos écrivains en prose celui qui a le style le plus dégagé, plus ferme, plus résolu, plus naturel. Son génie est sublime ; et quoiqu'il soit sans comparaison le meilleur de nos traducteurs, c'est dommage qu'il se soit réduit à un emploi si fort au-dessous de lui. » (Chapelain).

Voltaire a dit qu'il était un « traducteur élégant » ; mais on appela ses traductions « de belles infidèles » (Voir notice de R. Kerviler, Paris, Menu, 1877).

Il mourut le 17 novembre 1664. Patru qui fut son ami, a contredit l'affirmation de Ménage et d'autres après lui, qui assurèrent que d'Ablancourt s'était suicidé.

S. : comte Roger de Bussy-Rabutin.

**43.** — PRIÉZAC (Daniel de) (40). Né en Limousin, 1590. — Conseiller d'Etat, professeur de jurisprudence à Bordeaux, fut un protégé de Séguier. Son élection à l'Académie, le 14 février 1639, compléta pour la première fois le chiffre de quarante académiciens fixé par les statuts. Il fit partie de la délégation chargée d'offrir le protectorat à Séguier. Il a laissé des ouvrages de controverse religieuse en français et en latin, et des *Discours politiques* (Voir *Le Chancelier Séguier* par Kerviler).

M. mai 1662. — S. : Leclerc.

**44.** — ESPRIT (Jacques) (10). Né à Béziers, 22 octobre 1611. — Conseiller du roi en ses conseils, conseiller d'Etat ; pensionné du duc de La Rochefoucauld, du chancelier Séguier, puis du prince de Conti, fréquenta l'hôtel de Rambouillet et les autres salons. La protection de Séguier, dont il était le « domestique » le fit élire en remplacement de Ph. Habert. Il fut reçu le 14 février 1639. Oratorien sans avoir été prêtre, on l'appela l'*abbé* Esprit. Il a peu écrit et a laissé un ouvrage en deux volumes, *La Fausseté des vertus humaines ;* c'est vraisemblablement à tort que Tallemant des Réaux voulut voir en lui le collaborateur du duc de La Rochefoucauld. « Son fort est dans la théologie, et il a peu de fonds hors de là. Pour de l'imagination et du style, il en a beaucoup, et écrit élégamment en prose et en vers fran-

çais. » (Chapelain)(Voir *Le Chancelier Séguier* par Kerviler et aussi V. Cousin, Sainte-Beuve, Barthélemy).
M. 6 juillet 1678. — S. : J.-N. Colbert, archevêque de Rouen.

**45.** — LA MOTHE-LE-VAYER (François) (18). Né à Paris vers 1585. — Conseiller d'Etat, précepteur du frère de Louis XIV. Il fut l'ami de M$^{lle}$ de Gournay qui lui légua sa bibliothèque. Critique, grammairien, philosophe, il était très estimé des académiciens de son temps. Il a fait l'apologie du scepticisme dans de nombreux ouvrages, opuscules, etc., et écrivit un certain nombre d'ouvrages pour l'éducation du duc d'Anjou : géographie, rhétorique, morale, politique, économique, logique et physique ; il fut historiographe de France.

Reçu à l'Académie le 14 février 1639, le même jour qu'Esprit, en remplacement de Méziriac, il appartient au parti des anciens. « On trouve beaucoup d'esprit et de raison dans ses ouvrages trop diffus. »(Voltaire).

M. 9 mai 1672. — S. : Racine.

**46.** — PATRU (Olivier) (26). Né à Paris 1604. — Avocat au Parlement ; il a laissé des plaidoyers et des traductions ; il écrivit un libelle contre la *Roxane* de Desmarets. Le dernier élu sous le protectorat de Richelieu, il fut admis le 3 septembre 1640 en remplacement de Porchères d'Arbaud. « A sa réception, dit Pellisson, M. Patru prononça un fort beau remerciement dont on demeura si satisfait, qu'on a obligé tous ceux qui ont été reçus depuis d'en faire autant. » C'est donc là l'origine des discours de réception ; il harangua la reine Christine en 1656. Il voulait que dans le Dictionnaire les jugements et définitions fussent appuyés sur des citations de bons auteurs. Il collabora au Dictionnaire de Richelet (Sainte-Beuve, V).

Dans sa vieillesse il tomba dans la misère et il resta longtemps éloigné de l'Académie ; ses livres allaient être vendus au bénéfice d'un créancier, Boileau les lui acheta en exigeant qu'il en gardât la jouissance (Sainte-Beuve, V).

« On le regardait comme un oracle infaillible en matière de goût et de critique. » (d'Olivet).

« Il est renfermé dans les matières de jurisprudence ; mais, contre la coutume des avocats, il les traite très élégamment, très éloquemment et très judicieusement. » (Chapelain).

« Olivier Patru contribua beaucoup à régler, à épurer le langage ; et quoiqu'il ne passât pas pour un avocat profond, on lui doit néanmoins l'ordre, la clarté, la bienséance, l'élégance du discours : mérites absolument inconnus avant lui au barreau. » (Voltaire).

Il était, avec Mézeray, ennemi de toute étiquette.

Il vécut et mourut pauvre le 16 janvier 1681.—S. : Potier de Novion.

## Protectorat de Séguier.

**47.** — BEZONS (CLAUDE BAZIN, *seigneur* DE) (1). Né à Paris 1617.
— Avocat général au Grand Conseil, conseiller d'Etat. Il fut admis le 3 février 1643 en remplacement du chancelier Séguier, nommé protecteur. Il partagea les frais du prix de poésie fondé par Pellisson. « Tallemant l'accuse d'avoir fait faire par Patru les discours qu'il ne pouvait se dispenser de prononcer. » (Ch. L. Livet). Boileau a dit de lui que c'était un « homme considérable par ses grands emplois et par sa profonde capacité dans les affaires. »
« On n'a jamais rien vu de lui par écrit... on l'a entendu comme avocat général au Grand Conseil, parler élégamment et fortement en toutes rencontres. » (Chapelain).
Mort doyen de l'Académie, le 20 mars 1684. — S. : Boileau-Despréaux.

**48.** — SALOMON DE VIRELADE (FRANÇOIS-HENRI) (29). Né à Bordeaux, 4 octobre 1620. — Avocat général au Grand Conseil, conseiller d'Etat, président à mortier au parlement de Bordeaux. Il a publié un opuscule de droit en latin, la paraphrase d'un psaume en vers et le *Discours d'Etat à M. Grotius*, qui le fit élire à l'Académie le 23 août 1644 en remplacement de Bourbon et contre P. Corneille, ce qui fit dire à d'Alembert que ce jour-là « on a prostitué le nom d'académicien ». Salomon, retenu par sa charge à Bordeaux, fréquenta peu l'Académie. « Il parle avec facilité, dit Chapelain, mais avec peu d'ordre et de solidité, et ses vers latins ne,sont pas plus excellents que sa prose française. »
M. à Bordeaux, 2 mars 1670. — S. : Quinault.

**49.** — DU RYER (PIERRE) (7). Né à Paris, 1605. — Secrétaire du duc César de Vendôme, historiographe de France, naquit et vécut pauvre. Reçu à l'Académie le 21 novembre 1646 en remplacement de Faret, contre P. Corneille, il a laissé 18 tragédies dont plusieurs eurent un vif succès en leur temps (les principales sont *Saül* et *Scévola*), des traductions d'auteurs grecs et latins, et une *Histoire de M. de Thou*, en 3 volumes.
M. 6 octobre 1658. — S. : abbé César d'Estrées.

**50.** — CORNEILLE (PIERRE) (19). Né à Rouen, 6 juin 1606. — Avocat général à la Table de Marbre à Rouen. Le plus grand de nos auteurs tragiques, il donna sa première pièce, *Mélite*, en 1625. Son chef-d'œuvre, le *Cid*, joué onze ans après, obtint un immense succès et souleva la critique passionnée de Mairet et de Scudéry que soutenait Richelieu. Le Cardinal imposa à l'Académie de juger cette œuvre. « L'Académie française donna ses *Sentiments sur le Cid*, et cet ouvrage fut digne de la grande réputation de cette Compagnie naissante. Elle sut conserver tous les égards qu'elle devait et à la passion du cardinal et à l'estime prodigieuse que le public avait conçue du *Cid.*» (Fontenelle). Corneille fréquentait l'hôtel de Rambouillet; il y donna quatre ans après le *Cid*, la première lecture de *Polyeucte* que l'on applaudit par déférence pour l'auteur, mais que l'on trouva mauvaise. Il ne se présenta à l'Académie qu'après la mort de Richelieu; elle lui préféra, sous prétexte qu'il habitait la province, en 1644, Salomon de Virelade, et en 1646 Pierre Du Ryer. Lorsque mourut Mainard, il fit savoir à l'Académie qu'il avait arrangé ses affaires pour pouvoir passer une partie de l'année à Paris; elle n'eut plus aucune objection sérieuse à lui opposer, et il fut élu le 22 janvier 1647. On l'a surnommé le Grand Corneille et le Père de la Tragédie. Il a laissé huit comédies, vingt-trois tragédies, trois discours en prose sur l'art dramatique : sur le poème dramatique, sur la tragédie, sur les trois unités; les examens sur ses pièces, des poésies diverses et une traduction en vers de l'*Imitation de Jésus-Christ.*

Il donna *Médée* en 1635, le *Cid* qui fut traduit dans toutes les langues européennes, sauf la turque et l'esclavonne, en 1636, *Horace* et *Cinna* en 1639, *Polyeucte* en 1640, le *Menteur* en 1642, *Rodogune* en 1646.

Fontenelle, Taschereau et Guizot ont écrit chacun une *Vie de Corneille ;* Voltaire a publié ses œuvres avec un Commentaire ; La Bruyère, Racine, Gaillard, Bailly, Auger, Victorin Fabre ont composé son Éloge. Sainte-Beuve a consacré au *Cid* quatre *Nouveaux Lundis.*

La vieillesse de Corneille fut attristée par la pauvreté et par la jeune gloire de Racine que les jaloux opposaient à la sienne.

Corneille mourut doyen de l'Académie dans la nuit du 1ᵉʳ octobre 1684. « Comme c'est une loi dans cette Académie que le directeur fait les frais d'un service pour ceux qui meurent sous son directorat, il y eut une contestation de générosité entre Racine et l'abbé de Lavau, à qui ferait le service de Corneille, parce qu'il paraissait incertain sous le directorat duquel il était mort. La chose ayant été remise au jugement de la compagnie, M. l'abbé de Lavau l'emporta. » (Fontenelle).

S. : Thomas Corneille, son frère.

**51.** — BALLESDENS (JEAN) (12). Né à Paris. — Avocat au parlement et au Conseil, précepteur du petit-fils de Séguier, le marquis A. de Coislin, qui fut académicien; il se disait aumônier du roi. Protégé de Séguier, il fut candidat au siège de Mainard, mais, apprenant la candidature de P. Corneille, il écrivit une *Lettre à Messieurs de l'Académie* pour les prier de lui préférer M. Corneille. Il fut élu à la vacance suivante, en 1648, en remplacement de Malleville.

Il publia une traduction des *Fables d'Esope*, il écrivit des ouvrages religieux, des préfaces et remarques pour divers livres qu'il a publiés d'autres auteurs (V. *Le Chancelier Séguier* par Kerviler).

« Il était attaché à M. le chancelier Séguier, et vraisemblablement, c'est ce qui lui facilita l'entrée à l'Académie, car du reste il paraît, à l'égard du style, n'avoir atteint que la médiocrité, même pour le temps où il vivait. » (d'Olivet).

« Tout ce qu'il a publié est au-dessous de la médiocrité. » (Chapelain)

M. en 1675. — S. : Géraud de Cordemoy.

**52. — MÉZERAY (François-Eudes de) (33).** Né en Normandie en 1610. — Commissaire des guerres, historiographe de France. Il s'appelait Eudes. — Mézeray est le nom d'un canton. — Il a laissé une bonne *Histoire de France* en trois volumes et une *Histoire des Turcs*. Il fut élu sans sollicitations en remplacement de Voiture, en 1648, et « après la mort de Conrart (1675), l'Académie lui conféra l'emploi de Secrétaire perpétuel : non qu'elle l'ait jamais regardé comme un écrivain correct, mais en ce temps-là surtout, cette place ne pouvait être donnée qu'à un homme laborieux et de bonne volonté, parce qu'il fallait que le Secrétaire fît, en son particulier, le canevas du Dictionnaire, pour préparer d'une assemblée à l'autre le travail de la compagnie. » (d'Olivet).

Il collabora en effet au Dictionnaire dès la mort de Vaugelas. Il lut l'article *Jeu* lors de la visite de la reine Christine. « Pour laisser à la postérité un monument de la liberté de l'Académie dans les élections », il donnait toujours une boule noire à ceux qui se présentaient.

Mézeray avait été frondeur. Il était, avec Patru, ennemi de toute étiquette.

Il eut l'idée du premier journal littéraire et scientifique, idée qui fut reprise par les fondateurs du *Journal des Savants de Sallo et l'abbé Gallois*.

« Il ne manque ni de diligence, ni de sagacité. Son style n'est pas non plus mauvais, quoiqu'il pût être plus naturel et plus soutenu... C'est néanmoins le meilleur de nos compilateurs français, et qui a assez de fond et de pénétration pour bien faire, s'il ne présumait point tant de lui et qu'il pût se rendre docile. » (Chapelain).

L'*Histoire de France* de Mézeray... est une lecture des plus fertiles et des plus nourrissantes pour l'esprit ; on y apprend chemin faisant mille choses de l'ancienne France, de l'ancien monde, que les meilleurs historiens modernes ne sauraient suppléer. » (Sainte-Beuve, *Causeries*. V. aussi Notice de S. Combet).

M. le 10 juillet 1683. — S. : Barbier d'Aucour.

**53. — MONTEREUL (Jean de) (16).** Né à Paris vers 1614. — Son nom devrait plutôt s'écrire *Montreuil*. Chanoine de Toul, secrétaire du prince de Conti, secrétaire d'ambassade à Rome et à Londres, résident en Ecosse. Il succéda à Sirmond en 1649. Il a laissé quelques pièces de vers et de prose qui n'ont pas été imprimées ; celles qui ont paru sous son nom doivent être de son frère Mathieu de Montreuil.

Il mourut phtisique, à 37 ou 38 ans, le 27 avril 1651. — S. : l'abbé F. Tallemant l'aîné.

**54. — TRISTAN L'HERMITE (François) (23).** Né dans la Marche en 1601. — Gentilhomme ordinaire du duc d'Orléans. Il fut élu en 1649, en remplacement de Colomby ; lors de la visite du baron Spar et de la reine Christine de Suède ; il lut une ode qu'il avait traduite d'Horace. Il a laissé sept tragédies, des poésies, des lettres, des plaidoyers historiques. « Le prodigieux et long succès qu'eut sa tragédie de *Marianne* fut le fruit de l'ignorance où l'on était alors. » (Voltaire).

Il mena une vie déréglée et mourut le 7 septembre 1655. S. : La Mesnardière.

**55.** — SCUDÉRY (Georges de)(32). Né au Havre, 1598, mais originaire de Provence. — Il fut le frère de la célèbre Madeleine de Scudéry morte en 1701 âgée de 94 ans : il fut officier et gouverneur du fort de Notre-Dame de la Garde, l'un des familiers de l'Hôtel de Rambouillet. Il a fait seize pièces de théâtre, des romans, des poésies (dix ou douze mille vers), des *Observations sur le Cid* qui provoquèrent l'examen que l'Académie fit de cette pièce. Il fut élu à l'Académie en 1649, remplaçant Vaugelas : « Son nom est plus connu que ses ouvrages, a dit Voltaire. » Chapelain a dit de lui : « Il a peu de connaissance des langues anciennes : pour la sienne, il la parle assez purement. »

Dans la querelle des anciens et des modernes, il fut parmi ces derniers.

M. le 14 mai 1667. — S. : marquis de Dangeau.

**56.** — DOUJAT (Jean) (38). Né à Toulouse vers 1609. — Avocat au parlement, seul lecteur et professeur de droit canon au Collège Royal, docteur régent à la Faculté de droit de Paris, historiographe de France, précepteur du Dauphin. Il connaissait sept langues anciennes ou étrangères, et écrivit des ouvrages de droit, des traductions et des commentaires, des vers français et latins ; il fit un *Dictionnaire de la langue toulousaine* et une *Grammaire espagnole*. Il fut élu à l'Académie en 1650, remplaçant Baro. Il présida la première distribution de prix en 1671. En 1672, il prononça un Remerciement au duc de Richelieu qui avait donné à l'Académie un portrait du Cardinal, et en 1683, il reçut Barbier d'Aucour.

« Il possède assez bien le français, mais il n'est pas de la première classe. » (Chapelain). Il mourut le 27 octobre 1688, doyen de l'Académie du Collège Royal et de la Faculté de droit.

S. : abbé Eusèbe Renaudot.

**57.** — CHARPENTIER (François) (24). Né à Paris, 15 février 1620. — Il a laissé des pièces diverses en prose et en vers, des traductions de Xénophon et de l'empereur Julien, une *Vie de Socrate*. Elu à l'Académie à la fin de 1650, remplaçant Baudoin, il y fut reçu le 7 janvier 1651. Il était éloquent et parlait avec véhémence et pendant les cinquante et une années qu'il appartint à l'Académie, il prononça tant à l'Académie qu'en son nom, seize discours publics ; il fut nommé directeur perpétuel et reçut Bossuet, La Chapelle, Renaudot, Callières, Pavillon, Tourreil, J.-P. Bignon et La Bruyère.

Il fut, avec Quinault, chargé par l'Académie de complimenter Bussy-Rabutin à son retour d'exil ; c'est lui également qui remercia Colbert, au nom de la Compagnie, lorsqu'elle fut installée au Louvre (Voir notice 77).

Charpentier fut l'un des quatre premiers membres de la Petite Académie comme on appelait alors l'Académie des Médailles qui devint plus tard l'Académie des Inscriptions. Il fut l'un des six premiers académiciens reçus aux spectacles de la cour ; il prit une part active à l'expulsion de Furetière ; du parti des modernes, il s'attira les épigrammes de Racine et de Boileau. Il était partisan que les inscriptions sur les monuments publics fussent en langue française.

« Il a le style pur et net en prose et en vers, sait bien la langue

grecque et latine ; a de la force dans l'esprit et de l'érudition ancienne. » (Chapelain).
Il mourut doyen de l'Académie, le 22 avril 1702. — S. : Chamillard, évêque de Senlis.

**58. — TALLEMANT** L'AÎNÉ (*abbé* FRANÇOIS)(16). Né à La Rochelle en 1620. — Aumônier du roi, frère de Tallemant des Réaux, l'auteur des *Historiettes* qui ne fut pas académicien. Il abjura le protestantisme sans grande conviction. Il connaissait cinq langues anciennes ou modernes et a laissé des traductions de Plutarque en huit volumes et de l'*Histoire de Venise*, en quatre volumes.
Il fut élu en 1651, remplaçant Montereul, et reçu le 13 mai. « Il avait de l'esprit, il ne manquait pas même de savoir. » (d'Olivet).
M. 6 mai 1693.— S. : Simon de La Loubère.

**59. — COISLIN** (ARMAND DU CAMBOUST, *marquis, puis duc* DE) (25). Né à Paris, 1ᵉʳ septembre 1635. — Petit-neveu de Richelieu et, par sa mère, petit-fils du chancelier Séguier, il fut nommé à l'unanimité, à la demande de son grand-père à l'âge de 16 ans et demi, en remplacement de L'Estoile, en 1652, et reçu le 1ᵉʳ juin. L'Académie alla en corps remercier Séguier de l'honneur qu'il lui avait fait. Il fut lieutenant pour le roi en Basse-Bretagne, puis lieutenant général de ses armées, chevalier des ordres du roi, duc et pair. A sa mort, sa place fut occupée successivement par ses deux fils, Pierre et Henri-Charles (V. le *Chancelier Séguier* par R. Kerviler).
« Il considérait fort les gens de lettres, et se dérobait avec joie à ses autres occupations pour pouvoir se trouver avec eux. » (d'Olivet).
« Le marquis de Coislin parle fort bien et fort juste. Mais on n'a rien entendu de lui en matière d'éloquence, qu'une harangue courte et bonne qu'il fit aux Etats de Bretagne quand son tour vint d'y présider. Du reste, il se pique plus de guerre que d'écriture. » (Chapelain).
M. doyen de l'Académie 16 septembre 1702. — S. : Pierre, duc de Coislin, son fils aîné.

**60. — PELLISSON FONTANIER** (PAUL) (34). Né à Béziers, 30 octobre 1624. — Conseiller du roi en ses conseils; maître des requêtes ordinaires de son hôtel, historiographe du roi en 1668. Ami de Mˡˡᵉ de Scudéry ; confident de Fouquet, sa fidélité dans la disgrâce du surintendant lui valut d'être pendant plus de quatre ans enfermé à la Bastille (1661-1666), sa captivité fut pleine d'incidents ; il apprivoisa une araignée aux sons d'une musique qui était un moyen de communication avec l'extérieur. Quatre années après son élargissement, il abjura le protestantisme, le 8 octobre 1670, entra dans les ordres et devint abbé de Gimont et prieur de Saint-Orens, d'Auch.
Il écrivit la première *Histoire de l'Académie française* depuis son établissement jusqu'en 1652. Conrart le présenta à la compagnie qui voulut entendre en pleine assemblée la lecture de cet ouvrage. Quelques jours après, de son propre mouvement, elle décida de réserver au jeune auteur la première place vacante. En attendant, elle lui accorda la faveur, que nul n'avait obtenue avant lui et que personne n'a eue depuis, d'assister aux séances et d'y avoir tous les droits

d'un académicien. L'année suivante, le 17 novembre 1653, il fut reçu en remplacement de Porchères-Laugier. Lorsque Gilles Boileau se présenta. Pellisson combattit cette élection et lorsque, malgré ses efforts, elle devint définitive, il cessa de fréquenter l'Académie (1659) ; il n'y revint qu'à la mort de Gilles Boileau (1669). En 1671, il prononça un *Panégyrique de Louis XIV*, qui fut traduit en italien, en espagnol, en anglais, en latin et en arabe, et en 1676 il harangua, au nom de l'Académie, Louis XIV sur ses conquêtes.

Il a laissé des Mémoires pour la défense de Fouquet, une *Histoire de Louis XIV* et des ouvrages de polémique et de controverse religieuse. « Poète médiocre à la vérité, mais homme très-éloquent. » (Voltaire).

M. 7 février 1693. — S. : Fénelon.

**61.** — CHAUMONT (Paul-Philippe de) (3). — Ancien évêque d'Ax, allié du chancelier Séguier, parent par sa mère des trois Habert (Philippe, Germain et Montmor), garde des livres de la Bibliothèque privée du roi au Louvre, lecteur du roi. La protection de Séguier lui valut d'être élu en 1654 en remplacement de Serisay, sans avoir encore rien publié. Ce fut un prédicateur et un écrivain religieux, auteur des *Réflexions sur le Christianisme enseigné dans l'Église catholique*, ouvrage en deux volumes. Il prit une part active à l'expulsion de Furetière et présida la séance où l'exclusion fut prononcée. « Il ne manque pas d'esprit, et a assez le goût de la langue. On n'a pourtant rien vu de lui ni en prose ni en vers, qui puisse lui faire honneur. » (Chapelain). (V. *Le Chancelier Séguier* par R. Kerviler).

M. 24 mars 1697. — S. : Louis Cousin (président).

**62.** — PÉRÉFIXE (Hardouin de Beaumont de) (28). Né en Poitou, 605. — Evêque de Rodez, 1648, archevêque de Paris, 1662 ; chancelier des ordres du roi, précepteur puis confesseur de Louis XIV, proviseur de Sorbonne. Il a laissé des maximes en latin et une *Histoire d'Henri IV*. Il remplaça Balzac en 1654.

« Ancien précepteur du roi, écrivain assez agréable dans sa *Vie de Henri le Grand*, assez instruit, assez bonhomme, mais sans caractère, sans élévation d'âme ni aucune dignité extérieure ; il ne fut jamais au niveau de sa haute position, et encourut en plus d'un cas le ridicule. » (Sainte-Beuve, *Nouveaux Lundis* V).

Il mourut le 31 décembre 1670, et Cassagne prononça son oraison funèbre.

S. : François de Harlay.

**63.** — COTIN (*abbé* Charles) (11). Né à Paris, 1604. — Conseiller et aumônier du roi. Orateur sacré, il prêcha quatorze carêmes à la cour, fréquenta les salons de son temps et l'Hôtel Rambouillet (il fut l'ami de M<sup>lle</sup> de Gournay). L'abbé Cotin était très versé dans les langues orientales ; il a laissé des poésies chrétiennes, des œuvres galantes en prose et en vers, des discours et l'*Oraison funèbre de Servien*. Il remplaça l'abbé de Cérisy à l'Académie en 1655 et fut reçu le 3 mai.

Il s'attira la haine de Boileau en critiquant sans mesure la lecture qu'il fit de ses premières satires à l'Hôtel Rambouillet, à laquelle il avait assisté avec Chapelain et Ménage ; de plus Cotin était l'ami de

Gilles, le frère ennemi de Boileau. Il s'aliéna aussi Molière en le desservant auprès du duc de Montausier après la première représentation du *Misanthrope* ; on sait que Montausier servit de modèle à Molière pour le rôle d'Alceste. Le satirique se vengea cruellement de Cotin, et le grand comique le peignit dans les *Femmes savantes* sous les traits de Trissotin, tandis qu'il représenta Ménage sous ceux de Vadius. Cotin avait réellement écrit le sonnet à la princesse Uranie et avait eu une querelle avec Ménage. L'abbé de Dangeau, qui lui succéda, n'osa pas faire imprimer son discours où, selon l'usage, il faisait l'éloge de son prédécesseur, et l'abbé Gallois qui recevait Dangeau, s'abstint de parler de Cotin. Celui-ci avait été dans le parti des modernes.

M. janvier 1682. — S. : abbé de Dangeau.

**64.** — LA MESNARDIÈRE (Hippolyte Jules-Pilet de) (23). Né à Loudun, 1610. — Maître d'hôtel et lecteur ordinaire de la Chambre du roi, il mérita la faveur de Richelieu après l'affaire Urbain Grandier, pour la façon dont il l'interpréta. Il fréquenta l'Hôtel de Rambouillet, fut médecin et a laissé des traductions, deux tragédies, des poésies, une critique de la *Pucelle* de Chapelain sous le pseudonyme de Du Rivage, des opuscules historiques et philosophiques.

Chapelain, qui n'avait pas eu à se louer de sa critique, a jugé ainsi La Mesnardière : « Il écrit avec facilité et assez de pureté en vers et en prose, moins faible en français qu'en latin. Son style est mol et étendu, et, dans ses longues expressions, se délaye et se perd ce qu'il y pourrait avoir de raisonnable. Quand il se veut élever, il dégénère en obscurité et ne fait paraître que de beaux mots qui ne font que sonner et qui ne signifient rien. »

« Physicien, traducteur, critique, poète, historien, dans quel genre ne s'est-il pas exercé ? Aujourd'hui, et tous ses ouvrages et l'auteur lui-même sont presque tombés dans l'oubli. » (d'Olivet).

La Mesnardière remplaça Tristan l'Hermite en 1655. Dans son discours de réception, il fit connaître les projets concernant l'Académie que la mort empêcha Richelieu de réaliser.

Il mourut le 4 juin 1663. — S. : duc François de Saint-Aignan.

**65.** — ESTRÉES (*abbé* César d') (7). Né à Paris, 5 février 1628. — Abbé de Saint-Germain-des-Prés, évêque de Laon, cardinal en 1674, ambassadeur près le Saint-Siège et en Espagne, duc et pair, il était le neveu de Gabrielle d'Estrées. Il remplaça Du Ryer en 1658.

C'est sur la demande qu'il fit, en prétextant son âge, ses infirmités, et sans doute aussi son rang, d'avoir un fauteuil à la réception de La Monnoye dont il avait été le grand électeur, que tous les académiciens en eurent un (1713). Le cardinal d'Estrées fut, en 1718, l'un des promoteurs de l'exclusion de l'abbé de Saint-Pierre ; il fut protecteur de l'Académie de Soissons.

« Il n'a rien imprimé que l'on sache ; mais on a vu de lui plusieurs lettres latines et françaises de la dernière beauté. » (Chapelain).

Il mourut doyen de l'Académie le 18 décembre 1714. — S. : son neveu le maréchal V. M. d'Estrées.

**66.** — BOILEAU (Gilles) (20). Né à Paris, 22 octobre 1631. — Contrôleur de l'argenterie du roi. Il était le frère aîné de Boileau ; de leur vivant, Gilles était appelé Boileau, et son frère n'était connu que sous celui de Despréaux ; ils vécurent en mauvaise intelligence. Il a traduit en vers le quatrième livre de l'*Enéide*, en prose Diogène Laerce et Epictète ; il a écrit une *Vie d'Epictète* et des poésies médiocres. Il fut élu en 1659 en remplacement de Colletet, et cette élection donna lieu à un vif incident qui se transforma presque en un schisme académique. Il avait attaqué M$^{lle}$ de Scudéry et Ménage, deux amis de Pellisson qui fit une campagne contre Gilles Boileau ; celui-ci ne fut définitivement admis que grâce à l'intervention de Séguier et Pellisson cessa de venir à l'Académie jusqu'à la mort de Gilles Boileau. Il fut soutenu dans cette affaire par Chapelain, dont il avait pourtant sévèrement jugé la *Pucelle*.

« Il a de l'esprit et du style en prose et en vers, et sait les deux langues anciennes aussi bien que la sienne. Il pourrait faire quelque chose de fort bon si la jeunesse et le feu trop enjoué n'empêchaient point qu'il s'y assujettît. » (Chapelain).

M. le 10 mars 1669. — S. : abbé de Montigny.

**67.** — VILLAYER (Jean-Jacques Renouard de) (27). Né à Nantes, 24 juin 1607. — Doyen des conseillers d'Etat. Il remplaça Servien à l'Académie en 1659. « Je vois par les registres de l'Académie, qu'il lui marqua beaucoup de zèle dans la triste affaire de Furetière. C'est le seul endroit par où il me soit connu. » (d'Olivet). « On n'a rien vu de lui par écrit qui puisse faire juger de l'étendue de son esprit et de la force ou de la faiblesse de son style. » (Chapelain).

M. 5 mars 1691. — S. : Fontenelle.

**68.** — CASSAGNE (Jacques) (22). Né à Nîmes, 1633. — Docteur en théologie, garde de la bibliothèque du roi par délégation de N. Colbert, évêque et académicien. Il écrivit une Ode à la louange de l'Académie qui le fit admettre en 1662, âgé de 29 ans, en remplacement de Saint-Amant. Il prononça, en 1671, l'oraison funèbre de l'archevêque de Paris, Hardouin de Péréfixe, membre de l'Académie, à l'église des Carmes des Billettes. Il a laissé des poésies, des odes, des poèmes, une préface pour les œuvres de Balzac, des traductions de Salluste et de Cicéron. Ce fut un mauvais prédicateur, raillé par Boileau ; il appartint au parti des modernes ; il fut l'un des quatre premiers membres de la Petite Académie (Académie des Médailles, plus tard des Inscriptions). « Cassagne est un très bel esprit et qui écrit bien en prose française, avec plus de naturel que d'acquit, surtout dans les lettres humaines, son inclination pieuse l'ayant plus porté à l'étude de la théologie qu'à toute autre. Son génie est soutenu et ses expressions pures et fortes... » (Chapelain).

Sa mauvaise santé et le chagrin que lui causa la satire de Boileau abrégèrent son existence. « Ses parents, avertis que sa tête se dérangeait, accoururent du fond de leur province, et l'ayant trouvé hors d'état de pouvoir être transporté en Languedoc, furent contraints de le mettre à Saint-Lazare, où il mourut âgé seulement de 46 ans. » (d'Olivet).

M. 19 mai 1679. — S. : Verjus de Crécy.

**69.** — FURETIÈRE (Antoine) (31). Né à Paris, 28 décembre 1619. — Ecrivain satirique en prose et en vers, poète, fabuliste, romancier, il fut admis en 1662 en remplacement de Boissat, et reçu le 15 mai. Il est célèbre par la querelle et le procès qu'il eut avec l'Académie au sujet de son Dictionnaire ; il fut exclu de l'Académie le 22 janvier 1685, mais ne fut remplacé qu'à sa mort. Il se vengea de la décision prise par l'Académie contre lui en publiant contre elle des factums célèbres ; son privilège lui ayant été retiré en France, il fit paraître son Dictionnaire en Hollande ; il est très utile pour l'étude des mœurs, des coutumes et de la vie privée au xvii$^e$ siècle.

Furetière fut l'un des six premiers académiciens admis aux spectacles de la cour ; il avait été l'ami de La Fontaine, de Boileau et de Racine, et il appartint au parti des anciens.

Le *Roman bourgeois* de Furetière a été édité par Ed. Fournier et Ch. Asselineau avec une notice et des notes.

M. 14 mai 1688. — S. : La Chapelle.

**70.** — SEGRAIS (Jean Renaud de) (5). Né à Caen, 22 août 1624. — Gentilhomme ordinaire de Mademoiselle, fille de Gaston d'Orléans, il fut le protégé de M$^{me}$ de Lafayette et collabora, dit-on, à la *Princesse de Clèves*. Il fréquenta les salons littéraires de son temps. Poète bucolique il écrivit des *Eglogues*, des *Odes*, un poème, *Athis*, et traduisit en vers l'*Enéide* et les *Géorgiques*. Il fut élu en 1662, en remplaçant Boisrobert, et reçu le 16 juin ; il harangua Colbert, au nom de l'Académie, sur le rétablissement du droit de *committimus* (4 janvier 1694). Il avait battu Leclerc, protégé de Chapelain ; il fut un moderne. Il se plaignait de l'envahissement de l'Académie par les gens de qualité et disait que l'Académie devenait le « Cordon bleu » des beaux esprits. Il reconstitua l'Académie de Caen.

« Mademoiselle l'appelle *une manière de bel esprit*, mais c'était en effet un très bel esprit et un véritable homme de lettres. » (Voltaire).

M. 15 mars 1701. — S. : Campistron.

**71.** — LE CLERC (Michel) (40). Né à Albi, 1622. — Avocat au parlement, fut l'un des modernes raillé par Boileau. Patronné par Chapelain pour le siège de Boisrobert, il fut battu par Segrais ; mais, nommé à l'élection suivante, il remplaça Priézac en 1662 et fut reçu le même jour que Segrais. Il partageait l'opinion de Huet que, si l'on ne tenait compte qu'une seule fois de toute idée nouvelle, tout ce qui a été écrit depuis le commencement du monde tiendrait en neuf ou dix volumes in-folio, c'est-à-dire qu'à leur insu tous les écrivains ne font que se ressouvenir ce qu'ils ont lu et sont tous les commentateurs et les traducteurs les uns des autres. Il a laissé des poésies, deux tragédies et une traduction de *Jérusalem délivrée*, le tout de peu de valeur littéraire. « Il écrit raisonnablement en prose française et non sans esprit. En prose, il est beaucoup au-dessus des médiocres, soit qu'il en fasse de son chef, soit qu'il traduise. » (Chapelain).

M. 8 décembre 1691. — S. : Tourreil.

**72.** — SAINT-AIGNAN (François-Honorat de Beauvilliers, duc de) (23). Né à Paris, 30 octobre 1607. — Duc et pair, chevalier des ordres du roi, premier gentilhomme de sa chambre, conseiller du roi, embrassa la carrière militaire, prit part à quatorze campagnes, exerça de nombreux commandements, fut gouverneur de provinces.

Protecteur des gens de lettres, il fit partie de l'Académie de physique fondée par Huet à Caen, de celle des *Ricovrati* de Padoue, contribua à la fondation de l'Académie d'Arles (1669) dont il fut le protecteur. Il fut élu à l'Académie en 1663, remplaçant La Mesnardière, et reçu le 8 juillet. Le jour où Colbert fut reçu à l'Académie, le duc F. de Saint-Aignan alla le prendre dans son carrosse ; il harangua la Dauphine, au nom de l'Académie, en 1680. Il a fait quelques poésies et entretenu avec Voiture une correspondance en pastiche du vieux français.

Ses ouvrages n'ont pas été publiés. L'abbé d'Artigny le regrette dans ses *Mémoires littéraires* ; on devait cet hommage, dit-il, « à un seigneur qui honora les beaux-arts et qui répandit ses bienfaits et ses largesses sur tous les poètes de son temps. »

« Il mourut à l'âge de quatre-vingts ans. Ce fut un deuil universel sur le Parnasse. » (d'Olivet).

M. 16 juin 1687. — S. : abbé de Choisy.

**73.** — BUSSY-RABUTIN (Roger de Rabutin, comte de Bussy, dit) (13). Né le 3 avril 1618 dans le Morvan. — Mestre de camp général de la cavalerie légère, une faute de direction lui valut cinq mois de Bastille, où il eut le maréchal de Bassompierre comme compagnon de captivité. Il fréquenta l'Hôtel de Rambouillet, fut admis à l'Académie en 1665, en remplacement de Perrot d'Ablancourt et reçu au mois de mars. Son *Histoire amoureuse des Gaules* lui fit beaucoup d'ennemis à la cour et lui valut, l'année même de son admission à l'Académie, d'être mis à la Bastille où il resta un an, après quoi il fut exilé dans ses terres de Bourgogne pendant seize ans. Au bout de ce temps, il revint à Paris et l'Académie le fit complimenter par Quinault et Charpentier. Il fut un moderne et soutint Fontenelle ; pourtant il vota pour La Bruyère. Il a laissé des *Mémoires*.

M. 9 avril 1693. — S. : J.-P. Bignon.

**74.** — TESTU DE BELVAL (Abbé Jacques) (14). Né à Paris vers 1626. — Prédicateur, traducteur, auteur de poésies légères, il fut lié avec M<sup>mes</sup> de Sévigné, de Coulanges, de Brancas, de Schomberg, de La Fayette et M<sup>lle</sup> de Mortemart, abbesse de Fontevrault. Il fut admis à l'Académie en remplacement de Bautru en 1665 et reçu au mois de mai. L'abbé Testu parlait beaucoup, on l'avait surnommé : Têtu tais-toi. (Voir *Portraits du* xviii<sup>e</sup> *siècle* par A. Houssaye).

M. en juin 1706. — S. : marquis de Sainte-Aulaire.

**75.** — TALLEMANT le Jeune (Abbé Paul) (9). Né à Paris, 18 juin 1642. — Cousin de l'abbé François et de Gédéon Tallemant des Réaux, l'auteur des *Historiettes* ; théologien, prédicateur et numismate, il fut secrétaire perpétuel de l'Académie des Médailles (des Inscriptions). Le *Voyage à l'île d'amour* est le seul ouvrage qu'il eût composé avant de remplacer, en 1666, Gombault à l'Académie française, où il fut reçu au mois de mars, âgé de 24 ans. Il prononça un *discours sur l'utilité des académies* le 27 mai 1675, de nombreuses harangues académiques et des panégyriques, notamment l'oraison funèbre de Séguier, à l'hôtel du chancelier, et celle de Perrault, l'éloge de Colbert dans la séance extraordinaire que l'Académie tint après sa mort.

Il reçut l'abbé Louvois et le marquis de Sainte-Aulaire, et collabora avec Th. Corneille et l'abbé de Choisy à la deuxième édition du Dictionnaire et à la Grammaire.

Il était, dit de Boze, son successeur comme secrétaire perpétuel à l'Académie des Médailles, « plus recommandable par ses vertus que par ses talents. »

M. 30 juillet 1712. — S. : Danchet.

**76.** — BOYER (*abbé* Claude) (39). Né à Albi, 1618. — Auteur médiocre qui a toujours rencontré l'hostilité du public ; prédicateur. Il fréquenta l'hôtel de Rambouillet et dédia en 1645, à M$^{me}$ de Rambouillet, la première des vingt-deux tragédies qu'il composa ; il a laissé aussi quelques poésies. L'abbé Boyer fut un moderne, raillé par Boileau et par Racine. Il remplaça Louis Giry en 1666 ; il harangua la reine d'Espagne en 1679, reçut Verjus de Crécy, et assista à la séance où fut votée l'exclusion de Furetière.

M. 22 juillet 1698. — S. : abbé Genest.

**77.** — COLBERT (Jean-Baptiste) (15). Né à Reims, 29 août 1619. — Nous n'avons pas à apprécier ici le rôle considérable que joua dans notre pays cet illustre ministre ; il réforma les finances, développa le commerce, releva la marine, créa l'Académie des Inscriptions (1663) et la réunit chez lui, l'Académie de peinture, sculpture et architecture qu'il plaça au Louvre (1664), l'Académie des Sciences qui s'assembla à la Bibliothèque du roi (1666), l'Ecole des Langues orientales, le Cabinet des Médailles, l'Observatoire, l'Académie de France à Rome, il enrichit le Musée du Louvre, augmenta les richesses de la Bibliothèque, agrandit le Jardin des Plantes.

Il fut sous le protectat de Séguier et jusqu'à sa mort le véritable protecteur de l'Académie française, sans en avoir le titre. « Il fut le canal par où passèrent les immenses gratifications que le roi fit, dans toutes les parties de l'Europe, à tout ce qu'il y avait de savants illustres. » (d'Olivet). En 1662, il demanda à Chapelain de lui dresser la liste des savants français et étrangers qui étaient dignes de participer à ces gratifications (V. notice 3).

Il fut élu de l'Académie au mois de mars 1667 en remplacement de Silhon, et reçu le 22 avril suivant ; quoi qu'en aient dit quelques auteurs, Colbert prononça un discours de réception dont on a attribué la paternité à Chapelain. Lorsqu'il fit installer l'Académie française au Louvre, en 1672, il fut remercié au nom de la Compagnie, par Charpentier qui, dans sa harangue, l'appela *Monseigneur ;* Colbert exprima le désir que ce titre ne lui fût plus donné à l'avenir par ses confrères.

« Quoique l'Académie fût l'ouvrage d'autrui, quelle tendresse et quels égards n'eut-il pas ur elle ? Il contribua plus que personne à la faire connaître, à la faire aimer du roi. Il lui attira la plupart des grâces dont elle fut comblée sous son ministère ; et non content des grâces qui tombaient sur la Compagnie en corps, il en procura de particulières à tous ceux des académiciens dont la fortune ne répondait pas au mérite. Il était attentif et ingénieux à mettre leurs talents en œuvre. Plus sa place l'élevait au-dessus d'eux, plus il s'étudiait à leur témoigner qu'avec eux il n'était que leur confrère. Il leur donnaît des fêtes dans sa belle maison de Sceaux. Enfin, avec le titre d'académicien, on pouvait compter sur ses bienfaits, et, pour dire quelque chose de plus, sur son amitié. » (d'Olivet).

Il se servit de Chapelain et de Perrault pour ses rapports avec l'Académie et il ne cessa de s'intéresser à sa gloire et à ses travaux. « Il trouvait que le travail du Dictionnaire n'avançait pas assez à son gré ; et ce qu'on lui alléguait là-dessus en faveur de la Compagnie lui semblait suspect d'exagération. Il voulut en juger par ses propres yeux et indépendamment du témoignage d'autrui. Il vint pour cet effet à une des assemblées ordinaires de l'Académie, lorsqu'on ne l'y attendait pas. Il assista deux heures durant à l'examen du mot AMI dont on faisait la revision. Il vit proposer, agiter et résoudre les différentes questions qui se présentèrent là-dessus ; et enfin le ministre le plus laborieux qui eût jamais été, et le meilleur ménager de son temps, sortit pleinement convaincu que la lenteur qu'il avait reprochée lui-même à l'Académie ne venait point de sa faute et qu'il était impossible qu'une Compagnie allât plus vite dans un travail de cette nature. » (Mémoire de l'abbé Régnier, cité par d'Olivet).

Colbert exerça naturellement une grande influence à l'Académie, mais il n'en abusa pas ; les académiciens qui y entrèrent, grâce à sa protection, sont peu nombreux : Barbier d'Aucour, de Lavau, l'abbé de La Chambre, Perrault, Gallois et son fils l'abbé Colbert.

On ne lui rendit pas justice de son vivant pour les immenses services qu'il rendit à la France, et il mourut dans l'impopularité le 6 septembre 1683 ; l'Académie lui témoigna sa reconnaissance en tenant au Louvre une séance extraordinaire, dans laquelle l'abbé P. Tallemant, en prose, et Quinault, en vers, prononcèrent son éloge.

P. Clément : *Histoire de la vie et de l'administration de Colbert.*
F. Joubleau : *Etudes sur Colbert.*
S. : La Fontaine.

**78.** — DANGEAU (Philippe de Courcillon, *marquis* de) (32). Né le 21 septembre 1638. — Officier, gouverneur de la Touraine, ambassadeur extraordinaire à Trèves, Mayence, Modène. Il fut élu, sans avoir rien publié, au mois de juillet 1667, en remplacement de Scudéry, et reçu le 11 janvier 1668. Il s'opposa à la création de membres honoraires à l'Académie française, que proposa l'abbé J.-B. Bignon, reçut le maréchal d'Estrées, fut protecteur de l'Académie d'Arles et pensionna ou protégea un grand nombre de gens de lettres. Boileau lui dédia la *Satire sur la Noblesse ;* c'est lui que La Bruyère a dépeint sous les traits de Pamphile. Il fut nommé membre honoraire de l'Académie des Sciences en 1704. Dangeau a écrit quelques poésies et a laissé d'intéressants *Mémoires ou Journal de la Cour de Louis XIV.* Ce journal a beaucoup servi à Saint-Simon qui s'en moquait et qui l'a annoté.

« Il fut constamment l'organe et l'introducteur ou maître des cérémonies de l'Académie française auprès du roi; il ne perdit aucune occasion de la servir et de lui montrer qu'il tenait à honneur d'en être. » (Sainte-Beuve). « Lui et son frère étaient véritablement gens de lettres. » (Duclos). « Journal de *valet de chambre,* journal *d'huissier.* » (Voltaire).

Fontenelle a écrit son Eloge. Il y a sur Dangeau quatre causeries de Sainte-Beuve.

M. doyen de l'Académie le 9 septembre 1720. — S. : duc de Richelieu, plus tard maréchal.

**79. — MONTIGNY** (Jean de) (20). Né en Bretagne, 1636. — L'abbé de Montigny fut le protégé de la marquise de Guiche, petite-fille de Séguier. Il remplaça Gilles Boileau au mois de janvier 1670, et, nommé l'année suivante à l'évêché de Léon, il mourut d'un transport au cerveau en allant prendre possession de son siège épiscopal. Il avait prononcé l'oraison funèbre d'Anne d'Autriche et était aumônier de la reine Marie-Thérèse : il a laissé quelques poésies et une *Lettre à Éraste*, dans laquelle il prenait la défense de la *Pucelle* de Chapelain. Sa mort laissa de grands regrets : « C'est, écrivait M<sup>me</sup> de Sévigné, un esprit lumineux sur la philosophie... il avait un des plus beaux esprits du monde pour les sciences, c'est ce qui l'a tué, il s'est épuisé. » L'abbé d'Olivet porte sur lui ce jugement : « Sa prose est correcte, élégante, nombreuse : sa versification coulante, noble, pleine d'images. Quelques années de plus, où n'allait-il pas ? Mais mourir à trente-cinq ans, c'est, pour un homme de lettres, mourir au berceau. » L'abbé d'Olivet dit encore : « Son discours de réception... est sans comparaison le meilleur qui eût été prononcé jusqu'à lui. » (Le sujet en était : *Réflexion sur les langues*).
M. 28 septembre 1671. — S. : Charles Perrault.

**80** — **RÉGNIER DESMARAIS** (François-Séraphin, *abbé*) (30). Né le 13 août 1632. — Diplomate ; sa connaissance des langues étrangères le fit élire à l'Académie en 1670, en remplacement de Racan sans qu'il eût encore rien publié ; traducteur et grammairien, il collabora au Dictionnaire. Troisième secrétaire perpétuel, nommé en 1684, à la mort de Mézeray, il fut chargé de défendre les droits de l'Académie dans l'affaire Furetière. Il publia la première édition du Dictionnaire, travailla à une Grammaire qui ne fut pas publiée au nom de l'Académie, et laissa quelques poésies françaises et italiennes. Son discours de réception n'a pas été conservé. Il patronna les candidatures de l'abbé J.-P. Bignon et de La Bruyère, et reçut Cordemoy, le président Rose, Cl. Fleury, Malézieu, Campistron, Abeille, Brûlart de Sillery, Mongin, Fraguier et Danchet. Il avait été surnommé *l'abbé Pertinax* à cause de son amour pour la dispute.
M. 6 septembre 1713. — S. : La Monnoye.

**81.** — **LA CHAMBRE** (Pierre Cureau, *abbé* de) (36). Né à Paris, 21 décembre 1631. — Fils du médecin académicien ; contrairement à l'ordre de succession établi par l'abbé d'Olivet, il succéda à son père en 1670. Il était pr g de Séguier et de Colbert. Il prononça des panégyriques et des oraisons funèbres, entre autres celle de Séguier ; il reçut Quinault, La Fontaine et Boileau. Il n'a fait qu'un seul vers qu'il citait un jour à Boileau, le satirique s'écria : « Ah ! Monsieur, que la rime est belle ! »
Cureau de la Chambre fut un des premiers modernes et un des familiers de M<sup>me</sup> de Sablé.
« C'est l'homme de France qui a le mieux écrit des sciences en français. » (Costar).
Voir *Le Chancelier Séguier* par R. Kerviler.

Il était très charitable et mourut victime de son dévouement à ses paroissiens pendant une famine.

M. en 1693. — S. : La Bruyère.

**82. — QUINAULT (Philippe) (29).** Né à Paris, 3 juin 1635. — Fils d'un boulanger, il fut le valet et le disciple de Tristan l'Hermite, valet de chambre du Roi (1661) qui le pensionna. A 18 ans, il écrivit les *Rivales* et les fit présenter par Tristan qui en assumait la paternité ; les comédiens ayant appris la vérité, refusèrent de payer le prix convenu et proposèrent au jeune auteur de le faire participer aux recettes ; c'est, dit-on, l'origine des droits d'auteur. Quinault écrivit des poésies sacrées et a laissé trente pièces de théâtre, comédies, tragédies, opéras ; il créa la tragédie lyrique ; son chef-d'œuvre est une comédie, *La Mère Coquette*. Il faut citer parmi ses tragédies *Askate ;* mais il est surtout célèbre par ses « opéras », genre nouveau : *Thésée*, *Alceste*, *Roland*, etc., que lui demanda le compositeur Lulli, et *Armide*, mise en musique deux fois par Lulli d'abord, puis par Glück. Enfin l'on ne peut omettre la collaboration de Quinault à *Psyché*, avec Corneille et Molière. Il fut reçu à l'Académie, en 1670, remplaçant Salomon de Virelade ; il fut l'un des six premiers académiciens admis aux spectacles de la cour ; il prononça, lors de la mort de Colbert, son éloge en vers, et harangua Louis XIV, en 1675 et en 1677, sur le résultat de ses campagnes. Il fut loué par Perrault et décrié par Boileau qui avait été son ami, et il fit partie de l'Académie des Inscriptions.

« Quinault est un poète sans fond et sans art, mais d'un beau naturel, qui touche bien les tendresses amoureuses. » (Chapelain, 1662).

« *La Mère Coquette*, pièce à la fois de caractère et d'intrigue, et même modèle d'intrigue ; elle est de 1664 ; c'est la première comédie où l'on ait peint ceux que l'on a appelés depuis les *marquis*. » (Voltaire).

M. le 26 novembre 1688. — S. : de Callières.

**83. — HARLAY DE CHAMPVALLON (François de) (28).** Né à Paris, 14 août 1625. — Archevêque de Rouen à 26 ans (1652), il avait été deux ans auparavant député de Normandie à l'assemblée générale du clergé ; il devint archevêque de Paris le 2 janvier 1671, et obtint le premier que le titre de duc et pair fût attaché à cette fonction ; commandeur des ordres du Roi.

Il présida l'assemblée du clergé en 1660 ; il célébra le mariage secret de Louis XIV et de M$^{me}$ de Maintenon, et prit part à la révocation de l'édit de Nantes. Il fut préféré à Bossuet pour « des motifs de convenance, » dit le cardinal de Bausset, pour remplacer à l'Académie en 1671, Hardouin de Péréfixe, son prédécesseur à l'archevêché de Paris.

« Personne ne reçut de la nature un plus merveilleux talent pour l'éloquence. Il rassemblait non seulement tout ce qui peut contribuer au charme des oreilles, une élocution noble et coulante, une prononciation animée, je ne sais quoi d'insinuant et d'aimable dans la voix, mais encore tout ce qui peut fixer agréablement les yeux, une physionomie solaire, un grand air de majesté, un geste libre et régulier. » (d'Olivet). C'était « le plus beau, le plus avenant et le

plus habile des prélats du royaume. » (Sainte-Beuve). Son éloquence était remarquable et d'une facilité tout à fait surprenante ; « il se montrait supérieur encore dans l'improvisation à ce qu'il était dans le discours étudié. » (Sainte-Beuve). *Cordon bleu*. Un *Nouveau Lundi*.
Il y a de lui quatre éloges de l'abbé Legendre.
En raison de ces qualités et de sa fonction, il fut choisi par l'Académie pour haranguer Louis XIV et lui demander de devenir le protecteur de l'Académie.
Il avait été élève du Port-Royal et avait ouvert une académie théologique à l'abbaye de Saint-Victor, à Paris. C'est lui qui refusa la sépulture religieuse à Molière.
M. 6 août 1695. — S. : André Dacier.

**84.** — BOSSUET (Jacques-Bénigne) (37). Né à Dijon, 27 septembre 1627. — Il prononça son premier sermon à l'Hôtel de Rambouillet à l'âge de seize ans, reçut la prêtrise à Metz à 25 ans, prêcha à la Cour l'Avent de 1661 et le Carême de 1662 ; il fut nommé évêque de Condom en 1669 et précepteur du Dauphin en 1670.
A la mort de l'archevêque de Paris, en 1671, l'Académie, pour des motifs de convenance lui préféra le nouvel archevêque, de Harlay, mais à la vacance suivante, elle abrégea pour Bossuet les formalités d'usage. L'abbé de Chambon mourut le 20 avril 1671, Bossuet écrivit sa lettre de candidature le 15 mai, il fut élu à la fin du même mois et reçu le 11 juin par Charpentier. Son discours de réception porta : *Sur les avantages de l'institution de l'Académie*. Il fut nommé évêque de Meaux en 1679, premier aumônier de la Dauphine en 1680, conseiller d'Etat en 1697 et premier aumônier de la duchesse de Bourgogne en 1698. Théologien, orateur, historien, philosophe cartésien indépendant, il combattit le protestantisme, le jansénisme, le quiétisme et soutint une lutte avec Fénelon, qu'il vainquit après avoir été très dur à son égard. En 1682, il rédigea la Déclaration du Clergé de France. A l'Académie, il patronna les candidatures de Géraud de Cordemoy et de Huet. Ses œuvres forment environ vingt volumes ; les principales sont ses *Oraisons funèbres* (Henriette d'Angleterre, Prince de Condé, etc.) et ses *Sermons*, le *Discours sur l'Histoire universelle*, le *Traité de la Connaissance de Dieu et de soi-même* et l'*Histoire des Variations des Eglises protestantes*.
D'Alembert, Patin, Saint-Marc Girardin ont écrit son Eloge. L'on doit au cardinal de Bausset une *Histoire de Bossuet* en quatre volumes. Burigny a publié la *Vie de Bossuet* et un grand nombre d'écrivains ont étudié ses œuvres et sa philosophie.
M. 12 avril 1704. — S. : cardinal de Polignac.

**85.** — PERRAULT (Charles) (20) Né à Paris, 12 janvier 1628. — Frère de Claude Perrault, l'architecte du Louvre, favori et protégé de Colbert, il fut secrétaire perpétuel de l'Académie des Inscriptions, après avoir fait partie avec Chapelain, Cassagne, l'abbé Bourzeys et Charpentier du Comité des Devises et Médailles, berceau de cette académie, dont il fut exclu à la mort de Colbert par Louvois qui le remplaça par Félibien. Elle comprenait alors trois autres membres Charpentier, l'abbé Tallemant et Quinault.
A l'Académie française, il retira sa candidature au siège de Gilles

Boileau, en 1669. Il y fut nommé en 1671, en remplacement de Montigny, et reçu le 23 novembre par Chapelain ; le discours de réception qu'il prononça plut beaucoup à l'Académie qui décida de rendre publiques les séances de réception. Il fut à l'Académie le porte-parole de Colbert ; il fit décider l'élection des académiciens au scrutin, l'établissement des jetons de présence et prit part à la fondation de l'Académie des Beaux-Arts. Il écrivit l'*Epître dédicatoire* de la première édition du Dictionnaire, harangua la veuve du chancelier avant de quitter l'hôtel Séguier, en 1672, et Louis XIV au retour de la guerre de Hollande en 1672 et après la prise de Cambrai, en 1678. Il fut un des commissaires pour juger le cas de Furetière, reçut Caumartin et L. de Sacy. L'un des chefs des modernes, il écrivit un poème, le *Siècle de Louis le Grand* et un *Parallèle entre les anciens et les modernes* : à la réception de la Chapelle, qui appartenait au groupe des anciens et qui avait battu un autre chef des modernes, Fontenelle, Ch. Perrault donna lecture de son *Epître au Génie*, dans laquelle il exaltait Corneille et louait son neveu. Il fut le dernier élu sous le protectorat de Séguier.

Il a laissé des poèmes, des poésies et des *Mémoires*. Mais son titre de gloire aux yeux de la postérité est le livre célèbre des *Contes de Fées*. Le bibliophile Jacob entre autres en a publié une édition avec Notice.

M. 16 mai 1703. — S. : cardinal de Rohan.

## Protectorat de Louis XIV.

**86.** — FLÉCHIER (Esprit) (8). Né dans le Comtat Venaissin le 10 juin 1632. — Il eut une jeunesse pauvre, fréquenta l'Hôtel Rambouillet, devint sous-précepteur, puis lecteur du Dauphin et aumônier de M$^{me}$ la Dauphine. Poète français et latin, remarquable orateur sacré, il prononça des oraisons funèbres, dont les meilleures sont celles de Turenne et du duc de Montausier. Nommé à l'Académie en 1672, en remplacement de Godeau, il fut reçu le 12 janvier 1673, le même jour que Racine et Gallois. Son discours eut un succès qui déconcerta Racine, parlant après lui et qui le fit paraître inférieur à lui-même, « Le premier qui fut reçu après moi fut M. l'abbé Fléchier, évêque de Nîmes. Il y eut une foule de monde et de beau monde à sa réception... On peut dire que l'Académie changea de face à ce moment; de peu connue qu'elle était, elle devint si célèbre, qu'elle faisait le sujet des conversations ordinaires. » (Perrault).

Fléchier fut nommé évêque de Lavaur, en 1685, puis de Nîmes, 1687; sa charité était inépuisable et il fut regretté même des protestants. Il reçut Huet, fut protecteur de l'Académie de Nîmes, et a laissé une *Histoire de Théodose le Grand*.

M. le 16 février 1710. — S. : Nesmond.

**87.** — RACINE (Jean) (18). Né le 21 décembre 1639 à la Ferté-Milon. — Trésorier de France, secrétaire du roi, gentilhomme ordinaire de sa chambre. Commença ses études au collège de la ville de Beauvais, les poursuivit à Port-Royal (1655-1658) et fit sa philosophie au collège d'Harcourt à Paris. Il fut nommé à l'Académie française, en remplacement de La Mothe le Vayer en 1672, et reçu le 12 janvier 1673, le même jour que Gallois et Fléchier. C'était la première réception publique ; soit que le discours de Fléchier, qui parla avant Racine et eut du succès, fût meilleur, soit que la timidité de Racine ne lui permît pas de faire valoir le sien, il fut accueilli froidement, et Racine ne voulut jamais le faire imprimer. Ami de Boileau et de Molière, il fut l'un des chefs des anciens et combattit les modernes par ses épigrammes. Il fut historiographe du roi et désigné avec Boileau en 1677 pour écrire l'histoire de Louis XIV ; leurs manuscrits, confiés à Valincour, brûlèrent dans un incendie en 1726 ; il appartient à l'Académie des Inscriptions. Promoteur de la candidature du duc du Maine, il la vit désapprouver par Louis XIV.

Racine fut l'un des six premiers académiciens admis aux spectacles de la Cour. Il reçut l'abbé Colbert, Thomas Corneille et Bergeret. Dangeau raconte qu'il prononça un beau discours pour la réception de ces deux derniers, le 2 janvier 1685 ; il dut le répéter à la Cour le 5 mars devant le roi, et le 20 mars devant M<sup>me</sup> la Dauphine. Il essaya, avec Boileau et La Fontaine d'obtenir la soumission de Furetière. A la mort de Corneille, Racine disputa à l'abbé de Lavau l'honneur de payer les frais du service religieux, Corneille étant mort dans la nuit où l'un cessait d'être directeur et où l'autre le devenait ; l'Académie, prise pour juge de ce noble différend, donna gain de cause à Lavau.

Racine fréquenta le salon de Ninon de Lenclos. Après une longue brouille, il se réconcilia avec Messieurs de Port-Royal, et demanda à être enterré à Port-Royal. Lorsque le maréchal de Villars crut faire un honneur à l'Académie en lui offrant son portrait, Valincour envoya ceux de Racine et de Boileau.

Racine a laissé des poésies diverses, onze tragédies : *Andromaque*, *Britannicus*, *Iphigénie*, *Phèdre*, *Athalie*, etc., une comédie, *Les Plaideurs*.

Parmi les nombreux écrivains qui ont consacré des études à Racine, il faut mentionner celle que Sainte-Beuve a écrite dans ses *Portraits littéraires*.

M. 22 avril 1699. — S. : Valincour.

**88.** — GALLOIS (*abbé* Jean) (17). Né à Paris, 14 juin 1632. — Savant universel, versé dans l'étude de toutes les langues et de toutes les sciences, il étudia la théologie, l'histoire de l'Eglise et l'histoire profane, les mathématiques, la physique, la médecine, etc. ; il fonda le *Journal des Savants* en 1665 avec Denis de Sallo, puis le dirigea seul de 1665 à 1674. Il fit partie de l'Académie des Inscriptions et de l'Académie des Sciences dont il fut, en 1668, secrétaire intérimaire. Il fut garde de la Bibliothèque du Roi et professeur de langue grecque au Collège Royal de France.

Il obtint des faveurs de Colbert puis de son fils Seignelay ; il dut à l'influence de Colbert, autant qu'à ses mérites, d'être nommé à l'Académie en 1672, remplaçant Bourzeys ; il fut reçu le 12 janvier 1673, le même jour que Fléchier et Racine. Il répondit aux discours de réception de l'abbé de Lavau, de l'abbé de Dangeau et de l'évêque Chamillart.

M. 9 avril 1707. — S. : Mongin.

**89. — BENSERADE** (Isaac de) (6). Né en Normandie, 1612. — D'origine huguenote, il fut baptisé à 7 ou 8 ans. Il a écrit son nom Bensseradde, Bensserade, Benserade. Ce fut un bel esprit, protégé de Richelieu, du duc de Brezé, puis de Mazarin ; il eut une pension de la reine, et « il était d'ailleurs secouru, dit d'Olivet, par quelques dames riches et libérales ». Il eut douze mille livres de revenu et roula carrosse. Il fréquenta l'hôtel Rambouillet et envoya à une dame sa paraphrase de *Job*, l'accompagnant d'un sonnet qui fut mis en parallèle avec celui de Voiture à *Uranie*. La cour fut divisée en *Jobelins* ayant pour chef le prince de Conti et en *Uranins* ayant à leur tête M$^{me}$ de Longueville.

Benserade fut nommé à l'Académie en 1674, remplaçant Chapelain, et reçu le 17 mai. Il fut du parti des modernes, reçut le président J.-J. de Mesmes, fut l'un des six premiers académiciens admis aux spectacles de la cour. Il a écrit des poésies, une comédie, cinq tragédies, des fables en quatrains, une *Liste de Messieurs de l'Académie française* en deux cents vers ; il mit aussi les *Métamorphoses d'Ovide en rondeaux*, le public accueillit mal cette idée singulière. « Benserade a peu de savoir, mais pour de l'esprit on n'en saurait avoir davantage. » (Chapelain). « Ses vers ne sont pas bien tournés, mais ils sont si pleins d'esprit et ont un air si galant qu'ils l'emportent au-dessus de tous les autres. » (Costar).

M. 19 octobre 1691. — S. : Pavillon.

**90. — HUET** (Pierre Daniel) (21). Né à Caen le 8 février 1630. Erudit et savant universel, il fut sous-précepteur du Dauphin et publia pour son élève la série des classiques latins *ad usum delphini*. Il ne voulait pas être de l'Académie, mais il céda aux instances de Bossuet, Pellisson, Dangeau et Montausier, et fut nommé en 1674 en remplacement de Gomberville et reçu le 13 août par Fléchier. Il entra dans les ordres en 1684, fut nommé à l'évêché de Soissons en 1685, permuta avec Brûlart de Sillery, évêque d'Avranches, en 1692, se démit de ce dernier évêché en 1699 et passa les vingt dernières années de sa vie dans la maison professe des jésuites, à Paris.

Huet fut lecteur du grand Dauphin, ami de Conrart, de Segrais et de M$^{lle}$ de Scudéry ; il défendit *la Pucelle* de Chapelain, et fréquenta les salons littéraires de son temps. Il combattit le cartésianisme après en avoir été, dans sa jeunesse, un admirateur ; d'Olivet le défend d'avoir été un philosophe sceptique. Il appartenait à l'Académie des Belles-Lettres de Caen, et fonda dans cette ville, en 1662, une académie de physique ; il en continua une chez les jésuites à Paris, que subventionnait Colbert et dont Michault a dit : « Le P. Oudin se rappelait toujours avec plaisir les doctes conférences du cabinet de M. Huet, où il eut plus d'une fois l'avantage d'être admis ».

Huet a laissé des poésies latines et grecques, une traduction d'Origène, une de *Daphnis et Chloé*, des œuvres philosophiques en latin et en français, et un recueil de pensées, *Huetiana*. Christian Bartholmess a écrit : *Huet, évêque d'Avranches* ; de Gournay et l'abbé Flottes ont également publié des ouvrages sur Huet.

Il mourut le 26 janvier 1721 doyen de l'Académie. « Il a vécu 91 ans moins quelques jours », a écrit l'abbé d'Olivet, fixant ainsi à 1630 la date de sa naissance que d'autres ont placée en l'année 1638.

S. : Boivin de Villeneuve.

**91.** —CORDEMOY (Géraud de) (12). Né à Paris 1620.—Protégé de Bossuet qui lui obtint d'être lecteur du Dauphin. Philosophe cartésien, historien des deux premières races royales de France. Il fut admis à l'Académie en 1675 en remplacement de Ballesdens, et reçu le 12 décembre par Régnier-Desmarais. Ses ouvrages ne paraissaient pas avoir beaucoup de valeur pour l'abbé d'Olivet, car il fait cette réflexion : « Avocat par état, mais philosophe par goût, et historien par occasion : n'était-ce point aussi se partager un peu trop ? »

« Cordemoy a éclairci beaucoup de faits qui étaient demeurés obscurs jusqu'à présent ; il en découvre quelques-uns que l'on ignorait encore, et en réfute d'autres que l'on tenait pour certains. » (Bayle).

« Il a le premier débrouillé le chaos des deux premières races des rois de France. » (Voltaire).

M. le 8 octobre 1684. — S. : Bergeret.

**92.** — ROSE (Toussaint) (2). Né le 3 septembre 1611 à Provins. — Secrétaire de Mazarin, secrétaire du cabinet de Louis XIV dont il imitait la signature au point que certains autographes du grand Roi pourraient être contestés ; président de la Chambre des Comptes de Paris en 1661. C'est grâce à son intervention auprès du roi que fut rendue l'ordonnance de 1667, en vertu de laquelle l'Académie dut être reçue avec les cours supérieures. Ce fut son titre pour être académicien, car il n'avait rien publié lorsqu'il fut admis en 1675 en remplacement de Conrart et reçu le 12 décembre par Régnier-Desmarais. Il fut du parti des anciens, et lorsqu'il s'agit de remplacer Colbert, il soutint la candidature de Boileau contre celle de La Fontaine ; il prononça des harangues académiques, fit un discours au roi, en 1679, sur la paix, et fut un des six premiers académiciens admis aux spectacles de la cour.

M. 6 janvier 1701. — S. : Louis de Sacy.

**93.** — MESMES comte d'Avaux (Jean-Jacques de), (4). Né à Paris, 1640. — Président à mortier au parlement de Paris, 1672. Prévôt et maître des cérémonies des ordres du Roi. Elu en remplacement de Desmarets en 1676, il fut reçu le 23 décembre par Benserade ; il dut son élection à son nom, sa famille ayant toujours protégé les lettres. « Il n'y a rien d'imprimé de M. le président de Mesmes, que le discours qu'il fit à l'Académie le jour de sa réception. » (d'Olivet).

M. 9 janvier 1688. — S. : Testu de Mauroy.

**94.** — COLBERT (Jacques-Nicolas) (10). Né en 1654. — Fils du grand ministre ; archevêque de Rouen, harangua Louis XIV, à la tête du clergé de France, en faveur des protestants ; Racine avait, dit-on, écrit cette harangue. J.-N. Colbert fut élu à l'Académie, grâce à l'influence de son père, en remplacement de Jacques Esprit en 1678 et reçu le 20 octobre par Racine. Il fut également un des premiers membres de l'Académie des Inscriptions.

M. le 10 décembre 1707. — S. : l'abbé Fraguier.

**95.** — LAVAU (Louis-Irland, abbé de) (35). Garde des livres du cabinet du Roi, au Louvre. C'est à ce titre qu'il fut admis en 1679 en remplacement d'Habert de Montmor. le dernier survivant des quarante premiers académiciens, et reçu le 4 mai par l'abbé Gallois, qui lui dit dans sa réponse : « Il était raisonnable que les Muses de l'Académie française ayant été reçues dans le Louvre, les Muses du Louvre fussent aussi reçues dans l'Académie française. » Il fut académicien pour une autre raison : ayant réussi le mariage d'une fille de Colbert avec le duc de Mortemart, il demanda comme récompense au ministre de le faire entrer à l'Académie. Il fut du parti des modernes, et prononça quelques discours et harangues.

Il rendit à ses frais les devoirs funèbres à Corneille. Cet honneur lui fut disputé par Racine : Lavau était directeur en septembre et Racine en octobre. or Corneille mourut dans la nuit du 30 septembre au 1er octobre. Le différend fut soumis à l'arbitrage de l'Académie qui donna raison à Lavau.

Il avait été dans la diplomatie avant d'entrer dans les ordres.
M. 1694. — S. : Abbé de Caumartin.

**96.** — CRÉCY (Louis de Verjus, *comte* de) (22) Né à Paris, 1629. Conseiller d'Etat, plénipotentiaire au congrès de Ryswick et signataire du traité, il n'a à son actif que ses dépêches diplomatiques. Il fut élu en 1679, en remplacement de Cassagne et reçu par Claude Bayer le 24 juillet.
M. le 13 décembre 1709. — S. : le président J.-A. de Mesmes.

**97.** — NOVION (Nicolas Potier, *seigneur* de) (29) Né en 1618. — Il combattit Mazarin et proposa au parlement de lui appliquer un arrêt qui interdisait, sous peine de mort, le ministère à tout étranger. Premier président du parlement de Paris en 1678, il dut, plus tard, se démettre de cette fonction. « On s'aperçut, dit Saint-Simon, que Novion falsifiait les arrêts à la signature, longtemps avant qu'on osât s'en plaindre. »

Il n'avait aucun mérite littéraire et n'a produit aucune œuvre. Elu à l'Académie en 1681 en remplacement de Patru, il fut reçu le 27 mars, et son discours de réception très court, fut absolument ridicule : Novion est une des plus grossières erreurs de l'Académie.

Il était directeur au moment de l'affaire Furetière ; il le convoqua chez lui avec les commissaires désignés par l'Académie, mais Furetière n'y vint pas.
M. 1er septembre 1693. — S. : Goibaud-Dubois.

**98.** — DANGEAU (Louis de Courcillon, *abbé* de) (11) Né en janvier 1643. — Il était le frère de l'auteur du *Journal* (voir notice 78). Calviniste converti, il fut abbé de Clermont, camérier d'honneur des papes Clément X et Innocent XII, lecteur du roi. Il fut élu contre La Fontaine en remplacement de l'abbé Cotin en 1682 et reçu par l'abbé Gallois le 26 février. Il protesta contre la proposition de l'abbé J.-P. Bignon de créer des membres honoraires à l'Académie française ; il était bon grammairien, et avait un salon politique et littéraire que fréquentèrent le cardinal de Polignac, l'abbé de Saint-

Pierre, Dubos, l'abbé de Choisy, Mairan, etc. Il reçut La Loubère et P. de Coislin.

M. le 1er janvier 1723. — S. : Fleurian de Morville.

**99.** — AUCOUR (JEAN BARBIER D') (33). Né à Langres, le 1er septembre 1641. — Avocat au parlement, ami de Messieurs de Port-Royal. il attaqua Racine et le P. Bouhours. Il fut précepteur d'un fils de Colbert ; il dut à la protection du ministre d'entrer à l'Académie en 1683, en remplacement de Mézeray ; Doujat le reçut le 29 novembre. Critique célèbre, collaborateur actif du Dictionnaire, il vota l'exclusion de Furetière, prononça publiquement un discours sur la guérison du roi le 27 janvier 1687 et reçut Testu de Mauroy. Janséniste, il combattit les jésuites.

« Connu chez les jésuites sous le nom d'*avocat sacrus* (à cause d'un barbarisme qu'il fit dans sa jeunesse) et dans le monde par sa *Critique des entretiens du P. Bouhours.* » (Voltaire).

« Barbier d'Aucour est un homme qui a deux noms aussi inconnus l'un que l'autre. » (Furetière).

Il vécut et mourut pauvre à Paris le 13 septembre 1694. — S. : Clermont-Tonnerre.

**100.** — LA FONTAINE (JEAN DE) (15). Né à Château-Thierry le 8 juillet 1621. — Maître des Eaux et Forêts, protégé de Fouquet qui lui fit une pension, chez qui il habita pendant sept années et à qui il resta fidèle dans sa disgrâce. Il habita ensuite pendant vingt ans chez Mme de la Sablière, puis chez M. d'Hervart ; il fut aussi protégé et pensionné par le duc de Bourgogne, les princes de Conti et de Vendôme. Louis XIV fut à son égard toujours indifférent. La Fontaine fréquenta le salon de Ninon de Lenclos, fut un « ancien », et l'ami de Boileau, Racine et Molière. Sa continuelle distraction et sa bonhomie sont célèbres. L'illustre fabuliste a composé deux cent trente-neuf fables qui le placent au premier rang dans notre littérature nationale mais qui furent peu goûtées dans son temps ; il fut auteur dramatique. Elu en remplacement de Colbert en 1683, contre Boileau que préférait le roi, son admission resta suspendue jusqu'à la vacance suivante. Boileau ayant été nommé cette fois, Louis XIV donna son approbation pour les deux élus.

La Fontaine fut reçu par l'abbé de La Chambre le 2 mai 1684. Son discours de réception fut très élogieux pour Colbert et ne se ressentit en rien de l'indifférence que ce ministre lui avait toujours témoignée. Il fut très assidu aux séances de l'Académie ; il essaya avec Boileau et Racine d'obtenir la soumission de Furetière.

Dans une maladie grave, sur l'insistance du confesseur appelé à son chevet, il fit sa contrition d'avoir écrit les *Contes*, en présence d'une délégation d'académiciens ; il renouvela l'expression de son repentir à l'Académie même, après sa guérison.

Son éloge a été fait par Chamfort et par La Harpe ; Walckenaer a écrit la *Vie de La Fontaine ;* Taine a publié *La Fontaine et ses Fables ;* Sainte-Beuve une causerie

M. 13 mars 1695. — S. : Clérambault.

**101.** — BOILEAU-DESPRÉAUX (NICOLAS) (1). Né à Paris le 1er novembre 1636. — Il fut appelé Despréaux tant que vécut son frère aîné, l'académicien Gilles Boileau avec qui il fut presque toujours brouillé. Il lut ses premières satires à l'hôtel de Rambouillet et se fit dès ce moment des ennemis irréductibles, notamment Cassagne et l'abbé Cotin qui le critiquèrent ; de là date la haine qui inspira à Boileau tant de traits qui sont dans toutes les mémoires. Les ennemis de Boileau trouvèrent un protecteur dans le duc de Montausier qui se croyait le défenseur naturel des poètes qui avaient fréquenté l'Hôtel de Rambouillet et rimé la *Guirlande de Julie* (Julie d'Angennes, duchesse de Montausier).

Boileau publia avec un grand succès, ses premières satires en 1666. Il ne songeait pas à se présenter à l'Académie où il avait beaucoup d'adversaires, mais il céda au désir que lui exprima Louis XIV de le voir entrer dans cette Compagnie. Benserade et ses amis que Boileau avait cruellement raillés lui opposèrent La Fontaine qui fut élu ; Louis XIV manifesta son mécontentement en retardant l'acceptation du nouvel académicien et Boileau fut élu à l'unanimité à la première place vacante, qui fut celle de Bazin de Bezons en 1684 ; il fut reçu le 3 juillet par l'abbé de La Chambre. Patru, sur la fin de sa vie, était tombé dans la misère ; Boileau le secourut noblement en achetant ses livres qui allaient être vendus, et en lui en laissant la jouissance (Voir notice 46).

Boileau fut, avec Racine, historiographe du Roi ; leurs manuscrits, confiés à Valincour, brûlèrent dans un incendie en 1726. Boileau fut, également avec Racine et Mme Dacier, l'un des chefs du parti des anciens ; il fut aussi l'ami de Molière, de La Rochefoucauld, de Lamoignon, de Condé, et fréquenta le salon de Ninon de Lenclos.

Il fit partie de l'Académie des Inscriptions. Il a laissé les *Satires*, des *Epîtres*, le *Lutrin*, l'*Art Poétique* et une traduction de Longin. — Il essaya d'obtenir la soumission de Furetière.

Lorsque le maréchal de Villars voulut offrir son portrait à l'Académie, Valincour, pour maintenir le principe d'égalité entre les grands seigneurs et les gens de lettres, fit don à la compagnie des portraits de Boileau et de Racine.

M. le 11 mars 1711. — S. : Jean d'Estrées, archevêque.

**102.** — CORNEILLE (Thomas) (19). Né à Rouen, 20 août 1625. — Frère de P. Corneille à qui il succéda le 4 octobre 1684 ; il fut élu à l'unanimité en 1685 et reçu le 2 janvier 1685 par Racine. Celui-ci avait voulu lui opposer un fils illégitime de Louis XIV, le duc du Maine, candidature que le Roi n'approuva pas. Racine racheta cette erreur en faisant dans sa réponse au discours de Thomas Corneille un magnifique éloge du grand tragique.

Thomas Corneille a laissé quarante-deux œuvres dramatiques et obtint de grands succès au théâtre : les plus célèbres, *Ariane*, le *Comte d'Essex*, tragédies, le *Festin de Pierre*, comédie versifiée de Molière. Palissot lui reprocha plus tard ses « intrigues romanesques », et La Harpe « une versification flasque et incorrecte » ; Boileau disait de lui qu'il n'était « qu'un cadet de Normandie ». Voltaire dit, qu'exception faite de Racine « il était le seul de son temps qui fût digne d'être le premier au-dessous de son frère ». Voltaire dit ailleurs que c'était un « homme qui aurait une grande réputation s'il n'avait point eu de frère ».

Thomas Corneille, bon grammairien, travailla au *Dictionnaire*, fit

un Dictionnaire des termes des arts et des sciences en deux volumes, un Dictionnaire universel géographique et historique en trois volumes; en 1687, il fit paraître avec des notes de lui une nouvelle édition des *Remarques* de Vaugelas ; il fit aussi des traductions. Il appartenait au parti des modernes, combattit La Bruyère, reçut Fontenelle, prit une part importante dans l'affaire Furetière. Il était de l'Académie des Inscriptions.
Il mourut aveugle le 8 décembre 1709. — S. : La Motte.

**103.** — BERGERET (Jean-Louis) (12). Né à Paris. — Avocat général au parlement de Metz, secrétaire de la chambre et du cabinet du Roi. Il était premier commis de Ch. Colbert, marquis de Croissy, ministre d'Etat et frère du grand Colbert ; soutenu par toute la maison Colbert lorsqu'il se présenta à l'Académie, il fut injustement préféré à Ménage, alors octogénaire, qui lui était très supérieur, mais qui avait autrefois mécontenté l'Académie par sa *Requête des Dictionnaires*. Bergeret fut élu le 4 décembre 1684 en remplacement de Géraud de Cordemoy, et reçu le 2 janvier 1685 par Racine, le même jour que Thomas Corneille. On ne connaît de lui que son discours de réception et ceux qu'il prononça en recevant l'abbé de Choisy et Fénelon.
M. le 9 octobre 1694. — S. : abbé de Saint-Pierre.

**104.** — CHOISY (François-Timoléon, *abbé* de) (23). Né à Paris le 16 août 1644.—Il eut une jeunesse dissipée et fut studieux dans son âge mûr et sa vieillesse. Il eut de nombreux bénéfices ecclésiastiques, fut grand doyen de la cathédrale de Bayeux, conclaviste du cardinal de Bouillon ; il fit un voyage au Siam. Elu le 24 juillet 1687 en remplacement du duc F. de Saint-Aignan, il fut reçu le 25 août par Bergeret. Il collabora à la deuxième édition du Dictionnaire et écrivit une sorte de journal des discussions grammaticales de l'Académie que l'abbé d'Olivet édita sous le titre : *Opuscules sur la langue française*. Lorsque l'Académie commença la rédaction d'une grammaire, elle se divisa en deux bureaux ; l'abbé de Choisy tint la plume dans l'un. Il reçut H.-C. de Coislin et l'abbé d'Olivet. Il a laissé des *Mémoires historiques*, une *Histoire de l'Eglise* et une traduction de *l'Imitation de Jésus-Christ*.
Il mourut doyen de l'Académie le 2 octobre 1724. — S. : Portail.

**105.** — TESTU DE MAUROY (*abbé* Jean) (4). Né... — Précepteur des filles de Monsieur, frère de Louis XIV ; le prince le recommanda sans conviction aux suffrages de l'Académie, et il fut fort surpris qu'elle l'élût en remplacement du président J.-J. de Mesmes (1688) ; il fut reçu le 8 mars par d'Aucour. Il reçut Goibaud-Dubois.
M. en 1706. — S. : Abbé de Louvois.

**106.** — LA CHAPELLE (Jean de) (31). Né à Bourges, 1655. — Après avoir eu un poste dans les finances, il fut secrétaire des commandements des princes de Conti. Auteur dramatique médiocre, mauvais romancier, mais rimeur assez goûté ; il fut surtout homme d'esprit. Il a laissé des poésies et des traductions.

Elu en 1688 en remplacement de Furetière, il fut reçu le 12 juillet par Charpentier. A son tour il reçut Valincour et le maréchal de Villars.
M. le 29 mai 1723. — S. : l'abbé d'Olivet,

**107.** — RENAUDOT (*abbé* Eusèbe) (38). Né à Paris 20 juillet 1646.
— Conclaviste du cardinal de Noailles, en 1700, pour l'élection du pape Clément XI, il reçut de grands honneurs en Italie. Il succéda à Doujat en 1689 et fut reçu par Charpentier le 7 février; il fut admis à l'Académie des Inscriptions en 1691, il était très savant dans l'histoire et les langues de l'Orient; écrivain religieux en français et en latin, il eut le privilège de la *Gazette* fondée par son grand-père Théophraste en 1631.
M. le 1$^{er}$ septembre 1720. — S. : Roquette.

**108.** — CALLIÈRES (François de) (29). Né en Normandie, le 14 mai 1645. — Diplomate, secrétaire du cabinet du Roi, il fut admis à l'Académie en remplacement de Quinault et reçu le 7 février 1689 par Charpentier. Ce fut un philologue : il a laissé quelques ouvrages entre autres une *Histoire poétique de la guerre déclarée entre les anciens et les modernes*, 1688, un volume in-12. Il reçut La Motte et J. A. de Mesmes.
M. le 5 mai 1717. — S. : Abbé A.-H. de Fleury, plus tard cardinal.

**109.** — FONTENELLE (Bernard Le Bouyer de) (27). Né à Rouen 11 février 1657. — Neveu des deux Corneille, il fut poète; auteur dramatique, moraliste, philosophe. Il prit parti pour les modernes dont il fut l'un des chefs ; l'opposition que lui firent Racine et Boileau causa quatre fois son échec à l'Académie où il fut enfin élu le 23 avril 1691 en remplacement de Villayer, et reçu le 5 mai suivant par son oncle Thomas Corneille. Son discours de réception fut très agressif contre les anciens ; il avait eu pour concurrent La Bruyère dont il resta l'adversaire. Membre de l'Académie des Inscriptions, il fut, pendant quarante-deux ans à partir de 1699, secrétaire perpétuel de l'Académie des Sciences, et fit partie de l'Académie de Nancy.
Il collabora au discours du maréchal de Richelieu, reçut Dubois, Destouches, Mirabaud, l'évêque de Bussy-Rabutin, Vauréal. Il vota seul contre l'exclusion de l'abbé de Saint-Pierre, après avoir été l'un des quatre académiciens qui étaient d'avis de l'entendre avant de le frapper. Il fréquenta les salons de la fin du xvii$^e$ siècle et la plupart de ceux du xviii$^e$ ; il fut surtout un familier du salon de M$^{me}$ de Lambert que Mathieu Marais surnomma *la Caillette de Fontenelle*, et à qui il présenta Montesquieu. M$^{me}$ de Lambert et Fontenelle exercèrent sur les élections et l'Académie une influence qui dura vingt ans.
Ses principaux ouvrages sont : les *Dialogues des Morts*, les *Entretiens sur la pluralité des Mondes*, la *Digression sur les anciens et les modernes*, une *Histoire des Oracles*, une *Histoire de l'Académie des Sciences*, de 1666 à 1699, des *Eloges des Académiciens*.
« On peut le regarder comme l'esprit le plus universel que le siècle de Louis XVI ait produit. » (Voltaire). « Il n'eut ni verve ni imagination comme poète, et point d'invention comme savant. » (de Barante).

L'éloge de Fontenelle a été fait par D'Alembert et par Garat : Villemain lui a consacré quelques pages.

Il appartint soixante-six ans à l'Académie, dont il était le doyen ; à sa mort, le 9 janvier 1757, il lui manquait un mois pour être centenaire.

S. : A.-L. Séguier.

**110.** — PAVILLON (Etienne) (6). Né à Paris, 1632. — Avocat au parlement de Metz, poète, il était cousin de la femme du ministre comte de Pontchartrain. Présenté, sur le désir de celui-ci, par Paul Tallemant, il fut élu, sans sollicitations contre La Bruyère qui obtint sept voix, le 22 novembre 1691, en remplacement de Benserade, et reçu par Charpentier le 17 décembre. Il fit partie de l'Académie des Inscriptions.

M. le 10 janvier 1705. — S. : Brûlart de Sillery.

**111.** — TOURREIL (Jacques de) (40). Né à Toulouse, 18 novembre 1656. — Précepteur du fils de Pontchartrain, traducteur de Démosthènes, il remporta le prix d'éloquence à l'Académie en 1681 et en 1683 ; il fut élu en 1692 en remplacement de M. Leclerc et fut reçu le 14 février par Charpentier. Orateur, il prononça de nombreuses harangues ; c'est lui qui présenta au Roi, aux princes, aux ministres, à la cour, la première édition du Dictionnaire ; et, à cette occasion, il prononça une trentaine de discours dans la même journée. Sur l'ordre du Roi, qui voulait écarter la candidature de l'abbé de Chaulieu, Tourreil annonça à l'Académie celle du président Lamoignon qui fut élu à l'unanimité, mais qui, circonvenu, refusa cet honneur ; c'est alors que le Roi imposa la candidature du cardinal de Rohan. Tourreil reçut Ch. Boileau et le cardinal de Rohan ; il fut du parti des anciens.

M. le 11 octobre 1714. — S. : Roland Mallet.

**112.** — FÉNELON (François de Salignac de La Mothe) (34). Né en Périgord, le 6 août 1651.—Précepteur du Dauphin, le duc de Bourgogne, petit-fils de Louis XIV, en 1689. Lorsqu'il se présenta à l'Académie, il n'avait composé qu'un ouvrage, de l'*Education des Filles;* il fut élu en remplacement de Pellisson, et reçu par Bergeret le 31 mars 1693 ; il avait eu deux boules noires contre son admission. Il fut nommé archevêque de Cambrai en 1695.

Fénelon prêcha à quinze ans, fut un écrivain religieux et un philosophe chrétien mystique. Il a laissé cinquante-cinq ouvrages, dont deux au moins le placent au premier rang de nos gloires littéraires, le *Traité de l'existence de Dieu* et *Télémaque*. Ami de Bossuet, il eut plus tard avec lui une controverse qui dura trois ans et au bout de laquelle il succomba sous l'accusation de quiétisme que portait contre lui son terrible adversaire ; condamné par la cour de Rome, Fénelon accepta ce jugement avec une admirable humilité (1699).

Il fut exilé de la cour et se retira dans son archevêché ; malade de la commotion ressentie dans un accident de voiture, il en mourut six jours après, le 8 janvier 1715. Son éloge a été écrit par La Harpe et par d'Alembert. L'Ecossais Ramsay, le cardinal de Bausset et l'abbé Gosselin ont écrit chacun une *Histoire de Fénelon* ; Villemain lui a consacré une Notice.

S. : Gros de Boze.

**113.** — BIGNON (ABBÉ JEAN-PAUL) (13). Né à Paris, le 19 septembre 1662. — Neveu et protégé du ministre Pontchartrain, oratorien, abbé de Saint-Quentin, érudit, prédicateur éloquent, il fut bibliothécaire du Roi. Commandeur, prévôt et maître des cérémonies des ordres du Roi, prévôt des marchands. Il fut membre honoraire de l'Académie des Sciences à l'âge de 29 ans, ainsi que de l'Académie des Inscriptions ; il exerça une grande influence dans ces deux académies. Il fut élu à l'Académie française, en remplacement du comte R. de Bussy-Rabutin, le 23 mai 1693 et reçu par Charpentier le 15 juin. Il prépara avec Pontchartrain un nouveau règlement des Académies, signé par le Roi le 26 janvier 1699 ; il voulait créer des membres honoraires à l'Académie française, qui refusa d'adopter cette idée ; l'abbé Bignon, blessé de cet échec, ne revint plus à l'Académie.

On cite comme exemple de son éloquence les deux panégyriques, absolument différents, de saint Louis, qu'il prononça le même jour, l'un devant l'Académie française, l'autre devant l'Académie des Inscriptions. Il présida le comité d'hommes de lettres qui dirigèrent le *Journal des Savants*, de 1706 à 1714 ; il en reprit la direction avec l'abbé Desfontaines, le 1er janvier 1724, après une interruption de quelques mois. L'abbé Bignon fut, pendant cinquante ans, le protecteur des lettres et des sciences ; il était bon numismate et avait été élève de Port-Royal.

M. le 12 mai 1743. — S. : A. J. Bignon, son neveu

**114.** — LA BRUYÈRE (JEAN DE) (36). — La date de sa naissance à Paris est incertaine. Un portrait de l'édition de ses œuvres de 1720 fait supposer qu'il serait né en 1639, date admise par Suard ; l'abbé d'Olivet allègue qu'il mourut à 52 ans, il serait donc né en 1644 ; son acte de décès, qui fut signé par son frère Robert-Pierre, porte qu'il était « âgé de cinquante ans ou environ », ce qui mettrait la date de sa naissance vers l'année 1646. Sainte-Beuve, d'autre part, d'après un document qui paraît authentique, le fait naître à Paris en 1645 ; on a donné comme date probable 1645.

La Bruyère, sur la recommandation de Bossuet, fut précepteur de Louis de Bourbon, petit-fils de Condé, à partir de 1680 et il resta dans la maison de ce prince, en sa qualité d'homme de lettres jusqu'à la fin de ses jours, avec une pension de mille écus. Il ne fut pas très goûté de son temps et si les *Caractères* (1687) obtinrent un vif succès, ils lui créèrent beaucoup d'ennemis. Boileau, qui l'estimait pourtant, écrivait à Racine le 19 mai 1687 : « C'est un honnête homme, et à qui il ne manquerait rien si la nature l'avait fait aussi agréable qu'il a envie de l'être. Du reste, il a l'esprit, du savoir et du mérite. »

« M. de La Bruyère, quant au style précisément, ne doit pas être lu sans défiance, par ce qu'il a donné, mais pourtant avec une modération qui de nos jours tiendrait lieu de mérite, dans ce style affecté, guindé, entortillé qu'on peut regarder comme un mal épidémique parmi nos beaux-esprits, depuis trente ou quarante ans. » (d'Olivet). L'abbé d'Olivet constate encore la défaveur publique après la grande vogue qu'avaient eue les *Caractères* : il l'explique par la disparition de tous ceux qu'ils visaient : « La forme n'a pas suffi toute seule pour le sauver, dit-il, quoiqu'il soit plein de tours admirables et d'expressions heureuses, qui n'étaient pas dans notre langue auparavant. »

Fontenelle, chef des modernes, critiqua La Bruyère, l'un des chefs des anciens, après sa mort ; Voltaire, La Harpe, Suard lui rendirent justice et le réhabilitèrent ; leur jugement est approuvé par la postérité.

La Bruyère, appuyé à l'Académie par Bossuet, Racine, Boileau, Régnier-Desmarais, fut battu en 1691 par Fontenelle et Pavillon : il n'obtint que sept voix contre ce dernier, dont celle d'un moderne, Bussy-Rabutin. Il retira, en 1693, sa candidature devant celle de Fénelon. Il fut enfin élu la même année, grâce à l'appui de Pontchartrain, en remplacement de l'abbé P. de La Chambre, et reçu par Charpentier le 15 juin. Son discours de réception contenait sous forme de portraits ou de caractères l'éloge et la critique de quelques académiciens vivants, et cela déplut fort à l'Académie qui décida qu'un nouvel article serait ajouté aux Statuts, obligeant le récipiendaire à soumettre son discours à une commission d'académiciens, avant de le prononcer.

« Après la publication de son livre, le discours de réception de La Bruyère à l'Académie a été le grand événement de sa vie littéraire... Il était fort attendu ; on prétendait qu'il ne savait faire que des portraits, qu'il était incapable de *suite*, de *transitions*, de liaison, de tout ce qui est nécessaire dans un morceau d'éloquence. La Bruyère, ainsi mis au défi, se piqua d'honneur, et voulut que son discours comptât et fît époque dans les fastes académiques... Son discours, un peu long, était certes le plus remarquable que l'Académie eût entendu à cette date, de la bouche d'un récipiendaire. » (Sainte-Beuve).

La Bruyère écrivit une préface à son discours de réception.

On a raconté que dès la première vacance qui suivit sa réception, deux candidats, les abbés Ch. Boileau et Caumartin, se partagèrent également les voix de la compagnie. La Bruyère devait se prononcer le dernier et faire pencher la balance en faveur de l'un ou de l'autre : « Je n'ai pas oublié, Messieurs, dit-il, qu'un des principaux statuts de cet illustre corps est de n'y admettre que ceux qu'on en estime les plus dignes : vous ne trouverez donc pas étrange, Messieurs, si je donne mon suffrage, à M. Dacier, à qui même je préfèrerais madame sa femme, si vous admettiez parmi vous des personnes de son sexe. » L'élection fut renvoyée à un autre jour, et les trois héros de cette anecdote entrèrent successivement à l'Académie, Caumartin, Ch. Boileau et André Dacier.

Sainte-Beuve (*Nouveaux Lundis*), Victorin Fabre ont écrit l'éloge de La Bruyère Auger, Coste, M<sup>me</sup> de Senlis, Hemardinquer, Suard, Walckenaer, Destailleur, Ed. Fournier, ont publié des notices dans les diverses éditions de ses œuvres.

M. le 10 mai 1696. — S. : l'abbé Claude Fleury.

**115.** — LA LOUBÈRE (Simon de) (16). Né à Toulouse, 1642. — Gouverneur du fils de Pontchartrain et protégé de ce ministre, il fut chargé de missions diplomatiques au Siam et en Espagne. Il fut arrêté et mis en prison dans ce dernier pays, puis relâché sur la menace que des représailles seraient exercées contre les Espagnols habitant Paris. Il remplaça l'abbé François Tallemant à l'Académie, où fut il reçu le 25 août 1693 par l'abbé de Dangeau. Il fit quelques poésies, réorganisa l'Académie des Jeux floraux à Toulouse, et se

retira dans cette ville. Il fit partie de l'Académie des Inscriptions en 1694.
M. en 1729. — S. : Abbé Sallier.

**116.**—GOIBAUD-DUBOIS (Philippe) (26). Né à Poitiers en 1626.— Il fut d'abord maître à danser, puis gouverneur de Louis-Joseph de Lorraine, duc de Guise. Disciple de Port-Royal, il apprit le latin à l'âge de trente ans. Il fut élu à l'unanimité en remplacement de Potier de Novion, et reçu par Testu de Mauroy le 12 novembre 1693. Il a laissé des traductions de saint Augustin et de Cicéron, auxquelles il donna trop de son style personnel.
M. le 1er juillet 1694. — S. : Ch. Boileau.

**117.** — CAUMARTIN (Jean-François-Paul Lefèvre, *abbé* de) (35). Né à Châlons-sur-Marne le 16 décembre 1668.—Filleul du cardinal de Retz, abbé le sept ans ; présida, à l'âge de huit ans, en camail et en rochet, les Etats de Bretagne et y prononça des discours. Il fut garde des livres du cabinet du Roi, évêque de Vannes, puis de Blois. Il fut élu, sans avoir rien produit, à l'âge de 26 ans, en remplacement de l'abbé de Lavau, et reçu le 8 mai 1694 par Ch. Perrault. Il fut de l'Académie des Inscriptions.
Le Roi ayant voulu s'amuser de la vanité de l'évêque de Noyon, Clermont-Tonnerre, le fit recevoir à l'Académie ; ce fut l'abbé de Caumartin qui répondit au discours du récipiendaire, et il crut qu'en le tournant en ridicule, il serait agréable au Roi ; il obtint un résultat tout opposé et tomba en disgrâce.
M. le 30 août 1733. — S. : Moncrif.

**118.** — BOILEAU (Charles) (26) Né à Beauvais. Il était prédicateur, abbé de Beaulieu. Il remplaça Goibaud-Dubois et fut reçu par Tourreil le 19 août 1694. C'est lui qui reçut l'abbé Genest.
M. étant Directeur, en 1704. — S. : Abeille.

**119.**—CLERMONT-TONNERRE (François de) (33). Né en 1629. — Evêque et comte de Noyon, pair de France, conseiller d'Etat, il présida l'Assemblée du Clergé de France en 1685, et écrivit quelques ouvrages religieux. Il dut son élection à l'Académie où il remplaça Barbier d'Aucour et où il fut reçu par l'abbé de Caumartin le 13 décembre 1694, à Louis XIV qui voulut s'amuser de sa vanité excessive (Voir notice 1117) Clermont-Tonnerre fonda un prix de poésie de trois mille francs dont le sujet devait toujours être l'éloge de Louis XIV et de ses actions.
M. le 15 février 1701. — S. : Malézieu.

**120.** — SAINT-PIERRE (Charles-Irénée Castel, *abbé* de) (12). Né en Normandie le 18 février 1658. — Il était allié du maréchal de Villars et premier aumônier de la duchesse d'Orléans ; il était assidu dans les différents salons littéraires, fréquentant surtout ceux de Mme de La Fayette et de Mme de Lambert, mais il n'avait encore rien composé, lorsqu'il fut présenté par Fontenelle à l'Académie qui l'élut en remplacement de Bergeret, malgré l'opposition que lui firent Bossuet, La Bruyère et Boileau ; il fut reçu par La Chapelle le 3 mars 1695. Cette élection consacra la victoire définitive des modernes sur les anciens ; l'abbé de Saint-Pierre peut être considéré comme le premier représentant de la philosophie qui devait triompher au siècle suivant, bien qu'à son époque, il ne fût qu'un précurseur, plutôt idéologue et humanitaire. C'est en voyant les difficultés de conclure la paix à Utrecht, en 1712, où il avait accompagné le cardinal de Polignac, qu'il conçut son projet de paix perpétuelle, dont il se fit l'apôtre et qui l'a rendu célèbre ; il a également produit des ouvrages d'économie politique. Il fut aussi le premier qui proposa de donner l'éloge des grands hommes comme sujet de concours des prix d'éloquence ; cette idée n'était pas mûre ; Duclos l'a reprise et fait adopter un demi-siècle plus tard.

L'abbé de Saint-Pierre publia en 1718, la *Polysynodie* : il y faisait valoir la supériorité des conseils — comme celui de la Régence — au mode de gouvernement absolu et personnel de Louis XIV. Sous le prétexte de venger l'injure faite au défunt protecteur de l'Académie, les cardinaux de Polignac et de Rohan, les maréchaux de Villars, d'Estrées et de Villeroy demandèrent à l'Académie la radiation de Saint-Pierre. Quatre académiciens seulement, Louis de Sacy, La Motte, Fontenelle et l'abbé Claude Fleury, furent d'avis d'entendre les explications que voulait fournir l'abbé de Saint-Pierre celui-ci fut radié, sans être entendu, par l'unanimité des académiciens sauf la voix de Fontenelle. Le duc d'Orléans obtint qu'il fût seulement exclu comme l'avait été Furetière ; l'abbé de Saint-Pierre ne fut donc remplacé qu'à sa mort.

« L'abbé de Saint-Pierre ne se plaignit point. Il continua de vivre en philosophe avec ceux mêmes qui l'avaient exclu. Boyer ancien évêque de Mirepoix, son confrère, empêcha qu'à sa mort on prononçât son éloge à l'Académie, selon la coutume. Ces vaines fleurs qu'on jette sur le tombeau d'un académicien n'ajoutent rien ni à sa réputation ni à son mérite : mais le refus fut un outrage et les services que l'abbé de Saint-Pierre avait rendus, sa probité et sa douceur méritaient un autre traitement. » (Voltaire).

« L'ordre de ne point parler de l'abbé de Saint-Pierre lorsqu'il fut remplacé à l'Académie était venu de la cour. » (d'Olivet).

« L'abbé de Saint-Pierre, âme pure et naïve, écrivain sans talent, esprit peu élevé, mais à qui un infatigable amour du bien public tient lieu de génie. » (H. Martin, 7e, XCII).

La langue française a été enrichie par lui des mots *bienfaisance* et *gloriole*.

L'abbé de Saint-Pierre continua à fréquenter les salons philosophiques de Mmes de Lambert, Geoffrin, Du Deffant, et fit partie du Club de l'Entresol.

Voir *Etude sur la Vie et les écrits de l'abbé de Saint-Pierre*, par Edouard Goumy ; *L'abbé de Saint-Pierre, sa vie et ses œuvres*, par de Molinari ; voir deux *Causeries de Sainte-Beuve*.

M. le 29 avril 1743 — S. Maupertuis.

**121.** — CLÉREMBAULT (*abbé* Jules de) (15). Né vers 1660. — Fils du maréchal, il n'avait aucun titre littéraire lorsqu'il fut élu en remplacement de La Fontaine, et reçu le 3 juin 1695 par le président Rose. Il était bossu, ce qui fit dire qu'on avait donné Esope pour successeur à La Fontaine. Il s'est occupé d'histoire et de théologie ; il reçut André Dacier et le cardinal de Polignac.

M. le 17 août 1714. — S. : Massieu.

**122.** — DACIER (André) (28). Né à Castres, le 6 avril 1651. — Protestant, il épousa sa coreligionnaire, la fille de Tanneguy-Lefèvre. veuve d'un premier mari, qui devint la célèbre helléniste M$^{me}$ Dacier ; ils adjurèrent le protestantisme en 1685.

Dacier, philologue et traducteur, fut bibliothécaire du Roi. Elu à l'Académie des Inscriptions en 1695, il remplaça le 23 juin de la même année, l'archevêque de Harlay à l'Académie française et fut reçu le 9 décembre par l'abbé de Clérembault. Il fut nommé secrétaire perpétuel en 1713 en remplacement de Régnier-Desmarais ; c'est à ce titre qu'il reçut le jeune roi Louis XV lorsqu'il visita solennellement l'Académie le 22 juillet 1719. Il répondit aux discours de réception du président L. Cousin et de Gros de Boze. Il fut, ainsi que sa femme, du parti des anciens.

M. le 18 septembre 1722. — S. : le cardinal Dubois.

**123.** — FLEURY (*abbé* Claude) (36). Né à Paris, 6 décembre 1640. — Précepteur des fils du prince de Conti, 1672, puis du comte de Vermandois ; sous-précepteur des ducs de Bourgogne, d'Anjou et de Berry, petits-fils de Louis XIV, 1689 ; confesseur de Louis XV, 1716, il fut surnommé le *judicieux* Fleury. Son œuvre capitale est l'*Histoire ecclésiastique* en vingt volumes in-4° qui eut l'approbation du monde religieux et qui fut louée par Voltaire et par La Harpe. « *L'Histoire ecclésiastique* est un travail immense où l'on trouve plus que de l'érudition ; elle est écrite avec précaution, mais avec critique et bonne foi. » (de Barante). Il fut élu à l'Académie en remplacement de La Bruyère et reçu par Régnier-Desmarais le 16 juillet 1696. Il fut l'un des quatre académiciens qui étaient d'avis d'entendre les explications de l'abbé de Saint-Pierre avant de prononcer son exclusion.

M. le 14 juillet 1723. — S. : Adam.

**124.** — COUSIN (Louis) (3). Né à Paris le 12 août 1627. — Président de la cour des Monnaies, il fut censeur royal. Il se présenta, avec la protection du chancelier de France Boucherat, à l'Académie. où, par 25 voix sur 26 votants (le président Rose vota pour Genest), il remplaça le 29 avril 1697 l'abbé de Chaumont ; au deuxième scrutin, dit des boules, il obtint l'unanimité ; il fut reçu par André Dacier le 15 juin de la même année. Historien-traducteur, il publia une *Histoire de Constantinople* en huit volumes, l'*Histoire byzantine*, l'*Histoire ecclésiastique*, l'*Histoire romaine* et l'*Histoire d'Occident*. Après une interruption d'un an, il fit reparaître et dirigea pendant seize années le *Journal des Savants*.

« Traducteur, journaliste et censeur, le président Cousin semblait avoir borné son travail à s'exercer sur celui des autres. » (d'Alembert).

Il légua sa bibliothèque à l'Abbaye de Saint-Victor, avec un capital de vingt mille livres pour l'augmenter.

M. le 26 février 1707. — S. : le marquis de Mimeure.

**125.** — GENEST (*abbé* Charles-Claude) (39). Né à Paris, le 17 octobre 1639. — Abbé de Saint-Wilmer, aumônier de la duchesse d'Orléans, secrétaire général de la province de Languedoc, il était le fils d'une sage-femme ; officier, abbé, poète, auteur tragique médiocre, il fut lauréat de l'Académie, fréquenta Bossuet, Malézieu, Pellisson, et par eux, il devint précepteur de M<sup>lle</sup> de Blois ; il fut reçu chez le duc et la duchesse du Maine, à la cour de Sceaux. « Il était auprès des princes ce qu'ils ont aimé de tout temps (même du nôtre) un mélange du poète et du bouffon. » (Sainte-Beuve, III). Il remplaça à l'Académie l'abbé Claude Boyer et fut reçu par l'abbé Ch. Boileau le 7 septembre 1698. « Homme sans éducation, sans fortune, sans étude, mais qui, par son bon sens, par ses talents, par sa bonne conduite, parvint à un rang distingué et dans les lettres et dans le monde. » (d'Olivet). Il reçut l'abbé Gedoyn,

M. le 20 novembre 1719. — S. : Dubos.

**126.** — VALINCOUR (Jean-Baptiste-Henri du Trousset de) (18). Né à Paris le 1<sup>er</sup> mars 1653. — Secrétaire des commandements du comte de Toulouse, prince du sang et grand amiral, il fut historiographe de France. Ecrivain et poète de peu de valeur, il fut l'ami fidèle de Racine et de Boileau : il était dépositaire du manuscrit de la *Vie de Louis XIV* par Racine ; cette pièce précieuse fut brûlée, en 1726, dans l'incendie qui dévora les sept ou huit mille volumes formant la bibliothèque de Valincour. Elu au mois de mai 1699 en remplacement de Racine, il fut reçu par La Chapelle le 27 juin suivant, et harangua, comme directeur, le roi Louis XV lorsqu'il visita l'Académie le 22 juillet 1719. Il sauvegarda le principe d'égalité en faisant don à la compagnie des portraits de Racine et de Boileau, le jour où le maréchal de Villars offrit le sien à l'Académie, fit la *Préface* de la deuxième édition du Dictionnaire, 1718, soutint la candidature de Louis Racine, qui ne fut pas élu, et reçut Jean d'Estrées, l'abbé A.-H. de Fleury et Portail. Il fut nommé membre honoraire de l'Académie des Sciences en 1721.

« Une épître que Despréaux lui a adressée fait sa plus grande réputation. On a de lui quelques petits ouvrages : il était bon littérateur. » (Voltaire).

M. le 4 janvier 1730. — S. : La Faye.

**127.** — SACY (Louis de) (2). Né à Paris 1654. — Avocat, fréquenta le salon de M<sup>me</sup> de Lambert qui lui marquait une grande préférence ; il écrivit un *Traité de l'Amitié* et un *Traité de la gloire* ; sa traduction des *Lettres* de Pline le jeune (1699-1701) le fit entrer à l'Académie où il remplaça le président Toussaint Rose le 14 février 1701 et où il fut reçu par Ch. Perrault le 27 mars suivant. Il eut à répondre aux discours de réception du marquis de Mimeure et de l'abbé Montgault. Il fut l'un des quatre académiciens qui voulaient entendre les explications de l'abbé de Saint-Pierre avant de prononcer son exclusion.

M. le 26 octobre 1727. — S. : Montesquieu.

**128.** — MALÉZIEU (Nicolas de) (33). Né à Paris 1650. — Précepteur du duc du Maine, puis, pour les mathématiques, du duc de

Bourgogne, il fut l'ami de Bossuet et du duc de Montausier et un des
familiers de la cour de Sceaux. Il fut emprisonné pendant plusieurs
mois pour avoir collaboré à un mémoire dirigé contre le duc d'Orléans. Il remplaça à l'Académie, l'évêque de Noyon, Clermont-Tonnerre, et fut reçu le 16 juin 1701 par Régnier-Desmarais ; il reçut
l'abbé d'Antin et a laissé quelques poésies. Il fit partie de l'Académie
des Sciences. « Sachant de tout un peu, il rassemblait dans son état
servile les avantages d'une médiocrité universelle. » (Lemontey).
M. le 4 mars 1727. — S. : le président Bouhier.

**129**. – CAMPISTRON (Jean Galbert de) (5). Né à Toulouse, 1656.
— Elève et imitateur de Racine, il a écrit des tragédies, une comédie,
trois opéras. Il fut élu, sans sollicitations ni visites en remplacement
de Segrais, et reçu par Régnier-Desmarais le 16 juin 1701. Il collabora au discours du maréchal de Richelieu (V. ce nom).
M. le 11 mai 1723. — S. : Destouches.

**130**. — CHAMAILLART (Jean-François de) (24). — Evêque de
Senlis. Fut élu en remplacement de Charpentier et reçu le 7 septembre 1702 par l'abbé Gallois. Ses nièces, pour s'amuser à ses dépens,
voulurent assister à sa réception ; elles furent placées dans une tribune, et de ce jour date l'admission des dames aux séances publiques
de l'Académie. L'évêque de Senlis vint rarement à l'Académie.
M. le 15 avril 1714. — S. : Le maréchal de Villars.

**131**. — COISLIN (Pierre de Cambout, *duc de*) (25). Né en 1664.
— Duc et pair à la mort de son père, il lui succéda à l'Académie
comme dans ses autres titres et dignités, et fut reçu par l'abbé de
Dangeau le 11 décembre 1702.
M. le 7 mai 1710. — S. : Son frère H.-C. de Coislin.

**132**. — ROHAN (Armand-Gaston-Maximilien, *abbé, puis cardinal* de) (20). Né à Paris, le 26 juin 1674. — Evêque de Strasbourg, 1704,
cardinal en 1712, il fut grand aumônier de France en 1713 et membre
du conseil de Régence en 1722. Le duc de Vendôme désirait la place
de Ch. Perrault à l'Académie pour son intendant et protégé le poète
anacréontique abbé de Chaulieu ; le président Lamoignon, cédant au
désir du duc de Vendôme, refusa ce siège auquel l'Académie l'avait
élu à l'unanimité. Louis XIV voulut panser la blessure d'amour-propre de l'Académie et écarter en même temps l'abbé de Chaulieu dont
il trouvait la morale trop libre ; il fit proposer à la compagnie de
nommer l'abbé de Rohan, alors coadjuteur de l'évêque de Strasbourg.
C'est ainsi que le futur cardinal remplaça Perrault le 30 juin 1703
et fut reçu par Tourreil le 31 janvier 1704. Le refus de Lamoignon
après son élection obligea l'Académie à décider que nul ne serait
élu désormais qu'elle ne fût assurée d'avance de son acceptation. Le
cardinal de Rohan fut un des promoteurs de l'exclusion de l'abbé de
Saint-Pierre et du veto royal contre l'élection de La Bletterie ; il s'opposa à la création d'académiciens honoraires, proposée par l'abbé
Bignon.
Il fut membre de l'Académie des Sciences, de l'Académie des Inscriptions et protecteur de l'Académie de Soissons.
M. le 19 juillet 1749. — S. : Vauréal.

**133.** — POLIGNAC (Melchior, *abbé, puis cardinal* de) (37). Né au Puy en Velay le 11 octobre 1661. — Conclaviste du cardinal de Bouillon pour l'élection du pape Alexandre VIII ; ambassadeur en Pologne, 1693, ne réussit pas dans sa mission et fut exilé pendant quatre ans dans son abbaye de Bon-Port, cardinal en 1713, archevêque d'Auch en 1726 ; ambassadeur à Rome, 1724 à 1732, il se livra dans cette ville à l'archéologie.

Il fut exilé sous la Régence.

Philologue, orateur et poète latin et français, il fut un familier de la cour de Sceaux. Son œuvre principale est l'*Anti-Lucrèce*, poème latin de dix à douze mille vers. Il remplaça Bossuet à l'Académie française et fut reçu le 2 août 1704 par l'abbé de Clérembault. Il fut un des accusateurs de l'abbé de Saint-Pierre, fit partie de l'Académie des Sciences en 1711, de l'Académie des Inscriptions en 1717 et fut protecteur de l'Académie de Bordeaux. Il fut « aussi bon poète qu'on peut l'être dans une langue morte. » (Voltaire).

M. le 20 novembre 1741. — S. : Giry, abbé de Saint-Cyr.

**134.** — ABEILLE (*abbé* Gaspard) (26). Né en Provence, vers 1648. — Bel esprit, secrétaire et protégé du maréchal de Luxembourg, du duc de Vendôme et du prince de Conti qu'il amusait par ses conversations spirituelles. Il remplaça à l'Académie l'abbé Ch. Boileau et fut reçu le 11 août 1704 par Régnier-Desmarais. Il écrivit quelques tragédies médiocres, et c'est à la représentation de l'une d'elles qu'un acteur ayant dit le célèbre vers :

« Vous souvient-il, ma sœur, du feu roi notre père ? »

l'actrice, oublieuse ou distraite, ne donna pas immédiatement la réplique, et qu'un plaisant du parterre s'écria :

« Ma foi, s'il m'en souvient, il ne m'en souvient guère ! »

M. le 22 mai 1718. — S. : Mongault,

**135.** — SILLERY (Fabio Brulart de) (6). — Né en Touraine, le 25 octobre 1655. — Evêque d'Avranches, permuta avec Huet et devint évêque de Soissons. Il remplaça Pavillon à l'Académie française où il fut reçu le 7 mars 1705 par Régnier-Desmarais. Il fut membre honoraire de l'Académie des Inscriptions et de l'Académie de Soissons et a laissé quelques poésies.

M. le 20 novembre 1714. — S. : duc de La Force.

**136.** — LOUVOIS (Camille Le Tellier, *abbé* de) (4). Né à Paris le 11 avril 1675. — Il était le quatrième fils du célèbre ministre ; il reçut une instruction royale, et dès l'âge de neuf ans, il était pourvu de charges et de bénéfices importants. Il fut grand maître de la librairie, conservateur de la bibliothèque royale, intendant du cabinet des Médailles ; il enrichit la bibliothèque du roi. On lui proposa en 1717 l'évêché de Clermont, qu'il refusa pour raisons de santé ; on le soupçonnait de jansénisme. Il remplaça Testu de Mauroy à l'Académie française, où il fut reçu le 23 septembre 1706 par l'abbé Paul Tallemant. Son discours de réception est son seul ouvrage. Il fit partie de l'Académie des Sciences et de l'Académie des Inscriptions.

M. en 1718. — S. : Massillon.

**137.** — SAINTE-AULAIRE (François-Joseph de Beaupoil, marquis de) (14). Né en Limousin en 1643. — Lieutenant général ; il fut l'un des familiers de la cour de Sceaux et du salon de Mme de Lambert. Il a écrit des poésies légères. Il remplaça Jacques Testu de Belval et fut reçu par l'abbé Paul Tallemant le 23 septembre 1706. Il répondit aux discours de réception de Dubos et du duc de la Trémoïlle. « C'est une chose très singulière que les plus jolis vers qu'on ait de lui aient été laits lorsqu'il était plus que nonagénaire. » (Voltaire).
Il mourut presque centenaire le 17 décembre 1742. — S. : Mairan.

**138.** — MIMEURE (Jacques-Louis de Valon, marquis de) (3). Né à Dijon le 19 novembre 1659. — Page et ami du Dauphin, officier général, il fut poète et traducteur. Soutenu par le prince de Conti, Mme de Montespan et Boileau, il remplaça le président Cousin et fut reçu le 1er décembre 1707 par Louis de Sacy. Ce fut, dit-on, La Motte qui écrivit son discours de réception.
M. le 3 mars 1719. — S. : Gédoyn.

**139.** — MONGIN (Edme) (17). Né à Langres en 1668. — Précepteur du duc de Bourbon et du comte de Charolais, il fut évêque de Bazas et prédicateur. Il fut lauréat de l'Académie pour le prix d'éloquence à trois concours consécutifs : c'est la première fois que ce fait se produisait. Il fut élu en décembre 1707 en remplacement de Gallois, et reçu le 1er mars 1708 par Régnier-Desmarais. Il prononça à l'Académie l'oraison funèbre de Louis XIV, et reçut Nesmond et Houtteville.
M. en 1746. — S. : abbé de La Ville.

**140.** — FRAGUIER (abbé Claude-François) (10). Né à Paris, 28 août 1666. — Latiniste et helléniste, jésuite érudit, il fut professeur de belles-lettres à Caen, l'ami de Huet, de Segrais, de Ninon de Lenclos, de Mme de Lambert, et rédacteur au *Journal des Savants*. Élu en remplacement de l'archevêque Colbert, Louis XIV exigea que l'élection fût recommencée parce que le nombre des votants avait été inférieur à vingt. Il fut reçu par Régnier-Desmarais le 1er mars 1708. C'était un « littérateur plein de goût, » dit Voltaire. Il appartint en 1705 à l'Académie des Inscriptions.
M. 31 mai 1728. — S. : abbé Rothelin.

**141.** — LA MOTTE (Antoine Houdar de) (19). Né à Paris 17 janvier 1672. — Il s'appelait Houdar, La Motte fut un surnom qui lui venait d'une terre ; auteur dramatique, *Inès de Castro* est la plus connue de ses tragédies. Il écrivit des opéras et des ballets. Poète et fabuliste, il fit aussi une mauvaise traduction de l'*Iliade*. Il obtint une fois le prix d'éloquence et une fois le prix de poésie. La Motte fut un des chefs du parti des modernes et eut avec Mme Dacier une vive polémique au cours de laquelle il écrivit ses *Réflexions sur la critique* qui eurent un grand succès et soulevèrent de nombreuses discussions. Il fréquenta les salons philosophiques, fut un des fondateurs de celui de Mme de Lambert ; habitué, aussi, des cafés littéraires de la veuve Laurent, Gradot et Procope ; son amitié pour Fontenelle ne se démentit jamais. Il remplaça Thomas Corneille et fut reçu par Caillères le

8 février 1710, ayant eu J.-B. Rousseau pour concurrent. Il reçut La Faye et écrivit, dit-on, les discours de réception du marquis de Mimeure et du cardinal Dubois. Le sien eut pour sujet : *De l'influence des grands écrivains sur la perfection des langues.*

La Motte-Houdar fut un des quatre académiciens qui étaient d'avis d'entendre les explications de l'abbé de Saint-Pierre avant de prononcer son exclusion.

Il lut une poésie lors de la visite de Louis XV en 1719. Il devint aveugle pendant les seize dernières années de sa vie, et cette infirmité ne lui ôta rien de son urbanité qu'il sut conserver même au milieu des plus vives discussions.

« Le plus souvent, il a l'air d'avoir pensé en prose et traduit sa pensée en vers. » (La Harpe). « Il prouva que dans l'art d'écrire on peut être encore quelque chose au second rang. » (Voltaire).

M. le 26 décembre 1731. — S. : Bussy-Rabutin, évêque.

**142.**— MESMES (Jean-Antoine de) (22). Né en 1661. Fils du président J.-J. de Mesmes (v. notice 93), lui-même président à mortier lors de sa réception à l'Académie, premier président du parlement de Paris en 1712. Il remplaça Verjus de Crécy et fut reçu le 20 mars 1710 par Callières. Il fit des remontrances au Roi à propos de l'affaire Law et de l'élévation du cardinal Dubois à l'archevêché de Cambrai ; le parlement fut exilé en masse à Pontoise. Il était un des familiers de la cour de Sceaux.

Quand il mourut, le 23 août 1723, sa famille oublia sur les billets de faire part de mentionner sa qualité d'académicien ; l'Académie en manifesta un certain étonnement, et le frère de J.-A. de Mesmes envoya à la Compagnie une lettre d'excuses et de regrets.

S. : Alary.

**143.**— NESMOND (Henri de) (8). Né à Bordeaux le 27 janvier 1655. — Il fut successivement évêque de Montauban, archevêque d'Albi, archevêque de Toulouse. Prédicateur sans grande littérature, il abandonnait son revenu aux pauvres. Il remplaça Fléchier à l'Académie et fut reçu le 30 juin 1710 par l'abbé Mongin.

M. le 27 mai 1727. — S. : Amelot de Chaillou.

**144.**— COISLIN (Henri-Charles de Cambout, *duc de*) (25). Né à Paris le 15 septembre 1665. — Duc et pair, en 1710, à la mort de son frère à qui il succéda également à l'Académie le 10 septembre et où il fut reçu le 25 du même mois par l'abbé de Choisy. Il était évêque et prince de Metz depuis 1698, commandeur de l'Ordre du Saint-Esprit, premier aumônier du roi en 1710. Ce prélat vertueux et charitable protégea les gens de lettres ; il avait plusieurs riches bibliothèques, dont celle de Séguier ou de Coislin qu'il avait eue en héritage et qui contenait quatre mille manuscrits, qu'il légua à l'abbaye de Saint-Germain-des-Prés ; elle fut en partie brûlée en 1793 ; le reste est à la Bibliothèque nationale ; il fit dresser de cette bibliothèque un catalogue très utile aux érudits qui y avaient librement accès. Le duc H.-Ch. de Coislin fut membre honoraire de l'Académie des Inscriptions.

M. en 1732, le 28 novembre. — S. : Surian.

**145.**—ESTRÉES (Jean II d') (1). Né à Paris, 1666. — Abbé d'Evreux, de Conches et de Saint-Claude, évêque de Laon, puis archevêque de Cambrai en 1716. Neveu du cardinal et frère du maréchal, tous les deux académiciens, il fut ambassadeur en Portugal en 1692 et en Espagne en 1703. Il remplaça Boileau-Despréaux et fut reçu le 25 juin 1711 par Valincour. Il reçut La Monnoye et le duc de La Force et fut protecteur de l'Académie de Soissons.
M. le 3 mars 1718. — S. : Marc-René d'Argenson.

**146.** — DANCHET (Antoine) (9). Né à Riom le 7 septembre 1671.— Professeur à Chartres, fréquenta les salons de M$^{mes}$ de Ferriol et de Tencin : il dut à leur protection d'être élu à l'Académie contre Rémond, introducteur des ambassadeurs et protégé du duc d'Orléans ; il remplaça l'abbé Paul Tallemant et fut reçu par Régnier-Desmarais le 22 décembre 1712. Il était un des habitués des cafés Procope et de la veuve Laurent; il reçut le duc P.-H. de Saint-Aignan et Surian. Il a laissé quatre tragédies médiocres imitées de Racine, des opéras, des poésies, le tout formant quatre volumes in-12. La Motte plaçait ses opéras immédiatement après ceux de Quinault.
« Il a réussi, à l'aide du musicien, dans quelques opéras qui sont moins mauvais que ses tragédies. » (Voltaire). Il fut de l'Académie des Inscriptions.
M. le 21 février 1748. — S. : Gresset.

**147** — LA MONNOYE (Bernard de) 30 . Né à Dijon le 15 juin 1641. — Conseiller correcteur à la Chambre des comptes de sa ville natale qu'il habita jusqu'à l'âge de 66 ans. Il fut le premier lauréat de l'Académie pour le prix de poésie qu'il obtint trois fois encore. Critique et philologue, il publia avec un glossaire les *Noëls bourguignons* qui eurent un succès énorme dès leur apparition. Il vint habiter Paris en 1707 ; il fut élu à l'unanimité en remplacement de Régnier-Desmarais, et reçu le 23 décembre 1713 par l'abbé Jean d'Estrées. Sa réception fut un événement littéraire et mondain ; elle donna lieu à la création des fauteuils. Il édita *Ménagiana* en 1715 et *Segraisiana* en 1722 ; on lui attribue la chanson de M. de la Palisse.
« Excellent littérateur. Il fut le premier qui remporta le prix de poésie à l'Académie française ; et même son poème du *Duel aboli*, qui remporta ce prix, est à peu de chose près un des meilleurs ouvrages de poésie qu'on ait fait en France. » Voltaire .
Ruiné par le système de Law en 1720, La Monnoye vendit ses jetons de l'Académie pour vivre ; il fut aidé honorablement.
M. le 15 octobre 1728. — S. : Poncet de La Rivière.

**148.**—VILLARS (Claude-Louis-Hector, *duc et maréchal de*) (24). Né à Moulins le 8 mai 1653. — Duc et pair, maréchal général des camps et armées du roi, chevalier de l'ordre de Sa Majesté et chevalier de la Toison d'Or, gouverneur de Provence. En 1702, il eut le singulier honneur d'être proclamé par ses troupes maréchal de France sur le champ de bataille de Friedlingen, titre que Louis XIV ratifia ; vainqueur à Denain, le 24 juillet 1712 ; membre du Conseil de Régence ; Louis XV lui donna le titre de maréchal général de France, que Turenne seul avait porté avant lui. Il fut ambassadeur à

Vienne en 1583 et en 1699 et ministre sans portefeuille. L'Académie le pria d'accepter un fauteuil ; il fut élu le 14 mai 1714 en remplacement de Chamillart et reçu le 23 juin suivant par La Chapelle ; il vint assez souvent à l'Académie en s'excusant de ne pouvoir y venir davantage; il voulut du moins s'y faire représenter par son portrait. A ce moment, l'Académie ne possédait que cinq portraits, ceux de ses quatre protecteurs, Richelieu, Séguier, Louis XIV, Louis XV et celui de la reine Christine de Suède ; l'Académie était embarrassée en présence du don de de Villars et voyait déjà la fameuse égalité académique compromise ; Valincour eut l'idée d'offrir les portraits de Racine et de Boileau ; d'autres académiciens apportèrent ceux de Corneille, de La Fontaine, de Bossuet, de Fénelon, etc. La collection s'accrut rapidement ; elle est maintenant à Versailles.

Le maréchal de Villars fut l'un des promoteurs de l'exclusion de l'abbé de Saint-Pierre. Il fut protecteur de l'académie de Marseille.

« Le premier tome des *Mémoires* qui portent son nom est entièrement de lui. » (Voltaire). Voyez cinq *Causeries de Sainte-Beuve*.

M. le 17 juin 1734. — S. : le duc de Villars, son fils.

**149.** — MASSIEU (*abbé* Guillaume) (15). Né à Caen, 1665. — Jésuite, professeur de langue grecque au Collège royal, traducteur, théologien, il fit partie de l'Académie des Inscriptions et remplaça, à l'Académie française, Clérembault; il fut reçu par l'abbé Claude Fleury le 29 décembre 1714.

M. en 1722. — S. : Houtteville.

**150.** — MALLET (Jean-Roland) (40). — Valet de chambre de Louis XIV, il entra à l'Académie par la protection du contrôleur général Desmarets; il n'avait d'autre titre qu'un prix de poésie; il remplaça Tourreil et fut reçu par l'abbé Claude Fleury, le 29 décembre 1714. Il s'est occupé d'économie politique; il reçut Languet de Gergy, Fleurian de Morville et Montesquieu.

M. le 12 avril 1736. — S. : Boyer, évêque de Mirepoix.

**151.** — LA FORCE (Henri-Jacques Mompar de Caumont, *duc* de) (6). Né le 5 mars 1675. — Duc et pair, vice-président du conseil des finances en 1716, fondateur et protecteur de l'Academie de Bordeaux, il remplaça Brûlart de Sillery à l'Académie française et fut reçu par l'abbé Jean d'Estrées le 28 janvier 1715. Il eut des démêlés avec le Parlement pour sa complicité dans la banqueroute de Law.

M. le 20 juillet 1726. — S. : Mirabaud.

**152.**— ESTRÉES (Victor-Marie, *duc et maréchal* d') (7). Né à Paris le 30 novembre 1660. — Duc et Pair, maréchal, vice amiral, diplomate, administrateur, grand d'Espagne et vice-roi de l'Amérique, il fit partie du conseil de régence en 1715. Il remplaça à l'Académie son oncle le cardinal d'Estrées et fut reçu par le marquis de Dangeau le 23 mars 1715. Il fut un des promoteurs de l'exclusion de l'abbé de Saint-Pierre, mais soutint activement la candidature de Montesquieu. Il était versé dans les langues étrangères, possédait une belle bibliothèque, fut protecteur de l'Académie de Soissons, et membre de l'Académie des Inscriptions et de l'Académie des Sciences.

Dans la rédaction des lettres de faire part de sa mort, on oublia de mentionner sa qualité d'académicien ; l'Académie ne fit entendre aucune réclamation, bien qu'elle en fût froissée : la famille s'aperçut de l'oubli et exprima à la Compagnie ses regrets d'avoir négligé un titre auquel le maréchal « attachait un très grand prix ».
M. le 28 décembre 1737. — S. : La Trémoïlle.

**153.** — BOZE (Claude Gros de) (34). Né à Lyon le 28 janvier 1680. — Erudit et numismate, membre des anciennes académies de peinture et de sculpture, il fut à 24 ans, élève, et à 25 ans, pensionnaire de l'Académie des Inscriptions dont il devint secrétaire perpétuel en 1706 ; il le fut pendant trente-sept ans. Il commença les *Mémoires* (Eloges) *de l'Académie des Incriptions* dont il publia les quinze premiers volumes ; il écrivit aussi une *Histoire de l'Académie des Inscriptions* en collaboration avec Paul Tallemant et l'abbé Goujet. Il fut, en 1719, garde du Cabinet des antiques dont il classa la collection.

L'Académie française le nomma en remplacement de Fénelon et il fut reçu par André Dacier le 30 mars 1715 ; il fut le dernier élu sous le protectorat de Louis XIV, et reçut Moncrif, Dupré de Saint-Maur, Gresset, Paulmy d'Argenson.
M. le 10 septembre 1753. — S. : le comte de Clermont.

### Protectorat de Louis XV.

**154.** — FLEURY (André-Hercule, *abbé* de) (29). Né en Languedoc le 28 juin 1653. — Aumônier de Louis XIV, évêque de Fréjus en 1698, précepteur de Louis XV en 1715 l'accompagna dans la visite qu'il fit à l'Académie en 1719, membre de l'Académie des Sciences, en 1721, de l'Académie des Inscriptions, en 1725, cardinal et premier ministre en 1726 ; il agrandit la Bibliothèque du Roi, envoya des membres de l'Académie des Sciences dans le Nord et au Pérou pour mesurer le méridien, et des savants en Egypte et en Grèce pour rechercher les manuscrits précieux.

L'abbé de Fleury remplaça Callières à l'Académie française et y fut reçu par Valincour le 25 juin 1717 ; il y exerça une très grande influence et combattit avec passion les candidatures des jansénistes et des premiers philosophes. Pour éviter l'élection de Louis Racine, il lui procura un emploi dans les finances en province ; il fit cesser les réunions du club de l'Entresol, fut l'un des accusateurs de l'abbé de Saint-Pierre, s'opposa d'abord à l'élection de Montesquieu, puis déclara s'en désintéresser ; il reçut Massillon.
M. le 29 janvier 1743. — S. : cardinal de Luynes.

**155.** — ARGENSON (Marc-René de Voyer de Paulmy *marquis* d') (1). Né à Venise, où son père était ambassadeur, le 4 novembre 1652. (Il était filleul de la République de Venise). Lieutenant général de la police pendant vingt-et-un ans, il fut le véritable instituteur de cette administration ; garde des Sceaux et président du Conseil des finances sous la Régence. Il combattit les jansénistes et, en 1709, expulsa les religieuses de Port-Royal des Champs. Il fut membre honoraire de l'Académie des Sciences et de l'Académie des Inscriptions ; il remplaça l'archevêque Jean d'Estrées à l'Académie française, où il fut reçu le 22 février 1718 ; Il fut dispensé de prononcer le discours de réception.

M. le 8 mai 1721. — S. : Languet de Gergy.

**156.** — MONGAULT (Nicolas-Hubert, *abbé* de) (26). Né à Paris le 6 octobre 1674. — Oratorien, précepteur du duc de Chartres, fils aîné du duc d'Orléans, il était enfant naturel de Colbert-Pouange, et fut protégé par Colbert, archevêque de Toulouse. Il fréquenta le salon de M$^{me}$ de Lambert, remplaça Abeille à l'Académie française et fut reçu le 31 décembre 1718 par Louis de Sacy. Il soutint la candidature de Montesquieu ; il fit partie de l'Académie des Inscriptions et a laissé des traductions. « On trouve dans les traductions de M. l'abbé Mongault, la pureté et l'élégance du style ; et dans les notes, une érudition choisie, la précision, la justesse et le goût. » (Duclos).

M. le 11 août 1746. — S. : Duclos.

**157.** — MASSILLON (Jean-Baptiste) (4). Né à Hyères (Provence), le 27 juin 1663. — Oratorien, professeur, prédicateur célèbre, il fut évêque de Clermont et prononça des sermons qu'il réunit sous le titre de *Petit Carême*, des panégyriques et des oraisons funèbres, dont la plus connue est celle de Louis XIV. Il remplaça à l'Académie l'abbé de Louvois et fut reçu le 23 février 1719 par l'abbé de Fleury.

Massillon ne parut à l'Académie que le jour de sa réception, considérant que son devoir d'évêque était de rester dans son diocèse, où sa charité et ses vertus l'avaient rendu très populaire. Il s'y retira dès 1721 et ne revint à Paris qu'une seule fois pour prononcer à la basilique de Saint-Denis l'oraison funèbre de la mère du Régent. Il accepta, à son grand regret, d'être l'un des deux évêques assistants pour le sacre du cardinal Dubois; celui-ci avait choisi Massillon à cause de sa grande renommée de vertu. Ses discours ne furent publiés qu'après sa mort. Son *Éloge* a été fait par D'Alembert. Deux *Causeries de Sainte-Beuve*, Notice du Père Bougerel.

M. le 28 septembre 1742. — S. : le duc de Nivernais.

**158.** — GÉDOYN (*Abbé* Nicolas) (3). Né à Orléans le 15 juin 1677. — Il était parent et protégé de Ninon de Lenclos; admis en 1711 à l'Académie des Inscriptions; sa traduction de Quintilien le fit entrer à l'Académie française en remplacement du marquis de Mimeure : il fut reçu le 25 mai 1719 par l'abbé Genest. Il combattit la candidature de Montesquieu, déposa une boule noire contre Radonvilliers et reçut l'abbé Roquette, le duc de Richelieu, l'abbé Rothelin ; il a laissé des traductions.

M. le 10 août 1744. — S. : le cardinal de Bernis.

**159.** — DUBOS (Jean-Baptiste, *abbé de Ressons*) (39). Né à Beauvais le 21 décembre 1670. — Diplomate et historien, il a laissé des écrits politiques et de critique esthétique. Le 23 décembre 1719, il remplaça à l'Académie l'abbé Genest, et il fut reçu le 3 février 1720 par le marquis de Sainte-Aulaire; il reçut Boivin et Alary; fut nommé secrétaire perpétuel, le sixième depuis la fondation de l'Académie, en 1723, à la mort de l'abbé Houtteville, et fut remplacé lui-même par Mirabaud. Sans être de ses familiers, il fréquenta le salon de M<sup>me</sup> de Lambert.

M. le 23 mars 1742. — S. : Du Resnel.

**160.** — ROQUETTE (Henri-Emmanuel, *abbé* de) (38). — Prédicateur, fréquenta, sans y être assidu, le salon Lambert, fut élu le 14 novembre 1720 en remplacement d'Eusèbe Renaudot et reçu le 12 décembre suivant par l'abbé Gédoyn; il eut à répondre au discours de réception d'Adam.

M. le 4 mars 1725. — S. : Gondrin d'Antin.

**161.** — RICHELIEU (Louis-François-Armand Duplessis, *duc* de) (32). Né à Paris le 13 mars 1696. — Arrière-petit-neveu du Cardinal, filleul de Louis XIV et de la duchesse de Bourgogne, il porta jusqu'en 1715 le titre de duc de Fronsac. Il est célèbre par ses débauches, ses aventures amoureuses, ses duels ; il fut emprisonné à la Bastille dans sa jeunesse pour ses galanteries libertines, il en sortit au bout de quatorze mois grâce à la protection de M<sup>me</sup> de Maintenon; il fut encore mis à la Bastille, en 1716 pour un duel et délivré par la protection de M<sup>lle</sup> de Valois ; trois ans après, il fut compromis dans la conspiration de Cellamare et passa encore plusieurs mois à la Bastille. Puis, par la protection de la marquise de Prie, il fut ambassadeur à Vienne et à Dresde. Homme de guerre valeureux, il fut maréchal de France, duc et pair.

Il fut élu à l'unanimité à l'Académie francaise, sachant à peine l'orthographe, en remplacement du marquis de Dangeau, et reçu le 12 décembre 1720 par l'abbé Gédoyn. Il demanda à Fontenelle, à Campistron et à Destouches de lui faire son discours de réception, puis Richelieu puisa dans ces trois discours pour composer lui-même le sien, qu'il écrivit avec un grand nombre de fautes d'orthographe. Il exerça à l'Académie et sur l'esprit de Louis XV, une très grande influence ; ses idées en matière religieuse le rapprochaient plutôt de Voltaire dont il fut l'ami et pour qui il obtint la protection de la duchesse de Châteauroux, il n'en fut pas moins à l'Académie l'adversaire des philosophes et le chef du parti religieux, disant que la religion était utile à la police de l'Etat.

Un jour il eut à prononcer un discours au Roi : il demanda à Voltaire de le lui écrire, mais le terrible railleur s'amusa à en faire plusieurs copies qu'il fit distribuer, et, tandis que Richelieu lisait son discours, d'autres prononçaient avant lui la phrase suivante.

Richelieu fut le promoteur de la candidature du Comte de Clermont ; il fit élire le maréchal de Belle-Isle et Roquelaure, soutint le président de Brosses malgré l'inimitié de Voltaire, menaça de démissionner si La Harpe était élu et de demander l'exclusion royale contre d'Alembert s'il était nommé secrétaire perpétuel ; il fut battu dans ces trois élections et en conçut un vif dépit. Gaillard prononça un discours dirigé contre lui et Richelieu, chansonné, refusa de recevoir de Belloy (1772). Il se vengea de ces échecs en faisant élire le

même jour, afin de vicier leur élection, Delille et Suard ; leur élection fut en effet annulée par le Roi. Pour influencer ses confrères et les rendre favorables à ses projets, le maréchal de Richelieu les visitait en grand équipage et les recevait fastueusement. Il reçut Du Resnel, fut protecteur de l'Académie de Bordeaux et, en 1731, membre honoraire de l'Académie des Sciences.
M. le 8 août 1788 doyen de l'Académie. — S. : duc d'Harcourt.

**162.** — BOIVIN DE VILLENEUVE (Jean Boivin *le cadet, dit*) (21). Né en Normandie le 1ᵉʳ septembre 1663. — Garde de la bibliothèque du Roi, érudit, traducteur du grec et du latin, habitué du salon Lambert, il fut du parti des anciens ; nommé professeur au Collège Royal et membre de l'Académie des Inscriptions en 1705 : il remplaça Huet à l'Académie française et fut reçu le 29 mars 1721 par l'abbé Dubos.
Boivin est « utile pour l'intelligence des auteurs grecs. » (Voltaire).
M. en 1726. — S. : duc P.-H. de Saint-Aignan.

**163.** — LANGUET DE GERGY (Jean-Joseph de la Villeneuve) (1). Né à Dijon le 25 août 1677. — Evêque de Soissons, aumônier de la Dauphine, archevêque de Sens. Conseiller d'Etat. Il est l'auteur d'une *Histoire de Marie Alacoque ;* partisan déterminé de la *Bulle unigenitus*, il écrivit des traités de théologie et de controverse religieuse ; il rencontra de violents adversaires. Il fut péniblement élu à l'Académie française en remplacement de Marc-René d'Argenson et faillit, par le nombre des boules noires au deuxième scrutin, être exclu à jamais de l'Académie, où il fut reçu le 18 août 1721 par Roland Mallet. Par la suite il y exerça une influence très grande en faveur du parti religieux contre celui des philosophes ; il combattit fougueusement les candidatures de Montesquieu et de Voltaire et contribua à l'annulation de l'élection de la Bletterie. Il reçut Terrasson, Boyer, évêque de Mirepoix, La Chaussée, Marivaux et le duc de Nivernais.
M. le 11 mai 1753. — S. : Buffon.

**164.** — DUBOIS (Guillaume, *cardinal*) (28). Né à Brive (Limousin) le 6 septembre 1656. — Fils d'un apothicaire, il devint sous-précepteur du duc de Chartres, plus tard duc d'Orléans et régent dont il encouragea les goûts libertins : il fut membre du Conseil de Régence, ambassadeur à La Haye et conclut la Triple alliance de la France, de l'Angleterre et de la Hollande contre l'Espagne. en 1717 ; il fut nommé ministre des Affaires étrangères en 1718, archevêque de Cambrai et cardinal en 1719, premier ministre en 1722 ; il présida l'assemblée générale du clergé en 1723. L'année précédente, il avait fait dire aux membres de l'Académie française qu'il « ne rougirait pas d'être leur confrère », et il fut nommé en remplacement d'André Dacier ; il fut reçu le 3 décembre 1722 par Fontenelle, et exigea de celui-ci comme de tous les autres académiciens l'appellation de « Monseigneur » disant qu'elle s'adressait au cardinal non au ministre.
Il fit également partie de l'Académie des Sciences et de l'Académie des Inscriptions ; il a laissé des *Mémoires* et une *Correspondance*.
M. le 10 août 1723. — S. : le président Hénault.

**165.** — HOUTTEVILLE (*abbé* Claude-François-Alexandre)(15). Né à Paris 1688. — Oratorien, écrivain religieux médiocre, il fut élu

à l'Académie comme secrétaire du cardinal Dubois contre le président Bouhier, en remplacement de Massieu le 8 décembre 1722 et fut reçu le 25 février 1723 par l'abbé Mongin. En 1742, le 5 avril, il succéda à Dubos comme secrétaire perpétuel ; il fut remplacé à sa mort, au mois de novembre suivant, par J.-B. Mirabaud. Il reçut le duc de Villars.
M. en novembre 1742. — S. : Marivaux.

**166.** — MORVILLE (Charles-Jean-Baptiste-Fleuriau, comte de) (11). Né à Paris le 30 octobre 1686. — Magistrat, il fut ambassadeur en Hollande, ministre de la Marine en 1722 et des Affaires étrangères en 1723. Au mois de février 1723, il remplaça à l'Académie l'abbé de Dangeau et fut reçu le 22 juin par Roland Mallet. Il répondit au discours de réception du président Hénault (cette réponse fut écrite par Hénault lui-même), et fut protecteur de l'Académie de Bordeaux.
M. le 2 février 1732. — S. : abbé Terrasson.

**167.** — DESTOUCHES (Philippe Néricault) (5). Né à Tours, le 9 avril 1680. — Après avoir été comédien, il fut attaché à l'ambassade de Dubois à Londres et devint ministre plénipotentiaire ; il était protégé du Régent, faillit être ministre des Affaires étrangères et refusa l'ambassade de Russie. Il écrivit l'un des trois discours qui servirent au maréchal de Richelieu (v. notice 161) pour composer le sien. Auteur de nombreuses comédies : la *Fausse Agnès*, le *Dissipateur*, le *Philosophe Hardi*, etc., qui occupent un rang élevé dans le théâtre du xviiie siècle. Destouches ne publia son chef-d'œuvre *Le Glorieux* qu'après son admission à l'Académie où, le 20 juillet 1723, il remplaça Campistron, et où il fut reçu par Fontenelle le 25 août suivant. Il répondit au discours de réception de Giry de Saint-Cyr.
M. le 4 juillet 1754. — S. : de Boissy.

**168.** — OLIVET (Pierre-Joseph-Thoulier, abbé d') (31). Né en Franche-Comté le 1er avril 1682. — Grammairien, traducteur et éditeur de Cicéron, il édita les œuvres d'un certain nombre d'auteurs français. Il connut Boileau qui l'honora de son amitié : il fut du parti des anciens ; il avait été jésuite et professeur, il compta Voltaire parmi ses élèves. Ses amis de l'Académie ayant assuré « qu'il serait vivement touché de cette faveur », il fut élu le 20 juillet 1723 par 19 voix sur 22 votants en remplacement de La Chapelle, sans avoir fait aucune visite, et reçu par l'abbé de Choisy le 25 novembre suivant. Il fut l'un des chefs du parti religieux qu'on appela même les *d'Olivets*, contre le parti philosophique ; il fut l'adversaire de Montesquieu, de Marivaux et l'ami de Bouhier et de l'avocat Mathieu-Marais ; il reçut son ancien élève Voltaire et de Châteaubrun ; une manœuvre dirigée par lui contre les philosophes, lors de l'élection Radonvilliers, tourna à sa confusion. Il collabora au Dictionnaire, et publia en 1730, une *Histoire de l'Académie* faisant suite à celle de Pellisson ; il a laissé une *Correspondance* intéressante à consulter pour l'histoire littéraire de son temps.
M. le 8 octobre 1768. — S. : Condillac.

**169.** — ADAM (Jacques) (36). Né à Vendôme, 1663. — Traducteur d'Athénée, philologue, ami de Rollin et des philosophes, il aida

l'abbé Claude Fleury dans ses recherches historiques et fut précepteur du prince de Conti. Sans dignités, sans naissance, sans bagage littéraire, il fut élu le 30 septembre 1723, en remplacement de l'abbé Claude Fleury, grâce à la protection du prince de Conti qui assista, avec la princesse et M$^{lle}$ de La Roche-sur-Yon, à sa réception par l'abbé Roquette, le 2 décembre de la même année. Il reçut Amelot de Chaillou.
M. en 1735. — S. : abbé Séguy.

**170.** — HÉNAULT (Charles-Jean-François) (28). Né à Paris le 8 février 1685. — Président au parlement de Paris, surintendant de la maison de la reine, il fut l'ami de M$^{mes}$ de Lambert, de Brancas, Du Deffant, de Fontenelle et de Voltaire, et le protecteur des gens de lettres qu'il recevait libéralement à sa table. On l'appelait « le président ». Lauréat des Jeux Floraux et de l'Académie française, il eut le prix d'éloquence en 1707 et un accessit en 1709, il remplaça le cardinal Dubois et fut reçu par le comte de Morville, dont il écrivit lui-même le discours, le 23 décembre 1723. Admirateur et disciple de Fontenelle. Il fut hostile à la candidature de d'Alembert, reçut le président Bouhier, et fit partie de l'Académie des Inscriptions, de l'académie de Nancy et de plusieurs académies étrangères. Hénault fut très discuté par Voltaire, Collé, Grimm. Il a laissé deux tragédies sous les pseudonymes Fuzelier et de Caux, un *Abrégé chronologique* de l'histoire de France, des poésies légères et des chansons. M. Henri Lion a écrit le *Président Hénault*.
M. le 24 décembre 1770. — S. : prince de Beauvau.

**171.** — ALARY (*abbé* Pierre-Joseph) (22). Né à Paris le 19 mars 1689. — Sous-précepteur de Louis XV et protégé de Fleury, il remplaça le président A. de Mesmes et fut reçu par l'abbé Dubos le 30 décembre 1723, sans aucun titre de noblesse, sans aucune dignité ecclésiastique, sans aucun bagage littéraire. « On ne sait trop à quel titre il s'est trouvé assis dans le sanctuaire des Muses, dit Bachaumont, car on ne connaît aucun ouvrage de lui... Cependant il était beau diseur, bel homme et très bien venu des femmes ; ce qui chez plus d'un de ses confrères a tenu lieu de mérite littéraire. » Alary fonda le club de l'Entresol et fréquenta les cafés Procope et veuve Laurent ; il reçut de Boismont et Lacurne de Sainte-Palaye. Il fut académicien pendant quarante-sept ans, et mourut le 15 décembre 1770.
S. : Gaillard.

**172.** — PORTAIL (Antoine) (23). Né en 1675. — Gendre du président Rose, il remplaça à l'Académie l'abbé de Choisy et fut reçu le 28 décembre 1724 par Valincour. Son titre pour être élu fut surtout d'être premier président du parlement de Paris. « Son éloquence naturelle et son amour pour les lettres furent ses titres d'académicien. » (d'Alembert).
M. le 3 mai 1736. — S. : La Chaussée.

**173.** — ANTIN (Pierre de Pardaillan de Gondrin, *abbé* d') (38). Né à Versailles 1692. — Petit-fils de M$^{me}$ de Montespan et fils du duc d'Antin, il fut évêque-duc de Langres. Il fut élu, absent et sans avoir

rien écrit, en remplacement de l'abbé Roquette, et reçu le 30 juin 1725 par Malézieu. Il fit partie de l'Académie des Inscriptions.
M. en 1733. — S. : Dupré de Saint-Maur.

**174.** MIRABAUD (Jean-Baptiste de) (6). Né à Paris en 1675. — Officier, il fut ensuite secrétaire des commandements de la duchesse d'Orléans et précepteur de ses deux filles. Il fut l'ami de La Fontaine ; sa bonne traduction de la *Jérusalem délivrée* le fit entrer à l'Académie le 22 août 1726, où il remplaça le duc de La Force, et où il fut reçu le 28 septembre suivant par Fontenelle. Son élection a donné lieu à des discussions parce que, dit d'Olivet, « il avait engagé M. le duc d'Orléans à solliciter vivement en sa faveur. » Il fut nommé secrétaire perpétuel en 1742 en remplacement de l'abbé Houtteville ; il refusa le double jeton auquel donnait droit cette fonction, alors l'Académie obtint pour lui un logement au Louvre et un traitement fixe, mesures dont bénéficièrent ses successeurs. En sa qualité de secrétaire perpétuel, c'est lui qui donna communication à l'Académie de la lettre de remerciement du comte de Clermont pour son élection, à laquelle la Compagnie était loin de penser ; il reçut Sallier et Hardion. En 1755, il résigna ses fonctions de secrétaire perpétuel, et l'Académie le remplaça par Duclos.
« La Compagnie crut devoir préférer le traducteur élégant, qui enrichissait notre langue du génie d'un poète étranger, à des poètes indigènes et indigents, qui n'auraient jamais l'honneur d'être traduits. » (D'Alembert). Il a laissé une traduction de *Roland furieux;* il fut moins heureux avec l'Arioste qu'il ne l'avait été avec le Tasse.
Au moment de mourir, le 24 juin 1760, il envoya porter ses adieux à l'Académie. — S. : Watelet.

**175.** — SAINT-AIGNAN (Paul-Hippolyte de Beauvilliers, *duc* de) (21). Né à Paris le 15 novembre 1684. — Duc et pair, chevalier des ordres du Roi, ambassadeur en Espagne et à Rome, il fut membre du conseil de Régence ; il était le frère du duc de Beauvilliers, ancien précepteur du duc de Bourgogne. Il fut nommé le 12 décembre 1726, en remplacement de Boivin, et reçu le 16 janvier 1727 par Danchet. Il répondit aux discours de réception de Bougainville et de Voisenon.
M. le 22 janvier 1776. — S. : Colardeau.

**176.** — BOUHIER (Jean) (33). Né à Dijon le 16 mars 1673. — Jurisconsulte et président à mortier au parlement de Dijon, littérateur érudit, archéologue, traducteur, poète médiocre, il jouissait d'une grande considération ; il avait créé chez lui à Dijon une petite académie que fréquenta des Brosses. Son importante bibliothèque était ouverte à tout littérateur ou savant qui le lui demandait, pourtant son élection ne fut possible que sur la promesse qu'il fit d'habiter Paris, mais des circonstances imprévues l'empêchèrent de la tenir. Il fut élu en remplacement de Malézieu, et reçu le 30 juin 1727 par le président Hénault ; il vint rarement à l'Académie. Il était l'ami de l'abbé d'Olivet avec qui il entretint une correspondance ; il combattit Montesquieu et soutint contre lui l'avocat Mathieu-Marais. Des Guerrois a publié, en 1855 : *Le Président Bouhier*.
M. 17 mars 1746. — S. : Voltaire.

**177.** — AMELOT (de Chaillou, Jean-Jacques) (8). Né le 30 avril 1689. — Marquis de Combrande, baron de Châtillon-sur-Indre, seigneur de Chaillou, il fut commandeur des ordres du roi, ministre d'Etat en 1737 aux Affaires Etrangères et surintendant des Postes ; il occupa de hautes fonctions dans la magistrature et les finances. Il remplaça à l'Académie l'évêque de Nesmond et fut reçu le 25 août 1727 par Adam. Il fut membre honoraire de l'Académie des sciences.

M. le 7 mai 1749. — S. le maréchal de Belle-Isle.

**178.** — MONTESQUIEU (Charles de Secondat, baron de La Brède et de) (2). Né au château de la Brède, près Bordeaux, le 18 janvier 1689. — Il fut, à l'âge de 27 ans, président à mortier au parlement de Bordeaux, poste qu'il conserva jusqu'en 1726 et il prononça de nombreux discours. Il fut l'un des fondateurs de l'académie de cette ville et lui communiqua des *Mémoires* ; il appartint aussi à celle de Nancy.

Montesquieu publia les *Lettres persanes*, sans nom d'auteur, à l'âge de 32 ans; elles obtinrent un très vif succès. Bien que combattu par le parti religieux, il fut élu à l'Académie en 1725, mais son élection fut annulée parce qu'il résidait en province ; il vint alors à Paris, fut présenté à M$^{me}$ de Lambert par l'abbé de Saint-Pierre, fréquenta le club de l'Entresol, les salons de Brancas, d'Aiguillon; Du Deffant, de Tencin, Geoffrin, et se représenta à l'Académie en 1727 pour succéder à Louis de Sacy, déclarant que s'il n'était pas nommé il quitterait la France. Son élection était certaine, alors ses adversaires lui opposèrent ses *Lettres persanes* ; il para cette attaque en en faisant faire rapidement une édition expurgée qu'il présenta au premier ministre le cardinal de Fleury, en rejetant sur les éditeurs les fautes qu'on lui avaient reprochées. Fleury feignit d'être dupe, se désintéressa de l'élection et Montesquieu fut élu le 20 décembre 1727 contre Mathieu Marais. Ce fut la première grande victoire du parti philosophique. Il fut reçu le 24 janvier 1728 par Roland Mallet, mais la froideur que lui témoignèrent ses nouveaux confrères, même ceux qui étaient ses amis, l'engagea à voyager à travers l'Europe et il fréquenta peu l'Académie.

Lorsque le roi refusa son consentement à l'élection de Piron, Montesquieu obtint pour l'auteur de la *Métromanie*, par l'intermédiaire de M$^{me}$ de Pompadour, une pension de mille livres. Montesquieu publia le *Temple de Gnide*, les *Causes de la grandeur de Romains et de leur décadence*, mais son œuvre capitale est l'*Esprit des Lois* qu'Helvétius et Saurin lui déconseillèrent de publier et qui eut vingt-deux éditions en dix-huit mois. Lorsqu'il mourut il y eut très peu de monde à son enterrement; d'après Grimm, Diderot fut le seul homme de lettres qui y assista.

D'Alembert et Villemain ont écrit un *Eloge de Montesquieu*, Sainte-Beuve, deux *Causeries*.

M. le 10 février 1755. — S. : de Châteaubrun.

**179.** — ROTHELIN (Charles d'Orléans, abbé de) (10). Né à Paris le 5 août 1691. — Descendant de Dunois, le bâtard d'Orléans ; abbé des Corneilles, il servit de conclaviste au cardinal de Polignac

en 1724 ; il revint numismate de Rome, et fut théologien et littérateur. Il remplaça à l'Académie l'abbé Fraguier et fut reçu le 28 juin 1728 par l'abbé Gédoyn. L'abbé Rothelin travailla à la revision du Dictionnaire, reçut Poncet de la Rivière, Séguy et Foncemagne, et fut admis en 1732 comme membre honoraire à l'Académie des Inscriptions.
M. le 17 juillet 1744. — S. : abbé Girard.

**180.** — LA RIVIÈRE (Michel Poncet de) (30). Né vers 1672. — Il fut évêque d'Angers et prédicateur, remplaça La Monnoye et fut reçu le 10 janvier 1729 par l'abbé de Rothelin.
M. le 2 août 1730. — S. : Hardion.

**181.** — SALLIER (*abbé* Claude) (16). Né en Bourgogne le 4 avril 1685. — Philologue, il connaissait le grec, le latin, le syriaque, l'hébreu, l'italien, l'espagnol et l'anglais ; il fut en 1719 professeur d'hébreu au Collège Royal, garde des manuscrits de la bibliothèque du Roi, dont il rédigea le catalogue. Il fit partie en 1715 de l'Académie des Inscriptions et de plusieurs académies étrangères ; il a laissé des traductions.
L'abbé Sallier fut élu à l'Académie française au mois de mai 1729 en remplacement de La Loubère et reçu par Mirabaud le 30 juin suivant. Son élection ne fut pas approuvée du public ; elle fut déterminée par l'intervention du premier président qui, dit l'abbé d'Olivet dans sa correspondance (mars, 1729) « vint en pleine Académie solliciter la place vacante pour un abbé Colin » plusieurs fois lauréat de l'Académie. L'élection de l'abbé Sallier fut une protestation de la Compagnie contre cette « démarche de mauvais exemple ».
M. le 9 juin 1761. — S. : du Coëtlosquet.

**182.** — LA FAYE (Jean-François Leriget de) (18). Né à Vienne (Dauphiné) en 1674. Il fut ambassadeur à Gênes, à Utrecht et en Angleterre ; ami de La Motte, il fréquenta les cafés Procope, veuve Laurent, Gradot ; il a laissé un petit nombre de poésies. Elu en février 1730, il remplaça Valincour à l'Académie où il fut reçu par La Motte le 16 mars de la même année.
M. le 11 juillet 1731. — S. : Crébillon.

**183.** — HARDION (Jacques) (30). Né à Tours le 17 octobre 1686. — Précepteur de Mesdames de France, protégé de Turgot, historien, traducteur, érudit, il fit partie de l'Académie des Inscriptions, et écrivit une *Histoire universelle* en vingt volumes in-12. Il fut élu par 13 voix contre 9 obtenues par le candidat de M$^{me}$ de Lambert, Ramsay, au fauteuil de Poncet de La Rivière et reçu par Mirabaud le 28 septembre 1730 Coypel, peintre et poète, avait été un moment candidat ainsi que Dupré de Saint-Maur ; ce dernier se retira par déférence pour Hardion qui avait été son précepteur. Il reçut Crébillon et Mairan et fut battu par d'Alembert comme secrétaire perpétuel en remplacement de Duclos.
M. le 2 octobre 1766. — S. : Thomas.

**184.** — CRÉBILLON (Prosper Jolyet de) (18) Né à Dijon le 15 février 1674. — Poète tragique, il eut l'originalité, à cette époque, de ne pas être un imitateur de Racine ; ses deux meilleurs ouvrages sont *Atrée et Thyeste*, 1707 et *Rhadamiste et Zénobie*, 1711. Il vécut pauvre et fut pensionné par M$^{me}$ de Pompadour. En 1708, il fit contre les habitués du café Laurent une satire à laquelle J.-B. Rousseau répondit avec violence en l'attaquant dans ses mœurs ; cela contribua sans doute à retarder l'élection académique de Crébillon. Il fut nommé en remplacement de La Faye et reçu le 27 septembre 1731 par Hardion ; il prononça son discours de réception en vers. Crébillon fut en butte à la haine de Voltaire qui lui trouvait « plus de génie que de littérature ». Il reçut le cardinal de Bernis et l'abbé Girard, et fit partie du Caveau.

Lorsque Crébillon mourut, le 17 juin 1762, les comédiens de Paris organisèrent en son honneur un service funèbre, auquel assistèrent, avec les membres de l'Académie et beaucoup de littérateurs, un grand nombre d'acteurs et d'actrices, ce qui occasionna un véritable scandale dans le monde religieux.

S. : l'abbé Voisenon.

**185.** — BUSSY-RABUTIN (Michel-Celse-Roger de Rabutin, *comte* de Bussy) (19). — Fils du comte Roger de Bussy-Rabutin (v. notice 73), il fut évêque de Luçon et n'a écrit aucun ouvrage. Il fut élu à l'Académie le 15 février 1732 en remplacement de La Motte et fut reçu par Fontenelle le 6 mars suivant.

M. le 3 novembre 1736. — S. : Foncemagne.

**186.** — TERRASSON (*abbé* Jean) (11). Né à Lyon, 1670.— Oratorien, il publia un roman philosophique, *Séthos*, fut professeur de philosophie grecque et latine au Collège Royal ; membre de l'Académie des Inscriptions en 1707, il y remplaça Fontenelle comme secrétaire perpétuel. L'abbé Terrasson fut du parti des modernes. Dans sa *Dissertation critique sur l'Iliade* (1715) il mettait les Romains au-dessus des Grecs et son siècle au-dessus des latins. Ce fut le dernier membre de l'Académie élu par l'influence de M$^{me}$ de Lambert; il y remplaça Fleuriau de Morville et fut reçu le 29 mai 1732 par Languet de Gergy. Il fut un des habitués des cafés littéraires et philosophiques ; ruiné par le système de Law, il perdit la mémoire dans ses dernières années.

« Philosophe pendant sa vie et à sa mort. » (Voltaire).

M. le 15 septembre 1750. — S. : comte de Bissy.

**187.** — SURIAN (Jean-Baptiste) (25). Né en Provence, le 20 septembre 1670. — Oratorien et prédicateur, il prononça l'oraison funèbre du roi de Savoie, Victor-Amédée, et fut évêque de Vence. La protection des cardinaux Dubois et de Rohan lui avaient fait obtenir cet évêché. Il remplaça le duc H.-C. de Coislin à l'Académie le 5 janvier 1733 et fut reçu par Danchet le 12 mars de la même année. (V. *Pensées et Discours inédits de Surian*, par l'abbé A. Rosne. Gaume, Paris 1886).

M. le 3 août 1754. — S. : D'Alembert.

**188.** — MONCRIF (François-Augustin Paradis de) (35). Né à Paris, 1687. — Successivement secrétaire du comte d'Argenson et du comte de Clermont, puis lecteur de la reine Marie Leczinska.

Imposé à l'Académie par le duc d'Orléans et le comte de Clermont, il remplaça, l'abbé Caumartin et fut reçu par de Boze, le 29 décembre 1733. Il était l'auteur de l'*Histoire des Chats* ; le jour de sa réception, un plaisant lâcha un chat vivant dans la salle et le public imita les miaulements de la bête affolée. Moncrif avait été élu contre Marivaux et fut très chansonné.

« Vous ne sauriez croire combien elle (l'Académie) perd depuis quelques années. On ne nous pardonne point Sallier et Moncrif. » (d'Olivet, *Correspondance*).

Moncrif soutint Voltaire ; sa voix décida de l'élection de La Ville contre Duclos.

Il fréquenta les cafés littéraires, et reçut de Luynes, A.-J. Bignon, Maupertuis et Buffon ; il était poète, musicien et auteur dramatique, membre de l'Académie de Berlin.

M. le 19 novembre 1770. — S. : Roquelaure.

**189.** — DUPRÉ DE SAINT-MAUR (Nicolas-François) (38). Né à Paris, 1695. — Maître des comptes, il était cousin de Valincour ; statisticien, économiste, traducteur du *Paradis perdu* de Milton, il répandit en France le goût de la littérature anglaise. Il remplaça l'abbé d'Antin et fut reçu le 29 décembre 1733 par De Boze ; il répondit aux discours de réception de Montazet et de Lefranc de Pompignan.

M. en 1774. — S. : Malesherbes.

**190.** — VILLARS (Honoré-Armand, *duc* de) (24). Né le 4 décembre 1702. — Duc et pair, chevalier de la Toison d'Or, gouverneur de Provence, il fut élu en remplacement de son père le maréchal de Villars, et reçu par l'abbé Houtteville le 9 décembre 1734. Il résidait en Provence, fut protecteur de l'Académie de Marseille et vint rarement à l'Académie française ; il était l'ami de Voltaire, d'Alembert et Duclos.

M. en 1770. — S. : Loménie de Brienne.

**191.** — SÉGUY (*abbé* Joseph) (36). Né à Rodez, 1689. — Prédicateur du Roi, il prononça le panégyrique de saint Louis à l'assemblée solennelle de l'Académie le 25 août 1729, fut lauréat du prix de poésie en 1732 et fit l'oraison funèbre du maréchal de Villars. Protégé de la maréchale de Villars, il fut élu contre La Chaussée, en remplacement d'Adam, le 22 décembre 1735, et reçu par l'abbé de Rothelin le 15 mars 1736 ; Boyer, évêque de Mirepoix, à la demande de la maréchale, refusa de se laisser porter contre l'abbé Séguy. « Jamais brigue ne fut plus violente, écrivait l'abbé d'Olivet, ni plus marquée dans l'Académie : le duc de Villars a si bien opéré que M. de La Chaussée unanimement choisi par le public, n'a eu parmi nos braves confrères que le tiers des suffrages. » Un prétendu discours de réception de Séguy, véritable libelle contre l'Académie, fut répandu dans Paris et donna lieu à une enquête judiciaire pour en découvrir l'auteur. « Tant que nous élirons des gens, dit encore d'Olivet dans sa lettre, peu connus du public, on tirera sur nous, et c'est une pauvre ressource, à mon gré, que d'armer des commissaires et des exempts pour nous défendre. » On reconnut que l'auteur recherché était l'abbé Desfon-

taines ; il obtint son pardon, grâce à la protection de la princesse de Conti.
M. en 1761. — S. : Cardinal de Rohan Guémenée.

**192.** — BOYER (JEAN-FRANÇOIS) (40). Né à Paris, le 12 mars 1675.
— Prédicateur, précepteur du Dauphin père de Louis XVI, premier aumônier de la reine, évêque de Mirepoix. Il partagea la haine du cardinal de Fleury contre les jansénistes et les philosophes ; n'étant pas encore académicien, il se joignit aux accusateurs de l'abbé de Saint-Pierre et plus tard empêcha Maupertuis de prononcer l'éloge de sa victime. Il refusa d'être candidat contre l'abbé Séguy, protégé de la maréchale de Villars ; il fut élu à l'unanimité à la vacance suivante en remplacement de Roland Mallet et reçu le 25 juin 1736 par Languet de Gergy. Il combattit avant d'être académicien l'élection de Montesquieu, et une fois élu celle de Voltaire ; il fit annuler l'élection de La Bletterie en 1743, et celle de Piron en remettant au Roi une œuvre de jeunesse de ce poète, l'*Ode à Priape*. Il reçut A. de Rohan, cardinal de Soubise, et fit partie de l'Académie des Sciences et de l'Académie des Inscriptions.
M. le 20 août 1755. — S. : abbé de Boismont.

**193.** — LA CHAUSSÉE (PIERRE-CLAUDE NIVELLE DE) (23). Né à Paris le 14 février 1692. — Auteur dramatique, il a laissé dix-neuf pièces en vers, dont dix-sept comédies ; il introduisit, l'un des premiers des éléments comiques dans la tragédie et créa le genre dit « comédie larmoyante ». L'*École des Mères* en est la pièce la plus célèbre. Il avait été battu à une précédente élection par l'abbé Séguy ; il fut élu à l'unanimité, avec le patronage de Voltaire et de Destouches en remplacement de Portail, et reçu le 25 juin 1736 par Languet de Gergy. Il fut l'un des dénonciateurs de Piron et combattit Collé.
M. le 14 mars 1754. — S. : Bougainville.

**194.** — FONCEMAGNE (ETIENNE-LAURÉAULT DE) (19). Né à Orléans le 8 mai 1694. — Oratorien, professeur, gouverneur du duc d'Epernon et en 1752 du duc de Chartres, il fut admis en 1722 à l'Académie des Inscriptions ; il collabora aux Mémoires de cette Compagnie. Elu à l'Académie française, le 3 décembre 1736, en remplacement de Bussy-Rabutin, évêque de Luçon, il fut reçu le 10 janvier 1737 par l'abbé de Rothelin. Il fut souvent l'arbitre des discussions sur la langue à l'Académie, il recevait dans son salon le prince de Beauvau, le duc de La Rochefoucauld, Bréquigny, Malesherbes, Sainte-Palaye. Il eut une polémique avec Voltaire dans laquelle il prouva l'authenticité du *Testament politique* de Richelieu que Voltaire niait, celui-ci ne lui garda pas rancune de sa défaite et lui rendit visite lorsqu'il vint à Paris en 1778. Il fut pensionné par Louis XV dans des circonstances qui indisposèrent l'Académie contre lui. Il collabora au *Journal des Savants*.

« Homme peu chargé de littérature, écrivait d'Olivet, mais il passe pour savoir assez bien l'histoire de France... C'est un choix qui ne nous enrichira pas beaucoup, mais du moins il ne fera pas gronder le public. »
M. le 26 septembre 1779. — S. : Chabanon.

**195.**—LA TRÉMOILLE (Charles-Armand-René, *duc* de Thouars *et duc de*) (7). Né à Paris le 14 janvier 1708. — Duc et pair, premier gentilhomme de la Chambre du Roi. Il remplaça le maréchal d'Estrées en janvier 1738 et fut reçu le 6 mars suivant par le marquis de Sainte-Aulaire qui fit allusion à la différence de leurs âges, le marquis ayant 95 ans, et le jeune duc trente ans à peine. Celui-ci, pourtant, mourut le 23 mai 1741, trois ans après sa réception, de la petite vérole dont il fut atteint en soignant sa jeune femme, et le marquis de Sainte-Aulaire lui survécut d'un an.
S. : de Rohan Ventadour, cardinal de Soubise.

**196.**—SOUBISE (Prince Armand de Rohan de Ventadour, *dit le cardinal de*) (7). Né à Paris le 1er décembre 1717. — D'abord prince de Tournon et abbé de Ventadour, il fut élu à l'âge de 23 ans membre de l'Académie française, en remplacement du duc de La Trémoille, et reçu le 30 décembre 1741 par l'évêque de Mirepoix, Boyer. Il fut coadjuteur de son oncle le cardinal de Rohan, évêque de Strasbourg en 1742, et prit le nom de Soubise pour se distinguer de lui ; cardinal lui-même en 1747, il devint évêque et prince de Strasbourg en 1749 ; il fut aussi grand aumônier du Roi et recteur de l'Université de Paris.
Il mourut à 38 ans et demi le 28 juin 1756. — S. : Montazet.

**197.** — GIRY (Odet-Joseph, *abbé de Vaux et de Saint-Cyr*) (37). Né en Normandie au commencement du xviiie siècle. — Il fut sous-précepteur du Dauphin, fils de Louis XV ; c'est à ce titre qu'il remplaça, en janvier 1742, le cardinal de Polignac ; Destouches le reçut le 10 mars suivant.
M. 14 janvier 1761. — S. : Batteux.

**198.** — DU RESNEL (Jean-François du Bellay, *abbé*) (39). Né à Rouen le 29 juin 1692. — Oratorien, prédicateur, il fit un panégyrique de saint Louis devant l'Académie ; il fit une traduction en vers de Pope, écrivit différents *Mémoires*, fut membre de l'Académie des Inscriptions. Il fut élu à l'Académie française le 26 mai 1742, en remplacement de Dubos, par 13 voix contre 11 à Mairan, secrétaire perpétuel de l'Académie des Sciences, qui s'était désisté trois semaines auparavant, et reçu le 30 juin suivant par le duc de Richelieu ; il répondit au discours de réception du maréchal de Belle-Isle.
M. le 25 février 1761. — S. : Saurin.

**199.** — MARIVAUX (Pierre Carlet de Chamblain de) (15). Né à Paris en 1688. — Auteur comique et romancier, il se présenta à l'Académie, sans avoir fait de visites, en 1732, et fut battu ; de nouveau candidat en 1736, il essuya un second échec. L'Académie lui était hostile : « Il n'aura de sa vie mon suffrage, à moins qu'il n'abjure son diabolique style. » (d'Olivet). Il parvint à se faire élire le 15 décembre 1742 en remplacement de l'abbé Houtteville, par l'influence de Mme de Tencin, mais surtout parce qu'il avait Voltaire pour concurrent et que l'Académie en voulait encore moins. Marivaux fut reçu le 4 février 1743 par Languet de Gergy dont le discours contenait des critiques qui blessèrent Marivaux au point qu'il voulait en demander publiquement satisfaction à l'Académie. Une autre fois, faisant une lecture devant la compagnie, il s'aperçut qu'on ne l'écoutait pas, « il termina brusquement sa lecture, avec un mécontentement qu'on lui pardonna. » (d'Alembert). En somme, les rapports entre Marivaux et l'Académie furent, avant comme après son élection, empreints d'une certaine froideur. Il fut l'ami de La Motte et de Fontenelle, l'adversaire des anciens qu'il insulta ainsi que tout le xviie siècle ; ce fut un moderne « avec zèle, avec hardiesse et une impertinence piquante » (Sainte-Beuve). Protégé de Mme de Pompadour, pensionné par Helvétius, il fut aussi l'ami de Mme d'Epinay. « Marivaux a donné la dénomination à un genre, et son nom est devenu synonyme d'une certaine manière ; cela seul prouverait à quel point il y a insisté et réussi, Marivaudage est dès longtemps un mot du vocabulaire. » (Sainte-Beuve), Deux *Causeries de Sainte-Beuve*. Notices de d'Alembert et autres auteurs du xviiie siècle.

M. le 12 février 1763. — S. : Radonvilliers.

**200.** — NIVERNAIS (Louis-Jules-Barbon Mancini Mazarini, duc de) (4). Né à Paris le 16 décembre 1716. — Petit neveu de Mazarin et beau-frère du ministre de Maurepas, il fut ambassadeur à Rome en 1748, à Berlin en 1756, à Londres en 1763, grand d'Espagne. Protecteur des lettres, il les cultiva, écrivit des fables, des poésies légères et des traductions en vers. Il fut élu à l'Académie française à l'âge de 27 ans, étant encore à l'armée, en remplacement de Massillon et de La Bletterie dont l'élection avait été annulée par Louis XV ; il fut reçu le 4 février 1743 par Languet de Gergy. A l'Académie, il fut souvent l'intermédiaire entre la compagnie et le roi pour aplanir des difficultés ; il donna lecture de plusieurs de ses fables lors des visites du prince de Brunswick en 1766 et de Christian VII, roi de Danemark en 1768 ; il présida neuf séances de réception, répondant aux discours des récipiendaires : A.-L. Séguier, du Coëtlosquet, abbé Batteux, Trublet, Saurin, de Rohan-Guéménée, Condorcet, abbé Maury, Target ; il patronna la candidature de Collé. Il fit partie de l'Académie des Inscriptions et d'académies de province et de l'étranger. Il fut emprisonné sous la Terreur. François de Neufchâteau fit son éloge dans la séance publique de l'Institut du 26 août 1807 (Eloge par Dupin à l'Académie le 21 juin 1840).

M. le 25 février 1798. — A l'organisation de 1803, son fauteuil fut attribué à J.-B. Legouvé.

**201.** — MAIRAN (Jean-Jacques Dortons de) (14). Né à Béziers en 1678. — Physicien, mathématicien, lauréat de l'Académie des sciences de Bordeaux, il fut membre de l'Académie des sciences en 1718, secrétaire perpétuel en 1740, démissionnaire de cette dernière fonction en 1743 ; il écrivit des *Eloges* des membres de cette compagnie. Directeur du *Journal des Savants*, il appartint à presque toutes les sociétés savantes de l'Europe. Il fréquenta les salons de Lambert et de Tencin, et fut l'ami des philosophes. En 1743, il remplaça le marquis de Sainte-Aulaire à l'Académie française où il fut reçu le 7 mars par Hardion.

M. en 1771. — S. : abbé Arnaud.

**202.** — LUYNES(Paul d'Albert de) (29). Né à Versailles, le 5 janvier 1703. — Archevêque de Sens, cardinal, membre honoraire de

l'Académie des Sciences, il s'occupa de littérature et d'astronomie. Il n'était encore qu'évêque de Bayeux, lorsqu'il fut nommé en mars 1743, en remplacement du cardinal de Fleury, et reçu le 6 mai par Moncrif ; grâce à l'intervention royale, il avait été préféré à Voltaire. Il répondit au discours de réception de Radonvilliers.
M. le 21 janvier 1788. — S. : Florian.

**203.** — MAUPERTUIS (Pierre-Louis Moreau de) (12), Né à Saint-Malo le 17 juillet 1698. — Officier, géomètre, astronome fut reçu à l'Académie des sciences en 1723 à l'âge de 25 ans ; il écrivit des livres scientifiques de forme peu littéraire. Il fut nommé président de l'académie de Berlin en 1740 ; en 1741, il fut pri nnier de guerre en Allemagne. Il remplaça l'abbé de Saint-Pierre à l'Académie française et fut reçu le 27 juin 1743 par Moncrif ; il avait été combattu par Fontenelle qu'il avait critiqué dans ses ouvrages. L'évêque de Mirepoix, Boyer, s'opposa à ce que Maupertuis, dans son discours de réception, fît l'éloge de l'abbé de Saint-Pierre. En 1745, il se fixa à Berlin, où il fit avec Kœnig une querelle scientifique qui lui attira les railleries de Voltaire.
Maupertuis appartint au parti philosophique, fut l'ami de Voltaire, fréquenta les cafés littéraires de son époque, fit partie de l'Académie de Nancy. Avant de mourir, il abjura ses idées philosophiques, ce qui provoqua une grande irritation chez Voltaire.
M. le 27 juillet 1759. — S. : Lefranc de Pompignan.

**204.** BIGNON (Armand-Jérôme) (13). Né le 27 octobre 1711. — Conseiller d'Etat, commandeur et prévôt maître des ordres du roi, garde de la bibliothèque du roi à la mort de son oncle, il se démit de cette fonction en faveur de son fils. Il remplaça son oncle l'abbé J.-P. Bignon, à l'Académie française où il fut reçu par Moncrif, le 27 juin 1743. Il répondit aux discours de réception de La Ville et de Marmontel, et appartint à l'Académie des Inscriptions.
M. le 8 mai 1772. — S. : Bréquigny.

**205.** — GIRARD (*Abbé* Gabriel) (10). — Né à Clermont-Ferrand, vers 1677. — Chapelain de la duchesse de Berry, fille du Régent, l'abbé Girard fut un philologue et un grammairien distingué. Il éprouva deux échecs à l'Académie contre Mairan et Maupertuis ; d'Alembert donne à entendre qu'ils furent l'œuvre des grammairiens de l'Académie qui redoutaient la présence d'un rival dont la supériorité les écraserait. Il fut élu à sa troisième candidature, remplaçant l'abbé de Rothelin et fut reçu le 20 décembre 1744 par Crébillon. Son essai de grammaire publié sous le titre *Les vrais principes de notre langue* est une œuvre un peu obscure qui n'obtint pas le même succès que les *Synonymes français* publiés précédemment par l'abbé Girard.
M. le 4 février 1748. — S. : Paulmy d'Argenson.

**206.** — BERNIS (François-Joachim de Pierres, comte de Lyon, cardinal de) (3). — Né dans le Vivarais le 22 mai 1715. Abbé galant, protégé de M<sup>me</sup> de Pompadour, il fut ambassadeur à Venise en 1752, ministre d'Etat 1757 et des Affaires étrangères la même année ; il fut

exilé à Soissons pour la façon dont il dirigea sa p li ique extérieure.
Il n'entra réellement dans les ordres qu'en 1756, où il l'âge de 40 ans ;
cardinal en 1758. Nommé à l'archevêché d'Albi en 1764, ambassadeur
à Rome, 1769. Il fut élu membre de l'Académie française en remplacement de l'abbé Gédoyn, à l'âge de 29 ans, et reçu par Crébillon le
29 décembre 1744. « Dans les années qui suivirent sa réception, Bernis figura plusieurs fois à la tête de la Compagnie dans les occasions
solennelles où il fallait représenter à Versailles. L'Académie le choisissait comme un sujet et un visage agréables au Roi ». (Sainte-Beuve).
Il fut l'ami de M$^{me}$ de Tencin, de Voltaire et de Duclos qu'il reçut. Il
appartint, comme membre honoraire, à l'Académie de Marseille, et
écrivit des poésies légères. Voltaire, par allusion à son style fleuri
l'avait surnommé « Babet la bouquetière ». Il cessa de faire des vers à
trente-cinq ans. Il était hors de France au moment où éclata la Révotution, qui lui fit perdre quatre cent mille livres de rentes. C'est lui
qui obtint du Roi un logement au Louvre pour le secrétaire perpétuel.
Trois *Causeries de Sainte-Beuve* et une notice de son ami Duclos.
M. le 2 novembre 1794. A l'organisation de 1803, son fauteuil fut
attribué à Sicard.

**207.**—VOLTAIRE (François-Marie Arouet le jeune, *dit de*) (33).
Né à Paris le 21 novembre 1694. — Dès l'âge de 19 ans, il fut emprisonné pendant treize mois pour des vers qu'il n'avait pas faits ; présenté à Ninon de Lenclos, qui lui légua une somme de deux mille livres
pour sa bibliothèque, et aux autres habitués du Temple, il débuta sous
leurs auspices. En 1720, il subit un court exil, et, à la suite d'une querelle avec le chevalier de Rohan, il fut encore mis à la Bastille en 1726.
A trente-cinq ans, il jouissait déjà d'un prestige considérable et dominait toute son époque, mais il s'était créé de très nombreux ennemis.
Il fut plusieurs fois obligé de fuir Paris et de se cacher ; en 1735, il se
réfugia en Champagne chez M$^{me}$ Du Châtelet, qui fut son amie pendant vingt ans et qui exerça sur lui une grande influence. Voltaire
recherca passionnément d'être reçu à l'Académie ; outre la satisfaction que pouvait y trouver « cet enfant amoureux de la célébrité »
comme dit Sainte-Beuve, il pensait qu'elle serait un lieu plus difficilement accessible à ses adversaires. Le parti religieux, soutenu par le
roi, lui fit une opposition ardente, lui préférant Marivaux, l'abbé de
Luynes ; il s'était assuré la protection de la duchesse de Châteauroux, qui fut insuffisante. Avec celle de M$^{me}$ de Pompadour, il fut
plus heureux ; admis à la cour comme historiographe de France, et
gentilhomme ordinaire de la chambre, il multiplia les démarches auprès de ses ennemis, de Boyer, de Languet de Gergy, de Maurepas,
leur donnant des gages de son orthodoxie en matière religieuse, désavouant les *Lettres philosophiques* qu'on lui reprochait et qui, à leur
apparition, avaient eu un grand retentissement, puis avaient été condamnées et brûlées par ordre du parlement. Il fut enfin élu à l'unanimité le 25 avril 1746 en remplacement du président Bouhier et reçu
par son ancien maître l'abbé d'Olivet le 9 mai suivant. Son discours
fut uniquement littéraire et il n'y fit aucune allusion aux questions qui
auraient pu soulever des protestations ; il avait pris pour sujet : *Des
effets de la Poésie sur le génie des langues*. L'Académie ne lui assura
pas la sécurité qu'il avait espéré y trouver ; il voyagea en Angleterre
en Lorraine, en Prusse, en Allemagne ; il fit un séjour prolongé à

la cour de Berlin en 1750 où il fut le commensal de Frédéric II qui lui fit une pension de 20.000 livres ; les soupers du roi et du philosophe sont célèbres. Il se retira ensuite dans un exil volontaire à Ferney en 1758, où il resta vingt ans. Quoique éloigné de l'Académie, il ne cessa pas de s'en occuper dans la correspondance qu'il entretenait avec tous les philosophes et les littérateurs de son temps ; son influence se fit sentir, avec des alternatives de réussite et d'échecs, en faveur de Duclos, Marmontel, La Harpe, Condorcet, Diderot, Turgot et contre le président de Brosses qu'il empêcha d'être académicien (1). Il eut des querelles avec J.-B. Rousseau, Crébillon, Lefranc de Pompignan, Palissot ; il les combattit avec violence ; il eut aussi à se défendre contre les attaques de Roy, Desfontaines, Piron, Fréron. La querelle qu'il eut à Berlin, avec Maupertuis avait été la cause de sa rupture avec Frédéric. Ce dernier pourtant souscrivit à la statue que les habitués du salon Necker avaient décidé d'élever à Voltaire de son vivant.

Voltaire, avant de se retirer à Ferney, avait fréquenté les cafés littéraires et les salons philosophiques ; il avait été un familier de la cour de Sceaux, faisait partie d'une foule d'académies et de sociétés savantes, appartenait notamment aux académies de Lyon, Marseille et Dijon, Pétersbourg, Londres, Bologne, della Crusca, etc.

En 1778, il voulut revoir Paris ; dès qu'il y arriva l'Académie le fit complimenter par le prince de Beauvau accompagné de deux autres académiciens ; il reçut des visites des académiciens, des gens de lettres, des comédiens, des ministres, de Franklin ; la sixième représentation d'*Irène* à laquelle il assista fut une apothéose sans précédent et sans autre exemple. Il se rendit plusieurs fois à l'Académie où il fut reçu comme un souverain ; il proposa à la Compagnie un nouveau plan du Dictionnaire (1).

L'œuvre de Voltaire est considérable, il aborda tous les genres de littérature : poète, il écrivit la *Henriade*, la *Pucelle*, très discutée, les *Contes en vers* ; auteur tragique, il fit jouer *Eryphile* en 1732 depuis la représentation de laquelle les Académiciens ont leurs entrées à la Comédie française, *Œdipe*, *Zaïre*, *Alzire*, *Brutus*, *Mahomet*, *Mérope*, *Sémiramis*, *Tancrède*, etc. ; historien, le *Siècle de Louis XIV* et l'*Histoire de Charles XII* sont ses chefs-d'œuvre ; ses romans les meilleurs sont *Zadig* et *Candide* ; il écrivit de nombreux ouvrages philosophiques, des mémoires ou plaidoyers en faveur de Calas, Sirven et autres victimes de l'absolutisme et de l'intolérance. Il fit connaître en France Shakespeare et le théâtre anglais. Voltaire devint très riche et fut le roi littéraire du xviiie siècle, qui porte son nom.

Il mourut le 30 mai 1778 ; l'archevêque de Paris lui refusa la sépulture catholique, il fut enterré à l'Abbaye de Scellières ; ses restes furent transportés au Panthéon lorsque l'Assemblée nationale désaffecta l'église Sainte-Geneviève par son décret du 8 mai 1791. Après la mort de Voltaire, l'Académie tint une séance solennelle en son honneur et donna pour l'année suivante son éloge comme sujet du

---

1. V. *Voltaire et le président des Brosses ou une intrigue académique au* xviiie *siècle* (Sainte-Beuve, *Causeries du Lundi*).

concours d'éloquence. Condorcet. l'abbé Maynard, Mazure, ont écrit la *Vie de Voltaire*.
S. : Ducis.

**208.** — LA VILLE (Jean-Ignace, abbé de) (17). Né vers 1690 à Bayonne. — Evêque *in partibus* de Tricomie, diplomate, premier commis du ministre des Affaires étrangères d'Argenson, qui le recommanda aux suffrages de l'Académie à l'instigation de Voltaire, dans le but de faire échouer Duclos ; les deux candidats avaient chacun 14 voix, ce fut Moncrif qui, votant le dernier, détermina le succès de La Ville. Il remplaça Mongin et fut reçu par A.-J. Bignon le 15 septembre 1746.
M. le 15 avril 1774. — S. : Suard.

**209.** — DUCLOS (Charles-Pineau) (26). Né en Bretagne le 12 février 1704. — Il fut nommé historiographe de France lorsque Voltaire partit en Prusse. Protégé de M$^{me}$ de Pompadour, il fut très répandu dans tous les salons philosophiques et les cafés littéraires, et membre du Caveau, des académies de Londres et de Berlin, nommé à l'Académie des Inscriptions en 1739, et remplaça Mongault à l'Académie française où il fut reçu par de Bernis le 26 janvier 1747 ; il avait été battu l'année précédente par l'abbé de La Ville (v. notice 208). Il fut, à l'Académie, l'un des chefs du parti philosophique et y exerça une grande influence surtout lorsqu'il devint secrétaire perpétuel en 1755, remplaçant dans cette fonction Mirabaud, démissionnaire. En la lui confiant, l'Académie voulut sans doute donner à Duclos un témoignage de reconnaissance pour le souci qu'il avait eu de sa dignité dans diverses circonstances. Ce fut lui en effet qui la défendit le mieux contre la pénétration des autres académies ; il combattit les candidatures des grands seigneurs en faveur de celles des gens de lettres ; il fit preuve d'une grande fermeté lors de l'élection du comte de Clermont (v. notice 216) et du maréchal de Belle-Isle (v. notice 212), en obtenant du premier qu'il renonçât au titre de « Monseigneur » et du second qu'il se soumît à l'obligation des visites. Il négocia les coalitions des philosophes avec les autres partis et contribua ainsi à faire triompher la philosophie à l'Académie ; ce fut lui qui, en 1755, fit substituer pour les concours d'éloquence l'éloge des grands hommes au perpétuel éloge de Louis XIV ; en 1768, il fit accepter à la Compagnie l'éloge de Molière pour le concours d'éloquence de 1769, et cette décision eut pour conséquence la suppression du visa des théologiens. Grammairien, moraliste, historien, romancier, il collabora à l'édition de 1762 du Dictionnaire, dont il écrivit la préface : il fit des *Remarques sur la Grammaire de Port-Royal*, continua l'*Histoire de l'Académie* de Pellisson et d'Olivet. Son chef-d'œuvre est les *Considérations sur les mœurs*, dont Louis XV dit : « C'est l'ouvrage d'un honnête homme. » « Cet ouvrage est plein de mots saillants qui sont des leçons utiles. » (La Harpe). « Jamais la raison d'un sage ne se montra plus ingénieuse. » (Fontanes).

Ses relations avec les encyclopédistes ne furent pas toujours cordiales. Il fut en froid avec Voltaire que l'on disait lui avoir refusé sa voix lors de son élection à l'Académie ; il se brouilla et ne se réconcilia jamais complètement avec d'Alembert ; il ne paraît pas avoir répondu à l'attente de Voltaire qui le pressait de faire agréer par

M^me de Pompadour la candidature de Diderot à l'Académie. Un jour, Duclos, parlant des encyclopédistes, dit : « Ils en diront et en feront tant, qu'ils finiront par m'envoyer à confesse. »
 Son caractère très autoritaire le mit en lutte avec plusieurs de ses confrères, il eut avec eux des altercations fréquentes. Il fut peu regretté à sa mort.
 Dans ses *Remarques à la Grammaire de Port-Royal*, publiées en 1754. « Duclos s'y singularise par une orthographe particulière qu'il prétend soustraire aux irrégularités de l'usage et rendre toute conforme aux sons. » (Sainte-Beuve). Duclos, dit encore Sainte-Beuve, fut « une *utilité* de premier ordre. »
 « De tous les hommes que je connais, Duclos est celui qui a le plus d'esprit dans un temps donné. » (D'Alembert).
 « Dans Duclos, le romancier est inférieur et subordonné au moraliste. » (L.-S. Auger).
 Auger et Villenave ont publié des notices en tête de ses œuvres. Trois *Causeries de Sainte-Beuve*.
 M. le 26 mars 1772, — S. : Beauzée.

**210.** — GRESSET (Jean-Baptiste-Louis) (9). Né à Amiens en 1709. — Débuta comme professeur chez les jésuites ; il écrivit, à 24 ans, *Vert-Vert*, « phénomène littéraire », selon l'expression de J.-B. Rousseau ; cet ouvrage valut à son auteur d'être relégué à La Flèche. Il écrivit encore le *Carême impromptu*, le *Lutrin vivant*, la *Chartreuse*, des comédies, dont la meilleure, le *Méchant*, lui ouvrit les portes de l'Académie. Il y remplaça, le 21 mars 1748, Danchet, et fut reçu par De Boze, le 4 avril suivant. Il fut l'un des protégés de M^me de Pompadour ; la verve des chansonniers s'exerça contre lui. En 1754, il réclama l'obligation de résidence pour les évêques académiciens ; il reçut Louis de Boissy et flétrit, dans son discours, « l'indécence des brigues » ; il répondit également aux discours de réception de d'Alembert et de Suard.
 Il fonda l'Académie d'Amiens dont il fut nommé président perpétuel ; ayant encouru la disgrâce royale, il se retira dans cette ville. Sur le conseil de l'évêque d'Amiens, il brûla plusieurs œuvres inédites ; cet acte de soumission lui attira de vives attaques de la part de Voltaire. Membre de l'Académie de Berlin. De Cayrol a écrit un *Essai sur la Vie et les Ouvrages de Gresset*.
 M. en 1777. — S. : Abbé Millot.

**211.** — PAULMY (Marc-Antoine-René de Voyer d'Argenson, marquis de) (10). Né à Valenciennes le 22 novembre 1722. — Fils de l'auteur des *Mémoires*, il fut magistrat, ambassadeur en Suisse, en Pologne, à Venise, à Rome, remplaça son oncle le comte d'Argenson comme ministre de la Guerre et fut retraité comme ministre d'État. Il remplaça l'abbé Girard à l'Académie où il fut reçu par de Boze le 4 avril 1748. Il vendit en 1785 au comte d'Artois sa bibliothèque composée de cent mille volumes qui devint la Bibliothèque de l'Arsenal; il y puisa la matière de plus de cent volumes d'analyses de romans et de livres de sciences, d'histoire et de philosophie ; il publia un plan de la *Bibliothèque universelle des romans* en quarante volumes, et les *Mélanges tirés d'une grande Bibliothèque*, en soixante-cinq volumes.

Il fit partie de l'Académie des Inscriptions et de l'Académie des Sciences.
M. le 13 août 1787. — S. : le marquis d'Aguesseau.

**212.** — BELLE-ISLE (Claude-Louis-Auguste Fouquet, *duc de*) (8). Né à Villefranche de Rouergue le 22 septembre 1684. — Diplomate et homme de guerre, petit-fils du célèbre surintendant Fouquet, il fut maréchal de France en 1740, duc et pair en 1748, chevalier des ordres du roi et de la Toison d'or, ministre secrétaire d'Etat à la guerre, 1758. Candidat du maréchal Richelieu à l'Académie, il voulut s'abstenir de faire les visites d'usage, mais il dut céder devant la ferme opposition de Duclos ; il remplaça Amelot de Chaillou et fut reçu par l'abbé du Resnel le 30 juin 1749 ; il répondit au discours de réception du comte de Bissy. Collé place à l'élection de Belle-Isle l'incident que Marmontel a placé à celle de Radonvilliers.

« Il écrivait d'une manière simple et commune, et on ne se serait jamais aperçu, par le style de ses dépêches, de la force et de l'activité de ses idées. » (Voltaire).
M. le 26 janvier 1761. — S. : abbé Trublet.

**213.** — VAURÉAL (Louis-Gui de Guérapin de) (20). Né le 3 janvier 1687. — Il fut évêque de Rennes, ambassadeur en Espagne, maître de la chapelle du roi. Il se présenta à l'Académie avec l'appui de Boyer, évêque de Mirepoix, et fut élu contre Piron et d'Alembert en remplacement du cardinal de Rohan, le 27 août 1749 ; l'abbé Le Blanc, protégé de M<sup>me</sup> Pompadour, s'était retiré devant lui. Il fut reçu le 25 septembre par Fontenelle. En dehors de son discours de réception, il n'a laissé que des mandements épiscopaux et des dépêches diplomatiques.
M. le 17 juin 1760. — S. : La Condamine.

**214.** — BISSY (Claude de Thiard, *comte de*) (11). Né à Paris, le 13 octobre 1721. — Descendant de Ponthus de Thyard, l'ami de Ronsard, il fut militaire et a laissé des traductions de l'anglais. Protégé de M<sup>me</sup> de Luxembourg, il fut élu à l'Académie en surprenant la bonne foi d'un auteur dramatique, La Place, qui devait être candidat ; par ses protections, ses intrigues et l'absence de tout titre littéraire sérieux, le comte de Bissy fut le type de l'académicien de boudoir. Il remplaça l'abbé Terrasson à l'Académie le 19 novembre 1750 et fut reçu le 29 novembre suivant par le maréchal de Belle-Isle.

Il reprit son fauteuil à l'organisation de 1803 ; il fut ainsi, entre la date de son élection et celle de sa mort, académicien pendant soixante ans.
M. le 26 septembre 1810. — S. : Esménard.

**215.** — BUFFON (Georges-Louis Leclerc, *comte de*) (1). Né à Montbard (Bourgogne) le 7 septembre 1707. — Illustre naturaliste et grand écrivain, il s'occupa de sciences exactes ; ses travaux de physique et de géométrie le firent entrer, en 1733, à l'Académie des Sciences, à l'âge de 26 ans. Intendant du Jardin des Plantes, en 1739, il publia, en collaboration avec Daubenton, de 1749 à 1767, les quinze premiers volumes de l'*Histoire naturelle;* les vingt et un autres volumes furent publiés plus tard. Il voyagea beaucoup et traduisit Hales et Newton. Une première fois candidat à l'Académie française, il se retira devant Piron, protégé de M^me de Pompadour. Il fut élu à l'unamité et sans sollicitations le 1^er juillet 1753 en remplacement de Languet de Gergy, et reçu par Moncrif le 25 août suivant; son discours de réception sur le *Style* est un chef-d'œuvre. Il appartenait au parti philosophique, fréquentait le salon Necker; il fit partie des académies de Lyon et de Dijon. Il essaya de réagir, à l'Académie, contre l'omnipotence de Duclos et surtout de d'Alembert, mais il ne réussit pas à y acquérir l'influence qu'il ambitionnait ; il éprouva même, de ce chef, des déceptions qui le déterminèrent à ne plus paraître à l'Académie. Il avait reçu Watelet, La Condamine, Chastellux et le duc de Duras.

Buffon recueillit des témoignages d'admiration, aussi bien des souverains, tels que Louis XV, Catherine de Russie, le prince Henri de Prusse, que des philosophes comme Rousseau, Voltaire, Montesquieu, Helvétius. Il appartenait aux académies de Londres, Edimbourg, Berlin. De son vivant, sa statue fut érigée à l'entrée du Muséum. Lorsqu'il mourut, le 16 avril 1788, il eut des funérailles populaires auxquelles toute l'Academie assista.

Son éloge a été écrit par Cuvier, Vicq d'Azyr, Condorcet ; Lacépède a écrit une courte notice sur Buffon ; Flourens a publié *Buffon, Histoire de sa vie et de ses ouvrages*; Humbert-Bazile a publié *Buffon, sa famille*, etc ; Villemain lui a consacré quelques pages dans le *Tableau de la littérature française au* XVIII^e *siècle*.

S. : Vicq d'Azyr.

**216.** — CLERMONT (Louis de Bourbon Condé, *abbé de Saint-Germain-des-Prés, comte* de) (34). Né à Versailles le 15 juin 1709. — Frère cadet de MM. le duc et le comte de Charolais et de M^lles de Charolais de Clermont et de Sens. Prince du sang, le pape l'autorisa en 1733 à entrer dans la carrière militaire ; il commanda, en 1758, l'armée du Rhin, où il fut malheureux ; il a été l'un des premiers grands maîtres de la franc-maçonnerie en France. Le jour où l'Académie allait procéder à l'élection du successeur de Gros de Boze, le maréchal de Richelieu invita le secrétaire perpétuel Mirabaud à donner lecture d'une lettre qu'il lui avait remise ; le comte de Clermont y remerciait l'Académie de l'honneur qu'elle lui faisait de remplir la place vacante. La Compagnie, ainsi violentée, s'en prit à Mirabaud, mais s'inclina devant la volonté du prince ; l'entourage de celui-ci voulait qu'il exigeât de ses nouveaux confrères le titre de « Monseigneur » ; Duclos, dans une forme très respectueuse, fit comprendre au prince qu'il devait accepter les usages de la Compagnie dont il avait voulu faire partie et ne pas transgresser le principe d'égalité auquel elle tenait tant. Après avoir cédé devant la fermeté de Duclos, le comte de Clermont voulut reprendre sa parole et Duclos dut cette fois lui faire entendre que l'honneur même le lui défendait. Le prince se contenta de ne pas prononcer de discours de réception, et de refuser les fonctions de directeur, lorsque le sort le désigna pour les occuper, il prétexta des raisons de santé. Néanmoins il vint à l'Académie, traita les académiciens en confrères, et d'Alembert raconte que lorsqu'on lui remit ses jetons de présence, il déclara vouloir en porter toujours un ostensiblement, comme la marque distinctive d'un titre dont il se trouvait infiniment flatté, disant : « Ce sera ma croix de Saint-Louis d'académicien. » Il fut protecteur de l'Académie de Châlons-sur-Marne.

« Le personnage est curieux à connaître : prince du sang, abbé, militaire, libertin, amateur de lettres ou du moins académicien, de l'opposition au Parlement, dévôt dans ses dernières années, il est un des *spécimens* les plus frappants, les plus amusants à certains jours, les plus choquants aussi (bien que sans rien d'odieux) des abus et des disparates poussés au scandale sous un régime de bon plaisir et de privilège. » (Sainte-Beuve).

Le poète Roy ayant fait une épigramme au sujet de son élection à l'Académie, il fut bâtonné par un serviteur trop zélé du prince.

Il vivait avec M<sup>lle</sup> Leduc, danseuse, sa maîtresse, au château de Berny où il donnait des fêtes comparables à celles de la cour de Sceaux.

Voir . *Le comte de Clermont et sa cour*, deux volumes in-18, par Jules Cousin, et un *Nouveau lundi* de Sainte-Beuve.

M. le 16 juin 1771. — S. : de Belloy.

**217. — BOUGAINVILLE** (Jean-Pierre de) (23). Né à Paris le 1<sup>er</sup> décembre 1722. — Censeur royal et garde de la salle des Antiques au Louvre, il fut, à 23 ans, admis à l'Académie des Inscriptions dont il devint secrétaire perpétuel. Il a laissé des Mémoires et des Eloges qu'il écrivit pour cette Compagnie, des traductions et des ouvrages sur la Grèce antique. A l'Académie française, il fut, à 32 ans, le candidat du parti religieux et de la reine ; ses adversaires le firent échouer en faisant nommer le comte de Clermont ; il rechercha alors la protection de M<sup>me</sup> de Pompadour et le 27 avril 1754 il fut élu en remplacement de La Chaussée ; il fut reçu par le duc P.-H. de Saint-Aignan le 30 mai suivant. Il fut l'un des dénonciateurs de Piron.

Il mourut le 22 juin 1763. « Cette perte peu importante, dit Bachaumont, sera facilement réparée. »

S. : Marmontel.

**218. — BOISSY** (Louis de) (5) Né en Auvergne le 26 novembre 1694. — Poète comique, son théâtre forme neuf volumes ; il fut rédacteur à la *Gazette de France* et au *Mercure*. Il fut nommé à l'Académie en remplacement de Destouches et reçu par Gresset le 25 août 1754 ; il fit son discours de réception en vers. Il vécut pauvre et mourut le 19 avril 1758.

S. : Lacurne de Sainte-Palaye.

**219. — D'ALEMBERT** (Jean Le Rond, *dit*) (25). — Né à Paris le 16 novembre 1717, fils naturel du chevalier Destouches et de M<sup>me</sup> de Tencin qui l'abandonna dès sa naissance sur les marches de l'église Saint-Jean Le Rond dont on lui donna le nom.

Géomètre et mathématicien, il entra à l'Académie des Sciences à 23 ans, et fut nommé à l'Académie de Berlin à 28 ans, il refusa plus tard à Frédéric II d'aller habiter Berlin, et à Catherine de Russie de se charger de diriger l'éducation de son fils, malgré le traitement annuel de cent mille livres qu'elle lui offrait. Membre de toutes les académies d'Europe, ami de tous les philosophes, familier de tous les salons, il fut pensionné par M<sup>me</sup> Geoffrin, qui lui légua une rente viagère de 1275 francs et connut chez M<sup>me</sup> Du Deffant M<sup>lle</sup> de Lespinasse avec laquelle il vécut vingt ans. Battu une première fois à l'Académie par Vauréal, il se retira devant Piron, protégé de M$^{me}$ de Pompadour, pour le fauteuil de Languet de Gergy. Il fut élu le 28 novembre 1754 à celui de Surian, avec l'appui de M$^{me}$ Du Deffant, de la duchesse d'Aiguillon et de Montesquieu, par 14 voix contre 9 à l'abbé de Boismont et 3 à Trublet ; il eut six boules noires au deuxième scrutin et fut reçu le 19 décembre suivant par Gresset. Aidé de son amie, M$^{lle}$ de Lespinasse, d'Alembert exerça à l'Académie une grande influence, despotique même, surtout du jour où en 1772, il devint secrétaire perpétuel en remplacement de Duclos. Le maréchal de Richelieu s'était opposé à ce que cette fonction fût donnée à d'Alembert ; il avait même déclaré qu'il la ferait annuler par le Roi ; d'Alembert fut élu par 17 voix contre 10 données à l'abbé Batteux, et, contrairement aux précédents, il en demanda la confirmation au Roi. Il soutint faiblement la candidature de Diderot, qui d'ailleurs ne désirait pas très vivement faire partie de l'Académie, mais il mit toute son ardeur à faire élire Marmontel, La Harpe et Condorcet ; il voulait que celui-ci remplaçât Voltaire, le Roi s'y opposa, poussé par son frère le comte de Provence ; pour calmer l'animosité de ce dernier contre l'Académie, d'Alembert dut se rabattre sur le secrétaire de ce prince, Ducis, qu'il fit nommer.

D'Alembert fut, depuis l'année 1745, l'ami fidèle de Voltaire ; leur amitié et leur correspondance dura trente-trois ans. Associé avec Diderot pour la publication de l'*Encyclopédie*, il écrivit le *Discours préliminaire* qui est resté sa meilleure œuvre ; il a laissé des ouvrages scientifiques, une importante correspondance avec Frédéric II et les philosophes ; il écrivit une histoire de l'Académie sous le titre *Eloges des académiciens* morts de 1700 à 1770, lus dans les séances publiques de l'Académie ; en 1775, à la réception de Malesherbes, il lut l'Eloge de l'abbé de Saint-Pierre que son successeur Maupertuis avait été empêché de faire ; lors de la visite de Voltaire à l'Académie, en 1778, il lut l'Eloge de Boileau ; il proposa celui de Voltaire pour le concours de 1779 et, pour protester contre les agissements du clergé à la mort du grand ironiste, il ajouta une somme de six cents livres à celle de cinq cents livres ordinairement affectée à ce prix. Il fit don à l'Académie du buste de Molière par Houdon.

D'Alembert fut l'un des chefs des piccinistes ; il entretint une polémique avec J.-J. Rousseau, reçut chez lui la visite du tsar Paul I$^{er}$, répondit au discours de réception de l'abbé Millot, prépara avec Marmontel la cinquième édition du Dictionnaire. Buffon essaya de réagir contre l'influence toute-puissante de d'Alembert, mais il échoua dans cette lutte, quoique le caractère autoritaire de d'Alembert lui aliénât bien des sympathies. Il fut peu regretté à l'Académie, lorsqu'il mourut le 29 octobre 1783. Ses œuvres forment dix-huit volumes in-8° ; il fut un « écrivain froid et sans idées nouvelles », a dit Villemain.

S. : comte de Choiseul-Gouffier.

**220. — CHATEAUBRUN** (Jean-Baptiste Vivien de) (2) Né à Angoulême en 1685.—Protégé des ducs d'Orléans, poète et auteur dramatique, c'est dans une de ses tragédies, les *Troyennes* que débuta la célèbre M$^{lle}$ Clairon. Il fut élu le 22 mars 1755 en remplacement de Montesquieu, et reçu par l'abbé d'Olivet le 5 mai suivant. Son discours de réception débuta sur un ton fort modeste qui produisit un grand effet, mais dont la rédaction, d'après Grimm, doit être attribuée à Diderot. Châteaubrun répondit au discours de l'abbé Arnaud ; il mourut pauvre, mais il légua à ses nièces une rente qu'il chargea le duc d'Orléans de leur faire, ce dont s'acquitta généreusement ce prince.

M. le 16 février 1775. — S. : Chastelleix.

**221.** — BOISMONT (Nicolas Thyrel de) (40) Né à Rouen, 1715. — Prédicateur ordinaire du Roi Louis XV, il prononça en 1750 le panégyrique de saint Louis. Le 22 septembre 1755, il remplaça l'évêque Boyer à l'Académie ; il fut élu, dit Collé, grâce à « l'ardeur scandaleuse » qu'apporta en sa faveur la duchesse de Chaulnes dont il était l'amant ; il peut être classé parmi les académiciens de boudoir. Il fut reçu par Alary le 25 octobre ; il prononça au nom de l'Académie, les oraisons funèbres du Dauphin, de la Reine, de Louis XV et de Marie-Thérèse. Il avait été candidat lorsque d'Alembert fut élu par 14 voix, tandis qu'il n'en obtenait que 9. L'abbé de Boismont, à la séance solennelle de 1769 présenta au public l'abbé Poquelin, petit neveu de Molière et fit au nom de l'Académie une sorte d'amende honorable à notre grand auteur comique ; il fut, avec l'abbé Millot, le seul ecclésiastique qui assista à la visite solennelle de Voltaire à l'Académie en 1778 ; le discours qu'il prononça lors de la réception de Target, en 1785 provoqua un certain tumulte. Il fut l'ami des philosophes et de M<sup>lle</sup> de Lespinasse.

M. le 20 décembre 1786. — S. : Rulhière.

**222.** — MONTAZET (Antoine Malvin, abbé de) (7) Né dans l'Agévrois, 1712. — Evêque d'Autun en 1748 et archevêque de Lyon en 1758, il fut admis à l'Académie le 14 septembre 1756 en remplacement du cardinal de Soubise et reçu par Dupré de Saint-Maur le 14 mars 1757. Il fut l'ami de Ducis et de Thomas qui mourut chez lui ; il n'a laissé que des lettres pastorales, des mandements, etc. Il prit parti pour la cour et le parlement contre l'archevêque de Paris, de Beaumont.

M. le 3 mai 1788. — S. : Chevalier de Boufflers.

**223.** —SÉGUIER (Antoine-Louis) (27). Né à Paris le 1<sup>er</sup> décembre 1726. — Avocat général au parlement de Paris de 1755 jusqu'à la dissolution en 1790, orateur judiciaire réputé, il eut l'honneur de voir le roi de Danemark, Joseph II et le roi de Suède, de passage à Paris, venir assister à une audience où il discourait. Il fut admis à l'Académie en remplacement de Fontenelle, avec la protection de Louis XV et à cause du nom cher à la Compagnie qu'il portait ; il fut reçu par le duc de Nivernais le 21 mars 1757. Il fut du parti religieux et l'un des plus acharnés adversaires des philosophes ; il menaça de donner sa démission en décembre 1770 si La Harpe était élu. Son attitude et ses actes au parlement furent publiquement blâmés à l'Académie dans le discours que fit Thomas en recevant Loménie de Brienne le 6 septembre 1770 ; Séguier dénonça Thomas au chancelier Maupeou. Il s'ensuivit que l'Académie mit Séguier en quarantaine, et que lorsque celui-ci, quelque temps après fit un voyage à Marseille, l'Académie de cette ville s'abstint de le complimenter suivant la coutume.

Séguier reçut Chamfort à l'Académie ; il émigra en 1790 et mourut en exil le 26 janvier 1792. Il a laissé des plaidoyers et des discours académiques. Son Eloge a été fait par Portalis.
S. :... A la réorganisation de 1803, son siège fut attribué à Bernardin de Saint-Pierre.

**224.**—SAINTE-PALAYE (JEAN-BAPTISTE DE LACURNE DE)(5). Né à Auxerre, 1697. — Protégé de la Reine et du Dauphin, archéologue et érudit, il fut admis à l'Académie des Inscriptions à 26 ans, en 1724, et il remplaça de Boissy à l'Académie française où il fut reçu par Alary le 26 juin 1758. Il écrivit des *Mémoires sur l'ancienne chevalerie*, un *Dictionnaire des antiquités françaises* et un *Glossaire de l'ancienne langue française*. Il était membre des académies della Crusca, de Nancy et de Dijon.

« Sainte-Palaye, dont la science immense a laissé, avec beaucoup de fatras, des richesses que ses successeurs ont pillées et mises à profit sans songer à lui reporter l'honneur de ses découvertes... » (Pélissier).

M. le 1er mars 1781. — S. : Chamfort.

**225.** — POMPIGNAN (JEAN-JACQUES LEFRANC, *marquis* DE) (12). Né à Montauban le 17 août 1709. — Magistrat, président de la cour des Aides de Montauban, il s'attira une réprimande du chancelier d'Aguesseau pour avoir adressé au Roi des remontrances sur la misère du peuple, et fut exilé pour un discours contre les abus. Poète, auteur dramatique médiocre, traducteur d'Eschyle, économiste, il est célèbre par sa dévotion. Il se présenta une première fois à l'Académie et fut battu par Sainte-Palaye ; il remplaça, au mois de septembre 1756, Maupertuis, et fut élu à l'unanimité ; son élection semblait indiquer une trêve dans la lutte des partis, Pompignan ne le comprit pas et vint à l'Académie dans l'exaltation de ses sentiments religieux. Il fut reçu par Dupré de Saint-Maur le 10 mars 1760, et le discours de Pompignan fut un violent manifeste contre la philosophie ; il eut un grand succès sans lendemain, car si on le trouva courageux, les philosophes relevèrent le défi et ce fut une bataille de libelles et d'épigrammes, où Voltaire et Morellet eurent le dessus. Pompignan, couvert de ridicule, n'osa plus reparaître à l'Académie, et finalement, se retira à Montauban où il mourut le 1er novembre 1784.

S. : Abbé Maury pour sa première élection.

**226.** — LA CONDAMINE (CHARLES-MARIE DE) (20) Né à Paris le 28 janvier 1701. — Savant voyageur, la publication de ses voyages et de ses observations lui suscita une querelle avec ses collègues de l'Académie des Sciences, où il avait été admis avant d'avoir atteint sa trentième année. Il remplaça Vauréal en 1760 à l'Académie française où il fut reçu le 12 janvier 1761 par Buffon qui fit de lui un grand éloge. Il appartint aux académies de Nancy, Londres, Berlin, Pétersbourg, Bologne, Cortone, etc.

M. le 4 février 1774. — S. : Delille.

**227.** — WATELET (CLAUDE-HENRI) (6). Né à Paris le 28 août 1718. — Poète didactique, il écrivit l'*Art de peindre* ; il collabora à l'*Encyclopédie* pour les arts du dessin, de peinture et de la gravure ;

il a laissé un Dictionnnaire, inachevé, de peinture, gravure et sculpture, que termina Levesque. Il remplaça Mirabaud à l'Académie le 29 novembre 1760 ; du Coëtlosquet, évêque de Limoges, s'effaça devant lui ; il fut reçu par Buffon le 19 janvier 1761. Il était un habitué du salon de M$^{me}$ Geoffrin, et il fut mêlé, avec d'Alembert, Duclos et Saurin à l'incident créé par l'abbé d'Olivet dans l'élection de Radonvilliers. Il appartint aux académies della Crusca, de Berlin, Cortone, Bologne.
M. le 12 janvier 1786. — S. : Sedaine.

**228.** — BATTEUX (abbé Charles) (37) Né en Champagne le 6 mai 1713. — Traducteur, latiniste, auteur d'ouvrages d'enseignement, il fut professeur de philosophie grecque et latine au Collège Royal ; il a laissé plus de cinquante volumes. Il fut nommé membre de l'Académie des Inscriptions en 1754 et il remplaça Giry de Saint-Cyr à l'Académie française, où il fut reçu par le duc de Nivernais le 9 avril 1761 ; il y appartint au parti religieux et s'associa à la manœuvre de l'abbé d'Olivet dans l'élection de Radonvilliers ; le 3 décembre 1768, il harangua le roi Christian VII de Danemark ; il reçut Condillac et de Belloy. Il fut pensionné par Louis XV dans des circonstances qui indisposèrent l'Académie contre lui ; il s'attira la haine de Voltaire pour son parallèle entre la *Henriade* et le *Lutrin*. Candidat du parti religieux aux fonctions de secrétaire perpétuel à la mort de Duclos, en 1772, il échoua en obtenant 10 voix contre d'Alembert qui en eut 17.
M. le 14 juillet 1780. — S. : Lemierre.

**229.** — TRUBLET (Nicolas-Charles-Joseph, abbé) (8). Né à Saint-Malo, décembre 1697. — Chanoine de Saint-Malo, trésorier de l'église de Nantes, il fut l'ami de La Motte et de Fontenelle, le protégé du cardinal de Tencin et de la comtesse de Verteillac, l'amie de Voltaire ; il avait fréquenté le salon de Lambert. Il a laissé des *Mémoires* sur Fontenelle et La Motte et des *Essais de littérature et de morale*, « bon livre de second ordre », selon l'expression de Montesquieu. Candidat à l'Académie dès l'année 1736, il fut battu plusieurs fois notamment par Bougainville et d'Alembert ; il fut élu au mois de janvier 1761, à une voix de majorité, en remplacement du maréchal de Belle-Isle, et reçu par le duc de Nivernais le 13 avril suivant. Voltaire l'a jugé en trois vers, dont le dernier est bien connu :

« Il compilait, compilait, compilait ! »

L'abbé Trublet ne se fâcha pas de cette épigramme, et quelquefois même il fut le premier à en plaisanter. « Ce vers l'a rendu plus célèbre que ses œuvres... Tout son mérite consistait dans une grande vénération pour Fontenelle et pour La Motte. » (Bachaumont).
M. le 14 mars 1770. — S. : Saint-Lambert.

**230.** — SAURIN (Bernard-Joseph) (39). Né à Paris, 1706. — Protestant, avocat, poète dramatique, il fut l'ami de Voltaire, Montesquieu, Saint-Lambert, Turgot, Helvétius, etc. ; il fréquenta le salon Necker, les cafés littéraires et fut membre du Caveau. Il avait 40 ans lorsqu'il débuta au théâtre. Nommé en remplacement de l'abbé du Resnel, il fut reçu à l'Académie par le duc de Nivernais le 13 avril 1761 ; son discours fut très favorable aux philosophes. Il est l'auteur du vers placé sous le buste de Molière à l'Académie, réparation tardive d'une erreur de la Compagnie :

« Rien ne manque à sa gloire, il manquait à la nôtre. »

M. le 17 novembre 1781. — S. : Condorcet.

**231. — COETLOSQUET** (Jean-Gilles du) (16). Né en Bretagne le 15 septembre 1700. — Evêque de Limoges, précepteur du duc de Bourgogne mort à neuf ans, puis du duc de Berry (Louis XVI) et de ses frères. Il retira sa candidature à l'Académie devant celles de Watelet et de Vauréal et fut combattu par Voltaire. Nommé en remplacement de l'abbé Sallier, il fut reçu par le duc de Nivernais le 9 avril 1761 ; il répondit au discours de réception de Saint-Lambert.

M. le 21 mars 1784. — S. : marquis de Montesquiou-Fezensac.

**232. — ROHAN-GUÉMENÉE** (Louis-René-Edouard, *prince* de) (36). Né le 25 septembre 1734. — Petit-neveu et coadjuteur du cardinal Louis-Constantin de Rohan, ambassadeur à Vienne en 1772, il scandalisa par son luxe et ses légèretés l'impératrice Marie-Thérèse qui demanda son rappel en 1774 ; à son retour en France, il fut nommé grand aumônier, évêque de Strasbourg en 1779 et cardinal. Compromis dans l'affaire du Collier, il fut mis à la Bastille, puis, absous par le parlement, il fut exilé à l'abbaye de la Chaise-Dieu, en Auvergne. Député aux Etats généraux, il fit partie de l'Assemblée Constituante et émigra de bonne heure dans la partie transrhénane de son diocèse où il leva des troupes pour l'armée de Condé.

Le prince de Rohan avait été admis à l'Académie française en remplacement de Séguy et reçu par le duc de Nivernais le 11 juin 1761 ; Il était âgé de 27 ans. C'était un prélat philosophe, ami de Buffon et de d'Alembert, fréquentant le salon de M<sup>me</sup> Geoffrin ; il reçut Thomas à l'Académie. Il a fait des poésies, et fut proviseur de la Sorbonne.

M. le 17 février 1803. — A l'organisation de 1803, son fauteuil fut attribué à Devaines.

**233. — VOISENON** (Claude-Henri de Fusée, *abbé* de) (18). Né dans l'Ile-de-France le 8 juillet 1708. — Historiographe des petits-fils de Louis XV, il fut le protégé du duc de La Vallière et l'ami de Voltaire en même temps que celui des ministres et des favorites ; il fréquenta les salons Geoffrin et d'Epinay. Abbé galant et poète épicurien, auteur dramatique, il a laissé des comédies, des opéras, et des poésies fugitives. Il fut élu à l'Académie contre Radonvilliers, en remplacement de Crébillon, le 4 décembre 1762, et reçu par le duc P.-H. de Saint-Aignan, le 22 janvier 1763. Grimm raconte que le jour de l'élection ; l'Académie étant en séance, on répandit dans la salle une quantité de portraits de l'abbé Voisenon, portant, avec son nom, cette mention : « élu à l'Académie le 4 décembre 1762 ». Il complimenta en vers le roi de Danemark, Christian VII, lors de sa visite à l'Académie en 1768, et reçut Roquelaure, le prince de Beauvau et Gaillard.

M. le 22 novembre 1775. — S. : Boisgelin.

**234. — RADONVILLIERS** (Claude-François Lysarde, *abbé* de) (15). Né à Paris, 1709. — Aumônier du Roi, conseiller d'Etat, sous-précepteur des Enfants de France, c'est ce dernier titre qui lui valut d'être nommé à l'Académie le 22 février 1763, en remplacement de Marivaux ; Marmontel s'était effacé devant lui et fut élu à la vacance suivante. L'élection de Radonvilliers donna lieu à une manœuvre dirigée par l'abbé d'Olivet contre les philosophes, qui tourna à la confusion de ses auteurs. Il fut reçu par le cardinal de Luynes le 26 mars suivant ; il répondit aux discours de réception de Delille, Malesherbes et Ducis. Lorsqu'il reçut ce dernier, le discours de Radonvilliers provoqua des protestations. Il harangua le roi de Suède le 7 mars 1771. Il a laissé diverses œuvres en prose. « Il ne peut faire valoir en sa faveur que son poste à la cour. Aucun mérite de littérature ne milite pour lui. » (Bachaumont)
Il fut le premier académicien, mort avant la Révolution, qui ne fut pas remplacé. L'éloge que fit de lui le cardinal Maury en 1807 fut peu goûté du public.
M. le 20 avril 1789. — A l'organisation de 1803, son fauteuil fut attribué à Volney.

**235. — MARMONTEL** (Jean-François) (23). Né en Limousin le 11 juillet 1723. — Disciple de Voltaire, poète médiocre, traducteur, auteur dramatique, grammairien et philosophe, il avait été tonsuré. Il fréquenta les salons de Tencin, Geoffrin, Lespinasse, Necker, et collabora à l'*Encyclopédie*, épousa une nièce de Morellet (en 1796). En 1758, il fit onze jours de Bastille pour une satire insérée dans le *Mercure* qu'il dirigeait et dont il ne voulut pas nommer l'auteur ; il fut trois fois lauréat du prix de poésie. Candidat à l'Académie, il se retira devant Radonvilliers, dans l'espoir de se rendre la cour favorable, car il avait beaucoup d'adversaires et son ouvrage, la *Poétique française* faillit l'empêcher d'y entrer. L'habileté de M$^{me}$ Geoffrin, chez qui il habitait, la protection de M$^{me}$ de Pompadour, l'appui du prince de Rohan, le remarquable désintéressement de Thomas (v. notice 236), eurent raison des brigues contraires et de l'opposition du duc d'Aumont. Marmontel fut élu le 23 novembre 1763 en remplacement de Bougainville, et reçu le 22 décembre suivant par A.-J. Bignon.
Lors de la visite du prince de Brunswick à l'Académie, en 1766, Marmontel donna une lecture de *Bélisaire*; cet ouvrage fut condamné par l'archevêque de Paris en 1768, ce qui provoqua la colère et une polémique de Voltaire. Marmontel fut élu secrétaire perpétuel — le dernier de l'ancienne Académie — en 1783, remplaçant d'Alembert; il reçut la Harpe et prépara avec d'Alembert la 5$^e$ édition du Dictionnaire. Ses deux tragédies lyriques, *Didon* et *Pénélope*, furent le point de départ de la querelle des piccinistes et des glückistes ; il fut le chef des premiers. C'est sur son opinion en musique qu'il fut élu secrétaire perpétuel, car il avait pour concurrent un autre philosophe, Suard, qui était le chef des glückistes. Il fut nommé membre non résident de l'Institut le 13 février 1796.
Pendant la Révolution: Marmontel, qui lui fut hostile, se retira à Gaillon ; il fut historiographe de France (1772), professeur d'histoire au Lycée ; membre du Conseil des Anciens, il en fut exclu au 18 fructidor ; il fut membre du Caveau. Ses principaux ouvrages sont :

les *Contes moraux*, *Bélisaire*, les *Incas*, les *Eléments de littérature*, Sainte-Beuve dit que Marmontel « est au premier rang parmi les bons littérateurs du xviii° siècle » et il estime que son meilleur ouvrage est ses *Mémoires*, très intéressants pour l'histoire des mœurs et de la Société française à cette époque.

M. le 31 décembre 1799. — A l'organisation de 1903, son fauteuil fut attribué à Fontanes.

**236.** — THOMAS (Antoine-Léonard) (30). Né à Clermont-Ferrand le 1$^{er}$ octobre 1732. — Poète et critique, il est célèbre par les éloges qu'il fit des grands hommes ; il obtint cinq fois le prix d'éloquence à l'Académie ; en 1759, 1760, 1761, 1763, 1765 avec les éloges du maréchal de Saxe, du chancelier d'Aguesseau, de Duguay-Trouin, de Sully et Descartes, ce qui ne l'empêcha pas d'être lauréat du prix de poésie en 1762. Ami des philosophes, il fut un habitué des salons de M$^{me}$ Geoffrin qui le pensionna, et lui légua une rente viagère de 1275 francs; de M$^{lle}$ de Lespinasse, de M$^{me}$ Necker. Il fut professeur et membre de l'Académie de Lyon. Candidat au fauteuil de Bougainville, il s'effaça devant la candidature de Marmontel, malgré le désir contraire du duc de Choiseul, ce qui lui fit perdre la place de secrétaire qu'il occupait auprès de ce ministre. Il fut élu à la vacance suivante qui ne se produisit que trois années plus tard, et le 6 novembre 1766, il remplaça Hardion à l'Académie ; il fut reçu le 22 janvier 1767 par le prince de Rohan. Son discours de réception qui avait pour sujet *De l'homme de lettres considéré comme citoyen* eut un grand succès, il y affirma l'indépendance nécessaire à l'homme de lettres. Le 25 août 1770, il prononça l'éloge de Marc Aurèle, qui est considéré comme son chef-d'œuvre, et dont l'impression fut interdite par le chancelier Maupeou. Le 6 septembre suivant, à la réception de Loménie de Brienne, Thomas prononça un discours dans lequel les allusions directes à certains actes de l'avocat général Séguier dont il le blâmait furent soulignées par les applaudissements du public ; Séguier dénonça Thomas à Maupeou qui, cette fois, lui défendit de parler désormais en public. L'Académie se solidarisa avec Thomas et mit Séguier en quarantaine. Thomas écrivit le discours de réception de Ducis, son meilleur ami, qui « se sentait mal à l'aise dans la prose ».

M. le 17 septembre 1785. — S. : Comte de Guibert.

**237.** — CONDILLAC (Etienne Bonnot de Mably de) (31). Né à Grenoble le 30 septembre 1715. — Abbé de Mureaux, précepteur de l'infant Ferdinand, duc de Parme, petit-fils de Louis XV, Condillac, frère de Mably, fut membre d'un grand nombre d'académies, l'ami de M$^{lle}$ de Lespinasse, J.-J. Rousseau, Diderot, Duclos ; disciple de Bacon et de Locke, il fut le chef de l'école philosophique sensualiste, et eut lui-même pour disciples Helvétius, Volney, Cabanis. Il remplaça d'Olivet à l'Académie française et fut reçu par l'abbé Batteux le 22 décembre 1768. Il a laissé un *Cours d'Etude* en 16 volumes, comprenant la *Grammaire*, l'*Art d'écrire*, l'*Art de penser*, l'*Art de raisonner*, l'*Histoire* ; son ouvrage capital est le *Traité des Sensations*, contenant toute sa doctrine, qui parut en 1754.

« Condillac donna sa Grammaire générale... Tout est lumineux en ce livre, aussi précis qu'il est clair, aussi bien écrit qu'il est bien conçu. » (M.-J. Chénier).

« Son style est clair et pur comme ses conceptions ; c'est l'esprit le plus juste et le plus lumineux qui ait contribué dans ce siècle aux progrès de la philosophie. » (La Harpe).

Il ne participa pas aux travaux de l'Académie.

M. le 30 août 1780. — S. : comte de Tressan.

**238.** — SAINT-LAMBERT (Jean-François, *marquis* de)(8). Né à Nancy le 16 décembre 1716. — Officier, il fut attaché à la cour du Roi Stanislas et fit partie de l'Académie de Nancy ; poète, il est l'auteur des *Saisons* ; encyclopédiste et philosophe matérialiste, il fut l'ami de tous les philosophes et fréquenta tous les salons, familier de M$^{mes}$ Geoffrin, Du Deffant, Houdetot, Du Châtelet, de Lespinasse. L'influence de cette dernière et son poème des *Saisons*, le firent admettre à l'Académie en remplacement de Trublet ; il fut reçu par du Coëtlosquet le 23 juin 1760 ; il combattit la candidature Bailly et répondit aux discours de réception du comte de Guibert, de Boufflers et de Vicq d'Azyr. Hostile aux idées de la Révolution, il se retira, lorsqu'elle éclata, à Eaux-Bonnes chez M$^{me}$ d'Houdetot dont il était l'amant. (Leur liaison, après celle qu'il eut avec M$^{me}$ du Châtelet, dura 50 ans). Il assista, en 1800, à l'une des deux séances préparatoires pour la reconstitution de l'Académie. Membre non résident de l'Institut (nommé le 13 février 1796, il avait repris le 22 mai suivant), lors de l'organisation de 1803, il reprit son fauteuil dans la 2$^e$ classe et fut lauréat de l'Institut en 1806. Il mourut 11 jours après son entrée dans le corps.

M. le 9 février 1803. — S : Maret, duc de Bassano.

**239.** — LOMÉNIE DE BRIENNE (Etienne-Charles de)(24). Né à Paris 1727. — Evêque de Condom en 1760, archevêque de Toulouse en 1763, puis de Sens, 1787, il fit partie de l'Assemblée des notables, devint premier ministre et ministre des finances, remplaçant Calonne ; il fut lui-même remplacé par Necker ; il fut nommé Cardinal.

Prélat philosophe, ami de Turgot, Morellet, d'Alembert, il fréquenta les salons Du Deffant et Lespinasse ; il fut membre de l'Académie des Sciences et de l'Académie des Inscriptions ; il prononça l'oraison funèbre du Dauphin.

Nommé à l'Académie française en remplacement du duc de Villars le 25 juin 1770, il fut reçu le 6 septembre suivant. C'est à sa réception que Thomas prononça le discours qui causa son différend avec Séguier (v. notice 236).

Arrêté au mois de novembre 1793, il fut relâché peu de temps après ; arrêté de nouveau au mois de février 1794, il mourut d'apoplexie le lendemain, 19 février.

A l'organisation de 1803, son fauteuil fut attribué à Lacuée de Cessac.

**240.** — ROQUELAURE (Jean-Armand de Bessuéjouls, *comte* de) (35). Né dans le Rouerge le 24 février 1721. — Evêque de Senlis, aumônier du roi, il prononça l'oraison funèbre de la reine d'Espagne ; il devint archevêque de Malines en 1802. — Il fut nommé membre de l'Académie française le 10 janvier 1771 à 4 voix de majorité contre

Gaillard, en remplacement de Moncrif, sans aucun titre littéraire et grâce à l'appui du maréchal de Richelieu, et reçu par Voisenon le 4 mars suivant. Il répondit au discours de réception de Boisgelin de Cucé. Emprisonné sous la Terreur, il conserva son fauteuil à l'organisation de 1803.

M. doyen de l'Académie le 24 avril 1818. — S. : Cuvier.

**241.** — BEAUVAU (Charles-Just, *prince* de) (28). Né à Lunéville le 10 septembre 1720. — Maréchal de France, gouverneur de provinces, il fut ministre de la guerre en 1789. Ami des philosophes et protecteur des lettres, il n'avait écrit qu'une *lettre à l'abbé Desfontaines* quand il fut nommé à l'Académie le 7 février 1771 en remplacement du président Hénault et reçu par Voisenon le 21 mars suivant. Il fit de l'opposition au chancelier Maupeou collabora au Dictionnaire, intervint auprès du roi pour faire approuver l'élection de Suard et de Delille ; cette attitude lui valut une chaleureuse ovation du public, lorsqu'il reçut Beauzée et Bréquigny. Il fut chargé par l'Académie de prendre la tête de la délégation qui alla complimenter Voltaire lorsqu'il vint à Paris en 1778 et lui porter les vœux que la Compagnie formait pour son rétablissement pendant la maladie qu'il fit à cette époque. — Il fut membre honoraire de l'Académie des Sciences et appartint aux deux académies italiennes de Cortone et della Crusca. Il fut hostile aux idées de la Révolution.

M. le 21 mai 1793. — A l'organisation de 1803, son fauteuil fut attribué à Merlin de Douai.

**242.** — GAILLARD (Gabriel-Henri, *abbé*) (22). Né en Picardie le 26 mars 1726. — Historien, grammairien et journaliste, il fut plusieurs fois lauréat de l'Académie et le fut de plusieurs académies de province ; il appartint à celle de Marseille. Il a laissé des éloges académiques, une *Histoire de François I$^{er}$*, une *Rhétorique française*, une *Poétique française* ; il fut rédacteur au *Mercure*, au *Journal des Savants*, et nommé membre de l'Académie des Inscriptions en 1761. Candidat des philosophes et de M$^{lle}$ Lespinasse, il fut battu par Roquelaure, puis nommé le mois suivant à l'Académie française en remplacement d'Alary, et reçu le 21 mars 1771 par Voisenon ; il répondit au discours de réception du duc d'Harcourt.

Le jour de la réception de l'abbé Maury, le 27 janvier 1785, Gaillard lut une étude sur Démosthènes qui ennuya le public dont les rires et les huées troublèrent Gaillard au point qu'il s'évanouit et que la séance fut interrompue. « Un style diffus dépare les écrits de cet historien, très éclairé d'ailleurs, et maintenant trop peu apprécié. » (M. J. Chénier). Il se montra hostile aux idées de la Révolution.

A la création de l'Institut, Gaillard appartint à la classe d'histoire et de littérature ancienne ; membre non résident de la deuxième classe (24 février 1796) il n'en fit plus partie lors de l'organisation de 1803 et son fauteuil fut attribué à L.-P. de Ségur. Mais il fut versé dans la troisième classe.

M. le 13 février 1806.

**243.** — ARNAUD (*abbé* François) (14). Né dans le Comtat-Venaissin le 27 juillet 1721. — Abbé de Grandchamp et bibliothécaire du comte de Provence, il collabora au *Journal étranger* et à la *Gazette* *littéraire de l'Europe* ; il fut l'ami de Suard et fréquenta les salons de M^me Necker et de M^lle Lespinasse. L'appui de cette dernière le fit nommer à l'Académie le 11 avril 1771 en remplacement de Mairan ; il fut reçu par Chateaubrun le 3 du mois suivant, et prit pour sujet de son discours de réception : *Du caractère des langues anciennes comparées avec la langue française*. La même année il fut admis à l'Académie des Inscriptions. Homme d'esprit, il fut le collaborateur de Fréron, et dans la querelle de piccinistes et des glückistes il fut, avec Suard, le chef de ces derniers. Ses œuvres forment trois volumes.

M. le 2 décembre 1784. — S. : Target.

**244.** — BELLOY (Pierre-Laurent Buirette, dit de) (34). Né à Saint-Flour le 17 novembre 1727. — Il fut comédien jusqu'en 1758, auteur dramatique, il mit le premier des sujets nationaux au théâtre, ce qui lui valut de la part de ses contemporains l'appellation flatteuse de « poète national ». Sa meilleure pièce est le *Siège de Calais*. Il fut nommé à l'Académie au mois de novembre 1771 en remplacement du comte de Clermont, et reçu par l'abbé Batteux le 9 janvier 1772. On avait voulu lui faire de l'opposition parce qu'il avait été comédien : « Les académiciens les plus sensés se contentèrent de hausser les épaules à cette objection, les plus rigoristes se bornèrent à répondre : Destouches l'a bien été. » (d'Alembert).

Il mourut dans un grand dénuement le 6 mars 1775. — S. : maréchal de Duras.

**245.** — BEAUZÉE (Nicolas) (26). Né à Verdun le 9 mai 1717. — Grammairien, encyclopédiste et traducteur, favorable aux idées de la Révolution il fut nommé à l'Académie sans sollicitations au siège de Duclos, en remplacement de Suard dont l'élection n'avait pas été ratifiée par le Roi ; il fut reçu par le prince de Beauvau le 6 juillet 1772.

« Beauzée publia sa grammaire générale et raisonnée, ouvrage le plus complet qui eût encore paru, souvent neuf, toujours utile, et qui le serait bien davantage, s'il ne repoussait les lecteurs par un style à la fois sec et diffus. » (M.-J. Chénier).

Il fut professeur à l'Ecole militaire, reçut d'Aguesseau, refusa les offres de Frédéric II d'aller à Berlin et appartint à l'Académie della Crusca. Favorable aux idées révolutionnaires, il consentit à signer une traduction que Marat fit des *Principes d'Optique* de Newton, dont le texte et la théorie avaient été altérées par le traducteur. Ce livre fut soumis au jugement de l'Académie des sciences, qui, confiante dans l'honorabilité du signataire, l'approuva. Marat, alors, en revendiqua la paternité et se vanta de cette approbation. Beauzée fut le dernier des académiciens qui fut remplacé à sa mort, par une élection régulière, avant la Révolution.

M. le 24 janvier 1789. — S. : Barthélemy.

**246.** — BRÉQUIGNY (Louis-Georges-Oudard Fendrix de) (13). Né en Normandie le 22 janvier 1714. — Historien et érudit, il fut admis à l'Académie des Inscriptions en 1759. Il fut nommé à l'Académie française, sans sollicitations, au fauteuil de A.-J. Bignon, en remplacement de Delille dont l'élection n'avait pas obtenu la confirmation royale ; il fut reçu par le prince de Beauvau le 6 juillet 1772. Il fut le dernier élu sous le protectorat de Louis XV.

Le gouvernement envoya Bréquigny à Londres avec la mission de recueillir dans les archives et les collections nationales les documents relatifs à l'histoire de France ; il en rapporta 12.000 copies de pièces qui forment 107 volumes à la Bibliothèque nationale. Il assista à la dernière séance de l'Académie le 5 août 1793 ; quelques jours après, elle était dissoute par la Convention.

M. le 3 juillet 1795. — A l'organisation de 1803, son fauteuil fut attribué à Ecouchard-Lebrun.

## Protectorat de Louis XVI.

**247.** — DELILLE (JACQUES-FONTAINE DIT *abbé*) (20). Né à Clermont-Ferrand le 22 juin 1738. — Abbé de Saint-Séverin sans avoir été ordonné prêtre, il était enfant naturel et fut professeur de poésie latine au Collège royal. Traducteur en vers, poète descriptif et didactique, il fut le chef d'une école poétique qui brilla d'un assez vif éclat à la fin du XVIII$^e$ siècle et au commencement du XIX$^e$. Lorsque, en 1772, se produisirent deux vacances à l'Académie par la mort de A.-J. Bignon et de Duclos, les philosophes appuyèrent les candidatures de Delille et de Suard ; les deux élections devaient se faire à deux jours d'intervalle, les 7 et 9 mai ; le maréchal de Richelieu proposa, pour la commodité des académiciens, de procéder aux deux élections le premier jour ; Dellile et Suard furent élus. Le maréchal obtint alors du Roi l'annulation de ces deux votes, comme ayant été émis dans des circonstances contraires au règlement de l'Académie. L'intervention du prince de Beauveau ne put avoir raison du veto royal, et l'Académie dut procéder à de nouvelles élections : elle admit alors Bréquigny et Beauzée ; quelque temps après le roi revint sur sa décision, mais il ne se produisit pas de nouvelles vacances avant l'année 1774. Delille remplaça La Condamine au mois d'avril de cette année et Suard succéda à l'abbé de La Ville au mois de mai suivant. Delille fut reçu par l'abbé de Radonvilliers le 11 juillet 1774 ; il fréquenta le salon Necker, fut lauréat de l'académie de Marseille à ses débuts dans les lettres et répondit aux discours de réception de Tressan et de Lemierre.

Emprisonné peu de temps sous la Terreur, il se réfugia en Suisse ; il fut nommé dans la troisième classe de l'Institut, le 12 décembre 1795 ; mais il n'y siégea pas, et après un échange de correspondance entre ce corps et le poète, la place de celui-ci fut déclarée vacante le 24 janvier 1799. Il rentra en France en 1802 et fit partie de la deuxième classe de l'Institut, à l'organisation de 1803, reprenant ainsi son ancien fauteuil. Hostile aux idées de la Révolution, il fut de ceux qui résistèrent au courant d'adulation napoléonienne.

M. le 2 mai 1813, aveugle depuis plusieurs années. — S. : Campenon.

**248.** — SUARD (Jean-Baptiste-Antoine) (17). Né à Besançon le 15 janvier 1732. — Dans sa jeunesse il fut arrêté, mis aux fers et transporté aux îles Sainte-Marguerite pour avoir été témoin dans un duel où fut tué un officier, neveu du ministre de la guerre, et n'avoir pas voulu dénoncer le meurtrier ; il ne recouvra sa liberté qu'au bout de dix-huit mois. Suard dirigea avec l'abbé Arnaud le *Journal étranger*, la *Gazette de France* et la *Gazette littéraire d'Europe*, traduisit des ouvrages anglais, fut l'ami de Marmontel, de Buffon, de Hume, de Walpole, de Robertson, fréquenta les salons de M$^{mes}$ de Tencin, Geoffrin, Lespinasse et Necker, fut membre du Caveau. Comme censeur des théâtres, il opposa son veto aux représentations du *Mariage de Figaro*. Elu une première fois à l'Académie en 1772, son élection fut annulée par le roi (v. notice 247) ; deux ans après, le 26 mai 1774, il remplaça l'abbé de La Ville et fut reçu par Gresset le 4 août suivant. Dans son discours de réception, il fit l'éloge de la philosophie et reprit la critique du discours de Pompignan. L'un des chefs du parti glückiste, il fut battu, en cette qualité, par Marmontel, chef des piccinistes, aux fonctions de secrétaire perpétuel, lorsque mourut d'Alembert. Il répondit au discours de réception de Montesquiou-Fezensac, en 1784.

Lorsque la Révolution éclata et que l'existence de l'Académie fut menacée, Suard fut de ceux qui prirent sa défense ; il répondit courageusement aux attaques que Chamfort dirigea contre elle. Pendant la Terreur, il se cacha à Fontenay-aux-Roses ; persécuté au 13 vendémiaire, il fut proscrit au 18 fructidor.

Suard poursuivit la reconstitution de l'Académie dès que les circonstances le lui permirent : en 1800, il travailla, avec Morellet et Fontanes au projet inspiré par Lucien Bonaparte et assista aux deux réunions préparatoires ; plus tard, il fut chargé d'exposer à Louis XVIII le vœu que formaient les anciens académiciens et les membres de la deuxième classe de reprendre le nom d'Académie française. A l'organisation de 1803, Suard conserva son ancien fauteuil et fut nommé secrétaire perpétuel de la nouvelle Compagnie ; il prit une part regrettable à la réorganisation de 1816, en collaborant avec le comte de Vaublanc à l'établissement des listes d'académiciens et par conséquent de ceux qui en devaient être exclus.

Il écrivit dans le *Journal de Paris*, le *Journal des Indépendants*, le *Publiciste*, et il a laissé des discours académiques. Avant comme après la Révolution, il eut un salon littéraire que fréquenta Guizot. Il fit partie de la commission du Dictionnaire.

Gara a publié des mémoires historiques sur Suard et le XVIII$^e$ siècle. t

M. le 20 juillet 1817. — S. : Roger.

**249.** — MALESHERBES (Guillaume-Chrétien de Lamoignon de) (38). Né à Paris le 6 décembre 1721. — Président de la cour des Aides en 1750, directeur de la librairie la même année, il fit en 1770 et 1771, à Louis XV, des remontrances qui amenèrent la suppression de la cour des Aides et l'exil de Malesherbes dans ses terres. Il reprit sa charge sous Louis XVI, il fit encore au roi des remontrances qui le rendirent très populaire ; Louis XVI en fit un ministre d'Etat, mais il démissionna au bout d'un an ; il fut une deuxième fois ministre en 1787.

Malesherbes étudia les sciences naturelles et entra en 1750 à l'Académie des Sciences; plus tard il fut membre de l'Académie des Inscriptions. Orateur remarquable, il fut partisan de la liberté de penser et des idées de justice et d'humanité, l'ami des encyclopédistes qu'il favorisa dans maintes circonstances. Le 12 janvier 1775, il fut nommé à l'unanimité à l'Académie française en remplacement de Dupré de Saint-Maur et reçu le 16 février par l'abbé de Radonvilliers. Il prit pour sujet de son discours de réception: *Du rang que tiennent les lettres entre les différents ordres de l'État*. Cette séance fut triomphale pour Malesherbes ; le duc de Choiseul, réconcilié avec l'Académie, y assista et fut acclamé ; d'Alembert y lut enfin l'éloge auquel avait droit l'abbé de Saint-Pierre, mort depuis trente-deux ans ; le public et les académiciens furent très vibrants dans ces diverses manifestations.

Malesherbes quitta la France quand éclata la Révolution, mais lorsqu'il apprit que la Convention allait juger le Roi, il rentra au mois de juin 1792, et avec une grande simplicité dans son courage, l'admirable septuagénaire demanda à être le défenseur de son ancien maître. Après le procès et la mort du Roi, il resta à Paris ; il fut arrêté au mois de décembre 1793, emprisonné à Port-Libre et guillotiné le 22 avril 1794. Boissy d'Anglas a écrit une *Vie de Malesherbes* en 2 volumes. Gaillard en a publié également une, Dupin aîné a prononcé son éloge.

On a placé sa statue au Palais de Justice à Paris.

A l'organisation de 1803, son fauteuil fut attribué à Andrieux.

**250.** — **CHASTELLUX** (François-Jean, marquis de) (2). Né à Paris 1734. — Petit-fils du chancelier d'Aguesseau, il fut officier et fit la guerre de l'Indépendance américaine, pendant laquelle il devint l'ami de Washington ; à son retour, il fut nommé maréchal de camp. Il collabora à l'Encyclopédie et se lia d'amitié avec Buffon, Voltaire, Morellet, Marmontel, fréquenta les salons Necker et Lespinasse ; l'influence de cette dernière le fit élire à l'Académie le 29 mars 1775 en remplacement de Chateaubrun ; il fut reçu le 27 avril par Buffon, et il eut à répondre aux discours de réception de Morellet et de Rulhière. Il a écrit un *Voyage dans l'Amérique septentrionale ;* son meilleur ouvrage est son livre *De la Félicité publique*, dont Voltaire a fait un grand éloge. Il fut musicographe et du parti des piccinistes.

M. le 28 octobre 1788. — S. : président Nicolaï.

**251.** —**DURAS** (Emmanuel-Félicité de Durfort, duc de) (34). Né le 19 décembre 1715. — Aide de camp de Villars et du roi, il prit part à toutes les guerres de Louis XV, fut maréchal de France. Duc et pair, chevalier des ordres du roi, premier gentilhomme de la chambre du Roi, gouverneur de la Franche-Comté, de la ville et de la citadelle de Besançon, ambassadeur en Espagne, chevalier de la Toison d'Or.

Ami de M$^{lle}$ de Lespinasse et des philosophes, il fut choisi par eux pour tenir tête à l'Académie au Maréchal de Richelieu ; élu le 2 mai 1775, en remplacement de Belloy, il fut reçu par Buffon le 15 du même mois. En 1778, il fit, au nom de l'Académie, des représentations au Roi au sujet d'un règlement de librairie ; il reçut Chabanon et fut protecteur de l'académie de Besançon.

M. le 6 septembre 1789. — A l'organisation de 1803, son fauteuil fut attribué à Garat.

**251. — BOISGELIN DE CUCÉ (JEAN DE DIEU-RAYMOND DE) (18).** Né à Rennes le 27 février 1732. — Evêque de Lavaur, puis archevêque d'Aix et cardinal, il fit partie de l'Académie de Marseille. Orateur sacré, il prononça des oraisons funèbres et le discours du sacre de Louis XVI ; il traduisit Ovide, fréquenta le salon Geoffrin, fut l'ami des philosophes et dut à l'influence de M<sup>lle</sup> de Lespinasse son élection à l'Académie où il remplaça l'abbé Voisenon et fut reçu par Roquelaure le 29 février 1776. Dans le conflit qui suivit la mort de Voltaire, il proposa à l'Académie qui l'accepta, la suppression du service particulier qu'elle faisait à la mort de chaque académicien, et son remplacement par un service collectif annuel.

Le cardinal de Boisgelin, qui avait fait partie de l'Assemblée des Notables en 1787, fut élu aux Etats généraux et présida cette Assemblée ; il émigra en Angleterre, rentra en France après la Terreur, signa le Concordat, fut nommé archevêque de Tours en 1802. A l'organisation de 1803, il conserva son fauteuil à l'Académie.

M. le 22 août 1804. — S. : Dureau de la Malle.

**252. — COLARDEAU (CHARLES-PIERRE) (21).** Né en Beauce le 12 octobre 1732. — Poète et auteur dramatique, il était gravement malade lorsqu'il se présenta à l'Académie, et quitta son lit pour faire les visites d'usage ; il fut élu le 2 mars 1776 en remplacement du duc P.-H. de Saint-Aignan. Quelques heures avant sa mort, il envoya porter à l'Académie l'expression de sa reconnaissance ; il mourut avant d'avoir été reçu le 7 avril 1776.

S. ; La Harpe.

**253. — LA HARPE (JEAN-FRANÇOIS DE) (21).** Né à Paris le 20 novembre 1739. — Il obtint de brillants succès scolaires ; dans sa jeunesse, il fut emprisonné pendant plusieurs mois pour des satires, à Bicêtre, et For-l'Evêque ; disciple, imitateur et ami de Voltaire, il fut huit fois lauréat de l'Académie ; il fut aussi l'ami de Marmontel, de d'Alembert, de M<sup>lle</sup> de Lespinasse. Voltaire soutint ardemment sa candidature à l'Académie ; elle fut combattue par le maréchal de Richelieu et l'avocat général Séguier, qui menacèrent même de démissionner s'il était élu ; les amis de La Harpe craignaient qu'on ne lui opposât le veto royal, mais Malesherbes eut facilement raison de la faible résistance de la cour, alors La Harpe, qui avait subi plusieurs échecs antérieurs, fut élu le 13 mai 1776 en remplacement de Colardeau, contre Chabanon, l'abbé Millot, Sedaine et Laujon. Il abandonna d'Alembert qui avait tant fait pour son élection, et se rallia au parti de Buffon, votant pour Bailly contre Condorcet qui fut élu ; il fut du parti des piccinistes. Le tsar Paul I<sup>er</sup>, voyageant en France, invita plusieurs fois La Harpe à sa table.

En 1771, l'Eloge de Fénelon par La Harpe, couronné par l'Académie, donna lieu à l'intervention de l'archevêque de Paris et du Roi et au rétablissement du visa des docteurs en théologie ; l'Académie en fut très humiliée. En 1779, La Harpe étant académicien, remporta, sous le voile de l'anonymat, le prix d'éloquence pour son Eloge de Voltaire ; il abandonna le prix qui fut donné à l'un de ses concurrents. Il avait été aussi lauréat de l'Académie de Marseille dans sa jeunesse.

La Harpe fut passionnément révolutionnaire au début de la Révolution ; mais il fut emprisonné pendant quatre mois au Luxembourg en 1794 ; il se convertit et abjura les idées des philosophes qu'il avait partagées auparavant. Pensionné par la Convention en 1794, il ne fit pas partie de l'Institut ; il fut exilé deux fois, sous le Directoire et sous le Consulat ; à l'organisation de 1803, il reprit son fauteuil dans la deuxième classe de l'Institut, et mourut quelques jours après.

Professeur de littérature au *Lycée* et d'art oratoire à l'Ecole normale, La Harpe fut pendant vingt ans, rédacteur au *Mercure* ; poète, traducteur en vers, auteur dramatique, il est célèbre comme critique ; il a laissé un ouvrage important, le *Lycée* ou *Cours de Littérature*. « Ce n'est pas un critique curieux et studieusement investigateur que La Harpe, c'est un professeur pur, lucide, animé... Il était excellent pour donner aux esprits une première et générale teinture. » (Sainte-Beuve V.).

M. le 11 février 1803. — S. : P-L. Lacretelle aîné.

**255.** — MILLOT (Claude-François-Xavier, *abbé*) (9). Né en Franche-Comté le 5 mars 1726. — Jésuite il fut professeur à Lyon, couronné par l'Académie de Dijon pour son Eloge de Montesquieu, quitta les jésuites et entra dans le clergé séculier. Professeur d'histoire à Parme, précepteur du duc d'Enghien, il a écrit des abrégés de l'histoire de France et de l'histoire d'Angleterre. Ami des philosophes il fut battu dans une élection à l'Académie par La Harpe, mais, soutenu par d'Alembert, il remplaça Gresset au mois de décembre 1777 ; il avait pour concurrents Lemierre, l'abbé Maury, Chabanon et Chamfort ; il fut reçu par d'Alembert le 19 janvier 1778. Il fut l'un des deux ecclésiastiques qui assistèrent à la séance solennelle où l'Académie reçut la visite de Voltaire. Il fit partie de l'Académie de Lyon.

M. le 21 mars 1785. — S. : Morellet.

**256.** — DUCIS (Jean-François) (33). Né à Versailles, le 14 août 1733. — Poète, auteur tragique, adaptateur en vers de Shakespeare sans connaître l'anglais, il était secrétaire du comte de Provence. C'est pour calmer l'irritation de ce prince contre l'Académie que l'on choisit son secrétaire pour remplacer Voltaire le 28 décembre 1778. Ducis fut reçu par l'abbé de Radonvilliers le 4 mars 1779 ; « il ne se sentait pas à l'aise dans la prose », et ce fut son ami Thomas qui écrivit son discours de réception. Il était membre de l'académie de Lyon et l'un des habitués du salon Necker. Il assista à la dernière séance de l'ancienne Académie, le 5 août 1793. Il fut favorable aux idées de la Révolution, fut nommé le 12 décembre 1795, comme associé non résident, dans la troisième classe de l'Institut, section de poésie ; il assista à la réunion préparatoire de 1800 en vue de reconstituer l'Académie. A l'organisation de 1803, il reprit son fauteuil et le conserva à la réorganisation de 1816. C'est autour de lui que se groupèrent les littérateurs qui formèrent la Société du Déjeuner de la Fourchette et qui devinrent tous académiciens. (Onésime Leroy : *Etudes sur Ducis* ;

Campenon : *Essai de mémoires ou lettres sur la vie, le caractère et les écrits de Ducis*).
M. le 22 mai 1816. — S. : de Sèze.

**257.** — CHABANON (MICHEL-PAUL GUI DE) (19). Né à Saint-Domingue (Haïti) en 1730. — Auteur tragique médiocre, traducteur et imitateur en vers du latin, musicographe, « il eut plus d'esprit que de talent, a dit Fontanes ». Il fut l'ami de Voltaire, qui le soutint à l'Académie ; l'opposition de D'Alembert le fit échouer contre La Harpe et contre l'abbé Millot. Lors du veto royal contre l'élection Delille et de Suard, Chabanon et Dorat refusèrent d'être candidats à ces deux sièges, par manière de protestation. Chabanon entra à l'Académie, lorsque D'Alembert se désintéressa de la lutte ; il y remplaça Foncemagne et fut reçu par le maréchal de Duras le 20 janvier 1780. Il avait été nommé à l'Académie des Inscriptions en 1760 Il fut favorable aux idées de la Révolution.
M. le 10 juin 1792. — A l'organisation de 1803, son fauteuil fut attribué à Naigeon.

**258.** — LEMIERRE (ANTOINE-MARIN) (37). Né à Paris en 1733. — Poète didactique et auteur dramatique, il fut plusieurs fois lauréat de l'Académie : il présida avec Dorat la séance extra-académique du 25 août 1768. Il remplaça l'abbé Batteux au mois de novembre 1780 et fut reçu par Delille le 25 janvier 1781. Il répondit au discours de réception de Sedaine. Il fut favorable aux idées de la Révolution.
M. le 4 juillet 1793. — A l'organisation de 1803, son fauteuil fut attribué à Bigot de Préameneu.

**259.** — TRESSAN (LOUIS-ELISABETH DE LA VERGNE, *marquis de* BROUSSIN, *comte* DE) (31). Né au Mans le 4 novembre 1705. — Lieutenant-général, fut attaché à la cour du roi Stanislas comme grand-maréchal ; il avait été compagnon de jeux et d'études de Louis XV ; il fonda l'Académie de Nancy dont il fut membre ; il fit également partie de l'académie des Sciences et de plusieurs académies étrangères. Il fut un des premiers restaurateurs de la littérature romane, traduisit *Roland furieux* et des romans de chevalerie ; il fut poète, physicien, et fréquenta le salon Tencin.
Le comte de Tressan remplaça Condillac à l'Académie au mois de décembre 1780 ayant Chamfort pour concurrent ; il fut reçu par Delille le 25 janvier 1781. Lorsqu'il s'agit de remplacer Saurin au mois de décembre 1781, il promit sa voix à D'Alembert pour Condorcet et à Buffon pour Bailly ; D'Alembert, plus méfiant, se fit donner par le comte de Tressan son bulletin de vote sous pli cacheté, et Condorcet fut élu à une voix de majorité.
M. d'une chute de voiture sur la route de Saint-Leu, à l'âge de 78 ans, le 31 octobre 1783. — S. : Bailly.

**260.** — CHAMFORT (SÉBASTIEN-ROCH-NICOLAS, *dit*) (5). Né à Clermont-Ferrand le 6 avril 1741. — C'était un enfant trouvé, il prit le nom de Chamfort. Il fut lecteur de M$^{me}$ Elisabeth, sœur de Louis XVI secrétaire du prince de Condé, protégé de M$^{me}$ Helvétius, lauréat de l'Académie de Marseille et de l'Académie française ; auteur dramatique, publiciste spirituel, poète médiocre, il fit beaucoup de bons mots, réunis en un volume en 1800, sous le titre *Chamfortioma*. Combattu par d'Alembert, il vit l'Académie lui préférer l'abbé Millot et le comte de Tressan. Il y remplaça Sainte-Palaye et fut reçu par A. L. Séguier le 19 juillet 1781. Au début de la Révolution, dont il adopta les idées, il collabora au *Mercure*, fut l'ami de Mirabeau et composa contre l'Académie un véritable réquisitoire que Mirabeau devait prononcer à la tribune de l'Assemblée constituante et que Chamfort publia ; il se repentit de cette mauvaise action et, quelque temps après, il prit la défense de l'Académie. Emprisonné aux Madelonnettes pendant quelques jours, il mourut bibliothécaire de la Bibliothèque nationale, des suites d'une tentative de suicide le 13 avril 1794. « Il dénigra les hommes de lettres qui avaient fait sa réputation littéraire et les gens de cour qui lui faisaient des rentes. » (Morellet, *Mémoires*).

A l'organisation de 1803, son fauteuil fut attribué à Rœderer.

**261.** — CONDORCET (Jean-Antoine-Nicolas Caritat, *marquis* de) (39). Né en Picardie le 17 septembre 1743. — Philosophe, mathématicien, encyclopédiste, il fut nommé à l'Académie des Sciences en 1769, à l'âge de vingt-six ans ; il en devint secrétaire perpétuel en 1773. Sa candidature à l'Académie française fut soutenue par Voltaire, mais Condorcet avait refusé d'écrire l'éloge du duc de La Vrillière, disant qu'il ne pouvait pas louer un homme qui avait scandaleusement abusé de la lettre de cachet ; cette indépendance lui valut l'inimitié du ministre Maurepas, et l'Académie lui fut fermée tant que vécut ce dernier.

D'Alembert, d'abord opposé à la candidature de Condorcet, se décida à la soutenir à la mort de Voltaire, et il redoubla d'ardeur en sa faveur quand Buffon lui opposa celle de Bailly. Condorcet fut élu par 16 voix contre 15 accordées à Bailly, grâce à une manœuvre de d'Alembert (voir notice 259) en remplacement de Saurin en décembre 1781 ; il fut reçu par le duc de Nivernais le 21 février 1782.

Il a laissé de nombreux écrits scientifiques et politiques, les éloges des membres de l'Académie des Sciences morts avant 1699, plus ceux de Buffon, Euler, d'Alembert, Franklin, Linné, Vaucanson, une *Vie de Voltaire*; son ouvrage le plus important est l'*Esquisse d'un tableau historique des progrès de l'esprit humain*. Il répondit aux discours de réception de Choiseul-Gouffier et Bailly.

Député de Paris à l'Assemblée législative, il la présida en 1792 ; il se signala comme orateur et fut élu par sept départements à la Convention ; il vota avec les Girondins et fut mis en accusation le 3 octobre pour avoir combattu la constitution de 1793 ; il se cacha pendant huit mois chez une amie, puis, dans la crainte de l'exposer aux fureurs jacobines, il partit de chez elle ; arrêté à Bourg-la-Reine dans sa fuite il s'empoisonna dans sa prison, le lendemain 28 mars 1794.

A l'organisation de 1803, son fauteuil fut attribué à l'abbé Villar.

**262.** — CHOISEUL-GOUFFIER (Marie-Gabriel-Florent-Auguste, *comte* de Choiseul *dit* de) (25-25). Né à Paris le 27 septembre 1752. — Membre de l'Académie des Inscriptions en 1779, il écrivit les *Voyages pittoresques* ; il remplaça d'Alembert à l'Académie française en 1779 et ne fut reçu par Condorcet que le 26 février 1784. Son élection provoqua une protestation de son collègue à l'Académie des Inscriptions, Anquetil-Duperron, qui l'accusait d'avoir, contrairement aux engagements des membres de cette compagnie, sollicité son admission à l'Académie française ; sa menace de déférer le comte de Choiseul au tribunal des Maréchaux de France pour infraction à sa parole n'eut par ordre du roi aucune suite.

Nommé ambassadeur à Constantinople en 1784, il refusa, en 1791, l'ambassade de Londres. Il était hors de France quand la Révolution éclata et il se réfugia à la cour de Catherine II et de Paul I$^{er}$ ; il fut nommé directeur de l'Académie des Arts et des Bibliothèques impériales de Russie.

Il ne fit pas partie de l'Académie lors de l'organisation de 1803 ; mais seulement de la 3$^e$ classe de l'Institut. Il y rentra en vertu de l'ordonnance royale de 1816, en même temps qu'à celles des Beaux-Arts et des Inscriptions et reprit son fauteuil qui avait été occupé par Portalis, Laujon et Etienne ; ce dernier en avait été exclu par la même ordonnance. Le comte de Choiseul-Gouffier fut nommé pair de de France, ministre d'Etat, membre du conseil privé.

M. le 20 juin 1817. — S. : Laya.

**263. — BAILLY** (Jean-Sylvain) (31). Né à Paris le 15 septembre 1736. — Mathématicien et littérateur, il joua un rôle politique important ; il fut l'ami de Buffon dont l'influence finit, après trois échecs suscités par l'opposition de d'Alembert, par le faire entrer à l'Académie des sciences, puis à l'Académie française ; gardè des tableaux du Roi, au Louvre ; Bailly appartint aussi à l'Académie des Inscriptions.

A l'Académie française il obtint 15 voix contre Condorcet qui fut élu avec 16 voix, grâce à la manœuvre par laquelle d'Alembert fit avoir à ce dernier le suffrage du comte de Tressan (v. notice 259). L'opposition que lui fit d'Alembert ne cessa qu'avec la mort de celui-ci ; Bailly fut élu à la fin de l'année 1783 en remplacement du comte de Tressan, et reçu par Condorcet le 26 février 1784. Une fois élu, il se brouilla avec Buffon, en votant pour Sedaine et en lui refusant sa voix en faveur de l'abbé Maury ; l'amertume de cette réception éloigna Buffon de l'Académie où il ne parut plus. Bailly a laissé une *Histoire de l'astronomie*, des écrits scientifiques, et des *Eloges* d'écrivains et de savants. La politique absorba ses dernières années ; le premier élu de Paris aux Etats généraux, il présida la fameuse séance du Jeu de Paume et fut maire de Paris du 15 juillet 1789 à 1791. Arrêté après le 10 août 1792, condamné pour avoir favorisé la fuite de Louis XVI à Varennes et pour complot contre la sûreté du peuple, il périt sur l'échafaud révolutionnaire le 12 novembre 1793 ; il fut stoïque en face de la mort et des cruautés que la foule lui prodigua. Deux *Causeries de Sainte-Beuve*, son Eloge par Talleyrand à l'Institut (1796) une notice de F. Arago.

A l'organisation de 1803, son fauteuil fut attribué à Sieyès.

**264. —MONTESQUIOU-FÉZENSAC** (Anne-Pierre, *marquis* de) (16). Né à Paris 17 octobre 1739. — Maréchal de camp, député de la noblesse aux Etats généraux, il rétablit l'ordre à Avignon et conquit la Savoie ; décrété d'accusation, il se retira en Suisse et ne voulut pas se rapprocher des émigrés pendant son exil. Il était question de lui donner le ministère de la Guerre ou celui des Finances, lorsqu'il mourut.

Il remplaça du Coëtlosquet à l'Académie, et fut reçu par Suard le 15 juin 1784 ; le roi de Suède, Gustave III, voyageant sous le nom de comte de Haga, assista à sa séance de réception. Il a laissé des poésies et des comédies de salon.

M. le 30 décembre 1798. — A l'organisation de 1803, son fauteuil fut attribué à A.-V. Arnault.

**265.** — MAURY (JEAN SIFREIN, *abbé*) (12 et 14). Né dans le Comtat-Venaissin, le 26 juin 1746 (hostile aux idées de la Révolution). — Il était fils d'un cordonnier. Il concourut deux fois pour le prix d'éloquence à l'Académie et son Eloge de Fénelon lui valut un accessit en 1771. Prédicateur, il prononça le 25 août 1772 devant l'Académie le panégyrique de saint Louis, qui fut applaudi malgré la sainteté du lieu ; l'Académie demanda pour lui un bénéfice à l'archevêque de Paris ; le panégyrique de saint Vincent de Paul le fit nommer en remplacement de Lefranc de Pompignan en décembre 1784. Il fut reçu le 27 janvier 1785 par le duc de Nivernais ; dans son discours de réception, qui avait pour objet : *Sur l'étude des anciens et la poésie lyrique*, il rappela, en le jugeant sévèrement, l'incident qu'avait soulevé son prédécesseur. Il avait déjà été candidat et battu par l'abbé Millot ; il fut élu avec l'appui de Buffon et de la cour, et son élection fut la cause de la brouille entre Bailly et Buffon, à la suite de laquelle, ce dernier ne vint plus à l'Académie. Dès 1777, Maury voulut réconcilier les piccinistes et les glückistes et ne parvint qu'à les irriter davantage et lorsqu'il se présenta à l'Académie les piccinistes reportèrent leurs voix sur ses concurrents, Sedaine et Target ; la réconciliation entre les deux partis n'eut lieu qu'en 1785. Il a écrit un *Essai sur l'éloquence de la chaire*.

Il fit une opposition acharnée à la Révolution, fut député aux Etats généraux, soutint des luttes oratoires contre Mirabeau ; Maury émigra après la Constituante, devint archevêque de Nicée, nonce à la Diète de Francfort, ambassadeur du comte de Provence auprès du Saint-Siège, cardinal en 1794.

Il était hors de France lors de la création de l'Institut et de l'organisation de 1803, son fauteuil fut attribué à Régnaud de Saint-Jean-d'Angély. Rallié au premier Consul, il rentra en 1806, fut nommé cardinal français, aumônier du prince Jérôme, archevêque de Paris. Il remplaça Target à l'Académie en 1806, et fut reçu par l'abbé Sicard le 6 mai 1807. Cette seconde admission à l'Académie lui fut reprochée et donna lieu à divers incidents ; d'abord sa réception fut retardée de six mois à cause de l'exigence qu'il apporta à se faire appeler « Monseigneur », en se réclamant du déplorable précédent du cardinal Dubois ; puis son discours, trop long, fut mal accueilli du public qui lui était d'avance peu favorable ; enfin, Sicard, qui le recevait, fut maladroit dans sa réponse. Après la chute de l'Empire, il fut exclu par l'ordonnance royale de 1816 et proscrit par les Bourbons. Son fauteuil fut attribué à l'abbé de Montesquiou-Fézenzac. Maury se réfugia en Italie, fut emprisonné six mois au fort Saint-Ange et six mois dans une maison de lazaristes, puis il obtint son pardon du pape.

« L'abbé Maury a été l'un de nos orateurs les plus célèbres, et il

est encore un de nos rhéteurs les plus judicieux et les plus utiles, à prendre ce mot rhéteur dans le sens favorable des anciens. » (Sainte-Beuve).
Poujoulat a écrit la *Vie du Cardinal Maury*.
M. le 11 mai 1817.

**266.** — TARGET (Gui-Jean-Baptiste) (14). Né à Paris le 6 décembre 1733. — Jurisconsulte et avocat, son élection à l'Académie, où il remplaça l'abbé Arnaud le 13 janvier 1785, fut une réconciliation entre l'Académie et le barreau brouillés depuis l'affaire Lenormand ; à l'élection précédente, il avait été battu par l'abbé Maury. Un grand nombre d'avocats vinrent assister à la séance où il fut reçu par le duc de Ninervais le 10 mars 1785.

Il fut député aux Etats généraux. Lors du procès de Louis XVI, on lui demanda de défendre le roi, il n'en eut pas le courage et refusa, prétextant son âge et l'état de sa santé, cependant, il écrivit une défense de Louis XVI qu'il fit distribuer aux juges.

Target participa aux deux réunions préparatoires tenues en 1800 pour étudier une reconstitution de l'Académie. A l'organisation de 1803, il reprit son fauteuil.

M. le 9 septembre 1806. — S. : cardinal Maury (2ᵉ élection) (V. notice 265).

**267.** — MORELLET (*abbé* André) (9). Né à Lyon, 7 mars 1727.
— Il fut à la Sorbonne le condisciple de Loménie de Brienne et de Turgot. Il fréquenta les salons de Mᵐᵉˢ Du Deffant et Necker. Mᵐᵉ Geoffrin lui légua une rente viagère de 1275 francs ; il fut l'ami de Voltaire, Malesherbes, d'Alembert, Didérot, Marmontel, Turgot, Franklin, d'Holbach, J.-J. Rousseau, et fut pensionné par Mᵐᵉ Geoffrin et par Louis XVI. Lors de la réception de Lefranc de Pompignan, Morellet l'attaqua vivement par des épigrammes ainsi que les autres adversaires des philosophes ; Voltaire lui donna alors le surnom de *Mords-les*. Sa réponse à la comédie des *Philosophes* de Palissot, contenant des allusions un peu violentes contre la princesse de Robecq, protectrice de cet auteur, lui valut deux mois de Bastille.

. C'est dans son salon que prit naissance la querelle des piccinistes et des glückistes.

Morellet remplaça l'abbé Millot à l'Académie et fut reçu par Chastellux le 16 juin 1785. Il collabora au Dictionnaire et fut le dernier directeur de l'ancienne Académie, dont il prit, avec un grand courage, la défense dans les temps troublés de la Révolution ; il répondit au pamphlet de Chamfort, sauva la galerie de portraits et les archives de l'Académie, dont en 1805, il enrichit la bibliothèque de l'Institut. Dans les derniers mois d'existence de l'Académie, en l'absence de Marmontel, il prit les fonctions de secrétaire perpétuel par intérim ; il présida la dernière séance de la Compagnie, le 5 août 1793, assista à l'apposition des scellés le 12 août, et ne consentit à livrer la copie du *Dictionnaire* que sur réquisition.

La Révolution priva Morellet de tous ses bénéfices, et, de trente mille livres de rente, il fut réduit à mille deux cents ; il se remit au travail, étant plus que septuagénaire, et fit des traductions de l'anglais pour augmenter ses ressources.

A la création de l'Institut, il revendiqua, au nom des anciens académiciens vivants, la propriété du *Dictionnaire*. En 1800, il prit une part très active aux différentes réunions qui avaient pour but la reconstitution de l'Académie ; et lors de l'organisation de 1803, il reprit possession de son fauteuil ; il prononça l'éloge des anciens académiciens, et reçut P.-M. Lacretelle aîné. Il fut de ceux qui résistèrent au courant adulateur napoléonien ; il fut député au Corps législatif de 1806 à 1815. Maintenu à la réorganisation de 1816, il mourut doyen de l'Académie le 12 janvier 1819. Il avait appartenu à l'Académie de Lyon et a laissé des *Mémoires*, une traduction du *Directorium inquisitorium* et du *Traité des Délits et des Peines* de Baccaria.
S. : Lemontey.

**268.** — GUIBERT (Jacques-Antoine-Hippolyte, comte de) (30). Né à Montauban, 12 novembre 1743. — Officier général, il fut l'ami de Voltaire, Buffon, J.-J. Rousseau, Diderot, Thomas, de M$^{me}$ de Staël, devint l'adversaire de d'Alembert après avoir été son ami, et fut l'amant de M$^{lle}$ de Lespinasse. Auteur dramatique médiocre et écrivain militaire, il a laissé des *éloges*, entre autres ceux de M$^{lle}$ de Lesnasse et du roi de Prusse. Il remplaça Thomas et fut reçu par Saint-Lambert le 13 février 1786.
M. le 5 mai 1790. — A l'organisation de 1803, son fauteuil fut attribué à Cambacérès.

**269.** — SEDAINE (Michel-Jean) (6). Né à Paris le 2 juin 1719. — Il fut tailleur de pierres ; l'architecte David, frappé de son intelligence et de ses aptitudes, le protégea et lui facilita son entrée dans les lettres ; plus tard, par reconnaissance, Sedaine éleva comme son propre fils le petit-fils de son protecteur, qui est devenu le célèbre peintre David. Poète, auteur dramatique, il écrivit des comédies dont la meilleure est le *Philosophe sans le savoir*, et des opéras comiques dont Grétry et Monsigny composèrent la musique ; Sedaine est considéré comme le créateur de l'opéra comique ; ses œuvres les plus célèbres de ce genre sont *Rose et Colas* et *Richard Cœur de Lion*. Il entra à l'Académie, âgé de près de 67 ans, en remplacement de Watelet, et fut reçu par Lemierre le 27 avril 1786 ; malgré quarante ans de succès au théâtre, il avait été précédemment battu par La Harpe. Il fut pensionné par la Convention en 1794, mais, présenté à l'Institut, il n'y fut pas élu et en éprouva un grand chagrin. Il fut secrétaire perpétuel de l'ancienne académie d'architecture. Sainte-Beuve dit de lui : « qui écrivait comme un maçon, mais qui composait comme un architecte ».
M. le 17 mai 1797. — A l'organisation de 1803, son fauteuil fut attribué à Collin d'Harleville.

**270.** — RULHIÈRE (Claude-Carloman de) (40). Né dans la banlieue parisienne le 8 juin 1735. — Officier, diplomate, poète et historien, il fut l'ami de J.-J. Rousseau et des philosophes. Il n'avait fait que 200 vers sur les *Disputes*, ses autres œuvres étant inédites ou publiées sans nom d'auteur, lorsqu'il fut élu à l'Académie en remplacement de l'abbé de Boismont et reçu par Chastellux le 4 juin 1787. Il répondit au discours de réception du président Nicolaï, fut secrétaire du comte de Provence, écrivit une *Histoire de la Révolution de*

*Russie*, et, pour le Dauphin (Louis XVI), une *Histoire de Pologne* qui lui valut une pension de 6.000 livres. Rival de Chamfort et de Rivarol, Rulhière « est un écrivain non seulement spirituel, mais savant et habile, qui, après avoir longtemps disséminé ses finesses et ses élégances sur des sujets de société, a essayé de rassembler finalement ses forces, de les appliquer aux grands sujets de l'histoire, et y a, jusqu'à un certain point, réussi » (Sainte-Beuve, IV).

M. le 30 janvier 1791. — A l'organisation de 1803 son fauteuil fut attribué à Cabanis.

**271.** — AGUESSEAU (Henri-Cardin-Jean-Baptiste *marquis* d') (10). Né près de Paris, au château de Fresnes, le 23 août 1747. — Petit-fils du chancelier, magistrat. Ambassadeur en Danemark, il fut nommé en remplacement de Paulmy et reçu par Beauzée le 13 mars 1788. Grimm racontait ainsi comment devrait avoir lieu cette réception : « Messieurs, dira D'Aguesseau, je suis ici pour mon grand-père. — Et moi, répondra Beauzée, pour ma grammaire. » (Au xviii$^e$ siècle comme au xvii$^e$, *grammaire* se prononçait *gran-maire*; de là le même calembour qui se trouve dans les *Femmes savantes*. D'Aguesseau fit partie de l'Académie de peinture et de sculpture. Il fut député aux Etats généraux, se cacha pendant la Convention, fut sénateur et comte de l'Empire, marquis, pair de France et commandeur du Saint-Esprit sous la Restauration.

A l'organisation de 1803, il reprit possession de son fauteuil, après avoir appuyé le projet de reconstitution de l'Académie en 1800. Il mourut, doyen de l'Académie, le 22 janvier 1826, le dernier survivant de l'ancienne Académie et le dernier du nom de D'Aguesseau.

S. : Brifaut.

**272.** — FLORIAN (Jean-Pierre Claris, *chevalier* de) (29). Né dans les Cévennes le 6 mars 1755. — Officier de dragons, il était un des familiers du château de Sceaux et le protégé de Voltaire qui était allié de sa famille : Auteur dramatique, romancier, poète, fabuliste, il fut lauréat de l'Académie. Il y remplaça le cardinal de Luynes et fut reçu le 14 mai 1788. Banni de Paris pendant la Révolution, il fut emprisonné sous la Terreur et relâché au 9 thermidor ; il mourut des souffrances endurées pendant sa détention, une année après, âgé de trente-neuf ans, le 12 septembre 1794. Il a laissé des *Fables*, les meilleures après celles de La Fontaine, quelques pièces de théâtre et des pastorales, plus une traduction un peu trop libre de Cervantès. Son éloge a été fait par Lacretelle.

A l'organisation de 1803, son fauteuil fut attribué à Cailhava.

**273.** — VICQ D'AZYR (Félix) (1). Né en Normandie le 23 avril 1748. — Célèbre anatomiste, professeur de médecine, premier médecin de la Reine en 1789, il fut admis à l'Académie des Sciences en 1774 ; ami de Malesherbes et de Turgot, il écrivit cinquante *Eloges* qui lui ouvrirent les portes de l'Académie, où il remplaça Buffon et fut reçu par Saint-Lambert le 11 décembre 1788.

A la suite du succès de la mission dont il fut chargé par l'Académie des Sciences lors d'une épizootie terrible qui ravagea le midi de la France en 1774, il créa une sorte d'Académie de médecine sous le nom de Société royale de médecine.

Sous la Terreur, il vécut dans des transes continuelles craignant toujours que son titre d'ancien médecin de la Reine ne le fit envoyer à l'échafaud révolutionnaire. Dernier chancelier de l'ancienne Académie, il assista pourtant à ses dernières séances.
Il fut le précurseur de Cuvier.
« Vicq d'Azyr, au sortir d'une de ces parodies sinistres décorées du nom de fête nationale, était saisi d'un mal qui l'enlevait en quelques instants dans le délire de la peur. » (A. Maury).
« Le médecin Vicq d'Azyr a été un des écrivains les plus distingués du règne de Louis XVI. » (Sainte-Beuve). Il fut excellent professeur et orateur académique.
Deux *Causeries de Sainte-Beuve* ; Cuvier. Cabanis, Lalande, Lemontey, etc., ont publié sur Vicq d'Azyr des Notices ou des Eloges.
M. le 20 juin 1794. — A l'organisation de 1803, son fauteuil fut attribué à Domergue.

**274.** — BOUFFLERS (Stanislas-Jean, *chevalier, puis marquis* de) (7) Né à Nancy en 1737. — Filleul et protégé du roi Stanislas de Pologne, il embrassa la carrière militaire, devint maréchal de camp, voyagea, fréquenta le salon Geoffrin. Il écrivit des poésies légères, érotiques et fugitives et des contes libertins ; élu à l'Académie en remplacement de Montazet, il y fut reçu par Saint-Lambert le 24 décembre 1788. Il présida la dernière séance de réception de l'ancienne Académie et répondit au discours de Barthélemy. Député aux Etats généraux, il émigra en 1791 et rentra en France en 1800, il assista aux deux séances préparatoires à la tentative de reconstitution de l'Académie. A l'organisation de 1803, il reprit possession de son fauteuil.
M. en 1815. — S. : Baour-Lormian.

**275.** — HARCOURT (François-Henri, *comte* de Lillebonne, *duc* d') (32). Né le 12 janvier 1726. — Lieutenant général, chevalier du Saint-Esprit, il remplaça à l'Académie le maréchal de Richelieu, à la fin de 1788 et fut reçu par Gaillard le 26 février 1789. Il était hors de France au moment où éclata la Révolution et il rejoignit les émigrés.
M. le 22 juillet 1802. — A l'organisation de 1803, son fauteuil fut attribué à Lucien Bonaparte.

**276.** — NICOLAI (Aimar-Charles-Marie de) (2). Né à Paris le 14 août 1747. — Premier président de la Chambre des Comptes en 1768, et orateur, il remplaça Chastellux à l'Académie et fut reçu par Rulhière le 12 mars 1789. Dans son discours de réception, il suscita les murmures du public en faisant l'éloge de Louis XVI.
Il mourut sur l'échafaud révolutionnaire le 7 juillet 1794. On lit dans *le Moniteur* : « Nicolaï convaincu de s'être rendu l'ennemi du peuple en conspirant contre sa liberté et sa sûreté, en provoquant, par la révolte des prisons l'assassinat et la dissolution de la représentation nationale, etc... a été condamné à mort (19 messidor). » Il faisait partie d'une fournée de cinquante-neuf condamnés.
A l'organisation de 1803, son fauteuil fut attribué à François de Neufchâteau.

**277.** — BARTHÉLEMY (*abbé* JEAN-JACQUES) (26). Né en Provence, le 20 janvier 1716. — Tonsuré, il ne fut pas prêtre ; orientaliste, polyglotte, érudit, numismate, il fut adjoint de Gros de Boze, garde au cabinet des Médailles, en 1745, et lui succéda en 1753 ; il avait été reçu à l'Académie des Inscriptions en 1747. Il fit paraître le *Voyage du jeune Anacharsis en Grèce*, quatre volumes, en 1788 ; cet ouvrage lui valut l'honneur de recevoir chez lui les membres de l'Académie française qui lui demandèrent de se présenter dans leur compagnie ; il fit alors les visites d'usage, et fut élu, à l'âge de 73 ans, en remplacement de Beauzée, et reçu par Boufflers le 29 août 1789. Il fut le dernier académicien élu par l'ancienne Académie. Il avait fréquenté autrefois le salon de Mme Du Deffant, et était membre des Académies de Londres, Madrid, Cortone, Pezaro.

Il fut arrêté pendant la Terreur et subit seize heures de détention aux Madelonnettes ; son âge et sa renommée lui valurent son élargissement ; il fut pensionné par la Convention en 1794 (hostile aux idées de la Révolution). Deux *Causeries* de Sainte-Beuve.

M. le 30 avril 1795. — A l'organisation de 1803, son fauteuil fut attribué à M.-J. Chénier.

**278.** — VOLNEY (CONSTANTIN-FRANÇOIS CHASSEBŒUF, *dit*) (15). Né dans le Maine le 2 février 1757. — Il s'appela d'abord *Boisgirais* et prit plus tard le nom de *Volney*. Son *Mémoire sur la Chronologie d'Hérodote* souleva des discussions à l'Académie des Inscriptions et lui ouvrit les salons d'Helvétius et d'Holbach.

L'ouvrage qui a rendu son nom célèbre est les *Ruines ou Méditations sur les Révolutions des Empires* ; il voyagea en Egypte et en Amérique. Député aux Etats généraux, il fut emprisonné pendant la Terreur, s'associa au 18 brumaire, refusa d'être ministre et d'être consul ; il fut vice-président du Sénat impérial, puis donna sa démission de sénateur.

Philosophe, orientaliste, il fut nommé par le Directoire le 20 novembre 1795 membre de l'Institut dans la classe des Sciences morales et politiques, et il fut de la classe de Langue et de Littérature françaises à l'organisation de 1803 ; on lui attribua le fauteuil de Radonvilliers. Il y fut maintenu à la réorganisation de 1816 ; il fonda un prix pour le meilleur ouvrage sur les langues orientales et fut professeur d'histoire à l'Ecole normale. Son Eloge a été prononcé à la Chambre des Pairs par le comte Daru. Eug. Berger a écrit une *Etude sur sa vie et ses œuvres*.

M. le 25 avril 1820. — S. : Pastoret,

**279.** — GARAT (DOMINIQUE-JOSEPH) (34). Né à Bayonne le 8 septembre 1749. — Avocat, journaliste, philosophe, il fut l'ami de Suard, Buffon, d'Alembert, Condillac, et trois fois lauréat de l'Académie pour le prix d'éloquence, la première fois avec un éloge de Suger, la seconde fois avec un éloge de Montausier. Il estima que La Harpe avait mal lu ce dernier, et pour la troisième fois, il obtint de lire lui-même son éloge de Fontenelle , il fut le premier à qui cette faveur fut accordée ; on a comparé ses Eloges à ceux de Thomas, Chamfort et La Harpe.

Nommé par le Directoire à la troisième classe de l'Institut le 20 novembre 1795 ; démissionna le 6 décembre ; élu le 10 décembre puis nommé par le Directoire le 14 décembre dans la deuxième classe, Académie des Sciences morales et politiques.

Député aux Etats généraux et plus tard aux Cinq Cents il fut ministre de la Justice en 1792 et de l'Intérieur en 1793 ; c'est dans la première de ces deux fonctions qu'il lut à Louis XVI son arrêt. Emprisonné sous la Terreur, il fut libéré le 9 thermidor. Ambassadeur sous le Directoire, membre du Conseil des Anciens, l'Empire le fit sénateur et comte.

Le Directoire le nomma membre de l'Institut en 1795, mais il refusa de faire partie de la section de grammaire et fut appelé dans la deuxième classe, section d'analyse des sensations et des idées. L'organisation de 1803 l'appela dans la deuxième classe où le fauteuil du duc de Duras lui fut attribué. Il reçut Parny qu'il affecta de considérer comme un philosophe. Exclu et proscrit par l'ordonnance de 1816, on donna son fauteuil au cardinal de Bausset. En 1829 on lui proposa de rentrer à l'Académie, mais il refusa en disant : « Quoi qu'on ait pu faire, je suis et serai de l'Académie française jusqu'à mon dernier soupir ; comme ministre de l'Intérieur, j'ai rassemblé les débris du Dictionnaire de l'Académie ; depuis j'en ai discuté les articles avec elle... »

Orateur distingué, Garat fut professeur d'histoire au Lycée et de philosophie à l'Ecole normale ; il fut nommé membre de l'Académie des Sciences morales et politiques à sa reconstitution, le 26 octobre 1832. A l'Académie française, il fut de ceux qui montrèrent une certaine indépendance vis-à-vis du gouvernement impérial. Il a laissé des *Mémoires* et mourut le 9 décembre 1833.—S. : cardinal de Bausset (1816).

**280.** — CABANIS (Pierre-Jean-Georges) (40). Né en Limousin le 5 juin 1757. — Il fut un célèbre médecin et physiologiste, ami de Mirabeau, d'Holbach, d'Alembert, Diderot, Condorcet, Condillac, Thomas, Franklin, Jefferson, Sieyès, M$^{me}$ Helvétius et protégé de Turgot. Professeur à l'Ecole de Médecine ; auteur des *Rapports du physique et du moral de l'homme*, cet ouvrage en deux volumes le place dans l'école sensualiste, mais plus tard il abandonna la philosophie matérialiste et devint spiritualiste.

« Cabanis, intéressant et clair avec profondeur, en comparant l'homme physique et l'homme moral, a soumis la médecine à l'entendement. » (M.-J. Chénier).

Il fit partie de l'Institut le 15 décembre 1795, classe des Sciences morales et politiques et à l'organisation de 1803, on lui attribua dans la deuxième classe le fauteuil de Rulhière.

Il fut député aux Cinq Cents et sénateur de l'Empire.

M. le 5 mai 1808. — S. : Destutt de Tracy.

**281.** — SAINT-PIERRE (Jacques-Henri Bernardin de) (27). Né au Havre le 19 janvier 1737. — Il eut une jeunesse pauvre et aventureuse, voyagea, fut au service de la Russie ; de retour en France, il fréquenta les salons philosophiques, notamment ceux de M$^{lle}$ de Lespinasse et de M$^{me}$ Necker. L'insuccès de la lecture de *Paul et Virginie* chez cette dernière jeta l'auteur dans un tel doute sur la valeur de son ouvrage qu'il faillit le détruire ; ce fut Joseph Vernet qui le sauva du feu. Les *Etudes de la nature*, ouvrage inspiré par J.-J. Rousseau, dont Bernardin de Saint-Pierre était l'ami, obtint au contraire, un grand succès. Lauréat de l'Académie de Besançon, Bernardin de Saint-Pierre fut intendant du Jardin des Plantes et du cabinet d'histoire naturelle en 1791, professeur de morale à l'Ecole normale en 1794. Il fit partie de l'Institut en 1795, classe des Sciences morales et politiques et à l'organisation de 1803, il occupa, dans la deuxième classe le fauteuil de A.-L. Séguier. Il devait recevoir Raymond, Picard et Laujon le 24 novembre 1807 ; il écrivit son discours de réponse aux trois récipiendaires, mais septuagénaire et ayant la voix faible, il dut laisser à François Neufchâteau le soin d'en donner lecture : ce discours eut d'ailleurs peu de succès auprès du public fatigué des trois qu'il venait d'entendre. En 1904, M. Eugène Patron légua au muséum une somme de cinquante mille francs destinée à élever une statue à Bernardin de Saint-Pierre dans le Jardin des Plantes. Patin a prononcé son Eloge et Aimé Martin a écrit une Notice sur Bernardin de Saint-Pierre.

M. le 21 janvier 1814. — S. : Aignan.

**282.** — NAIGEON (JACQUES-ANDRÉ) (19). Né à Paris en 1738. — Ami du baron d'Holbach et de Diderot, collaborateur de l'*Encyclopédie*, il pratiqua l'athéisme intolérant et fanatique ; il a fait des traductions et a laissé un *Dictionnaire de philosophie ancienne et moderne*. Membre de l'Institut en 1795, classe des Sciences morales et politiques, il occupa dans la deuxième classe, à l'organisation de 1803, le fauteuil de Chabanon.

M. en 1810. — S. : Népomucène Lemercier.

**283.** — CAMBACÉRÈS (JEAN-JACQUES-RÉGIS DE) (30). Né à Montpellier le 18 octobre 1755. — Il fut président de la Convention et membre du Comité de Salut public, président des Cinq Cents, ministre de la Justice au moment du 18 brumaire, il devint deuxième consul. Orateur et jurisconsulte, il prit part à la rédaction du Code Napoléon, et l'Empire le nomma duc de Parme, prince, archichancelier, membre et président du Sénat, du Conseil d'Etat et de la Haute-Cour impériale, Grand-Aigle de la Légion d'honneur ; il fut encore ministre de la Justice aux Cent-Jours. Il écrivit le *Discours préliminaire du projet du Code Napoléon*.

Nommé par le Directoire membre de l'Institut le 20 novembre 1795, classe des Sciences morales et politiques, Cambacérès fit partie de la deuxième classe à l'organisation de 1803 et occupa le fauteuil du comte Guibert. Exclu et proscrit par l'ordonnance royale du 23 juillet 1815, son fauteuil fut attribué au vicomte de Bonald. A sa rentrée en France en 1818, il fut rétabli dans ses titres et ses droits, mais ne fit plus partie de l'Académie. Il mourut le 8 mars 1824.

**284.** — MERLIN DE DOUAI (PHILIPPE-ANTOINE) (28). Né dans la Flandre le 30 octobre 1754. — Fils d'un cultivateur, il devint avocat et fut jurisconsulte distingué. Député aux Etats généraux, il siégea parmi les Montagnards à la Convention, fut ministre de la Police sous le Directoire et ministre d'Etat sous l'Empire. Membre du Directoire de 1797 à 1899, procureur général à la Cour de cassation sous le Consulat, il conserva ce poste pendant treize années ; Merlin fut comte de l'Empire et grand officier de la Légion d'honneur.

Il fit partit de l'Institut de 1795 dans la classe des Sciences morales et politiques ; à la réorganisation de 1803, il fut nommé dans la seconde classe et occupa le fauteuil du maréchal prince de Beauvau ; il reçut N. Lemercier. Il fut exclu de l'Académie et exilé par l'ordonnance de 1816, et remplacé par le comte Ferrand. Il rentra en France en 1830 et fut nommé membre de l'Académie des Sciences morales et politiques, à sa reconstitution en 1832. Il mourut le 26 décembre 1838. Mignet a écrit sur lui une Notice.

**285. — BIGOT DE PRÉAMENEU** (FÉLIX-JULIEN-JEAN, *comte*) (37). Né à Rennes le 26 mars 1747. — Avocat et jurisconsulte, il fut membre et président à l'Assemblée législative : il se cacha sous la Terreur, fut fonctionnaire sous le Consulat, ministre des Cultes en 1808, nommé comte de l'Empire et membre de la commission de rédaction du Code Napoléon. Membre de l'Institut en 1795 dans la classe des Sciences morales et politiques, il fut nommé le 24 février 1796 dans la deuxième classe, dont il devait président et y demeura lors de l'organisation de 1803 ; il y occupa le fauteuil de Lemierre, fut maintenu lors de la réorganisation de 1816 et reçut Frayssinous.
M. le 31 juillet 1825. — S. . Mathieu de Montmorency.

**286. — SIEYÈS** (EMMANUEL-JOSEPH, *abbé*) (31). Né à Fréjus le 3 mai 1748. — Métaphysicien politique, il eut beaucoup d'idées nouvelles, écrivit de nombreuses brochures politiques et trouva quantité de mots heureux faisant image, qui le rendirent très populaire. Député de Paris aux Etats généraux, il fut le rédacteur du serment du Jeu de Paume, proposa la fusion des trois ordres et la constitution des Etats généraux en Assemblée constituante ; il eut l'idée de la division de la France en départements ; membre de la Convention, il vota la mort de Louis XVI sans sursis ni appel au peuple ; il présida la Convention, et, plus tard, il fit partie du Conseil des Cinq-Cents. Sieyès fut membre et président du Directoire, puis consul ; il prépara le 18 Brumaire et sous l'Empire, il fut créé comte et sénateur ; il devint président du Sénat. Il avait été ambassadeur à Berlin en 1798.
Sieyès fut membre de l'Institut en 1795, dans la classe des Sciences morales et politiques ; à l'organisation de 1803, il fit partie de la deuxième classe dont il fut président et où il occupa le fauteuil de Bailly ; exclu par l'ordonnance de 1816, il fut exilé en Hollande et ne rentra en France qu'en 1830 ; il fit partie de l'Académie des Sciences morales et politiques de 1832. Il avait été remplacé à l'Académie française par Lally-Tollendal.
Il mourut le 20 juin 1836. — Mignet a écrit une motice sur Sieyès.

**287. — LACUÉE DE CESSAC** (JEAN GÉRARD, *comte*) (24). Né près d'Agen le 4 novembre 1752. — Il fut membre et président de l'Assemblée législative, député au Conseil des Anciens et aux Cinq Cents, membre du Conseil d'Etat, gouverneur de l'Ecole polytechnique, général de division, ministre et directeur de l'Administration de la Guerre, pair de France.
Encyclopédiste et écrivain militaire, il fut membre de l'Institut, élu dans la deuxième classe le 10 décembre 1795, d'où il fut deux fois secrétaire, et devint président. On l'y retrouve à l'organisation de 1803, occupant le fauteuil de Loménie de Brienne, il fut maintenu à la

réorganisation de 1816 ; membre de l'Académie des Sciences morales et politiques en 1832. Il vota contre Victor Hugo en 1841.
M. doyen de l'Académie le 18 juin 1841. — S. : de Tocqueville.

**288.** — RŒDERER (Pierre-Louis, comte) (5). Né à Metz le 15 février 1754. — Avocat et conseiller au parlement de Metz, il fut député aux États généraux en octobre 1789 et n'était pas au Jeu de Paume ; le 10 août 1792, il accompagna la famille royale à l'Assemblée ; il se cacha pendant la Convention ; lieutenant de Sieyès, journaliste pendant la Révolution ; il dut à Talleyrand d'avoir été rayé de la liste des déportés au 18 fructidor.

Il prépara, avec Sieyès et Talleyrand, Régnaud et Volney, le 18 Brumaire et fut ministre des Finances de Joseph Bonaparte à Naples en 1806, conseiller d'Etat et sénateur sous l'Empire, pair de France en 1832.

Rœderer fut l'ami des philosophes, professeur d'économie politique, rédacteur au *Journal de Paris* ; il a écrit une histoire de l'hôtel de Rambouillet sous le titre de *Mémoires pour servir à l'histoire de la société polie en France*, et a laissé des ouvrages politiques, littéraires, d'histoire, et sept comédies. Elu dans la deuxième classe de l'Institut le 14 décembre 1795, Sciences morales et politiques, il fit partie de la deuxième classe à l'organisation de 1803 et occupa le fauteuil de Chamfort : exclu en 1816, il fut remplacé par le duc de Lévis. Il faisait partie de l'Académie de Metz, et mourut le 17 décembre 1835. Trois *Causeries* de Sainte-Beuve.

**289.** — CAILHAVA (Jean-François, *dit* de l'Estandoux) (29). Né à Toulouse le 28 avril 1731. — Il fut emprisonné sous la Terreur. Auteur dramatique, poète et critique, il a écrit un *Traité de l'Art de la Comédie* et une *Étude sur Molière*. Membre de l'Institut en 1798 section de grammaire, il fit partie de la deuxième classe à l'organisation de 1803, et occupa le fauteuil de Florian.
M. le 26 juin 1813. — S. : Michaud.

**290.** — ANDRIEUX (François-Guillaume-Jean-Stanislas) (38). Né à Strasbourg le 6 mai 1759. — Il fut membre du Conseil des Cinq Cents et du Tribunat. Il fut magistrat et a écrit des contes en vers ; comme poète comique, son chef-d'œuvre est *Les Etourdis*. Ami de Collin d'Harleville, il lui dut sa nomination à l'Institut dans la section de grammaire en 1795 ; il fut secrétaire de la troisième classe, puis président, il lut une poésie à la séance inaugurale de l'Institut. A l'organisation de 1803, il fut nommé dans la deuxième classe et occupa le fauteuil de Malesherbes ; il y fut maintenu à la réorganisation de 1816. Il fit partie de la Commission du Dictionnaire à la mort de Morellet et fut nommé secrétaire perpétuel en 1829, en remplacement d'Auger. Il fut de ceux qui opposèrent la plus vive résistance à l'école romantique ; il combattit Lamartine et voulut susciter contre sa candidature celle du duc de Bassano, exclu en 1816, qui refusa. Andrieux fut professeur de littérature au Collège de France ; en 1829, il soutint la proposition de Ch. Lacretelle (V. notice, 319) ; il fit partie du groupe du Déjeuner de la Fourchette.
M. le 9 mai 1833. — S. : Thiers.

**291.** — VILLAR (Noël-Gabriel-Luc *abbé*) (39) .Né à Toulouse le 13 décembre 1748. — Père de la Doctrine chrétienne, professeur et recteur de l'établissement de La Flèche, évêque de la Mayenne en 1791, il fut député à la Convention, rapporteur du comité d'Instruction publique et obtint la conservation du Collège de France, l'organisation de la Bibliothèque nationale, des pensions pour des hommes de lettres, des savants et des artistes. Il fut élu le 10 décembre 1795 membre de l'Institut, troisième classe, dans la section de grammaire et fut secrétaire temporaire de sa classe en 1801-1802, trois fois secrétaire, président à l'organisation de 1803, il fit partie de la deuxième classe et occupa le fauteuil de Condorcet ; le décret de février 1805 le nomma membre de la Commission du Dictionnaire avec Suard, Morellet, Arnaud et Sicard ; il fut maintenu à la réorganisation de 1816 ; ll fut inspecteur général des études.
M. le 28 août 1826. — S. : abbé de Féletz.

**292.** — DOMERGUE (François-Urbain) (1). Né en Provence le 24 mars 1745. — Il fut un bon grammairien, professeur et créa le *Journal de la Langue française*. Membre de l'Institut, le 14 décembre 1795, dans la troisième classe, section de grammaire, en 1795, il occupa dans la deuxième classe le fauteuil de Vicq d'Azyr, à l'organisation de 1803.
M. le 29 mai 1810. — S. : Saint-Ange.

**293.** — SICARD (Roch-Ambroise Cucurron, *abbé*) (3). Né près de Toulouse le 20 septembre 1742. —Est un célèbre instituteur des sourds-muets ; disciple et successeur de l'abbé de l'Epée, il le remplaça au concours lors d'une commission de l'Académie française en 1790. Il fut incarcéré à l'Abbaye le 10 août 1792, fut professeur à l'Ecole normale en 1795, grammairien et journaliste. Menacé de déportation au 18 fructidor, il se cacha pendant deux ans, jusqu'au 18 brumaire. Il avait été nommé membre de l'Institut le 20 novembre 1795, dans la deuxième classe, section de grammaire ; réélu dans la troisième classe, le 24 juin 1801, fut secrétaire ; l'organisation de 1803 le plaça dans la deuxième classe où le fauteuil du cardinal de Bernis lui fut attribué ; il reçut le cardinal Maury, à sa deuxième élection, en 1806 ; et fut maintenu à l'ordonnance de 1816.

L'abbé Sicard fut honoré de la visite du pape Pie VII en 1805 et de celle des monarques alliés en 1815 ; il fut comblé des faveurs de ces souverains et de Louis XVIII. De 1816 jusqu'à sa mort, il célébra la messe de saint Louis devant l'Académie. Il faisait partie de la commission du Dictionnaire.
M. le 10 mai 1822. — S. : Frayssinous.

**294.** — FRANÇOIS de NEUFCHATEAU (Nicolas-Louis, *comte*)(2). Né en Lorraine le 17 octobre 1750. — Il fut un poète précoce, lauréat de l'Académie de Marseille à laquelle il appartint ainsi qu'à celles de Lyon, Dijon et Nancy. Député à l'Assemblée législative, il en devint le président ; il fut incarcéré pendant vingt mois sous la Terreur, le 9 thermidor lui rendit la liberté ; ministre de l'Intérieur sous le Directoire, il organisa la première exposition des produits de l'industrie et des arts, et devint membre du Directoire, puis membre du Sénat qu'il présida de 1804 à 1811, et fut créé comte de l'Empire.

Panégyriste académique, grammairien et philologue, François de Neufchâteau a écrit un *Précis de l'histoire de l'Académie française* et a laissé des *Fables*. Membre de l'Institut, associé non résident de la troisième classe le 13 février 1796, élu le 25 novembre 1798, fut secrétaire, puis président, section de grammaire; il fit partie de la deuxième classe à l'organisation de 1803, occupa le fauteuil du président de Nicolaï et maintenu à la réorganisation de 1816. Lorsqu'il reçut Dureau de la Malle en 1804, il affirma la continuité de l'Académie en faisant l'historique du fauteuil de Racine. Il lut, le 24 novembre 1807, la réponse que devait faire Bernardin de Saint-Pierre aux discours de réception de Raynouard, Laujon et Picard (v. notice 281).
M. le 10 janvier 1828. — S. : P. A. Lebrun.

**295.** — CHÉNIER (Marie-Joseph) (26). Né à Constantinople le 28 août 1764. — Il fut officier, poète, auteur dramatique ; il est l'auteur de *Chant du Départ*, et sa meilleure tragédie est *Charles IX* qui eut un grand succès en 1789. Membre de la Convention et de toutes les législatures de 1792 à 1802, il appuya la proposition de Lakanal et Daunou, du 9 octobre 1794, d'affecter une somme de trois cent mille livres à des secours aux gens de lettres, savants et artistes et fit un rapport sur la création de l'Institut. Nommé par le Directoire dans la section de poésie le 20 novembre 1795, l'organisation de 1803 le plaça dans la deuxième classe où il occupa le fauteuil de l'abbé Barthélemy. A la séance solennelle de l'inauguration de l'Institut, il donna lecture d'une poésie. Il fut de ceux qui firent une opposition modérée à Napoléon. Arnault et Daunou ont publié des notices sur M.-J. Chénier.
Mort le 10 janvier 1811. — S. : Chateaubriand.

**296.** — ECOUCHARD-LEBRUN (Ponce-Denis) (13). Né à Paris le 11 août 1729. — Il fut surnommé le *Pindare français*. Secrétaire du prince de Conti, pensionné de Calonne, il loua successivement tous les partis, attaquant tour à tour les philosophes et leurs adversaires. Membre de l'Institut, nommé par le Directoire dans la section de poésie (3ᵉ classe) le 20 novembre 1795, il lut une poésie à la séance inaugurale de l'Institut : l'organisation de 1803 le plaça dans la deuxième classe où il occupa le fauteuil de Bréquigny. Il a laissé cent quarante odes, dont la plus célèbre et *Le Vengeur*, six cents épigrammes et des élégies. Il avait criblé d'épigrammes ses confrères de l'Institut, et lorsqu'il mourut, ce fut à qui n'assisterait pas à son enterrement ; le cardinal Maury, l'un des plus maltraités, donna le signal de l'oubli des injures.
M. le 2 septembre 1807. — S. Raynouard.

**297.** — COLLIN D'HARLEVILLE (Jean-François) (6). Né près de Chartres le 30 mai 1755. — Poète comique ; son chef-d'œuvre est le *Vieux Célibataire*. Il fut nommé à l'Institut dans la section de grammaire, par le Directoire (3ᵉ classe) le 15 décembre 1795 (dont il fut secrétaire) à la place de Garat qui avait refusé, mais les poètes le réclamèrent et l'élurent dans leur section. L'organisation de 1803 le fit entrer dans la deuxième classe où lui fut attribué le fauteuil de Sedaine.
M. le 24 février 1806. — S. : comte Daru.

**298.** — LEGOUVÉ (Gabriel-Marie-Jean-Baptiste)(6). Né à Paris le 23 juin 1764. — Poète tragique, descriptif, traducteur de Lucain, son œuvre principale est *Le Mérite des Femmes*, poème. Il fut directeur du *Mercure*, professeur de poésie latine au Collège de France et le promoteur de la candidature de Talma à l'Institut. Membre de l'Institut le 13 février 1796, associé non résident de la troisième classe, section de poésie, il fut nommé dans la deuxième classe à l'organisation de 1803 et occupa le fauteuil du duc de Nivernais. Grièvement blessé dans une chute, il n'en mourut que deux ans après.
M. le 30 août 1812. — S. : Alexandre Duval.

**299.** — ARNAULT (Antoine Vincent) (16 puis 18). Né à Paris le 1ᵉʳ janvier 1766. — Il fut arrêté comme émigré après un court séjour en Angleterre : beau-frère de Regnaud de Saint-Jean-d'Angely, il participa au 18 Brumaire et obtint des faveurs du premier Consul et de l'Empereur, se rallia aux Bourbons en 1814 et fut député de Paris et ministre de l'Instruction publique par intérim pendant les Cent-Jours. Poète, fabuliste, auteur tragique de l'école de Ducis (*Germanicus*, etc)., il fut nommé membre de l'Institut dans la troisième classe le 27 septembre 1799, section de poésie, et placé dans la deuxième classe à l'organisation de 1803, occupant le fauteuil du marquis de Montesquiou-Fezensac ; il reçut le comte Daru.

L'ordonnance de 1816 le proscrivit et l'exclut de l'Académie où il fut remplacé par le duc de Richelieu. L'année suivante l'Académie lui témoigna sa sympathie en souscrivant à ses œuvres qu'il faisait éditer en Belgique ; le 3 mars 1818, le duc de Richelieu étant ministre et directeur trimestriel de l'Académie celle-ci adressa une supplique au Roi pour lui demander le rappel d'Arnault qui rentra en France en 1819. Au mois de février 1829, il fut réélu membre de l'Académie en remplacement de Picard, et reçu le 24 décembre suivant par Villemain. Il reçut P.-P. de Ségur et Jay, et fut nommé secrétaire perpétuel en 1833 en remplacement d'Andrieux. En 1828, Arnault avait sollicité de l'Académie l'élection de son fils à un fauteuil ; ce fut lui que l'Académie élut et le fils d'Arnault fut nommé préfet ; malgré cela, Arnault désigna son fils, par testament, pour lui succéder, mais l'Académie ne le nomma pas. Arnault opposa une très vive résistance à l'école romantique ; il fit partie des compagnons du « Déjeuner de la Fourchette », a laissé les *Mémoires d'un sexagénaire*, et fit partie de la commission du Dictionnaire.

« Ecrivain il se recommande encore aujourd'hui par de véritables mérites : ses quatre volumes de *Souvenirs* sont d'une très agréable et instructive lecture ; ses tragédies pour être appréciées, ont besoin de se revoir en idée et de se replacer à leur moment ; mais ses Fables, ses Apologies, plaisent et parlent toujours. » (Sainte-Beuve). Directeur des Beaux-Arts et de l'Instruction publique sous Lucien, puis sous Chaptal.
Une *Causerie* de Sainte-Beuve.
M. le 16 septembre 1834. — S. : Scribe.

**300.** — FONTANES (Louis-Marcelin, marquis de) (23). Né à Niort le 6 mars 1757. — Il fut poète et journaliste, traducteur de Pope, l'ami de Chateaubriand, professeur, grand-maître de l'Université en

1808 ; homme politique, il fut proscrit en 1793 et au 18 fructidor, député en 1801, président du Corps législatif en 1805, sénateur en 1810, comte de l'Empire, pair de France : orateur, il prononça l'éloge de Washington aux Invalides. Membre de l'Institut, élu dans la troisième classe le 27 septembre 1795, section de poésie, il lut une poésie à la séance d'inauguration ; en 1800, il prépara, avec Morellet et Suard, un projet de reconstitution de l'Académie française ; l'organisation de 1803 le plaça dans la deuxième classe où il occupa le fauteuil de Marmontel : il reçut Etienne à sa première élection ; maintenu par l'ordonnance de 1816 ; il reçut de Sèze et prononça un discours important à la première réunion annuelle des quatre Académies, le 24 avril 1816. Il fut Grand-Croix de la Légion d'honneur, et résista au courant d'adulation napoléonienne.

M. le 17 mars 1821. — S. : Villemain.

**301**.— BONAPARTE (Lucien Prince DE CANINO) (32). Né à Ajaccio le 21 mars 1775. — Il était le second des frères de Napoléon. Ami de Robespierre le Jeune, il fut emprisonné à Aix après le 9 Thermidor ; député aux Cinq-Cents, il présidait cette Assemblée le jour du 18 brumaire ; membre du Tribunat en 1802, sénateur de l'Empire, pair de France sous Louis-Philippe, il fut ministre de l'Intérieur sous le Consulat et ambassadeur en Espagne. Prisonnier des Anglais de 1810 à 1814, il fut proscrit à la Restauration et prisonnier à Turin après la chute de Napoléon.

Sous son inspiration, Suard et Morellet préparèrent un projet de reconstitution de l'Académie française en 1800. L'organisation de 1803 le fit entrer dans la deuxième classe où le fauteuil du duc d'Harcourt lui fut attribué ; l'ordonnance de 1816 l'exclut de l'Académie et le proscrivit de France. Il fréquenta le salon Récamier et écrivit divers ouvrages en prose et en vers, notamment un roman : *La Tribu indienne* et un poème, *Charlemagne*. Il céda sa pension de membre de l'Institut à Béranger, qui débutait. Il fut remplacé en 1816 par Auger, élu par l'Académie.— *Lucien Bonaparte*, par Th. Jung, 2 volumes. — Il mourut en 1840 ; le 29 juin.

**302**. — DEVAINES (Jean) (36). Né à Paris vers 1735.— Il occupa de hautes fonctions administratives avant et après la Révolution. Ami de Turgot et de M<sup>lle</sup> de Lespinasse, il fut conseiller d'Etat ; Suard prononça un discours à son enterrement, et s'adressant aux membres de l'Institut : « Devaines, dit-il n'a paru qu'une fois dans votre assemblée. Ceux d'entre vous qui n'ont pas vécu avec lui, ne pouvaient savoir combien il était digne de s'associer à vos travaux et de concourir au but de votre institution. Il a peu écrit, et ce qu'il a écrit, n'est guère connu que de ses amis ; mais ceux qui ont lu les petits ouvrages échappés à sa plume ne peuvent qu'être frappés des idées fines et ingénieuses, de ce goût pur et de ce tact délicat des convenances, de cette fleur de littérature, de ce style correct sans effort. qui distinguent les productions de cet esprit aimable et facile. D'autres écrits, qu'il n'avait destinés à voir le jour qu'après sa mort, justifieront, je l'espère, le choix qu'avait fait le gouvernement en l'attachant à la classe de la langue et de la littérature françaises. » — Il fut nommé dans la deuxième classe à l'organisation de 1803 et le fauteuil du cardinal de Rohan Guéménée lui fut attribué.

M. le 16 mars 1803. — S. : Parny.

**303.** — SÉGUR (Louis-Philippe, comte de) (22). Né à Paris le 10 décembre 1753. — Il était le fils aîné du maréchal et suivit la carrière militaire ; il fit la campagne de l'Indépendance américaine et devint officier général. Ambassadeur en Russie, il fut admis dans l'intimité de Catherine II ; il n'occupa pas l'ambassade auprès du Saint-Siège, à laquelle il avait été nommé. Incarcéré pendant peu de temps en 1792, il n'émigra pas ; il fut député au Corps législatif sous le Consulat, conseiller d'Etat en 1803, grand-maître des cérémonies sous l'Empire, sénateur en 1813, pair de France sous la Restauration, Grand-Croix de la Légion d'honneur.

Poète et historien, il fut auteur dramatique en Russie, a laissé des *Mémoires* et avait été l'ami des philosophes du xviii$^e$ siècle. L'organisation de 1803 le fit entrer dans la deuxième classe où il occupa le fauteuil de l'abbé Gaillard ; il y fut maintenu à la réorganisation de 1816 : il reçut Destutt de Tracy et Charles Lacretelle le jeune.

M. le 27 août 1830. — S. : Viennet.

**304.** — PORTALIS (Jean-Etienne-Marie) (25). Né en Provence le 1$^{er}$ avril 1746. — Il fut incarcéré à la fin de la Terreur ; député aux Cinq-Cents, il devint président de cette Assemblée ; proscrit au 18 Fructidor, il rentra au 18 Brumaire, fut ministre des Cultes en 1804 et ministre de l'Intérieur la même année, comte de l'Empire et Grand-Croix de la Légion d'honneur. Philosophe, orateur et jurisconsulte, il ne fit pas partie de l'Institut, mais l'organisation de 1803 le plaça dans la deuxième classe où il occupa le fauteuil du comte de Choiseul-Gouffier ; il participa à la rédaction du Code Napoléon et du Concordat.

M. le 25 août 1807. — S. : Laujon.

**305.** — REGNAUD DE SAINT-JEAN-D'ANGELY (Michel-Louis-Etienne) (12). Né en Bourgogne le 9 novembre 1760. — Avocat et publiciste, député aux Etats généraux, il publia le *Journal de Versailles* et fut un orateur parlementaire distingué. Incarcéré à Douai, sous la Terreur, il participa au 18 Brumaire, fut conseiller et ministre d'Etat, procureur général près la Haute Cour impériale, comte de l'Empire, Grand-Croix de la Légion d'honneur. Nommé dans la deuxième classe de l'Institut à l'organisation de 1803, il occupa le fauteuil de l'abbé Maury et reçut Esménard, Parseval-Grandmaison, Campenon et Duval. Exclu de l'Académie par l'ordonnance de 1816, il y fut remplacé par Laplace, élu par la Compagnie ; il revint d'exil au mois de mars 1819 et mourut le 18 mars, le lendemain de sa rentrée en France.

**306.** — PARNY (Evariste de Forges, vicomte de) (36). Né dans l'île Bourbon (Réunion) le 6 février 1753. — Il embrassa la carrière militaire avant de se consacrer aux lettres ; poète érotique, la *Guerre des Dieux* l'a rendu célèbre. Il fut élu à l'Académie le 20 avril 1803 en remplacement de Devaines ; comme il avait la voix très faible, il fit lire le 26 décembre son discours de réception par Regnaud de Saint-Jean-d'Angely ; Garat, qui le recevait, assimila la *Guerre des Dieux* à une œuvre philosophique. En 1803, Parny reçut de Napoléon une pension annuelle de 3.000 francs. — Une *Causerie* de Sainte-Beuve.

M. le 5 décembre 1814. — S. : Jouy.

**307.** — BASSANO (Hugues-Bernard Maret, duc de) (8). Né à Dijon le 22 juillet 1763. — Diplomate, il fut ministre plénipotentiaire à Naples et arrêté par ordre du gouvernement autrichien, il fut emprisonné à Mantoue avec Sémouville ambassadeur à Constantinople ; sa captivité, qui dura trente-deux mois, fut très pénible et pour se distraire, il composa une pièce de théâtre en vers. L'Autriche échangea les deux prisonniers contre la fille de Louis XVI.

Au début de la Révolution, il avait rédigé un *Bulletin de l'Assemblée nationale* qui devint le *Moniteur universel*, et fondé, en 1791, le Club des Feuillants. Il participa à la préparation du 18 Brumaire, fut ministre des Relations extérieures en 1811, ministre-secrétaire d'Etat en 1813, exilé par les Bourbons en 1816 : il rentra en France en 1820, fut pair de France en 1831, ministre de l'Intérieur et président d'un cabinet qui dura trois jours en 1834. L'Empire avait nommé Maret duc de Bassano et Grand-Croix de la Légion d'honneur ; il reçut de nombreux ordres étrangers, et fut membre de l'Académie des Sciences morales et politiques à sa reconstitution, en 1832.

L'Académie l'élut en 1803 en remplacement de Saint-Lambert ; il fut dispensé de prononcer un discours de réception ; il fut exclu par l'ordonnance de 1816 qui le remplaça par Lainé. En 1829, Andrieux voulut opposer à celle de Lamartine la candidature du duc de Bassano, qui refusa. Il mourut le 13 mai 1839.

**308.** — LACRETELLE *aîné* (Pierre-Louis) (21). Né à Metz le le 9 octobre 1751. — Il fut l'ami des derniers philosophes ; lauréat de l'Académie française en 1781, son *Discours contre les peines infamantes* lui fit avoir en 1784 un premier prix à l'Académie de Metz, tandis que Robespierre avait le deuxième prix ; ce même ouvrage valut à Lacretelle le prix Montyon en 1786 ; il fut membre de l'Académie de Metz. Jurisconsulte, il fut rédacteur du *Grand Répertoire de Jurisprudence* ; député à l'Assemblée législative, au Conseil législatif. Sous la Restauration, il fonda la *Minerve française* en 1818 après la suppression du *Mercure*, et en 1821, il fut condamné à un mois de prison qu'il ne fit pas, pour des articles de journaux.

Il fut élu à l'Académie en remplacement de La Harpe et reçu par Morellet le 5 mars 1805 (15 ventôse an XIII) ; dans son discours de réception, il rattacha la deuxième classe de l'Institut à l'ancienne Académie et formula contre La Harpe des critiques qui soulevèrent des murmures. Il fut maintenu à la réorganisation de 1816. Il a laissé quinze volumes de littérature, de philosophie et de politique et des *Mémoires judiciaires*.

M. le 5 septembre 1824. — S. : Droz.

**309.** — DUREAU DE LA MALLE (Jean-Baptiste-Joseph-René) (18). Né à Saint-Domingue (Haïti) le 22 novembre 1742. — Il fut l'ami de Suard, d'Alembert, Buffon, traduisit Tacite, Salluste, Sénèque, Tite-Live, et avait un salon littéraire. Député au Corps législatif en 1802, il présida cette assemblée. Elu dans la deuxième classe en remplacement du cardinal de Boisgelin, bien qu'il fût absent de Paris, il fut reçu par François de Neufchâteau le 30 avril 1805 (11 floréal an XIII). Il était membre de l'Académie des Inscriptions.

M. le 19 septembre 1807. — S. : Picard.

**310.** — DARU (Pierre-Antoine-Noel-Bruno, *Comte*) (6). Né à Montpellier le 12 janvier 1767. — Il fut commissaire des guerres ; porté sur la liste des suspects pendant la campagne de 1792, arrêté comme tel, il fut incarcéré pendant dix mois à Rennes et Orléans et libéré au 9 thermidor. Membre du Tribunat en 1802, intendant général de la Grande Armée, ministre d'Etat en 1811, directeur de l'administration de la Guerre en 1813, il fut nommé pair de France en 1819 ; il avait été conseiller d'Etat sous l'Empire.

Poète didactique, latiniste, traducteur en vers, historien, il fut nommé dans la deuxième classe le 26 mars 1806 en remplacement de Collin d'Harleville, et reçu par Arnault le 13 août suivant. Il répondit aux discours de réception de Saint-Ange, Montmorency et Royer-Collard. Souvent absent de l'Académie à cause de ses fonctions d'intendant général de la Grande Armée. — Sur la demande de l'Empereur, à la deuxième classe Daru fut chargé de faire un rapport — remarquable — sur le *Génie du Christianisme*, qui avait eu un grand succès et n'avait pas été désigné par l'Institut pour avoir un des prix décennaux. — Il fit en outre de nombreux rapports et discours académiques.

Exilé à Bourges pendant la deuxième restauration ; a écrit : *Histoire de la République de Venise* et *Histoire de Bretagne*. Les prix de vertu furent rétablis en 1819 et inaugurés par Daru qui en fit le premier rapport annuel ; son poème sur l'astronomie le fit admettre le 27 octobre 1828 comme membre libre à l'Académie des Sciences. Il a laissé en manuscrit un *Essai sur le théâtre Espagnol*. C'est en prison qu'il traduisit Horace.

« Daru, traducteur d'Horace, a montré dans cette difficile entreprise un goût, un esprit inflexible, une étude approfondie des ressources de notre versification. » (M.-J. Chénier).

Il était, dit Sainte-Beuve « un centre et un bien » pour tout un groupe de littérateurs : Collin d'Harleville, Andrieux, Picard, Duval, Roger, Campenon, Lémontey, etc., ils se réunissaient dans ses « déjeuners dominicaux », dont on a tant parlé et médit. Ce n'était d'abord qu'une réunion d'amis à peu près intimes, déjeunant tantôt chez l'un, tantôt chez l'autre, et se lisant leurs ouvrages entre eux, non pour être loués, mais pour recevoir des critiques et des conseils. La société se gâta bientôt en s'étendant. Alexandre Duval s'en est plaint assez amèrement dans la Notice qu'il a mise en tête de la *Jeunesse de Henri IV*. » (Sainte-Beuve).

« Son nom est lié aux souvenirs les plus honorables de la littérature de son temps, comme il l'est au plus grands événements de notre histoire. » (Sainte-Beuve).

Trois *Causeries* de Sainte-Beuve. Notice de Viennet.
M. le 5 septembre 1829. — S. : Lamartine.

**311.** — RAYNOUARD (François-Juste-Marie) (13) Né en Provence le 18 septembre 1761. — Il fut incarcéré sous la Terreur, député sous le Consulat et l'Empire et refusa le portefeuille de la Justice que lui offrit Carnot. Avocat, poète, auteur dramatique il s'occupa de philologie et étudia les langues romanes. Lauréat de l'Institut en 1804, sa tragédie des *Templiers*, qui est restée son chef-d'œuvre, lui ouvrit les portes de l'Académie ; il ne fit pas personnellement les visites d'usage et les fit faire par son frère, ce qui donna lieu à des malentendus ; il fut élu le 7 octobre 1807 en remplacement d'Ecouchard-Lebrun et reçu par Bernardin de Saint-Pierre (v. notice 281) le 24 novembre suivant. Son discours de réception contenait une louange excessive de Napoléon ; il fut inséré intégralement dans le *Moniteur* du 29 novembre 1807.

Il fit partie de la commission du Dictionnaire. A la mort de Suard, en 1817, il fut nommé secrétaire perpétuel ; il garda ses fonctions pendant une dizaine d'années et démissionna, pour raisons de santé, en 1826 ; il fut alors remplacé par Auger et resta secrétaire honoraire. Il exerça pendant ce temps une grande influence sur les élections ; il soutint la proposition Ch. Lacretelle (v. notice 319). En 1816 il avait été nommé membre de l'Académie des Inscriptions. Voulant travailler sérieusement au Dictionnaire, il rechercha les origines de la langue dans les œuvres éparses et tronquées des anciens troubadours, ce qui le conduisit à s'occuper du provençal classique ; cela l'amena à l'hypothèse d'une langue romane unique d'où sortirent plus tard les différentes langues du midi de l'Europe. Il créa pour ainsi dire une nouvelle érudition philologique et, à ce point de vue, on peut le considérer comme le précurseur des Paulin et Gaston Paris.

M. le 27 octobre 1836. — S. : Mignet.

**312.** — PICARD (Louis-Benoit) (18). Né à Paris le 19 juillet 1769. — Il fut l'ami de Collin d'Harleville et d'Andrieux ; il fut comédien pendant dix ans de 1796 à 1806, puis directeur de divers théâtres : Louvois, Impératrice, Opéra, Odéon ; poète romancier, auteur comique, il a écrit quatre-vingts ouvrages dramatiques dont le meilleur est la *Petite Ville*. Il eut une querelle avec son ami Alexandre Duval (V. notice 323) et fut un des compagnons du « Déjeuner de la Fourchette ». Elu membre de l'Académie fin octobre 1807 en remplacement de Dureau de la Malle, il fut reçu le 24 novembre par Bernardin de Saint-Pierre (V. notice 281).

M. le 31 décembre 1828. — S. : A-V. Arnault, 2e élection (V. notice 299).

**313.** — LAUJON (Pierre) (25). Né à Paris le 13 janvier 1727. — Il fut secrétaire du cabinet et des commandements du comte de Clermont, puis du duc de Bourbon ; il remplaça Gentil Bernard comme secrétaire général des dragons, ce qui lui donna 20.000 livres de rentes. Poète chansonnier, il appartient au « Caveau » avec Panard, Piron, Collé, Favart ; plus tard, il fit partie des « Dîners du Vaudeville », des « Enfants d'Apollon », de « la Goguette » et du « Caveau moderne ». Candidat à l'Académie, en 1776, il avait été battu par La Harpe ; il fut élu au mois d'octobre 1807 en remplacement de Portalis et reçu le 24 novembre par Bernardin de Saint-Pierre (V. notice 281) ; il avait alors près de 81 ans.

M. le 13 juillet 1811. — S. : Etienne, 1re élection.

**314.** — TRACY (Antoine-Louis-Claude Destutt, *comte de*) (40). Né à Paris le 20 juillet 1754. — Il fut officier avant la Révolution, député aux Etats généraux, maréchal de camp en 1792 ; arrêté pendant la Terreur comme suspect, il émigra et fut arrêté avec Lafayette à Luxembourg et détenu à Olmutz par ordre de l'empereur d'Autriche ; sénateur en 1799, il fut pair de France. Membre de l'Institut

en 1795 (membre non résident de la deuxième classe, 18 février 1796), il appartint à la classe des Sciences morales et politiques (1832), sa philosophie le rattachait à l'école sensualiste ; il fut élu à l'Académie française en remplacement de Cabanis et reçu par le comte L.-P. de Ségur le 21 décembre 1808.
M. le 9 mars 1836. — S. : Guizot.

**315. — LEMERCIER** (Louis-Jean-Népomucène) (19). Né à Paris le 21 avril 1771. — Il fut le filleul et le protégé de la princesse de Lamballe. Lauréat de l'Institut sous le Directoire, il a écrit des poèmes et des poésies, seize tragédies et quinze comédies ou drames, dont les plus connus sont *Agamemnon* et *Pinto*. Lemercier était un républicain libéral ; il avait été l'ami de Bonaparte général et consul, mais il ne voulut avoir avec l'Empereur que des rapports officiels ; lorsqu'il se présenta à l'Académie, on hésita à le nommer parce que l'on craignait, qu'une fois élu, il ne se refusât à rendre visite à l'Empereur ; il répondit à cette objection qu'il ne ferait « jamais rien de contraire à ce qu'exigeraient l'usage et les convenances. » Il fut élu en remplacement de Naigeon et reçu le 5 septembre 1810 par Merlin de Douai ; en 1827, il soutint la proposition Lacretelle (v. notice 319) et fut un ennemi irréductible de l'école romantique ; il combattit Victor Hugo qui devait lui succéder. Avant de mourir, il composa lui-même son épitaphe : « Il fut homme de bien et cultiva les lettres. »
M. le 6 juin 1840. — S. : Victor Hugo.

**316. — SAINT-ANGE** (Ange-François Fariau, dit de) (1). Né à Blois le 13 octobre 1747. — Il fut protégé de Turgot : professeur, poète et traducteur d'Ovide, il fréquenta les cafés littéraires Procope, veuve Laurent et Gradot. Il fut nommé membre de l'Académie en remplacement de Domergue le 4 juillet 1810 et reçu par le comte Daru le 5 septembre suivant ; malade au moment de sa réception, il fit une chute et mourut trois mois après, le 8 décembre 1810.
S. : Parseval-Grandmaison.

**317. — ESMÉNARD** (Joseph-Alphonse) (11). Né en Provence au mois de décembre 1769. — Il fut député royaliste en 1790 ; proscrit au 10 août 1792, il voyagea en Angleterre, Hollande, Allemagne, Italie, alla à Constantinople et en Grèce, et rentra en France en 1797. Rédacteur à la *Quotidienne*, il fut de nouveau proscrit au 18 Fructidor après avoir fait deux mois de prison au Temple. Il rentra en France au 18 Brumaire, fut censeur des théâtres impériaux et le protégé du duc de Rovigo, préfet de police, alla aux Antilles et fut rédacteur au *Mercure*. Nommé membre de l'Académie le 7 novembre 1810 en remplacement du comte de Bissy, il fut reçu par Regnaud de Saint-Jean-d'Angely le 26 décembre 1810. Une satire contre l'envoyé de Russie, qu'il fit paraître dans le *Journal de l'Empire*, lui valut un troisième exil en Italie, où, rappelé au bout de trois mois, il mourut, dans son voyage de retour, d'un accident de voiture à Fondi, près de Naples, le 15 juin 1811. Il fut question de lui donner Talma pour successeur.
Il a laissé diverses œuvres en vers, dont un poème descriptif *La Navigation* et un poème lyrique, le *Triomphe de Trajan*, sont les meilleures.
S. : Ch. Lacretelle jeune.

**318.** — PARSEVAL-GRANDMAISON (François-Auguste) (i).
Né à Paris le 7 mai 1759. — Traducteur et poète, il écrivit les *Amours épiques*, traduction de tous les épisodes relatifs à l'amour composés par les grands poètes anciens ou modernes. Cet ouvrage lui valut d'être nommé le 16 janvier 1811 à l'Académie en remplacement de Saint-Ange ; il fut reçu le 20 avril suivant par Regnaud de Saint-Jean-d'Angely, et fit partie de la commission du Dictionnaire. Il reçut Aignan et Viennet ; il avait été membre de l'Institut du Caire et était un des compagnons du « Déjeuner de la Fourchette ».
M. le 7 décembre 1834. — S. : Comte de Salvandy.

**319.** — LACRETELLE *jeune* (Charles-Jean-Dominique) (ii).
Né à Metz le 3 septembre 1766, il fut rédacteur parlementaire au *Journal des Débats* pendant l'Assemblée constituante ; au 18 Fructidor, il fit deux ans de prison à la Force et au Temple.
Il est l'auteur d'un *Précis historique de la Révolution française* en cinq volumes et d'une *Histoire de France pendant le* xviii$^e$ *siècle* qui lui valut un prix décennal de l'Institut ; il collabora à la *Biographie universelle* et fut professeur à la Faculté des Lettres. Lauréat et membre de l'Académie de Metz, il fut un des compagnons du « Déjeuner de la Fourchette ». Nommé à l'Académie française en remplacement d'Esménard, il fut reçu le 7 novembre 1811 par le comte L.-P. de Ségur. En 1827, il proposa à l'Académie un projet de supplique au roi pour protester contre la loi sur la presse ; cela provoqua un très vif incident à l'Académie et Lacretelle y perdit sa place de censeur des théâtres (V. pages 77 et 78). Il vota pour Victor Hugo, et fit partie de la Commission du Dictionnaire.
M. le 20 mars 1855. — S. : Biot.

**320.** — ETIENNE (Charles-Guillaume) 25 juin (32). Né en Champagne le 6 janvier 1778. — Il fut trois fois député et pair de France, secrétaire du duc de Bassano, censeur du *Journal de l'Empire*. Orateur politique, rédacteur au *Constitutionnel*, poète, auteur dramatique, il écrivit des opéras-comiques et une *Histoire du Théâtre Français depuis la Révolution*. Il fut élu une première fois à l'Académie le 22 août 1811 en remplacement de Laujon et reçu par Fontanes le 7 novembre. Dans son discours de réception, « il soutenait cette thèse piquante, que quand tout serait détruit des deux derniers siècles, il suffirait que les comédies seules survécussent, pour qu'on pût deviner par elles toutes les révolutions politiques et morales de ces deux siècles. » (Sainte-Beuve, VI).
Sa pièce des *Deux Gendres* jouée au Théâtre Français le fit accuser d'avoir plagié une pièce manuscrite de la Bibliothèque impériale, *Conaxa*, attribuée à un jésuite anonyme ; cela donna lieu à un grand nombre de pamphlets. Il prononça le discours d'inauguration de la statue de Molière. Exclu par l'ordonnance de 1816 qui le proscrivit, il fut remplacé par le comte de Choiseul-Gouffier qui reprenait son ancien fauteuil. Etienne fut élu une seconde fois le 2 avril 1829 en remplacement d'Auger et fut reçu par Droz. Il rédigea la même année la fameuse adresse des 221 ; il vota contre Victor Hugo et reçut Mérimée le 6 février 1845.
M. le 13 mars 1845. — S. : A. de Vigny.

**321.** — CHATEAUBRIAND (François-Auguste, vicomte de) (26). Né en Bretagne le 4 septembre 1768. — Il fréquenta A. Chénier, Fontanes, Lebrun, Chamfort, La Harpe, Parny, Ginguené ; il fut officier, voyagea en Amérique et émigra à l'armée de Condé ; il revint en France au 18 Brumaire et le premier Consul le fit entrer dans la diplomatie, mais à la mort du duc d'Enghien, il rompit avec Bonaparte et fit un voyage en Orient d'où il rapporta les *Martyrs* et l'*Itinéraire de Paris à Jérusalem*. Il avait déjà publié *Atala* dans le *Mercure* dont il était le rédacteur, et le *Génie du Christianisme* qui fit une révolution dans les esprits, soulevant d'ardents enthousiasmes chez Fontanes, La Harpe, etc., mais surtout parmi les femmes, trouvant des détracteurs passionnés chez les derniers philosophes, M.-J. Chénier, Morellet, et les révolutionnaires.

Napoléon désira que Chateaubriand fût de l'Institut et le lui fit dire par Fontanes ; sur le refus de l'illustre écrivain, l'Empereur le fit menacer par le duc de Rovigo, ministre de la Police, de l'emprisonner à Vincennes. Il fut élu en 1811, en remplacement de M.-J. Chénier, à une grosse majorité ; il croyait pouvoir garder son indépendance, mais les hardiesses contenues dans son discours de réception, où il critiquait les idées de son prédécesseur, flétrissait le régicide, exaltait la liberté, émurent l'Institut ; le discours fut soumis à l'appréciation de l'Empereur qui, n'ayant pu faire fléchir la conscience de l'auteur, en interdit la lecture. Chateaubriand fut exilé à Dieppe, tandis que ses amies M$^{me}$ Récamier et M$^{me}$ de Staël étaient exilées de France ; il n'occupa son fauteuil que sous la Restauration et devint dès lors un homme politique. Nommé par Louis XVIII ambassadeur en Suède en 1814, il fut empêché par le retour de Napoléon de prendre possession de son poste ; il suivit Louis XVIII à Gand où il fut son ministre de l'Intérieur. Pair de France en 1815, il fut ambassadeur à Berlin en 1820, à Londres en 1822, ministre des Affaires étrangères le 17 mai 1822, ambassadeur à Rome en 1828. Arrêté en 1832 pour son opposition à Louis-Philippe, il passa devant le jury.

A l'Académie française, il rédigea avec Lacretelle et Villemain la supplique au roi contre la loi Peyronnet sur la presse, vota pour Lamartine et pour Victor Hugo et sollicita vainement Béranger de poser sa candidature ; il vota contre Alfred de Vigny, uniquement par amitié personnelle pour son concurrent Pasquier. Orateur politique et publiciste, Chateaubriand exerça une influence considérable sur la littérature française au début du xix$^e$ siècle, il fut le premier romantique ; aux ouvrages déjà cités, nous devons ajouter les *Natchez*, les *Aventures du dernier Abencérages*, *René* et une traduction de Milton ; ses œuvres complètes forment 31 volumes dans l'édition Ladvocat, 25 dans l'édition Furne et 5 grands in-8° dans l'édition Didot.— Scipion Marin a écrit l'*Histoire de la Vie et des Ouvrages de Chateaubriand*. — *Deux nouveaux lundis* de Sainte-Beuve qui l'appelle « le plus grand sujet littéraire du xix$^e$ siècle ».

M. le 4 juillet 1848. — S. : duc de Noailles.

**322.** — CAMPENON (François-Nicolas-Vincent) (20). Né à la Guadeloupe le 29 mars 1772. — Il traduisit de l'anglais et du latin, fit des poèmes didactiques et des poésies élégiaques. Il fut élu à l'Académie en 1812 en remplacement de Delille et reçu par Regnaud de Saint-Jean-d'Angely. Il reçut Lémontey, travailla au Dictionnaire, vota contre Lamartine et Victor Hugo. Il avait été commissaire impérial de l'Opéra Comique, secrétaire du cabinet du Roi et inspecteur de l'Université. Il fit partie de la commission du Dictionnaire.

M. le 29 novembre 1843. S. : Saint-Marc Girardin.

**323.** — DUVAL (ALEXANDRE-VINCENT PINEUX) (4). Né à Rennes le 6 avril 1767. — Il fut matelot, architecte, soldat, comédien, poète comique, directeur de l'Odéon de 1810 à 1815 et du théâtre Louvois, administrateur de la Bibliothèque de l'Arsenal. Il fut incarcéré aux Madelonnettes avec ses camarades du Théâtre Français en 1793, et en 1802, une de ses pièces, *Edouard en Ecosse*, ayant paru avoir des tendances royalistes, Duval dut s'exiler pendant plusieurs mois. Il fut élu le 8 octobre 1812 membre de l'Académie en remplacement de B. Legouvé et reçu le 15 avril 1813 par Regnaud de Saint-Jean-d'Angely. Il reçut Dupaty et ne prit pas part au vote lors de l'élection de Victor Hugo. Une querelle entre lui et son ami Picard s'envenima au point que l'Académie dut intervenir ; trois académiciens, Bigot de Préameneu, Lemercier et L.-P. de Ségur furent juges de leur différend et les réconcilièrent. Duval proposa dès 1825 de réélire Etienne et Arnault. Cet auteur fécond et populaire a laissé une soixantaine de pièces de théâtre, comédies, drames, opéras comiques.

M. le 9 janvier 1842. — S. : Ballanche.

**324.** — MICHAUD (JOSEPH-FRANÇOIS) (29) Né en Savoie le 19 juin 1767. — Journaliste royaliste, il fut condamné à mort par contumace et exécuté en effigie sur la place de Grève, il fut arrêté au 13 Vendémiaire et incarcéré aux Quatre-Nations ; sauvé par son ami Giguet, il se réfugia dans le Jura pour éviter la déportation au 18 Fructidor ; revenu au 18 Brumaire, il combattit Bonaparte et fut emprisonné de nouveau au Temple, puis se rallia à l'Empire. Député en 1815, il fut lecteur du Roi. Adversaire de M.-J. Chénier, il l'accusa d'avoir laissé mourir son frère.

Nommé à l'Académie française le 5 août 1813, il remplaça Cailhava. Sa réception fut ajournée par ordre royal (v. notice 325). Michaud soutint la proposition de Ch. Lacretelle en 1827 (v. notice 319) ; il perdit par son attitude en cette circonstance sa place de lecteur du Roi et les 1.000 écus de traitement qui y étaient affectés.

Michaud a laissé des poésies, mais il est célèbre par son *Histoire des Croisades* et sa *Biographie Universelle*. Il fit partie de l'Académie des Inscriptions.

« Cette histoire de Michaud est bonne et saine, bien qu'elle n'ait rien de très supérieur dans l'exécution.... Bien qu'il se prononce dans un sens plutôt favorable aux Croisés et à l'inspiration religieuse qui les a poussés, l'auteur ne dissimule rien des désordres ni des brigandages ; il reste tout philosophique dans son mode d'examen et d'explication. » (Sainte-Beuve).

« A M. Michaud revient cet honneur solide d'avoir eu, le premier chez nous, l'instinct du document original en histoire, d'en avoir de plus en plus apprécié l'importance en écrivant, d'avoir eu l'idée de l'enquête historique au complet, faite sur des pièces non seulement nationales, mais contradictoires et de source étrangère. » (Sainte-Beuve).

Une *Causerie* de Sainte-Beuve.

M. le 30 septembre 1839. — S. : Flourens.

**325.** — AIGNAN (ETIENNE) (27). Né à Beaugency (Orléanais) le 9 avril 1773. — Il écrivit, sous le titre de *Bibliothèque étrangère* des traditions de l'*Iliade*, de Pope, Goldsmith ; il fit aussi des tragédies médiocres et fut journaliste. Aide des cérémonies sous Napoléon, il fut élu à l'Académie le 7 mars 1814 en remplacement de Bernardin de Saint-Pierre. L'Académie reçut l'ordre de surseoir à sa réception ainsi qu'à celle de Michaud, en même temps qu'à l'élection du successeur de Boufflers, le gouvernement de la première Restauration préparant un projet de réorganisation des Académies ; le retour de Napoléon supprima cette interdiction et Aignan fut reçu le 18 mai 1815 par Parseval-Grandmaison. Il proposa en 1818 d'envoyer au Roi une supplique demandant le rappel de A.-V. Arnault. Il fut un des compagnons du « Déjeuner de la Fourchette ». Il fut membre de la commission du Dictionnaire.
M. le 21 juin 1824. — S. : Soumet.

**326.** — JOUY (VICTOR-JOSEPH-ETIENNE, *dit* DE) (36). Né à Versailles le 19 octobre 1769. — Il fut officier ; arrêté et condamné à mort sous la Terreur, il s'évada, se réfugia en Suisse, rentra au 9 Thermidor ; arrêté au 13 Vendémiaire, il commanda la place de Lille, où il fut incarcéré une troisième fois. Journaliste, critique, auteur dramatique, chansonnier, il écrivit le livret de *Guillaume Tell*, opéra de Rossini, et fit partie du *Caveau* ; il a laissé vingt-huit volumes et fut un des compagnons du « Déjeuner de la Fourchette ». Elu à l'Académie le 11 janvier 1815 en remplacement de Parny, les événements de cette année l'empêchèrent de prononcer son discours de réception. Un article de la *Biographie contemporaine* lui valut encore un mois de prison ; l'Académie lui manifesta sa sympathie lorsqu'il fut libéré, ce qui mécontenta le gouvernement ; il reçut de Barante, de Pongerville, Dupin, Tissot et Charles Nodier ; du parti des classiques, il vota contre Victor Hugo. Il fut membre de la commission du Dictionnaire.
M. le 4 septembre 1846. — S. : Empis.

**327.** — BAOUR-LORMIAN (LOUIS-PIERRE-MARIE-FRANÇOIS) (7), Né à Toulouse le 24 mars 1772. — Poète descriptif et auteur dramatique, il écrivit une traduction en vers de la *Jérusalem délivrée* et des *Poèmes galliques* imités d'Ossian, d'après une traduction en prose anglaise de Macpherson ; doyen des Jeux floraux, l'ensemble de ses œuvres est très médiocre. Candidat agréable à Napoléon, il fut le dernier dans la deuxième classe de l'Institut, où il remplaça Boufflers au mois d'avril 1815 ; les événements qui se déroulaient en France l'empêchèrent d'être reçu en séance publique, il ne prononça pas de discours de réception. Il fut du parti des classiques et vota contre Victor Hugo et Alfred de Vigny.
Il mourut aveugle le 18 décembre 1854. — S. : Ponsard.

### Organisation de 1816.

**328.** — BAUSSET (*cardinal* LOUIS-FRANÇOIS DE) (34). Né à Pondichéry le 15 décembre 1748. — Evêque, d'Alais, excellent administrateur ecclésiastique, il fut député du Languedoc à l'Assemblée des Notables. Il fut incarcéré en 1792 dans le couvent de Port-Royal et fut libéré à la chute de Robespierre. Son *Histoire de Fénelon* en 1808 lui fit obtenir un prix décennal de l'Institut ; en 1814 il publia une *Histoire de Bossuet*. Il fut pair de France en 1815, cardinal en 1817, ministre d'Etat et commandeur de l'Ordre du Saint-Esprit. L'ordonnance de 1816 le fit entrer à l'Académie française en remplacement de Garat qui en était exclu.

M. le 21 juin 1824. — S. : de Quélen.

**329.** — MONTESQUIOU-FEZENSAC (*abbé* François-Xavier-Marc-Antoine, *duc* de) (14). Né près d'Auch le 13 août 1757. — Il fut duc et pair, ministre d'Etat, député aux Etats généraux dont il fut deux fois le Président, membre du gouvernement provisoire de 1814, ministre de l'intérieur en 1815, ministre d'Etat, membre de la Chambre des pairs. Emigré en Angleterre le 10 août 1792, il rentra sous le Consulat et donna de l'ombrage à Bonaparte qui l'exila. Il fut porté sur la liste préparée par Suard et Morellet pour la reconstitution de l'Académie en 1800 ; il prépara la réorganisation de 1815, mais il n'approuva pas les exclusions prononcées par l'ordonnance de 1816, qui le fit entrer à l'Académie en remplacement du cardinal Maury, il s'abstint d'assister aux séances, ne se considérant pas comme régulièrement élu. Membre de l'Académie des Inscriptions.

M. le 7 février 1832. — S. : Jay.

**330.** — LAINÉ (Joseph-Louis-Joachim, *comte*) (8). Né à Bordeaux le 11 novembre 1767. — Orateur, il fut membre du Corps législatif sous l'Empire et de la Chambre des députés sous la Restauration, président de cette dernière en 1814, 1815 et 1816, ministre de l'Intérieur du 7 mai 1816 au 28 décembre 1818, membre de la Chambre des pairs en 1824. Nommé membre de l'Académie française, en remplacement du duc de Bassano, par l'ordonnance de 1816, il accepta, sans l'approuver, sa nomination, mais il ne se rendit à l'Académie que du jour où celle-ci, reconnaissante de ses scrupules, l'élut directeur à l'unanimité : « Ah ! cette fois, s'écria-t-il en apprenant cette nouvelle, je suis de l'Académie ! » Lorsque Ch. Lacretelle proposa d'envoyer une supplique au Roi, en 1827 (v. notice 319). Lainé en sa qualité de pair de France, ne prit pas part au vote, mais déclara l'approuver en principe.

M. le 17 décembre 1835. — S. : Dupaty.

**331.** — BONALD (Louis-Gabriel-Ambroise, *vicomte* de) (30). Né dans le Rouergue le 2 octobre 1754. — Orateur, publiciste, philosophe, ses œuvres comprennent douze volumes ; la principale est *la Législation primitive*, en trois volumes. Emigré de 1791 à 1808, royaliste fidèle et sincèrement religieux ; il fut ami de Fontanes. Il fut député de 1815 à 1822, pair de France en 1823, et se retira de la politique en 1830. L'ordonnance de 1816 le fit entrer à l'Académie où il occupa le fauteuil de Cambacérès qui était exclu.

M. le 13 novembre 1840. — S. : Ancelot.

**332.** — FERRAND (Antoine-François-Claude, *comte*) (28). Né à Paris le 4 juillet 1751. — Magistrat, il fut exilé pour sa résistance à

Maupeou ; il émigra dès 1789, mais son dénuement l'oblige a à rentrer en France en 1801 ; il fut ministre d'Etat et Directeur général des Postes en 1814, pair de France et membre du Conseil privé en 1815. Poète, historien politique et auteur dramatique, il publia des tragédies qui ne furent pas représentées et l'*Esprit de l'Histoire*, ouvrage en quatre volumes, qui fut poursuivi, fit prime et eut six éditions. L'ordonnance de 1816 le nomma à l'Académie où il occupa le fauteuil de Merlin de Douai, qui en était exclu.
M. le 17 janvier 1825. — S. : Casimir Delavigne.

**333.** — LALLY-TOLLENDAL (Trophime-Gérard, co*mte puis marquis* de) (31). Né à Paris le 5 mars 1751. — Il publia des Mémoires et des Plaidoyers pour obtenir la réhabilitation de son père le général mort sur l'échafaud, faussement accusé de trahison ; dans sa courageuse et filiale campagne, il fut soutenu par Voltaire. Député de la noblesse aux Etats généraux, il émigra en Suisse, mais, voyant la royauté menacée, il rentra en France ; arrêté le 10 août 1792, il fut incarcéré à l'Abbaye, d'où il sortit la veille des massacres de septembre et se réfugia en Angleterre. La Convention n'ayant pas répondu à son offre de défendre Louis XVI, il publia le plaidoyer qu'il voulait prononcer pour la défense du Roi. Il rentra en France après brumaire ; il fut pair de France, ministre d'Etat, Grand-Officier de la Légion d'honneur, Chevalier commandeur et grand trésorier du Saint-Esprit. Nommé à l'Académie par l'ordonnance royale de 1816, il occupa le fauteuil de Sieyès qui était exclu ; il combattit la proposition Lacretelle en 1827 (v. notice 319).
M. le 11 mars 1830. — S. : de Pongerville.

**334.** — LÉVIS (Pierre-Marc-Gaston, *duc* de) (5). Né à Paris le 7 mars 1764. — Il fut député à la Constituante, émigra en 1792, rentra au 18 Brumaire et fut pair de France. Il a laissé divers ouvrages de littérature et d'économie politique. Nommé à l'Académie par l'ordonnance de 1816, il occupa le fauteuil de Rœderer qui était exclu ; il reçut Laya et Roger et s'abstint, à cause de sa qualité de pair de France dans le vote sur la proposition de Ch. Lacretelle en 1827 (V. notice 319).
M. le 15 février 1830. — S. : comte P.-P. de Ségur.

**335.** — RICHELIEU (Armand-Emmanuel-Sophie-Septimanie de Vignerod du Plessis, *duc* de) (16). Né à Paris le 25 septembre 1766. — Il était petit-fils du maréchal ; officier général, il émigra à l'armée de Condé, puis se rendit en Autriche et en Russie ; jusqu'en 1791, il s'appela le duc de Fronsac ; il fut premier gentilhomme de la Chambre de Louis XVI. Il rentra en France en 1801, en repartit, fut gouverneur d'Odessa en 1803, rentra avec Louis XVIII en 1814, le suivit à Gand pendant les Cent Jours ; pair de France en 1814, il fut président du Conseil et ministre des Affaires étrangères en 1815 et quitta le Ministère en 1818 ; les Chambres lui votèrent, à titre de récompense nationale, une pension annuelle de cinquante mille francs, qu'il consacra à créer un hôpital à Bordeaux. Il présida une deuxième fois le Conseil des ministres de 1820 à 1821.

Nommé membre de l'Académie française par l'ordonnance de 1816, il occupa le fauteuil de A.-V. Arnault qui était exclu ; membre de l'Académie des Beaux-Arts, il présida le 24 avril 1815 la première séance annuelle des quatre Académies. Lorsqu'il mourut, son éloge fut prononcé à l'Académie française par B.-J. Dacier et Villemain, et à la Chambre des pairs par le cardinal de Bausset.

M. le 17 mai 1822. — S. : B.-J. Dacier.

**336.** — LAPLACE (Pierre-Simon, *marquis* de) (12). Né en Normandie le 22 mars 1749. — Fils d'un paysan, savant mathématicien, géomètre et astronome, il fut membre de l'Académie des Sciences à 24 ans, le 14 avril 1773, et appartint à presque toutes les Académies d'Europe. Associé le 25 janvier 1783, pensionnaire le 23 avril 1785, vice-président, président nommé par le Directoire dans la 1re classe le 20 novembre 1795. Il présida en 1796 la délégation de l'Institut qui rendit compte de ses travaux au Conseil des Cinq-Cents, et fit reprendre le calendrier grégorien. Ministre de l'Intérieur sous le Consulat, il fut membre et vice-président du Sénat, comte de l'Empire, Grand Officier de la Légion d'honneur ; la Restauration le fit marquis et pair de France. Il fut élu le 11 avril 1816 à l'Académie française en remplacement de Regnaud de Saint-Jean-d'Angely qui avait été exclu par l'ordonnance royale de 1816 ; il s'abstint, en sa qualité de pair de France, dans le vote relatif à la proposition Lacretelle (V. Notice 391).

Il a laissé des œuvres d'une haute valeur scientifique, le *Traité de Mécanique céleste* et l'*Exposition du système du Monde*, qui ont aussi de grandes qualités littéraires.

M. le 7 mars 1827. — S. : Royer-Collard

**337.** — AUGER (Louis-Simon) (32). Né à Paris le 29 juillet 1772. — Il fut lauréat de l'Académie, journaliste, auteur dramatique, rédacteur à la *Biographie universelle* et édita divers ouvrages ; censeur royal en 1814, il fut élu à l'Académie le 11 avril 1816 en remplacement de Lucien Bonaparte qu'avait exclu l'ordonnance royale du 21 mars ; il devint secrétaire perpétuel en 1826 et exerça une grande influence dans les élections ; il fit nommer Villemain, de Quélen, Soumet, Casimir Delavigne et reçut ces trois derniers, ainsi que Droz et Fourier. Il fut un adversaire passionné de l'école romantique et sa réponse au discours de réception de Soumet fut une charge à fond contre la *poétique barbare* de la nouvelle école qu'il accusa de créer un *schisme littéraire* ; en 1827, il combattit la proposition Lacretelle. Il fit partie de la commission du Dictionnaire et fit tirer à soixante exemplaires la lithographie de 177 membres de l'ancienne Académie ; il avait été l'un des compagnons du « Déjeuner de la Fourchette ». Il se suicida en se jetant dans la Seine du haut du Pont des Arts le 2 janvier 1829.

S. : Etienne, deuxième élection (V. notice 320).

**338.** — DE SÈZE (Raymond-Romain, *comte* de) (33). Né à Bordeaux le 26 septembre 1748. — Avocat au parlement de cette ville, il fut l'un des défenseurs de Louis XVI. « Son éternel honneur, dit de Barante dans son discours de réception, sera d'avoir été associé à l'événement le plus tristement religieux de notre Révolution. » C'est de Sèze qui, modifiant sa péroraison à la demande de Louis XVI, s'écria : « Je cherche parmi vous des juges et je ne vois que des accusateurs. » Arrêté après le procès du Roi, de Sèze recouvra sa

liberté au 9 Thermidor ; il fut premier président de la Cour de Cassation en 1815 et pair de France en 1816. Non résident de la deuxième classe 18 février 1796, Il fut élu à l'Académie française le 23 mai en remplacement de Ducis et reçu par Fontanes le 25 août suivant. Il répondit au discours de réception de Cuvier. Après sa mort, Chateaubriand prononça son éloge à la Chambre des pairs le 18 juin 1828.
M. le 2 mai 1828. — S. : de Barante.

**339.** — LAYA (JEAN-LOUIS) (25). Né à Paris le 4 décembre 1761. — Poète et auteur comique, sa pièce *L'Ami des Lois*, hostile aux idées de la Révolution, fut jouée pendant quelques jours au moment du procès Louis XVI et eut un retentissement énorme ; elle provoqua des manifestations violentes, et Laya, proscrit, dut se cacher jusqu'au 9 Thermidor. Il fut élu à l'Académie française, en remplacement du comte de Choiseul-Gouffier, le 6 août 1817, et reçu par le duc de Lévis le 30 novembre suivant. Il fit partie de la commission du Dictionnaire. Il fut critique au *Moniteur* pendant quinze ans et professeur d'histoire littéraire et de poésie française à la Sorbonne. Il était du parti des classiques, et dès 1820, il appela les romantiques « les factieux de la République des Lettres ». Il répondit au discours de réception de Pastoret.
M. en 1833. — S. : Charles Nodier.

**340.** — ROGER (FRANÇOIS) (17). Né à Langres le 17 avril 1776. — A l'âge de 16 ans il fit et chanta des chansons qui amenèrent, pendant dix-sept mois, son incarcération et celle de sa famille. Fonctionnaire, il entra dans l'Université et publia des ouvrages de littérature scolaire ; il fut député sous l'Empire et la Restauration. Journaliste, poète et auteur dramatique, son chef-d'œuvre est une comédie en vers, en trois actes, *L'Avocat*. Il fut élu à l'Académie le 28 août 1817 en remplacement de Suard, et reçu par le duc de Lévis le 30 novembre suivant. Son élection fut très critiquée. Il fit partie de la commission du Dictionnaire. Il combattit la proposition Lacretelle, reçut Villemain et le comte de Sainte-Aulaire et vota contre Victor Hugo. Il avait été l'un des compagnons du « Déjeuner de la Fourchette ».
M. en 1842. — S. : Patin.

**341.** — CUVIER (GEORGES-LÉOPOLD-CHRÉTIEN-FRÉDÉRIC-DAGOBERT, *baron*) (35). Né en Franche-Comté le 25 août 1769. — Il était protestant. Il créa la classification zoologique et la paléontologie et posa la loi de la *corrélation des formes*. Membre de l'Institut en 1796, dans la section des sciences physiques, il fut secrétaire perpétuel de sa classe en 1803, directeur du Jardin des Plantes, professeur d'histoire naturelle et d'anatomie comparée au Collège de France en 1800, professeur au Muséum, membre de toutes les sociétés savantes du monde ; il obtint un prix décennal de l'Institut en 1810 : Napoléon le chargea de missions relatives à l'instruction publique et lui confia des fonctions universitaires ; il fut conseiller d'Etat sous Louis XVIII et pair de France en 1831. Elu en remplacement de Roquelaure le 4 juin 1818, il fut reçu par de Sèze le 27 août suivant. Il combattit la proposition Lacretelle en 1827 et reçut Lamartine en 1829 ; il était membre de l'Académie des Inscriptions. Flourens a écrit l'*Histoire des travaux de Cuvier*.
M. le 13 mai 1832. — S. : Dupin.

**342.** — LÉMONTEY (Pierre-Edouard) (9). Né à Lyon le 14 janvier 1762. — Il fut membre et président de l'Assemblée législative : il se réfugia en Suisse en 1793 et y resta deux ans. Il fut deux fois lauréat de l'Académie de Marseille, il écrivit un *Essai sur l'établissement monarchique de Louis XIV*, un opéra comique, *Palma ou le Voyage en Grèce*, fut rédacteur de journaux royalistes et l'un des compagnons du « Déjeuner de laFourchette ». Elu à l'Académie le 24 février 1819, il remplaça Morellet et fut reçu par Campenon. Membre de la Commission du Dictionnaire.
M. le 26 juin 1826. — S. : Fourier.

**343.** — PASTORET (Claude-Emmanuel-Joseph-Pierre, *marquis de*) (15). Né à Marseille le 6 octobre 1756. — Ami de Buffon et d'Alembert, avocat, poète, traducteur, il fut reçu à l'Académie des Inscriptions en 1784, après avoir publié plusieurs mémoires, son *Traité des lois pénales* qu'il fit paraître sans nom d'auteur, obtint malgré cela le prix Montyon distribué pour la première fois. Député de Paris à l'Assemblée législative, il en fut le premier président ; procureur général syndic du Directoire de Paris, il fut ministre de l'Intérieur en 1791 pendant peu de temps. Lorsque Mirabeau mourut, Pastoret demanda que l'église Sainte-Geniève devînt le Panthéon et proposa l'inscription qui figure au fronton : « Aux grands hommes la Patrie reconnaissante ». Émigré pendant la Terreur, il rentra en 1795, fut proscrit au 18 Fructidor, se réfugia en Suisse chez Necker, puis à Venise, député du Var au Conseil des Cinq-Cents, sénateur en 1809, membre et vice-président de la Chambre des pairs en 1814, ministre d'Etat en 1826, il fut le dernier chancelier de la Restauration en 1829 et le tuteur des enfants du duc de Berry.
Membre de l'Institut, élu dans la deuxième classe, le 10 décembre 1795, il en devint président ; il fit partie de l'Académie des Inscriptions et de celle des Sciences sociales et politiques, élu à l'Académie française en remplacement de Volney, il fut reçu le 24 août 1820 par Laya qui prononça à cette occasion un discours très hostile aux romantiques. En 1819, Pastoret donna, en gardant l'anonymat, une somme de 1.500 francs pour un éloge de Malesherbes ; il reçut Guiraud et Brifaut. Traducteur de Tibulle, historien et analyste des législations anciennes, il écrivit une *Histoire de la Législation* en onze volumes et fut professeur au Collège de France et à la Sorbonne.
M. le 29 septembre 1840. — S. : le comte de Sainte-Aulaire.

**344.** — VILLEMAIN (Abel-François) (23). Né à Paris le 9 juin 1790. — Il fut lauréat de l'Académie en 1812 ; il le fut encore en 1814, et, par dérogation à ses usages, l'Académie l'autorisa à lire lui même l'œuvre couronnée devant l'Institut ; le roi de Prusse et l'empereur de Russie assistaient à cette séance, Villemain eut le tort de débuter en leur adressant un compliment ; il fut lauréat une troisième fois en 1816. Traducteur, critique, auteur de nombreux travaux littéraires, il fut professeur à la Faculté des lettres où il suppléa Guizot pour l'histoire en 1814 et remplaça Royer-Collard pour le cours d'éloquence française de 1816 à 1826 ; il chercha à concilier le clergé et l'Université ; avec Guizot et Victor Cousin, il donna une allure de liberté aux cours de la Faculté des lettres, qui furent suspendus ; il fut aussi maître de conférences à l'Ecole normale et rédacteur au *Jour-*

nal des Débats, à la Revue de Paris, à la Revue des Deux-Mondes.
Il fut élu, à l'âge de 30 ans, membre de l'Académie le 26 avril 1821,
en remplacement de Fontanes qui l'avait désigné pour lui succéder ;
il fut reçu par Roger le 28 juin suivant. Il fit partie de la Commission
du Dictionnaire et écrivit la préface de l'édition de 1835 ; il répondit
aux discours de réception de B.-J. Dacier, Feletz, Arnault à sa
deuxième élection, et Scribe. En 1827, il avait rédigé et signé avec
Chateaubriand et Lacretelle la supplique au roi en faveur de la
liberté de la presse ; cet acte lui fit perdre sa place de maître des requêtes au Conseil d'Etat. Il fut favorable à Victor Hugo dès sa première
candidature et vota toujours pour lui. Il fut nommé secrétaire perpétuel en 1835 et exerça une grande influence à l'Académie pendant près
de cinquante ans. Villemain joua un rôle politique important ; il fut
député en 1830, pair de France en 1832, ministre de l'Instruction
publique de 1839 à 1848.
M. le 8 mai 1870. — S. : Littré.

**345.** — FRAYSSINOUS (Antoine-Denis-Luc, comte) (3). Né en
Auvergne le 9 mai 1765. — Orateur sacré et écrivain chrétien, il
fut évêque d'Hermopolis, grand-maître de l'Université en 1822,
comte, pair de France en 1824, ministre des Cultes la même année,
il rappela les jésuites, fut aumônier et prédicateur du roi ; précepteur
du duc de Bordeaux, il l'accompagna en exil et revint en France
en 1838. Elu contre Casimir Delavigne et en remplacement de l'abbé
Sicard le 27 juin 1822, il fut reçu le 28 novembre de la même année
par Bigot de Préameneu.
M. le 12 décembre 1841. — S. : Pasquier.

**346.** — DACIER (Bon-Joseph, baron) (16). Né en Normandie
le 1er avril 1742. — Philologue, il fut admis le 14 juin 1772, comme
membre associé à l'Académie des Inscriptions, des intérêts de laquelle
il s'occupa activement ; il en devint le président, puis secrétaire perpétuel en décembre 1782, et en écrivit les mémoires de 1784 à 1830 ;
il était l'élève et le collaborateur de Foncemagne. Il a laissé des traductions et des ouvrages historiques. Il fit partie de l'Institut en 1795,
fut conservateur de la Bibliothèque nationale en 1800 et membre de
l'Académie des Sciences morales et politiques. Il entra dans la 3e classe
en 1803 et devint secrétaire perpétuel. Elu en remplacement du duc
de Richelieu le 27 juin 1822, il fut reçu à l'Académie française par
Villemain le 28 novembre suivant, il avait eu Casimir Delavigne
pour concurrent. Sous le règne de Louis XVI, il avait refusé le
ministère des Finances ; il fut membre du Tribunat en 1799.
M. le 4 février 1833. — S. : Tissot.

**347.** — QUÉLEN (Hyacinthe Louis comte de) (34). Né à Paris
le 8 octobre 1778. — Il fut le secrétaire du cardinal Fesch, archevêque de Paris en 1821, pair de France, il fit preuve d'un grand dévouement pendant le choléra de 1832 ; il a prononcé quelques oraisons
funèbres et écrit quelques mandements épiscopaux. Il fut élu à l'Académie contre C. Delavigne et en remplacement du cardinal du Bausset le 29 juillet 1824 et reçu par Auger le 25 novembre suivant. Dans
son discours de réception il reporta sur la religion tout l'honneur de
son élection en reconnaissant avec humilité le peu de valeur de ses

titres académiques. En 1827, lorsque Lacretelle proposa d'envoyer une supplique au roi, de Quélen envoya à l'Académie une lettre pour l'empêcher d'adhérer à ce projet ; il s'ensuivit un très vif incident.
M. le 31 décembre 1839. — S. : comte Molé.

**348. — SOUMET** (Alexandre-Louis-Antoine) (27). Né en Languedoc le 8 février 1786. — Poète et auteur dramatique, lauréat des Jeux floraux, il obtint en 1815 deux prix de l'Académie ; son poème de *Jeanne d'Arc* fut publié aux frais de l'Etat ; il fut bibliothécaire des palais de Saint-Cloud et de Rambouillet, sous la Restauration, puis de Compiègne sous Louis-Philippe. Elu le 29 juillet 1824 en remplacement d'Aignan, il fut reçu le 25 novembre suivant par Auger dont la réponse fut une déclaration de guerre à la nouvelle école romantique. Soumet appartenait plutôt au romantisme car il avait fréquenté le Cénacle de Victor Hugo ; il avait eu pour concurrents à son élection Casimir Delavigne et Lamartine. Il vota pour Victor Hugo.
M. le 30 mars 1845. S. : Vitet.

**349. DROZ** (François-Xavier-Joseph) (21). Né à Besançon le 31 octobre 1773. — Il fut militaire, professeur, philosophe déiste, historien, obtint un prix Montyon en 1824. Son élection à l'Académie le 2 décembre 1824 contre Lamartine et en remplacement de P.-L. Lacretelle aîné, fut très critiquée. Il fut reçu par Auger le 7 juillet 1825. Il répondit au discours de réception d'Etienne après sa deuxième élection. Membre de l'Académie des sciences morales et politiques, il était l'un des compagnons du «Déjeuner de la Fourchette». Son meilleur ouvrage est l'*Histoire du règne de Louis XV*.
M. le 9 novembre 1850. — S. : Montalembert.

**350. — DELAVIGNE** (Jean-François-Casimir)(28). Né au Havre le 4 avril 1793. — Poète et auteur dramatique, il publia en 1818 ses premières *Messéniennes* qui obtinrent un grand succès patriotique et le firent nommer bibliothécaire à la chancellerie; l'année suivante il donna brillamment sa première pièce à l'Odéon, *Les Vêpres siciliennes*. Il fut lauréat de l'Académie; en 1822, il publia de nouvelles *Messéniennes* dont l'esprit patriotique et libéral effraya le pouvoir et qui lui firent perdre sa place de bibliothécaire; le duc d'Orléans, plus tard Louis-Philippe, lui donna comme compensation la même situation au Palais-Royal et resta son ami jusqu'à sa mort. En 1823, *L'Ecole des Vieillards* jouée par Talma et M<sup>lle</sup> Mars obtint un grand succès, et C. Delavigne se présenta à l'Académie ; il fut battu par Frayssinous, évêque d'Hermopolis, et par Quélen, archevêque de Paris ; comme on le pressait de solliciter un nouveau fauteuil vacant, il refusa, disant : « On m'opposerait le pape ! » Il fut pourtant élu à l'âge de 32 ans par 27 voix sur 28 votants, le 24 février 1825 en remplacement du comte Ferrand et reçu par Auger le 7 juillet suivant. Il soutint la proposition de Lacretelle en 1827 et proposa d'envoyer une délégation de l'Académie pour manifester la sympathie de la Compagnie aux trois académiciens frappés de révocation par le pouvoir à la suite de ce vote: Lacretelle, Villemain et Michaud. Le chef-d'œuvre de C. Delavigne au théâtre est *Louis XI*, joué en 1832. Il faut citer encore *Les Enfants d'Edouard* et *Don Juan*

d'*Autriche*. Bien qu'il ne fût pas un classique pur, C. Delavigne vota contre Victor Hugo et Alfred de Vigny. Lorsqu'il mourut, Paris lui fit des funérailles imposantes et populaires.
M. le 11 décembre 1843. — S. : Sainte-Beuve.

**351**. — MONTMORENCY (Mathieu-Jean-Félicité de Montmorency-Laval, *duc* de) (37). Né à Paris le 10 juillet 1767. — Partisan des philosophes, il fit la guerre de l'Indépendance américaine et fut maréchal de camp. Député de la noblesse aux Etats généraux, il se réunit au Tiers état, puis il émigra en Suisse chez M$^{me}$ de Staël, rentra en France à la chute de Robespierre, fut arrêté puis relâché. Il fut pair de France, ministre des Affaires étrangères en 1821, ministre d'Etat, membre du Conseil privé; ambassadeur au congrès de Vérone; il fut l'ami de Louis XVIII, de M$^{me}$ de Staël et de M$^{me}$ Récamier. Elu membre de l'Académie le 3 novembre 1825 en remplacement de Bigot de Préameneu, il n'avait d'autres titres littéraires que d'être le gouverneur du duc de Bordeaux et les discours parlementaires qu'il avait prononcés. Il fut reçu par le comte Daru le 9 février 1826. Il mourut six semaines après. Sur le conseil de M$^{me}$ Récamier il voulut céder son traitement d'académicien à M$^{me}$ Desbordes-Valmore qui le refusa : M$^{me}$ Récamier lui fit donner une pension par le roi.
M. le 24 mars 1826. — S. : Guiraud.

**352**. — GUIRAUD (Pierre-Marie-Thérèse Alexandre, *baron*) (37). Né en Languedoc le 25 décembre 1788. — Lauréat des Jeux floraux, poète élégiaque, auteur dramatique et romancier, il fit partie du premier «Cénacle». Il fut élu à l'Académie, ayant Lamartine pour concurrent, le 10 mai 1826 en remplacement de Mathieu de Montmorency, et reçu par Pastoret le 18 juillet suivant. La même année, il fut créé baron. Guiraud fut un champion dévoué de la candidature Alfred de Vigny.
M. le 24 février 1847. — S. : Ampère.

**353**. — BRIFAUT (Charles) (10). Né à Dijon le 15 février 1781. — Poète, auteur de tragédies applaudies, rédacteur à la *Gazette de France*, journaliste royaliste libéral, il fut élu à l'Académie contre Lamartine le 10 mai 1826 en remplacement de d'Aguesseau, et reçu par Pastoret le 18 juillet suivant. Il soutint la proposition Lacretelle, reçut Ancelot et de Falloux, pour ce dernier, à cause de la faiblesse de sa voix il fit lire son discours par Patin; il vota contre Victor Hugo et A. de Vigny.
M. le 5 juin 1857. — S. : J. Sandeau.

**354**. — FÉLETZ (Charles-Marie-Dorimond, *abbé* de) (39). Né en Limousin le 3 janvier 1767. — Il reçut les ordres d'un prêtre insermenté; arrêté pour refus de serment à la constitution civile du clergé, il fut condamné sans jugement à la déportation ; il passa onze mois sur les pontons où avaient été envoyés 800 prêtres dont 600 moururent, Professeur et rédacteur au *Journal des Débats*, il se présenta à l'Académie sur les sollicitations de ses amis ; il fut élu le 14 décembre 1826 en remplacement de Villar et reçu par Villemain le 17 avril 1827 ; il fut très assidu aux séances, reçut P.-A. Lebrun et Victor Cousin, vota contre Victor Hugo. C'était un critique spirituel et un aimable

causeur ; il fut inspecteur de l'Académie de Paris de 1812 à 1830, membre de la commission de livres classiques de l'Université ; conservateur de la Bibliothèque Mazarine depuis 1809, il fut destitué en 1849 ; l'Académie s'en émut et intercéda pour lui faire rendre sa place ; il mourut aveugle l'année suivante.
S. : Nisard.

**355.** — FOURIER (Jean-Baptiste-Joseph, *baron*) (9). Né à Auxerre le 21 mars 1768. — Grand géomètre et physicien, il fut professeur à l'Ecole polytechnique, secrétaire de l'Institut d'Egypte, préfet en 1802, baron de l'Empire ; il avait été admis à l'Ecole normale à sa fondation. Elu membre de l'Académie des Sciences en 1817, son élection fut annulée par Louis XVIII et confirmée par un nouveau vote en 1818 : il en devint secrétaire perpétuel. Il écrivit des ouvrages scientifiques dont le plus important est la *Théorie analytique de la chaleur*. Il fut nommé à l'Académie française le 14 décembre 1826 en remplacement de Lémontey, et reçu le 17 avril 1827 par Auger.
M. le 16 mai 1830. S. : Victor Cousin.

**356.** — ROYER-COLLARD (Pierre-Paul) (12). Né en Champagne le 21 juin 1763. — Il fut secrétaire de la première commune de Paris en 1792 ; député aux Cinq-Cents en 1797, il fut exclu de cette assemblée au 18 fructidor ; député depuis 1815 jusqu'à sa mort. en 1827 il fut élu dans sept collèges et il présida la Chambre en 1828. Chef des doctrinaires et grand orateur parlementaire, il a laissé environ trente discours ; il signa l'adresse des 221, fut professeur de philosophie à la Faculté des lettres, à l'Ecole normale et doyen de la Faculté, directeur de l'imprimerie et de la librairie, conseiller d'Etat, président du Conseil royal de l'Université.
Royer-Collard fut élu à l'Académie le 19 avril 1827 en remplacement de Laplace, et reçu par le comte Daru le 13 novembre suivant. Cette élection marque une date dans l'histoire de l'Académie : elle fut le point de départ d'une évolution de l'Académie vers les idées libérales. Il vota pour Guizot, accueillit mal Victor Hugo mais vota pour lui ; il affectait de répondre aux candidats qu'il les ignorait, ne connaissant rien de ce qui s'écrivait depuis une trentaine d'années.
M. le 4 septembre 1845. — S. ; Ch. de Rémusat.

**357.** — LEBRUN (Pierre-Antoine) (2). Né à Paris le 29 décembre 1785. — Poète précoce, il fut pensionné par Napoléon, député, sénateur, nommé duc de Plaisance et pair de France ; il s'occupa d'économie politique et dirigea le *Journal des Savants* ; il fut aussi directeur de l'Imprimerie royale de 1831 à 1848.
Lauréat de l'Académie en 1817, il donna plusieurs œuvres dramatiques, dont la meilleure, *Marie Stuart*, fut considérée comme la première victoire du romantisme au théâtre. Elu à l'Académie le 20 février 1828 en remplacement de François de Neufchâteau, il fut reçu par l'abbé de Féletz le 22 mai. Il vota pour Victor Hugo, reçut de Salvandy en 1836 et Emile Augier en 1858 ; dans sa réponse à ce dernier, il fit l'éloge de son ami Béranger qu'il sollicitait vainement de se présenter. Pendant le ministère de Villemain sous Louis-Philippe (1839-1848), P.-A. Lebrun remplit l'intérim des fonctions de secrétaire perpétuel ; sous le second Empire, il appartint au groupe

impérialiste dirigé par Sainte-Beuve et, et à la suite de plusieurs élections désagréables à l'empereur, il réclama, avec Sainte-Beuve, Nisard et Mérimée, une Académie du suffrage universel. *Nouveau Lundi* de Sainte-Beuve.

M. le 22 mai 1873. — S. : A. Dumas fils.

**358. — BARANTE** (Amable-Guillaume-Prosper Brugière, baron de) (33). Né à Riom le 10 juin 1782. — Il fut membre de la Chambre des pairs, de la Chambre des députés, directeur des Contributions directes, ambassadeur à Saint-Pétersbourg et à Turin, grand commandeur de la Légion d'honneur.

Il a laissé une traduction de Schiller et une d'*Hamlet*, une *Histoire de la Convention*, un *Tableau de la Littérature au xviii$^e$ siècle* et une *Histoire des Ducs de Bourgogne*, œuvre importante qui lui valut d'être élu à l'Académie le 19 juin 1828, en remplacement de de Sèze ; il fut reçu par Jouy le 20 novembre suivant. Libéral en politique et classique en littérature, il ne prit aucune part à l'élection de Victor Hugo, mais il combattit celle d'A. de Vigny ; il reçut Ballanche et Patin.

M. le 22 novembre 1866. — S. : Gratry.

**359. — LAMARTINE** (Alphonse-Louis-Marie de Prat de) (6). Né à Mâcon le 21 octobre 1790. — Il fut officier, diplomate, poète, historien, romancier, orateur et homme politique; il voyagea en Europe et en Orient. Député depuis 1833, il fut membre du Gouvernement provisoire et ministre des Affaires étrangères en 1848; il prononça à cette époque des harangues magnifiques qui contribuèrent à le rendre très populaire ; il fut élu par douze départements à l'Assemblée constituante, mais sa popularité disparut, et il ne put être élu à l'Assemblée législative que dans une élection complémentaire ; candidat à la présidence de la République, il n'obtint qu'un très petit nombre de voix. Il se retira alors définitivement de la politique.

Presque toutes les œuvres de Lamartine sont antérieures à son entrée dans la politique militante : Les *Méditations*, les *Harmonies*, *Jocelyn*, et en prose, *Raphaël* et *Graziella*, l'*Histoire des Girondins* et le *Voyage en Orient* sont ses chefs-d'œuvre. Lamartine se présenta pour la première fois à l'Académie en 1824 et fut battu par Droz ; l'Académie lui préféra successivement en 1826, Soumet, Guiraud et Brifaut. Il se présenta de nouveau à la mort du comte Daru, trois candidats se retirèrent devant lui : Viennet, de Pongerville et Salvandy ; Andrieux voulut alors lui opposer le duc de Bassano, exclu depuis 1816 comme Arnault et Etienne que l'Académie venait de recevoir à nouveau, mais Bassano refusa. Trois autres candidats, Ph. de Ségur, d'Azaïs et David disputèrent le fauteuil de Daru à Lamartine qui fut élu le 5 novembre 1829 par 19 voix sur 33 votants ; il fut reçu par Cuvier le 1$^{er}$ avril 1830. Le discours de Lamartine révéla en lui le prosateur et l'orateur. Il était le premier romantique entré à l'Académie et il s'efforça avec Chateaubriand d'y faire entrer Victor Hugo dès 1836; il vota toujours pour lui ainsi que pour Alfred de Vigny et H. de Balzac.

Son éloge n'a pas été prononcé par son successeur.

M. le 28 février 1869. — S. : Emile Ollivier.

**360.** — SÉGUR Fils (Philippe-Paul, *comte* de) (5). Né à Paris le 4 novembre 1780. — Brillant officier général, il fut prisonnier de guerre en Russie, diplomate, grand-croix, pair de France en 1831. Historien militaire, orateur distingué, il fut candidat malheureux contre Lamartine, mais il fut élu à la vacance suivante le 25 mars 1830, remplaçant le duc de Lévis ; il fut reçu par Arnault le 29 juin suivant. Il vota pour Victor Hugo et reçut Guizot. Le comte de Ségur faisait partie des réunions des « Dîners du Vaudeville » (Chansonniers).
M. le 25 février 1873. — S. : de Viel-Castel.

**361.** — PONGERVILLE (Jean-Baptiste-Antoine-Aimé-Samson de) (31). Né à Abbeville le 3 mars 1792. — Il traduisit en vers Lucrèce, en prose Virgile et Milton ; il fut conservateur de la Bibliothèque Sainte-Geneviève en 1846 et de la Bibliothèque nationale en 1851. Candidat à l'Académie, il se retira devant Lamartine, il fut élu le 30 avril 1830 en remplacement de Lally-Tollendal et reçu le 29 juin suivant par Jouy ; il soutint Victor Hugo contre Flourens, vota pour Victor Hugo à son élection, reçut Mignet, et fit partie de la Commission du Dictionnaire.
M. le 22 janvier 1870. — S. : X. Marmier.

**362.** — COUSIN (Victor) (9). Né à Paris le 28 novembre 1792. — Il fut l'ami de Guizot et de Villemain ; professeur à la Faculté des Lettres en 1815, son cours fut suspendu à cause de ses idées libérales ; il fut rappelé dans sa chaire en 1827. Ancien élève de l'Ecole normale, il y fut maître des conférences et en devint directeur en 1830. Pendant un séjour en Allemagne, en 1824, il fut arrêté à Dresde sous l'accusation de carbonarisme et emprisonné pendant six mois à Berlin. Il ne débuta dans la littérature qu'en 1843 par un Mémoire sur les *Pensées* de Pascal qu'il envoya à l'Académie. Philosophe spiritualiste, chef de l'école éclectique, il édita les œuvres de Descartes, traduisit Platon et Proclus, écrivit une *Histoire générale de la Philosophie, le Vrai, le Beau et le Bien*, les *Femmes du* XVII° *siècle ;* ce dernier ouvrage est intéressant à consulter pour l'histoire des sociétés littéraires en France. Il fut pair de France après 1830, conseiller d'Etat, ministre de l'Instruction publique en 1840. Elu à l'Académie en remplacement de Fourier en 1830, il fut reçu par l'abbé de Féletz le 5 mai 1831 ; il battit Benjamin Constant, soutint les candidatures de Victor Hugo, de Falloux et Lacordaire. Il fut nommé à l'Académie des Sciences morales et politiques à sa réorganisation en 1832. Il fit partie de la Commission du Dictionnaire. « Son infatigable activité d'esprit ne se confinait pas à une sphère ; il entrait dans toutes : histoire, critique, érudition politique, et la philosophie enfin, qui fut longtemps sa place forte et son quartier général avec drapeau. » (Sainte-Beuve).
M. le 14 janvier 1867. — S : Jules Favre.

**363.** — VIENNET (Jean-Pons-Guillaume) (22). Né à Béziers le 18 novembre 1777. — Il fut officier d'artillerie de marine, prisonnier de guerre à Plymouth pendant huit mois en 1797, puis à Leipsick en 1813, il prit sa retraite comme lieutenant-colonel ; l'indépendance de ses idées l'avait fait rayer des cadres de l'armée en 1829 : il joua un rôle politique comme député de Béziers en 1830 et comme pair de France

sous Louis-Philippe. Il fut grand-maître des francs-maçons du rite écossais en France. Lauréat des Jeux floraux, il publia des poésies, des fables et des romans, fit représenter des tragédies, collabora au *Constitutionnel* et au *Journal de Paris*. Elu à l'Académie le 18 novembre 1830 contre Benjamin Constant, en remplacement de L.-P. de Ségur, il s'était retiré l'année précédente devant Lamartine ; il fut reçu par Parseval-Grandmaison le 5 mai 1831. Quoiqu'il appartînt au groupe des classiques, il vota pour Victor Hugo. Il reçut Thiers, Empis et de Carné, et fit partie de la Commission du Dictionnaire.
M. 10 juillet 1868. — S. : comte d'Haussonville père.

**364.** — JAY (Antoine)(14). Né en Guyenne le 20 octobre 1770. — Il passa sept années en Amérique où il fut l'ami de Jefferson ; à son retour en France, il fut professeur, fonctionnaire au ministère de la Police, député. Il collabora au *Journal des Voyages*, au *Constitutionnel* et dirigea le *Journal de Paris* ; il publia, avec Benjamin Constant, Etienne, Jouy et Tissot, la *Biographie des Contemporains*, en vingt volumes ; un article paru dans ce dernier ouvrage lui valut un mois de prison qu'il subit à Sainte-Pélagie.
Lauréat de l'Académie, il y fut élu le 15 mars 1842 en remplacement de l'abbé duc de Montesquiou-Fezensac, et reçu par Arnault le 19 juin suivant. Il fut du parti des classiques et vota contre Victor Hugo.
M. le 13 avril 1854. — S. : Silvestre de Sacy.

**365.** — DUPIN (André-Marie-Jean-Jacques) (35). Né dans le Morvan le 1er février 1783. — Il fut avocat et orateur, homme d'Etat et jurisconsulte. Député en 1815, président de la Chambre des députés en 1832, pair de France, président de l'Assemblée constituante en 1848 et de l'Assemblée législative en 1849, sénateur en 1857 ; ministre sans traitement en 1830. il refusa le portefeuille de la Justice en 1839 et 1840 ; membre du Conseil privé, il accompagna la duchesse d'Orléans et ses enfants à la Chambre le 24 février 1848.
Dupin fut, devant la Chambre des pairs, sous la Restauration, le défenseur de nombreux accusés politiques, notamment du maréchal Ney, de Savary, du duc de Vicence, de Béranger, etc. Il fut, à la Chambre des députés, le rapporteur de la charte de 1830 ; il est célèbre pour son esprit et ses bons mots.
Membre de l'Académie des Sciences morales et politiques, il fut élu à l'Académie française à cause de sa situation de défenseur du *Constitutionnel* dont plusieurs rédacteurs étaient académiciens ; il remplaça Cuvier le 21 juin 1832 et fut reçu par Jouy le 30 août suivant ; il répondit au discours de réception du comte Molé et vota pour Victor Hugo en 1840 et en 1841. Procureur général à la Cour de cassation en 1830, il démissionna en 1852, et reprit ces fonctions en 1857.
M. le 10 novembre 1865. — S. : Cuvillier-Fleury.

**366.** — TISSOT (Pierre-François) (16). Né à Versailles, le 10 mars 1768. — Il fut détenu pendant vingt jours sous la Terreur, député en l'an VI, proscrit au 3 nivôse. Poète, traducteur en vers des *Bucoliques*, historien, rédacteur au *Constitutionnel*, il fut professeur de poésie latine au Collège de France de 1806 à 1820 et de 1830 jusqu'à sa mort. Elu à l'Académie le 7 mars 1833 en remplacement de B.-J.

Dacier, il fut reçu le 9 août suivant par Jouy ; il vota contre l'admission de Victor Hugo.
M. le 7 avril 1854. — S. : Dupanloup.

**367.— THIERS** (Louis-Adolphe) (38). Né à Marseille, le 16 avril 1797. — Il fut boursier au lycée de cette ville. Il concourut à l'Académie d'Aix pour un éloge de Vauvenargues, et, bien qu'il méritât le prix, l'Académie renvoya son jugement à l'année suivante ; cette fois, Thiers obtint l'accessit, et le prix fut donné à une composition jugée meilleure, qui avait été envoyée de Paris et dont l'auteur était... Thiers lui-même ! Ami de Manuel et de Laffitte, il entra au *Constitutionnel*, fonda le *National*, combattit la royauté de Charles X. Ministre des Travaux publics, de l'Intérieur en 1832, du Commerce le 25 décembre de la même année, de l'Intérieur en 1834, il fut président du Conseil de 1836 à 1840, il fut l'adversaire et le rival de Guizot. Député à la Constituante et à la Législative, il fit partie du Corps législatif de 1863 à 1870, où il fut un des chefs de l'opposition à l'Empire. Son rôle politique, déjà considérable depuis quarante années, grandit encore avec les événements de 1870-1871 ; à la demande du gouvernement de la Défense nationale, il parcourut l'Europe pour l'intéresser au sort de la France vaincue, mais il n'obtint que des témoignages de sympathie platonique ; vingt-six départements l'élurent député à l'Assemblée nationale qui se réunit à Bordeaux au mois de février 1871 ; il fut chef du pouvoir exécutif de 1871 au 24 mai 1873, il eut à combattre la Commune de Paris et à poursuivre les négociations avec la Prusse ; l'habileté de sa politique financière lui permit d'obtenir une plus prompte évacuation du territoire français par les armées allemandes, ce qui le fit surnommer le Libérateur du Territoire. Il resta député à l'Assemblée de Versailles jusqu'à sa mort ; il prononça de nombreux et remarquables discours dans sa carrière parlementaire.

L'importance de ses occupations politiques n'empêcha pas Thiers de se livrer à des travaux d'histoire et d'économie politique ; il écrivit une *Histoire de la Révolution* et une *Histoire du Consulat et de l'Empire* qui fait autorité. A la mort d'Andrieux, Thiers, soutenu par la presse libérale, par le salon Laffitte, par Béranger, fut candidat à l'Académie ; étant à ce moment président du Conseil des ministres, il ne fit pas de visites et fut élu le 20 juin 1833 ; il ne fut reçu que le 13 décembre 1834 par Viennet, et, dans son discours de réception, il attaqua l'école romantique. Il persista dans ces sentiments en votant contre Victor Hugo la première fois qu'il sollicita les suffrages académiques, mais il lui donna sa voix en 1841. Thiers exerça une grande influence à l'Académie, il y fit élire ses amis de Salvandy, Mignet, de Rémusat, favorisa ses collaborateurs du *Constitutionnel* vota pour son adversaire Guizot. Il fut souvent en désaccord avec ce dernier sur le terrain académique, comme il l'avait été sur le terrain politique ; il soutint la candidature Littré en 1863, vota pour Autran et pour Auguste Barbier contre Théophile Gautier, et, après la détente qui suivit l'avènement d'un ministère libéral, il patronna M. Emile Ollivier.

Thiers, adversaire du régime impérial, obtint le premier prix biennal de 20.000 francs fondé par l'empereur ; il l'accepta, mais le remploya immédiatement en une nouvelle fondation qu'on appela le prix Thiers.

A ses funérailles, qui eurent un caractère très imposant et une signification particulière en raison de la crise politique que traversait la France, l'Académie désigna Sylvestre de Sacy pour parler en son nom ; ce devoir incombait à M. Émile Ollivier, alors absent de Paris, qui protesta et revendiqua son droit de répondre à celui qui succèderait à Thiers ; un nouvel incident se produisit encore et ce fut X. Marmier qui le remplaça. Thiers appartint à l'Académie des Sciences morales et politiques.

M. le 3 septembre 1877. — S. : Henri Martin.

**368.** — NODIER (Charles-Emmanuel) (25). Né à Besançon le 29 avril 1780. — Poète, romancier, bibliophile, grammairien, il s'occupa aussi d'entomologie. A ses débuts dans les lettres, il publia après le 18 Brumaire une ode violente, la *Napoléone*, qui lui valut une incarcération de plusieurs mois à Sainte-Pélagie et dans diverses autres prisons ; il fut ensuite exilé à Besançon. Accusé de complot, il fut arrêté une seconde fois et, délivré par des paysans, il se cacha dans les montagnes du Jura. Rédacteur au *Journal des Débats* en 1814, il fut nommé conservateur à la Bibliothèque de l'Arsenal où son salon devint le centre d'une société littéraire et où il accueillit les premiers romantiques en 1823. Bien qu'il eût attaqué l'Académie en 1807 et à diverses occasions, il s'y présenta à plusieurs reprises : battu en 1824, puis en 1833 par Thiers, il fut élu le 26 octobre 1833 en remplacement de Laya et reçu par Jouy le 26 décembre 1834 ; il fit partie de la Commission du Dictionnaire, soutint Victor Hugo et vota pour lui ; il fut également un partisan de la candidature d'Alexandre Dumas père.

M. le 27 janvier 1844. — S. : Mérimée.

**369.** — SCRIBE (Augustin-Eugène) (18). Né à Paris le 24 décembre 1791. — Il fut un de nos plus féconds auteurs dramatiques et obtint de grands succès sur presque toutes les scènes de Paris ; il eut de nombreux collaborateurs ; son *Théâtre complet* forme 20 volumes, dont 10 de comédies-vaudevilles, 3 de comédies, 2 d'opéras et 5 d'opéras-comiques ; il écrivit aussi des mélodrames, des ballets et des romans. Ses œuvres, au théâtre, les plus connues sont : *La Camaraderie*, *Bertrand et Raton*, *Le Verre d'Eau*, *Les Huguenots*, *La Juive*, *Robert Le Diable*, etc. Elu à l'Académie contre de Salvandy le 27 novembre 1834 en remplacement de A.-V. Arnault, il fut reçu le 28 janvier 1836 par Villemain ; il vota contre l'admission de Victor Hugo.

M. le 20 février 1861. — S. : Octave Feuillet.

**370.** — SALVANDY (Narcisse-Achille, comte de) (1). Né à Condom le 11 juin 1795. — Il fut officier, député, conseiller d'Etat, deux fois ministre de l'Instruction publique de 1837 à 1839 et de 1845 à 1848, ambassadeur en Espagne en 1841, en Piémont en 1843. Orateur et écrivain politique, historien, romancier, il fut membre de l'Académie des Sciences morales et politiques ; candidat à l'Académie française, il se retira devant Lamartine, fut battu par Scribe, élu le 19 février 1835 en remplacement de Parseval-Grandmaison et reçu par P.-A. Lebrun

le 21 avril 1836. Il vota pour Victor Hugo en 1840 et 1841 et reçut Victor Hugo, Berryer, Dupanloup et Sylvestre de Sacy.
M. le 15 décembre 1856. — S. : Emile Augier.

**371.**—DUPATY (Louis-Emmanuel-Félicité-Charles-Mercier)(8). Né à Bordeaux le 30 juillet 1775. — Officier de marine. il fut blessé dans le combat où périt *Le Vengeur;* plus tard, les ennemis qu'il s'était attirés le firent retenir pendant quelques mois sur un ponton de Brest, sous le prétexte que son service militaire dans la marine n'était pas terminé. Dupaty écrivit des vaudevilles et des opéras comiques ; poète et chansonnier, il fut membre du « Caveau », des « Dîners du Vaudeville » et des « Enfants d'Apollon » ; il fut journaliste et administrateur de la Bibliothèque de l'Arsenal. Elu à l'Académie le 18 février 1836 en remplacement de Lainé, il obtint au premier tour de scrutin 15 voix contre 9 à Victor Hugo et 8 au comte Molé, au deuxième tour il fut nommé par 18 voix contre 12 au comte Molé et 2 à Victor Hugo. Il fut reçu par Alexandre Duval le 10 novembre suivant ; il répondit aux discours de réception de Rémusat et de Saint-Priest et vota contre l'admission de Victor Hugo.
M. le 29 juillet 1851. — S. : Alfred de Musset.

**372.** — GUIZOT (François-Pierre-Guillaume) (40). Né à Nîmes le 4 octobre 1787. — En politique, il appartint à l'école doctrinaire ; professeur à la Sorbonne, son cours fut suspendu en même temps que ceux de Victor Cousin et de Villemain, de 1825 à 1828 ; il écrivit dans les journaux libéraux et signa, en y ajoutant un commentaire, l'adresse des 221.
Député et ministre de l'Intérieur en 1830, ministre provisoire de l'Instruction publique la même année, ministre des Affaires étrangères puis de l'Instruction publique de 1832 à 1837, il fut ambassadeur à Londres en 1840, ministre des Affaires étrangères et président du Conseil de 1840 à 1848. Il fut l'ami de Royer-Collard et le rival de Thiers ; il fut encore député à la Constituante en 1848, et son rôle politique finit avec l'avènement de l'Empire qu'il ne cessa pourtant de combattre.
Orateur politique, critique, grammairien, historien, il fit aussi des traductions de l'anglais ; Guizot a écrit l'*Histoire de la Révolution d'Angleterre,* un nouveau *Dictionnaire des Synonymes* et divers autres ouvrages. En 1832, il fit rétablir l'Académie des Sciences morales et politiques et en fit partie dès sa reconstitution ; l'année suivante, il fut admis à l'Académie des Inscriptions et le 28 avril 1836 il fut élu à l'Académie française en remplacement de Destutt de Tracy, et reçu par le comte P.-P. de Ségur le 22 décembre de la même année. Il eut la voix de son adversaire politique, Thiers. Sept jours après sa réception, Guizot votait pour Victor Hugo par opposition à Mignet, l'ami de Thiers qui venait de prendre le pouvoir. En 1841, favorable à la candidature de Victor Hugo, il arriva à l'Académie après la clôture du scrutin et fut parmi les abstentionnistes.
Après 1848, il joua un rôle important à l'Académie ; protestant et voltairien, mais orléaniste fidèle, il sacrifia ses idées religieuses et philosophiques à ses convictions politiques, et, se faisant le chef du parti catholique à l'Académie, il l'entraîna dans son opposition irréconciliable à l'Empire ; il fréquenta les salons hostiles aux Tuileries,

et vota pour les candidats les plus cléricaux pourvu qu'ils fussent les adversaires du régime impérial : Falloux, Lacordaire, de Carné. Autran, de Champagny, Auguste Barbier ; il combattit toujours Jules Janin et fut le meilleur allié de Dupanloup ; il reçut Montalembert, Biot, Lacordaire, Prévost-Paradol, Gratry. Il se rallia à l'empire libéral et vota pour M. Emile Ollivier ; il empêcha, après l'élection de Littré en 1871, l'évêque d'Orléans, Dupanloup, de donner sa démission, ainsi qu'il en avait manifesté l'intention. La fin de la vie de Guizot fut attristée par un pénible incident, à la suite d'une discussion au sujet du discours que M. Emile Ollivier devait prononcer en 1874, pour sa réception qui n'avait pas encore eu lieu ; Guizot, voulant défendre le rôle des signataires de l'adresse des 221 que M. Ollivier critiquait, jugea sévèrement les paroles et les actes de celui-ci en 1870, M. Ollivier riposta en dévoilant que le fils de Guizot avait sollicité et obtenu une large subvention de l'empereur. Guizot avait été nommé grand-croix de la Légion d'honneur.

M. le 12 septembre 1874. — S. : J.-B. Dumas.

**373.** — MIGNET (François-Auguste-Marie-Alexis) (13). Né à Aix en Provence le 8 mai 1796. — Il fut le condisciple et l'ami de Thiers ; conseiller d'Etat, directeur des archives au ministère des Affaires étrangères sous Louis-Philippe. Lauréat de l'Académie des Inscriptions à 24 ans, rédacteur au *Constitutionnel*, au *Courrier français*, à la *Revue des Deux-Mondes*, au *Journal des Savants*, l'un des fondateurs du *National*, signataire de la protestation contre la loi sur la presse, il écrivit une *Histoire de la Révolution*, fut membre de l'Académie des Sciences morales et politiques à sa reconstitution en 1832, et en devint secrétaire perpétuel en 1836. Soutenu par Thiers, il fut élu à l'Académie française en remplacement de Raynouard le 29 décembre 1836 au cinquième tour de scrutin, contre Victor Hugo, Casimir Bonjour, le docteur Pariset, de l'Académie des Sciences morales et politiques ; il fut reçu par Pongerville le 25 mai 1837 ; il vota pour Victor Hugo, de Falloux et pour Duvergier de Hauranne contre Théophile Gautier ; il reçut Flourens et le baron Pasquier, et fit partie de la Commission du Dictionnaire.

M. le 24 mars 1884. — S. : Duruy.

**374.** — FLOURENS (Marie-Jean-Pierre) (29). Né à Béziers le 13 avril 1794. — Célèbre physiologiste, il fut reçu à l'Académie des Sciences en 1828, en devint secrétaire perpétuel en 1833 et y prononça des éloges des savants ; professeur d'anatomie au Muséum en 1830, il fut administrateur de cet établissement, membre de nombreuses académies étrangères, professeur au Collège de France en 1855, et collabora aux journaux scientifiques. Les classiques l'opposèrent à Victor Hugo et il fut élu le 20 février 1840 en remplacement de Michaud au quatrième tour de scrutin par 17 voix contre 12 à Victor Hugo et 2 bulletins blancs ; cette élection souleva des pr e a i n dans la presse littéraire et dans le public. Flourens fut reçu par Mignet le 3 décembre 1840, il vota contre l'admission de Victor Hugo. Il joua un rôle politique effacé sous le règne de Louis-Philippe, comme membre de la Chambre des députés en 1837 et la Chambre des pairs en 1846.

M. 6 décembre 1867. — S. : Claude Bernard.

**375.** — MOLÉ (MATHIEU-LOUIS, *comte*) (34). Né à Paris le 24 janvier 1781. — Il descendait du président Mathieu Molé ; il fut ministre sous Napoléon, sous la Restauration de 1817 à 1819, plusieurs fois sous Louis-Philipe, président du Conseil en 1836 et en 1837, et membre de la Chambre des pairs. Orateur, auteur des *Essais de Morale et de Politique*, il a laissé des *Mémoires* manuscrits. Battu avec Victor Hugo par Dupaty, il fut élu à l'Académie le 20 février 1840 par 30 voix sur 31 votants en remplacement de l'archevêque de Quélen, le même jour où Victor Hugo échouait contre Flourens ; il fut reçu le 30 décembre suivant par Dupin. Il vota pour Victor Hugo, mais il fut hostile à A. de Vigny ; étant chargé de répondre au discours de réception de ce dernier, les deux discours eurent le ton d'une vive querelle. Il reçut également de Tocqueville et Vitet.

M. le 23 novembre 1855. — S. : de Falloux.

**376.** — HUGO (VICTOR-MARIE) (19). Né à Besançon le 26 février 1802. — Poète précoce, il concourut pour le prix de poésie à l'Académie à l'âge de 15 ans ; l'Académie crut que le jeune poète se moquait d'elle en donnant cet âge et ne lui accorda qu'une mention ; lauréat des Jeux floraux de Toulouse en 1819 et 1820, il fut nommé maître ès Jeux floraux. Il publia le premier volume des *Odes et Ballades* en 1822 et le second en 1826 ; entre ces deux volumes avaient paru les deux premiers romans, *Han d'Islande* en 1823 et *Bug Jargal* en 1825, et le *Cénacle* s'était fondé. La *Préface de Cromwell* en 1827 fit de Victor Hugo le chef de la nouvelle école romantique ; les *Orientales* parurent en 1828. Louis XVIII avait pensionné le jeune poète, et la censure ayant interdit *Marion Delorme*, le premier drame écrit en vue de la scène, Charles X voulut l'indemniser en doublant le chiffre de sa pension, mais Victor Hugo refusa. Il écrivit alors *Hernani*, dont la première représentation au théâtre Français, le 26 février 1830, fut une bataille entre les deux partis littéraires et un triomphe pour les romantiques. *Le Roi s'amuse*, joué le 22 novembre 1832, fut interdit le lendemain ; un procès eut lieu devant le Tribunal de Commerce et l'auteur prononça un magnifique plaidoyer sur la liberté du théâtre. Coup sur coup, Victor Hugo publia des poésies, un admirable roman et fit jouer des drames : *Notre-Dame de Paris*, son chef-d'œuvre en prose, en 1831, les *Feuilles d'automne*, même année, *Lucrèce Borgia* et *Marie Tudor*, 1833, *Angelo* et les *Chants du Crépuscule*, 1835, les *Voix intérieures*, 1837, *Ruy Blas*, 1838, les *Rayons et les Ombres*, 1840, le *Rhin*, 1842, les *Burgraves*, 1843. La mort tragique de sa fille Léopoldine, noyée à Villequier avec Charles Vacquerie qu'elle venait d'épouser, plongea le poète dans une profonde douleur et le rendit muet pendant quelques années. Nommé pair de France le 15 avril 1845, la politique le saisit : député à la Constituante le 4 juin 1848, et réélu à la Législative, il vota avec la droite dans la première assemblée et avec l'extrême gauche dans la deuxième, il combattit avec une ardeur passionnée le prince-président et organisa la résistance contre le coup d'Etat du 2 décembre. Pendant ces cinq années, il prononça de nombreux discours qui ont été réunis dans le 1er volume d'*Actes et Paroles*, *Avant l'Exil* ; pendant les deux dernières années de cette période, il fonda et dirigea l'*Evénement*, qui devint, après des poursuites et des condamnations, l'*Avènement* ; il y défendit ses idées politiques et littéraires et s'y occupa souvent des actes de l'Académie, Proscrit en 1851, il se réfugia à Jersey qu'il dut quitter en 1855 pour Guernesey où il resta quinze ans. Il fit paraître à Bruxelles *Napoléon le Petit* en 1852 et les *Châtiments* en 1853, à Paris les *Contemplations* en 1856, la *Légende des Siècles* en 1859, qui fut complétée plus tard, *Les Misérables* en 1862 qui eurent un grand retentissement, les *Chansons des Rues et des Bois* en 1865, *Les Travailleurs de la Mer* en 1866, *L'Homme qui rit* en 1869. Cette même année il collabora au nouveau journal que fondèrent ses fils avec Auguste Vacquerie et M. Paul Meurice, *Le Rappel*.

Les désastres de la guerre de 1870 et la chute de l'Empire ramenèrent Victor Hugo à Paris, où il trouva une popularité qui alla en grandissant jusqu'à sa mort. Député à l'Assemblée nationale, puis sénateur de la Seine, il intervint souvent par des lettres et des discours dans les luttes politiques des premières années de la troisième République. En même temps, il continuait la publication de ses chefs-d'œuvre : *L'Année Terrible* parut en 1872, *Quatre-vingt-treize* en 1874. l'*Histoire d'un Crime* et l'*Art d'être Grand-Père* en 1877, puis la nouvelle série de la *Légende des Siècles* et les *Quatre Vents de l'Esprit*; la mort n'interrompit pas cette extraordinaire éclosion : ses œuvres posthunes suffiraient à immortaliser un poète.

Victor Hugo fit campagne en faveur de la candidature académique de Lamartine en 1825; il fréquenta le salon de Ch. Nodier et créa le « Cénacle ». Candidat à l'Académie dès 1836, il fut battu par Dupaty, Mignet et Flourens. Toute l'énergie et toute la fureur des classiques se concentrèrent sur le nom de Victor Hugo, reconnu par tous comme le véritable chef de l'école romantique; il fut enfin élu le 7 janvier 1841 par 17 voix sur 32 votants, en remplacement de M. Lemercier et reçu le 3 juin par Salvandy. Cette victoire, péniblement obtenue, n'en consacra pas moins le triomphe du romantisme.

Victor Hugo soutint la candidature d'A. de Vigny, de Balzac, d'Alexandre Dumas, d'Alfred de Musset, de Béranger; il reçut Saint-Marc-Girardin et Sainte-Beuve. Alfred de Vigny s'étant fait des ennemis à l'Académie fut presque mis en quarantaine; Victor Hugo lui donna une preuve de sympathie et d'estime en refusant d'être directeur, tant que durerait cet ostracisme.

Mécontent de quelques-uns des choix que fit l'Académie, le journal de Victor Hugo, *L'Evénement*, attaqua souvent la Compagnie, et après l'élection de Nisard en 1850, il demanda que les élections des académiciens fussent faites par la Société des Gens de Lettres et la Société des Auteurs dramatiques. Sa première visite à l'Académie après son retour d'exil fut pour donner sa voix à Alexandre Dumas fils, « n'ayant pu voter pour le père », dit-il. Il vota pour Jules Simon qui fut élu et pour Leconte de Lisle, qui ne fut nommé que pour le remplacer.

Dans les dernières années de sa vie et après sa mort, de grands honneurs lui furent rendus, tant par le peuple que par le monde littéraire et les pouvoirs publics.

Le cinquantenaire d'*Hernani* fut célébré avec éclat à la Comédie Française ; une grande manifestation fut organisée à l'occasion de l'entrée du poète dans sa quatre-vingtième année, le 26 février 1881. A l'occasion de sa mort, l'église Sainte-Geneviève (Panthéon) fut désaffectée et rendue à la sépulture des grands hommes ; ses funérailles nationales se déroulèrent au milieu d'un immense concours de peuple, avec tous les honneurs civils et militaires que le gouvernement pouvait lui rendre ; son corps reposa trois jours sous l'Arc de Triomphe, gardé la nuit par des cuirassiers porteurs de torches.

Le centenaire de sa naissance fut célébré avec éclat ; il comporta entre autres cérémonies l'inauguration du monument élevé à sa gloire et l'inauguration du Musée Victor-Hugo installé dans la maison de la place des Vosges où le poète avait écrit d'immortels chefs-d'œuvre, alors qu'elle s'appelait Place Royale. Il légua à la Bibliothèque nationale ses manuscrits et ses dessins

M. le 22 mai 1885 doyen de l'Académie. — S. : Leconte de Lisle.

**377.** — SAINTE-AULAIRE (Louis-Clair de Beaupoil, comte de) (15). Né en Bretagne le 6 juillet 1778. — Chambellan de Napoléon en 1811, ambassadeur à Rome, à Vienne, en Angleterre, préfet, député en 1815, pair de France, il écrivit une *Histoire de la Fronde*. Elu à l'Académie le 7 janvier 1841 en remplacement de Pastoret, il fut reçu par Roger, le 8 juillet.

M. le 12 novembre 1854. — S. : duc Victor de Broglie père.

**378.** — ANCELOT (Jacques-Polycarpe-François-Arsène) (30). Né au Havre le 9 janvier 1794. — Il fut conservateur de la bibliothèque de l'Arsenal et bibliothécaire du roi. Poète, romancier, auteur dramatique, il échoua une première fois à l'Académie contre Victor Hugo, et fut élu en remplacement du vicomte de Bonald et reçu le 15 juillet 1841 par Brifaut.

M. le 7 septembre 1854. — S. : Ernest Legouvé.

**379.** — TOCQUEVILLE (Alexis-Charles-Henri-Clérel comte de) (24). Né à Paris en 1805. — Avocat, publiciste et magistrat, il obtint en 1835 un prix Montyon pour son livre *La Démocratie en Amérique*; député de 1839 à 1851, il fut ministre des Affaires étrangères en 1849, et fut incarcéré pendant quelques jours au Coup d'Etat de 1851. Membre de l'Académie des Sciences morales et politiques en 1837, il remplaça Lacuée de Cessac à l'Académie française le 23 décembre 1841 et fut reçu par le comte Molé le 21 avril 1842. « La postérité lui érigera un buste au pied de la statue de Montesquieu. » Schefer lui a consacré une notice, et Sainte-Beuve deux *Nouveaux Lundis*.

M. le 16 avril 1859. — S. : Lacordaire.

**380.** — PASQUIER (Etienne Denis, *duc*) (3). Né à Paris le 22 avril 1767. — Il fut emprisonné sous la Terreur ; baron de l'Empire en 1809, conseiller d'Etat, préfet de Police en 1811, directeur des Ponts et Chaussées en 1814, député et président de la Chambre en 1816, garde des Sceaux en 1817, ministre des Affaires étrangères en 1819, président du Conseil en 1820, pair de France en 1821, président de la Chambre des pairs de 1830 à 1848, chancelier de France en 1837, il fut créé duc en 1844. Orateur politique, il a publié *Discours et Opinions* en quatre volumes. Ami de Chateaubriand, il fut candidat à l'Académie en 1820 et fut élu le 17 février 1842 contre Alfred de Vigny qui obtint 8 voix, en remplacement de l'abbé Frayssinous, et reçu le 8 décembre suivant par Mignet. Il avait un salon littéraire et créa à l'Académie avec le duc Victor de Broglie et le duc de Noailles qu'il

patronna, le parti des ducs. Lorsqu'il mourut, Napoléon III eut un moment l'idée de lui succéder.
M. le 5 juillet 1862. — S. : J. Dufaure.

**381.** — BALLANCHE (Pierre-Simon) (4). Né à Lyon le 4 août 1776. — Il fut l'ami de Chateaubriand et de Joubert, de M$^{me}$ Récamier et de M$^{me}$ de Staël. Ecrivain, penseur, philosophe mystique et métaphysicien symbolique, il fit partie de l'Académie de Lyon, et échoua trois fois à l'Académie française avant d'y être élu le 17 février 1842 en remplacement d'Alexandre Duval: il fut reçu le 28 avril suivant par de Barante.
M. le 12 juin 1847. — S. : Vatout.

**382.** — PATIN (Henri-Joseph-Guillaume) (17). Né à Paris le 21 août 1793. — Elève puis maître de conférences à l'Ecole Normale à 22 ans, professeur d'éloquence puis de poésie latine à la Faculté des Lettres dont il devint le doyen, il fut lauréat de l'Académie de Rouen en 1816 et de l'Académie française en 1822, 1824, 1827. Latiniste érudit, publiciste, littérateur, il collabora à de nombreux journaux, notamment au *Globe*, à la *Revue des Deux Mondes*, au *Journal des Savants*, et laissa surtout les *Etudes sur les Tragiques Grecs*. Il fut élu à l'Académie par 21 voix contre 9 à Alfred de Vigny, le 4 mai 1842, en remplacement de Roger, et reçu le 5 janvier 1843 par de Barante. Il prit une part importante à la rédaction du Dictionnaire : il devint secrétaire perpétuel en 1871, à la mort de Villemain et fut nommé Grand Officier de la Légion d'honneur en 1874.
M. le 19 février 1876. — S. : Gaston Boissier.

**383.** — SAINT-MARC GIRARDIN (Marc Girardin, *dit*) (20). Né à Paris le 12 février 1801. — Il fut député en 1834, en 1848 et en 1871, conseiller d'Etat et ministre de l'Instruction publique d'un cabinet qui ne put se constituer au mois de février 1848. — Deux fois lauréat de l'Académie 1824 et 1828, il fut professeur populaire de poésie française pendant trente ans, depuis 1833, membre du Conseil royal de l'Instruction publique ; il fut pendant quarante-cinq ans le critique du *Journal des Débats* et collabora à la *Revue des Deux-Mondes*. Il resta fidèle à la dynastie de Louis-Philippe et appartint au parti antiimpérialiste à l'Académie où il fut élu par 18 voix contre 7 à A. de Vigny et 8 à E. Deschamps, le 8 février 1844 en remplacement de Campenon, et reçu par Victor Hugo le 16 janvier 1845 ; il reçut Nisard, le duc A. de Broglie et le comte d'Haussonville.
M. le 1$^{er}$ avril 1873. — S. : Mézières.

**384.** — MÉRIMÉE (Prosper) (25). Né à Paris le 28 septembre 1803. — On lui attribua une parenté secrète avec l'impératrice Eugénie ; il fut un des familiers de la cour impériale de Napoléon III et sénateur. Il écrivit des nouvelles et des traductions, collabora à la *Revue des Deux-Mondes*, à la *Revue de Paris*, s'occupa d'archéologie. Son élection à l'Académie le 14 mars 1844 où il remplaça Charles Nodier, fut considérée comme un succès pour l'école romantique ; il fut reçu le 6 février 1845 par Etienne. Il a laissé des romans et des nouvelles célèbres, *Colomba*, *Carmen*, *la Chronique de Charles IX*, *le Théâtre de Clara Gazul* et une correspondance curieuse sous le titre *Lettres à une Inconnue;* c'est le roman de vingt années de sa vie ; son *Inconnue*, Jenny Jacquin, assistait à sa séance de réception, et, du bout de ses doigts gantés, Mérimée lui envoya un baiser discret. Il reçut Ampère, et fut dans toutes les élections l'allié de Sainte-Beuve qui avait été élu le même jour que lui et dont il approuva le projet d'une Académie du suffrage universel. Il occupa, sous l'Empire, des fonctions aux ministères du Commerce, de la Marine, etc. Il fit partie de l'Académie des Inscriptions, et mena une campagne pour faire élire George Sand à l'Académie.

M. le 23 septembre 1870. — S. : L. de Loménie.

**385**. — SAINTE-BEUVE (Charles-Augustin) (28). Né à Boulogne-sur-Mer le 23 décembre 1804. — Il fréquenta le salon de Ch. Nodier à l'Arsenal, fit partie du prenier « Cénacle » de Victor Hugo avec qui il se brouilla plus tard, fut l'ami des saint-simoniens et des mystiques, de Pierre Leroux, de Lamennais et de Lacordaire. Ses poésies parurent sous le pseudonyme de Joseph Delorme en 1829 ; son premier ouvrage, le *Tableau historique et critique de la Poésie française au* xvi* siècle* qui avait été publié l'année précédente est toujours consulté avec fruit, ainsi que son *Histoire de Port-Royal* ; ses *Critiques et portraits littéraires*, 5 volumes parus de 1832 à 1839, ses *Causeries du Lundi* et ses *Nouveaux Lundis*, forment un monument de critique littéraire des plus remarquables ; dans ces deux derniers ouvrages, il s'occupe souvent du présent et aussi du passé de l'Académie, jugeant les auteurs et les ouvrages avec une grande autorité, mais apportant sans doute un peu de partialité dans les choix contemporains ; on pourrait néanmoins le considérer comme un des meilleurs historiens de l'Académie, si l'on groupait en un ouvrage spécial tout ce qu'il a publié sur elle ou à son occasion.

Sainte-Beuve écrivit un roman, *Volupté* et collabora au *Globe*, a la *Revue de Paris*, à la *Revue des Deux Mondes*, au *Constitutionnel*, au *Moniteur* ; il fut, pendant quatre ans, maître de conférences à l'Ecole normale, professeur de poésie latine au Collège de France, conservateur de la Bibliothèque Mazarine, membre du Sénat impérial.

Candidat à l'Académie, il eut pour concurrent Vatout, et, après 7 tours de scrutin, aucun d'eux n'ayant obtenu la majorité, l'élection fut renvoyée à une autre date. Il fut élu le 14 mars 1844 en remplacement de Casimir Delavigne ; Victor Hugo qui, dit-on, vota onze fois contre lui, le reçut le 27 février 1845, et dans sa réponse, oublia de faire l'éloge du récipiendaire. On a attribué l'inimitié du grand poète à des raisons d'ordre intime que, malgré la publicité qui leur fut donnée par Alph. Karr et par des polémiques récentes, nous préférons passer sous silence. Il fit partie de la commission du Dictionnaire.

Sous le second Empire, Sainte-Beuve qui était un familier du salon de la princesse Mathilde, fut à l'Académie le chef du parti gouvernemental et anti-clérical ; il joua un rôle important, mais généralement sans succès, dans les élections ; il combattit avec ardeur l'évêque Dupanloup, Victor de Laprade, le Père Lacordaire, qui furent élus, et il ne parvint à faire nommer ni Théophile Gautier, ni Charles Baudelaire ; il réussit pourtant dans les élections d'Emile Augier, de Champagny et Camille Doucet à faire passer des candidats agréables ou moins hostiles à l'Empereur.

Certains choix de l'Académie l'irritèrent au point qu'il reprit en 1856 l'idée émise autrefois par l'*Evénement* de Victor Hugo, d'une Académie du suffrage universel (V. notice 376), et en 1862, il demanda dans le *Constitutionnel* que l'Académie fût divisée en huit sections représentant chacune un genre de littérature. Cette proposition, approuvée par le *Siècle* et l'*Opinion Nationale*, et combattue par le *Temps*, ne fut pas acceptée. Le centenaire de Sainte-Beuve a été célébré le 23 décembre 1904. Il a écrit lui-même sa biographie (*Nouveaux Lundis*, XIII).
M. le 13 octobre 1869. — S. : Jules Janin.

**386.** — VIGNY (ALFRED-VICTOR, *comte* DE) (32). Né en Touraine le 27 mars 1797. — Il fut officier, poète, romancier, auteur dramatique ; il fit partie du premier « Cénacle » de Victor Hugo et fut l'un des chefs de l'école romantique. Il échoua quatre fois à l'Académie, à laquelle il n'était pas sympathique, en 1842 contre Pasquier et Patin, en 1844 contre Saint-Marc Girardin et Mérimée ; il fut élu le 8 mai 1845 en remplacement d'Etienne, et reçu le 29 janvier 1846 par le comte Molé. Irrité sans doute de ses échecs antérieurs, Alfred de Vigny insista sur le caractère de son élection en célébrant dans son discours la nouvelle victoire romantique qu'il venait de remporter ; le comte Molé, dans sa réponse, se fit l'interprète du mécontentement de l'Académie. A la suite de cet incident, tous les académiciens marquèrent une grande froideur à leur nouveau confrère qui fut tenu dans une sorte de quarantaine ; seul, Victor Hugo lui resta fidèle et refusa d'être nommé directeur tant que les dispositions de l'Académie ne changeraient pas. *Cinq-Mars*, 1826, est son chef-d'œuvre. Il a laissé *Stello*, *Chatterton*, 1835, *La Maréchale d'Ancre*, les *Poèmes antiques et modernes*, premier recueil de vers, 1822, *Eloa*, 1824, et les *Destinées*, œuvres posthumes.
Indifférence du public ; lorsqu'il mourut le vide se fit autour de son cercueil qui ne fut accompagné que de quelques romantiques de la première heure.
M. le 17 septembre 1863. — S. : Camille Doucet.

**387.** — VITET (LOUIS, *dit* LUDOVIC) (27). Né à Paris le 18 octobre 1802. — Elève de l'Ecole Normale, il collabora au *Globe*, à la *Revue française*, à la *Revue des Deux Mondes* et fut l'ami de M$^{me}$ de Staël, de Manzoni et de Sismondi. Il s'occupa d'archéologie, fut nommé à l'Académie des Inscriptions en 1839, et l'on créa pour lui la place d'inspecteur général des monuments historiques. Conseiller d'Etat, il prononça des discours remarqués dans les diverses législatures dont il fit partie de 1834 à 1849. Resté fidèle à la famille d'Orléans, il combattit le gouvernement de Thiers à l'Assemblée de Versailles, où il avait été envoyé en 1871. Elu à l'Académie française le 8 mai 1845 en remplacement de Soumet, il fut reçu par le comte Molé le 26 mars 1846. Il répondit aux discours de réception de V. de Laprade, J. Sandeau, O. Feuillet.
M. le 5 juin 1873. — S. : E. Caro.

**388.** — RÉMUSAT (FRANÇOIS-MARIE-CHARLES, *comte* DE) (12). Né à Paris le 14 mars 1797. — Il collabora aux *Tablettes*, au *Courrier français*, à la *Revue des Deux Mondes*, au *Globe*, et signa la protestation contre la loi sur la presse ; il écrivit des traductions de Gœthe et de Cicéron et un roman dramatique, *Abélard*. En philosophie, Rémusat fut un spiritualiste de l'école de Cousin ; en politique, ce fut un doctrinaire, ami de Royer-Collard, Thiers et Guizot. Sous Louis-Philippe, il fut député en 1830 et ministre de l'Intérieur en 1840 ; il appartint ensuite aux Assemblées Constituante et Législative. Proscrit au Coup d'Etat en 1851, il rentra en août 1852 ; il se rallia à l'Empire libéral, fut ministre des Affaires étrangères sous le gouvernement de Thiers en 1872 et refusa les ambassades de Londres et de Vienne. Son échec à la députation à Paris en 1873 entraîna la chute de Thiers ; il fut élu député dans la Haute-Garonne.

Elu à l'Académie le 8 janvier 1846 en remplacement de Royer-Collard, il fut reçu par Dupaty le 7 janvier 1847, son discours de réception fut un triomphe pour lui : « Ça été là un de ces beaux jours où le talent, au moment où il la reçoit, justifie magnifiquement sa couronne. » (Sainte-Beuve). Il reçut Jules Favre et vota contre Théophile Gautier. Il fut, en outre de l'Académie des Sciences morales et politiques.

M. le 6 juin 1875. — S. : Jules Simon.

**389.** — EMPIS (Adolphe-Dominique-Florent-Joseph-Simonis), (36). Né à Paris le 29 mars 1795. — Il fut fonctionnaire sous la Restauration, inspecteur général des bibliothèques, directeur du Théâtre Français de 1856 à 1859 ; poète et auteur dramatique, il écrivit des opéras, des drames et des comédies. Elu à l'Académie le 11 février 1847 en remplacement de Jouy, il fut reçu par Viennet le 23 décembre de la même année.

M. le 11 décembre 1868. — S. : Auguste Barbier.

**390.** — AMPÈRE (Jean-Jacques-Antoine) (37). Né à Lyon le 12 août 1800. — Fils du célèbre savant, il débuta par des tragédies, puis il voyagea en Allemagne où il fut l'hôte de Gœthe, en Norvège, en Suède, en Égypte. Professeur de littérature française au Collège de France, conservateur de la Bibliothèque Mazarine, il fut nommé à l'Académie des Inscriptions en 1842 ; il collabora au *Globe* et à la *Revue française* ainsi que dans divers journaux, où il s'occupa d'histoire, de critique littéraire, des origines de la littérature et de la langue française. Lorsqu'il se présenta à l'Académie française, il fut soutenu par les universitaires contre l'influence royale qui voulait imposer Vatout ; Chateaubriand, octogénaire et malade, se fit porter à l'Académie afin de voter pour Ampère qui avait été l'ami et l'un des amoureux platoniques de M$^{me}$ Récamier. Il fut élu le 21 avril 1847 en remplacement de Guirand, et reçu par Mérimée le 18 mai 1848. Il fut dans le groupe des opposants au régime impérial. Il fit partie de la Commission du Dictionnaire. *Nouveau Lundi* de Sainte-Beuve.

M. le 27 mars 1864. — S. : Prévost Paradol.

**391.** — VATOUT (Jean) (4). Né à Villefranche-sur-Saône le 26 mai 1792. — Littérateur et poète, il fut bibliothécaire du duc d'Orléans (plus tard Louis-Philippe), député de 1831 à 1840 ; il était l'auteur d'une chanson connue sur le maire d'une petite ville de Normandie, dont tout l'esprit repose sur un affreux calembour. Il se présenta souvent à l'Académie depuis 1841 ; concurrent de Sainte-Beuve, sept

tours de scrutin ne purent déterminer une majorité et l'élection fut renvoyée à un autre jour où Vatout fut encore battu. Nommé le 6 janvier 1848 en remplacement de Ballanche, il accompagna Louis-Philippe dans son exil de Claremont, où il mourut le 3 novembre 1848 avant d'avoir été reçu en séance publique. Il fut le dernier élu sous ce règne.
S. : de Saint-Priest.

**392.** — NOAILLES (Paul, duc de) (26). Né à Paris le 4 janvier 1802. — Il fut pair de France en 1823, mais ne siégea qu'à sa majorité en 1827. Chevalier de la Toison d'Or, orateur parlementaire et auteur d'une *Histoire de M$^{me}$ de Maintenon*. Ami et confident de Chateaubriand, il se présenta à l'Académie pour lui succéder, avec l'appui de M$^{me}$ Récamier, de la princesse de Liéven et du duc Pasquier ; il fut élu le 11 janvier 1849 par 25 voix sur 31 votants, Honoré de Balzac obtint 4 voix. Ce résultat souleva des colères et des protestations dans la presse littéraire et dans le public lettré. Le duc de Noailles, qui forma avec les ducs Pasquier et Victor de Broglie, le parti des ducs, fut reçu le 4 décembre 1849 par Patin. Il fut doyen de l'Académie pendant sept jours.
M. le 29 mai 1885. — S. : Edouard Hervé.

**393.** — SAINT-PRIEST (Alexis de Guignard, comte de) (4). Né à Saint-Pétersbourg le 20 avril 1805. — Il fut gentilhomme de la chambre de Charles X, diplomate sous Louis-Philippe, député, pair de France. Il collabora à la *Revue des Deux Mondes* de 1844 à 1850, traduisit du théâtre russe et s'occupa d'Histoire. Il fut élu à l'Académie le 18 janvier 1849 contre Nisard et Balzac en remplacement de Vatout, et reçu par Dupaty le 17 janvier 1850. Dans son discours de réception, il fit l'éloge obligatoire de son prédécesseur et celui de Ballanche que Vatout n'avait pas pu faire.
M. le 29 septembre 1851. — S. : Berryer.

**394.** — NISARD (Jean-Marie-Napoléon-Désiré) (39). Né en Bourgogne le 20 mars 1806. — Critique, il collabora au *Journal des Débats*, au *National*, à la *Revue de Paris* et à la *Revue des Deux Mondes* ; il fut professeur d'éloquence latine au Collège de France en 1833, puis d'éloquence française. Son cours donna lieu à des troubles suivis d'un procès sensationnel en police correctionnelle. Député en 1842, il fut sénateur en 1867 ; il fut directeur de l'Ecole Normale et membre de l'Académie des Inscriptions. Adversaire passionné des romantiques, il attaqua Victor Hugo en 1836, aussi lorsqu'il fut élu à l'Académie le 28 novembre 1850 en remplacement de l'abbé de Féletz, son élection fut d'autant plus vivement critiquée par la presse littéraire et romantique qu'il avait été préféré à Alfred de Musset. Le journal de Victor Hugo, *L'Evénement*, cria au scandale et proposa que les Académiciens fussent élus par la Société des Gens de Lettres et celle des Auteurs dramatiques. Il fut reçu par Saint-Marc Girardin le 22 mai 1851 ; il appartint au parti impérialiste, reçut A. de Musset, V. de Broglie, Ponsard et Cuvillier Fleury et fit partie de la Commission du Dictionnaire.
M. le 25 mars 1888 doyen de l'Académie. — S. : Vicomte E.-M. de Vogüé.

**395. — MONTALEMBERT** (Charles Forbes de Tryon, *comte* de) (21). Né à Londres le 29 mai 1810. — Publiciste historien, philosophe, il fut surtout un admirable orateur parlementaire royaliste et catholique. Pair de France en 1831, il ne put siéger, à cause de son âge, qu'en 1835 ; après la révolution de 1848, il fit partie de la Constituante et de la Législative, puis du Corps législatif sous l'Empire ; il défendit à la tribune la liberté de la presse, soutint les droits des nationalités opprimées et fut l'un des auteurs de la loi de 1850 sur la liberté de l'enseignement. Il collabora à la *Revue française*, à la *Revue des Deux Mondes*, au *Correspondant ;* il fut poursuivi en police correctionnelle, en 1858, et condamné à l'amende et à la prison ; il fonda avec Lamennais le journal *L'Avenir* dont le but était l'alliance du catholicisme et de la démocratie. Il fut élu à l'Académie le 9 janvier 1851 en remplacement de Droz et reçu le 5 février 1852 par Guizot ; il fut le chef du parti religieux libéral à l'Académie, soutint les candidatures de V. de Laprade, Lacordaire, Gratry, Aug. Barbier, celle de Champagny contre Duvergier de Hauranne, et combattit celle de Littré.

M. le 13 mai 1870. — S. : duc d'Aumale.

**396. — MUSSET** (Louis-Charles-Alfred de) (8). Né à Paris le 11 décembre 1810. — Il fréquenta le salon de Charles Nodier à l'Arsenal et fut un des premiers romantiques. Poète, il publia les *Contes d'Espagne et d'Italie ;* ses poésies les plus célèbres sont *Rolla* et les *Nuits ;* il fit jouer des Comédies et des Proverbes : *Le Chandelier, On ne badine pas avec l'Amour, Il ne faut jurer de rien*, sont restées au répertoire du Théâtre Français ; il écrivit aussi de jolies nouvelles en prose et la *Confession d'un Enfant du Siècle*. Il fut bibliothécaire du Ministère de l'Intérieur sous la Monarchie de juillet, révoqué en 1848, bibliothécaire du Ministère de l'Instruction publique sous l'Empire. Candidat à l'Académie contre Vatout en 1848, celui-ci avait été élu par 18 voix contre 7 à Saint-Priest, 4 à de Beaumont, 2 à Musset et 2 à Philarète Chasles. En 1850, A. de Musset avait obtenu 5 voix contre Nisard ; enfin, soutenu par M$^{me}$ Ancelot et par Victor Hugo, il fut élu contre Philarète Chasles le 12 février 1852 en remplacement de Dupaty et reçu le 27 mai suivant par Nisard. Lorsque Emile Augier fut candidat, Alfred de Musset, mourant, vint voter pour lui et sa voix décida de l'élection. Il avait été condisciple du duc d'Orléans, le fils aîné de Louis-Philippe, Paul de Musset a écrit une Biographie d'Alfred de Musset.

M. le 2 mai 1857. — S. : Victor de Laprade.

**397. — BERRYER** (Pierre-Antoine) (4). Né à Paris le 4 janvier 1790. — Grand avocat et grand parlementaire, il fut le défenseur du maréchal Ney, de Debelle, Cambronne, Canuel, Donnadieu, de Chateaubriand en 1834, de Lamennais en 1826: il prononça de nombreux plaidoyers et collabora à divers journaux, il attaqua l'adresse des 221 ; traduit devant la Cour d'assises de Blois en 1832, après l'échauffourrée de la duchesse de Berry, il fut acquitté ; il défendit Louis-Napoléon Bonaparte devant la Chambre des pairs, après la tentative de Boulogne ; il fut député royaliste libéral pendant dix-huit ans.

Elu à l'Académie le 12 février 1852, en remplacement de Saint-Priest, il était le candidat des royalistes et soutenu par la duchesse de

Dino ; il avait eu une voix en 1840 à l'élection de Flourens. Il fut reçu le 22 février 1853 par Salvandy. Il s'abstint de rendre à Napoléon III la visite d'usage, en prétextant qu'il serait peut-être désagréable à l'empereur de se retrouver en face de son ancien avocat.
M. le 29 novembre 1868. — S. : de Champagny.

**398.** — DUPANLOUP (*abbé* Félix) (16). Né en Savoie en 1802. — Auteur de nombreux ouvrages religieux destinés à la jeunesse, orateur sacré, évêque d'Orléans, il fut député et sénateur inamovible en 1875; il poursuivit la canonisation de Jeanne d'Arc et fut l'un des auteurs de la loi de 1850 sur la liberté de l'enseignement ; il fut pendant peu de temps professeur d'éloquence sacrée à la Sorbonne ; son cours fut suspendu à cause de ses attaques contre Voltaire qui soulevèrent des protestations ; il soutint contre Louis Veuillot et son journal *L'Univers* une polémique religieuse retentissante. Son attitude hostile à l'Empire après la guerre d'Italie le fit poursuivre en 1860 ; en 1870, au mois d'octobre, il fut retenu prisonnier dans son palais épiscopal pendant quelques jours par les troupes allemandes.

Dupanloup, combattu par les gouvernementaux, fut difficilement élu à l'Académie le 18 mai 1854 en remplacement de Tissot, et reçu par Salvandy le 9 octobre suivant ; dans son discours, Dupanloup ne parla pas du théâtre de Tissot, il le loua comme traducteur de Virgile. Il fut un des chefs du parti religieux à l'Académie et dirigea l'opposition qu'elle fit à la guerre d'Italie ; il patronna la candidature de Lacordaire et combattit avec passion celle de Littré, ainsi que les candidatures éventuelles de Taine et de Renan ; il publia un *Avertissement à la Jeunesse et aux Pères de famille* qui décida l'élection de Carné, au troisième tour de scrutin, contre Littré ; l'opinion publique protesta vigoureusement contre cette élection et contre l'influence qu'avait exercée Dupanloup. En 1864, il fit refuser un prix que l'Académie se disposait à donner à Taine pour son *Histoire de la Littérature anglaise*. Lorsque Littré fut élu en 1871, la colère de Dupanloup fut telle qu'il voulut donner sa démission d'académicien ; l'Académie vota l'ordre du jour pur et simple sur cet incident, par 28 voix sur 30 votants, et, cédant aux instances de Guizot, l'évêque d'Orléans ne persista pas dans sa première décision ; avant de mourir, il manifesta le regret de ne pouvoir pas voter pour Taine, qu'il avait combattu autrefois, mais dont les derniers ouvrages le réconciliaient avec lui.
M. le 10 octobre 1878. — S. : duc d'Audiffret-Pasquier.

**399.** — SACY (Emmanuel-Uztazade-Sylvestre de) (14). Né à Paris le 17 octobre 1801. — Fils du célèbre orientaliste, il fut pendant vingt ans rédacteur au *Journal des Débats* où il faisait la critique ; il fut conservateur de la Bibliothèque Mazarine en 1836 et en devint l'administrateur en 1848; il fut sénateur en 1865, bien qu'il eût été élu comme opposant au régime impérial, à l'Académie le 18 mai 1854 en remplacement de Jay ; il fut reçu le 28 juin 1855 par Salvandy ; favorable à la candidature Baudelaire, c'est lui qui répondit aux discours de réception de Champagny et d'Auguste Barbier. M. Emile Ollivier, à qui incombait le devoir de prendre la parole au nom de l'Académie aux funérailles de Thiers, étant absent de Paris, l'Académie délégua S. de Sacy pour le remplacer ; cela motiva une protes-

tation de l'ancien ministre. Il fit partie de la commission du Dictionnaire.
M. le 14 février 1879. — S. : Labiche.

**400.** — LEGOUVÉ (Gabriel-Jean-Baptiste-Ernest-Wilfrid) (30). Né à Paris le 15 février 1807. — Il était le fis de l'Académicien Jean-Baptiste Legouvé, mort en 1812 ; il obtint le prix de poésie à l'Académie en 1827 avec la *Découverte de l'Imprimerie*. Il fut, en 1847, chargé d'un cours gratuit au Collège de France, fit de nombreuses conférences, écrivit des poèmes, des brochures sur la femme, la famille, la lecture, l'escrime, le théâtre. Comme auteur dramatique, ses meilleurs ouvrages sont ceux qu'il fit en collaboration avec Scribe : *Adrienne Lecouvreur* et *Bataille de Dames*. En 1881, il fut nommé directeur des études de l'Ecole normale de Sèvres et inspecteur général de l'instruction publique. Lorsqu'il s'agit de recueillir la succession d'Ancelot, Emile Augier s'effaça devant Ernest Legouvé qui fut élu le 1er mars 1855 contre Ponsard ; la *Revue des Deux Mondes* critiqua cette élection. Il fut reçu le 28 février 1856 par Flourens et dans son discours de réception, il fit l'éloge de la collaboration. E. Legouvé avait fait établir, en 1869, l'usage de discuter dans une séance spéciale les titres académiques des candidats à un fauteuil ; en 1896, il demanda, sans l'obtenir, le rétablissement de cet usage, qui avait été supprimé en 1880 sur la proposition de A. Dumas, Nisard. Il était directeur et doyen de l'Académie lors de la visite du Tsar Nicolas II en 1896 et, à ce titre, il prononça l'allocution de bienvenue.
M. le 13 mars 1903. — S. : René Bazin.

**401.** — BROGLIE (Achille-Léonce-Victor-Charles, *duc* de) (15) Né à Paris le 28 novembre 1785. — Il fut membre de la Chambre des pairs en 1814 où il vota seul pour l'acquittement du maréchal Ney, appartint à l'école doctrinaire libérale et entra dans la diplomatie ; ministre de l'Instruction publique en 1830, il prit le portefeuille des Affaires étrangères de 1832 à 1834 et fut député de 1849 à 1851. Membre libre de l'Académie des Sciences morales et politiques en 1833, il en devint membre titulaire en 1866 ; il a laissé trois volumes de ses *Ecrits et Discours*. Elu à l'Académie française le 1er mars 1855 en remplacement du comte de Sainte-Aulaire il fut reçu par Nisard le 3 avril 1856 ; il avait un salon littéraire et forma à l'Académie le parti des ducs avec Pasquier et Noailles. « Il est le premier de sa race qui ait marqué dans l'ordre de la pensée. » (Sainte-Beuve, II). Comme orateur « il éclaire, il instruit, il élève plus qu'il n'émeut ». (Sainte-Beuve, II).
M. le 25 janvier 1870. — S. : Duvergier de Hauranne.

**402.** — PONSARD (François) (7) Né à Vienne (Dauphiné) le 1er juin 1814. — Poète dramatique, il fut le chef de l'école du bon sens qui tint le milieu entre les classiques et les romantiques. Sa première pièce de théâtre *Lucrèce*, jouée en 1843, obtint un très grand succès et fut couronnée par l'Académie ; il donna *Charlotte Corday* en 1850. *L'Honneur et L'Argent* en 1853, *Le Lion amoureux* en 1866. Battu à l'Académie par E. Legouvé, il fut élu le 22 mars 1855 en remplacement de Baour-Lormian, Emile Augier s'étant retiré devant lui, et reçu par Nisard, le 4 décembre 1856.
M. le 7 juillet 1867. — S. : Joseph Autran.

**403.** — BIOT (Jean-Baptiste) (11) né à Paris le 21 avril 1774. — Physicien, mathématicien, astronome, chimiste, directeur du *Journal des Savants*, collaborateur à la *Biographie universelle*, professeur de physique générale et de mathématiques au Collège de France et à la Faculté des Sciences. Associé non résident 1re classe le 25 mai 1800 et de la 1re classe en 1803, il fut reçu à l'Académie des Sciences en 1808 et à celle des Inscriptions. Agé de 82 ans, il était le doyen de tout l'Institut lorsqu'il fut élu à l'Académie française le 11 avril 1856, en remplacement de Ch. Lacretelle jeune ; c'est l'académicien élu à l'âge le plus avancé ; il fut reçu par Guizot le 5 février 1857. Il a laissé de nombreux ouvrages et des mémoires scientifiques, Deux *Nouveaux Lundis* de Sainte-Beuve.

M. au Collège de France le 3 février 1862. — S. : de Carné.

**404.** — FALLOUX (Frédéric-Alfred-Pierre, comte de) (34). Né à Angers le 11 mai 1811. — Historien, publiciste, orateur parlementaire, rédacteur au *Correspondant*, auteur d'une *Histoire de Louis XVI*, il fut membre de la Chambre des députés en 1846, de la Constituante en 1848. Sur son rapport l'Assemblée vota la dissolution immédiate des ateliers nationaux ce qui provoqua les journées de juin. Ministre de l'Instruction publique pendant dix mois, de 1848 à 1849, Jules Simon écrivit alors : *L'Université vient de recevoir son ennemi personnel pour chef*. En effet il prépara un projet de loi organique de l'enseignement, créant quatre-vingt-six recteurs et favorisant les influences locales des académies de province, en vue d'augmenter la puissance du clergé et d'affirmer la liberté de l'enseignement. Il défendit cette loi comme député, qui ne fut votée que sous le ministère suivant en 1850 et qui a porté le nom de son auteur. Lorsqu'il fut candidat à l'Académie, excommunié par son évêque Freppel, il fut combattu par le *Siècle* comme trop clérical, par Veuillot et l'*Univers* comme insuffisamment ultramontain. Tocqueville disait qu'il trouvait en lui « un fumet de sacristie, désagréable à sentir ». Il fut soutenu par Guizot, Victor Cousin et Mignet ; il fut élu le 11 avril 1856 en remplacement du comte Molé et reçu par Brifaut le 26 mars 1857. Il avait obtenu au troisième tour de scrutin 19 voix contre 15 données à Emile Augier.

M. le 6 janvier 1886. — S. : O. Gréard.

**405.** — AUGIER (Guillaume-Victor-Emile) (1). Né à Valence (Dauphiné) le 17 septembre 1820. — Il était petit-fils de Pigault-Lebrun ; poète et auteur dramatique, il se rattache, par ses premières pièces, à l'école du bon sens. Sa comédie, *Gabrielle*, obtint en 1849 un prix Montyon ; ses principales œuvres sont *La Ciguë* (1844), *L'Aventurière* (1848), *Philiberte* (1853), *Le Mariage d'Olympe* (1855), *Les Effrontés* (1861), *Le Fils de Giboyer* (1862), *Maître Guérin* (1864), *Paul Forestier* (1868) *Madame Caverlet* (1876), et, en collaboration avec Jules Sandeau, *Le Gendre de M. Poirier* ; il collabora aussi avec Ed. Foussier et avec Labiche ; ses œuvres forment six volumes. E. Augier fut plusieurs fois candidat à l'Académie, il se retira devant E. Legouvé et Ponsard ; habitué du salon de la princesse Mathilde et soutenu par le parti libéral, Thiers, Rémusat, Mérimée, Sainte-Beuve, il fut battu par de Falloux, candidat des ducs et du parti religieux, et obtint 15 voix littéraires contre 19 politiques données à son

concurrent. Il fut élu le 31 mars 1857, par 19 voix contre 18 à V. de Laprade, soutenu par V. Cousin, Montalembert, etc. Ce fut la voix de Musset qui assura l'élection d'Emile Augier (v. notice 396).
Il remplaça le comte de Salvandy et fut reçu le 28 janvier 1858 par P.-A. Lebrun, qui, dans sa réponse au récipiendaire, parla contre la collaboration. Ils firent tous les deux, dans leurs discours, allusion à l'attentat d'Orsini qui s'était produit quinze jours auparavant. Il devait recevoir M. Emile Ollivier en 1874, mais le discours de ce dernier ne fut pas accepté par l'Académie et la réception n'eut pas lieu ; par suite d'une indiscrétion dont l'auteur est resté inconnu, les deux discours furent livrés à la publicité. E. Augier fut nommé sénateur à la fin de l'Empire ; il était Grand-officier de la Légion d'honneur.

M. le 25 octobre 1889. — S. : de Freycinet.

**406.** — LAPRADE (PIERRE-MARIE-VICTOR RICHARD DE) (8). Né à Montbrison le 13 janvier 1812. — Poète religieux et royaliste, il appartient à l'école de Lamartine, il fut lauréat de l'Académie en 1849 et en 1885, professeur à la Faculté des Lettres de Lyon, membre de l'Académie de cette ville, député en 1871. Combattu par Mérimée et Sainte-Beuve, il échoua à l'Académie avec 18 voix contre 19 obtenues par Emile Augier, dont le succès fut assuré par le vote d'Alfred de Musset ; il fut élu le 11 février 1858 contre dix candidats, au quatrième tour de scrutin par 17 voix contre 15 données à Jules Sandeau, en remplacement d'Alfred de Musset ; il fut reçu le 17 mars 1889 par L. Vitet.

M. le 14 décembre 1883. — S. : François Coppée.

**407.** — SANDEAU (LÉONARD-SYLVAIN-JULES) (10). Né dans la Marche le 19 février 1811. — Conservateur de la Bibliothèque Mazarine en 1853, bibliothécaire du palais de Saint-Cloud en 1859, il fut l'ami de George Sand et le familier du salon de la princesse Malthide. Romancier et auteur dramatique, il fut élu à l'Académie quinze jours après la réception de son collaborateur Emile Augier, le 11 février 1858, en remplacement de Brifaut, et reçu le 26 mai 1859 par L. Vitet. Il répondit au discours de réception de Camille Doucet, et fit partie de la commission du Dictionnaire.

M. le 24 avril 1883. — S. : Edmond About.

**408.** — LACORDAIRE (JEAN-BAPTISTE-HENRI) (24). Né en Bourgogne le 12 mars 1802. — Célèbre prédicateur dominicain, il fut le premier et jusqu'à présent le seul moine élu à l'Académie. Catholique libéral, il fut rédacteur à l'*Avenir* de Lamennais et fit rétablir les Dominicains en France : il eut des procès de presse, fut blâmé par Rome, député de la Constituante en 1848. Il fut élu à l'Académie par 21 voix le 8 février 1860 en remplacement du comte de Tocqueville. L'Académie donna à cette élection un caractère de blâme au sujet de la campagne d'Italie de l'année précédente ; elle excita la colère de Sainte-Beuve et de ses amis. Le Père Lacordaire fut reçut le 24 janvier 1861 par Guizot, il y eut le jour de cette réception, 6000 demandes de places pour 1500. L'Impératrice y assistait ; la rencontre du calviniste et du moine était fréquente, et Guizot la fit ressortir dans son discours en rappelant que trois siècles plus tôt, c'eût été devant le bûcher que le dominicain et le huguenot se fussent rencontrés ; Guizot avait été un des plus ardents promoteurs de cette candidature. Lacordaire ne siégea à l'Académie qu'une fois.

« Il est assurément le prédicateur de nos jours qui, aux yeux de ceux qui observent et admirent plus encore qu'ils ne croient, se montre à la plus grande hauteur de talent. » (Sainte-Beuve, I).

M. le 21 novembre 1861. — S. : duc Albert de Broglie.

**409.** — BROGLIE (Albert-Jacques-Victor, *prince, puis duc* de) (24). Né à Paris le 13 juin 1821. — Il était le fils de l'académicien duc Victor de Broglie ; il ne fut duc qu'à la mort de son père, en 1870. Il joua un rôle politique important, qui le rendit très impopulaire pendant les premières années de la troisième République ; député en 1871, ambassadeur à Londres de 1871 à 1872, il combattit Thiers, l'interpella et le renversa à 16 voix de majorité. Président du premier cabinet du gouvernement du maréchal Mac-Mahon, au 24 mai 1873, il eut cette même année le portefeuille des Affaires étrangères, puis celui de l'Intérieur, il proposa et organisa le Septennat et démissionna en 1874. Il ne fut pas élu sénateur inamovible, mais le département de l'Eure l'envoya au Sénat; président du Conseil et ministre de la Justice après l'acte du 16 mai 1877, qu'il avait conseillé, il fit dissoudre la Chambre après le vote protestataire des 363, dont il ne put empêcher la vicoire électorale ; il démissionna le 15 novembre 1877, ne fut pas réélu sénateur en 1885 et se retira de la politique.

Collaborateur de la *Revue des Deux Mondes* en 1848, il fit œuvre d'historien et publia notamment deux études sur Frédéric II. Candidat du parti monarchiste et religieux à l'Académie, combattu par Sainte-Beuve et les impérialistes, il fut élu le 20 février 1862 en remplacement du Père Lacordaire, par 26 voix sur 29 votants, et reçu le 26 février 1863 par Saint-Marc Girardin.

M. le 19 janvier 1901. — S. : marquis de Vogüé.

**410.** — FEUILLET (Octave) (18). Né à Saint-Lô le 10 août 1821. — Romancier et auteur dramatique, il fut le premier élu à l'Académie à titre de romancier. L'élection pour le remplacement de Scribe était fixée au 20 janvier 1862 ; il y eut douze concurrents et le scrutin ne donna aucun résultat ; l'élection fut renvoyée au 3 avril suivant : Octave Feuillet fut élu. Il était un des familiers des Tuileries, et l'impératrice vint assister à sa réception ; dans son discours, Octave Feuillet fit allusion à cette auguste présence et il fit l'historique du roman ; Vitet, qui le recevait le 26 mars 1863, affecta au contraire de ne louer en lui que l'auteur dramatique.

Deux *Nouveaux Lundis* de Sainte-Beuve.

M. le 28 décembre 1890. — S. : Pierre Loti.

**411.** — CARNÉ (Louis-Marie Marcein, *comte* de) (11). Né à Quimper le 17 février 1804. — Il entra dans la diplomatie et fut député en 1839, appartenant au groupe dont Lamartine était le chef et qui combattit le ministère Guizot. Il collabora au *Journal des Débats*, à la *Revue des Deux Mondes*, au *Correspondant*, et publia des ouvrages historiques et politiques. Il fut élu à l'Académie le 23 avril 1863, au troisième tour de scrutin, contre Littré, en remplacement de Biot. Cette élection qualifiée de coup d'Etat clérical, eut un grand retentis-

sement ; le comte de Carné fut soutenu par le parti religieux ayant pour chefs Montalembert et Dupanloup, et par le parti orléaniste ayant pour chef Guizot ; il avait été battu dans une élection précédente par Octave Feuillet. Il fut reçu le 4 février 1864 par Viennet.
M. le 11 février 1876. — S. : Ch. Blanc.

**412.** — DUFAURE (Jules-Armand-Stanislas) (3). Né en Saintonge le 4 décembre 1798. — Il fut avocat, bâtonnier, homme politique et sept fois ministre sous cinq chefs d'Etat différents. Député de 1834 à 1851, il fut ministre des Travaux publics sous Louis-Philippe de 1839 à 1840, ministre de l'Intérieur du 13 octobre au 20 décembre 1848, sous la dictature du général Cavaignac, et du 2 juin au 31 octobre 1849 sous la présidence de L.-N. Bonaparte; il se retira de la politique pendant toute la durée de l'Empire et se fit inscrire au barreau de Paris, devint membre du Conseil de l'ordre et bâtonnier. Elu député par cinq départements en 1871, il fut ministre de la Justice et vice-président du Conseil, du 19 février 1871 au 24 mai 1873, sous la présidence de Thiers, ministre de la Justice dans le cabinet Buffet, le 10 mars 1875 et dans les deux cabinets où il prit le titre nouveau de président du Conseil, du 9 mars au 12 décembre 1876 et au mois d'octobre 1877 ; ces trois derniers ministères furent constitués sous la présidence du maréchal Mac-Mahon. Il fut nommé sénateur inamovible en 1876.

Dufaure prononça des plaidoyers, mais il fut surtout un orateur parlementaire, ce fut son titre pour être élu à l'Académie française le 23 avril 1863 en remplacement du duc Pasquier ; il avait pour concurrent Jules Janin ; au premier tour de scrutin, il y eut 10 bulletins blancs, dix académiciens espérant ainsi rendre le scrutin nul et provoquer une tierce candidature ; au deuxième tour, deux de ces abstentionnistes votèrent pour Dufaure qui fut élu. Il fut reçu par Patin le 7 avril 1864.
M. le 27 juin 1881. — S. : Victor Cherbuliez.

**413.** — DOUCET (Camille) (32). Né à Paris le 16 mai 1812. — Auteur dramatique et poète, il était un des habitués du salon de la princesse Mathilde et directeur de l'administration des théâtres au ministère de la Maison de l'Empereur, lorsqu'il fut un des douze candidats à la succession de Scribe; c'est Octave Feuillet qui fut élu ; le 14 avril 1864, il se présenta concurremment avec Joseph Autran à la succession d'Alfred de Vigny ; onze tours de scrutin eurent lieu sans donner de résultat, l'élection fut renvoyée à l'année suivante. Cette fois C. Doucet avait Jules Janin pour compétiteur ; l'alliance des gouvernementaux et des cléricaux qui voulaient écarter ce dernier assura l'élection de Camille Doucet qui fut élu le 6 avril 1865 en remplacement de Vigny, et reçu par Jules Sandeau le 22 février 1866. A la mort de Patin, en 1876, il fut nommé secrétaire perpétuel. Il était Grand-officier de La Légion d'honneur. Il fit partie de la commission du Dictionnaire.
M. le 1er avril 1895. — S. : Costa de Beauregard.

**414.** — PRÉVOST-PARADOL (Lucien-Anatole) (37). Né à Paris le 8 août 1829.— Élève de l'Ecole normale, lauréat de l'Académie des Sciences morales et politiques et de l'Académie française,

professeur de littérature française à la Faculté d'Aix, rédacteur au *Journal des Débats*, critique et polémiste, il n'était âgé que de 36 ans et voyageait en Egypte, lorsqu'il fut élu contre Joseph Autran à l'Académie le 6 avril 1865 en remplacement d'Ampère; les conditions dans lesquelles s'était faite cette élection, l'âge de l'élu, le peu d'importance de son bagage littéraire, soulevèrent de vives critiques. Il fut reçu par Guizot le 8 mars 1866. Il se rallia à l'Empire libéral, fut nommé ministre plénipotentiaire aux Etats-Unis et se suicida d'un coup de revolver le 29 juillet 1870. — Un *Nouveau Lundi* de Sainte-Beuve.
S. : Camille Rousset.

**415.** — CUVILLIER-FLEURY (Alfred-Auguste) (35). Né à Paris le 18 mars 1802. — Il fut pendant deux ans le secrétaire de Louis Bonaparte, l'ancien roi de Hollande, puis il s'attacha à la famille d'Orléans. Historien, critique littéraire, rédacteur au *Journal des Débats*, il fut au mois de janvier 1862 l'un des douze candidats qui se disputèrent le fauteuil de Scribe. Il fut élu à l'Académie par 21 voix le 12 avril 1866 en remplacement de Dupin ; il avait été soutenu par le parti orléaniste et combattu par le parti impérialiste ; Sainte-Beuve lui reprochait de tout voir *par la lucarne de l'orléanisme*; il fut reçu par Nisard le 11 avril 1867. Il reçut Autran, Marmier, Duvergier de Hauranne et le duc d'Aumale, dont il avait été le précepteur, puis le secrétaire et John Lemoinne. Dans sa réponse au discours d'Autran, il fit l'éloge du romantisme, qu'il appela « le parti de la liberté dans l'art de la littérature ». Il fit partie de la commission du Dictionnaire.
M. le 18 octobre 1887. — S. : Jules Claretie.

**416.** — GRATRY (Joseph-Auguste-Alphonse) (33). Né à Lille le 30 mars 1805. — Oratorien, philosophe, professeur de morale évangélique à la Sorbonne, il eut des polémiques avec Vacherot et Renan, et combattit l'école positiviste. Il fut élu à l'Académie le 2 mai 1867 contre Vacherot et Leconte de Lisle, en remplacement de Barante, et reçu par Guizot le 27 mars 1868. Son discours de réception excita la colère des libéraux par les attaques qu'il contenait contre Voltaire, dont le P. Gratry occupait le fauteuil.
M. le 7 février 1872. — S. : Saint-René Taillandier.

**417.** — FAVRE (Jules-Claude-Gabriel) (9). Né à Lyon le 21 mars 1809. — Avocat et orateur politique, il fut le défenseur d'Orsini, secrétaire général du ministère de l'Intérieur en 1848, député à la Constituante en 1848, à la Législative en 1849, au Corps législatif de 1863 à 1870, membre et ministre des Affaires étrangères du gouvernement de la Défense nationale en 1870, député en 1871, sénateur en 1876. Grâce à un compromis entre les cléricaux et les politiques d'opposition, il fut élu à l'Académie française le 2 mai 1867 en remplacement de Victor Cousin, et reçu par Ch. de Rémusat le 23 avril 1868;
M. le 20 janvier 1880. — S. : Rousse.

**418.** — AUTRAN (Joseph) (7). Né à Marseille le 20 juin 1813. — Poète, il fit jouer à l'Odéon une tragédie en cinq actes, en vers, la *Fille d'Eschyle*, qui partagea le prix Montyon avec la *Gabrielle* d'E-

mile Augier. Il fut plusieurs fois candidat à l'Académie: en 1862, il fut celui des catholiques, de son ami V. de Laprade, de ses compatriotes Thiers et Mignet, mais il fut combattu par Guizot et les libéraux, le *Journal des Débats*, la *Revue des Deux-Mondes;* sa femme l'accompagna dans ses visites; finalement, il se retira devant Octave Feuillet. Le 14 avril 1864, il se présenta contre Camille Doucet ; onze tours de scrutin ne donnèrent aucun résultat et l'élection fut renvoyée au 6 avril 1865, où C. Doucet fut élu. A la suite d'une entente entre le parti religieux qui voulait Autran et les libéraux qui soutenaient Claude Bernard, ces deux candidats furent élus à la double élection du 7 mai 1868, Joseph Autran mettant en échec Théophile Gautier et succédant à Ponsard. Le nouvel élu, possesseur d'une belle fortune, avait pris l'habitude de recevoir les gens de lettres et particulièrement les académiciens à qui il offrait des dîners que l'on critiqua beaucoup. Autran fut reçu par Cuvillier-Fleury le 8 avril 1869 ; bien qu'il fût plutôt un classique, Autran, dans son discours de réception, fit l'éloge de l'école romantique, que confirma Cuvillier-Fleury dans sa réponse.
Il mourut aveugle le 6 mars 1877. — S. : Victorien Sardou.

**419**. — BERNARD (Claude) (29). Né dans le Lyonnais le 12 juillet 1813. — Célèbre physiologiste, trois fois lauréat de l'Académie des Sciences, membre de cette Académie en 1854 et de l'Académie de Médecine en 1861, professeur de physiologie expérimentale au Collège de France en 1855, et de physiologie générale au Muséum en 1868, président de la Société de Biologie, sénateur en 1869, il écrivit de nombreux ouvrages de médecine et des sciences et collabora à la *Revue des Deux Mondes*. Candidat à l'Académie, il fut élu le 7 mai 1868 en remplacement de Flourens, après avoir écrit à la Compagnie « une lettre de quatre pages, qui contient une sorte de profession de foi théiste et spiritualiste ». (Montalembert). Il fut reçu par Patin le 27 mai 1869 ; il étudia, dans son discours de réception les rapports de la philosophie et de la science expérimentale. Il revint à la religion avant de mourir, ce qui souleva de vives discussions, et fut enterré aux frais de l'Etat. Sa statue, par Guillaume, a été placée devant le Collège de France.
M. le 10 février 1878. — S. : Ernest Renan.

**420**. — CHAMPAGNY (Franz-Joseph-Marie-Thérèse de Nompère, comte de) (4). Né à Vienne (Autriche) le 8 septembre 1804. — Historien et publiciste, collaborateur de la *Revue des Deux Mondes*, fondateur et rédacteur de la *Revue contemporaine*, il fut plusieurs fois candidat à l'Académie, soutenu par Guizot et Dupanloup ; élu le 29 avril 1869 en remplacement de Berryer, il n'était pas, bien que royaliste et clérical, un candidat nettement hostile à l'empereur, deux de ses frères étant députés officiels, son élection fut l'objet d'un marchandage entre le parti politique de Guizot et les impérialistes, qui tourna à la confusion de ces derniers ; il fut reçu le 10 mars 1870 par Sylvestre de Sacy, et il reçut Littré.
M. le 4 mars 1882. — S. : de Mazade.

**421**. — HAUSSONVILLE (Joseph-Othenin-Bernard de Cléron, comte d') (22). Né à Paris le 27 mai 1809. — Il était le gendre du duc

Victor de Broglie et le beau-frère du duc Albert de Broglie, tous les deux académiciens. Diplomate, député, sénateur inamovible en 1878, il fonda, après la guerre de 1870-1871, l'Association des Alsaciens-Lorrains, dont il fut le président. Publiciste et historien, collaborateur de la *Revue des Deux Mondes*, il fut élu le 29 avril 1869 en remplacement de Viennet, et reçu par Saint-Marc Girardin le 31 mars 1870 ; très nettement orléaniste, il fut dispensé de la visite d'usage à l'Empereur. Il reçut A. Dumas fils avec une ironie courtoise et Camille Rousset.
M. le 28 mai 1884. — S. : Ludovic Halévy.

**422.** — BARBIER (Auguste-Henri) (36). Né à Paris le 28 avril 1805. — Poète satirique et littérateur, il fit des traductions de l'anglais. Il avait fait paraître en 1830, les *Iambes* dans la *Revue des Deux Mondes*, mais il était un peu oublié lorsqu'il se présenta à l'Académie en 1869. Sa candidature eut un caractère extrêmement hostile à l'empire ; il fut élu au quatrième tour de scrutin par 18 voix contre 14 obtenues par Théophile Gautier en remplacement d'Empis ; ce résultat provoqua de violentes colères parmi les gens de lettres, atténuées pourtant chez ceux qui y virent une victoire de l'opposition au régime impérial. Il fut reçu par Sylvestre de Sacy le 17 mai 1870 ; comme le comte d'Haussonville, élu le même jour que lui, il fut dispensé de rendre visite à l'Empereur. En 1878, il fut seul, avec Victor Hugo, à voter pour Leconte de Lisle. *La Curée*, le rendit célèbre en un jour. Un roman satirique, *Les Mauvais Garçons* en collaboration avec Alph. Royer, et un opéra, *Benvenuto Cellini*, en collaboration avec Léon de Wailly, musique de Berlioz. « Ce grand poète d'un jour et d'une heure, que la renommée a immortalisé pour un chant sublime né d'un glorieux hasard. » (Sainte-Beuve. *Nouveau Lundi*, X).
M. le 14 février 1882. — S. : Mgr Perraud.

**423.** — OLLIVIER (Oliver-Emile) (6). Né à Marseille le 2 juillet 1825. — Avocat, orateur parlementaire, publiciste, il fut député de Paris en 1857 et l'un des cinq opposants à l'Empire ; réélu en 1863, il se rapprocha du gouvernement impérial et fut ardemment combattu aux élections de 1869 ; il échoua à Paris mais fut élu dans le Var. Rallié à l'Empire libéral, il devint premier ministre avec le portefeuille de la Justice en 1870 ; c'est sous son ministère que la guerre de 1870 fut déclarée. M. Émile Ollivier prononça à cette occasion des paroles malheureuses qui lui furent souvent reprochées depuis ; il tomba le 9 août 1870 et son impopularité l'obligea à quitter la France ; il y rentra après la chute de Thiers.

Il était premier ministre lorsqu'il se présenta à l'Académie ; son avènement au ministère et les premières mesures libérales prises par le nouveau gouvernement amenèrent une détente dans les rapports d'une partie de l'opposition avec les Tuileries ; Emile Ollivier, appuyé par Thiers, fut élu le 7 avril 1870 en remplacement de Lamartine. Son élection marqua la fin de l'hostilité que l'Académie avait montrée à l'Empire depuis 1851 ; la guerre ayant éclaté peu de temps après, M. Ollivier quitta la France sans avoir été reçu solennellement. En 1874, il réclama le droit d'être reçu et il prépara son discours de réception dans lequel il fit entrer des considérations politiques dont Guizot demanda la suppression ; il s'en suivit un pénible incident (v. notice 372)et l'ajournement indéfini de la réception solennelle de M. Ollivier qui fut considéré comme reçu. A la mort de Thiers, M. Ollivier était absent de Paris; c'est lui qui devait prendre la parole à ses funérailles au nom de l'Académie puisqu'il était directeur à la mort de l'illustre homme d'Etat , en son absence, il fut remplacé par Sylvestre de Sacy, mais M. Ollivier protesta, et réclama le droit de recevoir celui qui succéderait au fauteuil de Thiers : après l'élection d'Henri Martin, M. Ollivier écrivit la réponse qu'il voulait faire au récipiendaire, elle contenait encore des appréciations politiques que l'Académie ne put pas approuver et que M. Ollivier ne voulut pas modifier ; M. Mézières mit fin à ce nouvel incident en proposant à l'Académie de substituer X. Marmier à M. Emile Ollivier ; celui-ci, très mécontent de la décision de l'Académie manifesta l'intention de n'y plus reparaître ; il y revint cependant, assista aux séances, participa aux travaux, prit part aux votes, et prononça en 1892 le discours sur les prix de vertu.

M. Emile Ollivier est actuellement le doyen de l'Académie.

**424. — JANIN (Jules-Gabriel) (28).** Né à Saint-Etienne le 16 février 1804.—Il collabora à la *Revue de Paris*, à la *Revue des Deux Mondes*, au *Figaro*, publia des romans, fut pendant quarante ans le critique du *Journal des Débats* avec une autorité qui le fit surnommer *le prince des critiques*. Il fut candidat malheureux à l'Académie en 1863 contre Dufaure ; en 1864 contre C. Doucet et Autran, onze tours de scrutin ne purent donner un résultat et l'élection fut renvoyée à l'année suivante ; en 1865, il fut battu par Prévost-Perradol. Bien qu'il fût soutenu par M<sup>me</sup> de Rothschild, Jules Janin ne pouvait obtenir une majorité à l'Académie qui le trouvait trop voltairien et trop anti-orléaniste ; il publia alors son *Discours de réception sur les marches du pont des Arts*, en déclarant qu'il ne se présenterait plus aux suffrages de l'Académie. Après la détente qui se produisit en 1869-1870, l'Académie pensa à lui, et sans qu'il renouvelât ses visites, elle l'élut le 7 avril 1870, le même jour que M. Emile Olliver, en remplacement de Sainte-Beuve ; il fut reçu par Camille Doucet le 9 novembre 1871.

M. le 20 juin 1874. — S. : John Lemoinne.

**425. — MARMIER (Xavier) (31).** Né en Franche-Comté le 24 juin 1809. — Romancier, poète, voyageur, traducteur des littératures du Nord, professeur, rédacteur en chef de la *Revue germanique*, conservateur, puis administrateur général de la Bibliothèque Sainte-Geneviève, il propagea en France la langue et la littérature allemandes. Il avait donné des leçons de littérature aux deux filles de Louis-Philippe, Clémentine et Marie. Elu à l'Académie le 19 mai 1870 en remplacement du comte de Pongerville, il fut reçu par Cuvillier-Fleury le 7 décembre 1871. A la suite d'un incident (voir notice 423), et sur la proposition de M. Mézières, il fut substitué à M. Emile Ollivier pour recevoir Henri Martin le 5 juin 1879 et prononcer l'éloge de Thiers. Il fit partie de la Commission du Dictionnaire.

M. le 11 octobre 1892. — S. : Henri de Bornier.

**426. — DUVERGIER DE HAURANNE (Prosper) (15).** Né à Rouen le 3 août 1798. — Député en 1831, à la Constituante 1848, à la Législative 1850, il collabora au *Globe*, à la *Revue française*, à la *Revue des Deux Mondes*. Il fut candidat à l'Académie dans la journée fameuse de la triple élection, dans laquelle Auguste Barbier fut élu ; l'Académie, à la suite des manœuvres des divers partis lui préféra de Champagny. Il fut élu le 19 mai 1870 en remplacement du duc Victor de Broglie, par 21 voix sur 28 votants, et le dernier sous le règne de Napoléon III ; les événements de 1870-1871 retardèrent sa réception par Cuvillier-Fleury jusqu'au 29 février 1872.
M. le 19 mai 1881. — S. : Sully-Prudhomme.

**427. — LITTRÉ (Emile-Maximilien-Paul) (23).** Né à Paris, le 1er février 1801. — Philologue, traducteur d'Hippocrate, philosophe positiviste, il collabora au *National*, à la *Revue des Deux Mondes*, au *Journal des Savants* ; il fut membre de l'Académie des Inscriptions en 1839, conseiller municipal de Paris en 1848, député de la Seine en 1871, sénateur inamovible en 1875. Il a laissé de nombreux écrits médicaux, philosophiques, philologiques, son œuvre la plus importante est son *Dictionnaire de la Langue française*. Candidat à l'Acamie en 1863, il fut combattu avec passion par l'évêque académicien Dupanloup ; élu le 30 décembre 1871 par 17 voix contre 9 à Saint-René-Taillandier et 3 à Viel-Castel en remplacement de Villemain, son élection fut considérée par Dupanloup comme une injure personnelle et il voulut démissionner, mais sur les instances de Guizot, il se borna à ne plus assister aux séances de l'Académie. E. Littré fut reçu le 5 juin 1873 par Champagny qui fit allusion, dans sa réponse, à la querelle que le récipiendaire avait eue avec l'irascible évêque d'Orléans. Il fit partie de la Commission du Dictionnaire (Un *Nouveau Lundi*).
M. le 2 juin 1881. — S. : Pasteur.

**428. — LOMÉNIE (Louis-Léonard de) (25).** Né dans le Limousin le 3 décembre 1815. — Rédacteur à la *Revue des Deux Mondes*, professeur de littérature française au Collège de France et à l'Ecole Polytechnique, il publia de 1840 à 1847 des études biographiques sous le titre de *Galerie des Contemporains illustres* par un Homme de rien, ouvrage en dix volumes qui eut un certain retentissement. Elu à l'Académie le 30 décembre 1871 en remplacement de Mérimée.
M. le 2 avril 1878. — S. : Taine.

**429. — ROUSSET (Camille-Félix-Michel) (37).** Né à Paris le 15 février 1821. — Professeur, historien, historiographe du Ministère de la Guerre, conservateur de la bibliothèque de ce ministère, de 1864 à 1876, il fut élu à l'Académie le 20 décembre 1871 en remplacement de Prévost-Paradol. Son *Histoire de Louvois* obtint trois années de suite le premier prix Gobert. Il fit partie de la Commission du Dictionnaire.
M. le 19 octobre 1892. — S. : Thureau-Dangin.

**430. — AUMALE (Henri-Eugène-Philippe-Louis d'Orléans, duc d') (21).** Né à Paris le 16 janvier 1822. — Quatrième fils de Louis-

Philippe, général de division, gouverneur général de l'Algérie en 1847, prit la Smala d'Abd-el-Kader, en 1843, fut exilé au 24 février 1848. Il fut élu député en 1871, mais ne siégea pas avant que le gouvernement de Thiers fût régulièrement installé ; il prit deux fois la parole à l'Assemblée de Versailles ; réintégré dans son grade de division, il présida en octobre 1873 le conseil de guerre qui jugea Bazaine ; il demanda l'autorisation de visiter les champs de bataille autour de Metz, au gouvernement allemand, qui la lui refusa. Il fut nommé au commandement du 7e Corps d'armée à Besançon au mois de septembre 1873. Le duc d'Aumale avait acquis un certain prestige, et, après l'échec des négociations en vue d'une restauration royaliste, ses amis eurent un moment l'idée de le faire stathouder ; en 1879, nommé inspecteur général des corps d'armée, il resta en disponibilité, puis les agissements du parti royaliste ayant inquiété le gouvernement, le duc d'Aumale fut, avec les autres princes de sa famille qui appartenaient à l'armée, mis en non activité par retrait d'emploi en 1883, et rayé des cadres de l'armée en 1886, Le duc d'Aumale écrivit au président de la République, Jules Grévy, une lettre de protestation contre cette nouvelle mesure, dont la conséquence fut l'expulsion du prince. Il rendit alors publiques les dispositions qu'il avait prises pour faire donation à l'Institut du château, du domaine et des collections qu'il possédait à Chantilly.

Le duc d'Aumale avait été élu le 30 décembre 1871 membre de l'Académie française par 28 voix sur 29 votants en remplacement du comte de Montalembert, et reçu par son ancien précepteur, Cuvillier-Fleury, le 3 avril 1873. A l'occasion de sa réception, l'Académie avait fait revivre une vieille question relativement à l'appellation dont on devrait se servir à l'égard du récipiendaire que les usages du monde devaient faire appeler *Monseigneur* et que le principe égalitaire de l'Académie devait faire appeler *Monsieur* ; on rappelait que Séguier et Colbert n'avaient pas voulu du premier titre, que le comte de Clermont y avait renoncé, mais on rappelait aussi que le cardinal Dubois et le cardinal Maury l'avaient exigé. Le duc d'Aumale trancha le différend en faisant savoir à la compagnie qu'il désirait se conformer à ses usages et être appelé *Monsieur*.

Il fut reçu à l'Académie des Beaux-Arts le 14 février 1880 et à l'Académie des Sciences morales et politiques le 30 mars 1889, nommé directeur de l'académie de Besançon, docteur honoraire de l'Université d'Oxford et membre de l'Académie royale de Bruxelles ; il était grand-croix de la Légion d'honneur depuis 1842.

Après sa donation royale à l'Institut, il fut, de la part de ce corps, l'objet de manifestations reconnaissantes : une médaille gravée par Chapelain lui fut solennellement remise à Bruxelles le 28 décembre 1887 par une délégation de l'Institut, à raison d'un délégué pour chacune des cinq académies ; l'Institut adressa au gouvernement une demande collective pour le rappel du prince exilé, en 1888 ; le décret de bannissement fut rapporté le 7 juin 1889.

Le duc d'Aumale fut un bibliophile et un collectionneur éclairé ; il écrivit divers ouvrages entre autres *Les Zouaves* et *Les Chasseurs à pied* qui furent publiés sous un pseudonyme en 1855 et en 1859 dans la *Revue des Deux-Mondes*. Son œuvre la plus importante est l'*Histoire des Princes de Condé*, en 5 volumes.

Il reçut M. Rousse.

M. le 7 mai 1897. — S. : Eug. Guillaume.

**431.** — SAINT-RENÉ TAILLANDIER (René-Gaspard-Ernest-Taillandier, *dit*) (33). Né à Paris le 6 décembre 1817. — Il étudia à l'Université d'Heidelberg, fut professeur aux Facultés de Strasbourg et de Montpellier, professeur d'éloquence française à la Sorbonne en 1868, secrétaire général du Ministère de l'Instruction publique en 1870, ministre de l'Instruction publique par délégation à Bordeux, 1870-1871, conseiller d'Etat. Il collabora à la *Revue des Deux Mondes* et, après un échec à l'Académie où il fut battu par Littré, il y fut élu le 16 janvier 1873 en remplacement du Père Gratry, et reçu le 22 janvier 1874.
M. le 22 février 1879. — S. : Maxime Du Camp.

**432.** — VIEL-CASTEL (Charles-Louis-Gaspard-Gabriel de Salviac, *baron* de) (5). Né à Paris le 14 octobre 1800. — Diplomate sous la Restauration de Louis-Philippe, il collabora à la *Revue des Deux-Mondes*, publia des études sur le théâtre espagnol et une *Histoire de la Restauration* en vingt volumes. Battu à l'Académie par Littré, il fut élu le 1ᵉʳ mai 1873 en remplacement du général P.-P. de Ségur.
M. le 6 octobre 1887. — S. : Amiral Jurien de la Gravière.

**433.** — CARO (Elme-Marie) (27). Né à Poitiers le 4 mars 1826. — Elève à l'Ecole Normale, professeur de philosophie à la Faculté des Lettres de Douai et de Paris en 1864, maître de conférences à l'Ecole Normale en 1858, inspecteur, et, par délégation, inspecteur général de l'Académie de Paris, lauréat de l'Académie française, membre de l'Académie des Sciences morales et politiques en 1869, il publia divers ouvrages de philosophie spiritualiste et fut élu contre Taine à l'Académie française le 29 janvier 1874 en remplacement de Vitet, et reçu le 13 mars 1875.
M. le 13 juillet 1887. — S. : Comte Othenin d'Haussonville.

**434.** — MÉZIÈRES (Alfred-Jean-François) (20). Né en Lorraine le 19 novembre 1826. — Officier pendant l'insurrection de juin 1848 et la guerre de 1870-1871, il fut élève à l'Ecole normale, publia des études sur Shakespeare, Dante, Pétrarque, Gœthe, représenta l'Université de Paris aux jubilés de Shakespeare en 1864 et de Dante en 1865, fut professeur de littérature étrangère à la Sorbonne, député, réélu à toutes les législatures, depuis 1881, aujourd'hui sénateur. Il fut élu à l'Académie le 29 janvier 1874 en remplacement de Saint-Marc Girardin. Sur sa proposition, un incident soulevé par M. Emile Ollivier fut clôturé par la substitution de X. Marmier à l'ancien ministre de Napoléon III pour recevoir à l'Académie Henri Martin et prononcer l'éloge de Thiers (v. notice 423). Il reçut M. Guillaume et fait partie de la commission du Dictionnaire.

**435.** — DUMAS fils (Alexandre) (2). Né à Paris le 27 juillet 1824. — Auteur dramatique et romancier, il publia son premier roman, *La Dame aux Camélias*, en 1848, et fit jouer sa première pièce, *Diane de Lys*, en 1851. Ses principaux succès au théâtre sont : *La Dame aux Camélias*, 1852 ; *Le Demi-Monde*, 1855, *Le Fils naturel*,

1858, les *Idées de Madame Aubray*, 1867, la *Princesse Georges*, 1871, l'*Etrangère*, 1876 ; il publia aussi un certain nombre de brochures sur le divorce, la recherche de la paternité, etc. Il fut élu le 29 janvier 1874 en remplacement de P.-A. Lebrun, par 22 voix contre 11 voix données à divers concurrents : Victor Hugo, absent de l'Académie depuis 1851, y fit sa rentrée pour voter pour A. Dumas fils ; il fut reçu le 11 février 1875 par le comte d'Haussonville dont la réponse fut empreinte d'une courtoise ironie. A. Dumas fils prononça en 1877 un remarquable discours sur les prix de vertu.
M. le 27 novembre 1895. — S. : André Theuriet.

**436**. — LEMOINNE (JOHN-EMILE) (28). Né à Londres le 17 octobre 1815. — Diplomate, il fut pendant cinquante ans rédacteur au *Journal des Débats* dont il devint le directeur ; il collabora à la *Revue des Deux Mondes* et au *Matin* ; il fut sénateur inamovible en 1880. Elu à l'Académie le 13 mai 1875 en remplacement de Jules Janin, il fut reçu le 2 mars 1876 par Cuvillier-Fleury.
M. le 14 décembre 1892. — S. : Ferdinand Brunetière.

**437**. — SIMON (SIMON-JULES-FRANÇOIS SUISSE, *dit* JULES) (12). Né à Lorient le 27 décembre 1814. — Elève de l'Ecole normale, il fut professeur de philosophie à l'Ecole normale et à la Sorbonne, où son cours fut suspendu en 1851. Député en 1848 en 1849, en 1863, réélu en 1869, il fit partie du gouvernement et de la Défense nationale où il prit le portefeuille de l'Instruction publique, des Cultes et des Beaux-Arts, qu'il conserva en 1871 jusqu'en 1873 ; président du Conseil et ministre de l'Intérieur en 1876 ; il fut révoqué de ses fonctions par l'acte du 16 mai 1877. Il fut nommé sénateur inamovible le 16 décembre 1875, et le même jour il était élu à l'Académie française en remplacement de Rémusat; Jules Simon a écrit un grand nombre d'ouvrages politiques, philosophiques et d'économie sociale ; il a prononcé, tant au Parlement qu'au dehors, de nombreux discours sur ces mêmes matières ; il écrivit dans beaucoup de journaux, notamment au *Siècle*, au *Gaulois*, au *Matin*, au *Temps* ; il fut, en 1868, président de la Société des gens de lettres et avait été nommé membre de l'Académie des Sciences morales et politiques en 1863. Il fit partie de la Commission du Dictionnaire, et reçut Meilhac.
M. le 8 juin 1896. — S. : Comte de Mun.

**438**. — DUMAS (JEAN-BAPTISTE) (40). Né en Languedoc le 14 juillet 1800. — Chimiste, membre de l'Académie des Sciences en 1832, il en devint secrétaire perpétuel en 1868 ; membre de l'Académie de Médecine en 1843, professeur, vice-président du Conseil supérieur de l'Instruction publique de 1861 à 1863, sa théorie aboutit à l'*unité de matière* ; il a laissé des ouvrages scientifiques. Député en 1849, il fut ministre de l'Agriculture et du Commerce en 1850-1851, membre et vice-président du conseil municipal de Paris, sénateur, Grand-Croix de la Légion d'honneur en 1863. Il fut élu à l'Académie française le 16 décembre 1875 en remplacement de Guizot et reçu le 1er juin 1876.
M. le 11 avril 1884. — S. : Joseph Bertrand.

**439. — BLANC (Charles) (11).** Né à Castres le 15 novembre 1813. — Il était le frère de l'homme politique et historien Louis Blanc ; critique d'art, il fut directeur des Beaux-Arts de 1848 à 1852 et de 1870 à 1873, membre de l'Académie des Beaux-Arts en 1868, rédacteur en chef de la *Gazette des Beaux-Arts*, collaborateur à l'*Histoire des peintres de toutes les écoles*, en 14 volumes, écrivit une *Histoire des peintres français au XIX$^e$ siècle* ; son meilleur ouvrage est la *Grammaire des arts du dessin* ; il fut professeur d'esthétique et d'histoire de l'Art au Collège de France en 1878. Elu à l'Académie le 8 juin 1876 en remplacement de Carné. il fut reçu en 1877.
M. le 17 janvier 1882. — S. : Edouard Pailleron.

**440. — BOISSIER (Marie-Louis-Gaston) (17).** Né à Nîmes le 15 août 1823. — Lauréat de l'Académie des Inscriptions et de l'Académie française, normalien, maître de conférences à l'Ecole normale, professeur d'éloquence latine au Collège de France, il collabora à la *Revue des Deux Mondes* ; ses meilleurs ouvrages sont les *Promenades archéologiques*, et son *Etude sur Cicéron* qui fut couronnée par l'Académie française. Membre de l'Académie des Inscriptions en 1886, M. Gaston Boissier avait été élu à l'Académie française le 9 juin 1876 en remplacement de Patin et reçu en 1877. Il a été nommé secrétaire perpétuel le 2 mai 1895 en remplacement de Camille Doucet, et fait partie de la commission du Dictionnaire.

**441. — SARDOU (Victorien) (7)** Né à Paris le 7 septembre 1831. — Auteur dramatique, il dut ses premiers succès à Virginie Déjazet ; il écrivit un grand nombre de pièces de théâtre qui furent jouées au Vaudeville, au Gymnase, à la Porte Saint-Martin, au Palais Royal, à la Gaieté, à la Comédie-Française ; ses principales œuvres sont : *Nos Intimes, La Famille Benoiton, Nos bons Villageois, Patrie, La Haine, Rabagas* en 1872, *Daniel Rochat* en 1880, *Thermidor* en 1891 ; ces trois dernières soulevèrent, par les questions politiques qu'elles abordaient, de violentes protestations ; il écrivit en collaboration avec de Najac, *Divorçons* qui fut jouée au Palais-Royal, et pour M$^{me}$ Sarah Bernhardt, qui en joua le rôle principal, *Fédora, Théodora*, la *Tosca, La Sorcière*. M. V. Sardou fut souvent accusé de copier d'autres auteurs, il défendit les droits de l'auteur dramatique dans une brochure intitulée *Mes plagiats* ; il écrivit peu en dehors du théâtre. Il fut élu à l'Académie après plusieurs tours de scrutin contre M. le duc d'Audiffret-Pasquier et Leconte de Lisle, le 7 juin 1877 en remplacement de Joseph Autran, et reçu le 23 mai 1878.

**442. — RENAN (Ernest) (29).** Né en Bretagne le 27 février 1823. — Philologue très versé dans les langues sémitiques, après avoir abandonné l'état ecclésiastique, il fut deux fois lauréat de l'Institut ; professeur d'hébreu au Collège de France en 1862, il fit paraître en 1863 la *Vie de Jésus*, qui est son œuvre capitale, et qui souleva d'extraordinaires polémiques ; des quantités incroyables d'attaques ou de défenses de cette œuvre parurent en France et à l'étranger ; le pape l'appela le *blasphémateur européen*, des manifestations hostiles se produisirent au Collège de France, qui amenèrent la suspension de son cours. Le gouvernement impérial lui offrit comme compensation l'administration de la Bibliothèque nationale qu'il refusa. Son nom fut prononcé pour un fauteuil à l'Académie, mais l'évêque Dupanloup associa le nom d'Ernest Renan et de Taine à celui de Littré qu'il combattait avec passion. Après la guerre de 1870, les idées du monde gouvernemental s'étaient modifiées, Ernest Renan fut réintégré dans sa chaire en 1870 et nommé par l'élection administrateur du Collège de France en 1873 où il fut réélu tous les trois ans. Membre de l'Académie des Inscriptions depuis 1856, il fut élu à l'Académie française le 13 juin 1878 en remplacement de Claude Bernard, et reçu en avril 1879.

Son discours de réception produisit en Allemagne une vive émotion qu'Ernest Renan dut calmer en publiant une lettre soi-disant adressée à *un ami d'Allemagne*. La haine du parti religieux contre Renan n'a jamais désarmé ; le maréchal de Mac-Mahon refusa de le nommer officier de la Légion d'Honneur ; Renan obtint ce grade seulement en 1880, il est mort Grand-Officier de la Légion d'Honneur, au Collège de France, le 2 octobre 1892 ; ses funérailles eurent lieu aux frais de l'Etat. Onze ans après sa mort, on lui éleva une statue à Tréguier, son pays natal ; l'inauguration donna lieu à de telles manifestations que le gouvernement qui les avait prévues, dut prendre de grandes mesures de police pour éviter des émeutes (13 septembre 1903).

Ernest Renan a laissé l'*Histoire des origines du Christianisme*, 8 volumes, l'*Histoire du peuple d'Israël*, 5 volumes, des *Etudes d'Histoire religieuse*, des *Drames philosophiques*, des traductions et divers autres ouvrages. L'*Histoire comparée des langues sémitiques*. Il reçut Claretie et fit partie de la Commission du Dictionnaire. Trois *Nouveaux Lundis* dont un pour la *Vie de Jésus*.

M. le 2 octobre 1892. — S. : Challemel-Lacour.

**443.** — MARTIN (Bon-Louis-Henri) (38). Né à Saint-Quentin le 20 février 1810. — Il débuta dans la littérature par des romans, mais il se livra bientôt aux études historiques. Son *Histoire de France* a obtenu le grand prix Gobert à l'Académie des Inscriptions en 1844, le deuxième prix Gobert à l'Académie française en 1851, le premier en 1856 et le prix biennal de 20.000 francs décerné par l'Institut en 1869. Professeur d'histoire à la Sorbonne pendant six mois en 1848. Henri Martin fut élu à l'Académie des Sciences morales et politiques en 1871, et, après avoir échoué contre Cuvillier-Fleury en 1866, il fut élu à l'Académie française le 13 juin 1878 en remplacement de Thiers. Il devait être régulièrement reçu le 8 juin 1879 par M. Emile Ollivier, mais à la suite d'un long incident (notices 423 etc.) il le fut le 13 novembre 1879 par X. Marmier désigné par l'Académie sur la proposition de M. Mézières.

Rédacteur au *Siècle*, Henri Martin fut maire du XVIe arrondissement en 1870, député de Paris en 1871, sénateur en 1876, l'un des fondateurs et le premier président de la Ligue des Patriotes. V. *Henri Martin, sa vie, ses œuvres, son temps* par G. Hanotaux.

M. le 14 décembre 1883. — S. : de Lesseps.

**444.** — TAINE (Hippolyte-Adolphe). (25) Né à Vouziers en Champagne le 21 avril 1828. — Il fut reçu le premier à l'Ecole normale ; critique, historien, philosophe libre penseur, son *Essai sur Tite-Live* fut couronné par l'Académie française en 1854; deux ans après, il publia *les Philosophes français du* xix$^e$ *siècle*, ouvrage dans lequel il critiquait la philosophie spiritualiste enseignée par l'Université ; en 1864, l'évêque Dupanloup s'opposa à ce que l'Académie accordât un prix à l'*Histoire de la littérature anglaise*, à cause des doctrines philosophiques que l'auteur y exposait. Déjà l'année précédente, Dupanloup avait englobé Taine et Renan dans l'ardente campagne qu'il mena contre la candidature de Littré ; en cette même année 1864, Taine fut nommé professeur d'histoire de l'Art et d'esthétique à l'Ecole des Beaux-Arts. Il écrivit encore de nombreux ouvrages de philosophie et de critique sur l'art et la littérature de France, d'Angleterre et d'Italie ; il commença en 1876 la publication de son œuvre la plus importante : *Origines de la France contemporaine*. Battu à l'Accadémie par E. Caro en 1874 à cause de ses opinions philosophiques, ce dernier ouvrage lui valut d'y être élu comme anti-révolutionnaire le 14 novembre 1878 en remplacement de L. de Loménie, par 20 voix sur 26 votants. Les sentiments de l'Académie à son égard étaient changés au point que Dupanloup lui-même, qui, malade, mourut un peu avant l'élection de Taine, exprima le regret de ne pouvoir lui donner sa voix.

Il était docteur en droit de l'Université d'Oxford. Trois *Nouveaux Lundis* de Sainte-Beuve.

M. le 2 mars 1893. — S. : Albert Sorel.

**445.** — AUDIFFRET-PASQUIER (Edme-Armand-Gaston, *duc* d') (16). Né à Paris le 23 octobre 1823. — Baron d'Audiffret, petit-neveu et fils adoptif du chancelier Pasquier, qui fut académicien, il hérita de son titre de duc. Fonctionnaire politique sous Louis-Philippe, député en 1871, il combattit les bonapartistes, écrivit un rapport et prononça un discours remarquable sur les marchés de la guerre. Il fut président de l'Assemblée nationale de Versailles et, nommé sénateur inamovible en 1875, président du Sénat ; après avoir éprouvé un échec à l'Académie, le duc d'Audiffret-Pasquier fut élu par 22 voix le 26 décembre 1898 en remplacement de Dupanloup. Cette élection fut essentiellement politique, le duc d'Audiffret-Pasquier n'ayant rien publié, il fut préféré à Leconte de Lisle.

Mort en juin 1905. Non encore remplacé.

**446.** — DU CAMP (Maxime) (33). Né à Paris le 8 février 1822. — Il voyagea beaucoup, fut un des fondateurs de la *Revue de Paris* qui publia M$^{me}$ *Bovary* et collabora à la *Revue des Deux-Mondes* ; il a publié un certain nombre d'ouvrages, dont les meilleurs sont *Paris, ses organes, ses fonctions, sa vie*, en 6 volumes, et les *Convulsions de Paris*, en 4 volumes. Il fut élu à l'Académie française le 26 février 1880 en remplacement de Saint-René Taillandier. Maxime Du Camp fut l'ami des romantiques, de Gautier et de Flaubert. En En 1860 il fit partie de l'expédition des *Mille*. Il attaqua l'Académie et demanda sa division en sections.

« J'ai dit, écrit-il, que l'Académie n'était plus de nos jours un corps littéraire. J'ai eu tort. J'aurais dû dire qu'elle est un corps essentiellement antilittéraire ; elle corrompt ou elle tue. » (Voir une *Causerie* de Sainte-Beuve).

M. le 8 février 1893. — S. : Paul Bourget.

**447.** — LABICHE (Eugène-Marin)(14). Né à Paris le 5 mai 1815.
— Romancier et surtout auteur dramatique comique, il écrivit, seul ou en collaboration, une centaine de pièces de théâtre pour le Palais-Royal, les Variétés, le Vaudeville, le Gymnase, etc. ; les meilleures ou les plus connues sont : *Le Chapeau de paille d'Italie, Le Voyage de M. Perrichon, La Cagnotte, Le Choix d'un Gendre, Le plus Heureux des Trois, Doit-on le dire ?* etc. Il fut élu à l'Académie le 26 février 1880, en remplacement de Sylvestre de Sacy.
M. le 22 janvier 1888. — S. : Henri Meilhac.

**448.** — ROUSSE (Aimé-Joseph-Edmond) (9). Né à Paris le 17 mai 1817. — Il fut secrétaire de Chaix-d'Est-Ange dont il publia les plaidoyers, bâtonnier, en 1870, du barreau de Paris, il a publié ses *Plaidoyers et Discours* en 2 volumes. Elu à l'Académie le 13 mai 1880 en remplacement de Jules Favre, M. Rousse a été reçu par le duc d'Aumale. Il reçut le vicomte de Vogüé.

**449.** — SULLY-PRUDHOMME (René-François-Armand Prud'homme, dit) (15). Né à Paris le 16 mars 1839. — Poète parnassien et critique, il fut d'abord employé dans les usines de Schneider au Creuzot, puis clerc de notaire ; il collabora à la *Revue des Deux-Mondes*. Elu à l'Académie le 8 décembre 1881 en remplacement de Duvergier de Hauranne, il était le premier poète nommé depuis la fameuse élection d'Auguste Barbier.
M. Sully-Prudhomme fut le lauréat du prix Nobel ; il en affecta le montant à la fondation d'un prix annuel de 1200 francs, qui porte son nom et qui est distribué chaque année par la Société des Gens de Lettres pour permettre à un jeune poète inédit de faire publier ses œuvres.
Les principales œuvres de M. Sully-Prudhomme sont : *Stances et Poèmes, Les Epreuves, Les Solitudes*, etc.

**450.** — PASTEUR (Louis) (23). Né en Franche-Comté le 27 décembre 1822. — Elève de l'Ecole normale, illustre chimiste, créa la pasteurisation et la méthode pasteurienne, rendit à la science et à l'humanité les plus grands services et reçut de son vivant et après sa mort les plus grands honneurs. Professeur à la Faculté de Strasbourg, 1852. Doyen de la Faculté de Lille en 1854, directeur des études scientifiques à l'Ecole normale, 1857-1867, professeur de géologie, physique et chimie à l'Ecole des Beaux-Arts en 1863, et de chimie à la Sorbonne, 1867-1875, il fut élu à l'Académie des Sciences en 1862 et nommé secrétaire perpétuel en 1887 et secrétaire perpétuel honoraire en 1889 ; il dirigea l'*Institut Pasteur* établissement fondé par souscription publique. Pasteur fut élu à l Académie française le 8 décembre 1881 en remplacement de Littré, et reçu le 27 avril 1882.
En 1856, la Société royale de Londres lui décerna la médaille Rumford, en 1874 la médaille Copley et le nomma membre étranger en 1869 ; la Faculté de médecine de Bonn lui donna en 1868 le diplôme de docteur, qu'il renvoya au moment de la guerre de 1870 ; la même année le Ministère de l'Agriculture d'Autriche lui donna un prix de 10.000 florins ; en 1873, la Société d'encouragement un prix de 12.000 francs, et en 1874, l'Assemblée nationale lui accorda sur la proposition de Paul Bert, une rente viagère de 12.000 francs. A

l'occasion de son soixante-dixième anniversaire, le monde savant et le monde officiel lui donnèrent de nouveaux témoignages d'admiration ; l'Université d'Oxford le nomma docteur ès sciences ; un comité présidé par J.-B. Dumas, composé de délégués de l'Académie des Sciences, de l'Académie de Médecine, de la Faculté des Sciences, de l'Ecole Normale, lui remit une médaille commémorative ; une grande cérémonie, à laquelle prirent part des représentants de tous les corps savants d'Europe et qui fut présidée par le président de la République, Carnot, fut organisée en son honneur. Une médaille gravée par Roty lui fut offerte en 1892 par souscription nationale. Pasteur était membre de l'Académie de Médecine depuis 1873 et Grand-Croix de la Légion d'Honneur depuis 1881 : un décret impérial, qui ne fut pas promulgué, l'avait nommé sénateur le 27 juillet 1870 ; il reçut un grand nombre de décorations étrangères.

Pasteur mourut le 28 septembre 1895 ; le gouvernement lui fit voter des funérailles nationales et il fut enterré à l'Institut Pasteur.

S. : Gaston Paris.

**451.** — CHERBULIEZ (Charles-Victor) (3). Né à Genève le 19 juillet 1829, d'une famille française réfugiée en Suisse lors de la révocation de l'Edit de Nantes ; il se fit naturaliser français en 1880. Romancier, critique littéraire, publiciste, il signa quelquefois du pseudonyme G. Valbert, et collabora à la *Revue des Deux-Mondes ;* ses meilleurs romans sont : le *Comte Kostia, Paule Méré, Prosper Randoce,* l'*Aventure de Ladislas Bolski,* l'*Idée de Jean Téterol,* etc. Il fut élu à l'Académie l'année qui suivit sa naturalisation, le 8 décembre 1881, en remplacement de Dufaure. Il fit partie de la Commission du Dictionnaire.

M. le 1er juillet 1899. — S. : Emile Faguet.

**452.** — PERRAUD (Adolphe-Louis-Albert) (36). Né à Lyon le 7 février 1828. — Normalien de la promotion About, Sarcey, Taine, Weiss, oratorien, professeur, puis supérieur général de l'Oratoire, professeur d'histoire ecclésiastique à la Sorbonne, il a écrit des ouvrages religieux, l'*Histoire de l'Oratoire en France au* xviiie *et au* xixe *siècle,* des études sur le cardinal de Richelieu, le P. Gratry, des oraisons funèbres et des panégyriques, etc. Nommé évêque d'Autun en 1874 et cardinal en 1895, il fut élu à l'Académie le 8 juin 1882 en remplacement d'Auguste Barbier qui avait exprimé, avant de mourir, le désir de l'avoir pour successeur.

Lorsque S. E. le cardinal Perraud arriva au conclave de 1903 qui suivit la mort du pape Léon XIII, le cardinal camerlingue le complimenta et le félicita d'appartenir à l'Académie française.

**453.** — PAILLERON (Edouard-Jules-Henri) (11). Né à Paris, le 17 septembre 1834. — Poète et auteur dramatique, il fut le gendre de Buloz et collabora à la *Revue des Deux-Mondes* que dirigeait son beau-père. Ses meilleures œuvres sont un volume de vers, *Amours et haines,* et des comédies en vers et en prose : les *Faux Ménages, L'Age Ingrat, L'Etincelle, Le Monde où l'on s'ennuie, La Souris,* etc. Pailleron fut élu à l'Académie le 7 décembre 1882 en remplacement de Charles Blanc.

Il répondit au discours de réception de Ludovic Halévy.
M. le 19 avril 1899. — S. : Paul Hervieu.

**454.** — MAZADE (Louis-Charles-Jean-Robert de) (4). Né à Castel-Sarrasin le 19 mars1820. — Critique et poète, il collabora à la *Presse*, à la *Revue de Paris* et surtout chroniqueur politique à la *Revue des Deux-Mondes*. Elu à l'Académie le 7 décembre 1882 en remplacement de Champagny. Il reçut Jurien de la Gravière.
M. le 19 avril 1893. — S. : J.-M. de Heredia.

**455.** — ABOUT (Edmond-François-Valentin) (10). Né en Lorraine le 14 février 1828. — Normalien, romancier, auteur dramatique, critique d'art, pamphlétaire politique, journaliste anticlérical, il fonda le *XIX$^e$ Siècle*. Deux de ses pièces, *Guillery* au Théâtre Français en 1856 et surtout *Gaëtana* jouée à l'Odéon en 1862 donnèrent lieu à des manifestations hostiles contre l'auteur à cause de ses attaches avec la cour impériale. Il collabora au *Figaro*, au *Constitutionnel*, au *Soir* et au *Gaulois* et publia *Tolla*, son meilleur roman, dans la *Revue des Deux-Mondes*. Dans un voyage qu'il fit en Alsace après la guerre de 1870, il fut emprisonné pour outrages à l'empereur d'Allemagne, mais il bénéficia d'un non-lieu. Deux fois candidat à l'Académie, il obtint 7 voix contre le duc Albert de Broglie et 5 contre le comte de Pongerville ; il fut élu le 24 janvier 1884 au deuxième tour par 19 voix contre 14 à Coppée en remplacement de Jules Sandeau et reçu par Perraud.
M. le 26 janvier 1885. — S. : Léon Say.

**456.** — COPPÉE (Francis-Edouard-Joachim, *dit* François) (8). Né à Paris le 26 janvier 1842. — Poète parnassien, auteur dramatique, conteur, il publia *Le Reliquaire* en 1866, *Les Intimités* en 1861, *Les Humbles* en 1872, plusieurs poèmes à des dates diverses ; au théâtre, il donna à l'Odéon *Le Passant* en 1869, *Severo Torelli* en 1883, *Les Jacobites* en 1885, au Théâtre Français *Le Luthier de Crémone* en 1877. Nommé archiviste de la Comédie-Française en 1878, il démissionna après son élection à l'Académie qui eut lieu le 21 février 1884 en remplacement de Victor de Laprade.
M. François Coppée a prononcé le discours sur les prix de vertu le 16 novembre 1893. En 1898, il entra dans la politique militante à l'occasion d'un procès célèbre ; il défendit par la plume et par la parole, avec une généreuse ardeur, les institutions militaires, religieuses et sociales qui étaient attaquées avec violence, et il fut l'un des fondateurs de la Ligue de la Patrie Française dont on le nomma président d'honneur. Il fait partie de la Commission du Dictionnaire.

**457.** — LESSEPS (Ferdinand, *vicomte* de) (38). Né à Versailles le 19 novembre 1805. — Diplomate, il fut le promoteur du percement du canal de Suez. Il eut une réputation universelle et fut comblé d'honneurs. Nommé grand-croix de la Légion d'honneur en 1869, sans avoir été grand-officier, il fut élu à l'Académie des Sciences en 1873 et à l'Académie française le 21 février 1884 en remplacement de Henri Martin. La fin de sa vie fut consacrée au percement de l'isthme de Panama, et lors de la débâcle financière de cette affaire il fut condamné à cinq ans de prison par défaut; mais, en considération de son âge et de son état de santé, le jugement ne lui fut pas signifié, et malgré ses erreurs on lui conserva le surnom de « Grand Français. » Il a laissé des lettres et diverses publications relatives au canal de Suez.

M. le 7 décembre 1894. — S. : Anatole France.

**458.** — DURUY (Jean-Victor) (13). Né à Paris le 11 septembre 1811. — Normalien, maître de conférences à l'Ecole normale, professeur d'histoire à l'Ecole polytechnique, inspecteur général de l'Enseignement secondaire, il a publié des livres d'histoire pour les écoles et l'Enseignement secondaire. Ministre de l'Instruction publique de 1863 à 1869, il fut sénateur en 1869 et grand-croix de la Légion d'honneur ; il fut choisi par les cinq sections de l'Institut comme membre du Conseil supérieur de l'Instruction publique, de 1881 à 1886. Membre de l'Académie des Inscriptions en 1873, il fut élu à l'Académie des Sciences morales et politiques en 1879, et en 1884 à l'Académie française en remplacement de Mignet. Son *Histoire des Grecs* lui valut en 1889 le prix Reynaud de 10.000 francs.

M. le 26 novembre 1894. — S. : Jules Lemaître.

**459.** — BERTRAND (Joseph-Louis-François) (40). Né à Paris le 11 mars 1822. — Entré le premier à l'Ecole normale en 1839, mathématicien, membre de l'Académie des Sciences en 1856, il en devint secrétaire perpétuel en 1874 ; professeur de physique générale et de mathématiques au Collège de France, il a publié divers ouvrages et mémoires scientifiques, et l'histoire de *L'Académie des Sciences et les académiciens de 1666 à 1793*. Elu à l'Académie française en 1884, en remplacement de J.-B. Dumas.

M. en 1901. — S. : Berthelot.

**460.** — HALÉVY (Ludovic) (22). Né à Paris le 1er janvier 1834. — Fils de Léon Halévy qui fut candidat à l'Académie et neveu de Fromenthal Halévy, le compositeur membre de l'Académie des Beaux Arts, il collabora avec le duc de Morny, et fut rédacteur au Corps législatif en 1861 ; chef de bureau au ministère des Colonies. Auteur dramatique, il collabora avec Henri Meilhac pour des vaudevilles, des comédies et des opérettes dont J. Offenbach écrivit la musique : *La Belle Hélène, La Vie parisienne, La Grande Duchesse de Gérolstein*, aux Variétés, *Le Réveillon* et *La Boule* au Palais Royal, *Froufrou* au Gymnase ; M. Ludovic Halévy a donné à l'Opéra-Comique *Carmen* dont Bizet écrivit la musique ; il écrivit, seul, des nouvelles où il créa *Les Petites Cardinal* et un roman, *L'Abbé Constantin*, qui obtint un grand succès, ainsi que la pièce qu'il en tira avec P. Decourcelle et qu'il fit jouer au Gymnase. M. L. Halévy fut élu à l'Académie le 4 décembre 1884, en remplacement du comte d'Haussonville et reçu par Édouard Pailleron qui, dans son discours de réponse, insista sur les romans, œuvres plus personnelles du récipiendaire. Il prononça le discours sur les prix de vertu le 22 novembre 1894.

**461.** — SAY (Jean-Baptiste-Léon) (10) Né à Paris le 6 juin 1826. — Petit-fils de l'économiste libre-échangiste Jean-Baptiste Say, il partagea les doctrines de son grand-père ; député en 1871, préfet de la Seine, huit fois ministre des Finances, sénateur en 1877, ambassadeur pendant quelques semaines à Londres en 1880, président du Sénat le 25 mai 1880, quitta le Sénat pour se faire nommer député antiboulangiste en 1889 : il fut rédacteur au *Journal des Débats* et nommé membre de l'Académie des Sciences morales et politiques 1874. Il fut élu à l'Académie en 1885, en remplacement d'Edmond About.

M. le 21 avril 1896. — S. : Albert Vandal.

**462.** — LECONTE DE LISLE (Charles-Marie-René) (19) Né à Saint-Paul de la Réunion le 23 octobre 1818. — Poète parnassien, il écrivit les *Poèmes Barbares*, les *Poèmes Antiques*, les *Poèmes Tragiques*; ces derniers ont obtenu le prix Jean Reynaud de 10.000 fr. ; il traduisit Théocrite, Homère, Eschyle, Sophocle, Euripide, Horace; auteur dramatique, il fit représenter *Les Erinnyes*. Candidat à l'Académie, il fut battu par Gratry en 1873, et en 1877 par le duc d'Audiffret-Pasquier et Victorien Sardou ; dans cette dernière élection, il obtint 2 voix seulement, celles d'Auguste Barbier et de Victor Hugo, qui vota pour lui avec ostentation. Leconte de Lisle déclara que le suffrage de Victor Hugo équivalait à son élection et qu'il ne se présenterait plus. On considéra que Victor Hugo l'avait ainsi désigné pour lui succéder, et il fut élu le 11 février 1886 ; il fut reçu le 31 mars 1887 par A. Dumas fils. Il était sous-bibliothécaire au Luxembourg depuis 1873.

M. le 17 juillet 1894. — S. : Henry Houssaye.

**463.** — HERVÉ (Aimé-Marie-Edouard) (26). Né à Saint-Denis de la Réunion le 28 mai 1835. — Normalien, homme politique, conseiller municipal de Paris, il collabora à de nombreux journaux : *Le Journal de Genève* (1865-1866), *Journal de Paris* (1867-1870), fonda, en 1873, *Le Soleil*, qui était le premier journal politique à un sou, et écrivit des ouvrages historiques (Il n'a publié aucun livre, sinon des recueils d'articles). Elu à l'Académie le 11 février 1886 en remplacement du duc de Noailles.

Dans son discours de réception, Edouard Hervé fit l'éloge de la presse à bon marché ; il prononça le 21 novembre 1895 le discours sur les prix de vertu.

M. le 4 février 1899. — S. : Paul Deschanel.

**464.** — GRÉARD (Vallery-Clément-Octave) (34). Né en Normandie le 18 avril 1828. — Professeur-inspecteur général honoraire, recteur de l'Académie de Paris, il avait été élève de l'Ecole normale, directeur de l'Enseignement primaire de la Seine. Il eut le prix Halphen à l'Académie des Sciences morales et politiques et fut reçu à cette Académie en 1875. Vice-recteur pendant vingt-trois ans, M. Gréard a créé les lycées de jeunes filles ; a présenté en 1893 un exposé des réformes orthographiques proposées par la Commission du Dictionnaire dont il fit partie, a complété la réforme du baccalauréat ; il a écrit des ouvrages d'enseignement et de critique : *L'Enseignement secondaire des Filles, L'Education des Femmes par les Femmes, Etude sur les Lettres d'Abélard et d'Héloïse*. Grand-croix de la Légion d'honneur. Il fut élu à l'Académie française en remplacement de Falloux en 1886 et reçu le 19 janvier 1888 par le duc Albert de Broglie ; il a répondu au discours de réception de MM. de Freycinet et Jules Lemaître.

M. le 26 avril 1904. — S. : Gebhardt.

**465.** — HAUSSONVILLE FILS (*comte* OTHENIN D') (27). Né en Seine-et-Marne le 21 septembre 1843. — Fils de l'académicien, il fut lauréat de l'Académie et rédacteur à la *Revue des Deux-Mondes*; homme politique, il a été député et représentant à Paris du comte de Paris et des intérêts de la famille d'Orléans, et directeur des comités royalistes. Il a été élu à l'Académie en 1887 en remplacement de Caro; a reçu Vandal et de Mun.

**466.** — CLARETIE (ARSÈNE-ARNAUD, *dit* JULES) (35). Né à Limoges le 3 décembre 1840. — Il collabora à de nombreux journaux, sous plusieurs pseudonymes, notamment au *Figaro* et au *Temps*; il fit la critique théâtrale à l'*Opinion nationale*, au *Soir*, à la *Presse*; il a abordé un peu tous les genres de littérature ; comme historien, il a écrit l'*Histoire de la Révolution de 1870-1871*; comme romancier, *Monsieur le Ministre*, *Le Million*, *Le Prince Zilah*; il a été aussi conférencier et auteur dramatique ; président de la Société des Gens de Lettres, et de la Société des Auteurs dramatiques, il est administrateur du Théâtre Français depuis 1885. Elu à l'Académie française le 26 janvier 1888 en remplacement de Cuvillier-Fleury, il a été reçu le 21 février 1889 par Ernest Renan.

**467.** — MEILHAC (HENRI) (14). Né à Paris le 23 février 1831. — Il fut dessinateur au *Journal pour rire*, de 1852 à 1855. Auteur dramatique, sa collaboration avec M. Ludovic Halévy fut féconde ; il eut une dizaine d'autres collaborateurs ; Busnach, Nuitter, Narrey, Millaud, etc. ; il écrivit *Ma Camarade* avec Ph. Gille, et, seul, *Décoré* et *Ma Cousine*. Elu le 26 avril 1888 en remplacement de Labiche, il fut reçu par Jules Simon.
M. le 7 juillet 1897. — S. : Lavedan.

**468.** — JURIEN DE LA GRAVIÈRE (JEAN-BAPTISTE-EDMOND) (5). Né à Brest le 19 novembre 1812. — Il exerça de grands commandements maritimes, fut vice-amiral en 1862 et aide de camp de Napoléon III en 1864; en 1871, directeur des cartes et des plans au Ministère de la Marine ; nommé Grand-Croix de la Légion d'Honneur en 1876. Collaborateur à la *Revue des Deux-Mondes*, il publia des ouvrages sur la marine, et fut nommé membre de l'Académie des Sciences en 1866. Elu à l'Académie française en 1888 en remplacement du baron de Viel-Castel, il fut reçu par de Mazade.
M. le 5 mars 1892. — S. : Ernest Lavisse.

**469.** — VOGÜÉ (EUGÈNE-MELCHIOR, *vicomte* DE) (39). Né à Nice le 25 février 1848. — Diplomate, il a collaboré à la *Revue des Deux Mondes* et publié: *Syrie*, *Palestine*, *Mont Athos*, le *Roman russe*, les *Portraits du siècle*. Elu à l'Académie le 22 novembre 1888 en remplacement de D. Nisard, il a été reçu par M. Rousse. Il a reçu M. Hanotaux.

**470.** — FREYCINET (CHARLES-LOUIS DE SAULCES DE) (1). Né à Foix le 14 novembre 1828. — Ingénieur, il fut l'ami de Gambetta et chef du cabinet militaire de la délégation de Tours le 10 octobre 1870, il est sénateur depuis 1876 ; il fut réélu par quatre départements en 1882, par la Seine en 1891 et en 1900. Il a été ministre des Travaux publics en 1877 et 1879, le promoteur du plan des grands travaux qui porte son nom ; ministre des Affaires étrangères avec la présidence du Conseil en 1882, sans la présidence en 1885 ; avec la présidence en 1886 ; il fit expulser les prétendants au trône de France ; il fut le premier ministre civil de la Guerre en 1888, en 1889, en 1890, sans la présidence du Conseil, de 1890 à 1892 avec la présidence, en 1892 sans la présidence. Il a publié *La Guerre en province pendant le siège de Paris* et divers ouvrages scientifiques ; il fut nommé membre libre de l'Académie des Sciences en 1882.

Etant président du Conseil, M. de Freycinet fut invité à poser sa candidature à l'Académie française. Il fut élu le 11 décembre 1890 par 20 voix en remplacement d'Emile Augier ; les hommes de lettres avaient retiré leur candidature devant la sienne, sauf M. Thureau-Dangin qui obtint 12 voix. Il a été reçu le 18 décembre 1891 par M. Gréard ; dans son discours de réception, M. de Freycinet prêta des intentions politiques au théâtre d'Augier.

**471.** — LOTI (Louis-Marie-Julien VIAUD, *dit* Pierre) (18). Né à Rochefort le 14 janvier 1850. — Protestant, officier de marine, romancier. Il a obtenu le prix Vitet avec son roman *Pêcheur d'Islande ;* ses meilleurs romans sont *Le Mariage de Loti, Mon frère Yves, Madame Chrysanthème*, etc. Lorsqu'il fut candidat à l'Académie, il était retenu par son service et il fut dispensé des visites ; il apprit à bord du *Formidable*, en rade d'Alger, son élection à l'Académie le 21 mai 1891, au sixième tour de scrutin par 18 voix sur 35 votants, en remplacement d'Octave Feuillet.

**472.** — LAVISSE (Ernest) (5). Né en Picardie en 1842. — Professeur à la Faculté des lettres, il a écrit d'importants ouvrages historiques. Directeur de l'Ecole normale (1904).

Il dirige avec M. A. Rambeau la publication d'une *Histoire générale du IV° siècle à nos jours*. Directeur de la *Revue de Paris* (1894). Il a été élu à l'Académie contre Brunetière et Zola en 1892 en remplacement de l'amiral Jurien de la Gravière, et reçu le 16 mars 1893 par M. Gaston Boissier. Il avait retiré sa candidature devant celle de M. de Freycinet.

**473.** — THUREAU-DANGIN (Paul) (37). Né à Paris le 14 décembre 1837. — Historien et publiciste, son *Histoire de la Monarchie de Juillet* a obtenu deux fois le prix Gobert. Rédacteur du *Correspondant*. Il a été élu le 3 février 1893 en remplacement de Camille Rousset, et reçu le 14 décembre 1893 par M. Jules Claretie. Il a prononcé en novembre 1903 un discours sur les prix de vertu, qui donna lieu à un incident. Il reçut MM. Masson et Bazin.

**474.** — BORNIER (*Vicomte* Henri de) (31). Né en Languedoc le 25 décembre 1825. — Poète, auteur dramatique, administrateur de la Bibliothèque de l'Arsenal en 1889, lauréat de l'Académie en 1861 et en 1863 pour le prix de poésie, en 1864 pour le prix d'éloquence, son œuvre capitale est *La Fille de Roland*, qui, jouée en 1875 au Théâtre Français, obtint un succès considérable et valut à l'auteur le premier grand prix de la fondation Reynaud en 1879. Elu à l'Académie au deuxième tour de scrutin le 3 février 1893 en remplacement de

X. Marmier, il fut reçu en mai 1893 par M. le comte Othenin d'Haussonville.
M. en 1901. — S. : Edmond Rostand.

**475. — CHALLEMEL-LACOUR** (Paul-Armand) (29). Né en Normandie le 19 mai 1827. — Normalien, il fut professeur de philophie en province ; arrêté au Coup d'Etat de 1851, il fut exilé après plusieurs mois de détention ; il fit des conférences en Belgique, exerça le professorat à Zurich et rentra en France en 1859. Challemel-Lacour fit la critique littéraire au *Temps*, fut gérant de la *Revue des Deux-Mondes* et directeur de la *Revue politique* ; il a traduit l'*Histoire de la Philosophie* de Ritter. Il joua un rôle politique important à partir du 4 septembre 1870 ; préfet du Rhône, il réprima les excès des révolutionnaires ; député des Bouches-du-Rhône en 1872, sénateur du même département en 1876, réélu en 1885, il fut ministre des Affaires étrangères en 1882-1883, ambassadeur en Suisse en 1879 et à Londres 1880-1882.

Challemel-Lacour fut élu à l'Académie le 23 mars 1893 en remplacement d'Ernest Renan et reçu le 25 janvier 1894 par M. Gaston Boissier.

M. le 26 octobre 1896. — S. : G. Hanotaux.

**476. — BRUNETIÈRE** (Ferdinand) (28). Né à Toulon le 19 juillet 1849. — Maître de conférences à l'Ecole normale, deux fois lauréat de l'Académie, professeur à la Sorbonne, M. Brunetière a collaboré à la *Revue des Deux-Mondes* dont il est devenu le secrétaire de la rédaction puis le directeur ; il s'occupe de critique littéraire et a publié des *Etudes critiques sur l'histoire de la littérature française*, sur *Pascal*, $M^{me}$ *de Sévigné*, le *Roman naturaliste*, l'*Evolution des genres dans l'histoire de la littérature*, livre de doctrine littéraire, etc. En 1892, il protesta contre le projet d'une statue à Ch. Baudelaire.

Elu à l'Académie le 7 juin 1893, au premier tour contre Emile Zola, en remplacement de John Lemoinne, M. Brunetière a été reçu le 15 février 1894 par M. le comte Othenin d'Haussonville. Il a reçu M. Henry Houssaye et fait partie de la Commission du Dictionnaire.

**477. — HEREDIA** (José-Maria de) (4). Né à Santiago de Cuba le 22 novembre 1842. — Poète parnassien, il a fait paraître ses poésies dans des revues littéraires et ne les a réunies que fort tard en un volume, *Les Trophées*, qui fut couronné par l'Académie. Il avait déjà été lauréat de l'Académie pour une traduction de l'espagnol, l'*Histoire véridique de la conquête de la Nouvelle Espagne*, par le capitaine Bernal Diaz del Castillo. Il a collaboré à la *Revue des Deux-Mondes*, au *Temps* et au *Journal des Débats*. Il fut élu à l'Académie le 22 février 1894 en remplacement de Mazade et reçu le 30 mai 1895 par M. François Coppée. Lors du voyage des souverains russes à Paris, en 1896, M.-J.-M. de Heredia composa le *Salut à l'Empereur*, la superbe poésie lue par M. Paul Mounet, de la Comédie-Française, à la cérémonie de la pose de la première pierre du pont Alexandre III. Il était membre de la Commission du Dictionnaire. Il était aussi conservateur de la bibliothèque de l'Arsenal et secrétaire d'ambassade.

M. le 3 octobre 1905.

**478.** — SOREL (Albert) (25). Né en Normandie le 13 août 1842. — Professeur d'histoire diplomatique à l'Ecole des sciences politiques, membre du Comité des travaux historiques, il fut élu à l'Académie des Sciences morales et politiques en 1889. Nommé au secrétariat de la présidence du Sénat en 1876, il remplit à ce titre les fonctions de greffier de la Haute-Cour lors des procès du général Boulanger en 1889 et de Paul Déroulède en 1899. Il a collaboré à diverses revues : *Revue des Deux-Mondes, Revue politique, Revue bleue* et au *Temps*. Il a publié dans la collection des *Grands Ecrivains* une étude sur Montesquieu et sur M$^{me}$ de Staël ; a écrit de nombreux ouvrages historiques, notamment une *Histoire diplomatique de la guerre franco-allemande*, et *L'Europe et la Révolution française* qui lui valut en 1887 et 1888 le grand prix Gobert à l'Académie française où il fut élu le 31 mars 1894 en remplacement de Taine et reçu par le duc Albert de Broglie le 7 février 1895.

**479.** — BOURGET (Paul) (33). Né à Amiens le 2 septembre 1852. — Poète, romancier, critique, il a collaboré à la *Revue des Deux-Mondes*, au *Globe*, à la *Nouvelle Revue*, à *L'Illustration* et divers autres journaux et revues. Ses *Poésies* ont été publiées en deux volumes ; ses principaux romans sont : *Cruelle Enigme, André Cornélis, Un Crime d'amour, Mensonges, La Terre promise, Cosmopolis* ; après un voyage aux Etats-Unis, il a fait paraître *Outre-Mer*. M. Bourget a été élu à l'Académie le 31 mai 1894 en remplacement de Maxime du Camp et reçu le 13 juin 1895 par le vicomte E.-M. de Vogüé. Il a reçu M. André Theuriet.

**480.** — HOUSSAYE (Henry) (19). Né à Paris le 24 février 1848. — Fils du poète Arsène Houssaye, l'auteur de l'*Histoire du 41$^e$ fauteuil* ; il fut décoré pour faits de guerre en 1870. Collaborateur de la *Revue des Deux-Mondes*, du *Journal des Débats* et de plusieurs autres journaux ou revues, il s'est occupé d'histoire et surtout de l'histoire et de l'art grecs. Il a été président de la Société des gens de lettres en 1896 et en 1897. Elu à l'Académie française le 6 décembre 1894 en remplacement de Leconte de Lisle, M. Henry Houssaye a été reçu le 12 décembre 1895 par M. F. Brunetière.

**481.** — LEMAITRE (François-Elie-Jules) (13). Né dans le Loiret le 27 avril 1853. — Normalien en 1872. Professeur à la Faculté des lettres de Besançon et de Grenoble ; collaborateur à la *Revue bleue* et au *Temps*, il a été critique dramatique au *Journal des Débats* et a fait paraître des ouvrages de critique littéraire et dramatique sous le titre *Les Comtemporains*, en quatre volumes, et *Impressions de théâtre* en cinq volumes. Il a donné *Révoltée* à l'Odéon, *Le Député Leveau* au Vaudeville et le *Mariage blanc* au Théâtre-Français ; il a publié des contes, des nouvelles, un roman, *Les Rois*, et des poésies. En 1899, il a participé à la fondation de la Ligue de la Patrie française dont il a été nommé président ; il a prononcé en cette qualité, un très grand nombre de discours et collaboré à l'*Echo de Paris*. Elu à l'Académie le 20 juin 1895 en remplacement de V. Duruy, il a été reçu le 16 janvier 1896 par M. O. Gréard. A reçu M. Berthelot.

**482.** — FRANCE (Jacques-Anatole THIBAULT, *dit* Anatole)

(38). Né à Paris le 16 avril 1844. — Poète de l'école parnassienne, il collabora au *Journal des Débats*, au *Journal officiel*, au *Temps*, etc. ; il a écrit des études biographiques et de critique littéraire et publié divers romans : *Le Crime de Sylvestre Bonnard*, couronné par l'Académie, *Les Désirs de Jean Servien*, *Thaïs*, *Le Lys rouge*, etc. Il a été élu à l'Académie française le 23 janvier 1896 au premier tour par 21 voix contre 12 à Francis Charmes en remplacement de F. de Lesseps et reçu le 24 décembre 1896 par M. O. Gréard. M. Anatole France a pris parti dans les luttes politiques qui ont divisé la France à la fin du XIX° et au commencement du XX° siècles ; il a publié des articles dans les journaux et prononcé des discours à l'occasion de ces événements, notamment à l'enterrement d'Emile Zola et à l'inauguration de la statue d'Ernest Renan à Tréguier.

**483.** — COSTA DE BEAUREGARD (Charles-Albert, *marquis*) (32). Né en Savoie en 1835. — Il a été élu à l'Académie le 23 janvier 1896 au 2° tour par 19 voix contre 12 à Emile Deschanel en remplacement de Camille Doucet et reçu le 26 février 1897 par Edouard Hervé.

Officier, blessé pendant la guerre, député en 1871, il vint siéger à Versailles en se soutenant encore avec des béquilles ; historien il écrivit l'*Histoire de Charles Albert*, en 2 volumes.

**484.** — PARIS (Gaston-Bruno-Paulin) (23). Né en Champagne le 9 août 1839. — Elève de l'Ecole des Chartes, professeur de langue romane au Collège de France, il a été nommé à l'Académie des Inscriptions en 1876 ; il fonda la *Revue critique* en 1865 et la *Revue historique*. Gaston Paris s'est spécialisé dans l'étude et l'enseignement des langues romanes ; il obtint deux fois le grand prix Gobert à l'Académie des Inscriptions : en 1866 avec l'*Histoire poétique de Charlemagne* et en 1872 avec la *Vie de saint Alexis* ; il a traduit en collaboration la *Grammaire des langues romanes* de l'Allemand Frédéric Diez. Il a été nommé administrateur du Collège de France. Elu à l'Académie française le 28 mai 1896 sans concurrent en remplacement de Pasteur, il a été reçu par Joseph Bertrand le 29 janvier 1897 et a fait partie de la commission du Dictionnaire.

M. le 5 mars 1903. — S. : Frédéric Masson.

**485.** — VANDAL (Albert) (10). Né à Paris le 7 juillet 1853. — Historien, lauréat de l'Académie en 1882 pour une *Etude sur Louis XV et Elisabeth de Russie*, il obtint deux années de suite, en 1893 et 1894, le grand prix Gobert, avec *Napoléon et Alexandre Ier* que le rapporteur qualifia « excellent ouvrage d'un jeune écrivain célèbre avant l'âge». Professeur d'histoire diplomatique à l'Ecole des Sciences politiques, M. Albert Vandal a été élu à l'Académie en remplacement de Léon Say en 1896 et reçu le 23 décembre 1897 par M. le comte A. d'Haussonville.

**486.** — THEURIET (André) (2). Né à Marly-le-Roi (Seine-et-Oise). — Il a publié d'abord plusieurs recueils de vers qui furent couronnés par l'Académie et collaboré à divers journaux politiques ou illustrés ; il a fait paraître une quarantaine de volumes de romans, de contes et de nouvelles et donné *Jean-Marie*, *La Maison des deux*

*Barbeaux* à l'Odéon et *Raymonde* au Théâtre Français. Il a obtenu, en 1880, le prix Vitet à l'Académie où il fut élu en 1896 en remplacement d'A. Dumas fils, et reçu le 9 décembre 1897 par M. Paul Bourget Membre de la Commission du Dictionnaire et de la Commission de la réforme de l'orthographe (composée de MM. Gaston Boissier, Coppée Mézières, Brunetière, Heredia, A. Theuriet, E. Ollivier, Melchior de Vogüé, E. Lavisse, H. Houssaye, Hanotaux et Faguet).

**487.** — MUN (Comte ALBERT DE) (12). Né en Seine-et-Marne le 23 février 1841. — Officier de cavalerie, prisonnier de guerre en 1870, il démissionna pour s'occuper de politique ; il créa les cercles ouvriers catholiques. Arrière-petit-fils du philosophe matérialiste Helvétius, M. de Mun a été un des plus vigoureux champions des idées conservatrices et de la foi catholique ; orateur parlementaire et conférencier remarquable, il fit partie de toutes les législatures depuis 1876 jusqu'à 1902. Elu à l'Académie au 1er tour, sans avoir rien publié, le 1er avril 1896 en remplacement de Jules Simon, il a été reçu le 10 mars 1898 par M. le Comte O. d'Haussonville.

**488.** — HANOTAUX (GABRIEL) (29). Né en Picardie le 19 novembre 1853. — Diplomate et historien, député en 1886, il a été ministre des Affaires étrangères dans deux cabinets en 1894 (Ch. Dupuy et Ribot) et de 1896 à 1898 (Méline). Il a publié divers ouvrages historiques dont le plus important est l'*Histoire du cardinal de Richelieu*.
Elu à l'Académie française le 1er avril 1897, au 4e tour par 18 voix contre 3 à F. Fabre et 13 bulletins blancs (au 1er tour, Zola 2), en remplacement de Challemel-Lacour, M. Hanotaux a été reçu le 24 mars 1898 par M. le vicomte de Vogüé.

**489.** — LAVEDAN (HENRI-LÉON-EMILE) (14). Né à Orléans en avril 1859. — Il collabora à l'*Echo de Paris*, au *Figaro*, au *Gil-Blas* et ses articles réunis formèrent environ dix volumes. Il a obtenu, comme auteur dramatique, de grands succès au théâtre ; *Une Famille*, comédie en 4 actes, jouée en 1890 au Théâtre Français lui valut à l'Académie le prix Toirac ; il donna ensuite *Le Prince d'Aurec* au Vaudeville (1892), *Catherine*, *Le Marquis de Priola*, au Théâtre Français (1903) *Le Nouveau Jeu, Le Vieux Marcheur, Varennes*, etc.
M. Lavedan a été élu à l'Académie le 8 décembre 1898 en remplacement de Henri Meilhac.

**490.** — GUILLAUME (EUGÈNE) (21). Né à Montbard (Côte-d'Or) le 4 juillet 1822. — Statuaire, élève de Pradier, grand prix de Rome en 1845, professeur à l'Ecole des Beaux-Arts, membre de l'Académie des Beaux-Arts en 1862, critique d'art, directeur de l'Ecole des Beaux-Arts en 1864, puis de l'Académie nationale de France à Rome, 1891-1904, professeur d'esthétique au Collège de France en 1882, il a été nommé grand-officier de la Légion d'Honneur en 1889. M. Guillaume est l'auteur de la statue de Claude Bernard, devant le Collège de France et du monument de Colbert à Reims ; il a collaboré à la *Revue des Deux-Mondes*. Il fit une *Etude sur Michel-Ange*. Elu à l'Académie le 24 mai 1898 en remplacement du duc d'Aumale, il a été reçu en 1899 par M. Mézières.
M. à Rome en 1905. — S. : Lamy.

**491**. — HERVIEU (Paul-Ernest) (11). Né à Neuilly (Seine) le 2 septembre 1857. — Diplomate, il a collaboré à la plupart des journaux littéraires, publié des romans d'analyse et donné au théâtre : *Les Tenailles, La Loi de l'Homme, L'Enigme, Théroigne de Méricourt.*

M. Paul Hervieu a été élu à l'Académie en 1899 en remplacement de Pailleron.

**492**. — DESCHANEL (Paul-Eugène-Louis) (26). Né à Bruxelles le 13 février 1856, pendant l'exil de son père. — Il débuta dans la politique par la carrière du fonctionnarisme administratif ; député en 1885, il fut président de la Chambre à plusieurs reprises. Orateur parlementaire et littérateur, il a publié divers ouvrages, dont deux furent couronnés par l'Académie, et collaboré à divers journaux. Elu à l'Académie le 18 mai 1899, en remplacement d'Edouard Hervé.

**493**. — FAGUET (Emile) (3). Né en Vendée le 17 septembre 1841. — Normalien, professeur de poésie française à la Faculté des lettres, collaborateur de la *Revue des Deux-Mondes*, il a fait la critique dramatique au *Soleil* et écrit des livres d'enseignement littéraire. Elu à l'Académie en 1900, en remplacement de V. Cherbuliez. Membre de la Commission pour la réforme de l'orthographe (V. notice 486).

**494**. — VOGÜÉ (Charles-Jean, *marquis* Melchior de) (24). Né à Paris le 18 octobre 1829. — Archéologue, collaborateur de la *Revue des Deux-Mondes*, membre de l'Académie des Inscriptions, auteur d'une *Histoire religieuse et des arts de l'Orient*, il a été ambassadeur à Constantinople en 1871 et à Vienne en 1875. Président de la Société de secours aux blessés militaires (Croix-rouge française) et de la Société des agriculteurs de France. Elu à l'Académie le 30 mai 1901 en remplacement du duc Albert de Broglie.

**495**. — BERTHELOT (Pierre-Eugène-Marcellin) (40). Né à Paris le 25 octobre 1827. — Lauréat de l'Aeadémie des Sciences, professeur de chimie organique au Collège de France en 1865, membre de l'Académie de médecine, en 1863, de l'Académie des Sciences en 1873, inspecteur général de l'enseignement supérieur en 1876, sénateur inamovible en 1881, ministre de l'Instruction publique dans le cabinet Goblet en 1886, ministre des Affaires étrangères, secrétaire perpétuel de l'Académie des Sciences en 1889. M. Berthelot a été honoré des plus hautes récompenses. Son jubilé scientifique a été célébré solennellement. Il est grand-croix de la Légion d'honneur.

Il a été élu à l'Académie en 1901 en remplacement de Joseph Bertrand et reçu par Jules Lemaître.

**496**. — ROSTAND (Edmond) (31). Né à Marseille en 1868, Poète et auteur dramatique, il a ressuscité le drame héroïque en vers. Le succès de *Cyrano de Bergerac* valut à l'auteur les éloges les plus enthousiastes des gens de lettres et les applaudissements du public. En outre, il a donné au théâtre *Les Romanesques, La Princesse Lointaine, La Samaritaine* et *L'Aiglon*. Il a été élu à l'Académie en 1901 en remplacement d'Henri de Bornier, et reçu en 1903 par M. de Vogüé.

**497. — MASSON** (Frédéric) (23). Né à Paris en 1847. — Historien, il s'est occupé plus particulièrement de l'histoire de Napoléon, de sa famille, de son époque, secrétaire et ami du prince Jérôme Napoléon. Il a publié une *Etude sur le cardinal de Bernis*.
M. Masson a été élu à l'Académie le 18 juin 1903 en remplacement de Gaston Paris et reçu par M. Thureau-Dangin.

**498. — BAZIN** (François-Nicolas-Marie) (30). Né à Angers le 26 décembre 1853. — Plusieurs fois lauréat de l'Académie, professeur de droit à la Faculté libre d'Angers, il a publié des romans, des livres de voyages, et collaboré à la *Revue des Deux-Mondes* et à divers journaux. Il a été élu à l'Académie, après le succès de son livre *Les Oberlé*, le 18 juin 1903 en remplacement d'Ernest Legouvé, au troisième tour de scrutin par 21 voix contre 8 à Larroumet et 7 à M. Gebhardt. Il a été reçu le 28 avril 1904 par M. Thureau-Dangin.

**499. — GEBHARDT** (Emile). — Fit sa carrière dans l'Université. Membre de l'Académie des Sciences Morales et Politiques; auteur des *Origines de la Renaissance en Italie*, de *L'Italie Mystique*, de *Moines et Papes*, des *Conteurs florentins du moyen âge*, d'*Autour d'une Tiare* et de *Au son des cloches*. Grand voyageur, il passa une cinquantaine de fois les Alpes, fut à Athènes quand le Gouvernement provisoire proclama Othon I$^{er}$ traître à la patrie; et à Rome, quand Garibaldi marcha contre elle à la tête de 20.000 hommes; habita l'Egypte, l'Espagne, Constantinople et vint à l'Académie, suivant le mot de Hervieu « par le chemin des écoliers ». Elu en 1904 en remplacement de Gréard, il fut reçu le 23 février 1905 par Paul Hervieu.

**500. — LAMY** (Etienne), né en 1843. — Député à l'Assemblée Nationale en 1871, à 28 ans, il se fit remarquer par un très beau rapport sur le budget de la Marine (1876). Ayant voté en 1880 contre « l'article 7 », il perdit la confiance des républicains du Jura et ne fut pas renommé. E. Lamy se consacra dès lors à la presse. Il a publié : *L'Armée et la Démocratie, La France du Levant, La Femme de Demain*, de très vibrantes *Etudes sur le second Empire*. Mais ce qui a plus fait pour ses titres académiques, ce fut sa *Préface aux Lettres d'Aimée de Coigny*, la « Jeune captive » d'André Chénier. Il fut élu à l'Académie le 17 juin 1905, au premier tour, en remplacement du statuaire Guillaume, par 21 voix contre 12 à Maurice Barrès et 2 à Em. Bergerat.

# PIÈCES JUSTIFICATIVES

### A. — Lettre de Serisay au Cardinal.

Cette lettre écrite au nom de l'Académie le 22 mars 1634, dit Pellisson, contenait en substance : « Que si M. le Cardinal avait publié ses écrits, il ne manquerait rien à la perfection de la Langue, et qu'il aurait fait sans doute ce que l'Académie se proposait de faire ; que sa modestie l'empêchant de mettre au jour ses grands ouvrages, ne l'empêchait pas néanmoins d'approuver qu'on recherchât les mêmes trésors qu'il tenait cachés, et d'en autoriser la recherche ; que c'était le plus solide fondement du dessein de l'Académie, et de son projet, qui serait présenté à Son Eminence, avec cette lettre, par Messieurs de Bautru, du Chastelet et de Boisrobert ; qu'elle ne voulait recevoir l'âme que de lui, et que l'espérance de sa protection l'obligeait déjà à un extrême ressentiment. »

### B. — Projet de l'Académie rédigé par Faret.

Ce projet était un discours fort étendu, dit Pellisson, plein de plusieurs beaux raisonnements, et qui se réduisaient à peu près à ces chefs : « Que de tout temps le pays que nous habitons, avait porté de très vaillants hommes ; mais que leur valeur était demeurée sans réputation au prix de celle des Romains et des Grecs, parcequ'ils n'avaient pas possédé l'art de la rendre illustre par leurs écrits ; qu'aujourd'hui pourtant les Grecs et les Romains ayant été rendus esclaves des autres nations, et leurs langues même si riches et si agréables étant comptées entre les choses mortes, il se rencontrait heureusement pour la France, que non seulement nous étions demeurés en possession de la valeur de nos ancêtres, mais encore en état de faire revivre l'Eloquence, qui semblait être ensevelie avec ceux qui en avaient été les inventeurs et les maîtres ; qu'après les grandes et mémorables actions du Roi, c'était une très heureuse rencontre qu'il se trouvât aujourd'hui parmi ses sujets tant d'hommes capables de faire lire avec plaisir ce que nous avions vu exécuter avec étonnement ; qu'aussi n'était-ce pas une des moindres pensées de ce grand Cardinal, son premier Ministre, que d'embrasser, comme il faisait, la protection des belles lettres, si nécessaires pour le bien et pour la gloire des Etats, et de les faire fleurir par sa faveur et par son approbation; qu'il semblait ne manquer plus rien à la félicité du Royaume, que de tirer du nombre des langues barbares cette langue que nous parlons, et que tous nos voisins parleraient bientôt, si nos conquêtes continuaient comme elles avaient commencé ; que pour un si beau dessein il avait trouvé à propos d'assembler un certain nombre de personnes capables de seconder ses intentions ; que ces conférences étaient un des plus assurés moyens pour en venir à bout; que notre langue plus parfaite déjà que pas une des autres vivantes, pourrait bien enfin succéder à la Latine, comme la Latine à la Grecque, si on prenait plus de soin qu'on avait fait jusqu'ici de l'élocution, qui n'était pas à la vérité toute l'éloquence, mais qui en faisait une fort bonne et fort considérable partie. »

Après cela il était ajouté : « Que pour l'ordre, la police et les lois de cette Assemblée, on a trouvé à propos de les réduire en un Statut à part, et de ne traiter en cet endroit que de deux choses qui eussent été trop contraintes et trop gênées par la brièveté qu'affecte le style des lois : la première, des qualités que devaient avoir ceux à qui on confierait cet emploi ; et la seconde, quelles seraient leurs fonctions, et quelles matières ils auraient à traiter.

« Pour la première, qu'il ne suffisait pas d'avoir une grande et profonde connaissance des sciences, ni une facilité de parler agréablement en conversation, ni une imagination vive et prompte, capable de beaucoup inventer ; mais qu'il fallait comme un génie particulier, et une lumière naturelle capable de juger de ce qu'il y avait de plus fin et de plus caché dans l'éloquence : qu'il fallait enfin comme un mélange de toutes ces autres qualités en un tempérament égal, assujetties sous la loi de l'entendement et sous un jugement solide.

« Quant à leurs fonctions qui étaient la seconde chose dont on avait promis de traiter : qu'elles seraient de nettoyer la langue des ordures qu'elle avait contractées, ou dans la bouche du peuple, ou dans la foule du Palais et dans les impuretés de la chicane, ou par les mauvais usages des courtisans ignorants, ou par l'abus de ceux qui la corrompent en l'écrivant, et de ceux qui disent bien dans les chaires ce qu'il faut dire, mais autrement qu'il ne faut ; que pour cet effet il serait bon d'établir un usage certain des mots ; qu'il s'en trouverait peu à retrancher de ceux dont on se servait aujourd'hui, pourvu qu'on les rapportât à un des trois genres d'écrire, auxquels ils se pouvaient appliquer ; que ceux qui ne vaudraient rien, par exemple, dans le style sublime, seraient soufferts dans le médiocre, et approuvés dans le plus bas et dans le comique ; qu'un des moyens dont les Académiciens se serviraient pour parvenir à la perfection, serait l'examen et la correction de leurs propres ouvrages ; qu'on examinerait sérieusement le sujet et la manière de le traiter, les arguments, le style, le nombre et chaque mot en particulier ; qu'après de si exactes observations on laisserait fair ceux qui voudraient prendre la peine d'y ajouter les leurs, peut-être avec un succès aussi ridicule que ceux qui pensaient avoir remarqué des taches dans le soleil ; qu'aussi bien l'Académie ne désirait plaire qu'au plus sage de tous les hommes, et non pas à des fous qui commençaient d'être éblouis de la gloire qu'elle recevait d'un si grand protecteur ; que si ses résolutions ne pouvaient servir de règles à l'avenir, aux moins pourraient-elles bien servir de conseils, puisqu'il n'y avait point d'apparence que tant d'hommes assemblés n'eussent pu décider des choses dont on ne pouvait nier qu'ils n'eussent fait voir une assez heureuse pratique ; que cette Compagnie avait pris le nom d'*Académie française*, parce qu'il était le plus modeste, et le plus propre à sa fonction ; que pour le sceau dont elle se servirait et les privilèges dont elle jouirait, elle s'en remettait, à son fondateur et à son autorité qui seule, ayant donné la forme à cette institution, la pouvait élever sur ses fondements assez forts pour durer autant que la Monarchie. »

## C. — Lettres Patentes.

*(Dressées par Conrart).*

Louis, par la grâce de Dieu, Roi de France et de Navarre, à tous présents et à venir, Salut.

Aussitôt que Dieu Nous eût appelé à la conduite de cet Etat, Nous eûmes pour but non seulement de remédier aux désordres que les guerres civiles, dont il a été si longtemps affligé, y avaient introduits, mais aussi de l'enrichir de tous les ornements convenables à la plus illustre et la plus ancienne de toutes les Monarchies qui soient aujourd'hui dans le monde. Et, quoique Nous ayons travaillé sans cesse à l'exécution de ce dessein, il Nous a été impossible jusqu'ici d'en voir l'entier accomplissement. Les mouvements excités si souvent dans la plupart de Nos provinces, et l'assistance que Nous avons été obligé de donner à plusieurs de Nos Alliés, Nous ont diverti de toute autre pensée que de celle de la guerre, et Nous ont empêché de jouir du repos que Nous procurions aux autres. Mais comme toutes Nos intentions ont été justes, elles ont eu aussi des succès heureux. Ceux de Nos voisins qui étaient oppressés par leurs ennemis, vivent maintenant en assurance sous Notre protection ; la tranquillité publique fait oublier à Nos sujets toutes les misères passées ; et la confusion a cédé enfin au bon ordre que Nous avons fait revivre parmi eux, en rétablissant le commerce, en faisant observer exactement la discipline militaire dans Nos armées, en réglant Nos finances, et en réformant le luxe. Chacun sait la part que Notre très-cher et très-amé cousin, le Cardinal Duc de Richelieu, a eue en toutes ces choses, et Nous croirions faire tort à la suffisance et à la fidélité qu'il Nous a fait paraître en toutes Nos affaires, depuis que Nous l'avons choisi pour Notre principal Ministre, si en ce qui Nous reste à faire pour la gloire et pour l'embellissement de la France, Nous ne suivions ses avis et ne commettions à ses soins la disposition et la direction des choses qui s'y trouveront nécessaires. C'est pourquoi, lui ayant fait connaître Notre intention, il Nous a représenté qu'une des plus glorieuses marques de la félicité d'un Etat, était que les Sciences et les Arts y fleurissent, et que les Lettres y fussent en honneur, aussi bien que les Armes, puisqu'elles sont un des principaux instruments de la vertu ; qu'après avoir fait tant d'exploits mémorables, Nous n'avions plus qu'à ajouter les choses agréables aux nécessaires, et l'ornement à l'utilité, et qu'il jugeait que Nous ne pouvions mieux commencer que par le plus noble de tous les arts, qui est l'Eloquence ; que la Langue française qui jusques à présent n'a que trop ressenti la négligence de ceux qui l'eussent pu rendre plus parfaite des modernes, est plus capable que jamais de le devenir, vu le nombre des personnes qui ont une connaissance particulière des avantages qu'elle possède, et de ceux qui s'y peuvent encore ajouter ; que pour en établir des règles certaines il avait ordonné une Assemblée, dont les propositions l'avaient satisfait : si bien que pour les exécuter, et pour rendre le langage français non seulement élégant, mais capable de traiter tous les arts, et toutes les sciences, il ne serait besoin que de continuer ces conférences, ce qui se pourrait faire avec beaucoup de fruit, s'il Nous plaisait de les autoriser, de permettre qu'il fût fait des Règlements et des Statuts pour la police qui doit y être gardée, et de gratifier ceux dont elles seront composées, de quelques témoignages honorables de Notre bienveillance :

A CES CAUSES, ayant égard à l'utilité que Nos sujets peuvent recevoir desdites conférences, et inclinant à la prière de notre dit cousin, Nous avons de Notre grâce spéciale, pleine puissance et autorité royale, permis, approuvé et autorisé, permettons, approuvons, et autorisons par ces présentes, signées de Notre main, lesdites assemblées et conférences ; voulons qu'elles se continuent désormais en Notre bonne ville de Paris, sous le nom de l'Académie Française : que Notre dit cousin s'en puisse dire et nommer le chef et protecteur ; que le nombre en soit limité à quarante personnes ; qu'il en autorise les Officiers, les Statuts, et les Règlements, sans qu'il soit besoin d'autres Lettres de Nous que les présentes, par lesquelles Nous confirmons dès maintenant comme pour lors, tout ce qu'il fera pour ce regard. Voulons aussi que ladite Académie ait un sceau avec telles marque et inscription qu'il plaira à Notre dit cousin, pour sceller tous les actes qui émaneront d'elle. Et d'autant que le travail de ceux dont elle sera composée, doit être grandement utile au Public, et qu'il faudra qu'ils y emploient une partie de leur loisir, Notre dit cousin Nous ayant représenté que plusieurs d'entre eux ne se pourraient trouver que fort peu souvent aux assemblées de ladite Académie, si Nous ne les exemptions de quelques-unes des charges onéreuses, dont ils pourraient être chargés comme Nos autres sujets, et si Nous ne leur donnions moyen d'éviter la peine d'aller solliciter sur les lieux les procès qu'ils pourraient avoir dans les provinces éloignées de Notre bonne ville de Paris, où lesdites assemblées se doivent faire : Nous avons, à la prière de Notre dit cousin, exempté et exemptons, par ces mêmes présentes, de toutes tutelles et curatelles, et de tous guets et gardes, lesdits de l'Académie Française, jusques audit nombre de quarante, à présent et à l'avenir, et leur avons accordé et accordons le droit de *committimus* de toutes leurs causes personnelles, possessoires, et hypothécaires, tant en demandant qu'en défendant, par devant Nos amis et féaux Conseillers les Maîtres des Requêtes ordinaires de Notre Hôtel, où les gens tenant les Requêtes de Notre Palais à Paris, à leur choix et option, tout ainsi qu'en jouissent les Officiers domestiques et cemmensaux de Notre Maison.

Si donnons en mandement à Nos amis et féaux Conseillers les gens tenant Notre Cour de Parlement à Paris, Maîtres des Requêtes ordinaires de Notre Hôtel, et à tous autres Nos Justiciers et Officiers qu'il appartiendra, qu'ils fassent lire et registrer ces présentes, et jouir de toutes les choses qui y sont contenues, et de ce qui sera fait et ordonné par Notre dit cousin le Cardinal Duc de Richelieu en conséquence et en vertu d'icelles, tous ceux qui ont déjà été nommés par lui, ou qui le seront ci-après, jusques au nombre de quarante, et ceux aussi qui leur succéderont à l'avenir, pour tenir ladite Académie Française : faisant cesser tous troubles et empêchements qui leur pourraient être donnés. Et pour ce que l'on pourra avoir affaire des présentes en divers lieux, Nous voulons qu'à la copie collationnée par un de Nos amis et féaux Conseillers et Secrétaires, foi soit ajoutée comme à l'original. Mandons au premier Notre Huissier ou Sergent sur ce requis de faire pour l'exécution d'icelles tous exploits nécessaires, sans demander autre permission. Car tel est Notre bon plaisir, nonobstant oppositions ou appellations quelconques, pour lesquelles Nous ne voulons qu'il soit différé, dérogeant pour cet effet à tous Edits, Déclarations, Arrêts, Règlements et autres Lettres contraires aux présentes. Et afin que ce soit chose ferme et stable à toujours, Nous y avons fait mettre Notre scel, sauf en autres choses Notre droit, et d'autrui en toutes. Donné à Paris au mois de Janvier, l'an de grâce 1635, et de Notre Règne le 25$^e$.

Signé : Louis. Et sur le repli ; Par le Roi, De Loménie. Et scellées du grand sceau de cire verte, sur lacs de soie rouge et verte.

## D. — Lettre du Cardinal de Richelieu au premier Président Le Jay.

Monsieur,

Je ne prends pas la plume pour vous représenter le mérite des personnes dont l'Académie Française nouvellement établie à Paris est composée, parce que la plupart ayant l'honneur d'être connus de vous, vous ne l'ignorez pas à mon avis : mais bien pour vous conjurer de vouloir, en cette considération, et de l'affection que je leur porte en général et en particulier, contribuer le pouvoir que vous avez dans votre Parlement pour la vérification des privilèges qu'il a plu à Sa Majesté leur accorder à ma supplication, étant utiles et nécessaires au public, et ayant un dessein tout autre que celui qu'on vous a pu faire croire jusques ici. Je ne doute point que vous n'apportiez en cette occasion pour leur contentement toute la facilité qu'il vous sera possible, et qu'ils ont lieu de se promettre de ma recommandation envers vous, vous assurant qu'outre l'obligation que ces Messieurs vous auront de la faveur que vous leur départirez en ce rencontre, je prendrai part à leur ressentiment, pour vous témoigner le mien partout où j'aurai moyen de vous servir, et de vous faire connaître par effet que je suis

Monsieur,

Votre affectionné serviteur

Le Cardinal de Richelieu

Le 6 décembre 1635.

### E. — Lettre de Cachet du Roi,

*Dont trois exemplaires furent adressés : 1º au premier Président Le Jay ; 2º au Parlement ; 3º au Procureur général Molé et aux avocats généraux.*

### DE PAR LE ROI

« Nos amés et féaux, Nous avons ci-devant, par Lettres Patentes en forme d'Edit du mois de janvier dernier, voulu et ordonné être fait l'établissement d'une Académie Française, en Notre bonne ville de Paris, laquelle n'étant composée que de personnes de grand mérite et savoir, ne peut être que beaucoup avantageuse au public, et à la réputation et accroissement du nom français. A ces causes, Nous voulons et vous mandons que vous ayez à procéder à l'enregistrement des susdites Lettres, selon leur forme et teneur, et faire jouir cette Compagnie des privilèges desquels Nous l'avons voulu avantager, sans y apporter aucune longueur, restriction, ni difficulté. Si, n'y faites faute : car tel est notre bon plaisir. Donné à Saint-Germain-en-Laye le 30ᵉ jour de décembre 1635. »

Signé LOUIS. Et plus bas, de Loménie. Et au-dessus : A Nos amés et féaux Conseillers les gens tenant Notre Cour de Parlement de Paris.

### Arrêt de Vérification des Lettres Patentes par le Parlement de Paris.

Du 9ᵉ de juillet 1637.

« Vu par la Cour, les Grandes Chambres, Tournelle et de l'Edit assemblées, les lettres patentes données à Paris, au mois de janvier 1635 et signées : Louis, et sur le repli : par le Roi, de Loménie, et scellées en lacs de soie, sur double queue de cire jaune, par lesquelles et pour les causes y contenues ledit Seigneur autorise, permet et approuve les assemblées et conférences de l'Académie française, veut qu'elle se continue désormais en la ville de Paris, sous le nom de l'Académie française ; que son très-cher et très-amé cousin le cardinal, duc de Richelieu, s'en puisse dire et nommer le chef et protecteur ; que le nombre en soit limité à quarante personnes, qu'il en autorise les officiers, les statuts et règlements; sans qu'il soit besoin d'autres Lettres, confirme dès à présent, comme pour lors, tout ce qu'il fera pour ce regard, veut pareillement que ladite Académie ait un sceau et que ceux d'icelle Académie soient exempts de tutelles et curatelles, guets et gardes, avec le droit de *Committimus*, ainsi qu'il est plus au long porté par lesdites Lettres, conclusions du Procureur du Roi, et tout considéré :

« LA COUR a ordonné et ordonne que lesdites Lettres seront registrées au Greffe d'icelle pour être exécutées selon leur forme et teneur, à la charge que ceux de ladite Académie ne connaîtront que de l'ornement, embellissement et augmentation de la langue française et des livres qui seront par eux faits et par autres personnes qui le désireront et voudront. »

## Les Quarante premiers Académiciens.

| Ordre chronologique des Naissances. | | Ordre chronologique des Décès | |
|---|---|---|---|
| Porchères Laugier | 1562 | Bardin | 29 mai 1635 |
| Gombauld | 1576 | Granier (1) | exclu 1636 |
| Mainard | 1582 | Du Chastelet | 1637 |
| Vaugelas | 1585 | Méziriac (de) | 25 février 1638 |
| Méziriac (de) | 1586 | Habert (Philippe) | » |
| Bautru (de) | 1588 | Porchères d'Arbaud | 1640 |
| Séguier (Pierre) | » | Faret | 1646 |
| Sirmond | 1589 | Mainard | 26 octobre » |
| Colomby | » | Malleville | 1647 |
| Racan | » | Voiture | 1648 |
| Baudoin | 1590 | Sirmond | 1649 |
| Porchères d'Arbaud | » | Colomby | » |
| Priézac (de) | » | Vaugelas | 25 février 1650 |
| Boisrobert (de) | 1592 | Baudoin | » |
| Du Chastelet (Hay) | 1593 | L'Estoile (de) | 1651 ou 1652 |
| Servien | 1er nov. » | Porchères Laugier | 1653 |
| Serisay | vers 1594 | Balzac (de) | 18 février 1654 |
| Saint-Amant | 1594 | Serisay | » |
| La Chambre (Marin C. de) | » | Cerisy (Habert de) | » |
| Desmarets | 1595 | Colletet | 11 février 1659 |
| Giry (Louis) | » | Servien | 17 » » |
| Chapelain | 4 décembre » | Saint Amant | 29 décembre 1661 |
| Bardin | 1596 | Boissat (de) | 28 mars 1662 |
| Chambon (Hay de) | 23 octobre » | Boisrobert (de) | » |
| Malleville | 1597 | Priézac | » |
| Balzac (de) | 31 mai » | Bautru (de) | 1665 |
| Colletet | 12 mars 1598 | Giry (Louis) | » |
| Voiture | » | Gombauld | 1666 |
| Silhon | vers 1600 | Silhon | 1667 |
| Faret | » | La Chambre (Marin C. de) | |
| Gomberville (de) | » | | 29 décembre 1669 |
| L'Estoile (de) | 1602 | Racan | février 1670 |
| Boissat (de) | 1603 | Chambon (Hay de) | 1671 |
| Conrart | » | Godeau | 21 janvier 1672 |
| Habert (Philippe) | 1604 | Séguier (Pierre) (2) | 28 février » |
| Godeau | 1605 | Bourzeys | 2 août » |
| Bourzeys | 1606 | Chapelain | 28 février 1674 |
| Cérisy (Germain Habert de) | 1610 | Gomberville (de) | 14 juin » |
| Granier (1) | ..... | Conrart | 23 sept. 1675 |
| Montmor (Habert de) (2) | ..... | Desmarets | 1676 |
| Serisay | 1594 | Montmor (Habert de) | 1679 |

1 et 2. Nous n'avons pu contrôler la date de sa naissance.

1. Nous n'avons pu contrôler la date de son décès, nous donnons celle de son exclusion.

2. Nous donnons la date de son décès en faisant remarquer qu'il avait cessé d'être académicien, en 1643, époque à laquelle il devint protecteur.

## F. — Statuts et Règlements de l'Académie Française.

1. — Personne ne sera reçu dans l'Académie, qui ne soit agréable à Mgr le Protecteur, et qui ne soit de bonnes mœurs, de bonne réputation, de bon esprit, et propre aux fonctions académiques.

2. — L'Académie aura un sceau, duquel seront scellés en cire bleue tous les actes qui s'expédieront par son ordre ; dans lequel la figure de Mgr le cardinal duc de Richelieu sera gravée, avec ces mots à l'entour : Armand, cardinal duc de Richelieu, protecteur de l'Académie française, établie l'an mil six cent xxv, et un contre-sceau, où sera représentée un couronne de laurier, avec ce mot : a l'immortalité ; desquels sceaux l'empreinte ne pourra jamais être changée pour quelle occasion que ce soit.

3. — Il y aura trois Officiers : Un Directeur, un Chancelier et un Secrétaire, dont les deux premiers seront élus de deux mois en deux mois, et l'autre ne changera point (1).

4. — Pour procéder à cette élection, l'on mettra dans une boîte autant de ballottes blanches qu'il y aura d'Académiciens à Paris ; entre lesquelles il y en aura deux marquées l'une d'un point noir et l'autre de deux :

5. — En l'absence du directeur, le chancelier présidera en toutes les assemblées, tant ordinaires qu'extraordinaires, et en l'absence du chancelier, le secrétaire.

6. — Le chancelier aura en sa garde les sceaux de l'académie pour en sceller tous les actes qui s'expédieront.

7. — Le secrétaire sera élu par les suffrages des académiciens, assemblés au nombre de vingt pour le moins. Il recueillera les résolutions de toutes les assemblées, et en tiendra registre, il signera tous les actes qui seront accordés par l'Académie, et gardera tous les titres et pièces concernant son institution, sa fonction et ses intérêts, dont il ne communiquera rien à personne sans la permission de la Compagnie.

8. — Au commencement de l'année, il sera fait deux rôles de tous

---

1. Voici la liste des Secrétaires perpétuels depuis la fondation de l'Académie :

| | | | |
|---|---|---|---|
| Conrart | 1634-1675 | Suppression de l'Académie en | 1793 |
| Mézeray | 1675-1683 | Suard | 1803-1817 |
| Régnier-Desmarais | 1683-1713 | Raynouard 1817-démissionne | 1826 |
| André Dacier | 1713-1722 | L.-S. Auger | 1826-1829 |
| Dubos | 1722-1742 | Andrieux | 1829-1833 |
| Houtteville | 5 avril 1742-nov. 1742 | A.-V. Arnault | 1833-1834 |
| J.-B. Mirabaud | 19 nov. 1742-1755 | Villemain | 1835-1870 |
| Ch. Duclos | 1755-1772 | Patin | 1871-1876 |
| D'Alembert | 1772-1783 | C. Doucet | 1876-1895 |
| Marmontel | 1783-1793 | G. Boissier | 1895- |

les académiciens, lesquels seront signés de tous les officiers, et portés aux greffes des registres de l'hôtel du roi et des requêtes du Palais, pour y avoir recours lorsqu'il en sera besoin.

9. — Si quelqu'un des académiciens désire avoir un témoignage de la Compagnie pour justifier qu'il en est, le secrétaire lui baillera un certificat signé de lui et scellé du sceau de l'académie.

10. — La Compagnie ne pourra recevoir, ni destituer un académicien, si elle n'est assemblée au nombre de vingt pour le moins, lesquels donneront leur avis par des ballottes, dont chacun des académiciens aura une blanche et une noire : et lorsqu'il s'agira de la réception, il faudra que le nombre des blanches passe de quatre celui des noires ; mais pour la destitution, il faudra au contraire que les noires l'emportent de quatre sur les blanches.

11. — En toutes les autres affaires, l'on opinera tout haut et de rang, sans interruption ni jalousie, sans reprendre avec chaleur ou mépris les avis de personne, sans rien dire que de nécessaire et sans répéter ce qui aura été dit.

12. — Quand les avis se trouveront égaux, l'affaire sera remise en délibération en une autre assemblée.

13. — Si un des académiciens fait quelque action indigne d'un homme d'honneur, il sera interdit ou destitué, selon l'importance de sa faute.

14. — Lorsque quelqu'un sera reçu dans la Compagnie, il sera exhorté, par celui qui présidera, d'observer tous les statuts de l'Académie, et signera l'acte de sa réception sur le registre du secrétaire.

15. — Celui qui présidera fera garder le bon ordre dans les assemblées le plus exactement et le plus civilement qu'il sera possible, et comme il se doit faire entre personnes égales.

16. — Il fera délibérer sur toutes les propositions qui seront faites dans les assemblées et en prononcera les résolutions, après avoir pris l'avis de tous ceux qui seront présents, selon l'ordre de leur séance, commençant par celui qui sera assis à sa main droite, et opinera le dernier.

17. — Les assemblées ordinaires se feront tous les lundis aux lieux qui seront jugés les plus commodes par les directeurs, jusqu'à ce qu'il ait plu au roi d'en donner un, et commenceront à deux heures après midi précisément.

18. — L'on ne pourra rien résoudre dans les assemblées, si elles ne sont composées de douze académistes pour le moins et d'un des trois officiers.

19. — Aucun de ceux qui seront à Paris ne pourront se dispenser de se trouver aux assemblées, et principalement à celles où l'on devra traiter de la réception ou destitution d'un académicien, ou de l'approbation d'un ouvrage, sans excuse légitime, laquelle sera faite dans la Compagnie par un des présents, à la prière de celui qui n'aura pu s'y trouver.

20. — Ceux qui ne seront pas de l'Académie ne pourront être admis dans les assemblées ordinaires ni extraordinaires, pour quelque cause ou prétexte que ce soit.

21. — Il n'y sera mis en délibération aucune matière concernant la religion ; et néanmoins, pour ce qu'il est impossible qu'il ne se ren-

contre dans les ouvrages qui seront examinés quelque proposition qui regarde ce sujet, comme le plus noble exercice de l'éloquence et le plus utile entretien de l'esprit, il ne sera rien prononcé sur les maximes de cette qualité, l'Académie soumettant toujours aux lois de l'Eglise, en ce qui touchera les choses saintes, les avis et les approbations qu'elle donnera pour les termes et la forme des ouvrages seulement.

22. — Les matières politiques et morales ne seront traitées dans l'Académie que conformément à l'autorité du Prince, à l'état du gouvernement et aux lois du royaume.

23. — L'on prendra garde qu'il ne soit employé dans les ouvrages qui seront publiés sous le nom de l'Académie ou d'un particulier en qualité d'Académicien, aucun terme libertin ou licencieux et qui puisse être équivoque ou mal interprété.

24. — La principale fonction de l'Académie sera de travailler avec tout le soin et toute la diligence possible à donner des règles certaines à notre langue et à la rendre pure, éloquente et capable de traiter les arts et les sciences.

25. — Les meilleurs auteurs de la langue française seront distribués aux Académiciens pour observer tant les dictions que les phrases qui peuvent servir de règles générales et en faire rapport à la compagnie qui jugera de leur travail et s'en servira aux occasions.

26. — Il sera composé un Dictionnaire, une Grammaire, une Rhétorique et une Poétique sur les observations de l'Académie.

27. — Chaque jour d'assemblée ordinaire, un des académiciens, selon l'ordre du tableau, fera un discours en prose, dont le récit par cœur ou la lecture, à son choix, durera un quart d'heure au plus, sur tel sujet qu'il voudra prendre et ne se commencera qu'à trois heures. Le reste du temps sera employé à examiner les ouvrages par ceux qui se présenteront, ou à travailler aux pièces générales dont il est fait mention à l'article précédent.

28. — Aussitôt que chacun de ces discours aura été récité dans l'Académie, celui qui présidera nommera deux commissaires pour l'examiner, lesquels en feront leur rapport un mois après pour le plus tard à la compagnie, qui jugera de leurs observations ; et, dans le mois suivant, l'auteur corrige les autres endroits qu'elle aura marqués, et, ayant communiqué les corrections qu'elle aura faites à ses commissaires, s'ils les trouvent conformes aux intentions de la compagnie, il mettra une copie de son discours entre les mains du secrétaire, qui lui en expédiera l'approbation.

29. — Le même ordre sera gardé pour l'examen des autres ouvrages que l'on soumettra au jugement de l'Académie, selon la longueur desquels celui qui présidera pourra nommer un plus grand nombre de commissaires ; et si quelqu'un de ceux qu'il commettra allègue des excuses légitimes pour en être déchargé, il en sera nommé un autre à sa place.

30. — La copie de l'ouvrage qui aura été proposé dans l'Académie pour être examiné, après avoir été lue, sera mise entre les mains du secrétaire, pour la garder ; l'auteur sera aussi obligé d'en bailler une à

chacun des commissaires ; et, quand la pièce aura été approuvée, il en baillera une autre copie corrigée au secrétaire qui lui rendra la première en lui délivrant l'acte d'approbation, laquelle copie sera signée de l'auteur, du directeur et du secrétaire pour la justification de l'Académie, si l'ouvrage était publié en autre forme que comme il a été approuvé.

31. — Les commissaires feront leur rapport, dans le temps qu'il leur aura été prescrit, de l'ouvrage qu'ils auront examiné. Si ce n'est que pour des raisons importantes, ils demandent quelque délai, qui leur sera accordé ou refusé, selon le mérite de l'excuse, au jugement de l'assemblée.

32. — Les Commissaires ne pourront communiquer à personne les pièces dont ils auront été chargés, ni les observations, et n'en retiendront copie à peine d'être destitués.

33. — Ceux qui auront été commis pour examiner une pièce seront obligés, s'ils s'éloignent de Paris, de la remettre entre les mains du Secrétaire avec les notes qu'ils auront faites dessus ; et s'ils n'en ont point fait, l'Académie nommera d'autres commissaires en leur place.

34. — Les remarques des fautes d'un ouvrage se feront avec modestie et civilité, et la correction en sera soufferte de la même sorte.

35. — Quand un ouvrage aura été approuvé par l'Académie, le Secrétaire en écrira la résolution dans son registre, laquelle sera signée du Directeur et du Chancelier.

36. — Les approbations que l'on délivrera aux auteurs des ouvrages qui auront été examinés dans la Compagnie seront écrites en parchemin signées des officiers et scellées du sceau de l'Académie.

37. — Toutes les approbations seront données sans éloges, et conformément au formulaire qui sera inséré à la fin des présents statuts.

38. — Pour délibérer sur la publication d'un ouvrage de l'Académie, l'assemblée sera de vingt académiciens pour le moins, compris les officiers ; et si les avis ne passent de quatre voix, elle ne sera point trouvée pour résolue, mais on délibèrera encore en une autre assemblée.

39. — Les approbations des ouvrages particuliers pourront être proposées en une assemblée de douze académiciens et de l'un des officiers, et suffira d'une voix de plus pour les accorder.

40. — Aucun ne pourra faire imprimer l'approbation qu'il aura eue de l'Académie ; mais il pourra mettre à la première ou à la dernière page de l'imprimé, *par ordre de l'Académie française.* Et s'il n'a point fait examiner l'ouvrage dans l'Académie ou qu'il n'en ait point eu l'approbation, il n'y pourra mettre sa qualité d'académicien.

41. — Ceux qui feront imprimer des pièces approuvées par l'Académie n'y pourront rien changer, depuis que l'approbation leur aura été délivrée, sans le consentement de la Compagnie.

42. — Si l'épître liminaire ou la préface d'un livre est vue dans la compagnie sans le reste, l'on ne donnera l'approbation que pour ce qui aura été examiné, et l'auteur ne pourra mettre dans l'imprimé sa qualité d'académicien, encore qu'il ait l'approbation de l'Académie pour une partie de l'ouvrage.

43. — Les règles générales qui seront faites par l'Académie touchant

le langage, seront suivies par tous ceux de la compagnie qui écriront tant en prose qu'en vers.

44. — Ils suivront aussi les règles qui seront faites pour l'orthographe.

45. — L'Académie ne jugera que des ouvrages de ceux dont elle est composée ; et si elle se trouve obligée par quelque considération d'en examiner d'autres, elle donnera seulement ses avis, sans en faire aucune censure et sans en donner aussi d'approbation.

46. — S'il arrive que l'on fasse quelques écrits contre l'Académie, aucun des Académiciens n'entreprendra d'y répondre ou de rien publier pour sa défense, sans en avoir charge expresse de la compagnie assemblée au nombre de vingt pour le moins.

47. — Il est expressément défendu à tous ceux qui seront reçus en l'Académie de révéler aucune chose concernant la correction, le refus d'approbation ou tout autre fait de cette nature qui puisse être important au général ou aux particuliers de la compagnie, sous peine d'en être bannis avec honte sans espérance de rétablissement.

48. — L'Académie choisira un imprimeur pour imprimer les ouvrages qui se publieront sous son nom et ceux des particuliers qu'elle aura approuvés ; mais pour ceux que les particuliers voudront mettre au jour, sans approbation et sans la qualité d'académiciens, il sera en leur liberté de se servir de tel imprimeur que bon leur semblera (1).

49. — Cet imprimeur sera élu par les suffrages des Académiciens et fera serment de fidélité à la Compagnie entre les mains du Directeur ou de celui qui présidera.

50. — Il ne pourra associer personne avec lui pour ce qui regardera les ouvrages de l'Académie ou ceux qu'elle aura approuvés, dont il n'imprimera aucune chose que sur la copie qui lui sera remise en mains sous le seing du Directeur ou du Secrétaire, et lui sera fait défense d'y rien changer sans la permission de la Compagnie, à peine de répondre en son nom de tous les inconvénients, de refaire l'impression à ses dépens, et d'être déclaré déchu de la grâce qui lui aura été accordée par l'Académie.

Signé : Le Cardinal de RICHELIEU

Et scellé de ses armes. — Et plus bas :

Par mon dit Seigneur

Signé : CHARPENTIER.

1. Les Imprimeurs de l'Académie ont été :

| | | | |
|---|---|---|---|
| Jean Camusat | 1634 | J.-B Coignard (petit-fils) | 1713 |
| Du Chesne | 1639 | Bernard Brunet | 1749 |
| P. Le Petit | 1643 | Ant. Guénard Demonville | 1775 |
| J.-B Coignard | 1686 | Firmin Didot | |
| J.-B Coignard (fils) | 1689 | | |

## Liste des Vingt Discours prononcés à l'Académie en 1635 et 1636.

| | |
|---|---|
| Du Chastelet. — Sur l'Eloquence française. | 5 février |
| Bourzeys (de). — Sur le dessein de l'Académie, et sur le différent génie des langues. | 12 février |
| Godeau. — Contre l'Eloquence. | 22 février |
| Boisrobert (de). — Pour la défense du Théâtre. | 26 février |
| De Montmor. — De l'utilité des Conférences. | 5 mars |
| Gombauld (de). — Sur le Je ne sais quoi. | 12 mars |
| La Chambre (de). — Que les Français sont les plus capables de tous les peuples, de la perfection de l'Eloquence. | 19 mars |
| Porchères-Laugier (de). — A la louange de l'Académie, de son Protecteur et de ceux qui la composaient. | 30 avril |
| Gomberville (de). — Que lorsqu'un siècle a produit un excellent héros, il s'est trouvé des personnes capables de le louer. | 7 mai |
| L'Estoile (de). — De l'excellence de la Poésie, et de la rareté des parfaits Poètes. | 14 mai |
| Bardin. — Du style philosophique. | 21 mai |
| Racan. — Contre les Sciences. | 9 juillet |
| Porchères-Laugier (de). — Des différences et des conformités qui sont entre l'Amour et l'Amitié. | 23 juillet |
| Chapelain. — Contre l'Amour. | 6 août |
| Desmarets. — De l'Amour desesprits. | 13 août |
| Boissat (de). — De l'Amour des corps. | 2 septembre |
| Méziriac (de). — De la Traduction. | 10 décembre |
| Colletet. — De l'Imitation des anciens. | 7 janvier 1636 |
| Cérisy (abbé de). — Contre la pluralité des langues. | 21 janvier 1636 |
| Porchères d'Arbaud. — De l'Amour des sciences. | 10 mars 1636 |

Le premier discours prononcé par Porchères-Laugier remplaça celui que devait faire de Serisay ; le second était celui qui lui incombait. Racan, qui bégayait beaucoup, fit lire le sien par Serisay, et de Méziriac, qui habitait la province, pria Vaugelas de lire son discours.

Balzac et Saint-Amant s'excusèrent de ne point faire de discours.

## Projet du Dictionnaire établi par Chapelain.

« Peut-être ne sera-t-il pas hors de propos de rapporter ici à peu près ce qu'il contenait... Ce projet donc disait : (Pellisson) ».

« Que le dessein de l'Académie étant de rendre la langue capable de la dernière éloquence, il fallait dresser deux amples traités, l'un de Rhétorique, l'autre de Poétique ; mais que, pour suivre l'ordre naturel, ils devraient être précédés par une Grammaire, qui fournirait le corps de la langue, sur lequel sont fondés les ornements de l'oraison et les figures de la poésie ; que la Grammaire comprenait ou les termes simples, ou les phrases reçues, ou les constructions des mots les uns avec les autres ; qu'ainsi, avant toutes choses, il fallait dresser un Dictionnaire qui fût comme le trésor et le magasin des termes simples et des phrases reçues, après lequel il ne resterait, pour achever la Grammaire, qu'un traité exact de toutes les parties de l'oraison et de toutes les constructions régulières et irrégulières, avec la solution des doutes qui peuvent naître sur ce sujet ; que, pour le dessein du Dictionnaire, il fallait faire un choix de tous les auteurs morts, qui avaient écrit le plus purement en notre langue, et les distribuer à tous les Académiciens, afin que chacun lût attentivement ceux qui lui seraient échus en partage, et que sur des feuilles différentes il remarquât par ordre alphabétique les dictions et les phrases qu'il croirait françaises, cotant le passage d'où il les aurait tirées ; que ces feuilles fussent rapportées à la Compagnie, qui, jugeant de ces phrases et de ces dictions, recueillerait en peu de temps tout le corps de la langue, et insérerait dans le Dictionnaire les passages de ces auteurs, les reconnaissant pour originaux dans les choses qui seraient alléguées d'eux, sans néanmoins les reconnaître pour tels dans les autres, lesquelles elles désapprouverait tacitement si le Dictionnaire ne les contenait ; et parce qu'il y pourrait avoir des phrases et des mots en usage, dont on ne trouverait point d'exemples dans les bons auteurs, qu'en cas que l'Académie les approuvât, on les marquerait avec quelque note qui témoignerait que l'usage les autorise ; que ce Dictionnaire se ferait en un même corps, en deux manières différentes : la première, suivant l'ordre alphabétique des mots simples, soit noms, soit verbes, soit autres, qui méritent le nom de racines, qui peuvent avoir produit des composés, des dérivés, des diminutifs, et qui d'ailleurs ont des phrases dont ils sont le fondement.

« Qu'en cette manière, après avoir mis chaque mot simple avec une marque, pour faire connaître quelle partie d'oraison il serait, on mettrait tout de suite les composés, les dérivés, les diminutifs, et les phrases qui en dépendent, avec les autorités, lesquelles on pourrait néanmoins omettre pour les mots simples, comme étant hors de doute et assez connus de tout le monde ; qu'on y pourrait ajouter l'interprétation latine en faveur des étrangers ; qu'on y marquerait le genre masculin, féminin ou commun de chaque mot, avec des notes ; qu'il y en aurait d'autres pour distinguer les termes des vers d'avec ceux de la prose ; d'autres pour faire connaître ceux du genre sublime, du médiocre et du plus bas ; qu'on y observerait les accents aux syllabes longues ; qu'on y marquerait aussi la différence des É ouverts et des fermés pour la prononciation ; qu'on se tiendrait à l'orthographe reçue, pour ne pas troubler la lecture commune et n'empêcher pas que les livres déjà imprimés ne fussent lus avec facilité ; qu'on travaillerait pourtant à ôter toutes les superfluités qui pourraient être tranchées sans conséquence ; qu'en la seconde manière, tous les mots simples ou autres seraient mis en confusion dans l'ordre alphabétique, avec le seul renvoi à la page du grand Dictionnaire, où ils seraient expliqués ; que là même on pourrait marquer tous les mots, toutes les phrases hors d'usage, avec leur explication pour l'intelligence des vieux livres où on les trouve, avec cet avis que ces mots ou phrases sont de la langue, mais qu'il ne faut plus les employer ; qu'enfin, pour la commodité des étrangers, on pourrait encore, si on voulait, ajouter un troisième corps des mots latins simples, avec le renvoi à la page du grand Dictionnaire, où ils expliqueraient les mots français ; que pour éviter la grosseur du volume, on exclurait du Dictionnaire tous les noms propres des mers, fleuves, villes, montagnes, qui se trouveraient pareils en toutes les langues, comme aussi tous les termes propres qui n'entrent point dans le commerce commun, et ne sont inventés que pour la nécessité des arts et des professions, laissant à qui voudrait la liberté de faire des dictionnaires particuliers pour l'utilité de ceux qui s'adonnent à ces connaissances spéciales.

## Règlement de l'Assemblée de Physiciens qui se fit à Paris chez M. de Montmor l'an 1637.

I. — Que le but des conférences ne sera point le vain exercice de l'esprit à des subtilités inutiles ; mais qu'on se proposera toujours la plus claire connaissance des œuvres de Dieu, et l'avancement des commodités de la vie dans les arts et les sciences qui servent à les mieux établir.

II. — Que celui qui préside établira, de l'avis de la compagnie, la question pour la conférence prochaine, et priera nommément deux personnes qu'il en jugera les mieux informées de rapporter leur sentiment, laissant aux autres la liberté d'en dire leurs pensées.

III. — Que ces avis seront lus et donnés par écrit en termes courts et pleins de raisonnement, sans aucune amplification ni autorité.

IV. — Qu'ils seront lus sans interruption, les deux personnes choisies ayant les premières produites les leurs.

V. — Qu'après toutes les lectures, chacun dira par ordre et en peu de mots les objections ou les confirmations sur ce qui aura été lu ; et qu'après la réponse on n'insistera pas davantage, sans la permission particulière de celui qui préside.

VI. — Que l'on pourra envoyer son avis sur la question proposée, quand on ne pourra venir en personne.

VII. — Que l'assemblée priera ceux qui en ont occasion d'entretenir correspondance avec les savants de France et des pays étrangers, afin d'apprendre d'eux ce qui se prépare ou qui est déjà publié ou découvert dans les arts et les sciences, de quoi l'assemblée sera informée en se séparant.

VIII — Que l'assemblée étant formée, on n'y admettra plus personne qui ne le demande, et par le consentement des deux tiers de la compagnie présente, lorsqu'on en fera la proposition.

IX. — Qu'on n'admettra point d'autres que les membres de l'assemblée dans le lieu de la conférence qui sera toute composée de personnes curieuses des choses naturelles, de la médecine, des mathématiques, des arts libéraux et des mécaniques, si ce n'est qu'auparavant on ait demandé permission d'y mener quelque homme de mérite.

## Discours d'Olivier Patru

*prononcé le 3 septembre 1640.*

Messieurs,

Si je prétendais vous rendre ici des remerciements dignes de la grâce que vous me faites, je ne connaîtrais ni mes forces, ni le prix d'une si haute faveur, et qui passe de bien loin mes plus hautes espérances. A peine se pourrait-on acquitter d'un devoir si juste, avec toutes vos lumières avec tous ces dons si précieux, dont le ciel vous a tous si heureusement partagés. Véritablement, quand je considère qu'on trouve en cette docte assemblée tout ce que Rome et Athènes ont pu produire de plus merveilleux, je comprends assez combien la place où je suis me doit-être chère. Mais pour exprimer ce que je sens en cette rencontre, pour faire voir quel est mon cœur, il faudrait avoir vieilli dans cette école de bien parler et de bien écrire ; dans cette école que toute l'Europe regarde comme un nouvel astre qui vient éclairer le cercle des sciences. Je vis sans doute avec joie la naissance et l'établissement de cette illustre compagnie. Il me sembla qu'à ce coup nos muses françaises s'en allaient régner à leur tour, et porter dans tout l'univers la gloire et l'amour de notre langue. Mais cette joie, je le confesse, n'était point sans quelque amertume. Si j'admirais ces rares génies, ces grands ouvriers qui travaillent tous les jours à l'exaltation de la France, je désespérais au même temps d'entrer jamais dans un lieu si renommé, dans un lieu où quelque part qu'on jette les yeux on ne voit que des héros. J'apprends pourtant aujourd'hui qu'on peut être confrère, sans avoir votre mérite, et certainement cette obligeante condescendance, si elle n'était de votre bonté, elle serait de votre sagesse. Car, messieurs, n'espérez pas de trouver à l'avenir des hommes qui vous ressemblent.

C'est bien assez à notre siècle de s'être vu une fois quarante personnes d'une suffisance, d'une vertu si éminente. Un si grand effort n'a pu se faire sans épuiser la nature. Vos successeurs ne seront plus désormais que l'ombre de ce que vous êtes, et des enfants qui n'auront que le seul nom de leurs pères. Que je me sens de confusion de paraître aux yeux de tant de grands personnages, et de n'apporter ici, à bien dire, que de louables désirs et des inclinations raisonnables ! Aussi, messieurs, mon dessein n'est autre en ce lieu, que de m'instruire, que de profiter de vos exemples et de vos enseignements. Aujourd'hui que je me trouve en possession d'un bien que j'ai si longtemps et si ardemment désiré, je n'ai plus rien à souhaiter que d'en être digne. Mais comment m'en rendre digne ! où chercher cette noblesse de génie, qu'on ne tire que du ciel, et qui luit si heureusement et dans tous vos ouvrages. En vain on sue, on se consume sur les livres ; sans ce feu divin, on ne peut vous suivre, on ne peut monter avec vous au faîte de la montagne. Faisons donc ce qui nous reste, et si le ciel, si la nature nous refusent toute autre chose, du moins travaillons à vous comprendre, à bien comprendre les merveilles qui sortent de votre main. Apprenons à vous révérer, à vous admirer avec connaissance. C'est, messieurs, ce que je ferai toute ma vie, et je le ferai avec tant de soin, avec tant d'ardeur, qu'à voir mon zèle peut-être confesserez-vous que je méritais de naître avec plus de force ou plus de lumière. Je vous laisse toutes les couronnes, toute la gloire du Parnasse. Je me contente de vous applaudir et de semer quelques fleurs sur votre route, aux jours de votre triomphe. C'est ainsi que je prétends justifier votre choix, et faire voir à toute la France que, si d'ailleurs tout me manque, vous ne pouviez pour le moins jeter les yeux sur une personne qui eût plus d'amour pour les lettres ou plus de respect et de vénération pour cette illustre compagnie.

## Lettre de la Reine Christine de Suède.

Messieurs,

Comme j'ai su que vous désiriez mon portrait, j'ai commandé qu'on vous le donnât ; et ce présent est doublement reconnu et par la manière dont vous l'avez reçu dans votre célèbre Académie, et par les éloquentes paroles que vous avez employées à m'en rendre grâce. J'ai toujours eu pour vous une estime particulière, parce que j'en ai toujours eu pour la vertu : et je ne doute point que vous m'aimiez dans la solitude, comme vous m'avez aimée sur le trône. Les belles-lettres que je prétends y cultiver en repos et avec le loisir que je me réserve, m'obligent même de croire que vous m'y ferez part quelquefois de vos ouvrages, puisqu'ils sont dignes de la réputation où vous êtes, et qu'ils sont presque tous écrits dans votre langue, qui sera la principale de mon désert. Je ne manquerai pas de vous en témoigner ma reconnaissance, et de vous faire voir, quand je pourrai vous être utile, que je serai toujours, Messieurs, très affectionnée à vous servir.

A. Upsal, le $\frac{20}{10}$ juin 1654        CHRISTINE

## Epître Dédicatoire du Dictionnaire par Charles Perrault.

### AU ROI

Sire,

« Le Dictionnaire de l'Académie française paraît enfin sous les auspices de Votre Majesté, et nous avons osé mettre à la tête de cet ouvrage le nom auguste du plus grands des Rois. Quelques soins que nous ayons pris d'y rassembler tous les termes dont l'éloquence et la poésie peuvent former l'éloge des plus grand héros, nous avouons, Sire, que vous nous en avez fait sentir plus d'une fois et le défaut et la faiblesse. Lorsque notre zèle ou notre devoir nous ont engagés à parler du secret impénétrable de vos desseins, que la seule exécution découvre aux yeux des hommes, et toujours dans les moments marqués par votre sagesse, les mots de prévoyance, de prudence et de sagesse même ne répondaient pas à nos idées, et nous aurions osé nous servir de celui de Providence, s'il pouvait jamais être permis de donner aux hommes ce qui n'appartient qu'à Dieu seul. Ce qui nous console, Sire, c'est que sur un pareil sujet les autres langues n'auraient aucun avantage sur la nôtre : celle des Grecs et celle des Romains seraient dans la même indigence ; et tout ce que nous voyons de brillant et de sublime dans leurs plus fameux panégyriques n'aurait ni assez de force, ni assez d'éclat pour soutenir le simple récit de vos victoires. Que l'on remonte de siècle en siècle jusqu'à l'antiquité la plus reculée, qu'y trouvera-t-on de comparable au spectacle qui fait aujourd'hui l'attention de l'univers : toute l'Europe armée contre vous, et toute l'Europe trop faible.

Qu'il nous soit permis, Sire, de détourner un moment les yeux d'une gloire si éclatante, et d'oublier, s'il est possible, le Vainqueur des nations, le Vengeur des Rois, le Défenseur des autels, pour ne regarder que le Protecteur de l'Académie française. Nous sentons combien nous honore une protection si glorieuse ; mais quel bonheur pour nous de trouver en même temps le modèle le plus parfait de l'éloquence ? Vous êtes, Sire, naturellement et sans art, ce que nous tâchons de devenir par le travail et par l'étude ; il règne dans tous vos discours une souveraine raison, toujours soutenue d'expressions fortes et précises, qui vous rendent maître de toute l'âme de ceux qui vous écoutent, et ne leur laissent d'autre volonté que la vôtre. L'éloquence où nous aspirons par nos veilles, et qui est en vous un don du Ciel, que ne doit-elle point à vos actions héroïques ? Les grâces que vous versez sans cesse sur les gens de lettres peuvent bien faire fleurir les arts et les sciences, mais ce sont les grands événements qui font les poètes et les orateurs ; les merveilles de votre règne en auraient fait naître au milieu d'un pays barbare.

Tandis que nous nous appliquons à l'embellissement de notre langue vos armes victorieuses la font passer à l'étranger ; nous leur en facilitons l'intelligence par notre travail, et vous la leur rendez nécessaire par vos conquêtes ; si elle va encore plus loin que vos conquêtes, si elle réduit toutes les langues des pays où elle est connue à ne servir presque plus qu'au commun du peuple, une si haute destinée vient moins de sa beauté naturelle et des ornements que nous avons tâchés d'y ajouter, que de l'avantage d'être la langue de la nation qui vous a pour Monarque, et (nous ne craignons point de le dire) que vous avez rendue la nation dominante. Vous répandez sur nous un éclat qui assujétit les étrangers à nos coutumes dans tout ce que leurs lois peuvent leur avoir laissé de libre ; ils se font honneur de parler comme ce peuple à qui vous avez appris à surmonter tous les obstacles, à ne plus trouver de places imprenables, à forcer les retranchements les plus inaccessibles. Quel empressement, Sire, la postérité n'aura-t-elle pas à rechercher, à recueillir les mémoires de votre vie, les chants de victoire qu'on aura mêlés à vos triomphes ? C'est ce qui nous répond du succès de notre ouvrage ; et s'il arrive, comme nous osons l'espérer, qu'il ait le pouvoir de fixer la langue pour toujours, ce ne sera pas tant pour nos soins, que parce que les livres et les autres momuments qui parleront du règne de Votre Majesté feront les délices de tous les peuples, feront l'étude de tous les Rois, et seront toujours regardés comme faits dans le temps de la pureté du langage et dans le beau siècle de la France.

Nous sommes avec une profonde vénération, etc.

## Programme des Concours pour les Prix d'Eloquence et de Poésie.

I. — Que les pièces qui seront présentées pour le prix d'éloquence doivent avoir une approbation signée de deux docteurs de la Faculté de Paris, et y résidant actuellement ;

II. — Qu'elles ne doivent être tout au plus que d'une demi-heure de lecture, et qu'il faut les finir par une courte prière à Jésus-Christ ;

III. — Que les pièces qui seront présentées pour le prix de poésie, ne doivent pas excéder cent vers ; et qu'il faut y ajouter une courte prière à Dieu pour le Roi, séparée du corps de l'ouvrage, et de telle mesure de vers qu'on voudra ;

IV. — Que toutes sortes de personnes seront reçues à composer pour les deux prix, hors les Quarante de l'Académie, qui en doivent être les juges.

V. — Que les auteurs ne mettront point leurs noms à leurs ouvrages mais une marque ou un paraphe, avec un passage de l'Ecriture sainte, pour les discours de prose. et telle autre sentence qu'il leur plaira pour les pièces de poésie ;

VI. — Que les pièces des auteurs qui se seront fait connaître, soit par eux-mêmes, soit par leurs amis, seront rejetées et ne concourront point ; et que tous Messieurs les Académiciens ont promis de se récuser eux-mêmes, et de ne pas donner leurs suffrages pour les pièces dont les auteurs leurs seront connus :

VII. — Que les auteurs feront remettre leurs pièces au libraire de l'Académie port franc et avant le 1$^{er}$ du mois de juillet, sans quoi elles ne seront pas reçues.

# Liste des Lauréats de l'Ancienne Académie.

## I
### Lauréats du Prix d'Eloquence.

| | | | |
|---|---|---|---|
| 1671 | M<sup>lle</sup> de Scudéry | 1750 | le P. Chabaud |
| 1673 | Abbé Melun de Maupertuis | 1751 | Soret |
| 1675 | Letourneux | 1752 | le P. Courtois |
| 1677 | Letourneux | 1754 | le P. Courtois |
| 1679 | Savary | 1755 | le P. Guénard |
| 1681 | de Tourreil | 1757 | Soret |
| 1683 | de Tourreil | 1759 | Thomas, Eloge du maréchal de Saxe |
| 1685 | . . . . . . . | 1760 | Thomas, Eloge de d'Aguesseau |
| 1687 | Fontenelle | | |
| 1689 | Abbé Raguenet | 1761 | Thomas, Eloge de Duguay-Trouin |
| 1691 | de Clerville | | |
| 1693 | Philibert | 1763 | Thomas, Eloge de Sully |
| 1695 | Brunel (composé par Fontenelle) | 1765 | Thomas, Eloge de Descartes |
| 1697 | Mongin | 1765 | Gaillard, Eloge de Descartes |
| 1699 | Mongin | | |
| 1701 | Mongin | 1767 | La Harpe, Eloge de Charles V |
| 1703 | Dromesnil | | |
| 1705 | Colin | 1767 | La Harpe, Eloge des Maux de la Guerre |
| 1707 | Hénault | | |
| 1709 | Lamotte-Houdard | 1767 | Gaillard, Eloge des Biens de la Paix |
| 1711 | Roy | | |
| 1713 | Colin | 1769 | Chamfort, Eloge de Molière |
| 1715 | Roy | | |
| 1717 | Colin | 1771 | La Harpe, Eloge de Fénelon |
| 1719 | Pannier | | |
| 1721 | Lenoble | 1773 | Necker, Eloge de Colbert |
| 1723 | Lavisclède | 1775 | La Harpe, Eloge de Catinat |
| 1725 | Lavisclède | | |
| 1727 | de Farcy | 1777 | Remy, Eloge de L'Hôpital |
| 1729 | Ragon | | |
| 1731 | . . . . . . . | 1779 | Garat, Eloge de Suger |
| 1733 | Saint-Sauveur | 1781 | Garat, Eloge de Montausier |
| 1735 | Pallas | | |
| 1737 | Raynaud, oratorien | 1781 | Lacretelle aîné, Eloge de Montausier |
| 1739 | Nicolas | | |
| 1741 | de Montmirel | 1784 | Garat, Eloge de Fontenelle |
| 1743 | Desloges | | |
| 1745 | Doillot | 1788 | Noël, Eloge de Louis XII |
| 1747 | le P. Lombard | 1790 | Pas de lauréat, Eloge de J.-J. Rousseau |
| 1749 | Soret | | |

## II
### Lauréats du Prix de Poésie.

| | | | |
|---|---|---|---|
| 1671 | La Monnoye | 1735 | Clément |
| 1673 | Abbé Genest | 1737 | le P. Raynaud |
| 1675 | La Monnoye | 1739 | Linant |
| 1677 | La Monnoye | 1741 | Linant |
| 1679 | Abbé Juliard du Jarry | 1743 | Linant |
| 1681 | du Perrier | 1745 | Marmontel |
| 1683 | du Perrier | 1747 | Marmontel |
| 1683 | La Monnoye | 1749 | Laurès |
| 1685 | La Monnoye | 1750 | Laurès |
| 1687 | M$^{lle}$ Deshoulières | 1751 | Laurès |
| 1689 | Abbé Maumenet | 1751 | Laurès |
| 1691 | M$^{lle}$ Bernard | 1753 | Lemierre |
| 1693 | M$^{lle}$ Bernard | 1754 | Lemierre |
| 1695 | de la Granche | 1755 | Lemierre |
| 1697 | M$^{lle}$ Bernard | 1757 | Lemierre |
| 1699 | de Clerville | 1757 | Lemierre |
| 1701 | M$^{me}$ Durand | 1760 | Marmontel |
| 1703 | Pellegrin | 1762 | Thomas |
| 1705 | Lamotte-Houdard | 1764 | Chamfort |
| 1707 | Lamotte-Houdard | 1766 | La Harpe |
| 1709 | Asselin | 1768 | Langeac |
| 1713 | Malet | 1771 | La Harpe |
| 1714 | Abbé Juliard du Jarry | 1773 | La Harpe |
| 1715 | Roy | 1775 | La Harpe |
| 1717 | Gacon | 1777 | Gruet |
| 1720 | Saint-Didier | 1777 | Murville |
| 1721 | Saint-Didier | 1779 | Murville |
| 1723 | La Visclède | 1779 | Anonyme |
| 1725 | La Visclède | 1782 | Florian |
| 1727 | Bouret | 1784 | Florian |
| 1729 | Bouret | 1787 | Terrasse-Desmareilles |
| 1731 | Séguy | 1789 | Fontanes |
| 1733 | le P. Isnard | | |

## L'Incident du Comte de Clermont.

### I. — Mémoire de Duclos.

« Les statuts de l'Académie sont si simples qu'ils n'ont pas besoin de commentaires. Le seul privilège dont les gens de lettres, qui sont véritablement ceux qui constituent l'Académie, soient jaloux, c'est l'égalité extérieure qui règne dans nos assemblées. Le moindre des académiciens sans fortune ne renoncerait pas à ce privilège pour toutes les pensions du monde. Si S. A. S. fait à l'Académie l'honneur d'y entrer, elle doit confirmer, par sa présence, le droit du corps, en ne prenant jamais place au-dessus de ses officiers. S. A. S. jouira d'un plaisir qu'elle trouve bien rarement : celui d'avoir des égaux, qui d'ailleurs ne sont que fictifs, et elle consacrera à jamais la gloire des lettres. Comme S. A. S. est digne qu'on lui parle avec vérité, j'ajouterai que, si elle en usait autrement, l'Académie perdrait sa gloire, au lieu de la voir croître. Les cardinaux formeraient les mêmes prétentions ; les gens titrés viendraient ensuite ; et j'ai assez bonne opinion des gens de lettres pour croire qu'ils se retireraient. La liberté avec laquelle nous disons notre sentiment, est une des plus fortes preuves de notre respect pour le prince, et, qu'il nous permette ce terme, de notre estime pour sa personne. Il reste à observer que lorsque l'Académie va complimenter le Roi, les trois officiers marchent à la tête, et tous les autres académiciens suivant la date de leur réception. Or, S. A. S. est trop supérieure à ceux qui composent l'Académie, pour que la place ne lui soit pas indifférente. Elle peut se rappeler qu'au couronnement du roi Stanislas, Charles XII se mit dans la foule. En effet, il n'y a point d'académicien qui, en précédant S A. S., n'en fût honteux pour soi-même, s'il n'en était pas glorieux pour les lettres. On n'est donc entré dans ce détail que pour obéir à ses ordres. »

### II. — Réponse de Duclos au Mémoire de S. A. S.
### M. le Comte de Clermont.

Nous ne pouvons nous imaginer que le mémoire que nous venons de lire soit adopté par S. A. S., sans quoi nous serions dans la plus cruelle situation.
« Nous aurions à déplaire à un prince pour qui nous avons le plus grand respect, ou à trahir la vérité que nous respectons plus que tout au monde.
« M. le comte de Clermont a été élu par l'Académie. Si ce prince n'y entre pas avec tous les dehors de l'égalité, la gloire de l'Académie est perdue. Si le prince entre dans celles des belles-lettres ou des sciences, il serait nécessaire qu'il y eût une préséance marquée, parce qu'il y a des distinctions entre les membres qui forment ces compagnies. C'est

pourquoi il fallut en donner au czar dans celle des sciences, en plaçant son nom à la tête des honoraires.

« Mais depuis qu'à la mort du chancelier Séguier, Louis XIV eut pris l'Académie sous sa protection personnelle et immédiate, sans intervention de ministre, honneur inestimable que nous a conservé et assuré l'Auguste successeur de Louis le Grand, jamais il n'y eut de distinction entre les académiciens malgré la différence d'état de ceux qui composent l'Académie. Si S. A. S. en avait d'autres que celles du respect et de l'amour des gens de lettres, les académiciens qui ont quelque supériorité d'état sur leurs confrères, prétendraient à des distinctions, parviendraient peut-être à en obtenir d'intermédiaires entre les princes du sang et les gens de lettres. Ceux-ci n'en seraient que plus éloignés du Roi ; rien ne pourrait les en consoler; et l'Académie, jusqu'ici l'objet de l'ambition des gens de lettres, le serait de la douleur de tous ceux qui les cultivent noblement. L'époque du plus haut degré de gloire de l'Académie, si les règles subsistent, serait celle de sa dégradation, si l'on s'écarte des statuts.

« En effet, en supposant même qu'il n'y eût jamais de distinction que pour les princes du sang, l'Académie n'en serait pas moins dégradée de ce qu'elle est aujourd'hui. Elle ne voit personne entre le Roi et elle, que des officiers nommés par le sort. Chaque académicien n'est, en cette qualité, subordonné qu'à des places où le sort peut toujours l'élever.

« M. le comte de Clermont est respecté comme un grand prince, et, qui plus est, aimé et estimé comme un honnête homme. Il a trop de gloire vraie et personnelle pour en vouloir une imaginaire : il n'a besoin que de continuer d'être aimé. Voilà l'apanage que le public seul peut donner, et qui dépend toujours d'un suffrage libre.

« Il n'était pas difficile de prévoir qu'après les transports de joie que la république des lettres a fait éclater, l'envie agirait, sous le masque d'un faux zèle pour le prince.

« Si le czar eût écouté les gens frivoles d'ici, il ne se serait pas fait inscrire sur la liste de l'Académie des Sciences, la seule qui convînt au genre de ses études. Cependant cela n'a pas peu servi à intéresser à sa renommée la république des lettres.

« Lorsque M. le comte de Clermont fit annoncer son dessein à plusieurs Académiciens, leur premier soin fut de lui exposer par écrit la seule prérogative dont leur amour et leur reconnaissance pour le Roi les rendent jaloux. Ils eurent la satisfaction d'apprendre que S. A. S. approuvait leurs sentiments. Ils ne se persuaderont jamais qu'ils aient eu tort de compter sur sa parole. Nous osons le dire, et le prince ne peut que nous estimer davantage, nous ne lui aurions jamais donné nos voix, si nous avions pu supposer que nous nous prêtions à notre dérogation. Il est bien étonnant qu'on vienne dans un mémoire établir les droits d'un prince du sang, comme s'il s'agissait de les soutenir dans un congrès de l'Europe ; qu'on vienne les étaler dans une Compagnie dont le devoir est de les connaître, de les publier et de les défendre s'il en était besoin.

« Les princes sont faits pour des honneurs de tout autre genre que des distinctions littéraires. Voudrait-on en dépouiller des hommes dont elles font la fortune et l'unique existence ? Les hommes constitués en dignités auraient-ils assez peu d'amour-propre pour n'être pas flattés eux-mêmes que le désir de leur être associé en un seul point, soit un objet d'ambition et d'émulation dans la littérature ?

«L'Académie ne veut point avoir de discussion avec M. le comte de Clermont ; il ne doit pas entrer en jugement avec elle. Elle obéirait en gémissant à des ordres du Roi ; mais elle ne verrait plus que son oppresseur dans un prince qu'elle réclame pour juge. Elle l'aime ; elle voudrait lui conserver les mêmes sentiments. Voici ce qu'elle lui adresse par ma voix :

« Monseigneur, si vous confirmez par votre exemple respectable et décisif une égalité, qui d'ailleurs n'est que fictive, vous faites à l'Académie le plus grand honneur qu'elle ait jamais reçu. Vous ne perdez rien de votre rang, et j'ose dire que vous ajoutez à votre gloire en élevant la nôtre. La chute ou l'élévation, le sort enfin de l'Académie est entre vos mains. Si vous ne l'élevez pas jusqu'à vous, elle tombe au-dessous de ce qu'elle était. Nous perdons tout, et le prince n'acquiert rien qui puisse le consoler de notre douleur. La verrait-on succéder à une joie si glorieuse pour les lettres et pour vous-même ? Ce sont les gens de lettres qui vous sont le plus tendrement attachés. Serait-ce d'un prince, leur ami dès l'enfance, qu'elles auraient seules à se plaindre ? Notre profond respect sera toujours le même pour vous, Monseigneur ; mais l'amour, qui n'est qu'un tribut de la reconnaissance, s'éteindra dans tous les cœurs qui sont dignes de vous aimer et d'être estimés de vous. »

### Assemblée nationale.

*Séances de l'Assemblée constituante des 15 et 16 août 1790.*

Le 15 août 1790, l'Assemblée constituante discute « les différentes parties de la dépense publique » et règle le budget des académies, de la bibliothèque du Roi, du jardin du Roi, et d'autres établissements. Pierre Dédelay demande en ces termes le vote des crédits :

« Vous n'ignorez pas combien de fois ces établissements ont gémi sous l'influence du despotisme ou de l'intrigue ; combien de fois la faveur en a fait rejeter le génie ; que de grands talents n'ont pu parvenir à des places qu'ils auraient illustrées, parce qu'ils n'avaient pas voulu plier sous le joug présenté à tous les candidats. Vous devez, Messieurs, à ces grands hommes, fiers et victimes de leur amour pour la liberté, celle dont vous jouissez ; rendez à leurs mânes l'hommage le plus digne de leurs œuvres immortelles, en épurant bientôt par des constitutions nouvelles les despotiques entraves qui tuaient le génie sous prétexte de le décorer. »

Sur la proposition qui termine ce discours, « l'Assemblée nationale décrète que, jusqu'à ce qu'il ait été statué par le Corps législatif sur l'organisation de tous les établissements pour le progrès des lettres, des sciences et des arts, les dépenses de ceux dont le Comité des finances s'est occupé seront réglées ainsi qu'il suit. »

Le lendemain, Lebrun, rapporteur du Comité des finances, s'exprimait ainsi : « Nous avons maintenant à nous occuper des académies. Nous ne vous proposerons pas des réformes et des économies. Ces établissements tiennent à la gloire et à l'intérêt même de la nation. Ils ne nous présentent pas l'affligeant souvenir de dissipation et de prodigalité. En créant l'Académie française, Richelieu n'y chercha peut-être que des panégyristes et des esclaves ; elle a expié son origine. L'Académie française a des droits à la reconnaissance publique. On n'oubliera pas que plusieurs de ses membres ont été les apôtres de la liberté...

« Le Comité a pensé que toutes ces académies devaient rester sous la protection immédiate du Roi ; que cette protection seule peut encourager leurs travaux, et qu'il est de l'intérêt de la nation, comme de la grandeur du monarque, qu'il s'attache à ces institutions d'une affection particulière, et qu'il lie leurs succès à la gloire de son règne et de son nom.

« Le Comité propose les projets de décret que je vais vous soumettre successivement :

— Le premier concerne l'Académie française.

« Article premier. — L'Académie française continuera d'être sous la protection immédiate du roi.

« II. — Il lui sera payé annuellement au trésor public la somme de 25.217 livres ; savoir, au secrétaire perpétuel : appointements, 3ooo livres ; écritures, 900 livres ; pour messe du jour de saint Louis, 3oo livres ; pour jetons 358 marcs, 20.717 livres ; pour entretien et réparation du coin, 3oo livres ; en tout, 25.217 livres.

« III. — Il sera en outre assigné chaque année 1200 livres ; qui seront données, au nom de la nation, pour prix à l'auteur du meilleur ouvrage qui aura paru, soit sur la morale, soit sur le droit public, soit enfin sur quelque sujet utile.

« IV. — Chaque année l'Académie sera admise à la barre de l'Assemblée nationale, pour y rendre compte des travaux de ses membres, et de l'ouvrage qu'elle aura jugé digne du prix national. »

La discussion de ce projet ne fut pas longue ; dès que Lebrun eut cessé de parler, trois députés prirent brièvement la parole :

« Biauzat. — Les établissements publics en France sont et continueront à être sous la protection spéciale du Roi. L'article premier n'a aucun sens, ou il a un sens inconvenable.

« Boutidou. — Je demande l'ajournement jusqu'à ce que l'utilité de l'Académie française soit constatée.

« Creuzé. — L'ajournement doit porter sur l'Académie française et sur toutes les académies.

« Cet ajournement est décrété. »

(Extraits du *Moniteur universel*, du mardi 17 août 1790, deuxième année de la Liberté).

## Assemblée Nationale

*Séance du vendredi 20 août 1790. — 2ᵉ année de la Liberté.*

M. *Lebrun* propose de nouveau son décret sur les académies.

M. *Lanjuinais*. — Les académies et tous les autres corps littéraires doivent êtres libres, et non privilégiés ; en autorisant leur formation sous une protection quelconque, ce serait en faire de véritables jurandes. Les académies privilégiées sont toujours des foyers d'aristocratie littéraire. Après tout, leur art consiste à lier quelques phrases ingénieuses et correctes (On demande à aller aux voix). En Angleterre et en Allemagne, ce ne sont pas les gouvernements qui font les académies, et cependant il y en a de très florissantes. Les entreprises littéraires faites par ordre du gouvernement ont toujours été très lentes ; voyez s'il en a été de même de l'*Encyclopédie ancienne et méthodique*. Je propose de décréter : 1° qu'à compter du 1ᵉʳ janvier, il ne sera plus rien accordé aux académies sur le trésor public ; 2° qu'à l'avenir les hommes de lettres auront la liberté de se réunir en société, comme bon leur semblera ; 3° que les départements seront autorisés à fournir des fonds d'encouragement à ces sociétés, lorsqu'il s'agira de découvertes utiles ; 4° ces dispositions ne pouvant avoir un effet rétroactif, les pensions dont jouissent actuellement les académies continueront de leur être payées jusqu'à la concurrence de trois mille livres et au-dessous, à condition qu'elles n'auront aucun autre appointement ni traitement.

M. *L'abbé Grégoire*. — L'utilité des académies est reconnue, et comme je sais que ces sociétés s'occupent, en ce moment, de se donner des statuts dignes du régime de la liberté, je demande que les sommes proposées par le Comité des finances, soient décrétées provisoirement, et que les académies soient autorisées à rédiger les statuts pour les présenter à l'Assemblée nationale.

M. *Murinais*. — Je demande que cet objet soit renvoyé à l'époque où l'Assemblée s'occupera d'un plan d'éducation nationale.

M. *Lépeaux*. — Je demande que le premier article du projet du Comité soit retranché.

Sur les observations faites par M. *Le Camus*, le décret suivant est adopté :

«L'Assemblée nationale décrète provisoirement, pour cette année, les dépenses fixées à 25.217 livres, par le comité des finances pour les différents corps littéraires et académies ; et seront tenus les différents corps littéraires et académies de présenter, dans le délai d'un mois, à l'Assemblée nationale, les règlements par lesquels ils veulent faire leur nouvelle constitution. »

(*Moniteur universel*, 21 août 1790).

## Assemblée Nationale

*Séance du 25 septembre 1791.*

### Quatrième Présidence de M. Thouret.

Talleyrand. — Je vais soumettre à l'Assemblée un projet de décret dans lequel j'ai renfermé les principales bases de l'éducation publique.

Buzot. — Monsieur le Président, permettez-moi de faire une motion d'ordre. Ce n'est pas dans le moment où nous touchons au déclin de notre existence politique qu'il nous est possible de nous occuper d'un travail qui exige d'aussi profondes méditations. Quel est l'objet du plan qu'on vous propose ? Mettre l'éducation à la portée du peuple. Cette institution me paraît bonne ; mais il faut, pour s'en occuper, pouvoir la considérer dans son ensemble.

Ce plan, par exemple, me paraît extrêmement dispendieux ; et quand on considère qu'en Angleterre il y a très peu de collèges, et que c'est parce qu'il y a très peu de collèges qu'il y a véritablement beaucoup de grands hommes, on est étonné de la multiplicité des établissements qu'on nous propose ; le mieux est de ne rien faire quand on n'a pas le temps de bien faire. Beaucoup de travaux commencés sont à compléter. Qui me répondra que nous aurons le temps d'examiner toutes les bases du plan extrêmement compliqué qu'on nous propose ? Et faut-il décréter de confiance un plan qui met entre les mains du pouvoir exécutif la direction de l'instruction par la nomination des personnes qui exerceront sur cette partie une influence immédiate ?

Talleyrand. — Il paraît que Monsieur Buzot est effrayé de la longueur du projet qui est imprimé à la suite de mon rapport ; mais j'observe que je ne compte pas proposer à l'Assemblée ce décret en son entier, mais que je l'ai au contraire réduit à un très petit nombre d'articles. Je vous propose de décréter qu'il y aura des écoles primaires distribuées dans les cantons, ayant chacune à leur tête un maître, avec tant d'appointements. Vous aurez donc à décréter, non pas les détails de l'instruction de ces écoles, mais leur existence. J'ajoute que les établissements d'écoles de district ne peuvent pas être effrayants par leur nombre, puisqu'il n'y aura d'instruction complète que dans les districts où les administrations de département l'auront jugé convenable. Je ne demande pas que l'Institut national soit décrété dans tous ses détails ; mais je demande qu'il soit décrété qu'il y aura un Institut national, et quels seront ses éléments ; car il ne faut pas que l'Assemblée abandonne les sciences et les arts.

. . . . . . . . . . . . . . . . . . . . . . . . . . . . .

Vous voyez, Monsieur le Président, que je ne propose à l'Assemblée que des décrets infiniment courts, infiniment simples, mais en même temps infiniment pressants ; car partout les universités ont suspendu leurs opérations ; les collèges sont sans subordination, sans professeurs, sans élèves. Il est important que les bases de l'Institut national soient connues avant le mois d'octobre.

Monsieur Buzot a voulu vous effrayer sur les frais du plan d'éducation publique que nous vous proposons. Je vais vous montrer que l'Institut national coûtera, au contraire, beaucoup moins qu'autrefois.

. . . . . . . . . . . . . . . . . . . . . . . . . . . . .

Les revenus des Sociétés savantes fourniront en entier aux frais de l'Institut national.

M. Lapoule insiste pour l'ajournement, sa voix est étouffée par les rumeurs.

Beaumetz. — Il s'agit de savoir si l'Assemblée nationale actuelle peut se déterminer à se séparer avant d'avoir donné quelques soins à l'instruction publique...

L'Assemblée nationale doit un hommage de respect et de reconnaissance aux arts, aux lumières qui ont fait la révolution et qui seules peuvent la maintenir. C'est par les lumières que vous avez vaincu les préjugés, et la dissémination des lumières est précisément l'objet de l'Institut national...

Votre décision sur les bases de l'Institut national est sollicitée par toutes les compagnies savantes qui sont encore enrégimentées sous les bannières du pouvoir exécutif, et qu'il est temps de remettre sous les mains de la nation. Je suis persuadé que si M. le rapporteur réduisait son projet à un petit nombre de bases essentielles, l'Assemblée s'honorerait de consacrer ces principes, et de laisser à ses successeurs l'achèvement d'un travail aussi utile (On applaudit).

M. Prieur. — Je dis que nous devons laisser quelque chose à faire à nos successeurs (On murmure).

L'orateur continue à parler au milieu des murmures et des interruptions.

Un grand nombre de membres se lèvent à la fois pour demander la lecture des articles que M. Talleyrand propose de soumettre à la discussion.

L'Assemblée décrète cette lecture. — M. Talleyrand soumet en conséquence à la délibération une série de 35 articles extraits de son projet sur l'Institut national.

M. Camus insiste pour l'ajournement à la prochaine législature.

L'Assemblée ordonne l'ajournement.

(*Moniteur*, Réimpression.)

## Convention Nationale.

Danton, président ; Grégoire, rapporteur.

## Séance du 8 août 1793.

*Le Rapporteur.* — « Citoyens, nous touchons au moment où, par l'organe de ses mandataires, à la face du ciel et dans le champ de la nature, la nation sanctionnera le Code qui établit la liberté. Après demain, la République française fera son entrée solennelle dans l'univers. En ce jour où le soleil n'éclairera qu'un peuple de frères, les regards ne doivent plus rencontrer sur le sol français d'institutions qui dérogent aux principes éternels que nous avons consacrés ; et cependant quelques-unes, qui portent encore l'empreinte de despotisme ou dont l'organisation heurte l'égalité, ont échappé à la forme générale : ce sont les académies...

« Les patriotes y sont presque toujours en minorité, les tyrans eurent toujours la politique de s'assurer les trompettes de la Renommée : tel fut Périclès, tel fut Auguste, tel fut Richelieu, tel fut Louis XIV. L'Académie française qui chassa de son sein le bon abbé de Saint-Pierre, fut presque toujours un instrument entre les mains du despotisme...

« Citoyens, détruire est chose facile, et c'est moins en supprimant qu'en créant que le législateur manifeste sa sagesse... »

Et Grégoire émettait dès lors l'idée de fonder, sur les ruines des anciennes académies, un établissement nouveau qui les réunirait toutes.

A la suite de ce rapport, la Convention nationale vota le décret suivant :

Article premier. — Toutes les académies et sociétés littéraires, patentées ou dotées par la Nation, sont supprimées.

Article II. — Les jardins botaniques et autres, les cabinets, muséums, bibliothèques et autres monuments des sciences et des arts attachés aux académies et sociétés supprimées, sont mis sous la surveillance des autorités constituées, jusqu'à ce qu'il en ait été disposé par les décrets sur l'organisation de l'Instruction publique.

## LOI

du 5 thermidor de l'an deuxième de la République française, une et indivisible, sur les biens et les dettes des académies et sociétés littéraires supprimées (24 juillet 1794).

La *Convention nationale*, après avoir entendu le rapport de son Comité des finances, *décrète* ce qui suit :

Les biens des académies et sociétés littéraires patentées ou dotées par la Nation, et supprimées par la loi du 8 août dernier, font partie des propriétés de la République ; les dettes passives de ces mêmes établissements sont déclarées dettes nationales : les créanciers remettront leurs titres originaux, savoir ceux de la dette viagère à la trésorerie nationale, et ceux de la dette constituée et exigible au directeur général de la liquidation, d'ici au premier nivôse de l'an troisième ; et faute de les remettre dans ce délai, ils sont dès à présent déchus de toute répétition envers la République : l'actif sera administré et le passif liquidé conformément aux dispositions de la loi du 23 messidor dernier.

Visé par l'inspecteur. *Signé*: S.-E. Monnel.

Collationné à l'original par nous président et secrétaires de la Convention nationale. A Paris le 7 thermidor, an second de la République française une et indivisible.

*Signé* : **Collot d'Herbois**, président ; *A. Dumont* et *Brival*, secrétaires.

## Académiciens vivants lors de la suppression de l'Académie.

| | | |
|---|---|---|
| Duc de Nivernais | réélu en | 1743 |
| Cardinal de Bernis | — | 1744 |
| Comte de Bissy | — | 1750 |
| Cardinal de Rohan-Guémenée | — | 1761 |
| Marmontel, secrét. perpétuel | — | 1763 |
| De Saint-Lambert | — | 1770 |
| Cardinal Loménie de Brienne | — | 1770 |
| Roquelaure, évêque de Senlis | — | 1771 |
| Abbé Gaillard | — | 1772 |
| De Bréquigny | — | 1772 |
| Jacques Delille | — | 1774 |
| Suard | — | 1774 |
| De Malesherbes | — | 1775 |
| Cardinal de Boisgelin | — | 1776 |
| La Harpe | — | 1776 |
| Ducis | — | 1778 |
| Chamfort | — | 1781 |
| Condorcet | — | 1781 |
| Comte de Choiseul-Gouffier | — | 1783 |
| Bailly | — | 1783 |
| De Montesquiou-Fezensac | — | 1784 |
| Abbé Maury | — | 1784 |
| Target | — | 1785 |
| Abbé Morellet, directeur | — | 1785 |
| Sedaine | — | 1786 |
| Marquis d'Aguesseau | — | 1788 |
| Florian | — | 1788 |
| Boufflers | — | 1788 |
| Vicq d'Azyr, chancelier | — | 1788 |
| Duc d'Harcourt | — | 1788 |
| Président Nicolaï | — | 1788 |
| Abbé Barthélemy | — | 1789 |

## Membres des autres Académies
*Lors de la suppression de ces dernières.*

*Nota.* — Les noms en italique sont ceux de ces membres qui appartiennent aussi à l'Académie française.

*Académie des Inscriptions.*

Honoraires : *Nivernais* (duc de), *Malesherbes*, de L'Averdy ; Amelot, *Beauvau* (maréchal de), *Loménie de Brienne* (cardinal).

Pensionnaires : *Barthélemy*, de Guignes, Dupuy, *Bréquigny-Gaillard*, Garnier, Anquetil, Ameilhon, Bouchaud, Gautier de Sibert, Le Roy, de La Porte du Theil, Désormeaux, D'Anse de Villoison, Dacier (B.-J).

Associés : Le Blond, Du Saulx, Larcher, Guenée, *Choiseul-Gouffier*, de Kéralio, de Vanvilliers, Houard, Pastoret, Belin de Ballu, Dupuis, Levesque, Gosselin, S. de Sacy.

Libres : Clément, Poirier, Mongez, *Bailly*, de Barthez, Camus, Hennin, Lefebvre d'Ormesson, — et Bitaubé, à Berlin.

*Académie des Sciences.*

Honoraires : Machault, *Malesherbes*, Amelot, Bochard de Saron, *Loménie de Brienne*, La Luzerne.

Pensionnaires : Lemonnier, Petit, Lagrange, Borda, Jeaurat, Vandermonde, Lefrançais-Lalande, Messier, Bossut, Rochon, Laplace, Le Roy, Brisson, *Bailly*, Daubenton, Tenon, Portal, Cadet de Gassicourt, Baumé, Berthollet, Adanson, de Jussieu, Lamarck, Desmarets, Sage, Darcet, *Condorcet*, Lavoisier.

Libres : Pingré, Andouillé, Perronet, Poissonnier, Bory, Barthez, Bougainville.

Associés : Demours, Cousin, Meusnier, Delambre, Cassini (astr.), Le Paute d'Agelet, Coulon, Legendre, Périer, Monge, Méchain, Dionis du Séjour, Sabatier, *Vicq d'Azyr*, Broussonnet, Fourcroy, Pelletier, Desfontaines, Thouin, Lhéritier, Haüy, Tessier, Duhamel, Buache.

## Convention Nationale.

*Séance du 17 vendémiaire an III* (8 octobre 1794).

Présidence de CAMBACÉRÈS.

*Grégoire* donne lecture d'un long rapport sur les encouragements et récompenses à accorder aux savants, aux gens de lettres et aux artistes.
Voici quelques extraits de ce rapport :

« Citoyens, il y a cent quarante-cinq ans que Descartes mourut à 400 lieues de sa patrie, sans avoir obtenu d'autre bienfait qu'une pension de 3000 livres, dont jamais il ne toucha que le brevet. Vous avez décrété la translation de ses cendres au Panthéon. Cet hommage aux sciences, dans la personne du philosophe français fait augurer l'intérêt avec lequel vous écouterez une réclamation en faveur de sa famille, c'est-à-dire en faveur des savants, des gens de lettres et artistes qui gémissent dans l'infortune.

« On a fait nombre d'ouvrages sur les malheurs des gens de lettres : leur patriarche Homère chantait ses vers dans les villes de Grèce pour obtenir quelques morceaux de pain ; Képler, après avoir dévoilé le ciel, trouve à peine un coin de terre pour reposer sa cendre ; le Tasse expire la veille du jour qui devait le consoler de ses maux ; le Corrège succombe sous la fatigue d'un voyage entrepris pour porter à sa famille pauvre une somme modique mais pesante, en monnaie de cuivre ; Erasme, dans ses dernières années, payait son dîner avec un volume de sa bibliothèque ; le Dante, l'Arioste, le Camoëns, Cervantès, Malherbe, J.-B. Rousseau périssent sous les lambeaux de l'indigence. En un mot, le génie, frappé des anathèmes de la fortune, est avec elle dans les mêmes rapports que la vertu avec la beauté, c'est-à-dire presque toujours en guerre ; la même route conduit souvent à la gloire et à la misère.

« Après avoir sacrifié leur patrimoine à leur éducation, au perfectionnement de leurs connaissances et à l'acquisition des instruments et des livres qui sont les outils de la science, les savants sont communément d'une impéritie, d'une apathie inconcevable pour acquérir ou gérer les biens de la fortune, et leur dernier asile est souvent un grenier ou l'hôpital, à moins qu'ils ne périssent victimes de leur zèle à épier la nature comme Empédocle et Pline l'Ancien, à moins qu'ils n'expirent au milieu des déserts comme Chappe, Dauteroche comme la plupart des savants voyageurs envoyés par le Danemark et la Russie.

. . . . . . . . . . . . . . . . . . . . . . . . . . . . . . . . . . . . . . . . . . . . . . . . . . . .

« Ajoutez enfin que la vie d'un homme de génie est presque toujours semée d'épines. Il est en avant de son siècle, dès lors il est dépaysé. L'ignorance croit le traiter favorablement en ne lui supposant que du délire, au lieu de lui prêter des intentions perverses ; il est harcelé par la jalousie des demi-savants qui lui font expier sa supériorité. Eh ! dans quel siècle les talents furent-ils plus atrocement persécutés que sous la tyrannie de Robespierre ? Périclès s'était borné à chasser les philosophes ; Caracalla leur avait défendu de s'assembler ; mais récemment, si tous n'ont pas été assassinés ou incarcérés, montrez-nous celui qu'on n'a pas abreuvé d'amertumes...

« Après avoir lutté contre la misère, Goldoni expira au moment où l'on acquittait à son égard la dette de la reconnaissance.

« Sans avoir eu le même avantage, La Place, Lemierre et Chamfort sont morts dans la pauvreté ; vous l'avez ignoré, car sans doute, vous auriez, à leur égard, réparé les torts de la fortune. Le sentiment de justice qui vous aurait dirigés est encore susceptible d'application. Vous avez très sagement supprimé les corporations académiques, mais votre intention n'est pas de condamner ceux qui en étaient membres à périr de faim.

« Tel est cependant le sort qui attend plusieurs d'entre eux.

« Des vieillards qui ont un pied dans la tombe, qui, pendant quarante ans, avaient travaillé pour obtenir une modique pension de quatre cents livres, et dont les écrits ont produit un mouvement commercial de un million, sont actuellement aux prises avec la faim.

« Modeste dans ses désirs, circonscrit dans ses besoins, quand un homme de talent demande, on peut le croire réduit à l'extrême.

. . . . . . . . . . . . . . . . . . . . . . . . . . .

« Le génie vertueux est le père de la liberté et des révolutions. Aristogiton et Brutus n'ont pas été plus utiles à la nôtre par leur exemple que Démosthène et Cicéron par leurs ouvrages,... et tel qui peignit les charmes de la vertu, il y a trois mille ans, nous enchante encore aujourd'hui et nos larmes coulent sur ses pages...

« Que d'argent a été versé en France pour visiter, à Ermenonville et à Ferney, le séjour de deux hommes qui ont exercé un grand ascendant sur l'opinion publique ! C'est l'opinion qui démolit les trônes : un bon livre est un levier politique.

« Les savants et les gens de lettres ont porté les premiers coups au despotisme ; ils ont soulevé la hache et allumé la mèche pour foudroyer la Bastille... et sans les efforts de la république des lettres, la République française serait encore à naître...

« Sanctifions par l'amour de la liberté ce que les tyrans ont fait par haine de la liberté...

« La hache révolutionnaire a fait un abattis général ; les abus sont tombés ; il s'agit actuellement de créer : c'est là surtout où éclate la sagesse du législateur; il était peut-être plus facile de faire une nuit du 4 août que de créer une bonne loi...

« Quelques ouvrages sont à refaire ; il vous faut un nouveau théâtre, une histoire nouvelle, un nouveau Dictionnaire de votre langue... Il est urgent de mettre la main à l'œuvre, de continuer les travaux commencés de plusieurs savants et plusieurs ci-devant académies.

. . . . . . . . . . . . . . . . . . . . . . . . . . .

« Les sciences et les arts étant le besoin de tous les temps, le bien public commande l'emploi de tous les moyens propres à les faire fleurir...

« Vous avez détruit des corporations, où la grandeur imbécile et fastueuse siégeait à côté du génie, et qui, étant légalement instituées, aspiraient quelquefois au monopole des talents. Mais sans doute vous favoriserez les sociétés libres qui commencent à s'organiser pour hâter les progrès de la raison humaine.

« Leur accorder un local pour la tenue de leurs séances, réunir près d'elles tous les moyens scientifiques ; faciliter leurs correspondances avec les autres savants du globe... faire imprimer de bons livres aux frais de la nation, et récompenser leurs auteurs en leur donnant l'édition totale, ou en partie, ces moyens sont en votre pouvoir.

« Vous avez fait beaucoup pour la peinture et la sculpture. Les découvertes dans les arts et métiers ont eu annuellement 100.000 écus distribués d'après les jugements du bureau de consultation des arts; mais les savants et les gens de lettres, privés des faibles ressources que leur assuraient les fonds des ci-devant académies, rentrés dans la main de la nation, n'ont encore obtenu que le décret du 20 pluviôse, c'est-à-dire que des promesses. Il s'agit de les réaliser.

« Au milieu de nous il existe des individus célèbres, à qui l'histoire a dérobé leurs noms ; il en est plusieurs que vos décrets ont placés sur la liste de ceux qui ont droit à la munificence nationale, et la plupart sont dans l'indigence. Non, vous ne laisserez pas le génie dans l'attitude de la misère ; vous le dédommagerez des arrérages, vous le consolerez des outrages, des persécutions qu'il vient d'essuyer, et ces hommes, presque tous vieillards, ne descendront au tombeau qu'en bénissant la révolution et les fondateurs de la liberté.

« D'après ces considérations, nous vous proposerons d'accorder pour les servants, gens de lettres et artistes, 100.000 écus, somme égale à celle qui est accordée pour les arts et métiers.

« Nous finirons par examiner quels sont ceux à qui l'on doit décerner des encouragements et des récompenses. La chose doit être examinée d'après le moral individuel de l'homme, et d'après la nature et le mérite de ses ouvrages...

« Ayons la bonne foi d'avouer qu'après avoir décerné des prix au génie, nous resterons ses débiteurs. »

A la suite de la lecture de ce rapport le décret suivant est adopté par la Convention nationale :

« La Convention nationale, après avoir entendu le rapport de son Comité d'instruction publique, décrète :

Article premier — « Sur les fonds mis à la disposition de la Commission d'instruction publique, il sera pris jusqu'à la concurrence de 100.000 écus pour encouragements, récompenses et pensions à accorder aux savants, gens de lettres et aux artistes dont les talents sont utiles à la patrie.

II. — « Le Comité d'instruction publique présentera sans délai un rapport sur le mode de répartition de cette somme, et la Convention nationale prononcera définitivement.

### Convention nationale.

### *Séance du 27 vendémiaire, an IV.*

(Extraits du *Moniteur universel*).

Dans la séance du 27 vendémiaire, an IV, présidée par Génissieux, Daunou, au nom de la commission des Onze et du Comité d'instruction publique, donna lecture de son rapport et du projet du décret sur l'organisation de l'instruction publique, qui fut voté et décrété le 3 brumaire).

Voici les passages de ce remarquable rapport qui sont relatifs à l'Institut :

« Représentants du peuple, dit en débutant Daunou, les lettres ont suivi, depuis trois années, la destinée de la Convention nationale. Elles ont gémi avec vous sous la tyrannie de Robespierre ; elles montaient sur des échafauds avec vos collègues ; et, dans ces temps de calamités, le patriotisme et les sciences, confondant leurs regrets et leurs larmes, redemandaient aux mêmes tombeaux des victimes également chères...

« Vos comités, en rédigeant le projet qu'ils vous ont offert le 6 messidor, et qu'ils reproduisent aujourd'hui, ont trouvé du plaisir et de la gloire à s'emparer des richesses qu'avaient déjà répandues sur cette matière les hommes célèbres qui s'en étaient occupés : nous n'avons fait que rassembler leurs idées éparses, en les raccordant aux principes de la constitution républicaine. Nous nous honorons de recommander ce projet des noms de Talleyrand, de Condorcet et de plusieurs autres écrivains...

« Nous avons emprunté de Talleyrand et de Condorcet le plan d'un Institut national ; idée grande et majestueuse, dont l'exécution doit effacer en splendeur toutes les académies des rois, comme les destinées de la France républicaine effacent déjà les plus brillantes époques de la France monarchique. Ce sera en quelque sorte l'abrégé du monde savant, le corps représentatif de la République des lettres, l'honorable but de toutes les ambitions de la science et du talent, la plus magnifique récompense des grands efforts et des grands succès ; ce sera en quelque sorte un temple national, dont les portes, toujours fermées à l'intrigue, ne s'ouvriront qu'au bruit d'une juste renommée... »

## Loi du 3 Brumaire An IV.

(25 octobre 1795).

*Concernant l'organisation de l'Instruction publique.*

La Convention nationale décrète :

. . . . . . . . . . . . . . . . . . . . . . . .
. . . . . . . . . . . . . . . . . . . . . . . .

### Titre IV

*Institut national des Sciences et des Arts.*

Art. Ier. — L'Institut national des Sciences et des Arts appartient à toute la République ; il est fixé à Paris, il est destiné : 1° à perfectionner les Siences et les Arts par des recherches non interrompues, par la publication des découvertes, par la correspondance avec les sociétés savantes et étrangères ; 2° à suivre conformément aux lois et arrêtés du Directoire exécutif les travaux scientifiques et littéraires qui auront pour objet l'utilité générale et la gloire de la République.

II. — Il est composé de membres résidant à Paris, et d'un égal nombre d'associés répandus dans les différentes parties de la République ; il s'associe des savants étrangers dont le nombre et de vingt-quatre, huit pour chacune des trois classes.

III. — Il est divisé en trois classes, et chaque classe en plusieurs sections, conformément au tableau suivant :

| Classes | Sections | Membres à Paris | Associés dans les départements |
|---|---|---|---|
| I$^{re}$ Sciences physiques et mathématique | 1 Mathématiques. | 6 | 6 |
| | 2 Arts mécaniques. | 6 | 6 |
| | 3 Astronomie. | 6 | 6 |
| | 4 Physique expérimentale. | 6 | 6 |
| | 5 Chimie. | 6 | 6 |
| | 6 Histoire naturelle et Minéralogie. | 6 | 6 |
| | 7 Botanique et Physique végétale. | 6 | 6 |
| | 8 Anatomie et zoologie. | 6 | 6 |
| | 9 Médecine et Chirurgie. | 6 | 6 |
| | 10 Economie rurale et Art vétérinaire. | 6 | 6 |
| | | 60 | 60 |
| 2° Sciences morales et politiques | 1 Analyse des Sensations et des Idées. | 6 | 6 |
| | 2 Morale. | 6 | 6 |
| | 3 Science Sociale et Législation. | 6 | 6 |
| | 4 Economie politique. | 6 | 6 |
| | 5 Histoire. | 6 | 6 |
| | 6 Géographie. | 6 | 6 |
| | | 36 | 36 |
| 3° Littérature et Beaux-Arts | 1 Grammaire. | 6 | 6 |
| | 2 Langues anciennes. | 6 | 6 |
| | 3 Poésie. | 6 | 6 |
| | 4 Antiquités et Monuments. | 6 | 6 |
| | 5 Peinture. | 6 | 6 |
| | 6 Sculpture. | 6 | 6 |
| | 7 Architecture. | 6 | 6 |
| | 8 Musique et Déclamation. | 6 | 6 |
| | | 48 | 48 |

IV. — Chaque classe de l'Institut a un local où elle s'assemble en particulier. Aucun membre ne peut appartenir à deux classes différentes ;

mais il peut assister aux séances et concourir aux travaux d'une autre classe.

V. — Chaque classe de l'Institut publiera tous les ans ses découvertes et ses travaux.

VI. — L'Institut national aura quatre séances publiques par an. Les trois classes seront réunies dans ces séances.

Il rendra compte, tous les ans, au Corps législatif, des progrès des Sciences et des travaux de chacune de ces classes.

VII. — L'Institut publiera tous les ans, à une époque fixe, les programmes des prix que chaque classe devra distribuer.

VIII. — Le Corps législatif fixera tous les ans, sur l'état fourni par Directoire exécutif, une somme pour l'entretien et les travaux de l'Institut national des Sciences et des Arts.

IX. — Pour la formation de l'Institut national, le Directoire exécutif nommera quarante-huit membres, qui éliront les quatre-vingt-seize autres.

Les cent quarante-quatre membres réunis nommeront les associés.

X. — L'Institut une fois organisé, les nominations aux places vacantes seront faites par l'Institut sur une liste au moins triple, présentée par la classe où une place aura vaqué.

Il en sera de même pour la nomination des associés, soit français, soit étrangers.

XI. — Chaque classe de l'Institut aura dans son local une collection des productions de la nature et des arts, ainsi qu'une bibliothèque relative aux sciences ou aux arts dont elle s'occupe.

XII. — Les règlements relatifs à la tenue des séances et aux travaux de l'Institut seront rédigés par l'Institut lui-même et présentés au Corps législatif, qui les examinera dans la forme ordinaire de toutes les propositions qui doivent être transformées en lois.

### Titre V

*Encouragements, Récompenses et Honneurs publics.*

(Extraits)

Article premier. — L'Institut national nommera tous les ans au concours vingt citoyens, qui seront chargés de voyager et de faire des observations relatives à l'agriculture, tant dans les départements de la République, que dans les pays étrangers.

. . . . . . . . . . . . . . . . . . . . . . . . . . . . . . . . . . . . . . . . . . . .

Art. IV. — L'Institut national nommera tous les ans six de ses membres pour voyager, soit ensemble, soit séparément, pour faire des recherches sur les divers branches des connaissances humaines autres que l'agriculture.

Art. V. — Le Palais national de Rome, destiné jusqu'ici à des élèves français de peinture, sculpture et architecture, conservera cette destination.

. . . . . . . . . . . . . . . . . . . . . . . . . . . . . . . . . . . . . .

Art. X. — L'Institut national, dans ses séances publiques, distribuera chaque année plusieurs prix.

. . . . . . . . . . . . . . . . . . . . . . . . . . . . . . . . . . . . . .

Art. XIII. — Le Corps législatif décerne les honneurs du Panthéon aux grands hommes dix ans après leur mort.

Visé: Signé Enjubault

Collationné, *Signé* : L.-M. Révellière-Lépeaux, *ex-président* ;

Boucher-Sauveur, *secrétaire* ; Roger-Ducos, *ex-secrétaire*.

## Conseil des Cinq Cents.

*Séance du 1<sup>er</sup> pluviôse an IV, 21 janvier 1796.*

Présidence de Treilhard.

Une députation de l'Institut national des sciences et des arts est admise à la barre,

*Lacépède*, orateur de la députation : — « L'Institut national des sciences et des arts vient vous présenter le règlement qu'il a fait pour son établissement. Il s'est, dans ce règlement, conformé à l'esprit de la loi de sa création, et s'est donné les formes de la liberté si chère et si nécessaire aux arts. Trop longtemps les sciences et les arts, naturellement fiers et indépendants, ont porté le joug monarchique, dont leur génie n'a pu les préserver, et que le courage du peuple a seul su briser. Aujourd'hui la liberté protège les lumières, et les lumières feront chérir la liberté : les membres de l'Institut ne connaîtront entre eux d'autres liens que ceux de la fraternité ; la gloire et la prospérité de la France seront l'objet constant de leurs travaux.

« L'Institut national des sciences et des arts nous a chargés de prêter en son nom, dans votre sein, le serment que nos collègues prêtent au milieu de leurs concitoyens : *Nous jurons haine à la royauté !* »

*Le Président*, à la députation : — « Malgré les calomnies des partisans de la royauté, les fondateurs de la République n'ont cessé de s'occuper des arts , l'établissement qu'ils ont formé pour eux, au sein des orages de la Révolution, atteste, par ce qu'ils ont fait, ce qu'ils eussent voulu faire, ce qu'ils eussent fait dans des temps plus tranquilles. Ils ont assis la République sur deux bases inébranlables : la victoire et la loi.

« Une troisième base, non moins nécessaire, est l'instruction publique : c'est à l'Institut national à la poser ; et désormais les lumières et le courage, la victoire et les arts concourront à l'envi à assurer la gloire, la prospérité et la liberté de la France. »

*Chénier.* — « Je n'ajouterai rien à ce que le président vient de dire au nom du conseil ; il a parfaitement exprimé les sentiments de tous les membres ; mais je viens ajouter quelques propositions qui donneront encore plus de solennité à ce jour, où les sciences et les arts accourent autour du berceau de la République jurer de ne prospérer que pour son embellissement et son maintien ; où ces sciences longtemps proscrites, ces arts longtemps méconnus et dégradés, reçoivent l'assurance qu'ils ne seront plus souillés par des atteintes anarchiques, et qu'ils seront constamment protégés par ces mêmes fondateurs de la République, qu'on accuse encore aujourd'hui de vandalisme et de barbarie.

« Je demande qu'une commission de cinq membres soit chargée d'examiner le projet de règlement que l'Institut national vient de soumettre au conseil, conformément à la loi ; et pour donner un témoignage plus authentique et plus solennel de la bienveillance des représentants du peuple pour l'établissement utile dont ils ont posé les fondements, je demande que le président donne l'accolade fraternelle à la députation ».

Ces deux propositions sont décrétées.

La députation reçoit l'accolade fraternelle du président.

*Lakanal.* — « Le conseil a ordonné que tous les fonctionnaires publics signeraient le serment qu'ils ont prêté. Vous savez combien, depuis le commencement de la Révolution, on s'est joué de la foi des serments. Je demande qu'un monument authentique les conserve et les atteste, que le procès-verbal de cette séance soit individuellement signé de tous les membres et déposé aux archives. »

Cette proposition est adoptée. La séance est levée.

(*Moniteur*, Réimpression, vol. 27, page 719).

## Conseil des Cinq Cents.

### *Séance du 25 ventôse, an IV, 15 mars 1796.*

### Présidence Thibaudeau

*Lakanal.* — « La loi qui organise l'Institut national des sciences et des arts veut que les règlements relatifs à la tenue des séances et à la direction de ses travaux, soient rédigés par l'Institut lui-même, et soumis au Corps législatif, pour être examinés dans la forme ordinaire de toutes les propositions qui doivent être transformées en lois.

« L'Institut national s'est empressé d'obéir à la voix du législateur ; il est venu vous présenter ses règlements, et a voué devant vous à l'immonde royauté la haine que lui portent tous ceux qui honorent les sciences par leurs travaux. Les sciences, en effet, font haïr l'esclavage, puisqu'il dégrade. Eh! quelle autorité pourrait se soutenir devant elles, si elle ne s'appuie sur la raison? Un imposteur adroit obtient avec facilité les adorations d'un peuple ignorant; mais il ne trouvera que le mépris chez une nation éclairée.

« La commission à laquelle vous avez renvoyé ces règlements, les a examinés avec soin, les a jugés dignes de son approbation, et m'a chargé de les soumettre à la vôtre.

« Ici se présentent deux observations importantes à faire.

« D'abord l'intention des législateurs, en assujettissant l'Institut national à leur présenter ses règlements, n'a pas été sans doute de descendre dans la connaissance de tous les détails du régime intérieur de cet établissement; eh! que leur importent, en effet, ces détails, pourvu qu'il marche avec rapidité au but que la loi lui indique, le perfectionnement des sciences et la confection des travaux que le gouvernement lui renvoie et qui sont liés à la prospérité publique? L'intention des législateurs a été visiblement de s'assurer que l'Institut n'adopterait, dans son organisation interne et en quelque sorte domestique, aucune de ces formes ministérielles qui, dans les anciennes académies, avilissaient les savants et dégradaient les sciences. Or, il est superflu de démontrer que l'Institut s'est invariablement attaché dans son travail aux principes de l'égalité républicaine.

« Une seconde observation nécessaire, c'est que l'Institut est placé par la loi sous les yeux du directeur exécutif, qui lui renvoie tous les travaux scientifiques qui intéressent la République. Un grand nombre d'envois de ce genre sont déjà faits, et cependant l'Institut ne peut s'en occuper d'une manière active et régulière, que lorsqu'il sera définitivement organisé par la loi réglementaire qu'il sollicite de votre amour pour le bien public et pour les sciences.

« Une attention légère suffit pour saisir l'esprit qui a animé les rédacteurs du règlement. Deux titres seulement nous ont paru devoir être développés avec quelque étendue.

« Le premier concerne les fonctionnaires de l'établissement.

« L'usage reçu dans les sociétés savantes a toujours été jusqu'ici de perpétuer ou de maintenir à long terme ces fonctionnaires dans l'exercice de leurs fonctions. L'expérience a démontré que des agents inamovibles dans le sein de ces sociétés usurpaient bientôt et concentraient en eux seuls l'influence de la compagnie sur l'opinion publique ; les travaux de leurs confrères étaient autant de trophées élevées à leur renommée, et leurs efforts généreux pour la gloire des arts ne servaient guère qu'à donner un nouvel éclat à des réputations usurpées. Ces hommes privilégiés étaient les tuteurs des sciences ; il est temps qu'elles soient vengées de ces sanglants outrages. Le président de l'Institut national sera renouvelé tous les six mois, et les secrétaires tous les ans. Le bien du service exige qu'ils restent en place une année entière, pour donner plus d'ensemble et d'uniformité, pour homogénéiser en quelque sorte le compte annuel que l'Institut doit rendre de ses travaux au Corps législatif, conformément à la loi.

« Nous passons au titre des élections.

« Le mode proposé par l'Institut est puisé dans un excellent mémoire de Borda, de la ci-devant académie des sciences.

« Une liste préparée au scrutin en la forme accoutumée est présentée aux électeurs ; chacun d'eux écrit sur un billet les noms des candidats portés sur la liste, suivant l'ordre du mérite qu'il leur attribue, en écrivant 1 vis-à-vis du dernier nom, 2 vis-à-vis du pénultième, 3 vis-à-vis du nom immédiatement supérieur, et ainsi de suite jusqu'au premier nom. Cette opération, faite d'abord dans les classes pour la liste de présentation, est renouvelée dans l'Institut national pour la nomination définitive.

« Ce mode d'élection est très ingénieux ; il offre, si l'on peut le dire une sorte de jauge morale, à l'aide de laquelle les votants peuvent évaluer et exprimer les divers degrés de mérite qu'ils attribuent aux candidats qu'ils présentent ; graduation que les électeurs pourraient bien exprimer sur leurs bulletins par la position des noms des éligibles, mais qui disparaît dans le recensement général des votes.

« Votre Commission pense qu'en donnant à l'Institut national les règlements qu'il vous présente, il remplira les vues salutaires des législateurs qui l'ont fondé ; elle ne se dissimule pas cependant que c'est une prévoyance bien trompeuse que celle qui juge de ce qui sera par ce qui doit être, et il y a bien loin, dans les actions des hommes, du parti le plus sage au plus vraisemblable. »

Le rapporteur soumet au conseil le projet de règlement adopté par l'Institut national des sciences et des arts, et en donne une troisième lecture.

Dupuis. — « Je demande, par amendement au premier article de ce règlement, que les séances de chaque classe soient publiques. Les citoyens y trouveront un grand avantage pour leur instruction ; et afin que, placés sous leurs yeux, les membres de l'Institut ne s'endorment pas sur leurs fauteuils académiques. »

Lakanal. — J'adopte l'amendement.

Le projet est adopté en ces termes (suivent XLII articles.)

(*Moniteur* Réimpression vol. 27)

## Conseil des Anciens.

### Séance du 15 germinal, an IV. — 4 avril 1796.

### Présidence de Creuzé-Latouche

On fait la troisième lecture de la résolution portant le règlement pour l'Institut national des sciences et des arts.

Muraire. — La France gémissait sur les longs malheurs d'une trop longue tyrannie ; la philosophie épouvantée abandonnait une terre sur laquelle la liberté semblait n'avoir pu s'établir ; les sciences et les arts, persécutés par le vandalisme, fuyaient devant lui ; les hommes les plus recommandables par leurs lumières, leur savoir, leurs talents, étaient proscrits et immolés ; de vils tyrans avaient jeté le masque ; ils ne dissimulaient plus leur atroce projet de tout niveler par l'abaissement et l'ignorance, lorsqu'enfin le 9 thermidor vit leur sceptre se briser, leurs têtes tomber, et ranima dans tous les cœurs le doux sentiment de l'espérance.

« Mais, combien de regrets viennent se mêler à la joie que cette journée à jamais mémorable fit éprouver aux amis de la liberté !... Alors les lettres comptèrent leurs pertes, les arts pleurèrent sur les ruines de leurs chefs-d'œuvre détruits ou mutilés, les sciences cherchèrent ces sociétés où elles aimaient à être cultivées, elles étaient désertes, leurs amis n'étaient plus ; et dans ce deuil général de la philosophie et de la littérature, ce fut une pensée grande, une vue utile, un soin louable dans les représentants de la nation qui, ne pouvant réparer tant de maux à la fois, voulaient au moins en adoucir le sentiment et effacer insensiblement la trace, que de consacrer dans la constitution qu'ils méditaient un titre spécial à l'instruction publique.

« L'objet dont je viens vous entretenir dérive d'une des dispositions de ce titre, qui porte (art. 298) : « Il y a pour toute la République un institut national chargé de recueillir les découvertes, de perfectionner les arts et les sciences ».

« En exécution de l'article 12 du titre 4 de la loi du 3 brumaire, l'Institut est venu, le 1$^{er}$ pluviôse, présenter son règlement au Corps législatif : après l'épreuve de trois lectures, le Conseil des Cinq Cents l'a adopté par sa résolution du 25 ventôse : et sur l'envoi qui vous a été fait de cette résolution, vous avez nommé une commission pour vous en faire un rapport.

« Mais en lui renvoyant le règlement, soumis aujourd'hui à votre sanction, vous n'avez pas pensé qu'elle dût l'examiner avec une sévérité censoriale ; elle a senti, et vous sentirez avec elle, tout ce qu'elle a dû de confiance aux citoyens estimables qui, par leurs connaissances, leurs talents et leur civisme, ayant mérité d'être élus membres de l'Institut national, ont eux-mêmes conçu et rédigé ce règlement.

« D'ailleurs, nous avons pensé avec Condorcet, dont le nom n'est jamais prononcé dans cette enceinte sans qu'on éprouve le double sentiment et du regret de sa perte et de l'horreur qu'inspire le souvenir des persécutions auxquelles il a succombé ; nous avons pensé que « la première condition de toute instruction étant de n'enseigner que des vérités, les établissements que la puissance publique y consacre doivent être aussi indépendants qu'il est possible de toute autorité politique ».

« Et, en effet, si on ne peut ni tracer un cercle ni assigner des limites au génie ; si on ne peut ni connaître ni poser les bornes de la perfectibilité que l'homme a reçue de la nature ; si ce n'est que par la suite du combat des opinions et du progrès des lumières, que la vérité peut être distinguée de l'erreur, que les principes peuvent triompher des préjugés, que l'on peut atteindre le but de toute institution sociale, qui est le perfectionnement des lois ; oui, s'il importe au bien de la société que les lois elles-mêmes demeurent soumises à l'examen de la philosophie, car le caractère distinctif d'un Etat libre est que l'obéissance des citoyens y soit plutôt éclairée que commandée ; si, sous tous ces rapports, rien ne doit gêner dans les sociétés savantes la liberté entière de la pensée, l'indépendance absolue des opinions, le choix illimité des travaux, pourquoi ces sociétés libres, essentiellement libres, et nulles si elles ne l'étaient pas, n'auraient-elles pas le premier des droits, le droit le moins conséquent et le moins dangereux, le droit de se régir elles-mêmes ?

« Aussi, n'envisageant le droit que le Corps législatif s'est réservé d'examiner les règlements de l'Institut national que comme un acte de surveillance générale et salutaire, qui lui appartient sur tous les établissements publics, sur toutes les institutions républicaines, votre commission a pensé qu'il lui suffirait de n'apercevoir dans ces règlements rien qui fût contraire à l'ordre public, rien qui fût contraire au but de l'institution, qu'il s'agit d'organiser, rien qui pût reproduire les abus des anciennes associations littéraires, où tout était privilégié, où les préjugés dominaient, où trop souvent la naissance et le crédit usurpaient des places qui n'auraient dû appartenir qu'au savoir et au talent, pour devoir vous proposer de les adopter.

« N'attendez donc pas que, me livrant à une discussion minutieuse de ces règlements, article par article, je dérobe trop longtemps votre attention aux objets pressants qui nous environnent. Je me bornerai à vous en faire connaître la division et à en relever les dispositions les plus essentielles, celles qui peuvent exiger quelques développements.

. . . . . . . . . . . . . . . . . . . . . . . . . . . . . . .

« La commission a regretté qu'on ait ajouté à l'article 1er que « la première séance de chaque décade sera publique ». L'article VI, au titre 4 de la loi du 3 brumaire, portant que l'Institut national aura quatre séances publiques par an, et la résolution que nous examinons, portant article IX, que ces quatre séances auront lieu les 15 vendémiaire, nivôse, germinal et messidor, n'est-il pas évident que dans l'esprit des lois et même de la Révolution, les séances ordinaires et journalières doivent être privées et intérieures ? n'est-il pas sensible d'ailleurs que dans ces séances, consacrées à la préparation et à la discussion des travaux de chaque classe, à la recherche et à la combinaison des résultats les plus utiles, la publicité présenterait plus d'inconvénients que d'avantages ? et puisque tout ce qui intéresse le public lui sera offert, soit dans les quatre séances publiques indiquées chaque année, soit par la publication des mémoires de l'Institut, ne faut-il pas prévenir au contraire, que les citoyens qui se vouent à de si grands objets d'intérêt public, soient distraits du silence, du recueillement et de la méditation qu'exigent leurs travaux préparatoires et journaliers ?

Il y a plus : si la publicité des séances ordinaires de l'Institut pouvait être de quelque utilité, pourquoi la résolution dit-elle seulement que la première séance de chaque décade sera publique, tandis que, chaque décade, il y aura deux séances de chaque classe, par conséquent six séances ? Est-ce inexactitude dans la rédaction ou quel peut-être le motif de cette limitation ? C'est ce que votre commission n'a point pénétré.

« S'il vous avait été permis de détacher de l'ensemble d'une bonne loi une disposition, je ne dis pas qui la vicie, alors il n'y aurait pas à balancer, mais qui la déperde, nous vous aurions proposé de rejeter celle-ci ; mais puisque, par la Constitution, le Conseil des Anciens doit approuver ou rejeter en entier les résolutions qui lui sont envoyées, l'ensemble du règlement nous ayant paru bon, sage et utile ; l'organisation définitive et entière de l'Institut national nous ayant paru intéressante sous des rapports trop essentiels, pour qu'un mot échappé à l'attention soit un motif de la retarder ; la disposition que nous avons jugé n'avoir pas été assez méditée, n'altérant pas la bonté de toutes les autres, si les inconvénients qu'elle peut faire naître se vérifiaient de manière à nécessiter un amendement, le Corps législatif étant là pour les faire cesser, nous avons pensé qu'il suffisait de consigner nos observations dans le rapport, pour préparer au besoin la suppression de l'article. »

. . . . . . . . . . . . . . . . . . . . . . . .

Le rapporteur analyse ensuite les autres titres et articles, et conclut :
« Votre Commission est d'avis que le Conseil des Anciens approuve la résolution. »
Le Conseil approuve la résolution. La séance est levée.

(*Moniteur*. Réimpression, vol. 28).

### Inauguration de l'Institut national des Sciences et des Arts.

### 15 germinal an IV. — 4 avril 1796.

Le Directoire exécutif, invité à cette solennité, s'y était rendu en grand costume, accompagné des ministres, précédé d'un cortège nombreux et prescrit par l'acte constitutionnel. Les ambassadeurs des puissances étrangères, ce qui reste le plus distingué parmi les savants, les gens de lettres et les artistes français échappés aux orages de la Révolution, une multitude de spectateurs, parmi lesquels on remarquait presque autant de femmes attentives que d'amateurs bienveillants, — environ 1500 personnes étaient réunies dans la salle des Antiques.

Le président du Directoire, *Letourneur*, a prononcé d'abord un discours, dans lequel il a annoncé que ses collègues et lui regardaient comme une de leurs principales obligations celle de protéger les sciences et d'encourager le progrès des lumières. Il a promis que *des souvenirs douloureux, des parallèles avilissants* ne troubleraient plus les travaux des savants et des littérateurs...

Le président de l'Institut, *Dussaulx*, en regrettant d'être obligé d'improviser sa réponse, a dit que tous les membres de cette société brûlaient de concourir à la prospérité de notre gouvernement républicain ; qu'ils voudraient, en s'illustrant eux-mêmes, illustrer leur patrie ; que la République des lettres existait avant l'autre ; que son esprit ne saurait ni s'affaiblir, ni s'éteindre, et que parmi ceux qui en sont animés, l'amour de la gloire sera toujours l'appui de la liberté.

*Daunou*. — « Citoyens, à côté des premiers pouvoirs, organes ou instruments de la volonté du peuple français, la Constitution a placé une société littéraire qui doit travailler au progrès de toutes les connaissances humaines, et dans la vaste carrière des sciences, de la philosophie et des arts, seconder par des soins assidus l'activité du génie républicain.

« L'Institut national n'exerce sur les autres établissements d'instruction aucune surveillance administrative ; il n'est chargé lui-même d'aucun enseignement habituel. Pour le soustraire au péril de se considérer jamais comme une sorte d'autorité publique, les lois ont placé loin de lui tous les ressorts qui impriment des mouvements immédiats, et ne lui ont laissé que cette lente et toujours utile influence qui consiste dans la propagation des lumières, et qui résulte, non de la manifestation soudaine d'une opinion ou d'une volonté, mais du développement successif d'une science, ou de l'insensible perfectionnement d'un art.

« Borné à ce ministère, l'Institut national est appelé du moins à l'exercer avec plénitude, avec toute l'étendue de liberté dont le besoin peut être senti par des âmes républicaines. Ceux qui ont le droit de lui demander des travaux n'auraient pas le pouvoir de lui commander des opinions ; et comme il ne possède aucun moyen de s'ériger en rival de l'autorité, il ne deviendrait pas non plus l'esclave ou l'instrument d'une tyrannie.

« Par ce mélange même de tous les talents divers, par cette variété de travaux, d'habitudes, d'opinions et d'intérêts ; par cette réunion d'hommes appliqués à toutes les sciences, consacrés à tous les arts, et entre lesquels on ne peut concevoir d'autre lien commun que l'amour de la patrie et des lettres ; en un mot, par son organisation même autant que par la nature de ses fonctions, l'Institut national est assez distingué de ces corporations dont les rois ont besoin de s'environner, et qui, prenant presque toujours deux caractères en apparence incompatibles, compriment la liberté des peuples, et menacent aussi la puissance des gouvernements.

. . . . . . . . . . . . . . . . . .

« Ainsi, en partageant l'Institut national en classes et en sections particulières, l'on n'a pas prétendu sans doute offrir un système rigoureusement analytique de toutes les connaissances humaines ; mais seulement réunir d'une manière plus spéciale les hommes qui, dans l'état présent des sciences et des arts, ayant un plus grand nombre d'idées et de méthodes communes, et parlant en quelque sorte la même langue.

peuvent avoir entre eux des communications plus habituelles et plus immédiatement utiles. L'Institut n'en conserve pas moins l'unité qui le caractérise, ce sont ses travaux qui sont divisés plutôt que ses membres, et cette répartition, qui distribue et ne sépare pas, qui ordonne tout et n'isole rien, n'est qu'un principe d'harmonie et un moyen d'activité.

. . . . . . . . . . . . . . . . . . . . . . . . . . . . . . .

« Aujourd'hui, citoyens, la paix la plus pressante à consommer est la paix intérieure de la République. Ah ! s'il est une influence digne des arts, et conforme à leur caractère, c'est de ramener au sein de l'Etat la concorde et la douce fraternité ; de détourner l'attention nationale vers les méditations des sciences, vers les chefs-d'œuvre du génie ; de substituer aux rivalités des partis l'émulation des talents, et à tant d'inquiétudes aveugles et meurtrières la civique activité des industries réparatrices. Le temps est venu pour la philosophie et les lettres de se montrer envieuses de cette gloire immortelle dont resplendissent aux yeux de l'Europe épouvantée les triomphantes armées de la France républicaine... »

Successivement, Lacépède, Lebreton et Fontanes rendent compte des travaux de leur classe respective, puis Collin d'Harleville, donne lecture d'une allégorie sur la formation de l'Institut national, « la grande Famille réunie. »

Fourcroy, Cabanis, Lacépède, Prony, font diverses communications.

L'acteur Monvel, de la troisième classe, lit le *Procès du Sénat de Capoue*, d'Andrieux. Lebreton, Cuvier, Dussaulx, prennent ensuite la parole, puis Lebrun lit une *Ode sur l'enthousiasme*.

La séance est levée. Elle avait duré quatre heures.

(*Moniteur universel*, Réimpression, vol. 28, page 167).

### Loi du 15 germinal an IV
(4 avril 1796)

*Concernant le Règlement de l'Institut national des Sciences et des Arts.*

Le Conseil des Cinq Cents, après avoir entendu le rapport de sa commission créée pour examiner le projet de règlement de l'Institut national des Sciences et des Arts, ainsi que les trois lectures faites les 19 pluviôse, 3 et 25 ventôse,

Déclare qu'il n'y a pas lieu à l'ajournement.

Le Conseil, après avoir déclaré qu'il n'y a pas lieu à l'ajournement, prend la résolution suivante :

## Séances.

Article premier. — Chaque classe de l'Institut s'assemblera deux fois par décade : la première classe, les primidi et sextidi ; la seconde classe, les duodi et septidi ; et la troisième classe, les tridi et octidi. La première séance de chaque décade sera publique (1).

II. — Le bureau de chaque classe sera formé d'un président et de deux secrétaires.

III. — Le président sera élu par chaque classe, pour six mois, et à la pluralité absolue, dans les premières séances de vendémiaire et de germinal ; il ne pourra être réélu qu'après six mois d'intervalle.

IV. — Le président sera remplacé, dans son absence, par le membre présent sorti le plus nouvellement de la présidence.

V. — Dans sa première séance de chaque semestre, chacune des classes procèdera à l'élection d'un secrétaire de la même manière que pour l'élection d'un président. Chaque secrétaire restera en fonctions pendant un an, et ne pourra être réélu qu'une fois. La première fois, on nommera deux secrétaires, et l'un deux sortira six mois après par la voix du sort.

VI. — L'Institut s'assemblera le quintidi de la première décade de chaque mois, pour s'occuper de ses affaires générales, prendre connaissance des travaux des classes, et procéder aux élections.

VII. — Il sera présidé alternativement par l'un des trois présidents des classes, et suivant leur ordre numérique. Le sort déterminera celui qui présidera dans la première séance.

VIII — Le bureau de la classe du président sera celui de l'Institut, pendant la séance, et durant le mois qui la suit ; il sera chargé, dans cet intervalle, de la correspondance et des affaires de l'Institut.

IX. — Les quatre séances publiques de l'Institut auront lieu les 15 vendémiaire, nivôse, germinal et messidor.

### Élections.

X. — Quand une place sera vacante dans une classe, un mois après la notification de cette vacance, la classe délibérera par la voie du scrutin, s'il y a lieu ou non de procéder à la remplir. Si la classe est d'avis qu'il n'y a point lieu d'y procéder, elle délibérera de nouveau sur cet objet trois mois après et ainsi de suite.

XI. — Lorsqu'il sera arrêté qu'il y a lieu de procéder à l'élection, la section dans laquelle la place sera vacante, présentera à la classe une liste de cinq candidats au moins.

XII. — S'il s'agit d'un associé étranger, la liste sera présenté par une commission formée d'un membre de chaque section de la classe, élu par cette section.

---

1. Une loi du 9 floréal an IV supprime la publicité de ces séances.

XIII. — Si deux membres de la classe demandent qu'un ou plusieurs autres candidats soient portés sur la liste, la classe délibérera par la voie du scrutin, et séparément sur chacun de ces candidats.

XIV. — La liste étant ainsi formée et présentée à la classe, si les deux tiers des membres sont présents, chacun d'eux écrira sur un billet les noms des candidats portés sur la liste, suivant l'ordre du mérite qu'il leur attribue, en écrivant 1 vis-à-vis du dernier nom, 2 vis-à-vis de l'avant-dernier nom, 3 vis-à-vis du nom immédiatement supérieur, et ainsi du reste jusqu'au premier nom.

XV. — Le président fera à haute voix le dépouillement du scrutin, et les deux secrétaires écriront au-dessous des noms de chaque candidat, les nombres qui leur correspondent dans chaque billet : ils feront ensuite les sommes de tous ces nombres ; et les trois noms auxquels répondront les trois plus grandes sommes, formeront, dans le même ordre, la liste de présentation à l'Institut.

XVI. — S'il arrive qu'une ou plusieurs autres sommes soient égales à la plus petite de ces trois sommes, les noms correspondants seront portés sur la liste de présentation, dans laquelle on tiendra note de l'égalité des sommes.

XVII. — Si les deux tiers des membres ne sont pas présents à la séance, la formation de la liste de présentation à l'Institut sera renvoyée à la plus prochaine séance qui réunira les deux tiers des membres.

XVIII. — La liste formée par la classe sera présentée à l'Institut dans la séance suivante. Un mois après cette présentation, si les deux tiers des membres de l'Institut sont présents à la séance, on procèdera à l'élection ; autrement, l'élection sera renvoyée à la plus prochaine séance qui réunira la majorité des membres.

XIX. — L'élection aura lieu entre les candidats portés sur la liste de présentation de la classe, suivant le mode prescrit pour la formation de cette liste. Le candidat au nom duquel répondra la plus grande somme, sera proclamé par le président, qui lui donnera avis de sa nomination.

XX. — Dans le cas d'égalité des sommes les plus grandes, on procèdera, un mois après, et suivant le mode précédent, à un nouveau scrutin entre les seuls candidats aux noms desquels ces sommes répondent.

XXI. — Si plusieurs candidats sont élus dans la même séance, l'âge déterminera leur rang d'ancienneté dans la liste des membres de l'Institut.

XXII. — Les citoyens qui, par la loi du 3 brumaire sur l'organisation de l'instruction publique, doivent être choisis par l'Institut pour voyager et faire des recherches sur l'agriculture, seront élus au scrutin, d'après une liste au moins triple du nombre des places à remplir. Cette liste sera présentée à l'Institut par une commission formée d'un membre de chaque section des deux premières classes, élu par cette section.

XXIII. — Les candidats aux noms desquels répondront, dans le dépouillement du scrutin, les plus grandes sommes prises en nombre égal à celui des places à remplir, seront élus ; et dans le cas d'égalité de suffrages, les plus âgés auront la préférence.

*Publication des travaux de l'Institut.*

XXIV. — Chaque classe publiera séparément les mémoires de ses membres et de ses associés ; la première, sous le titre *Mémoires de l'Institut national, Sciences mathématiques et physiques* ; la seconde sous celui de *Mémoires de l'Institut national, Sciences morales et politiques* ; et la troisième sous le titre *Mémoires de l'Institut national, Littérature et Beaux-Arts.* Les classes publieront de plus les pièces qui auront remporté les prix, les mémoires des savants étrangers qui leur seront présentés, et la description des inventions nouvelles les plus utiles.

XXV. — L'Institut national continuera la description des arts commencée par l'Académie des Sciences, et l'extrait des manuscrits des bibliothèques nationales commencé par l'Académie des Inscriptions et Belles-Lettres. Il sera chargé de toutes les opérations relatives à la fixation de l'unité des poids et mesures ; et lorsqu'elles seront terminées, il sera dépositaire d'une mesure originale de cette unité, en platine.

XXVI. — Les associés correspondront avec la classe à laquelle ils appartiennent. Ils lui enverront leurs observations et leurs richesses, et lui feront part de tout ce qu'ils connaîtront de nouveau dans les sciences et les arts. Lorsqu'ils viendront à Paris, ils auront droit d'assister aux séances de l'Institut et de ses classes et de participer à leurs travaux, mais sans y avoir ni voix élective, ni fonctions relatives au régime intérieur. Ils ne cesseront d'être associés qu'après un an de domicile à Paris, et dans ce cas on procèdera à leur remplacement.

XXVII. — Les six membres de l'Institut qui, par la loi du 3 brumaire sur l'organisation de l'Instruction publique, doivent faire chaque année des voyages utiles au progrès des arts et des sciences, seront choisis par tiers dans chacune des classes.

*Prix.*

XXVIII. — L'Institut national proposera six prix tous les ans ; chaque classe indiquera les sujets de deux de ces prix, qu'elle adjugera seule. Les prix seront distribués par l'Institut, dans les séances publiques.

XXIX. — Lorsqu'il aura paru un ouvrage important dans les Sciences, les Lettres et les Arts, l'Institut pourra proposer au Corps législatif de décerner à l'auteur une récompense nationale.

XXX. — Les trois sections réunies de peinture, de sculpture et d'architecture, choisiront au concours les artistes qui, conformément à la loi du 3 brumaire sur l'organisation de l'instruction publique, seront désignés par l'Institut pour être envoyés à Rome.

*Fonds de dépenses de l'Institut.*

XXXI. — Chaque classe nommera deux membres qui seront dépositaires de ses fonds, et chargés, de concert avec le bureau, d'en faire la distribution, de surveiller l'impression des mémoires et toutes les dépenses de la classe.

XXXII. — Ces membres seront renouvelés tous les ans ; savoir, le plus ancien, dans la première séance de chaque semestre. Ils seront élus au scrutin et à la pluralité absolue. La première fois, la classe en nommera deux, dont un sortira six mois après par la voie du sort.

XXXIII. — La commission formée des six membres dépositaires des fonds de chaque classe, sera dépositaire des fonds de l'Institut, et chargée d'en faire et d'en surveiller l'emploi : elle en rendra compte tous les ans à l'Institut.

*Emplacement et Bibliothèque.*

XXXIV. — Les emplacements nécessaires à l'Institut pour ses séances et celles de ses classes, pour ses collections et ses bibliothèques, sont fixés conformément au plan annexé à ce règlement.

XXXV. — Ils sont exclusivement destinés à l'Institut, et aucun changement ne pourra y être fait que sur sa demande et avec l'approbation du Directoire exécutif.

XXXVI. — Il sera attaché aux bibliothèques de l'Institut un bibliothécaire et deux sous-bibliothécaires.

XXXVII. — Le bibliothécaire sera élu par l'Institut au scrutin et à la pluralité absolue.

XXXVIII. — Les sous-bibliothécaires seront nommés par l'Institut, et choisis hors de son sein, sur la présentation du bibliothécaire.

XXXIX. — Les bibliothèques seront sous la surveillance de la commission des six membres chargés des fonds et des dépenses de l'Institut.

*Compte à rendre au Corps législatif.*

XL. — Les secrétaires de chaque classe se réuniront pour rédiger le compte de ses travaux ; ils le présenteront, dans la première séance de fructidor, à la classe, qui, après l'avoir discuté, le présentera à l'Institut, dans sa séance du même mois.

XLI. — Le président de l'Institut écrira ensuite aux présidents des deux Conseils, pour demander l'admission de la commission chargée de rendre compte au Corps législatif des travaux de l'Institut. Cette commission sera composée des trois classes.

XLII. — L'Institut national est autorisé à faire tous les règlements de détail relatifs à la tenue de ses séances générales et particulières et à ses travaux, en se conformant aux dispositions du présent règlement.

La présente résolution sera imprimée.

*Signé* A.-C. Thibeaudeau, *président* ;
P.-J. Audouin, Gibert-Desmolières, *secrétaires.*

Lectures faites de la résolution ci-dessus, dans les séances des 29 ventôse, 7 germinal et de ce jour, et après avoir entendu le rapport de la commission nommée le 29 ventôse, le Conseil des Anciens *approuve* la résolution ci-dessus.

Le 15 germinal an IV de la République française.

*Signé* J.-A. Creuzé-Latouche, *président* ;
d'Alphonse, de Torcy, Meillan, *secrétaires.*

Au bas de chaque expédition est écrit : Le Directoire exécutif ordonne que la loi ci-dessus sera publiée, exécutée, et qu'elle sera munie du sceau de la République. Fait au Palais National du Directoire exécutif le 15 germinal an IV de la République française, une et indivisible.

Pour expédition conforme, *signé* Letourneur, président ; par le Directoire exécutif, le secrétaire général Lagarde ; et scellé du Sceau de la République,

*Certifié conforme*
Le Ministre de la Justice
Merlin

*Le 29 messidor an IV*, une Loi accorde aux membres de l'Institut national une indemnité non sujette à réduction ni retenue et dont le total, calculé sur le pied de 1500 francs par chaque membre, sera réparti suivant les règlements intérieurs de l'Institut.

## Conseil des Cinq Cents.

*Séance du 29 messidor, an IV. — 17 juillet 1796.*

Le Conseil...
Considérant que les progrès de la science et la justice exigent qu'il soit accordé un traitement aux membres qui composent l'Institut national, et qu'il est pressant de pourvoir aux dépenses de cet établissement...

Prend la résolution suivante :

Article premier. — Chaque membre de l'Institut national recevra une indemnité qui ne pourra être sujette à aucune réduction ni retenue, et qui sera répartie suivant les règlements antérieurs de l'Institut.

Le total sera calculé sur le pied de quinze cents francs par chaque membre.

Art. 2. — Il sera pris en conséquence, pour cet objet, une somme de deux cent seize mille francs, sur les fonds destinés à l'encouragement des sciences et des arts, et mis à la disposition du ministre de l'Intérieur.

Art. 3. — Il sera pris sur les mêmes fonds une somme de soixante-quatorze mille francs pour les dépenses ordinaires et extraordinaires de l'Institut, présentées par le Directoire exécutif, dans son message du 14 de ce mois.

# Les Cent quarante-quatre premiers membres de l'Institut, 1795.

| Classes | Sections | Membres nommés par le Directoire | Membres nommés par l'Institut | |
|---|---|---|---|---|
| 1re Classe — Sciences physiques et mathématiques. | Mathématiques | Lagrange | Borda | Legendre |
| | » | Laplace | Bossut | Delambre |
| | Arts Mécaniques | Monge | Leroy | Berthoud |
| | » | Prony | Perrier | — |
| | Astronomie | Lalande | Lemonnier | Messier |
| | » | Méchain | Pingré | Cassini |
| | Physique expérimentale | Charles | Brisson | Rochon |
| | » | Cousin | Coulomb | Lefèvre-Gineau |
| | Chimie | Berthollet | Fourcroy | Pelletier |
| | » | Guyton de Morveau | Bayen | Vauquelin |
| | Hist. nat. et Minéralogie | D'Arcel | Desmarets | Duhamel |
| | » | Haüy | Dolomieu | Lelièvre |
| | Botanique et Physique végétale | Lamarck | Adanson | L'Héritier |
| | | Desfontaines | de Jussieu | Ventanat |
| | Anatomie et Zoologie | Daubenton | Tenon | Broussonnet |
| | | Lacépède | Cuvier | Richard |
| | Médecine et Chirurgie | Des Essarts | Portal | Pelletan |
| | » | Sabatier | Hallé | Lassus |
| | Economie rurale et art vétérinaire | Thouin | Tessier | Parmentier |
| | | Gilbert | Cels | Huzard |
| 2e Classe — Sciences morales et politiques. | Analyse des Sensations et des Idées | Volney | Ginguené | Lebreton |
| | | Garat | Deleyre | Cabanis |
| | Morale | B. de Saint-Pierre | Grégoire | Naigeon |
| | » | Méroir | La Réveillère-Lépeaux | Lakanal |
| | Science sociale et Législation | Daunou | Merlin de Douai | Garran-Coulon |
| | | Cambacérès | Pastoret | Baudin |
| | Economie politique | Sieyès | Dupont | Talleyrand |
| | » | Creuzé-Latouche | Lacuée de Cessac | Rœderer |
| | Histoire | Levêque | Raynal | Dacier |
| | » | Delisle de Sales | Anquetil | Gaillard |
| | Géographie | Buache | Reinhard | Gosselin |
| | » | Mentelle | Fleurieu | Bougainville |
| 3e Classe — Littérature et Beaux-Arts. | Grammaire | Sicard | Villar | Domergue |
| | » | Andrieux | Louvet | Wailly |
| | Langues anciennes | Dussaulx | De Sacy (S.) | Langlès |
| | » | Bitaubé | Dutheil | Selis |
| | Poésie | M.-J. Chénier | Delille | Collin d'Harleville |
| | » | Ecouchard-Lebrun | Ducis | Fontanes |
| | Antiquités et Monuments | Mongez | Leblond | Camus |
| | » | Dupuis | David Leroy | Ameilhon |
| | Peinture | David | Vien | Renaud |
| | » | Van Spaendonck | Vincent | Taunay |
| | Sculpture | Pajou | Julien | Rolland |
| | » | Houdon | Moitte | Dejoux |
| | Architecture | Wailly | Paris | Peyre |
| | » | Gondoin | Boulée | Raymon |
| | Musique et Déclamation | Méhul | Gossec | Préville |
| | » | Molé | Grétry | Monvel |

## Arrêté du 23 floréal an IX

*Portant établissement d'un costume pour les membres de l'Institut.*

Les Consuls de la République, sur le rapport du ministre de l'Intérieur, et sur la proposition de l'Institut national ; le Conseil d'Etat entendu,
Arrêtent.
Article premier. — Il y aura, pour les membres de l'Institut national, un grand et un petit costume.
II. — Ces costumes seront réglés ainsi qu'il suit :
*Grand costume.*
Habit, gilet ou veste, culotte ou pantalon noirs, brodés en plein d'une branche d'olivier en soie vert foncé, chapeau à la française.
*Petit costume.*
Mêmes forme et couleur, mais n'ayant de broderie qu'au collet et aux parements de la manche, avec une baguette sur le bord de l'habit.
III. — Le ministre de l'Intérieur est chargé de l'exécution du présent arrêté, qui sera inséré au *Bulletin des Lois*.
Le premier Consul, *signé* BONAPARTE. Par le premier Consul, le Secrétaire d'Etat, *signé* HUGUES-B. MARET. Le Ministre de l'Intérieur, CHAPTAL.

*Certifié conforme,*
Le Ministre de la Justice,
ABRIAL.

## Arrêté du 3 pluviôse an XI

*contenant une nouvelle organisation de l'Institut national.*

LE GOUVERNEMENT DE LA RÉPUBLIQUE, sur le rapport du ministre de l'Intérieur ; le Conseil d'Etat entendu,
ARRÊTE ce qui suit :
Article premier. — L'Institut national, actuellement divisé en trois classes, le sera désormais en quatre ;
Savoir :
1$^{re}$ Classe : Classe des Sciences physiques et mathématiques ;
2$^e$ Classe : Classe de la Langue et de la Littérature françaises ;
3$^e$ Classe : Classe d'Histoire et de Littérature anciennes ;
4$^e$ Classe : Classe des Beaux-Arts.

Les membres actuels et associés étrangers de l'Institut seront répartis dans ces quatre classes.

Une commission de cinq membres de l'Institut, nommés par le premier Consul, arrêtera ce travail qui sera présenté à l'approbation du Gouvernement.

II. — La première classe sera formée des dix sections qui composent aujourd'hui la première classe de l'Institut, d'une nouvelle section de géographie et navigation, et de huit associés étrangers.

Ces sections seront composées et dirigées ainsi qu'il suit :

| | | |
|---|---|---|
| Sciences mathématiques | Géométrie | 6 membres |
| | Mécanique | 6 — |
| | Astronomie | 6 — |
| | Géographie et Navigation | 3 — |
| | Physique générale | 6 — |
| Sciences physiques | Chimie | 6 membres |
| | Minéralogie | 6 — |
| | Botanique | 6 — |
| | Economie rurale et Art vétérinaire | 6 — |
| | Anatomie et Zoologie | 6 — |
| | Médecine et Chirurgie | 6 — |

La première classe nommera, sous l'approbation du premier Consul, deux secrétaires perpétuels : l'un pour les sciences mathématiques, l'autre pour les sciences physiques. Les secrétaires perpétuels seront membres de la classe, mais ne feront partie d'aucune section.

La première classe pourra élire jusqu'à six de ses membres parmi ceux des autres classes de l'Institut.

Elle pourra nommer cent correspondants pris parmi les savants nationaux et étrangers.

III. — La seconde classe sera composée de quarante membres.

Elle est particulièrement chargée de la confection du Dictionnaire de la langue française ; elle fera, sous le rapport de la langue, l'examen des ouvrages importants de littérature, d'histoire et de sciences. Le recueil de ses observations critiques sera publié au moins quatre fois par an.

Elle nommera dans son sein, et sous l'approbation du premier Consul, un secrétaire perpétuel qui continuera à faire partie du nombre des quarante membres qui la composent.

Elle pourra élire jusqu'à douze de ses membres parmi ceux des autres classes de l'Institut.

IV. — La troisième classe sera composée de quarante membres et de huit associés étrangers.

Les langues savantes, les antiquités et les monuments, l'histoire et toutes les sciences morales et politiques dans leur rapport avec l'histoire seront les objets de ses recherches et de ses travaux ; elle s'attachera particulièrement à enrichir la littérature française, des ouvrages des auteurs grecs, latins et orientaux qui n'ont pas encore été traduits.

Elle s'occupera de la continuation des recueils diplomatiques.

Elle nommera dans son sein, sous l'approbation du premier Consul, un secrétaire perpétuel qui fera partie du nombre des quarante membres dont elle est composée.

Elle pourra élire jusqu'à neuf de ses membres parmi ceux des autres classes de l'Institut.

Elle pourra nommer soixante correspondants nationaux ou étrangers.

V. — La quatrième classe sera composée de vingt-huit membres et de huit associés étrangers.

Ils seront divisés en sections, désignées et composées ainsi qu'il suit :

| | | |
|---|---|---|
| Peinture | 10 | membres |
| Sculpture | 6 | — |
| Architecture | 6 | — |
| Gravure | 3 | — |
| Musique (Composition) | 3 | — |

Elle nommera, dans son sein, sous l'approbation du premier Consul, un secrétaire perpétuel, qui sera membre de la classe, mais qui ne fera point partie des sections.

Elle pourra élire jusqu'à six de ses membres parmi ceux des autres classes de l'Institut.

Elle pourra nommer trente-six correspondants pris parmi les nationaux ou les étrangers.

VI. — Les membres associés étrangers auront voix délibérative seulement pour les objets de sciences, de littérature et d'arts. Il ne feront partie d'aucune section, et ne toucheront aucun traitement.

VII. — Les associés républicoles actuels de l'Institut feront partie des cent quatre-vingt-seize correspondants attachés aux classes de Sciences, des Belles-Lettres et des Beaux-Arts.

Les correspondants ne pourront prendre le titre de membres de l'Institut.

Ils perdront celui de correspondant, lorsqu'ils seront domiciliés à Paris.

VIII. — Les nominations aux places vacantes seront faites par chacune des classes où ces places viendront à vaquer. Les sujets élus seront confirmés par le premier Consul.

IX. — Les membres des autres classes auront le droit d'assister réciproquement aux séances particulières de chacune d'elles, et d'y faire des lectures quand ils en auront fait la demande.

Ils se réuniront quatre fois par an, en corps d'Institut, pour se rendre compte de leurs travaux.

Ils éliront en commun le bibliothécaire et le sous-bibliothécaire de l'Institut, ainsi que les agents qui appartiennent en commun à l'Institut.

Chaque classe présentera à l'approbation du Gouvernement les statuts et règlements particuliers de sa police intérieure.

X. — Chaque classe tiendra tous les ans une séance publique à laquelle les trois autres assisteront.

XI. — L'Institut recevra annuellement du Trésor public quinze cents francs pour chacun de ses membres non associés ; six mille francs pour chacun des secrétaires perpétuels ; et pour ses dépenses une somme qui sera déterminée tous les ans sur la demande de l'Institut, et comprise dans le budget du ministre de l'Intérieur.

XII. — Il y aura pour l'Institut une commission administrative composée de cinq membres, deux de la première classe, et un de chacune des trois autres, nommés par leurs classes respectives.

Cette commission fera régler, dans les séances générales prescrites par l'article IX, tout ce qui est relatif à l'administration, aux dépenses générales de l'Institut, et à la répartition des fonds entre les quatre classes.

Chaque classe réglera ensuite l'emploi des fonds qui lui auront été assignés pour ses dépenses, ainsi que tout ce qui concerne l'impression et la publication de ses mémoires.

XIII. — Tous les ans chaque classe distribuera des prix, dont le nombre et la valeur sont réglés ainsi qu'il suit :
La première classe un prix de trois mille francs ;
La seconde et la troisième classe, chacune un prix de quinze cents francs ;
Et la quatrième classe, de grands prix de peinture, de sculpture, d'architecture et de composition musicale. Ceux qui auront remporté un de ces grands prix seront envoyés à Rome, et entretenus aux frais du Gouvernement.

XIV. — Le ministre de l'Intérieur est chargé de l'exécution du présent arrêté, qui sera inséré au *Bulletin des Lois*.

Le premier Consul, *signé* Bonaparte. Par le premier Consul, le Secrétaire d'Etat, *signé* Hugues-B. Maret. Le Ministre de l'Intérieur, *signé* Chaptal.

## Arrêté du 8 pluviôse, an XI

### (28 janvier 1803).

Le *Gouvernement de la République*, sur le rapport du ministre de l'Intérieur.

Arrête ce qui suit :

Article 1er — Les quatre classes formant l'Institut, conformément à l'arrêté du 3 pluviôse, an XI, seront composées comme suit :

### Première Classe

CLASSE DES SCIENCES PHYSIQUES ET MATHÉMATIQUES. SCIENCES MATHÉMATIQUES.

1re *Section, Géométrie.*

Lagrange (J.-L), Laplace (P.-S.), Bossut (Ch.), Legendre (A.-M.), Delambre (J.-B.-J.), Lacroix (S.-P.).

2e *Section, Mécanique.*
Monge (G.), Prony (R.), Périer (J.-C.), Bonaparte (N.), Berthout (F.), Carnot (L.).
3e *Section, Astronomie.*
Lalande (J.), Méchain (P.-F.-A.), Messier (Ch.), Jeaurat (E.-S.), Cassini (J.-D.), Lefrançais-Lalande.
4e *Section, Géographie et Navigation.*
Bougainville (L.-A.), Fleurieu (Ch.-P.) Buache (J.-N.).
5e *Section, Physique générale.*
Charles (J.-A.-C.), Brisson (M.-J.), Coulomb (Ch.-A.), Rochon (A.-M.), Lefèvre-Gineau (L.), Lévêque (P.).

SCIENCES PHYSIQUES

6e *Section, Chimie.*
Berthollet (C.-P.), Guyton-Morveau (L.-B.), Fourcroy (A. F.), Vauquelin, Deyeux, Chaptal.
7e *Section, Minéralogie.*
Haüy (R.-J.), Desmarets, Duhamel, Lelièvre, Sage, Ramond.
8e *Section, Botanique.*
Lamarck, Desfontaines, Adanson, Jussieu (A.-L.), Ventenat-Labillardière.
9e *Section, Economie rurale et vétérinaire.*
Thouin, Tessier, Cels, Parmentier, Huzard.
10e *Section, Anatomie et Zoologie.*
Lacépède, Tenon, Cuvier, Broussonnet, Richard, Olivier.
11e *Section, Médecine et Chirurgie.*
Desessartz, Sabatié, Portal, Hallé, Pelletan, Lassus (suivent les associés étrangers et les correspondants).

## Deuxième Classe
### CLASSE DE LA LANGUE ET DE LA LITTÉRATURE FRANÇAISES

Volney, Garat, Cambacérès, Cabanis, Saint-Pierre (B.), Naigeon, Merlin, Bigot-Préameneu, Sieyès, Lacuée, Rœderer, Andrieux, Villar, Domergue, François de Neufchâteau, Cailhava, Sicard, Chénier, Lebrun (P.-D.-E.), Ducis, Collin d'Harleville, Legouvé, Arnault (A.-V.), Fontanes, Delille, La Harpe, Suard, Target, Morellet, Boufflers, Bissy, Saint-Lambert, Roquelaure, Boisgelin, d'Aguesseau, Bonaparte (Lucien), Devaines, Ségur, Portalis, Regnaud de Saint-Jean-d'Angely.

## Troisième Classe
### CLASSE D'HISTOIRE ET DE LITTÉRATURE ANCIENNES

Dacier (B.-J.), Lebrun (Ch.-Fr.), Poirier, Anquetil, Bouchaud, Levesque, Dupont (P.-S.), Daunou, Mentelle, Reinhard, Talleyrand,

Gosselin, Desales (Jean-Delisle), Garran, Champagne, Lakanal, Toulongeon, Lebreton, Grégoire, Reveillère-Lépeaux, Bitaubé, Dutheil, Langlès, Larcher, Pougens, Villoison, Mongez, Dupuis, Leblond, Le Roy, Ameilhon, Camus, Mercier, Garnier, Anquetil-Duperron, Silvestre de Sacy, Sainte-Croix, Pastoret, Gaillard, Choiseul-Gouffier.

(Suivent les noms des associés étrangers et des correspondants ; parmi ces derniers, Destutt de Tracy à Auteuil, et Desèze à Bordeaux).

### Quatrième Classe
#### classe des beaux arts

1<sup>re</sup> *Section, Peinture.*

David, Vanspaendonck, Vien, Vincent, Regnault, Taunay, Denou, Visconti.

2<sup>e</sup> *Section, Sculpture.*

Pajou, Houdon, Julien, Moitte, Roland, Dejoux

3<sup>e</sup> *Section, Architecture.*

Gondoin, Peyre, Raymond, Dufourny, Chalgrin, Heurtier.

4<sup>e</sup> *Section, Gravure.*

Berwick, Desmarets, Geoffroy.

5<sup>e</sup> *Section, Musique et Composition.*

Méhul, Gossec, Grétry, Monvel, Grandmesnil.

(Suivent les noms des associés étrangers et des correspondants).

Art. 2. — La première classe de l'Institut tiendra ses séances le lundi de chaque semaine ; la seconde, le mercredi ; la troisième, le vendredi ; la quatrième, le samedi.

Ces séances auront lieu dans le même local et dureront depuis trois heures jusqu'à cinq.

Art. 3. — La première classe rendra publique sa première séance du mois de vendémiaire ; la seconde, sa première de nivôse ; la troisième, sa première de germinal ; la quatrième, sa première de messidor.

Art. 4. — Le ministre de l'Intérieur est chargé de l'exécution du présent arrêté.

*Le premier Consul,* signé Bonaparte
Par le premier consul
*Le Secrétaire d'Etat,* signé H.-B. Maret.

## Décret impérial du 24 fructidor an XII

*qui institue des Prix décennaux pour les Ouvrages de Sciences, de Littérature, d'Arts, etc.*

Au Palais d'Aix-la-Chapelle, 24 fructidor an XII.

Napoléon, *Empereur des Français*, à tous ceux qui les présentes verront, Salut.

Etant dans l'intention d'encourager les Sciences, les Lettres et les Arts, qui contribuent éminemment à l'illustration et à la gloire des nations ;

Désirant non seulement que la France conserve la supériorité qu'elle a acquise dans les Sciences et dans les Arts, mais encore que le siècle qui commence, l'emporte sur ceux qui l'ont précédé ;

Voulant aussi connaître les hommes qui auront le plus participé à l'éclat des Sciences, des Lettres et des Arts.

Nous avons Décrété et Décrétons ce qui suit :

Article premier. — Il y aura, de dix ans en dix ans, le jour anniversaire du 18 brumaire, une distribution de grands prix donnés de notre propre main dans le lieu et avec la solennité qui seront ultérieurement réglés.

2. — Tous les ouvrages de Sciences, de Littérature et d'Arts, toutes les inventions utiles, tous les établissements consacrés aux progrès de l'agriculture ou de l'industrie nationale, publiés, connus ou formés dans un intervalle de dix années, dont le terme procèdera d'un an l'époque de la distribution, concourront pour les grands prix.

3. — La première distribution des grands prix se fera le 18 brumaire an XVIII ; et conformément aux dispositions de l'article précédent, le concours comprendra tous les ouvrages, inventions ou établissements publiés ou connus depuis l'intervalle du 18 brumaire de l'an VII au 18 brumaire de l'an XVII.

4. — Ces grands prix seront, les uns de la valeur de dix mille francs les autres de la valeur de cinq mille francs.

5. — Les grands prix de la valeur de dix mille francs seront au nombre de neuf, et décernés:

1º Aux auteurs des deux meilleurs ouvrages de sciences ; l'un pour les sciences physiques, l'autre pour les sciences mathématiques ;

2º A l'auteur de la meilleure Histoire ou du meilleur morceau d'Histoire, soit ancienne, soit moderne ;

3º A l'inventeur de la machine la plus utile aux Arts et Manufactures ;

4° Au fondateur de l'établissement le plus avantageux à l'agriculture ou à l'industrie nationale ;

5° A l'auteur du meilleur ouvrage dramatique, soit comédie, soit tragédie, représenté sur le Théâtre-Français ;

6° Aux auteurs des deux meilleurs ouvrages, l'un de peinture, l'autre de sculpture, représentant des actions d'éclat ou des événements mémorables puisés dans notre histoire ;

7° Au compositeur du meilleur opéra représenté sur le théâtre de l'Académie impériale de musique.

6. — Les grands prix de la valeur de cinq mille francs seront au nombre de treize, et décernés :

1° Aux traducteurs de dix manuscrits de la Bibliothèque impériale, ou des autres bibliothèques publiques de Paris, écrits en langues anciennes ou en langues orientales, les plus utiles soit aux Sciences, soit à l'Histoire, soit aux Belles-Lettres, soit aux Arts ;

2° Aux auteurs des trois meilleurs petits poèmes ayant pour sujet des événements mémorables de notre Histoire, ou des actions honorables pour le caractère français.

7. — Ces prix seront décernés sur le rapport et la proposition d'un jury composé des quatre secrétaires perpétuels des quatre classes de l'Institut, et des quatre présidents en fonctions dans l'année qui précédera celle de la distribution.

*signé :* Napoléon

Par l'Empereur

Le *Secrétaire d'Etat. signé* Hugues-B. Maret.

## Décret impérial du 28 novembre 1809.

*Concernant les Prix décennaux pour les Ouvrages de Sciences, de Littérature et d'Arts.*

Au Palais des Tuileries, le 28 novembre 1809,

Napoléon, *Empereur des Français, Roi d'Italie, Protecteur de la Confédération du Rhin, etc., etc.*

Nous étant fait rendre compte de l'exécution de notre décret du 24 fructidor an XII, qui institue des prix décennaux pour les ouvrages de sciences, de littérature et d'arts,

Du rapport du jury institué par ledit décret ;

Voulant étendre les récompenses et les encouragements à tous les genres d'études et de travaux qui se lient à la gloire de notre Empire ;

Désirant donner aux jugements qui seront portés, le sceau d'une discussion approfondie et celui de l'opinion du public ;

Ayant résolu de rendre solennelle et mémorable la distribution des prix que nous nous sommes réservé de décerner nous-même,

Nous avons décrété et décrétons ce qui suit :

## Titre premier

*De la compostion des Prix.*

Article premier. — Les grands prix décennaux seront au nombre de trente-cinq, dont dix-neuf de première classe et seize de seconde classe.

2. — Les grands prix de première classe seront donnés :

1° Aux auteurs des deux meilleurs ouvrages de sciences mathématiques, l'un pour la géométrie et l'analyse pure, l'autre pour les sciences soumises aux calculs rigoureux, comme l'astronomie, la mécanique, etc.

2° Aux auteurs des deux meilleurs ouvrages de sciences physiques ; l'un, pour la physique proprement dite, la chimie, la minéralogie, etc. ; l'autre, pour la médecine, l'anatomie, etc.

3° A l'inventeur de la machine la plus importante pour les arts et manufactures ;

4° Au fondateur de l'établissement le plus avantageux à l'agriculture ;

5° Au fondateur de l'établissement le plus avantageux à l'industrie ;

6° A l'auteur de la meilleure histoire ou du meilleur morceau d'histoire générale, soit ancienne, soit moderne ;

7° A l'auteur du meilleur poème épique ;

8° A l'auteur de la meilleure tragédie représentée sur un de nos grands théâtres ;

9° A l'auteur de la meilleure comédie en cinq actes, représentée sur un de nos grands théâtres ;

10° A l'auteur de l'ouvrage de littérature qui réunira, au plus haut degré, la nouveauté des idées, le talent de la composition et l'élégance du style ;

11° A l'auteur du meilleur ouvrage de philosophie en général, soit de morale, soit d'éducation ;

12° Au compositeur du meilleur opéra représenté sur le théâtre de l'Académie impériale de musique ;

13° A l'auteur du meilleur tableau d'histoire ;

14° A l'auteur du meilleur tableau représentant un sujet honorable pour le caractère national ;

15. A l'auteur du meilleur ouvrage de sculpture, sujet héroïque ;

16° A l'auteur du meilleur ouvrage de sculpture, dont le sujet sera puisé dans les faits ménorables de l'histoire de France ;

17. A l'auteur du plus beau monument d'architecture ;

3. — Les grands prix de seconde classe seront décernés :

1° A l'auteur de l'ouvrage qui fera l'application la plus heureuse des principes des sciences mathématiques ou physiques à la pratique ;

2° A l'auteur du meilleur ouvrage de biographie ;

3° A l'auteur du meilleur poème en plusieurs chants, didactique, descriptif, ou, en général, d'un style élevé ;

4° Aux auteurs des deux meilleurs petits poèmes, dont les sujets seront puisés dans l'histoire de France ;

5º A l'auteur de la meilleure traduction en vers de poèmes grecs ou latins ;

6° A l'auteur du meilleur poème lyrique mis en musique et exécuté sur un de nos grands théâtres ;

7° Au compositeur du meilleur opéra-comique, représenté sur un de nos grands théâtres ;

8º Aux traducteurs de quatre ouvrages, soit manuscrits, soit imprimés, en langue orientale ou en langue ancienne, les plus utiles soit aux sciences, soit à l'histoire, soit aux belles-lettres, soit aux arts ;

9° Aux auteurs des trois meilleurs ouvrages de gravure en taille douce, en médaille, et sur pierre fine ;

10° A l'auteur de l'ouvrage topographique le plus exact et le mieux exécuté.

4. — Outre le prix qui lui sera décerné, chaque auteur recevra une médaille qui aura été frappée pour cet objet.

## Titre II

*Du jugement des ouvrages.*

5. — Conformément à l'article 7 du décret du 24 fructidor an XII, les ouvrages seront examinés par un jury composé des présidents et des secrétaires perpétuels de chacune des quatre classes de l'Institut. Le rapport du jury, ainsi que le procès-verbal de ses séances et de ses discussions, seront remis à notre ministre de l'Intérieur, dans les six mois qui suivront la clôture du concours.

Le concours de la seconde époque sera fermé le 9 novembre 1818.

6. — Le jury du présent concours pourra revoir son travail jusqu'au 15 février prochain afin d'y ajouter tout ce qui peut être relatif aux nouveaux prix que nous venons d'instituer.

7. — Notre ministre de l'Intérieur, dans les quinze jours qui suivront la remise qui lui aura été faite du rapport du jury, adressera à chacune des quatre classes de l'Institut, la portion de ce rapport et du procès-verbal relative au genre des travaux de la classe.

8. — Chaque classe fera une critique raisonnée des ouvrages qui ont balancé les suffrages, de ceux qui ont été jugés, par le jury, dignes d'approcher des prix, et qui ont reçu une mention spécialement honorable.

Cette critique sera plus développée pour les ouvrages jugés dignes des prix ; elle entrera dans l'examen de leurs beautés et de leurs défauts, discutera les fautes contre les règles de la langue ou de l'art, ou les innovations heureuses ; elle ne négligera aucun des détails propres à faire connaître les exemples à suivre et les fautes à éviter.

9. — Ces critiques seront rendues publiques par la voie de l'impression.

Les travaux de chaque classe seront remis par son président au ministre de l'Intérieur, dans les quatre mois qui suivront la communication faite à l'Institut.

10. — Notre ministre de l'Intérieur nous soumettra, dans le cours du mois d'août suivant, un rapport qui nous fera connaître le résultat des discussions.

11. — Un décret impérial décerne les prix.

### Titre III

*De la Distribution des Prix.*

12. — La première distribution des Prix aura lieu le 9 novembre 1810, et la seconde distribution le 9 novembre 1819, jour anniversaire du 18 brumaire. Ces distributions se renouvelleront ensuite tous les dix ans, à la même époque de l'année.

13. — Elles seront faites par nous, en notre palais des Tuileries, où seront appelés les princes, nos ministres et nos grands officiers, des députations des grands Corps de l'Etat, le grand-maître et le Conseil de l'Université impériale, et l'Institut en corps.

14. — Les prix seront proclamés par notre ministre de l'Intérieur ; les auteurs qui les auront obtenus, recevront de notre main les médailles qui en consacreront le souvenir.

15. — Notre ministre de l'Intérieur est chargé de l'exécution du présent décret, qui sera inséré au *Bulletin des Lois.*

*Signé :* NAPOLÉON

Par L'Empereur

*Le Ministre-Secrétaire d'Etat.*

*Signé :* H. B. duc de Bassano.

### Prix décernés actuellement.

L'Académie française distribue des prix en son nom personnel, qui lui appartiennent en propre ; elle participe dans une certaine mesure à la distribution de prix qui sont la propriété collective de l'Institut.

### Prix de l'Institut.

1º Prix de linguistique, fondé par Volney ;

2º Prix Jean Reynaud, 10.000 francs, donné alternativement par chacune des cinq Académies à l'auteur du travail le plus méritant ayant un caractère d'invention et de nouveauté, ou pour secourir quelque grande infortune littéraire ;

3° Prix Estrade-Delcros, 8.000 francs, mêmes conditions ;
4° Prix Berger, 8.000 francs, mêmes conditions ;
5° Prix de Joest, pour la découverte ou l'ouvrage le plus utile au bien public, mêmes conditions, d'une valeur de 2.000 francs ;
6° Prix de Courcel, 2.4000 francs, donné alternativement par l'Académie française, l'Académie des Inscriptions, l'Académie des Sciences morales ;
7° Prix Osiris, 100.000 francs, donné tous les trois ans, aux Lettres, Sciences, Beaux-Arts ;
8° Prix Debrousse, 30.000 francs, donné annuellement aux Lettres, Sciences, Beaux-Arts.

### Prix de l'Académie française seule.

#### I. — Prix littéraires.

1° Prix du Budget, annuel, 4.000 francs, donné alternativement à un prix d'éloquence et à un prix de poésie, sur des sujets désignés par l'Académie ;
2° Prix Montyon, annuel, fondé en 1819, formant un total de 21.500 divisé en neuf prix de 1.000 francs, et vingt-cinq de 500 francs, donnés aux auteurs des ouvrages les plus utiles aux mœurs ;
3° Prix Gobert, annuel, fondé en 1833 s'élevant à 10.000 francs, donné à l'auteur de l'ouvrage le plus éloquent de l'histoire de France ;
4° Prix Bordin, annuel, fondé en 1835, s'élevant à 3.000 francs, divisés en deux prix de 1.000 francs, et deux de 500 francs, pour encourager la haute littérature.
5° Prix Maillé de la Tour-Landry, biennal, fondé en 1839, pour un jeune écrivain digne d'encouragement, d'une valeur de 1.200 francs ;
6° Prix Trémont, fondé en 1847 ;
7° Prix Lambert, annuel, fondé en 1849, destiné à des hommes de lettres — ou à leurs veuves — auxquels il serait juste de donner une marque d'intérêt public — 1600 francs ;
8° Prix Leidersdorf, fondé en 1852 ;
9° Prix Achille-Edmond Halphen, fondé en 1855, à décerner tous les trois ans à l'auteur de l'ouvrage le plus remarquable au point de vue littéraire et historique et le plus digne au point de vue moral, d'une valeur de 1500 francs ;
10° Prix Toirac, fondé en 1857, donné à l'auteur de la meilleure comédie en prose ou en vers représentée au Théâtre français dans le courant de l'année, 4000 francs ;
11° Prix Thiers, fondé en 1862, donné tous les trois ans à l'auteur d'un ouvrage historique, 3000 francs ;
12° Prix Langlois, fondé en 1864, d'une valeur de 1200 francs, divisés en deux prix de 600 francs, attribués aux auteurs des meilleures traductions ;

13° Prix Thérouanne de 4000 francs, fondé en 1866, en faveur des meilleurs travaux historiques ;

14° Prix Guizot, fondé en 1872, 3000 francs à l'auteur du meilleur ouvrage, soit sur l'une des grandes époques de la littérature française, soit sur la vie et les œuvres des grands écrivains français ;

15° Prix Jouy, fondé en 1872, d'une valeur de 1400 francs, distribué tous les deux ans en deux prix de 700 francs, à des ouvrages, soit d'observation, soit d'imagination, soit de critique sur les mœurs actuelles ;

16° Prix Marcelin Guérin, fondé en 1872, s'élevant à 5000 francs, divisés en deux prix de 1000 francs, et six prix de 500 francs., pour récompenser les ouvrages les plus propres à relever parmi nous, les idées, les mœurs et les caractères, et les plus propres à honorer la France ;

17° Prix Vitet, fondé en 1873, dans l'intérêt des Lettres, 5400 francs (2900) ;

18° Prix Archon-Despérouses, fondé en 1873, pour récompenser des œuvres de poésie, 2500 francs ;

19° Prix Botta, fondé en 1875, distribué tous les trois ans dans l'intérêt des Lettres, 3000 francs ;

20° Prix Monbinne, fondé en 1877, pour secourir des personnes ayant suivi la carrière des lettres ou de l'enseignement ; biennal, 3000 francs ;

21° Prix Jules Janin, fondé en 1877, donné à l'auteur de la meilleure traduction du grec ou du latin ; triennal, 3000 francs ;

22° Prix Maujean, fondé en 1879 ;

23° Prix Vincent, fondé en 1884 ;

24° Prix Lefèvre-Deumier, fondé en 1886, donné tous les cinq ans à l'auteur de la meilleure œuvre poétique ;

25° Prix Jules Favre, fondé en 1886, d'une valeur de 2000 francs. pour une œuvre littéraire écrite par une femme ;

26° Prix Saintour, s'élevant à 2000 francs, divisés en un prix de 1000 francs, et deux prix de 500 francs, attribués aux auteurs des meilleurs lexiques, grammaires, éditions critiques, etc.

27° Prix Saintour, à l'auteur des meilleurs travaux sur les auteurs, des xvie, xviie et xviiie siècles ;

28° Prix Kastner-Boursault, pour des ouvrages relatifs aux Arts.

29° Prix Calmann-Lévy, 3000 francs, triennal, pour une œuvre littéraire récente ou l'ensemble des œuvres d'un homme de lettres ;

30° Prix Narcisse Michaut, distribué tous les deux ans au meilleur ouvrage de littérature française ;

31° Prix Sobrier-Arnould de 2000 francs, partagés entre les deux auteurs français des meilleurs ouvrages de littérature morale et instructive pour la jeunesse ;

32° Prix Alfred Née, à l'auteur de l'œuvre la plus originale comme forme et comme pensée, 3700 francs ;

33° Prix Juteau-Duvigneau, d'une valeur de 2.500 francs partagés entre les auteurs d'ouvrages moraux, surtout au point de vue catholique ;

34° Prix Capuran, à l'auteur du meilleur poème moral et religieux ;
35° Prix Emile Augier, donné tous les trois ans à l'auteur de la meilleure pièce de théâtre représentée soit au Théâtre français, soit à l'Odéon ;
36° Prix Furtado, de Bayonne, d'une valeur de 1.000 francs donné à l'auteur d'un livre de littérature utile ;
37° Prix Fabien, d'une valeur de 3.200 francs divisés en deux prix de 1.000 francs : un de 700 francs et un de 500 francs pour l'amélioration morale et matérielle de la classe la plus nombreuse ;
38° Prix X. Marmier, pour un écrivain, homme ou femme, dans une situation difficile, 850 francs ;
39° Prix de Courcel, pour des travaux littéraires sur les époques mérovingienne ou carlovingienne ;
40° Prix Charles Blanc, d'une valeur de 2.500 francs divisés en un prix de 1.000 francs et trois de 500 francs pour des travaux littéraires sur les Beaux Arts ;
41° Prix Montariel, annuel, d'une valeur de 500 francs, attribué à la meilleure chanson.

## II. — *Prix de Vertu.*

1° Prix Montyon, environ, 20.000 francs ;
2° Prix Souriau, fondé en 1863 ;
3° Prix Marie-Lasne, fondé en 1866 ;
4° Prix Gémond, fondé en 1876 ;
5° Prix Laussat, fondé en 1876 ;
6 Prix par une personne charitable ;
7° Prix Honoré de Sussy, fondé en 1876 ;
8° Prix Camille Favre, fondé en 1884 ;
9° Prix Letellier, fondé en 1885 ;
10° Prix Lange ;
11° Prix Buisson, fondé en 1889 ;
12° Prix Emile Robin, fondé en 1889 ;
13° Prix Lelevain, fondé en 1878, en faveur d'une personne habitant Paris ;
14° Prix Peltier, en faveur d'une personne née et demeurant dans le département des Côtes-du-Nord ;
15° Prix Boutigny ;
16° Prix Gouilly-Dujardin ;
17° Prix Bansa-Gessiomme ;
18° Prix Lecoq-Dumesnil ;
19° Prix Marat-Larousse ;
20° Prix Krou ;
21° Prix Thalié ;
22° Prix Sourat-Thénard ;
23° Prix Gaiou-Charron ;

24° Prix Salomon ;
25° Prix Pilliot ;
26° Prix Reine Pon ;
27° Prix Blouet ;
28° Prix Griffand ;
29° Prix Agemoghi ;
30° Prix Sudre ;
31° Prix Rigot ;
32° Prix Génin ;
33° Prix Aubril ;
34° Prix Hyland ;
35° Prix Albert Leisz, fondé en 1903, pour récompenser des actes ou des faits de bravoure, de courage ou d'héroïsme accomplis par des Lorrains, hommes ou femmes.

### Ordonnance royale du 21 mars 1816.

LOUIS, par la grâce de Dieu, *Roi de France et de Navarre,* à tous ceux qui les présentes verront, SALUT.

La protection que les Rois nos aïeux ont constamment accordée aux Sciences et aux Lettres, nous a toujours fait considérer avec un intérêt particulier les divers établissements qu'ils ont fondés pour honorer ceux qui les cultivent ; aussi n'avons-nous pu voir sans douleur la chute de ces académies qui avaient si puissamment contribué à la prospérité des Lettres, et dont la fondation a été un titre de gloire pour nos augustes prédécesseurs. Depuis l'époque où elles ont été rétablies sous une dénomination nouvelle, nous avons vu avec une vive satisfaction la considération et la renommée que l'Institut a méritées en Europe. Aussitôt que la divine Providence nous a rappelé sur le trône de nos pères, notre intention a été de maintenir et de protéger cette savante Compagnie ; mais nous avons jugé convenable de rendre à chacune de ses classes son nom primitif, afin de rattacher leur gloire passée à celle qu'elles ont acquise, et afin de leur rappeler à la fois ce qu'elles ont pu faire dans des temps difficiles, et ce que nous devons en attendre dans des jours plus heureux.

Enfin nous nous sommes proposé de donner aux académies une marque de notre royale bienveillance, en associant leur établissement à la restauration de la monarchie, et en mettant leur composition et leurs statuts en accord avec l'ordre actuel de notre gouvernement.

*A ces causes,* et sur le rapport de notre ministre secrétaire d'Etat au département de l'Intérieur

Notre Conseil d'Etat entendu,

*Nous avons ordonné* et *ordonnons* ce qui suit :

Article premier. — L'Institut sera composé de quatre académies, dénommées ainsi qu'il suit, et selon l'ordre de leur fondation, savoir :

L'Académie française ;

L'Académie royale des Inscriptions et Belles-Lettres ;

L'Académie royale des Sciences;
L'Académie royale des Beaux-Arts ;

2. — Les académies sont sous la protection directe et spéciale du Roi.

3. — Chaque académie aura son régime indépendant, et la libre disposition qui lui sont ou lui seront spécialement affectés.

4. — Toutefois l'agence, le secrétariat, la bibliothèque et les autres collections de l'Institut demeureront communs aux quatre académies.

5. — Les propriétés communes aux quatre académies, et les fonds y affectés seront régis et administrés, sous l'autorité de notre ministre secrétaire d'Etat au département de l'Intérieur, par une commission de huit membres, dont deux seront pris dans chaque académie.

Ces commissaires seront élus chacun pour un an, et seront toujours rééligibles.

6. — Les propriétés et fonds particuliers de chaque académie seront régis en son nom par les bureaux ou commissions institués ou à instituer, et dans les formes établies par les règlements.

7. — Chaque académie disposera, selon ses convenances, du local affecté aux séances publiques.

8. — Elles tiendront une séance publique commune le 24 avril, jour de notre rentrée dans notre royaume.

9. — Les membres de chaque académie pourront être élus aux trois autres académies.

10. — L'Académie française reprendra ses anciens statuts, sauf les modifications que nous pourrions juger nécessaires, et qui nous seront présentées, s'il y a lieu, par notre ministre secrétaire d'Etat au département de l'Intérieur.

11. — L'Académie française est et demeure composée ainsi qu'il suit :

| | |
|---|---|
| MM. de Roquelaure, évêque de Senlis | Lemercier |
| Suard, secrétaire perpétuel | Parseval-Grandmaison |
| Ducis | Le vicomte de Chateaubriand |
| Le comte de Choiseul-Gouffier | Lacretelle jeune |
| Morellet | Alexandre Duval |
| Le comte d'Aguesseau | Campenon |
| Le comte Volney | Michaud |
| Andrieux | Aignan |
| L'Abbé Sicard | de Jouy |
| Le comte de Cessac | Baour-Lormian |
| Villar | de Bausset, évêque d'Alais |
| Le comte de Fontanes | de Bonald |
| Le comte François de Neufchâteau | |
| Le comte Bigot de Préameneu | Le comte Ferrand |
| Le comte de Ségur | Le comte de Lally-Tollendal |
| Lacretelle aîné | Le duc de Lévis |
| | Le duc de Richelieu |

Le comte Daru  L'abbé de Montesquiou
Raynouard  Lainé.
Picard  . . . . . . . . . .
Le comte Destutt-Tracy.  . . . . . . . . . .

12. — L'Académie royale des Inscriptions et Belles-Lettres conservera l'organisation et les règlements actuels de la troisième classe de l'Institut.

13. — L'Académie royale des Inscriptions et Belles-Lettres est et demeure composée ainsi qu'il suit :

MM. Dacier, secrétaire perpétuel  Dom Brial
Le comte de Choiseul-Gouffier  Petit-Radel
Le comte de Pastoret  Barbié du Bocage
Le baron Silvestre de Sacy  Le comte Lanjuinais
Gosselin  Caussin
Daunou  Gail
Delisle de Sales  Clavier
Dupont de Nemours  Amaury-Duval
Le baron Reinhard  Bernardi
Ginguené  Boissonnade
Le prince de Talleyrand  Le comte de Laborde, A. L. J.
Le comte Garran de Coulon  Walkenaer
Langlès  Vanderbourg
Pougens  Quatremère (Etienne)
Le duc de Plaisance  Raoul Rochette
Quatremère de Quincy  Letronne
Le Chevalier Visconti  Mollevaut
Le comte Boissy-d'Anglas  . . . . . . . . . .
Millin  . . . . . . . . . .
Le baron Gérando.  . . . . . . . . . .

14. — L'Académie royale des Sciences conservera l'organisation et la distribution en sections de la première classe de l'Institut.

15. — L'Académie royale des Sciences est et demeure composée ainsi qu'il suit :

SECTION I. — *Géométrie.*

MM. Le comte Laplace
Le chevalier Legendre
Lacroix
Biot
Poinsot
Ampère.

SECTION II. — *Mécanique.*

MM. Périer
de Prony
Le baron Sané
Molard
Cauchy
Bréguet.

SECTION III. — *Astronomie.*

MM. Messier
Cassini
Lefrançais-Lalande
Bouvard
Burckhardt
Arago.

SECTION IV. — *Géographie et Navigation.*

MM. Buache
Beautemps-Beaupré
Rossel.

SECTION V. — *Physique générale.*

MM. Rochon
Charles
Lefèvre-Gineau
Gay-Lussac
Poisson
Girard.

SECTION VI. — *Chimie.*

MM. Le comte Berthollet
Vauquelin
Deyeux
Le comte Chaptal
Thénard
Proust

SECTION VII. — *Minéralogie.*

MM. Sage
Haüy
Duhamel
Lelièvre
Le baron Ramond
Brongniard

SECTION VIII. — *Botanique.*

MM. de Jussieu
de Lamarck
Desfontaines
Labillardière
Palissot-Beauvois
Mirbel.

SECTION IX. — *Economie rurale.*

MM. Tessier
Thouin
Huzard
Silvestre
Bosc
Yvart

SECTION X. — *Anatomie et Zoologie.*

MM. Le Comte Lacépède
Richard
Pinel
Le chevalier Geoffroy Saint-Hilaire
Latreille
Duméril

SECTION XI. — *Médecine et Chirurgie.*

MM. Le chevalier Portal
Le chevalier Hallé
Le chevalier Pelletan
Le baron Percy
Le baron Corvisart
Deschamps

M. le chevalier Delambre, secrétaire perpétuel pour les sciences mathématiques.

M. le chevalier Cuvier, secrétaire perpétuel pour les sciences physiques.

16. — L'Académie royale des Beaux-Arts conservera l'organisation et la distribution en sections de la quatrième classe de l'Institut.

17. — L'Académie royale des Beaux-Arts est, et demeure composée ainsi qu'il suit :

Section I. — *Peinture.*
MM. Van Spaendonck
Vincent
Regnault
Taunay
Denon
Visconti
Menageot
Gérard
Guérin
Le Barbier aîné
Girodet
Gros
Meynier
Vernet (Carle)

Section II. — *Sculpture.*
MM. Rolland
Houdon
Dejoux
Lemot
Cartellier
Lecomte
Bosio
Dupaty

Section III. — *Architecture*
MM. Gondoin
Peyre
Dufourny
Heurtier
Percier
Fontaine
Rondelet
Bonnard.

Section IV. — *Gravure.*
MM. Bervic
Jeuffroy
Duvivier
Desnoyers (Auguste),

Section V. — *Composition musicale.*
MM. Méhul
Gossec
Monsigny
Grandménil
Chérubini
Lesueur.

M....., secrétaire perpétuel.

18. — Il sera ajouté, tant à l'Académie royale des Inscriptions et Belles-Lettres, qu'à l'Académie royale des Sciences, une classe d'Académiciens libres, au nombre de dix pour chacune de ces deux académies.

19. — Les académiciens libres n'auront d'autre indemnité que celle du droit de présence.

Ils jouiront des mêmes droits que les autres académiciens, et seront élus selon les formes accoutumées.

20. — Les anciens honoraires et académiciens, tant de l'Académie royale des sciences, que de l'Académie royale des Inscriptions et Belles-Lettres, seront de droit, académiciens libres de l'Académie à laquelle ils ont appartenu.

Ces académiciens feront les élections nécessaires pour compléter le nombre de dix académiciens libres dans chacune d'elles.

21. — L'Académie royale des Beaux-Arts aura également une classe d'académiciens libres, dont le nombre sera déterminé par un règlement particulier, sur la proposition de l'Académie elle-même.

22. — Notre ministre et secrétaire d'Etat au département de l'Intérieur soumettra à notre approbation les modifications qui pourraient être jugées nécessaires dans les règlements de la première, de la troisième et de la quatrième classes de l'Institut, pour adapter lesdits règlements à l'Académie royale des Sciences, à l'Académie royale des Inscriptions et Belles-Lettres et à l'Académie royale des Beaux-Arts.

23. — Il sera, chaque année, alloué au budget de notre ministre secrétaire d'Etat de l'Intérieur, un fonds général et suffisant pour payer les traitements conservés et indemnités aux membres, secrétaires perpétuels, et employés des quatre classes de l'Institut, ainsi que pour les divers travaux littéraires, les expériences, impressions, prix et autres objets.

Le fonds sera réparti entre chacune des quatre académies qui composent l'Institut, selon la nature de leurs travaux, et de manière à ce que chacune d'elles ait la libre jouissance de ce qui sera assigné pour son service.

24. — Tous les membres qui ont appartenu jusqu'à ce jour à l'une des quatre classes de l'Institut, conserveront la totalité de leur traitement.

25. — Sont maintenus les décrets et règlements qui ne contiennent aucune disposition contraire à celles de la présente ordonnance.

26. — Notre ministre secrétaire d'Etat au département de l'Intérieur est chargé de l'exécution de la présente ordonnance.

Donné au Château des Tuileries, le 21 mars de l'an de grâce 1816, et de notre règne le vingt et unième.

*Signé* : LOUIS

Par le Roi

*Le Ministre secrétaire d'Etat de l'Intérieur*

*Signé* : Vaublanc.

**Composition**

*de l'Académie des Sciences morales et politiques rétablie par l'ordonnance royale du 26 octobre 1832.*

Une ordonnance royale du 26 octobre 1832 rétablit l'Académie des Sciences morales et politiques qui, après avoir formé la deuxième classe de l'Institut en 1794, fut supprimée par l'organisation de 1803.

Le nombre des membres de cette académie est fixé à trente, qui se répartissent en cinq sections ; il y a cinq académiciens libres, cinq associés étrangers, de trente à quarante correspondants, et un secrétaire perpétuel élu.

Voici la liste des membres qui ont formé cette académie en 1832 :

*Philosophie*

Destutt de Tracy, Gérando, Victor Cousin, Laromiguière, Edwards, Brousse.

*Morale*

Garat, Lacuée de Cessac, Rœderer, Droz, Dunoyer, Jouffroy.

*Législation, Droit public, Jurisprudence*

Daunou, Merlin de Douai, Dupin aîné, duc de Bassano, Béranger, Siméon.

*Economie politique et statistique*

Sieyés, Talleyrand, de Laborde, Ch. Dupin, Villermé, Ch. Comte.

*Histoire générale et philosophique*

Pastoret, Reinhard, Naudet, Bignon, Guizot, Mignet.

## 1866

En 1866, Napoléon III porta à quarante le nombre des membres de l'Académie des Sciences morales et politiques, en nommant : 1° dans la section de Philosophie, Janet et Husson; 2° Section de Morale, de Parieu et le marquis d'Audiffret ; 3° Section de Législation, Clément et le duc V. de Broglie ; 4° Section d'Economie politique, Baudrillart et Dumont ; 5° Section d'Histoire, A. Vuitry et Ternaux.

A la même époque, le nombre des membres de la section de Géographie dans l'Académie des Sciences fut porté de trois à six ; les titulaires des trois fauteuils créés furent : Dupuy de Lôme, en 1866, d'Abbadie et Villarceau, en 1867.

## Académiciens ayant subi de la prison.

| Avant la Révolution. | Pendant la Révolution après la Terreur. | Prisonniers de guerre. |
|---|---|---|
| Du Chastelet, pour parjure.<br>Malézieu.<br>Suard, pour un duel.<br>Roger, pour des chansons.<br>Jay, délit de presse.<br>La Harpe. | Bonaparte (Lucien) à Aix.<br>Montmorency (duc de).<br>Esménard, 18 fructidor.<br>Lacretelle jeune, 18 fructidor.<br>Michaud, 13 vendémiaire.<br>Jouy, 13 vendémiaire.<br>»     à Lille. | Maupertuis, en Allemagne.<br>Bonaparte (L.), en Angleterre de 1810 à 1814.<br>Viennet, en Angleterre en 1797 et en Allemagne en 1813.<br>Dupanloup, retenu dans son palais épiscopal pendant l'invasion de 1870-1871.<br>P. P. Ségur, en Russie. |
| **Mis à la Bastillle.** | **Après la Révolution.** | |
| Pellisson, 4 ans.<br>Bussy-Rabutin, deux fois.<br>Richelieu (maréchal de), trois fois.<br>Voltaire, deux fois.<br>Rohan-Guéménée (card. de) pour l'affaire du Collier.<br>Morellet.<br>Marmontel, 11 jours. | Michaud, après 18 brumaire.<br>Nodier, après 18 brumaire:<br>»    pour complot.<br>Michaud, sous la Restauration.<br>Chateaubriand,      1832<br>Challemel-Lacour,   1851<br>Tocqueville (de),     1851<br>Montalembert (de),   1858 | |
| **Incarcérés pendant la Terreur** | **Divers.** | |
| Nivernais (duc de),<br>Loménie de Brienne, 2 fois.<br>Roquelaure.<br>Delille.<br>La Harpe.<br>Champfort.<br>Condorcet.<br>Florian.<br>Barthélemy, seize heures.<br>Volney.<br>Garat.<br>Cailhava.<br>Sicard.<br>François de Neufchâteau.<br>Arnault (A. V.).<br>Ségur (L. P. de)<br>Portalis.<br>Regnaud de Saint-Jean-d'Angely, à Douai.<br>Daru (comte).<br>Raynouard.<br>Tracy (Destutt de).<br>Duval (Alexandre).<br>Bausset (de).<br>Lally-Tollendal.<br>Sèze (de).<br>Pasquier.<br>Tissot. | Lacretelle aîné, condamné à un mois de prison qu'il n'a pas fait.<br>Lesseps (de), condamné par défaut à 5 ans, jugement non signifié.<br><br>**Condamnations à mort.**<br><br>Bailly, exécuté.<br>Malesherbes, exécuté.<br>Nicolaï, exécuté.<br>Jouy s'est évadé.<br><br>**Incarcérés à l'étranger.**<br><br>La Loubère, en Espagne.<br>Maury, en Italie.<br>Bonaparte (L.), à Turin.<br>Bassano (duc de), à Mantoue.<br>Tracy (Destutt de), à Olmütz.<br>Cousin (Victor), en Allemagne.<br>About (Edmond), en Alsace.<br><br>**Envoyés sur les pontons.**<br><br>Dupaty.<br>Féletz (de), onze mois. | |

## Académiciens ayant subi de l'exil.

| | | | |
|---|---|---|---|
| Boisrobert | Exilé en province | Fontanes | proscrit sous la Terreur |
| Bussy-Rabutin | » » » | Esménard | » 10 août 1792 |
| Fénelon | » » » | Jouy | » sous la Terreur (Suisse) |
| Rohan (card. A. de) | » 2 fois » » | Laya | » » (se cacha) |
| Mesmes (J. A,) | » à Pontoise | Montesquiou (Marquis de) | » » (Suisse) |
| Bernis (card. de) | » en province | Choiseul-Gouffier | » » (Russie) |
| Voltaire | » » 1720 | Tissot | » 3 nivôse |
| Pompignan (de) | » » province | Fontanes | proscrit au 18 fructidor |
| Rohan-Guéménée | » » » | Esménard | » » |
| Malesherbes | » » » | Suard | » » |
| Chateaubriand | » » 1812 | Portalis | » » |
| Ferrand | » » province | Michaud | » » dans le Jura |
| Nodier (Ch.) | » à Besançon | Pastoret | » » (Suisse et Venise) |
| Polignac | » deux fois | Marmontel | » » |
| Daru | » à Bourges (2ᵉ Rest.) | Montesquiou (duc de) | exilé sous le Consulat |
| Séguier (A. L.) | émigré | La Harpe | » » |
| Boisgelin | » | » | » sous l'Empire |
| Maury | » en Italie | Esménard | » en 1811 |
| Harcourt (d') | » | Duval | » en 1812 |
| Tracy (D. de) | » | Arnault (A. V.) | proscrit en 1816 |
| Chateaubriand | » | Bassano (duc de) | » » |
| Montesquiou (abbé duc de) | » en Angleterre | Bonaparte (L.) | » » |
| Bonald (de) | » 1791-1808 | Cambacérès | » » |
| Ferrand | » 1789-1801 | Etienne | » » |
| Lally-Tollendal | » en Suisse 1789 | Garat | » » |
| « | » en Angleterre 1792 | Maury (card.) | » » |
| Lévis (duc de) | » 1792 | Merlin de Douai | » » |
| Richelieu (duc de) | » 1789 | Regnaud de Saint-Jean d'Angely | » » |
| « | » 1801 | Sieyès | » » |
| « | » 1814 à Gand | Aumale (duc de) | » en 1848 |
| Lemontey | » 1793-1795 (Suisse) | Challemel-Lacour | proscrit 1852-1859 |
| Pastoret | » 1793-1795 | Rémusat | » 1851-1852 |
| Montmorency (duc de) | » en Suisse | Hugo (Victor) | » 1851-1870 |
| | | Aumale (duc de) | proscrit 1886-1890. |

## Académiciens ayant été Ministres.

| Membres du Gouvernement | Falloux (de) | Estrées (cardinal d') |
|---|---|---|
| | Favre (J.) | Estrées (arch. Jean d') |
| Dubois (abbé) | Ferrand (comte) | Estrées (maréchal d') |
| Sieyès, membre du Directoire | François de N. | Garat |
| | Frayssinous | Guizot |
| François de N., membre du Directoire | Garat | Lafaye |
| | Hanotaux | Maury, nonce |
| Merlin de Douai, membre du Directoire | Lacuée de Cessac | Montmorency (duc de) |
| | Laîné | Morville (de) |
| Cambacérès, consul | Lally-Tollendal | Nivernais (duc de) |
| Sieyès » | Lamartine | Paulmy (de) |
| Montesquiou (duc de), Gouv. prov. 1814 | Laplace | Polignac (card. de) |
| | Malesherbes | Richelieu (mar. de) |
| Lamartine, » 1848 | Merlin de Douai | Rohan-Guéménée(card.de) |
| J. Favre, Défense Nationale | Montesquiou (duc de) | Saint-Aignan(duc P.-H.de) |
| Simon (J.) » | Montmorency (duc de) | Sainte-Aulaire (comte de) |
| | Morville (de) | Salvandy (de) |
| Premiers Ministres | Pastoret | Say (Léon) |
| | Paulmy (de) | Ségur (comte L.-P. de) |
| Colbert (J.-B.) | Portalis | Sieyès |
| Dubois (cardinal) | Regnaud de Saint-Jean d'Angély | Thiers |
| Fleury (cardinal) | | Vauréal (Guérapin de) |
| Loménie de Brienne | Rémusat (de) | Villars (maréchal de) |
| Bassano (duc de) | Rœderer | |
| Molé (comte) | Rohan (card. de Conseil) de Régence | |
| Pasquier (duc) | | |
| Richelieu (duc de) | Saint-Aignan (duc P. H.) Conseil de Régence | |
| Thiers | | |
| Guizot | Villars (maréchal de Conseil de Régence) | |
| Ollivier (E.) | | |
| Broglie (duc A. de) | Estrées (maréchal d') Conseil de Régence | |
| Dufaure | | |
| Simon (J.) | Salvandy (de) | |
| Freycinet (de) | Say (Léon) | |
| | Séguier (Pierre) | |
| Ministres | Servien | |
| | Tocqueville (de) | |
| Amelot | Villemain | |
| Argenson (d') | | |
| Bausset (de) | | |
| Beauvau (prince de) | Ambassadeurs | |
| Belle-Isle (marq. de) | | |
| Bernis (card. de) | D'Aguesseau | |
| Berthelot | Barante (de) | |
| Bigot de Préameneu | Bassano (duc de) | |
| Bonaparte (Lucien) | Bautru | |
| Broglie (duc V. de) | Bernis (card. de) | |
| Cambacérès | Bonaparte (Lucien) | |
| Challemel-Lacour | Broglie (duc de) | |
| Chateaubriand | Challemel-Lacour | |
| Choiseul-Gouffier | Chataubriand | |
| Cousin (Victor) | Choiseul-Gouffier (de) | |
| Daru (comte) | Crécy (Verjus de) | |
| Dumas (J.-B.) | Dangeau (marquis de) | |
| Dupin | Dubois (cardinal) | |
| Duruy (V.) | Duras (maréchal de) | |

## Académiciens grands Dignitaires.

| Ducs et Pairs | Chevaliers des Ordres du Roi, du Saint-Esprit, de Saint-Louis | |
|---|---|---|
| Belle-Isle (maréchal de) | Argenson (M. R. d') | Aumale (duc d') |
| Clermont-Tonnerre (de év.) | Bausset (card. de) | Barante (de) |
| Coislin (duc A. de) | Beauvau (maréchal de) | Bassano (Maret, duc |
| Coislin (duc H.-C. de) | Belle-Isle (maréchal de) | Berthelot |
| Coislin (duc P. de) | Bernis (cardinal de) | Broglie (duc Victor d |
| Duras (maréchal de) | Chateaubriand | Cambacérès |
| Gondrin d'Antin (de év.) | Clermont (comte de) | Cessac (Lacuée, comt |
| Estrées (cardinal C. d') | Coëtlosquet (du, év.) | Daru |
| Estrées (maréchal d') | Coislin (duc A. de) | Dumas (J.-B.) |
| Harlay (de, archev.) | Coislin (duc H. C. de, év.) | Dupin |
| La Force (duc de Caumont) | Coislin (duc P. de) | Duruy |
| La Trémoille (duc de) | Dangeau (marquis de) | Fontanes |
| Montesquiou-Fézensac (abbé de) | Duras (maréchal de) | Gréard |
| Nivernais (duc de) | Estrées (card. d') | Guillaume (Eug.) |
| Richelieu (maréchal de) | Estrées (maréchal d') | Guizot |
| Saint-Aignan (duc F. de) | Estrées (Jean d', év.) | Jurien de la Gravière |
| Saint-Aignan (duc P.-H. de) | Frayssinous, év. | Lesseps (de) |
| Séguier (Pierre) | Harcourt (duc d') | Lucien Bonaparte |
| Villars (maréchal de) | Harlay (de, archev.) | Mignet |
| Villars (duc de) | Lainé | Molé |
| | Lévis (duc de) | Pasquier |
| | Loménie de Brienne (card. de) | Pasteur |
| Grands d'Espagne. | Luynes (card. de) | Pastoret |
| | Montesquiou-Fézensac (marquis de) | Portalis |
| Beauvau (maréchal de) | Montmorency (duc de) | Regnaud de St-Jean |
| Estrées (maréchal d') | Nivernais (duc de) | Sainte-Aulaire (comt |
| Nivernais (duc de) | Pastoret | Salvandy (de) |
| Vauréal (Guérapin de) | Paulmy d'Argenson | Ségur (L.-P. de) |
| Villars (duc de) | Polignac (card. de) | Ségur (P.-P. de) |
| Villars (maréchal de) | Richelieu (duc de) | Thiers |
| | Richelieu (maréchal de) | |
| | Rohan (card. Armand de) | |
| Chevaliers de la Toison d'Or | Rohan-Guéménée (card. de) | |
| | Roquelaure (év.) | |
| Beauvau (maréchal de) | Saint-Aignan (duc F. de) | |
| Belle-Isle (maréchal de) | Saint-Aignan (duc P. H. de) | |
| Broglie (duc Victor de) | Soubise (card. de) | |
| Chateaubriand | Villars (duc de) | |
| Duras (maréchal de) | Villars (maréchal de) | |
| Guizot | | |
| Morville (comte de) | | |
| Noailles (duc de) | | |
| Thiers | | |
| Villars (duc de) | | |
| Villars (maréchal de) | | |

## Académiciens prélats, magistrats, etc.

| Maréchaux de France. | | |
|---|---|---|
| Beauvau (prince de) | | |
| Belle-Isle (duc de) | | |
| Duras (duc de) | | |
| Richelieu (duc de) | | |
| Villars (duc de) | | |
| Estrées (duc V.-M. d') | | |

| Cardinaux. | | |
|---|---|---|
| Bausset (de) | év. | d'Alais. |
| Bernis (de) | | |
| Boisgelin (de) | arch. | d'Aix. |
| Dubois | » | Cambrai. |
| Estrées (César d') | év. | Laon. |
| Fleury | » | Fréjus. |
| Loménie de Brienne, | arch. | Toulouse. |
| Luynes (de) | » | Sens. |
| Maury | » | Paris. |
| Perraud | év. | Autun. |
| Polignac (de) | arch. | Auch. |
| Rohan (de) | év. | Strasbourg. |
| Rohan-Guéménée (de) | » | » |
| Soubise (de) | » | » |

| Archevêques. | | |
|---|---|---|
| Colbert | à | Rouen. |
| Estrées (J. d') | à | Cambrai. |
| Fénelon | » | » |
| Languet de Gergy | » | Sens. |
| Montazet | » | Lyon. |
| Nesmond | » | Toulouse. |
| Harlay (de) | » | Paris. |
| Péréfixe (de) | » | » |
| Quélen (de) | » | » |
| (V. les cardinaux-archevêques) | | |

| Evêques. | | |
|---|---|---|
| Antin (d'), Gondrin, | de | Langres. |
| Bossuet | » | Meaux. |
| Boyer, | » | Mirepoix. |
| Bussy-Rabutin, | » | Luçon. |
| Caumartin, | » | Blois. |
| Chamillard (de), | » | Senlis. |
| Chaumont (de), | » | Ax. |
| Clermont-Tonnerre, | » | Noyon. |
| Coëtlosquet (du) | » | Limoges. |
| Coislin (H.-C. de) | » | Metz. |
| Dupanloup, | » | Orléans. |
| Fléchier, | » | Nîmes. |
| Frayssinous, | » | Hermopolis |
| Godeau, | » | Grasse. |
| Huet, | » | Avranches. |
| La Rivière (P. de), | » | Angers. |
| La Ville, | » | Tricomie. |
| Massillon | » | Clermont. |
| Mangin, | » | Bazas. |
| Montigny, | » | Léon. |
| Roquelaure, | » | Senlis. |
| Sillery (B. de), | » | Soissons. |
| Surian, | » | Vence. |
| Vauréal (G. de) | » | Vannes. |
| Villar, | » | la Mayenne |

| Présidents. |
|---|
| Bouhier |
| Cousin (Louis) |
| Hénault |
| Malesherbes |
| Mesmes (J.-J. de) |
| Mesmes (J.-A. de) |
| Montesquieu |
| Nicolaï |
| Novion (Potier de) |
| Pompignan (L. de) |
| Portail |
| Rose (Toussaint) |
| Salomon de Virelade |
| Sèze (de) |
| Mainard |
| Servien |

Ampère
Andrieux
Batteux
Bernard (Cl.)
Berthelot
Bertrand (J.)
Biot
Blanc (Ch.)
Boissier (G.)
Boivin
Bourbon
Cuvier
Delille
Doujat
Flourens
Gallois
Guillaume (Eug.)
Legouvé (Ernest)
Legouvé (Gabriel)
Loménie (L. de)
Massieu
Nisard
Paris (G.)
Pastoret
Renan (E.)
Sainte-Beuve
Sallier
Terrasson
Tissot

## Membres de l'Académie française ayant fait partie d'une autre des quatre Académies.

### I. — Académie des Médailles, puis des Inscriptions.

#### (ANCIENNE)

| | | | |
|---|---|---|---|
| Arnaud | | Fontenelle | |
| Bailly | | Fraguier | |
| Barthélemy | | Gallois | |
| Batteux | | Gédoyn | |
| Beauvau (de) | honoraire | Gondrin d'Antin (de), év. | honoraire |
| Bernis (card. de) | » | Hardion | » |
| Bignon (J.-P.) | » | Hénault (président) | honoraire |
| Bignon (A.-J.) | » | La Loubère | |
| Boileau-Despréaux | | Loménie de Brienne | honoraire |
| Boivin | | Louvois, év. | » |
| Bougainville | secrétaire perp. | Malesherbes | » |
| Bourzeys | | Massieu | |
| Boyer, év. de Mirepoix | honoraire | Mongault | |
| Boze (Gros de) | secrétaire perp. | Nivernais (duc de) | honoraire |
| Bréquigny (de) | | Paulmy d'Argenson (de) | » |
| Cassagne | | Pavillon | |
| Caumartin | honoraire | Perrault (Charles) | |
| Chabanon | | Polignac (card. de) | honoraire |
| Chapelain | | Quinault | |
| Charpentier | | Racine | |
| Choiseul-Gouffier (de) | | Renaudot | |
| Coislin (H.-C. de), év. | honoraire | Rohan (card. A. de) | honoraire |
| Colbert (J.-N.), arch. | | Rothelin (abbé de) | » |
| Corneille (Thomas) | | Saint-Aignan (duc P.-H. de) | » |
| Dacier (André) | | Sainte-Palaye (Lacurne de) | |
| Dacier (B.-J.) | secrétaire perp. | Sallier | |
| Danchet | | Sillery (Brûlart de) | honoraire |
| Dubois (cardinal) | honoraire | Tallemant (Paul) | |
| Duclos | | Terrasson | |
| Du Resnel | | Tourreil | |
| Estrées (maréchal d') | honoraire | Valincour | |
| Fleury (cardinal) | » | Voltaire | |
| Foncemagne | | | |

#### (NOUVELLE)

| | | | |
|---|---|---|---|
| Ampère (J.-J.-A.) | | Michaud | |
| Biot | | Montesquiou-Fézensac (abbé de) | |
| Choiseul-Gouffier (de) | | Nisard | |
| Cuvier | | Paris (Gaston) | |
| Dacier (B.-J.) | secrétaire perp. | Pastoret | |
| Duruy | | Raynouard | |
| Gaillard | | Renan (Ernest) | |
| Guizot | | Villemain | |
| Littré | | Vitet | |
| Martin (Henri) | | Vogüé (marquis M. de) | |
| Mérimée | | | |

## II. — Académie des Sciences

### (ANCIENNE)

| | | | |
|---|---|---|---|
| Alembert (d') | | La Condamine | |
| Amelot de Chaillou | honoraire | Laplace | |
| Argenson (d') | » | Loménie de Brienne | honoraire |
| Bailly | | Louvois (abbé de), év. | » |
| Bignon (J.-P.) | honoraire | Luynes (cardinal de) | » |
| Bourzeys | | Mairan | secrét. perpét. |
| Boyer, év. de Mirepoix | honoraire | Malesherbes | honoraire |
| Buffon | | Malézieu | » |
| Condorcet | | Maupertuis | |
| Dangeau (marquis de) | honoraire | Paulmy (d'Argenson de) | honoraire |
| Dubois (cardinal) | » | Polignac (card. de) | » |
| Estrées (maréchal d') | » | Richelieu (maréchal de) | » |
| Fleury (cardinal) | » | Rohan (card. A. de) | » |
| Fontenelle | secrét. perpét. | Terrasson | |
| Gallois | | Tressan (de) | |
| La Chambre (Marin Cureau de) | | Valincour | honoraire |
| | | Vicq d'Azyr | secrét. perpét. |

### (NOUVELLE)

| | | | |
|---|---|---|---|
| Bernard (Claude) | | Flourens | secrét. perpét. |
| Berthelot | secrét. perpét. | Fourier | » |
| Bertrand (Joseph) | » | Freycinet (de) | |
| Biot | | Jurien de la Gravière | |
| Cuvier | secrét. perpét. | Laplace | |
| Dacier (B.-J.) | | Lesseps | |
| Daru | | Pasteur | |
| Dumas (J.-B.) | secrét. perpét. | | |

## III. — Académie des Sciences Morales et Politiques.

| | |
|---|---|
| Aumale (duc d') | Merlin de Douai |
| Bassano (Maret, duc de) | Mignet |
| Broglie (duc Victor de) | Pastoret |
| Caro | Rœderer |
| Cessac (Lacuée, comte de) | Rémusat (Ch. de) |
| Cousin (Victor) | Salvandy (de) |
| Dacier (B.-J.) | Say (Léon) |
| Droz | Sieyès |
| Dupin | Simon (Jules) |
| Duruy | Sorel (Albert) |
| Garat | Thiers |
| Gebhardt | Tocqueville (de) |
| Gréard | Tracy (Destutt de) |
| Guizot | Villemain |
| Martin (Henri) | Volney |

## IV. Ancienne Académie royale de Peinture et Sculpture.

Aguesseau (d')
Bignon (J.-P.)
Boze (Gros de)
Watelet

## VI. Académie des Beaux-Arts.

Aumale (duc d')
Blanc (Charles)
Choiseul-Gouffier (comte de)
Guillaume (Eugène)
Richelieu (duc de)

## V. Ancienne Académie royale d'Architecture.

Sedaine      secrét. perp.

## Académiciens membres de l'Institut (1795-1803).

| | | | | | | |
|---|---|---|---|---|---|---|
| Andrieux | 3ᵉ classe | 1795 | Garat | 2ᵉ classe | 1795 |
| Arnault | » | | Laplace | 1ʳᵉ » | » |
| Biot | 1ʳᵉ » | 1800 | Lebrun (Ecouchard) | 3ᵉ » | » |
| Cabanis | 2ᵉ » | 1795 | Legouvé (Gabriel) | 3ᵉ » | |
| Cailhava | » | | Marmontel | 3ᵉ » | |
| Cambacérès | 2ᵉ » | 1795 | Merlin de Douai | 2ᵉ » | 1795 |
| Cessac (Lacuée de) | 2ᵉ » | 1795 | Naigeon | 2ᵉ » | » |
| Chénier (M.-J.) | 3ᵉ » | 1795 | Pastoret | 2ᵉ » | » |
| Collin-d'Harleville | 3ᵉ » | 1795 | Préameneu (Bigot de) | | |
| Cuvier, secrét. perpét. | 1ʳᵉ » | 1795 | Rœderer | 2ᵉ » | 1795 |
| Dacier (B.-J.) | 2ᵉ » | 1795 | St-Pierre (Bernardin de) | 2ᵉ » | » |
| Delille | 3ᵉ » | 1795 | Saint-Lambert | » | |
| De Sèze | » | | Sicard | 3ᵉ » | 1795 |
| Domergue | 3ᵉ » | 1795 | Sieyès | 2ᵉ » | » |
| Ducis | 3ᵉ » | 1795 | Tracy (Destutt de) | 2ᵉ » | |
| Fontanes | 3ᵉ » | 1795 | Villar | 3ᵉ » | 1795 |
| François de Neufchâteau | » | | Volney | 2ᵉ » | » |
| Gaillard | 2ᵉ » | 1795 | | | |

## (1803-1816).

| | | | | |
|---|---|---|---|---|
| Biot | 1ʳᵉ classe | Dacier (B.-J.) | 3ᵉ classe |
| Choiseul-Gouffier | 3ᵉ » | Gaillard | 3ᵉ » |
| Laplace | 1ʳᵉ » | Pastoret | 3ᵉ » |
| Cuvier, secrét. perpét. | 1ʳᵉ » | | |

## Les Doyens de l'Académie.

| | | | |
|---|---|---|---|
| Porchères-Laugier (1) | Né en 1562 | Doyen d'âge | Mort 26 oct. 1 |
| Desmarets (2) | Fondation | .......... | » 28 » 1 |
| Montmor (Habert de) (3) | Nommé 4 déc. 1634 | .......... | » 21 janv. 1 |
| Patru (Olivier) | Elu 3 sept. 1640 | Doyen en 1679 | » 16 » 1 |
| Corneille (Pierre) | » 22 janv. 1647 | » » 1681 | » 1er oct. 1 |
| Doujat | » en 1650 | » » 1684 | » 27 » 1 |
| Charpentier | » fin 1650 | » » 1688 | » 22 avril 17 |
| Coislin (duc A. de) | » en 1652 | » 22 avril 1702 | » 16 sept. 17 |
| Estrées (card. César d') | » » 1658 | » en 1702 | » 18 déc. 17 |
| Dangeau (marq. de) | » » 1667 | » » 1714 | » 9 sept. 17 |
| Huet | » » 1674 | » 9 sept. 1720 | » 26 janv. 17 |
| Dangeau (abbé de) | » » 1682 | » en 1721 | » 1er » 17 |
| Choisy (abbé de) | » » 1687 | » » 1723 | » 2 oct. 17 |
| Fontenelle | » » 1691 | » » 1724 | » 9 janv. 17 |
| Richelieu (maréchal de) | » » 1720 | » » 1757 | » 8 août 17 |
| Nivernais (duc de) | » » 1743 | » » 1788 | » 25 fév. 17 |
| Rohan-Guéménée (card. de) (4) | » » 1761 | » » 1798 | » 17 » 18 |
| Saint-Lambert (5) | » » 1770 | .......... | » 9 » 18 |
| Roquelaure | » » 1771 | Doyen en 1803 | » 24 avril 18 |
| Morellet | » » 1785 | » » 1818 | » 12 janv. 18 |
| Aguesseau (d') (6) | » » 1788 | » » 1819 | » 22 » 18 |
| Garat (7) | Nommé en 1803 | » » 1826 | » 9 déc. 18 |
| Merlin de Douai (8) | » » » | » » 1833 | » 26 » 18 |
| Lacuée de Cessac (9) | » » » | » » 1838 | » 18 juin 18 |
| Lacretelle jeune (Charles) | Elu » 1811 | » » 1841 | » 20 mars 18 |
| Villemain | » » 1821 | » » 1855 | » 8 mai 18 |
| Lebrun (P.-A.) | » » 1828 | » » 1870 | » 22 » 18 |
| Thiers | » » 1833 | » » 1873 | » 3 sept. 18 |
| Mignet | » » 1836 | » » 1877 | » 24 mars 18 |
| Hugo (Victor) | » » 1841 | » » 1884 | » 22 mai 18 |
| Noailles (duc de) | » » 1849 | » 22 mai 1885 | » 29 » 18 |
| Nisard (D.) | » » 1850 | » 29 » 1885 | » 25 mars 18 |
| Legouvé (E.) | » » 1855 | » » 1888 | » 13 » 19 |
| Ollivier (E.) | » » 1870 | » » 1903 | .......... |

1. Doyen d'âge des quarante premiers académiciens.
2. Doyen du groupe des Amis de Conrart.
3. Dernier survivant des quarante premiers académiciens.
4. Doyen des membres de l'ancienne Académie ; il ne faisait pas partie de la nouvelle organisat
5. Doyen des membres de l'ancienne Académie, faisant partie de l'organisation de 1803.
6. Dernier survivant de l'ancienne Académie.
7. Exclu en 1816 ; doyen des académiciens nommés en 1803.
8. Exclu en 1816 ; doyen des académiciens nommés en 1803.
9. Dernier survivant des académiciens nommés en 1803 et maintenus en 1816.

## Ages extrêmes de réception.

| | | | |
|---|---|---|---|
| Coislin (marquis A. de) | 16 ans 1/2 | Broglie (V. de) | 70 ans |
| Soubise | 23 » | Cousin (Louis) | 70 » |
| Richelieu (maréchal de) | 24 » | Châteaubrun | 70 » |
| Colbert (archevêque J.-N.) | 24 » | Duvergier de Hauranne | 71 » |
| Tallemant (Paul) | 24 » | Littré | 71 » |
| Salomon de Virelade | 24 » | M. le marquis M. de Vogüé | 71 » |
| Cerisy (G. Habert de) | 24 » | Porchères-Laugier | 72 » |
| Paulmy d'Argenson | 26 » | La Monnoye (de) | 72 » |
| Caumartin | 26 » | Viel-Castel (de) | 72 » |
| Bazin de Besons | 26 » | Barthélemy | 73 » |
| Dangeau (marquis de) | 27 » | Cailhava | 73 » |
| Rohan-Guéménée | 27 » | Duruy | 73 » |
| Nivernais (duc de) | 27 » | M. Berthelot | 73 » |
| Lucien Bonaparte | 27 » | E. Lebrun | 74 » |
| Ph. Habert | 28 » | Pasquier (duc) | 74 » |
| Bourzeys | 28 » | J.-B. Dumas | 75 » |
| J. Esprit | 28 » | Tressan (comte de) | 76 » |
| Gilles Boileau | 28 » | Jurien de la Gravière | 76 » |
| Godeau | 29 » | M. Guillaume | 76 » |
| Pellisson | 29 » | Lesseps (de) | 79 » |
| Bernis (de) | 29 » | Laujon | 80 » |
| Bissy (de) | 29 » | Dacier (B.-J.) | 80 » |
| Gassagne | 29 » | Biot | 82 » |
| Rohan (A.-G. de) | 29 » | | |

## Ages extrêmes des décès.

| | | | |
|---|---|---|---|
| Habert (Ph.) | 32 ans | Gombauld | 90 ans |
| La Trémoïlle (de) | 33 » | Rose (Toussaint) | 90 » |
| Montigny (de) | 35 » | Fleury (cardinal) | 90 » |
| Montereul | 37 » | Châteaubrun | 90 » |
| Gilles Boileau | 37 » | Viennet | 90 » |
| Soubise (cardinal de) | 39 » | Porchères-Laugier | 91 » |
| Florian | 39 » | Huet | 91 » |
| Bardin | 40 » | Saint Aignan (duc P.-H. de) | 91 » |
| Gondrin d'Antin | 41 » | Dacier (B.-J) | 91 » |
| Bougainville | 41 » | Richelieu (maréchal de) | 92 » |
| Prévost-Paradol | 41 » | Morellet | 92 » |
| Du Chastelet | 43 » | Ségur (comte P.-P. de) | 92 » |
| Abbé Louvois | 43 » | Mairan | 93 » |
| Esménard | 43 » | Pasquier (duc) | 95 » |
| Colardeau | 44 » | Legouvé (Ernest) | 96 » |
| | | Roquelaure | 97 » |
| | | Sainte-Aulaire (marquis de) | 99 » |
| | | Fontenelle | 100 » |

## Limites extrêmes de la durée des fonctions.

| | | | |
|---|---|---|---|
| Colardeau | 36 jours | Thiers | 44 ans |
| Devaines | 2 mois | Victor Hugo | 44 » |
| Montmorency (duc de) | 6 semaines | Lacretelle aîné (D.) | 44 » |
| après sa réception; après son élection. | 4 mois 1/2 | Montmor (Habert de) | 45 » |
| | | La Chambre (M. C. de) | 45 » |
| Saint-Ange | 5 » | Olivet (abbé d') | 45 » |
| Esménard | 7 » | Luynes (cardinal de) | 45 » |
| Granier, exclu | 8 » | Lebrun (P.-A.) | 45 » |
| Montigny (de) | 8 » | Tallemant (Paul) | 46 » |
| Goibaud-Dubois | 8 » | Rohan (cardinal A.-G. de) | 46 » |
| Dubois (cardinal) | 8 » | Huet | 46 » |
| Vatout | 10 » | Hénault (président) | 47 » |
| About (Edmond) | 1 an | Alary (abbé) | 47 » |
| Bardin | 14 mois | Roquelaure | 47 » |
| La Faye (Leriget de) | 17 » | Saint-Pierre (abbé de) | 48 » |
| Poncet de La Rivière | 19 » | Mignet | 48 » |
| Lacordaire (le P.) | 21 » | Legouvé (Ernest) | 48 » |
| Tressan (comte de) | 22 » | Saint-Aignan (duc P.-H.) | 49 » |
| Saint-Priest environ | 2 » | Coislin (duc A. de) | 50 » |
| Du Chastelet (Hay) | 2 » | Bignon (J.-P.) | 50 » |
| Montereul | 3 » | Bernis (cardinal de) | 50 » |
| La Bruyère | 3 » | Villemain | 50 » |
| Argenson (d') | 3 » | Charpentier | 51 » |
| La Trémoïlle (de) | 3 » | Dangeau (marquis de) | 52 » |
| | | Nivernais (duc de) | 55 » |
| | | Estrées (cardinal d') | 56 » |
| | | Bissy (comte de) | 60 » |
| | | Fontenelle | 65 » |
| | | Richelieu (maréchal de) | 68 » |

## Pseudonymes.

Alembert (d'), enfant naturel, trouvé sur les marches de l'église *Saint-Jean-Le-Rond*.
Belloy (de) de son vrai nom Pierre Laurent *Buirette*.
Chamfort enfant trouvé, baptisé sous les prénoms *Sébastien-Roch-Nicolas*.
Claretie (Jules) de son vrai nom Arsène *Arnaud*.
Coppée (François) » Francis *Coppée*.
Delille (abbé (Jacques) » Jacques *Fontanier*.
France (Anatole) » Anatole *Thibault*.
La Motte (Houdar de) La Motte est le nom d'une terre. Il s'appelait *Houdar*.
Jouy (de) de son vrai nom Victor-Joseph *Etienne*.
Loti (Pierre) » Julien *Viaud*.
Mézeray nom d'un canton ; s'appelait François *Eudes*.
Saint-Ange (de) » Ange *Fariau*.
Saint-Marc Girardin » Marc *Girardin*.
Saint-René Taillandier » René *Taillandier*.
Simon (Jules) » Simon Jules *Suisse*.
Sully Prud'homme » F. R. A. *Prud'homme*.
Vaugelas nom de sa mère il s'appelait Claude *Favre*.
Vitet (Ludovic) de son vrai nom Louis *Vitet*.
Volney nom d'un canton ; se fit appeler Boisgirais; s'appelait *Chasseboeuf*.
Voltaire anagramme de son nom Arouet le jeune, qui s'écrivait Arovet l. i.

## Ordre de Succession des 40 Fauteuils

*Le nombre qui précède le nom de chaque académicien correspond au numéro d'ordre de sa Notice.*

| 1ᵉʳ Fauteuil | | 4ᵉ Fauteuil | | 7ᵉ Fauteuil | |
|---|---|---|---|---|---|
| 36 Séguier (Pierre) | 1635 | 10 Desmarets | 1634 | 3 Chapelain | |
| 47 Bezons (Bazin de) | 1643 | 93 Mesmes (J.-J. de) | 1676 | 89 Benserade | |
| 101 Boileau-Despréaux | 1684 | 105 Testu de Mauroy | 1688 | 110 Pavillon | |
| 145 Estrées (arch. Jean d') | 1711 | 136 Louvois (abbé de) | 1706 | 135 Sillery (Brûlart de) | |
| 155 Argenson (René d') | 1718 | 157 Massillon | 1719 | 151 La Force (duc de Caumont) | |
| 163 Languet de Gergy | 1721 | 206 Nivernais (duc de) | 1745 | 174 Mirabaud (J.-B.) | |
| 215 Buffon | 1753 | | | 227 Watelet | |
| 273 Vicq d'Azyr | 1788 | 298 Legouvé (Gabriel) | 1803 | 269 Sedaine | |
| | | 323 Duval (Alexandre) | 1812 | | |
| 292 Domergue | 1803 | 381 Ballanche | 1842 | 297 Collin d'Harleville | |
| 316 Saint-Ange | 1810 | 391 Vatout | 1847 | 310 Daru (comte) | |
| 318 Parseval-Grandmaison | 1811 | 393 Saint-Priest (comte de) | 1849 | 359 Lamartine | |
| 370 Salvandy (comte de) | 1835 | 397 Berrer | 1854 | 423 Ollivier (Emile) | |
| 405 Augier (Emile) | 1857 | 420 Champagny (comte de) | 1869 | | |
| 470 Freycinet (de) | 1891 | 454 Mazade (de) | 1882 | | |
| | | 477 Hérédia (J.-M. de) | 1893 | 8ᵉ Fauteuil | |

| 2ᵉ Fauteuil | | 5ᵉ Fauteuil | | 7 Malleville | |
|---|---|---|---|---|---|
| | | | | 51 Ballesdens | |
| 1 Conrart | 1634 | | | 91 Cordemoy (Gérard de) | |
| 92 Rose (Toussaint) | 1675 | 2 Gombauld | 1634 | 103 Bergeret | |
| 127 Sacy (Louis de) | 1701 | 75 Tallemant (abbé Paul) | 1666 | 120 Saint-Pierre (abbé de) | |
| 178 Montesquieu | 1728 | 146 Danchet | 1712 | 203 Maupertuis (de) | |
| 220 Châteaubrun (de) | 1755 | 210 Gresset | 1748 | 225 Pompignan (Lefranc de) | |
| 250 Chastellux (de) | 1775 | 255 Millot (abbé) | 1778 | 265 Maury (abbé) 1ʳᵉ élection | |
| .7 Nicolaï (de) | 1788 | 265 Morellet | 1785 | | |
| | | | | 305 Regnaud de S¹ Jean d'Angély | |
| 294 François de Neufchâteau | 1803 | 265 Morellet | 1803 | | |
| 357 Lebrun (P.-A) | 1828 | 342 Lémontey | 1819 | 336 Laplace | |
| 435 Dumas fils (Alexandre) | 1874 | 355 Fourier | 1826 | 356 Royer-Collard | |
| 487 Theuriet (André) | 1896 | 362 Cousin (Victor) | 1830 | 388 Rémusat (Ch. de) | |
| | | 417 Favre (Jules) | 1867 | 437 Simon (Jules) | |
| | | 448 Rousse | 1880 | 485 Mun (comte de) | |

| 3ᵉ Fauteuil | | 6ᵉ Fauteuil | | 9ᵉ Fauteuil | |
|---|---|---|---|---|---|
| Serisay (de) | 1634 | | | | |
| 6 Chaumont (de) | 1654 | 11 Boisrobert | 1634 | 9 Faret | |
| 61 Cousin (président Louis) | 1697 | 70 Segrais | 1662 | 49 Du Ryer | |
| 124 Mimeure (Valon de) | 1707 | 129 Campistron | 1701 | 65 Estrées (card. César d') | |
| 138 Gédoyn (abbé) | 1719 | 167 Destouches | 1723 | 152 Estrées (maréchal V.-M. d') | |
| 158 Bernis (cardinal de) | 1744 | 218 Boissy (de) | 1754 | 195 La Trémoille (de) | |
| 206 | | 224 Sainte-Palaye (Lacurne de) | 1758 | 196 Soubise (card. de) | |
| Sicard (abbé) | 1803 | 260 Chamfort | 1781 | 222 Montazet | |
| 293 Frayssinous | 1822 | | | 274 Boufflers | |
| 345 Pasquier (duc) | 1842 | 288 Rœderer | 1803 | | |
| 380 Dufaure (Jules) | 1862 | | | | |
| 412 Cherbuliez (Victor) | 1881 | 334 Lévis (duc) | 1816 | 274 Boufflers | |
| 451 Faguet (Emile) | 1899 | 360 Ségur (comte P.-P. de) | 1830 | 327 Baour-Lormian | |
| 492 | | 432 Viel-Castel (comte de) | 1874 | 402 Ponsard | |
| | | 468 Jurien de la Gravière | 1888 | 418 Autran (Joseph) | |
| | | 472 Lavisse (Ernest) | 1892 | 441 Sardou (Victorien) | |

# PIÈCES JUSTIFICATIVES

## 10ᵉ Fauteuil

| | | |
|---|---|---|
| 4 | Godeau | 1634 |
| 86 | Fléchier | 1673 |
| 143 | Nesmond (H. de) | 1710 |
| 177 | Amelot de Chaillou | 1727 |
| 212 | Belle-Isle (maréch. de) | 1749 |
| 229 | Trublet (abbé) | 1761 |
| 238 | Saint-Lambert (de) | 1770 |
| 238 | Saint-Lambert (de) | 1803 |
| 307 | Bassano (Maret duc de) | 1803 |
| 330 | Lainé | 1816 |
| 371 | Dupaty | 1836 |
| 396 | Musset (Alfred de) | 1852 |
| 406 | Laprade (Victor de) | 1858 |
| 456 | Coppée (François) | 1884 |

## 11ᵉ Fauteuil

| | | |
|---|---|---|
| 5 | Habert (Philippe) | 1634 |
| 44 | Esprit (Jacques) | 1639 |
| 94 | Colbert, archevêque | 1678 |
| 140 | Fraguier (abbé) | 1708 |
| 179 | Rothelin (abbé de) | 1728 |
| 205 | Girard (abbé) | 1744 |
| 211 | Paulmy d'Argenson | 1748 |
| 271 | Aguesseau (d') | 1788 |
| 271 | Aguesseau (d') | 1803 |
| 353 | Brifaut (Ch.) | 1826 |
| 407 | Sandeau (Jules) | 1859 |
| 455 | About (Edmond) | 1884 |
| 461 | Say (Léon) | 1885 |
| 484 | Vandal (Albert) | 1896 |

## 12ᵉ Fauteuil

| | | |
|---|---|---|
| 8 | Cerisy (Habert de) | 1634 |
| 63 | Colin (abbé) | 1655 |
| 98 | Dangeau (abbé de) | 1682 |
| 166 | Morville (Fleuriau de) | 1723 |
| 186 | Terrasson (abbé) | 1732 |
| 214 | Bissy (comte de) | 1750 |
| 214 | Bissy (comte de) | 1803 |
| 317 | Esménard | 1810 |
| 319 | Lacretelle jeune (Charles) | 1811 |
| 403 | Biot | 1856 |
| 411 | Carné (comte de) | 1862 |
| 439 | Blanc (Charles) | 1876 |
| 453 | Pailleron (Edouard) | 1882 |
| 491 | Hervieu (Paul) | 1899 |

## 13ᵉ Fauteuil

| | | |
|---|---|---|
| 17 | Méziriac (de) | 1634 |
| 45 | La Mothe le Vayer | 1639 |
| 87 | Racine | 1673 |
| 126 | Valincour | 1699 |
| 182 | La Faye (Leriget) | 1730 |
| 184 | Crébillon | 1731 |
| 233 | Voisenon | 1762 |
| 252 | Boisgelin (card. de) | 1776 |
| 252 | Boisgelin (card. de) | 1803 |
| 309 | Dureau de la Malle | 1804 |
| 312 | Picard | 1807 |
| 299 | Arnault (A. V.) 2ᵉ élection | 1829 |
| 369 | Scribe | 1834 |
| 410 | Feuillet (Octave) | 1862 |
| 471 | Loti (Pierre) | 1891 |

## 14ᵉ Fauteuil

| | | |
|---|---|---|
| 18 | Mainard | 1634 |
| 50 | Corneille (Pierre) | 1647 |
| 102 | Corneille (Thomas) | 1685 |
| 141 | La Motte (Houdar de) | 1710 |
| 185 | Bussy-Rabutin, évêque | 1732 |
| 194 | Foncemagne | 1737 |
| 257 | Chabanon | 1780 |
| 282 | Naigeon | 1803 |
| 315 | Lemercier (Népomucène) | 1810 |
| 376 | Hugo (Victor) | 1841 |
| 462 | Leconte de Lisle | 1886 |
| 480 | Houssaye (Henry) | 1894 |

## 15ᵉ Fauteuil

| | | |
|---|---|---|
| 13 | Bautru | 1635 |
| 74 | Testu (Jacques) de Belval | 1665 |
| 137 | Sainte-Aulaire (marq. de) | 1706 |
| 201 | Mairan (Dortous de) | 1743 |
| 243 | Arnaud (abbé) | 1771 |
| 266 | Target | 1785 |
| 266 | Target | 1803 |
| 265 | Maury (card.) 2ᵉ élection | 1806 |
| 329 | Montesquiou-Fézensac (abbé duc de) | 1816 |
| 364 | Jac | 1832 |
| 399 | Say (Sylvestre de) | 1854 |
| 447 | Labiche | 1880 |
| 467 | Meilhac (Henri) | 1888 |
| 488 | Lavedan (Henri) | 1897 |

## 16ᵉ Fauteuil

| | | |
|---|---|---|
| 15 | Sirmond | 1634 |
| 53 | Montereul | 1639 |
| 58 | Tallemant (abbé F.) | 1673 |
| 115 | La Loubère (Simon de) | 1699 |
| 181 | Sallier (abbé) | 1730 |
| 231 | Coëtlosquet (du) | 1731 |
| 264 | Montesquiou-Fésenzac (marq. de) | 1762 |
| 299 | Arnault (A.-V.) | 1803 |
| 335 | Richelieu (duc de) | 1807 |
| 346 | Dacier (B.-J.) | 1829 |
| 366 | Tissot | 1834 |
| 398 | Dupanloup | 1862 |
| 445 | Audiffret-Pasquier (duc de) | 1891 |

## 17ᵉ Fauteuil

| | | |
|---|---|---|
| 22 | Colomby | 1634 |
| 54 | Tristan l'Hermite | 1647 |
| 64 | La Mesnadière (de) | 1685 |
| 72 | Saint-Aignan (duc F.-H. de) | 1710 |
| 104 | Choisy (abbé de) | 1737 |
| 172 | Portail | 1780 |
| 193 | La Chaussée (de) | |
| 217 | Bougainville | 1803 |
| 235 | Marmontel | 1810 |
| 300 | Fontanes | 1841 |
| 344 | Villemain | 1886 |
| 427 | Littré | 1894 |
| 450 | Pasteur | |
| 483 | Paris (Gaston) | |
| 497 | Masson (Frédéric) | |

## 18ᵉ Fauteuil

| | | |
|---|---|---|
| 23 | Baudoin | |
| 57 | Charpentier | |
| 130 | Chamillart (de) | |
| 148 | Villars (maréchal de) | 1803 |
| 190 | Villars (duc de) | 1806 |
| 239 | Loménie de Brienne (card.) | |
| 287 | Lacuée de Cessac | 1816 |
| 379 | Tocqueville (de) | 1832 |
| 408 | Lacordaire (le Père) | 1854 |
| 409 | Broglie (duc Albert de) | 1880 |
| 494 | Vogüé (marquis M. de) | 1888 |

| 19ᵉ Fauteuil | | | 22ᵉ Fauteuil | | | 25ᵉ Fauteuil | | |
|---|---|---|---|---|---|---|---|---|
| 25 | Porchères-d'Arbaud | 1634 | 21 | Saint-Amant | 1634 | 24 | L'Estoile (Claude de) | 1 |
| 46 | Patru | 1640 | 68 | Cassagne (abbé) | 1661 | 59 | Coislin (duc A. de) | 1 |
| 97 | Novion (Potier de) | 1681 | 96 | Crécy (Verjus de) | 1679 | 131 | Coislin (duc P. de) | 1 |
| 116 | Goibaud-Dubois | 1693 | 142 | Mesmes (Antoine de) | 1710 | 144 | Coislin (duc H. de) | 1 |
| 118 | Boileau (Charles abbé) | 1694 | 171 | Alary | 1723 | 187 | Surian | |
| 134 | Abeille | 1704 | 242 | Gaillard (abbé) | 1771 | 219 | Alembert (d') | |
| 156 | Montgault | 1718 | | | | 262 | Choiseul-Gouffier, 1ʳᵉ élect. | 1 |
| 209 | Duclos | 1748 | 303 | Ségur (comte L.-P. de) | 1803 | | | |
| 245 | Beauzée | 1772 | 363 | Viennet | 1830 | 304 | Portalis | |
| 277 | Barthélemy | 1789 | 421 | Haussonville père (comte d') | 1869 | 313 | Laujon | |
| | | | 460 | Halévy (Ludovic) | 1884 | 320 | Etienne, 1ʳᵉ élection | |
| 295 | Chénier (M.-J. de) | 1803 | | | | | | |
| 321 | Chateaubriand | 1811 | | | | 262 | Choiseul-Gouffier, 2ᵉ fois | 1 |
| 392 | Noailles (duc de) | 1848 | | 23ᵉ Fauteuil | | 339 | Laya | 1 |
| 463 | Hervé (Edouard) | 1886 | | | | 368 | Nodier (Charles) | 1 |
| 493 | Deschanel (Paul) | 1899 | 19 | Colletet | 1634 | 384 | Mérimée | |
| | | | 66 | Boileau (Gilles) | 1659 | 428 | Loménie (L. de) | 1 |
| | | | 79 | Montigny | 1670 | 444 | Taine | 1 |
| | 20ᵉ Fauteuil | | 85 | Perrault (Ch.) | 1671 | 478 | Sorel (Albert) | 1 |
| | | | 132 | Rohan (card. de) | 1704 | | | |
| 12 | Du Chastelet (Paul Hay) | 1634 | 213 | Vauréal (Guérapin de) | 1749 | | | |
| 42 | Ablancourt (Perrot d') | 1637 | 226 | La Condamine | 1760 | | 26ᵉ Fauteuil | |
| 73 | Bussy-Rabutin (comte R.de) | 1665 | 247 | Delille (Jacques) | 1774 | | | |
| 113 | Bignon (abbé J.-P.) | 1693 | | | | 16 | Bourzeys | 1 |
| 204 | Bignon (Jérôme) | 1743 | 247 | Delille (Jacques) | 1803 | 88 | Gallois (abbé) | 1 |
| 246 | Bréquigny (de) | 1772 | 322 | Campenon | 1813 | 139 | Mongin | 1 |
| | | | 383 | Saint-Marc Girardin | 1844 | 208 | La Ville (abbé de) | 1 |
| 296 | Ecouchard-Lebrun | 1803 | 434 | Mézières | 1874 | 248 | Suard | 1 |
| 311 | Renouard | 1807 | | | | | | |
| 373 | Mignet | 1836 | | | | 248 | Suard | 1 |
| 458 | Duruy (V.) | 1884 | | 24ᵉ Fauteuil | | 340 | Roger | 1 |
| 481 | Lemaître (Jules) | 1895 | | | | 382 | Patin | 1 |
| | | | 14 | Silhon | 1634 | 440 | Boissier (Gaston) | 1 |
| | | | 77 | Colbert (J.-B.) | 1667 | | | |
| | 21ᵉ Fauteuil | | 100 | La Fontaine | 1684 | | 27ᵉ Fauteuil | |
| | | | 121 | Clérambault | 1695 | | | |
| 20 | Gomberville | 1634 | 149 | Massieu | 1714 | | | |
| 90 | Huet | 1674 | 165 | Houtteville (abbé) | 1723 | 26 | Servien | |
| 162 | Boivin | 1721 | 199 | Marivaux | 1743 | 67 | Villayer (Renouard de) | 1 |
| 175 | Saint-Aignan (duc P.-H. de) | 1726 | 234 | Radonvilliers (abbé de) | 1760 | 109 | Fontenelle | 1 |
| 253 | Colardeau | 1776 | | | | 223 | Séguier (A.-L.) | 1 |
| 254 | La Harpe | 1776 | 278 | Volney | 1803 | | | |
| | | | 343 | Pastoret (marquis de) | 1820 | 281 | Saint-Pierre (Bernardin de) | 1 |
| 254 | La Harpe | 1803 | 377 | Sainte-Aulaire (comte de) | 1841 | 325 | Aignan | 1 |
| 308 | Lacretelle aîné (P.-L.) | 1803 | 401 | Broglie (duc V. de) | 1855 | 348 | Soumet | 1 |
| 349 | Droz | 1824 | 426 | Duvergier de Hauranne | 1870 | 387 | Vitet | 1 |
| 395 | Montalembert (de) | 1851 | 449 | Sully-Prudhomme | 1881 | 433 | Caro | 1 |
| 430 | Aumale (duc d') | 1871 | | | | 465 | Haussonville fils (Cᵗᵉ O. d') | 1 |
| 490 | Guillaume (Eugène) | 1897 | | | | | | |
| 500 | Lamy (Et.) | 1905 | | | | | | |

# PIÈCES JUSTIFICATIVES

## 28ᵉ Fauteuil

| | | |
|---|---|---|
| 27 | Balzac (L. Guez de) | 1634 |
| 62 | Péréfixe (Hardouin de) | 1654 |
| 83 | Harlay (de) | 1671 |
| 122 | Dacier (André) | 1695 |
| 164 | Dubois (cardinal) | 1722 |
| 170 | Hénault (président) | 1723 |
| 241 | Beauvau (prince de) | 1771 |
| 284 | Merlin de Douai | 1803 |
| 332 | Ferrand (comte) | 1816 |
| 350 | Delavigne (Casimir) | 1825 |
| 385 | Sainte-Beuve | 1843 |
| 424 | Janin (Jules) | 1870 |
| 436 | Lemoinne (John) | 1875 |
| 476 | Brunetière (Ferdinand) | 1893 |

## 29ᵉ Fauteuil

| | | |
|---|---|---|
| 28 | Bardin | 1634 |
| 41 | Bourbon (Nicolas) | 1637 |
| 48 | Salomon | 1644 |
| 82 | Quinault | 1670 |
| 108 | Callières (de) | 1689 |
| 154 | Fleury (cardinal) | 1717 |
| 202 | Luynes (card. de) | 1743 |
| 272 | Florian | 1788 |
| 289 | Cailhava | 1803 |
| 324 | Michaud | 1813 |
| 374 | Flourens | 1840 |
| 419 | Bernard (Claude) | 1868 |
| 442 | Renan (Ernest) | 1878 |
| 475 | Challemel-Lacour | 1893 |
| 489 | Hanotaux | 1897 |

## 30ᵉ Fauteuil

| | | |
|---|---|---|
| 29 | Racan | 1634 |
| 80 | Régnier-Desmarais | 1670 |
| 147 | La Monnoye | 1713 |
| 180 | La Rivière (Poncet de) | 1727 |
| 183 | Hardion | 1730 |
| 236 | Thomas | 1766 |
| 268 | Guibert (comte de) | 1786 |
| 283 | Cambacérès | 1803 |
| 331 | Bonald (vicomte de) | 1816 |
| 378 | Ancelot | 1841 |
| 400 | Legouvé (Ernest) | 1855 |
| 498 | Bazin (René) | 1903 |

## 31ᵉ Fauteuil

| | | |
|---|---|---|
| 30 | Boissat (de) | 1634 |
| 69 | Furetière | 1654 |
| 106 | La Chapelle | 1688 |
| 168 | Olivet (abbé d') | 1723 |
| 237 | Condillac | 1768 |
| 259 | Tressan (comte de) | 1780 |
| 263 | Bailly | 1784 |
| 286 | Sieyès | 1803 |
| 333 | Lally-Tollendal | 1816 |
| 361 | Pongerville (de) | 1830 |
| 425 | Marmier (X.) | 1870 |
| 474 | Bornier (Henri de) | 1892 |
| 496 | Rostand (Edmond) | 1902 |

## 32ᵉ Fauteuil

| | | |
|---|---|---|
| 31 | Vaugelas | 1634 |
| 55 | Scudéry (Georges de) | 1649 |
| 78 | Dangeau (marquis de) | 1668 |
| 161 | Richelieu (maréch. de) | 1720 |
| 275 | Harcourt (duc d') | 1789 |
| 301 | Bonaparte (Lucien) | 1803 |
| 337 | Auger | 1816 |
| 320 | Etienne, 2ᵉ élection | 1829 |
| 386 | Vigny (Alfred de) | 1846 |
| 413 | Doucet (Camille) | 1864 |
| 486 | Costa de Beauregard | 1895 |

## 33ᵉ Fauteuil

| | | |
|---|---|---|
| 32 | Voiture | 1634 |
| 52 | Mézeray | 1649 |
| 99 | Aucour (Barbier d') | 1683 |
| 119 | Clermont-Tonnerre (de) | 1694 |
| 128 | Malézieu | 1701 |
| 176 | Bouhier (président) | 1727 |
| 207 | Voltaire | 1746 |
| 256 | Ducis | 1778 |
| 256 | Ducis | 1803 |
| 338 | Sèze (de) | 1816 |
| 358 | Barante (de) | 1828 |
| 416 | Gratry (le Père) | 1867 |
| 431 | Saint-René Taillandier | 1872 |
| 446 | Du Camp (Maxime) | 1880 |
| 479 | Bourget (Paul) | 1894 |

## 34ᵉ Fauteuil

| | | |
|---|---|---|
| 33 | Porchères-Laugier | 1 |
| 60 | Pellisson | 1 |
| 112 | Fénélon | 1 |
| 153 | Boze Gros (de) | 1 |
| 216 | Clermont (comte de) | 1 |
| 244 | Belloy (de) | 1 |
| 251 | Duras (maréchal de) | 1 |
| 279 | Garat | |
| 328 | Bausset (card. de) | 1 |
| 347 | Quélen (de) | 1 |
| 375 | Molé (comte) | 1 |
| 404 | Falloux (de) | 1 |
| 464 | Gréard | 1 |
| 499 | Gebhart | 1 |

## 35ᵉ Fauteuil

| | | |
|---|---|---|
| 34 | Montmor (Habert de) | 1 |
| 95 | Lavau (abbé de) | 1 |
| 117 | Caumartin (abbé de) | 1 |
| 188 | Moncrif | |
| 240 | Roquelaure | |
| 240 | Roquelaure | |
| 341 | Cuvier | |
| 365 | Dupin | 1 |
| 415 | Cuvillier-Fleury | |
| 466 | Claretie (Jules) | 1 |

## 36ᵉ Fauteuil

| | | |
|---|---|---|
| 35 | La Chambre (Marin C. de) | 1 |
| 81 | La Chambre (P.-C. de) | 1 |
| 114 | La Bruyère | 1 |
| 123 | Fleury (abbé Claude) | 1 |
| 169 | Adam | 1 |
| 191 | Séguy (abbé) | |
| 232 | Rohan-Guéménée (card. de) | 1 |
| 302 | Devaines | |
| 306 | Parny | 1 |
| 326 | Jouy | 1 |
| 389 | Empis | 1 |
| 422 | Barbier (Auguste) | 1 |
| 452 | Perraud (cardinal) | 1 |

## 37ᵉ Fauteuil

| | | |
|---|---|---|
| 37 | Chambon (Daniel Hay de) | 1635 |
| 84 | Bossuet | 1671 |
| 133 | Polignac (cardinal de) | 1704 |
| 197 | Giry (de) abbé de St.-Cyr | 1742 |
| 228 | Batteux (abbé) | 1761 |
| 258 | Lemierre | 1780 |
| 285 | Bigot de Préameneu | 1803 |
| 351 | Montmorency (duc M. de) | 1825 |
| 352 | Guiraud | 1826 |
| 390 | Ampère | 1846 |
| 414 | Prévost-Paradol | 1865 |
| 429 | Rousset (Camille) | 1871 |
| 473 | Thureau-Dangin | 1892 |

## 38ᵉ Fauteuil

| | | |
|---|---|---|
| 38 | Granier (Auger de Moléon) | 1635 |
| 40 | Baro | 1636 |
| 56 | Doujat | 1650 |
| 107 | Renaudot (abbé Eusèbe) | 1689 |
| 160 | Roquette (abbé) | 1720 |
| 173 | Antin Gondrin (d') | 1725 |
| 189 | Dupré de Saint-Maur | 1737 |
| 249 | Malesherbes (de) | 1774 |
| 290 | Andrieux | 1803 |
| 367 | Thiers | 1833 |
| 443 | Martin (Henri) | 1878 |
| 457 | Lesseps (de) | 1884 |
| 482 | France (Anatole) | 1896 |

## 39ᵉ Fauteuil

| | | |
|---|---|---|
| 29 | Giry (Louis) | 1636 |
| 76 | Boyer (abbé Claude) | 1665 |
| 125 | Genest (abbé) | 1698 |
| 159 | Dubos (abbé) | 1720 |
| 198 | Du Resnel (abbé) | 1742 |
| 230 | Saurin | 1761 |
| 261 | Condorcet | 1782 |
| 291 | Villar (abbé) | 1803 |
| 354 | Féletz (abbé) | 1826 |
| 394 | Nisard (D.) | |
| 469 | Vogüé (vicomte E.-M. de) | |

## 40ᵉ Fauteuil

| | | |
|---|---|---|
| 43 | Priézac | |
| 71 | Le Clerc (M.) | |
| 111 | Toureil | |
| 150 | Mallet (Roland) | |
| 192 | Boyer, évêque de Mirepoix | |
| 221 | Boismont (abbé de) | |
| 270 | Rulhière | |
| 280 | Cabanis | |
| 314 | Tracy Destutt (de) | |
| 372 | Guizot | |
| 438 | Dumas (J.-B.) | |
| 459 | Bertrand (Joseph) | |
| 495 | Berthelot (Marcelin) | |

*est placé à la suite de chaque nom est le numéro du fauteuil.*

| | | | | | |
|---|---|---|---|---|---|
| 19 | | 47 | Bazin de Bezons | 1 | v. Bezons (Bazin de) |
| 20 | | 486 | Beauregard (Costa de) | 32 | |
| 11 | | 241 | Beauvau (prince de) | 28 | |
| 36 | | 245 | Beauzée | 19 | |
| 11 | | 212 | Belle-Isle (maréchal de) | 10 | |
| 27 | | 244 | Belloy (de) | 34 | |
| 22 | | 74 | Belval (Testu de) | 15 | v. Testu de Belval |
| 25 | | 89 | Benserade | 7 | |
| | | 103 | Bergeret | 8 | |
| 10 | | 419 | Bernard (Claude) | 29 | |
| 37 | | 206 | Bernis (cardinal de) | 3 | |
| 30 | | 397 | Berryer | 4 | |
| 38 | | 495 | Berthelot | 40 | |
| 38 | | 459 | Bertrand (Joseph) | 40 | |
| 19 | v. Porchères d'Arbaud | 47 | Bezons (Bazin de) | 1 | |
| 1 | | 204 | Bignon (A. Jérôme) | 20 | |
| 11 | v. Paulmy d'Argenson | 113 | Bignon (abbé J.-P.) | 20 | |
| 15 | | 285 | Bigot de Préameneu | 37 | |
| 16-13 | | 403 | Biot | 12 | |
| 33 | | 214 | Bissy (de) | 12 | |
| 16 | | 439 | Blanc (Charles) | 12 | |
| 32 | | 118 | Boileau (abbé Charles) | 19 | |
| 38 | v. Granier (Auger de Moléon) | 66 | Boileau (Gilles) | 23 | |
| 1 | | 101 | Boileau-Despréaux | 1 | |
| 21 | | 252 | Boisgelin (card. de) | 13 | |
| 9 | | 221 | Boismont (abbé de) | 40 | |
| 31 | | 11 | Boisrobert | 6 | |
| 4 | | 30 | Boissat (de) | 31 | |
| 8 | | 440 | Boissier (Gaston) | 26 | |
| 28 | | 218 | Boissy (de) | 6 | |
| 9 | | 162 | Boivin | 21 | |
| 33 | | 331 | Bonald (de) | 30 | |
| 36 | | 301 | Bonaparte (Lucien) | 32 | |
| 33 | v. Aucour (Barbier d') | 474 | Bornier (Henri de) | 31 | |
| 28 | | 84 | Bossuet | 37 | |
| 38 | | 274 | Boufflers (de) | 9 | |
| 19 | | 217 | Bougainville | 17 | |
| 10 | | 176 | Bouhier (président) | 33 | |
| 37 | | 41 | Bourbon (Nicolas) | 29 | |
| 18 | | 479 | Bourget (Paul) | 33 | |
| 34 | | 16 | Bourzeys | 26 | |
| 15 | | 76 | Boyer (abbé Claude) | 39 | |
| 30 | | 192 | Boyer, év. de Mirepoix | 40 | |
| | | 153 | Boze (Gros de) | 34 | |

| 246 | Bréquigny (de) | 20 | | 50 | Corneille (Pierre) | 14 | |
| 353 | Brifaut (Charles) | 11 | | 102 | Corneille (Thomas) | 14 | |
| 401 | Broglie (duc V. de) père | 24 | | 486 | Costa de Beauregard | 32 | |
| 409 | Broglie (duc A. de) fils | 18 | | 63 | Cotin (abbé) | 12 | |
| 135 | Brûlart de Sillery | 7 | v. Sillery (Brûlart de) | 124 | Cousin (président L.) | 3 | |
| 476 | Brunetière (Ferdinand) | 28 | | 362 | Cousin (Victor) | 5 | |
| 215 | Buffon | 1 | | 184 | Crébillon | 13 | |
| 73 | Bussy-Rabutin (C$^{te}$ R. de) | 20 | | 96 | Crécy (Verjus de) | 22 | |
| 185 | Bussy-Rabutin, évêque | 14 | | 341 | Cuvier | 35 | |
| 280 | Cabanis | 40 | | 415 | Cuvillier-Fleury | 35 | |
| 289 | Cailhava | 29 | | 122 | Dacier (André) | 28 | |
| 108 | Callières (de) | 29 | | 346 | Dacier (B.-J.) | 16 | |
| 283 | Cambacérès | 30 | | 146 | Danchet | 5 | |
| 322 | Campenon | 23 | | 78 | Dangeau (marq. de) | 32 | |
| 129 | Campistron | 6 | | 98 | Dangeau (abbé de) | 12 | |
| 411 | Carné (de) | 12 | | 310 | Daru (comte) | 7 | |
| 433 | Caro | 27 | | 350 | Delavigne (Casimir) | 28 | |
| 68 | Cassagne | 22 | | 247 | Delille | 23 | |
| 117 | Caumartin (de) | 35 | | 493 | Deschanel (Paul) | 19 | |
| 151 | Caumont La Force (de) | 7 | v. La Force (duc de Caumont) | 10 | Desmarets | 4 | |
| 8 | Cerisy (Habert de) | 12 | | 101 | Despréaux (Boileau) | 1 | v |
| 287 | Cessac (Lacuée de) | 18 | | 167 | Destouches | 6 | |
| 257 | Chabanon | 14 | | 314 | Destutt de Tracy | 40 | v |
| 475 | Challemel-Lacour | 29 | | 302 | Devaines | 36 | |
| 37 | Chambon (D. Hay de) | 37 | | 292 | Domergue | 1 | |
| 260 | Chamfort | 6 | | 201 | Dortous de Mairan | 15 | v |
| 130 | Chamillart (de) | 18 | | 413 | Doucet (Camille) | 32 | |
| 420 | Champagny (de) | 4 | | 56 | Donjat | 38 | |
| 3 | Chapelain | 7 | | 349 | Droz | 21 | |
| | | | | 164 | Dubois (cardinal) | 28 | |
| 57 | Charpentier | 15 | | 116 | Dubois (Goibaud) | 19 | v |
| 250 | Chastellux (de) | 2 | | 159 | Dubos | 39 | |
| 321 | Chateaubriand | 19 | | 446 | Du Camp (Maxime) | 33 | |
| 220 | Châteaubrun (de) | 2 | | 12 | Du Chastelet (P. Hay) | 20 | |
| 61 | Chaumont (de) | 3 | | 256 | Ducis | 33 | |
| 295 | Chénier (M.-J. de) | 19 | | 209 | Duclos | 19 | |
| 451 | Cherbuliez (Victor) | 3 | | 412 | Dufaure | 3 | |
| 232 | Choiseul-Gouffier | 25-25 | | 435 | Dumas (fils Alexandre) | 2 | |
| 104 | Choisy (abbé de) | 17 | | 438 | Dumas (J.-B.) | 40 | |
| 466 | Claretie (Jules) | 35 | | 398 | Dupanloup | 16 | |
| 121 | Clérambault | 24 | | 371 | Dupaty | 10 | |
| 216 | Clermont (C$^{te}$ de) | 34 | | 365 | Dupin | 35 | |
| 119 | Clermont-Tonnerre (de) | 33 | | 189 | Dupré de Saint-Maur | 38 | |
| 231 | Coëtlosquet (du) | 16 | | 251 | Duras (maréchal de) | 34 | |
| 59 | Coislin (duc A. de) | 25 | | 309 | Dureau de la Malle | 13 | |
| 144 | Coislin (duc H.-C. de) | 25 | | 198 | Du Resnel | 39 | |
| 131 | Coislin (duc P. de) | 25 | | 458 | Duruy | 20 | |
| 253 | Colardeau | 21 | | 49 | Du Ryer | 9 | |
| 77 | Colbert (J.-B.) | 24 | | 323 | Duval (Alexandre) | 4 | |
| | | | | 426 | Duvergier de Hauranne | 24 | |
| 94 | Colbert, archevêque | 11 | | 296 | Ecouchard-Lebrun | 20 | |
| 19 | Colletet | 23 | | 389 | Empis | 36 | |
| 297 | Collin d'Harleville | 7 | | 317 | Esménard | 12 | |
| 22 | Colomby | 17 | | 44 | Esprit (Jacques) | 11 | |
| 237 | Condillac | 31 | | 65 | Estrées (card. César d') | 9 | |
| 261 | Condorcet | 39 | | 145 | Estrées (arch. Jean d') | 1 | |
| 1 | Conrart | 2 | | 152 | Estrées (maréchal d') | 9 | |
| | | | | 320 | Etienne | 25-32 | |
| 456 | Coppée (François) | 10 | | 492 | Faguet (Emile) | 3 | |
| 91 | Cordemoy (Géraud de) | 8 | | 404 | Falloux (de) | 34 | |

PIÈCES JUSTIFICATIVES

| | | | | | |
|---|---|---|---|---|---|
| 9 | Faret | 9 | 421 | Haussonville père (Cte d') | |
| 417 | Favre (Jules) | 5 | 465 | Haussonville fils (Cte O. d') | |
| 354 | Féletz (de) | 39 | 37 | Hay de Chambon | v. C |
| 112 | Fénelon | 34 | 12 | Hay du Chastelet | |
| 332 | Ferrand (comte) | 28 | 170 | Hénault (président) | |
| 410 | Feuillet (Octave) | 13 | 477 | Hérédia (J.-M. de) | |
| 86 | Fléchier | 10 | 463 | Hervé (Edouard) | |
| 166 | Fleuriau de Morville | 12 v. Morville (Fleuriau de) | 491 | Hervieu (Paul) | |
| 123 | Fleury (Claude) | 36 | 141 | Houdar de la Motte | v. L |
| 154 | Fleury (cardinal de) | 29 | 480 | Houssaye (Henry) | |
| 272 | Florian | 29 | 165 | Houtteville | |
| 374 | Flourens | 29 | 90 | Huet | |
| 194 | Foncemagne | 14 | 376 | Hugo (Victor) | |
| 300 | Fontanes (de) | 17 | 424 | Janin (Jules) | |
| 109 | Fontenelle | 27 | 364 | Jay | |
| 355 | Fourier | 5 | 326 | Jouy | |
| 140 | Fraguier | 11 | 468 | Jurien de la Gravière | |
| 482 | France (Anatole) | 38 | 447 | Labiche | |
| 294 | François de Neufchâteau | 2 | 114 | La Bruyère (de) | |
| 345 | Frayssinous | 3 | 35 | La Chambre (M. C: de) | |
| 470 | Freycinet (de) | 1 | 81 | La Chambre (P.-C. de) | |
| 69 | Furetière | 31 | 106 | La Chapelle (de) | |
| 242 | Gaillard | 22 | 193 | La Chaussée (de) | |
| 88 | Gallois | 26 | 226 | La Condamine (de) | |
| 279 | Garat | 34 | 408 | Lacordaire (de) | |
| 499 | Gebhardt | | 308 | Lacretelle aîné (P.-L.) | |
| 158 | Gédoyn | 3 | 319 | Lacretelle jeune (Charles) | |
| 125 | Genest | 39 | 287 | Lacuée de Cessac | |
| 91 | Géraud de Cordemoy | 8 v. Cordemoy (Géraud de) | 224 | Lacurne de Sainte-Palaye | |
| 163 | Gergy (Languet de | 1 v. Languet de Gergy | 182 | La Faye (Leriget de) | |
| 66 | Gilles-Boileau | 23 v. Boileau (Gilles) | 100 | La Fontaine (de) | |
| 205 | Girard | 11 | 151 | La Force (de Caumont) | |
| 39 | Giry (Louis) | 39 | 254 | La Harpe (de) | |
| 197 | Giry de Saint-Cyr | 37 | | | |
| 4 | Godeau | 10 | 330 | Laîné | |
| 116 | Goibaud-Dubois | 19 | 333 | Lally-Tollendal | |
| 2 | Gombauld (de) | 5 | 115 | La Loubère (de) | |
| 20 | Gomberville (de) | 21 | 359 | Lamartine (de) | |
| 173 | Gondrin d'Antin | 38 v. Antin (Gondrin d') | 64 | La Mesnardière (de) | |
| 38 | Granier (Auger de Moléon de) | 38 | 147 | La Monnoye | |
| | | | 45 | La Mothe le Vayer | |
| 416 | Gratry (le Père) | 33 | 141 | La Motte Houdar (de) | |
| 464 | Gréard (Octave) | 34 | 500 | Lamy (Et.). | |
| 210 | Gresset | 5 | 163 | Languet de Gergy | |
| 153 | Gros de Boze | 34 v. Boze (Gros de) | 336 | Laplace | |
| 213 | Guérapin de Vauréal | 23 v. Vauréal (Guérapin de) | 406 | Laprade (Victor de) | |
| 268 | Guibert (de) | 30 | 180 | La Rivière (Poncet de) | |
| 490 | Guillaume (Eug.) | 21 | 195 | La Trémoïlle | |
| 352 | Guiraud | 37 | 33 | Laugier de (Porchères) | |
| 372 | Guizot | 40 | 313 | Laujon | |
| 5 | Habert (Philippe) | 11 | 95 | Lavau (de) | |
| 8 | Habert de Cerisy (Germain) | 12 v. Cerisy (Habert de) | 488 | Lavedan (Henri) | |
| 34 | Habert (de Montmor | 35 v. Montmor (Hubert de) | 208 | La Ville (de) | |
| 460 | Halévy (Ludovic) | 22 | 472 | Lavisse (Ernest) | |
| 489 | Hanotaux | 29 | 339 | Laa | |
| 275 | Harcourt (duc d') | 32 | 296 | Lebrun (Ecouchard) | |
| 183 | Hardion | 30 | 357 | Lebrun (P.-A.) | |

| | | | | | | |
|---|---|---|---|---|---|---|
| 225 | Lefranc de Pompignan | 8 | v. Pompignan (Lefranc de) | 178 | Montesquieu (de) | 2 |
| 400 | Legouvé (Ernest) | 30 | | 207 | Montesquiou-Fezensac (marq. de) | 16 |
| 298 | Legouvé (Gabriel) | 4 | | | | |
| 481 | Lemaître (Jules) | 20 | | 329 | Montesquiou-Fezensac (abbé duc de) | 15 |
| 315 | Lemercier (Népomucène) | 14 | | | | |
| 258 | Lemierre | 37 | | 79 | Montigny (de) | 23 |
| 436 | Lemoinne (John) | 28 | | 34 | Montmor (Habert d$_e$) | 35 |
| 342 | Lémontey | 5 | v. La Faye (Leriget de) | 351 | Montmorency (de) | 37 |
| 182 | Leriget de La Faye | 13 | | 53 | Montreuil | 16 | v. Mo |
| 457 | Lesseps (de) | 38 | | 265 | Morellet | 5 |
| 24 | L'Estoile (Claude de) | 25 | | 166 | Morville (Fleuriau de) | 12 |
| 45 | Le Vayer (La Mothe) | 13 | v. La Mothe le Vayer | 485 | Mun (comte de) | 8 |
| 334 | Lévis (duc de) | 6 | | 396 | Musset (Alfred de) | 10 |
| 427 | Littré | 17 | | 282 | Naigeon | 14 |
| 428 | Loménie (L. de) | 25 | | 143 | Nesmond (de) | 10 |
| 239 | Loménie de Brienne | 18 | | 294 | Neufchâteau (François de) | 2 | v. Fran |
| 471 | Loti (Pierre) | 13 | | 276 | Nicolaï | 2 |
| 136 | Louvois (abbé) | 4 | | 394 | Nisard (D.) | 39 |
| 202 | Luynes (cardinal de) | 29 | | 200 | Nivernais (duc de) | 4 |
| 18 | Mainard | 14 | | 392 | Noailles (duc de) | 19 |
| 101 | Mairan (Dortous de) | 15 | | 368 | Nodier (Charles) | 25 |
| 149 | Malesherbes | 38 | | 97 | Novion (Potier de) | 19 |
| 128 | Malézieu (de) | 33 | | 168 | Olivet (abbé d') | 31 |
| 150 | Mallet (Roland) | 40 | | 423 | Ollivier (Emile) | 7 |
| 7 | Malleville | 8 | | 179 | Orléans (Ch. Rothelin d') | 11 | v. Rot |
| 407 | Maret (duc de Bassano) | 10 | v. Bassano (Maret duc de) | 453 | Pailleron (Edouard) | 12 | d'O |
| 99 | Marivaux | 24 | | 483 | Paris (Gaston) | 17 |
| 25 | Marmier (Xavier) | 31 | | 306 | Parny | 36 |
| 135 | Marmontel | 17 | | 318 | Parseval-Grandmaison | 1 |
| | | | | 380 | Pasquier (duc) | 3 |
| 43 | Martin (Henri) | 38 | | 450 | Pasteur | 17 |
| 49 | Massieu | 24 | | 343 | Pastoret | 24 |
| 57 | Massillon | 4 | | 382 | Patin | 26 |
| 97 | Masson (Frédéric) | 17 | | 46 | Patru (Olivier) | 19 |
| 03 | Maupertuis (de) | 8 | | 211 | Paulmy d'Argenson (de) | 11 |
| 05 | Mauron (Testu de) | 4 | v. Testu de Mauroy | 110 | Pavillon | 7 |
| 65 | Maury | 8-15 | | 60 | Pellisson | 34 |
| 18 | Maynard | 14 | v. Mainard | 62 | Péréfixe (Hardouin de) | 28 |
| 54 | Mazade (de) | 4 | | 452 | Perraud (cardinal) | 36 |
| 67 | Meilhac (Henri) | 15 | | 85 | Perrault (Charles) | 23 |
| 84 | Mérimée (Prosper) | 25 | | | | |
| 84 | Merlin de Douai | 28 | | 42 | Perrot d'Ablancourt | 20 | v. Abla |
| 42 | Mesmes (J.-Ant. de) | 22 | | 312 | Picard | 13 |
| 93 | Mesmes (J.-J. de) | 4 | | 133 | Polignac (cardinal de) | 37 |
| 52 | Mézeray | 33 | | 225 | Pompignan (Lefranc de) | 8 |
| 34 | Mézières | 23 | | 180 | Poncet de La Rivière | 30 | v. La R |
| 17 | Méziriac (de) | 13 | | 361 | Pongerville (de) | 31 |
| 24 | Michaud | 29 | | 402 | Ponsard (François) | 9 |
| 73 | Mignet | 20 | | 25 | Porchères d'Arbaud | 19 |
| 55 | Millot | 5 | | 33 | Porchères-Laugier | 34 |
| 38 | Mimeure (de Valon de) | 3 | | 172 | Portail | 17 |
| 74 | Mirabaud | 7 | | 304 | Portalis | 25 |
| 75 | Molé (comte) | 34 | | 97 | Potier de Novion | 19 | v. Novi |
| 38 | Moléon (Auger de) Granier | 38 | v. Granier (Auger de Moléon de) | 285 | Préameneu (Bigot de) | 37 | v. Bigo |
| 38 | Moncrif (de) | 35 | | 414 | Prévost-Paradol | 37 |
| 56 | Mongault | 19 | | 43 | Priézac (de) | 40 |
| 39 | Mongin | 26 | | 347 | Quélen (de) | 34 |
| 15 | Montalembert (de) | 21 | | 82 | Quinault | 29 |
| 12 | Montazet (de) | 9 | | 29 | Racan | 30 |
| 13 | Montereul (de) | 16 | | 87 | Racine | 13 |

## PIÈCES JUSTIFICATIVES

| | | | | | | | |
|---|---|---|---|---|---|---|---|
| 234 | Radonvillers (de) | 24 | | 303 | Ségur (L.-P. de) | 22 | |
| 311 | Raynouard | 20 | | 360 | Ségur (P.-P. de) | 6 | |
| 305 | Regnaud de St-Jean-d'Angély | 8 | | 191 | Séguy | 36 | |
| | | | | 6 | Serisay (de) | 3 | |
| 80 | Régnier-Desmarais | 30 | | 26 | Servien | 27 | |
| 388 | Rémusat (Ch. de) | 8 | | 338 | Sèze (de) | 33 | |
| 442 | Renan (Ernest) | 29 | | 293 | Sicard | 3 | |
| 107 | Renaudot (Eusèbe) | 38 | | 286 | Sieyès | 31 | |
| 67 | Renouard de Villayer | 27 | v. Villayer (Renouard de) | 14 | Silhon | 24 | |
| 198 | Resnel (du) | 39 | v. Du Resnel | 135 | Sillery (Brûlart de) | 7 | |
| 161 | Richelieu (maréchal de) | 32 | | 437 | Simon (Jules) | 8 | |
| 335 | Richelieu (duc de) | 16 | | 15 | Sirmond | 16 | |
| 288 | Rœderer | 6 | | 478 | Sorel (Albert) | 25 | |
| 340 | Roger | 26 | | 196 | Soubise (Rohan Ventadour de) | 9 | |
| 132 | Rohan (card. Armand de) | 23 | | | | | |
| 232 | Rohan-Guéménée (card. de) | 36 | | 348 | Soumet (Alexandre) | 27 | |
| | | | | 248 | Suard | 26 | |
| 196 | Rohan Ventadour (Soubise) | 9 | v. Soubise (Rohan Ventadour, card.) | 449 | Sully-Prudhomme | 24 | |
| | | | | 187 | Surian | 25 | |
| 150 | Roland Mallet | 40 | v. Mallet (Roland) | 444 | Taine | 25 | |
| 240 | Roquelaure (de) | 35 | | 58 | Tallemant (abbé François) | 16 | |
| 160 | Roquette (de) | 38 | | 75 | Tallemant (abbé Paul) | 5 | |
| 92 | Rose (Toussaint) | 2 | | 266 | Target | 15 | |
| 496 | Rostand (Edmond) | 31 | | 186 | Terrasson | 12 | |
| 179 | Rothelin (Ch. d'Orléans de) | 11 | | 74 | Testu de Belval | 15 | |
| 448 | Rousse | 5 | | 105 | Testu de Mauroy | 4 | |
| 429 | Rousset (Camille) | 37 | | 487 | Theuriet (André) | 2 | |
| 356 | Royer-Rollard | 8 | | 367 | Thiers (A.) | 38 | |
| 270 | Rulhière (de) | 40 | | 236 | Thomas | 30 | |
| 49 | Ryer (du) | 9 | v. Du Ryer | 473 | Thureau-Dangin | 37 | |
| 127 | Sacy (Louis de) | 2 | | 366 | Tissot | 16 | |
| 399 | Sacy (Sylvestre de) | 15 | | 379 | Tocqueville (de) | 18 | |
| 72 | Saint-Aignan (duc F.-H. de) | 17 | | 111 | Tourreil (de) | 40 | |
| 175 | Saint-Aignan (duc P.-H. de) | 21 | | 314 | Tracy (Destutt de) | 40 | |
| 21 | Saint-Amant | 22 | | 259 | Tressan (de) | 31 | |
| 316 | Saint-Ange (de) | 1 | | 54 | Tristan l'Hermite | 17 | |
| 197 | Saint-Cyr Giry (de) | 37 | v. Giry de Saint-Cyr | 229 | Trublet | 10 | |
| 238 | Saint-Lambert (de) | 10 | | 126 | Valincour (de) | 13 | |
| 383 | Saint-Marc Girardin | 23 | | 138 | Valon de Mimeure | 3 | v. M |
| 189 | Saint-Maur (Dupré de) | 38 | v. Dupré de Saint-Maur | 484 | Vandal (Albert) | 11 | |
| 120 | Saint-Pierre (abbé de) | 8 | | 391 | Vatout | 4 | |
| 281 | Saint-Pierre (Bernardin de) | 27 | | 31 | Vaugelas | 32 | |
| 393 | Saint-Priest (de) | 4 | | 213 | Vauréal (Guérapin de) | 23 | |
| 431 | Saint-René Taillandier | 33 | | 96 | Verjus de Crécy | 22 | v. C |
| 377 | Sainte-Aulaire (Cte de) | 24 | | 273 | Vicq d'Azyr | 1 | |
| 137 | Sainte-Aulaire (marq. de) | 15 | | 432 | Viel Castel (de) | 6 | |
| 385 | Sainte-Beuve | 28 | | 363 | Viennet | 22 | |
| | | | | 386 | Vigny (Alfred de) | 32 | |
| 224 | Sainte-Palaye (Lacurne de) | 6 | | 291 | Villar | 29 | |
| 181 | Sallier | 16 | | 148 | Villars (maréchal de) | 24 | |
| 48 | Salomon | 29 | | 190 | Villars (duc de) | 18 | |
| 370 | Salvandy (de) | 1 | | 67 | Villayer (Renouard de) | 27 | |
| 407 | Sandeau (Jules) | 11 | | 344 | Villemain | 17 | |
| 441 | Sardou (Victorien) | 9 | | 387 | Vitet | 27 | |
| 230 | Saurin | 39 | | 494 | Vogüé (marquis M. de) | 18 | |
| 461 | Say (Léon) | 11 | | 469 | Vogüé (vicomte E.-M. de) | 39 | |
| 369 | Scribe (Eugène) | 13 | | 233 | Voisenon (de) | 13 | |
| 55 | Scudéry (Georges de) | 32 | | 32 | Voiture | 33 | |
| 269 | Sedaine | 7 | | 278 | Volney | 24 | |
| 70 | Segrais | 6 | | 207 | Voltaire | 33 | |
| 223 | Séguier (A.-L.) | 27 | | | | | |
| 36 | Séguier (Pierre) | 1 | | 227 | Watelet | 7 | |

48

22
40
29
48
31
25
43
34
18
45
2.
4.
33,
42
42
23
47
13
20
18
20
14
12
15
7
10 7
99
25
35

43
49
57
97
03
05
65
18
54
67
84
84
42
93
52
34
17
24
73
55
38
74
75
38
38
56
39
35
12
53

# TABLE DES MATIÈRES

Introduction........................................... 5
Les Sociétés littéraires en France...................... 9

## Histoire de l'Académie Française (1634-1906).

**Première partie.** — (*L'Ancienne Académie Française*, 1634-1793)

I. — Fondation et établissement de l'Académie.
    I. — Protectorat de Richelieu (1634-1642)........ 44
    II. — Protectorat de Séguier (1642-1672)......... 62
    III. — Protectorat de Louis XIV (1672-1715)...... 70
    IV. — Protectorat de Louis XV (1715-1774)....... 88
    V. — Protectorat de Louis XVI (1774-1792)....... 112

II. — Suppression de l'Académie (1793)................. 118

**Deuxième partie.** — (*L'Institut et l'Académie Française*).

I. — L'Institut (1795-1816)............................ 127

II. — L'Académie Française. — La Restauration ; Protectorat de Louis XVIII et de Charles X (1816-1830)... 144

III. — L'Académie Française. — Protectorat de Louis-Philippe (1830-1848)..................................... 151

IV. — L'Académie Française. — Deuxième République ; Second Empire ; Protectorat de Napoléon III (1848-1870)........................................... 156

V. — L'Académie Française. — Troisième République (1870 à nos jours)........................................... 165

**Appendice.**

I. — Les Quarante Fauteuils............................ 179
II. — Fondations de prix............................... 187

III. — Réponse à quelques critiques...................... 192
IV. — Statistique........................................ 203

NOTICES PARTICULIÈRES..................................... 215

PIÈCES JUSTIFICATIVES...................................... 390

    A. — Lettre de Serisay au Cardinal de Richelieu......... 391
    B. — Projet d'établissement de l'Académie par Faret...... 391
    C. — Lettres patentes dressées par Conrart............. 393
    D. — Lettres du Cardinal de Richelieu au premier Président Le Jay. 395
    E. — Lettre de cachet du roi Louis XIII................ 396
    Arrêt de vérification par le Parlement de Paris......... 396
    Les Quarante premiers Académiciens : ordre chronologique des naissances............................................... 396
    Les Quarante premiers Académiciens : ordre chronologique des décès. 398
    F. — Statuts et règlements de l'Académie Française...... 399
    Secrétaires perpétuels.................................. 399
    Imprimeurs de l'Académie.............................. 403
    Listes des 20 discours prononcés à l'Académie en 1635 et 1636... 404
    Projet du Dictionnaire établi par Chapelain............ 405
    Règlements de l'Assemblée de Physiciens qui se fit à Paris chez M. de Montmor l'an 1637................................... 406
    Discours d'Olivier Patru............................... 407
    Lettre de la Reine Christine de Suède.................. 408
    Epître Dédicatoire du Dictionnaire par Ch. Perrault.... 409
    Programme des Concours pour les Prix d'Eloquence et de Poésie. 410
    Liste des Lauréats de l'ancienne Académie : Prix d'Eloquence. 411
    » » Prix de Poésie... 412
    L'Incident du Comte de Clermont....................... 414
    Assemblée Nationale : séances des 15 et 16 août 1790... 416
    » » du 20 août 1790............ 418
    » » du 25 septembre 1791...... 419
    Convention nationale : séance du 8 août 1793 (loi du 5 thermidor an II). 421
    Académiciens vivants lors de la suppression de l'Académie... 423
    Convention nationale : séance du 17 vendémiaire an III (8 octobre 1794). 424
    » » 27 vendém. an IV......... 427
    Loi du 3 vendémiaire an IV (25 octobre 1795).......... 428
    Conseil des Cinq Cents : séance du 1er pluviôse an IV (21 janvier 1796). 431
    » » du 25 ventôse an IV (15 mars 1796). 432
    Conseil des Anciens : séance du 15 germinal an IV (4 avril 1796). 434
    Inauguration de l'Institut : 15 germinal an IV (4 avril 1796). 437

## TABLE DES MATIÈRES

| | |
|---|---|
| Conseil des Cinq Cents : séance du 29 messidor an IV (17 juillet 1796). | 444 |
| Les 144 premiers membres de l'Institut. | 445 |
| Arrêté du 23 floréal an IX. | 446 |
| Arrêté du 3 pluviôse an XI. | 446 |
| Arrêté du 8 pluviôse an XI. | 449 |
| Organisation de l'Institut en 1803 | 451 |
| Décret impérial du 24 fructidor an XII. | 452 |
| Décret impérial du 28 novembre 1809. | 453 |
| Prix décernés actuellement | 456 |
| Ordonnance royale du 21 mars 1816. | 460 |
| Composition de l'Académie des Sciences morales et politiques en 1832. | 465 |
| Académiciens ayant subi de la prison. | 467 |
| Académiciens ayant subi de l'exil. | 468 |
| Académiciens ayant été Ministres | 469 |
| Académiciens grands Dignitaires. | 470 |
| Académiciens prélats, magistrats, etc. | 471 |
| Membres de l'Académie française ayant fait partie de l'Académie des Médailles, puis des Inscriptions | 472 |
| » » ayant fait partie de l'Académie des Sciences ; des Sciences morales et politiques. | 473 |
| » » ayant fait partie des autres Académies ; de l'Institut | 474 |
| Les Doyens de l'Académie | 475 |
| Ages extrêmes de réception ; âges extrêmes de décès | 476 |
| Limites extrêmes des fonctions. — Pseudonymes. | 477 |
| Ordre de Succession des 40 Fauteuils. | 478 |
| Liste alphabétique des 500 Académiciens | 483 |

Imp. H. JOUVE, 15, rue Racine, Paris

48

25
40
20
48
31
25
45
34
18
45
2
4
33
42
42
23
47
13
20
1
20
14
12
15

10
9
2
3

4
4
5
9
0
0
6

## Corrections et additions retrouvées, depuis l'impression du corps de l'ouvrage, dans les papiers de l'auteur.

Page 74, note 1, lignes 2 et 3, supprimer : « et le premier mardi de chaque mois pour la réception des ouvrages dont les auteurs font hommage à la Compagnie ».

Page 84, ligne 3, au lieu de : « Le Parallèle... » lire : « Les Parallèles... »

Page 203, ligne 26, au lieu de « tendue d'étoffe verte », lire : « tendue de tapisseries du xviii<sup>e</sup> siècle ».

2. — *Gombauld*. — Lignes 5 et 6, au lieu de « une tragédie », lire : « plusieurs tragédies dont une intitulée : *Les Danaïdes* », ajoutez ensuite : « une pastorale : *Amaranthe*, et un roman à clef : *Endymion* ».

3. — *Chapelain*. — Page 219, à la fin de la ligne 17 ajouter : Il s'inscrivait lui-même pour 3000 livres, avec la mention : « Au sieur Chapelain le plus grand poète français et du plus solide jugement : 3.000 livres. »

7. — *Malleville*. — Ligne 6, après « des vers latins » ajouter : « et des chansons, des rondeaux, des stances, des élégies ».

9. — *Faret*. — Ligne 6, après « L'honnête homme », ajouter : « ou l'art de plaire à la Cour. »

14. — *Silhon*. — Ligne 4, après : « divers ouvrages en prose », ajouter : « parmi lesquels le *Ministre d'Etat* (1631) ».

27. — *Balzac*. — A la ligne 11, après : « des œuvres diverses en prose » ajouter : « parmi lesquelles on peut citer : *Le Prince* (1631), *Le Socrate chrétien* (1652). »

50. — *Corneille* (Pierre). — Après « sa première pièce » : ajoutez : la *Comédie de Mélite* ». — Après : « en 1625 » ; ajoutez : « qui fut suivie d'autres pièces du même genre : *Clitandre*, *La Veuve*, *La Galerie du Palais*, *La Place Royale*, *La Suivante*, *L'Illusion comique*. » — Page 236, ligne 18, au lieu de « *Polyeucte* en 1640 », lisez : « *Polyeucte* en décembre 1642 ou janvier 1643 » ; — ligne 20, après « *Rodogune* en 1646 » ajouter : *Théodore* (1646), *Don Sanche d'Aragon* (1649 ou 1650), *Nicomède* (1651), *Sertorius* (1662).

55. — *Scudéry*. — Ligne 6, après : « dix ou douze mille vers » ajouter : dont une grande épopée, raillée par Boileau : « *Alaric ou Rome vaincue* (1654) ».

60. — *Pellisson*. — Ligne 12, après : « jusqu'en 1652 » ajouter : « cette *Histoire* devait être continuée après lui par l'abbé d'*Olivet* ».

82. — *Quinault*. — Ligne 10, au lieu de *As Kate*, lire : « *Astrate* ».

84. — *Bossuet*. — Aux ouvrages cités de Bossuet, ajouter : les *Méditations sur l'Evangile* et les *Elévations sur les Mystères*.

85. — *Perrault*. — Page 250, ligne 13, au lieu de : « le Siècle de Louis-le-Grand et un Parallèle... » ; lire : « le *Siècle de Louis-le-Grand* dont la lecture faite par l'auteur devant l'Académie (26 janvier 1687) fit éclater la fameuse *Querelle*; et 4 volumes de *Parallèles des Anciens et des Modernes* (1688-1697)... »

87. — *Racine*. — Page 251, ligne 9, après « Molière », ajouter : avec qui il se brouilla à l'occasion de la tragédie d'*Alexandre* (1665). — Ligne 26, après « Ninon de Lenclos » lisez : « En 1677, l'échec de *Phèdre* le fit renoncer à la scène. Le sentiment religieux se réveilla en lui avec force. Après, etc. ». — Ligne 28, après « être enterré à Port-Royal », ajouter : « La froideur du roi, à qui le jansénisme de Racine

semble avoir déplu, contribua sans doute à avancer ses jours. » — Ligne 33, après « *Les Plaideurs* », ajouter : « et un *Abrégé de l'Histoire de Port-Royal*. »

90. — *Huet*. — A la fin de la notice, ajouter : « La Fontaine lui écrivit à l'occasion de la querelle des anciens et des modernes, en 1787, une *Epître* fameuse. »

100. — *La Fontaine*. — Ligne 9, au lieu de : « Louis XIV fut à son égard toujours indifférent », lisez : « Louis XIV eut pour lui peu de sympathie. » — A la fin de la ligne 12, ajoutez : « Il écrivit pour le théâtre : *Ragotin ou le Roman comique* (1684), *Le Florentin* (1685), *La Coupe enchantée* (1688). — Ligne 21, après : « la soumission de Furetière », ajouter : « Dans la querelle des anciens et des modernes, il fut l'un des défenseurs des anciens, comme le prouve notamment son *Epître à Huet* (1687). »

102. — *Corneille (Thomas)*. — Ligne 8, au lieu de : « du grand tragique », lisez : « de l'auteur du *Cid*. »

112. — *Fénelon*. — Ligne 11, après « *Télémaque* » ; ajouter : « Il faut citer encore ses *Dialogues des Morts*, ses *Dialogues sur l'Eloquence* et sa célèbre *Lettre à l'Académie* (1716). »

114. — *La Bruyère*. — Ligne 13, supprimez : « il ne fut pas très goûté de son temps et... ». — Ligne 14, lisez : si les « *Caractères* » imprimés à la fin de 1687, mis en vente en 1688, obtinrent un vif succès (puisqu'ils eurent 8 éditions en six ans) ». — Ligne 24, au lieu de « d'Olivet constate *encore* », lire « d'Olivet constate ».

193. — *La Chaussée*. — Ligne 5, après : « le plus célèbre » ajoutez : « avec le *Préjugé à la Mode* ».

199. — *Marivaux*. — A la fin de la notice ajoutez : « Les meilleures comédies de Marivaux sont : *La Surprise de l'amour, Le Jeu de l'amour et du hasard, Les Fausses Confidences, L'Epreuve, Le Legs* ; il a écrit en outre deux romans réalistes : *La Vie de Marianne*, et *Le Paysan Parvenu* ».

207. — *Voltaire*. — Entre la ligne 6 et 7, intercaler : « Il en sortit le 2 mai, à la condition qu'il serait conduit en Angleterre, où il resta trois ans. Ce séjour exerça une influence décisive sur l'esprit de Voltaire dramaturge, il se souviendra des Shakspeare, philosophe, il n'oubliera pas Locke ». — Au bas de la page 287, à l'avant-dernière ligne, après « il voyagea », supprimez : « en Angleterre », — et à la dernière ligne, après : « en Lorraine », ajoutez : « (à Cirey, chez la marquise du Châtelet, « la divine Emilie » comme il l'appelle) ». — Page 288. — Ligne 3, avant : « il se retira ensuite » lisez : « Brouillé avec le roi de Prusse. » — Même ligne après « exil volontaire », ajoutez : « d'abord aux Délices, puis... » — Ligne 10, au lieu de « avec J.-B. Rousseau » lire « avec J.-J. Rousseau ».

215. — *Buffon*. — Ligne 1 de la page 292, après : « publiées plus tard », ajouter : « Parmi ces derniers, *Les Epoques de la Nature*, paru en 1778, est une sorte d'admirable poème en prose qui fait songer au *De Natura Rerum* de Lucrèce ».

247. — *Delille*. — Ligne 4, après « traducteur en vers », ajouter : « de l'*Enéïde* et du *Paradis perdu* ».

256. — *Ducis*. — A la fin de la notice, ajouter : « Il fit jouer *Hamlet* en 1769 ; *Roméo et Juliette* en 1772 ; *Macbeth* en 1784 ; *Othello* en 1792 ; *Abufar* en 1795 ».

260. — *Chamfort*. — Ligne 7, lire au lieu de Chamfortioma, « Chamfortiana » ; et ajouter : « Chamfort fut surtout un moraliste piquant, profond même à l'occasion comme le prouve son ouvrage capital intitulé : *Pensées, maximes et anecdotes*. »

321. — *Chateaubriand*. — Ligne 8, après « il avait déjà publié... » ajouter : « un *Essai historique, politique et moral sur les Révolutions anciennes et modernes*, puis *Atala*. » — A la sixième avant-dernière ligne, après : « *René* », ajouter : « *Les Mémoires d'Outre-Tombe* (1849-1850). »

326. — *Jouy*. — Ligne 6, au lieu de : « il écrivit le livret », lire : « il écrivit en collaboration avec Hippolyte Bis le livret... »

341. — *Cuvier*. — Ajouter à la fin de la notice : « Les principaux ouvrages de Cuvier sont : *Leçons d'Anatomie comparée* ; *Le Règne animal distribué d'après son organisation* ; *Recherches sur les ossements fossiles*.

344. — *Villemain.* — A la fin de la notice ajouter : « Ses principaux ouvrages sont : le *Cours de Littérature française* comprenant le tableau de la littérature française au xviii⁰ siècle (4 vol.) et le *Tableau de la littérature française au moyen âge* (2 vol.) ; le *Tableau de l'Éloquence chrétienne au* iv⁰ *siècle* ; l'*Essai sur Pindare.*

362. — *Cousin.* — Ligne 9, après : « qu'il envoya à l'Académie » ajouter : « et où il montrait le premier les différences considérables entre les diverses éditions données des *Pensées* et le manuscrit original. Il nous a ainsi rendu le vrai Pascal. »

369. — *Scribe.* — Après : *Robert le Diable* ajouter : *Le Mariage de Raison* ; *La Calomnie* ; *Adrienne Lecouvreur.*

372. — *Guizot.* — Ligne 17, après « l'*Histoire de la Révolution d'Angleterre* » ajouter : l'*Histoire générale de la Civilisation en Europe* et l'*Histoire générale de la Civilisation en France* ». — Ligne 18, après « et divers autres ouvrages » ajouter : entre autres : *Corneille et son temps* ; *De la Démocratie en France* ; *Mémoires pour servir à l'histoire de mon temps*, etc.

373. — *Mignet.* — Ligne 8, après : « il écrivit une histoire de la Révolution » ajouter : « et divers ouvrages sur l'histoire d'Espagne, entre autres : *Antonio Perez et Philippe II, Charles-Quint,* » etc.

379. — *Tocqueville.* — A la fin de la notice ajouter : Outre *La Démocratie en Amérique*, Tocqueville a écrit un autre ouvrage très important : *L'Ancien Régime et la Révolution*, 1850.

383. — *Saint-Marc-Girardin.* — Ligne 7, après : Collabora à la *Revue des Deux-Mondes*, ajouter : Parmi ses principaux ouvrages il convient surtout de citer son *Cours de Littérature dramatique* en 5 volumes.

385. — *Sainte-Beuve.* — A la ligne 21 lire : « Après avoir enseigné à Lausanne, 1837 et à Liège, 1848, il fut pendant quatre ans, etc... »

387. — *Vitet.* — A la fin de la notice, ajouter : « Il a laissé, outre la *Ligue*, trilogie (1844), et d'autres tableaux dramatiques, un certain nombre de rapports et d'ouvrages sur des questions d'art et d'archéologie : une *Histoire de Dieppe* (1838), un livre sur *Eustache Le Sueur* (1843), des monographies sur *Notre-Dame de Noyon* (1845), sur *Le Louvre* (1852), etc... »

386. — *Vigny.* — Au lieu de : *Cinq-Mars* (1826), etc., lire : « Il a laissé, outre *Cinq-Mars*, roman historique (1826), une traduction d'*Othello* (1829) ; — *La Maréchale d'Ancre*, drame (1838) ; — *Stello* (1832) ; — *Grandeur et Servitude militaire* (1835) ; — *Chatterton*, drame (1835). — Son œuvre poétique proprement dite comprend : *Les Poèmes antiques et modernes* (1826) et les *Destinées* (son principal recueil de vers) publication posthume (1864) ; — certaines notes personnelles de Vigny ont été réunies et publiées sous le titre de *Journal d'un Poète* (1867) ».

388. — *Rémusat.* — Après un roman dramatique : *Abélard*, ajouter : « publié après sa mort (1879). De son vivant il avait fait paraître de nombreux ouvrages de philosophie et d'histoire : *Saint-Anselme* (1853) ; — *L'Angleterre au* xviii⁰ *siècle* (1856) ; — *Channing* (1857) ; — *Politique libérale* (1860), etc. »

390. — *Ampère.* — Lisez ligne 2 : « Fils du célèbre savant, il se distingua de bonne heure à Marseille où il professa l'histoire littéraire (1830) ; devint suppléant de Fauriel et de Villemain à la Sorbonne ; puis succéda en 1833 à Andrieux dans la chaire d'histoire de la littérature française du Collège de France ». ajoutez : Ses principaux ouvrages sont : *La Grèce, Rome et Dante* (1848) ; — *L'Histoire Romaine à Rome* (1858) ; — *La Science et les Lettres en Orient* (1865), etc.

394. — *Nisard.* — Ajouter : « Outre ses *Etudes sur les poètes latins de la décadence*, livre de polémique littéraire dirigé contre les Romantiques (1834), il a publié, et c'est son ouvrage capital, une *Histoire de la Littérature française* en 4 volumes (1844-1861) où se marque le goût délicat, mais étroitement classique de l'écrivain ».

394. — *Montalembert.* — Principal ouvrage : *Les Moines d'Occident depuis Saint-Benoît jusqu'à Saint-Bernard* (1860).

396. — *Musset.* — Ligne 7, au lieu de : « Poète il publia... Il écrivit aussi de jolies nouvelles », ligne 7 lire : « Il publia en 1829 ses *Contes d'Espagne et d'Italie* ; il se sépara presque aussitôt du *Cénacle* (Voir les *Secrètes pensées de Raphaël*, juillet 1830) — En 1832, il donne le *Spectacle dans un fauteuil* ; — *Les Poésies nouvelles* d'A. de Musset comprenant « Rolla » (1833), la « Lettre à Lamartine », « L'Espoir en Dieu », les « Nuits », le Souvenir », etc... correspondant en ce qui concerne tout au moins les morceaux cités à la période 1833-1841. Pour le théâtre, Musset a écrit des comédies et proverbes, pièces parmi lesquelles *Le Chandelier, On ne badine pas avec l'Amour, Il ne faut jurer de rien* sont restées au répertoire de la Comédie française. *Lorenzaccio* a été joué pour la première fois en 1896, grâce à l'initiative de M$^{me}$ Sarah Bernhardt ».

398. — *Dupanloup.* — Ligne 2, après : « destinés à la jeunesse » ajoutez : « parmi lesquels on peut citer : *De l'Education* (1850-1862) 3 volumes ; — *De la beauté. Education intellectuelle* (1855-1866) 3 volumes ; — *Lettres sur l'Education des filles et sur les études qui conviennent aux femmes dans le monde*, 1879, etc. ».

400. — *Legouvé.* — « Aux ouvrages dramatiques de Legouvé déjà cités, il convient de citer quelques autres livres comme : *L'art de la lecture*, 1878 ; *Nos fils et nos filles*, 1878 et *Soixante ans de Souvenirs*, 1885-1887.

406. — *Laprade.* — A la fin de la notice ajouter : Parmi les principaux ouvrages de V. de Laprade on peut citer : *Psyché* (1842), *Odes et Poèmes* (1844), *Poèmes évangéliques* (1850), *Symptomies* (1855), *Idylles héroïques* (1858), les *Voix du Silence* (1865), *Pernette* (1868), épopée rustique pleine de grâce et parfois d'éloquence, etc.

407. — *Sandeau.* — A la fin de la notice ajouter : Les principaux romans de Sandeau sont : *Madame de Sommerville*, 1834 ; — *Le Docteur Herbeau*, 1841 ; — *Sacs et Parchemin*, 1851 ; — *La Roche aux Mouettes* 1871 ; — et son chef-d'œuvre : *Mademoiselle de la Seiglière* (1848), d'où il tira la pièce du même nom (1851). A écrit en collaboration avec Emile Augier : *Le Gendre de Monsieur Poirier* (1854).

410. — *Feuillet.* — Ajouter à la notice : « Les principales œuvres de Feuillet sont, outre le *Roman d'un jeune homme pauvre* (1858), qui a fondé sa réputation d'écrivain idéaliste et mondain : *Julia de Trécœur* (1872) ; — *Monsieur de Camors* (1867) ; — *Histoire d'une Parisienne* (1881) ; — *Honneur d'artiste* (1890). — Ses œuvres complètes comprennent 14 volumes de romans et 5 volumes de théâtre ».

414. — *Prévost-Paradol.* — Ajouter : « Ses deux principaux ouvrages sont : *Etudes sur les moralistes français*, 1864, et surtout : *La France nouvelle* (1868) ».

418. — *Autran.* — Parmi les œuvres d'Autran remarquables par leurs *qualités descriptives*, il convient de citer surtout *La Mer* (1835).

419. — *Bernard (Claude).* — Ajouter à la fin de la notice : « comme œuvre maîtresse il faut citer surtout de lui ; *L'Introduction à l'Etude de la Médecine expérimentale*, 1865 et *La Science expérimentale*, 1878. »

423. — *Ollivier.* — Ajouter : « il a reçu M. Emile Faguet en 1900 ».

433. — *Caro.* — Ajouter : « Principaux livres à citer : *Etudes morales sur le temps présent* (1855) ; — *L'Idée de Dieu et ses nouveaux critiques* (1864) ; *Le Matérialisme et la Science* (1868) ; — *Problèmes de morale sociale* (1876) ; — *Le Pessimisme au* XIX$^e$ *siècle* (1878) ; — *Monsieur Littré et le Positivisme* (1880).

435. — *Dumas fils.* — Page 373, ligne 2, après : *La princesse Georges*, (1871), lire : *Monsieur Alphonse* (1873) ; — *L'Etrangère* (1876) ; — *Denise* (1885) ; — *Francillon* (1887).

437. — *Simon.* — Ajouter : « Ses principaux ouvrages sont : *Le Devoir* (1854) ; — *La Religion naturelle* (1856) ; — *L'Ouvrière* (1863) ; — *L'Ecole* (1864) ; — *Dieu, Patrie, Liberté* (1883) ; — *Etude sur Victor Cousin* (1887) ; — *Mémoires des Autres* (1889), etc. ».

440. — *Boissier.* — Lignes 5 et suivantes, lire : « Ses meilleurs ouvrages sont : *Cicéron et ses amis* ; — *L'Opposition sous les Césars* ; — *La Religion romaine* ; — *Promenades*

*archéologiques* ; — *La fin du paganisme* ; — *Tacite* ; — *La Conjuration de Catilina* ; — en outre : *Madame de Sévigné, Saint-Simon* (2 vol. dans la collection des « *Grands Ecrivains français*) ».

441. — *Sardou*. — Ajouter fin de la notice : *L'Espionne* a été reprise au théâtre de la Renaissance à la fin de 1905.

442. — *Renan*. — Vers la fin de la notice, lire : au lieu de « des traductions et divers autres ouvrages » : *Les Souvenirs d'enfance et de jeunesse* ; *L'Avenir de la Science* (œuvre de jeunesse) etc., et l'*Histoire comparée des Langues Sémitiques* ».

444. — *Taine*. — Ligne 3, lire : « Il publia d'abord son *Essai sur La Fontaine et ses Fables* (1853) ; — puis son *Essai sur Tite-Live* (1856) » ; — page 376, lignes 10 et 11, lire « de nombreux ouvrages de critique sur les beaux-arts (*Philosophie de l'art*, 2 vol.) et sur la littérature (*Essais, Nouveaux Essais, Derniers Essais de Critique et d'Histoire*, 3 vol.) ; un livre très important de psychologie : *De l'Intelligence* » (2 vol.).

445. — *Audiffret-Pasquier*. — Lire à la dernière ligne : Mort en juin 1905. — Remplacé par M. Alexandre Ribot, 25 janvier 1906.

449. — *Sully-Prud'homme*. — Ajouter aux recueils poétiques déjà cités : *Les Vaines Tendresses* (1875) ; — *La Justice* (1878) ; — *Le Bonheur* (1888) ; — et divers ouvrages en prose de philosophie ou d'esthétique, notamment : *La Vraie Religion selon Pascal* (1905).

451. — *Cherbuliez*. — Ligne 4, au lieu de « il signa quelquefois... » lire : « il signa du pseudonyme G. Walbert des articles souvent excellents de politique étrangère ».

452. — *Perraud*. — Ligne 3, au lieu de « oratorien, professeur, etc. » lire : « agrégé d'histoire, puis oratorien et supérieur général de l'Oratoire ». — Et à la fin de la notice ajouter : « décédé à Autun le 10 février 1906 ».

455. — *About*. — Ajouter à la fin de la notice : « Outre les ouvrages déjà cités, il convient de mentionner encore : *La Grèce Contemporaine* (1855) ; — *Le Roi des Montagnes* (1856) ; — *L'Homme à l'oreille cassée* (1861) ; — *Le Nez d'un Notaire* (1862) ; — *La Question romaine* (1860) ; — *Alsace* (1871-1872) ».

456. — *Coppée*. — Ligne 3, lire : *Les Intimités* (1868) ; — Ligne 6, après : *Les Jacobites* (1885) ajouter : *Pour la Couronne* (1895).

458. — *Duruy*. — A la fin de la notice, ajouter : « Son principal ouvrage est l'*Histoire du peuple Romain* (7 vol.) ».

459. — *Bertrand*. — Bertrand a fait paraître un volume sur *D'Alembert* (1889) et sur *Blaise Pascal* (1890).

464. — *Gréard*. — Ligne 2, après : *Etude sur les lettres d'Abélard et d'Héloïse*, ajouter : *Education et Instruction*, (4 vol.) ; — *La Morale de Plutarque*.

465. — *Haussonville*. — Ajouter : Ouvrages à citer : *L'Enfance à Paris* (1879) ; — *Sainte-Beuve, sa vie et ses œuvres* (1875) ; *Le Salon de Madame Necker* (1882) ; — *Madame de La Fayette* (1891) ; *Socialisme et Charité* (1895) ; — *Lacordaire* (1896) ; etc.

467. — *Meilhac*. — Ligne 3, après : « sa collaboration avec Ludovic Halévy fut féconde » ajouter : « Il a écrit dans ces conditions : des opéras-bouffes tels que : *La Belle-Hélène* (1864) ; — *Barbe-Bleue* (1866) ; — *La grande duchesse de Gérolstein* (1867) ; — *Les Brigands* (1869) ; et des comédies telles que : *Les Brebis de Panurge* (1863) ; *Froufrou* (1869) ; — *L'Eté de la Saint-Martin* (1873) ; — *La Petite Marquise* (1874).

469. — *Vogüé* (Eugène-Melchior de). — Ligne 4, après : *Les portraits du Siècle*, ajouter : *Souvenirs et Visions* (1888) ; — *Regards historiques et littéraires* (1892) ; — *Les Morts qui parlent* (1889).

471. — *Loti*. — Ligne 4, lire : « ses autres meilleurs romans sont : »

472. — *Lavisse*. — Ligne 3, après « d'importants ouvrages historiques » ajouter : « Notamment : *Origines de la Monarchie Prussienne* ; — *Etudes sur l'Histoire de Prusse* ; — *Essai sur l'Allemagne impériale* ; — *La Jeunesse du Grand Frédéric* ; — *Vue*

*générale de l'histoire politique de l'Europe,* etc... ». — Ligne 4, lire : « Il a dirigé avec M. Alfred Rambaud etc... ajouter ensuite : « Il a exercé par sa parole et par certains de ses écrits (*Questions d'Enseignement National ; Etudes et Etudiants,* etc...) une influence considérable sur la jeunesse des Ecoles et a grandement contribué aux récentes réformes universitaires ».

475. — *Challemel-Lacour.* — Ligne 13, ajouter : « En 1893, il succéda à Jules Ferry comme président du Sénat, et présida en cette qualité les deux Congrès pour l'élection de M. Casimir-Perier (1894), puis de Félix Faure (1895), à la présidence de la République ».

476. — *Brunetière.* — Ligne 5 au lieu de : il s'occupe de critique littéraire lire : « Il est un des maîtres incontestés de la critique littéraire contemporaine, et il a publié 7 volumes d'*Etudes critiques sur l'histoire de la Littérature Française* ; — *Les époques du Théâtre français* ; — *L'Evolution de la Poésie lyrique en France au $XIX^e$ siècle* (2 vol.), *L'Evolution des Genres* (1 vol.), *Le Roman Naturaliste* (1 vol), *Histoire et littérature* (2 vol.), etc., et de plus des *Ecrits politiques* réunis en 2 volumes ; *Discours de Combat,* etc.

477. — *Hérédia.* — A l'avant-dernière ligne, supprimer « et secrétaire d'ambassade » ; et ajouter : S. Maurice Barrès.

478. — *3ᵉ Fauteuil.* — Lire la liste des titulaires de la façon suivante : 6 Serisay (de) (1634) ; — 61 Chaumont (de) (1654) ; — 124 Cousin (président Louis) (1697) ; — 138 Mimeure (Valon de) (1707) ; — 158 Gédoyn (abbé) (1719) ; 206 Bernis (cardinal de) (1744) ; — 293 Sicard (abbé) (1803) ; — 345 Frayssinous (1822) ; — 380 Pasquier (duc) (1842) ; — 412 Dufaure (Jules) (1862) ; — 451 Cherbuliez (Victor) (1881) ; — 493 Faguet (Emile) (1899).

479. — *Bourget.* — Ligne 6, après *Cosmopolis* ajouter : *Idylle tragique* ; — *L'Etape* ; — *Un Divorce,* etc.

480. — *Houssaye.* — Ligne 5, lire au lieu de : « s'est occupé d'abord d'histoire », lire : « il s'est occupé d'abord de l'histoire et de l'art grecs », et ajouter : « puis il a publié, *1814* ; — *Waterloo* ; — *1815,* etc. »

481. — *Lemaître.* — Ligne 1, au lieu de (13), lire (20). — Ligne 6, au lieu de : *Les Contemporains* en 4 volumes, lire : *Les Contemporains* en 7 volumes. — Ligne 7, au lieu de : *Impressions de théâtre* en 5 volumes, lire : « en 10 volumes ». — Ligne 8, après : *Le Mariage Blanc* au Théâtre-Français, ajouter : puis *l'Age difficile* ; — *Le Pardon* ; — *L'Aînée* ; — *La Massière,* etc. Mentionner également « *Sérénus* ».

482. — *France.* — Ligne 6 après *Le Lys Rouge,* ajouter : *La Rôtisserie de la Reine Pédauque* ; — *L'Orme du Mail* ; — *L'Anneau d'Améthyste* ; — *Le Mannequin d'Osier,* etc.

485. — *Vandal.* — Ligne 6, après : *célèbre avant l'âge,* ajouter : autres ouvrages : 2 volumes sur *L'avènement de Bonaparte,* etc.

488. — *Hanotaux.* — Ligne 5, ajouter : « Il a entrepris la publication d'une grande *Histoire de la France Contemporaine* dont 2 volumes déjà ont paru chez Combet. Il a écrit en outre : *Le Choix d'une Carrière* ; — *L'Energie Française* ; — *La Paix Latine* ».

489. — *Lavedan.* — Ligne 7, après : *Le Marquis de Priola,* ajouter : *Le Duel au Théâtre-Français et sur d'autres Scènes...*

491. — *Hervieu.* — Ligne 5, après : *Théroigne de Méricourt,* ajouter : *La Course du Flambeau* ; — *Le Dédale* ; — *Le Réveil.*

492. — *Deschanel.* — Ligne 4, au lieu de : « à plusieurs reprises », lire : « pendant toute la législature 1898-1902 ». — Ligne 5, après divers ouvrages, ajouter : entre autres : *La Question du Tonkin* ; — *La Politique française en Océanie* ; — *Orateurs et hommes d'Etat* ; — *Figures de Femmes* ; — *Figures littéraires* ; — *La Décentralisation* ; — *La Question Sociale* ; — *La République Nouvelle.*

493. — *Faguet.* — Après « critique dramatique au *Soleil* » ajouter : « puis aux *Débats,* où il succéda à M. Jules Lemaître. Il a écrit de nombreux et importants ouvrages de critique littéraire et de sociologie, notamment : *Dix-huitième Siècle* ; — *Dix-neu-*

vième Siècle ; — Seizième Siècle ; — Politiques et Moralistes du xix$^e$ siècle (3 séries) ; Questions politiques ; — Problèmes politiques du temps présent ; — Politique comparée de Montesquieu ; — Voltaire et Rousseau ; — Le libéralisme ; — En lisant Nietzsche ; — Pour qu'on lise Platon ; — L'Anticléricalisme ».

495. — Berthelot. — Ligne 11, après « grand-croix de la Légion d'honneur », ajouter : « Parmi les nombreux ouvrages de M. Berthelot on peut citer notamment : Leçons sur la Thermochimie ; La synthèse chimique ; — Essai de mécanique chimique fondée sur la Thermochimie ; — Science et philosophie, etc. ; »

497. — Masson. — Ligne 4, après « il a publié », lire « notamment : Napoléon et les Femmes ; — Napoléon chez lui ; — Napoléon inconnu ; — Marie Walewska ; — Joséphine impératrice et reine ; — Napoléon et sa famille, etc. et en outre : ... ».

500. — Lamy. — A la fin de la notice, ajouter : Il a été reçu à la fin de 1905 par M. de Freycinet.

48

22
40
29
48
31
25
43
34
18
45
2
4
33
42
42
23
47
13
20
1
10
14
12
15

10
9
2
3

4
4
5
9
0
0
6
1
5
6
8
4

48

22
40
29
48
31
25
43
34
18
45
2
4
33
42
42
23
47
13
20
1
10
14
12
15

10
9
2
13

4
4
5
9
0
6
1
5
6
8
8
4
9
5
3
1
2
7
5
3

**PLEASE DO NOT REMOVE
CARDS OR SLIPS FROM THIS POCKET**

**UNIVERSITY OF TORONTO LIBRARY**

Lightning Source UK Ltd.
Milton Keynes UK
UKHW010842021118
331644UK00014B/378/P